Silvio Gesells
Lehre über die frühe Geldreform und
den Abbau des Staates

シルビオ・ゲゼル「初期貨幣改革/国家」論集

シルビオ・ゲゼル
相田慎一 訳
AIDA Shinichi

Silvio Ges

ぱる出版

装幀――工藤強勝＋前田晶子

シルビオ・ゲゼル「初期貨幣改革／国家」論集

凡例

一、本書は三部から構成されている。第一部は、貨幣改革論を中心としたアルゼンチン時代のシルビオ・ゲゼル（Silvio Gesell, 1862-1930年）の初期著作群であり、Silvio Gesell, Die Reformation im Münzwesen als Brücke zum sozialen Staat. Buenos Aires 1891., Silvio Gesell, Nervus rerum-Fortsetzung zur Reformation im Münzwesen. Buenos Aires 1891., Silvio Gesell, Die Verstaatlichung des Geldes. Zweite Fortsetzung zur Reformation im Münzwesen. Buenos Aires 1892., Silvio Gesell, Die argentinische Währungsordnung-Ihre Vorteile und ihre Verbesserung. Buenos Aires 1893. という四つの著作の邦訳である。第二部は、シルビオ・ゲゼルのマルクス『資本論』体系への経済学的批判であり、Silvio Gesell, Die Ausbeutung, ihre Ursachen und ihre Bekämfung-Eine Gegenüberstellung meiner Kapitaltheorie und derjenigen von KarlMarx. Potsdam 1922. の邦訳である。第三部は、晩年のゲゼルの国家の漸進的解体論であり、Silvio Gesell, Der Abbau des Staates nach Einführung der Volksherrschaft-Denkschrift an die zu Weimar versammelten Nationalräte. Berlin 1919., Silvio Gesell, Der Abgebaute Staat. Leben und Treiben in einem gesetz-und sittenlosen hochstrebenden Kulturvolk. Berlin 1927. という二つの著作の邦訳である。

二、本文中の（ ）は、原著のものである。

三、本文中の注は原注とし、本文中に（原注：）として挿入した。

四、本文中の［ ］は、読者の理解を容易にするために訳者が加えた補足である。

五、本文中の傍点や字体などの強調は、繁雑さを避けるために、すべてゴチック体にした。

六、本文中に引用されている文献の頁は、原著書の頁を指す。

七、本文中に付けられた章は、訳者が読者の便宜をはかるために付け加えたものである。原文ではタイトルだけしか記されていない点に注意されたい。

八、人名は、実在であれ、架空であれ、初出の際に原語を表記した。

シルビオ・ゲゼル「初期貨幣改革／国家」論集

目次

Ⅰ　ゲゼルの初期貨幣改革論

Ⅱ　マルクス『資本論』体系へのゲゼルの経済学的批判

Ⅰ　ゲゼルの初期貨幣改革論

社会国家に架橋するものとしての貨幣改革（1891年）

世界中のあらゆる国々の今日の貨幣制度のもとでは、［ドイツの］どの一マルクも、それが事業所の金庫、靴下の中あるいは銀行に保管されているかということに関係なしに、その所有者のために毎年国家を通じて一〇ペニヒの税金を徴収する。

序　文

貨幣が商品としてではなく、商品の交換手段と見なされている場合、この貨幣が交換を媒介すべき商品の所有者とは、だれなのか。

それが**貨幣**の所有者であるということは、だれも否定できない。

しかるに、ひとつの商品が取引にゆだねられるべきであるならば、つまり、ひとつの商品が他の商品と交換されるべきであるならば、当の商品の生産者は、交換を媒介するための貨幣の存在をも前提としているのである。というのも、貨幣が存在していないならば、当然のことながら、商品は販売されず、交換されることがないだろうからである。けれども、今日のような貨幣制度のもとでは、商品交換を媒介すべき貨幣の所有者は、今日でも明日でも、いつでも好きな時に商品を購入することができる。また彼は、一般に商品の購入を強制されることもない。彼は、場合によっては商品を腐敗させることすらできるのである。要するに、今日の貨幣制度のもとでは、商品交換に必要となる紙幣の所有者、すなわち貨幣所有者は、当の商品の主人であり、その真の所有者なのである。

しかるに、当の貨幣は、商品と不可分な関係にある。たとえば、商品が錆びるならば、貨幣も同じくらい苦しむ。また商品が駄目になるならば、その代表者である貨幣も、商品とともに衰退する。つまり、商品の死とともに、その交換の媒介手段である貨幣も、その存在目的やその存在権利を失うことになるのである。他方、商品が販売された時に初めて、商品の生産者はその所有者になるのである。なぜなら、販売は彼に商品の**所有権**、すなわち貨幣を与えるからなのである。

第一章　ゼムジィ金鉱山の発見

一八九X年三月一三日にベルリンで早起きした者は、太陽が東から昇ってくるのを――ちなみに、太陽はその他の日にも常に東から昇ってくるのだが――観察する機会にきっと巡り合えたことだろう。今や太陽はご来光を発しながら、中天高く昇った。その眩しさのために、地上の光あるものは死滅し、そして混濁した中でうまく悪事を働くために大地を靄で覆う邪悪な精神も、しぶしぶと自らの隠れ家に戻っていった。私は、この序論部分を時候についての会話から始め、その会話に当然の敬意を払うというドイツのよき習慣に従っている。さあ、本題に入ることにしよう。

大蔵大臣は、またもや何百万マルクもの財政赤字を解消したかった。そのため、彼は借款を行うための提携を銀行家と行い、銀行家の訪問を時間通りに待っていた。突然ドアがノックされた。大蔵大臣は、「彼はついにすこぶる有利な情報を持ってきたのかな」と呟いた。

だが、部屋に入ってきたのは、銀行家ではなく、郵便配達人であった。彼は、シュヌフラー博士 Dr. Schnüffler の手紙を大蔵大臣に手渡した。――シュヌフラー博士は、有能な知識人として広く世間に知られていた。また彼は、とりわけ地質学者としても世界的名声を得ていた。――

シュヌフラー博士は、政府の委任によりシュプレーヴァルトに派遣され、国費によるボーリングに着手していた。それというのも、このシュプレーヴァルトの地には石油資源が埋蔵されていると推測されていたからであった。

シュヌフラー博士は、その手紙に次のように書いて寄越した。

「私が行った石油探索のためのボーリングは、今や五、〇〇〇フィートの深さにまで達しています。それにもかかわらず、これまでのところ残念ながら、成果のないままです。このような失敗は悔やまれるべきではありますが、他面この作業は、科学にとってきわめて有意義な成果をもたらしております。私は、今や地球の引力の秘密に迫っていると確信するものです。だが、そのこと以外にも、この作業はわが国の産業的利害にとっても有益であります。なぜなら、こうしたボーリングの結果、海抜一、〇〇〇フィートの地底が重金属から構成されているということ、しかも、この重金属はそれぞれの特有な重さに従って何層にも大きな層として重なり合っているということが、判明したからです。そして今や最上層にはアルミニウムが、また最下層には金とプラチナがあるというところにまで、ボーリング機は達しています。さらに深くボーリングをすれば、われわれにはまったく未知の別の金属があることも判明するだろうと思われます。そしてその金属の特性を分析すれば、われわれは自然の多くの秘密をきっと明らかにできることだろうと思います。

追伸

私は、ボーリングによって発見した金を鉄道によって閣下に発送したことを、言い忘れていました。その発送金量は、二、〇〇〇‐三、〇〇〇キログラムになると思われます。閣下がこの金属の量をもっと増加させたいとお考えになられるならば、そのご希望に対しては容易に応じられることと思います。すでに述べましたように、深さ五、〇〇〇フィートの地中は、金の大きな層によって覆われているように見えるからであります。」

大蔵大臣は次のように叫んだ。

「これは一大事だ。これは、とてつもなく大事な情報である。シュヌフラー博士は、大した事でないかのように三、〇〇〇キログラムの金について語っているが、しかし、それは、財政赤字を一掃するのに十分な量である。私が不眠不休の状態で働いてきたのも、この財政赤字を解消するためであった。」

頑丈な貨車が近付くや、彼は考える間もなくその扉の前に立った。その貨車は、シュヌフラー博士が発送した貨車だった。シュヌフラー博士が発送したものは、高価な金であった。それから、大量の、非常に重たい金塊が積み上げられたが、多くの人々はそれを唖然として眺めた。大蔵大臣は言葉もなく立ち尽くしながらも、至福の時を迎えていた。けれども、彼には、この事態がどのような影響を及ぼすのか、まったく理解できなかった。だが、そのことは、今はどうでもよかった。まもなくして、彼は正気に戻り、急いで国王のところに向かった。国王はさほど驚かず、帝国の重鎮と賢者とを招集し、審議させた。この審議の結果、工兵隊がシュヌフラー博士のところに派遣されることになり、そしてシュヌフラー博士はこの工兵隊を自由に使用して、全力で金の採掘に尽くすべしという指示が出された。

それからまもなく、工兵隊の協力による最初の発送品が到着した。つまり、重い金を積載した貨車が到着したのであった。そして帝国銀行は、その高価な財宝を管理するために、それを受領した。だが、次々に発送品が到着し、銀行の管理者たちは困惑した。金をどこに置いたらよいのか分からなかったからである。すでに銀行の金庫は一杯であり、その地下室も一杯である。だが、金の発送は止まらない。今や、「このような金の発送はもう終わってほしい」と言われている。シュヌフラー博士もきっと金の採掘中止の指示を出すことだろう。だが、その採掘中止の指示も、時すでに遅しであった。

この莫大な量の金発見という情報は、当然のことながら、あっという間に「ドイツ」帝国全体に広がった。シュヌフラー博士が推測したように、一定の地層には大量の金が埋蔵されていることが証明されている。そのために、至る所でボーリングが行われ、穴が次々に掘られた。かくしてドイツ帝国は、まもなく凸凹状態になってしまうこととなった。

今や巨大な金鉱山が次々と出現した。そしてその土地のすべての住民は鉱山労働者になり、もはやだれひとりとして農業をしようなどとは考えなくなった。

それから間もなく生活手段の不足が生じることになったのは、当然のことであった。急遽イギリスやアメリカに注文の電報が送られ、イギリスとアメリカはこの注文の品を喜んでドイツに急送した。というのも、今やドイツ人は富裕なので、請求書の支払いが拒否されるというリスクが存在しなかったからである。

［多くの］汽船は生活手段を輸送し、その帰り荷として金塊を持って帰った。

イギリスの銀行は、大きな木箱に包まれた貴金属の最初の発送品を受領した。それ自体きわめて大量のものだった。そのため、第二の発送品が送られてきた時には、イギリスの銀行の重役たちは困惑してしまった。銀行の取締役会がただちに招集され、彼らは、今後も予想される更なる発送品の保管場所を作るために、手形の割引率を当初の二％から一％に引き下げることを議決した。だが、このような対策にもかかわらず、保管されていた金が十分な量ただちに撤去されなかったために、銀行の取締役会は、手形の割引率を更に引き下げたばかりか、保管品に対して保管料を徴収することをも議決したのであった。このような対策によってようやく今や、銀行の中に積み上げられていた金が一掃されたのである。

こうした対策の第一の結果は、手形の割引に銀行がきわめて寛大になったことである。つまり、以前には一ペニヒたりとも信用を与えられなかった人々も、十分な信用を享受するに至っていることである。他方、人々は貨幣をどうしたらよいのかということについて分からなくなっている。すべての者は、今や、貨幣を所有しているし、またこの金という富が、日々新たに到着する金の発送品とともに増加しているという状況にあるからにほかならない。

［今や］人々は、金にこれまでほど高い評価を与えなくなり始めていた。従って、あらゆる商品の価格は騰貴するようになっていた。たとえば、以前には一マルクで手に入れることができた物財は、現在二マルク、五マルク、一〇

マルク、五〇マルクでしか手に入れられないようになっていた。それにもかかわらず、金の発送はますます勢いを増すものになっていた。［こうして］ドイツ航路の汽船が不足するようになったので、アジア航路、リビア航路、エジプト航路を廃止して、それらの航路の汽船をハンブルク航路に転用しなければならなくなった。そしてそれらすべての汽船は、金を積載して戻っていったのである。

かくて人々は、ますます金を軽視し始めるようになっていた。これまで鉄製でできていた物品は、今や、金製になっていた。たとえば、車輪、鉄道のレール、靴の枠型等々は、今や金製になった。また道路に空になった金製の石油缶、金製の蹄鉄などが落ちていても、だれも拾わなくなった。

つまり、金はその仮面を剥がされ、無価値なものになったのである。

ロートシルトRothschild、お前は哀れな奴だ。お前の富は金を基礎とするものだった。従って、もはやだれも、お前に金と引き換えにバター付きパンを与えないだろう。だからお前は、ヨブJobのように貧しいのだ。お前は、もはやトルコのスルタンを苦しめることができない。というのも、スルタンは、自らの債務を利子と複利とを付けて返済したからである。以前にはお前の持つ金の輝きの前でお前に平身低頭し、お前を貴族身分にしてくれた人々は、もはやお前を尊敬していない。要するに、お前は今やかわいそうな存在に成り果てたのだ。

たとえば、「あなたは、この一号手形を九〇日満期で支払う」という場合を見てみよう。

商人は、以前には手形の満期日までに金を必死になって集めようと努力した。彼は長い夜を眠らず、ベッドの中で自分を救済できるアイデアを——無益にも——捜し続けた。九〇日間の満期日が過ぎたならば、管財人が戸口の前に立つことになった。それに対し、今や事態は違ったものになっている。九〇日間の満期日が来ても、彼は以前のように不安な感情を抱くことがない。彼は、手形を持参してくる集金人の到着をゆったりと待つ。今や彼は、十分な貨幣を持っているからである。ちなみに、彼が——無益にも——集金人を待っていても、集金人は一般的には来ることがない。手形の所持人は、手形を手に入れてもすぐに手形を破棄することになるだろう。なぜなら、今や手形を現金化することは、彼にとってきわめて容易だからである。

「やあ、わが友バスレロ Basurero、お前は、この金庫を手押し車に積んで持って行くがいい。この金庫はここにあると、邪魔でしかない。それを持って行け。愛するわが友バスレロ、お前はそれを鶏舎として使用することができるだろう。」

「お早う。お嬢さん、あなたの大事な装身具類と金袋はどうなっていますか。あなたの崇拝者が贈ってくれたティアラは、どこにあるのですか。」

「ありがとう。お隣りさん、装身具類はそのままにしています。というのも、私の崇拝者は、貨幣の無価値化なんか問題にせず、私の好みを優先させてくれたからです。」

「手形、債務証書、株式、抵当証券、銀行券、抵当、家賃契約書等々は、何を意味するのですか。それらすべては、金に依拠するものです。かくして、［今や］それらは街頭に見い出されます。」

「アストール Astor さん、あなたはどのように生活しているの、あなたの仕事はどうなっているのですか。」

「わが愛するお隣りさん、私は困っています。いかなる仕事も見い出さないし、だれも私の金を望まないからです。」

「でも、あなたはそれほど心配しなくてもいいのですよ。というのも、私たちは、あなたに与えることができるからです。どうぞ、あなたも私たちと一緒に食事をすることにしましょう。金が無価値になって以来、私たち労働者が以前よりもより良く生活し、時には楽しんだり、賓客をもてなしたりすることができるようになっていることは、とても奇妙なことです。アストールさん、あなたは金と多々関係してきたのですから、あなたは、今や多くの工場が閉鎖されているにもかかわらず、貧困が以前よりもはるかに少なくなっているのはどうしてなのかを、私たちにきちっと説明できるでしょう。」

「お隣りさん、私は、あなたに満足していただけるような説明をいたしましょう。そしてこの素晴らしく美味しいスープに感謝するためにも、可能なかぎり明確に述べることにします。」

第二章　原　罪

［アストール氏は語る。］

「あなた方のだれもが知っていますように、最初の人間であるアダム Adam とイブ Eva は、悪魔に誘惑されて禁断の木の実を食べた罪のために楽園から追放されるまで、楽園で暮らしていました。この楽園は、これまでのところ再発見されていない――たとえばこの楽園は月にあり、そこから人類は地球にやってきたという仮説は、人類に翼がないがゆえに、問題外である――がゆえに、この事態は、次のように理解されねばなりません。

『神が人間を楽園の門から追放したのではないということ、人間が今や楽園を涙の谷に変えたということ、そして人間がこの変貌を盗まれた果実のせいにしたということである』、と。

実際にこの地上の壮大なモニュメントを調査するならば、われわれの地球が楽園であるということ、そして人間だけがこの地球を地獄にしているということの確信を、人々は抱くことができるでしょう。

悪魔は、最初の人間たちに次のようにささやきました。

『禁断の木の実は多くの奇跡を行うとともに、その所有者をこの地上の支配者あるいは命令者にする』、と。

この言に基づいて、アダムは、この禁断の木の実を保持し続けました。けれども、彼はただひとりの人間として事実上命令者ないし支配者だったので、彼は、恐竜が一夜にして人間とそのライバルに変身する場合に備えてだけ、この禁断の木の実を予備的資本として保蔵したのでした。だが、何事も生じないまま、彼の最後の時を迎えました。その時、彼はすでに成人となっていた彼の息子にこの禁断の木の実を譲渡し、その価値を彼に説明したのでした。

だが、彼の息子も、この禁断の木の実の秘密の力を試す機会を持ちませんでした。そしてその後も、この禁断の木の実とその秘密は、その力を試す機会を持たないまま、何世紀もの長きにわたって相伝されたのでした。

当時、人間はきわめて幸福であったので、人間が楽園から追放されたことをまったく思い出しませんでした。また貧しい人々はもとより、豊かな人々も存在しておりませんでした。このように豊かな人々が存在しなかったので、妬みや羨望といったものも、存在しませんでした。そして盗みも存在しませんでした。それは、すべての人々は同じものしか持っていなかったという理由からでありました。かくして警官や看守は必要なかったし、実際存在してもいなかったのです。また刑務所や犯罪者を収用するための植民地も、存在しませんでした。たとえば、少し前までは、すなわち大量の金の発見までは、何百万人もの人々が、盗人を捕縛したり、監視したり、判決を下したり、縛り首にしたりするための仕事に携わらなければならなかったのに対し、当時は、これらの人々がその他の有益な仕事に奉仕することができたのでした。すでに述べましたように、人間たちは当時堂々と、そして友愛の気持ちを持って暮らしていたのです。彼らが自らの主催した大集会において審議したのは、軍事拡張案や社会主義者鎮圧法などではなく、大祭礼や狩猟計画などでした。

当時、狩猟を行った者たちは、沢山の獲物を持って帰還しました。そして女たちがこの獲物を一生懸命料理する間、男たちは大きな火を囲みながら、［自らの］狩猟の結果などについて歓談しました。

その時、アベル Abel は次のように言いました。

『そう、今日も実に良い日だった。考えてみれば、この禁断の木の実——それは、今や石のように堅くなったけれども、私の父が私のために保持してくれていたのだが——のために私どもが楽園から追放されていなかったならば、私は、おそらくわれわれの土地がこれほど美しいことに気付かなかっただろう。』

『一体全体、禁断の木の実とは何なのか。この禁断の木の実がお前を悩ますならば、それを捨てればよいではないか。なにゆえお前は、そのような有益でないものを持つことで、自らを苦しめるのか』と、他の人々は言いました。

それに対し、アベルは次のように答えたのでした。

『否、私はそれを捨てるつもりなどさらさらない。なぜなら、私は、これらの石が、大きな奇跡を起こす不思議な力を持っていることを大いに警戒しているからである。』

　こう述べた後、アベルは腹巻きからその両面に次のような銘文、すなわち『地上にあるすべてものは、この石の所有者のものである。すべての者は、この石の所有者に臣従する』という銘文が刻まれた多数の光り輝く円形の石が入った袋を取り出しました。

　それから他の人々は、次のように述べました。

『それは、きわめて奇妙な石である。お前はその銘文をどう理解するのか、アベル。』『まったく単純明快なことである。世界は、その石の所有者としての私のものである。私は世界の主人であり、その他のすべての人々は、私に臣従する人々である。従って、この場合、私の友もそうなるのだろうか。諸君。

　本当のことを言えば、私はそんなことを信じていない。こんなものがどうして私にイチジクの請求権をより多く与え、また私の同胞により少なくしか与えないのか、こうしたことを私は理解することができない。そんなことがあるとすれば、それを、私はペテンと見なす。』

『われわれもまた、そう見なす』と、男たちは言いました。そしてそうした会話の間に、女たちがご馳走の用意を整えたので、全員が火のまわりに座り、美味しく料理された熊の肉を食べました。最終的に、全員は各自の天幕に機嫌よく戻り、まもなく集落全体が眠りについたのでした。

　だが、眠ることのできなかった者が、一人いました。アベルの石はカイン Kain の念頭を去らず、その銘文は、彼の心を波立たせたのです。彼がこの全地上を独り占めするという計画を考えた時、彼の念頭に浮かんだ情景は、その他のすべての人々が彼の長靴を磨くという姿だったのです。だが、彼の念頭に浮かんだ想像は、それだけではありませんでした。『アベルは、現在石を所有している。それゆえ、彼は、今のところは自由な人間である私を彼の奉仕者になるように私を強制できる』、と。

　このような想像は、カインには堪え難いものでした。それゆえ、彼はその石を自分のものにしようと決意したのです。実際、そのことはそれほど困難なことではありませんでした。なぜなら、アベルは、いつもその石を入れた袋を天幕の前の木にかけていたからでした。カインはそこに忍び寄り、その袋を奪ったのです。

この行為は、人間が犯した最初の泥棒行為でした。

次の日の朝、アベルは、袋がないことに気付きました。そして彼は、この袋をカインが持っていることを確認するや、彼はカインにその返却を求めました。だが、カインはその袋の返却を厳しく拒絶したのです。そしてアベルが執拗にその袋の返却を求めるや、カインは棍棒でアベルを殴り殺して、森の中に逃亡したのでした。

こうして最初の泥棒行為と最初の殺人行為が発生しましたが、その原因となったのは、楽園における禁断の木の実だったのです。

その後、カインは他の男たちに追跡・捕縛され、リンチによって殺害されました。こうして他の男たちはその袋を奪い返しましたが、すでにアベルは死んでいたので、彼らはその袋をどうしたらよいのか分かりませんでした。そして最終的には、彼らはその袋の中のものを分けるという協定を結んだのです。

だが、その際に、男たちを二分する争いが生まれ、その争いは戦争となってしまいました。

こうして楽園における禁断の木の実に起因する最初の戦争が発生したのです。

今や人間の眼には、この禁断の木の実は現実的価値を持つものに見えました。なぜなら、この禁断の木の実のために、カインはアベルを殴り殺し、人間たちは戦争を行ったからです。

かくして禁断の木の実は、その銘文がのべているような価値を持つことになったのです。

それゆえ、すべての者は、その石を策略や暴力によって可能な限り多く所有しようとしたのです。

それ以前には、だれひとりとして他人の物欲を刺激するようなものを所有していなかったので、他人の眼から何ものをも隠す必要がありませんでした。だが、今やその石の所有者は、その石をいかに安全に守ることができるのかに思い悩むようになったのです。

彼らは、堅牢な家屋を建築し、その周りに先の尖った柵を巡らしました。また彼らは、野生動物を飼い馴らし、この家屋に近付くすべての人間に噛み付くように訓練しました。それ以前にはすべての異邦人は歓迎され、疑念を抱かれることがなかったのに、今やすべての新しい異邦人は、その石を自分のものにしようとしたカインの如く見なされたのでした。

他方、それまでは狩りや祝祭のために集まっていた人間たちも、今や、略奪を計画したり、そのような略奪を防ぐために集まるようになりました。

またそれまでは、純粋な物々交換しか存在していませんでした。そして人々が必要としたもののほとんどは、その地域に見い出されたので、当然のことながら、交易もきわめて限られたものでした。

だが、今や状況は突如変化したのです。楽園における禁断の木の実とともに、つまり——これ以降われわれがこの禁断の木の実をそう呼ぶのですが——金とともに、物財が市場に供出されるようになりました。けれども、その需要はその供給と一致することがなかったのです。かくしてすべての者は、可能なかぎり多くの金を保持しようとしました。従って、物財がますます多く求められるようになればなるほど、それだけいっそう金の価値は、純朴な人間たちの頭の中で大きくなったのです。

かくして、だれも金を手放そうとはしなくなりました。ただ窮境に陥った場合にだけ、人々は金をやむなく手放しました。

多くの場合、ひとつの産物と引き換えに他の産物、たとえば動物などが与えられました。けれども、たとえばイチジクの葉は、金貨が持つような、購買意欲を大いに刺激する対象物とはなり得ませんでした。

こうして購買意欲を高め、金の所有者から金を譲渡させるために、人間たちは、以前にはけっして考えもしなかったようなイデーを思い付いたのです。

たとえば、農民は、美しい魅惑的な禁断の木の実を獲得するために、自らの農地に肥料を撒き、運河を引くとともに、牧草地を開墾しました。また手工業者は、自らの製造品にとりどりの色を塗り、魅惑的な製造品に仕上げました。さらに商人は、色々な商品を求めて外国に行くとともに、砂漠を横断し、大洋を横切りました。そして童話作家は恐怖小説を創作しました。大司祭も、自らの信徒を教え導くために、神に日用品や鳩の代わりに金貨を捧げました。同時に彼は、地獄を作り出し、それを恐るべきものに描きました。

かくして金によって、すべてのものが購入できるようになりました。そしてそれまで販売されることのなかったもの、たとえば男たちの名誉すらも全能の金に屈伏するようになったのです。

金のためならば、雨や雪であっても盗賊は待ち伏せし、旅人を見つけるや、殺害し略奪しました。

金のためならば、男たちは自らの自由を放棄して、自らを奴隷や農奴として他人に売り渡しました。

他方、奴隷の購入者は、自らの奴隷を訓練した上で、武装させ、彼の命令のもとにどのようにして近隣地の略奪行を行うのかを教えたのです。

かくして今や、人間たちは不安と騒乱の中で暮らし、禁断の木の実にある銘文の内容が、すなわち金が世界を支配しているけれども、地上はもはや楽園ではないということが、確証されたのでした。

こうしてアダムの不服従は、原罪と見なされているのです。

だが、あらゆるものに光と影があるように、金の導入にも良い点がありました。

金は、人間たちの物欲を発展させました。そしてこの物欲は、周知のように、人間のもっとも強力な原動力になっています。

以前にはいかなる人間も、次の収穫期が来るまでの間に必要とされる分以上のストックを蓄蔵しようなどとは考えもしませんでした。それは、このようなストックは、腐ってしまうという単純な理由からでした。それに対し、今や人々は、金の中にけっして腐らずに、人々が必要な時にはいつでもあらゆる物財と交換することのできる価値を見い出すようになりました。そしてその価値は、その他のあらゆる物財が日々その価値を減じていくのとは反対に、日々人間たちの頭の中で高まっていったのです。

その結果、生活に不可欠なあらゆる物財は、金との交換によって手に入れられるようになりました。また人々の財産も、全般的に金の価値によってだけ計量されるようになりました。

このような金に対する全般的必要が、金の価値を途方もなく高めたのです。もはやだれもが、金と引き換えでなければ、物財を販売しなくなりました。そして金なしには、だれもがやっていけなくなりました。船員も金を要求し、大司教も金を要求するようになりました。そして学校の教師さえも、金を入手できなければ、ストライキをする用意がありました。

以前ならば、若い入植者が自分の家屋を建築しようとした場合、彼は、絶えず喜んで小麦の種を貸してくれる人々を見い出しました。もちろんその際に、利子が要求されることなどありませんでした。**というのも、貸与した小麦は、新たな収穫の後に新鮮な形態の小麦で返却されるという利点があったからです。**それに対し、もし小麦を納屋に［一年間も］保存したままであるならば、その小麦は鼠に齧られたり、通風が悪かったりして、その量を減少させてしまうことになったでしょう。

だが、今やそのような事態は生じることがありません。農民たちは、これまでのやり方とは違ったやり方で計算します。彼らは、小麦を金と引き換えに販売すれば、彼らが一年後に小麦を再び必要になった場合にも、彼らは金によって新鮮な小麦を、しかも少しも減少させずに獲得することができる、と。

かくして今や農民たちは、若い入植者に小麦を貸すことにもはやいかなる**利益**も持っていません。彼らは、貸与と引き換えに超過報酬を要求します。つまり、今や若い入植者は、一ツェントナー当たり一〇ポンドの超過報酬を**利子として**農民たちに支払わなければなりません。かくして以前とは異なり、農民たちは今や二重の利益を有します。第一の利益は、彼らの小麦のストックがもはや時間の作用を受けても減少することがないという点です。そして第二の利益は、農民たちが利子を獲得するという点です。

その結果、農民たちの財産が著しく増加し、まもなく彼らは働く必要がなくなります。小麦（ないし金）の貸与によって、彼らは、自らが使用するよりもはるかに多くの小麦（ないし金）を利子として獲得するからです。かくして彼らは、レントナーになります。**このように金の導入は、彼らに大きな恩恵を授けるものとなりました。**それに対し、若い入植者は、今や生活が苦しくなったことに驚愕します。それというのも、若い入植者は、利子を支払うために以前よりももっと多くの労働をしなければならなくなったからです。そればかりか、凶作のような不運な事態に遭遇した場合には、利子の支払いが不可能になってしまうからです。今や、利子は複利で計算されます。かくして利子の支払いが滞れば滞るほど、若い入植者はそれだけいっそう多くの労働をしなければなりません。だが、彼らが労働すればするほど、彼らはそれだけいっそう多くの債務を抱えることになります。なぜなら、過度の労働は過剰生産に導き、この過剰生産が価格を引き下げるからです。それに対し、このような価格の下落は、レントナーにとって自分の必要のためにこれまでよりも僅かな金額の支出ですむがゆえに、有利な事態となります。

今や、レントナーには可能なかぎりの贅沢が許されます。そしてレントナーは、多数の貧しい農民の息子たちを自分の従者にしてしまいます。それに対し、債務を支払えない農民は、レントナーのところで自らの債務を返済するための賦役を行わなければなりません。かくしてレントナーは、こうした農民たちを使って自分自身の所有地の土地改良を行い、道路を建設し、運河を引きます。このようにしてレントナーの所有地の価値が高まれば高まるほど、それだけいっそう農民たちの農場は、賦役のためにその所有地から労働が奪われる結果、劣悪化していくことになります。そして農民たちはもはや農場経営をやっていけなくなり、自らの農場を競売に付します。その際に、その唯一可能な購入者となるのは、レントナーなのです。従って、土地を販売してしまった農民たちがその後も自分の農場で暮らしていきたいならば、彼らはレントナーにその土地の賃貸料を支払わなければなりません。かくして農民たちは、今やレントナーの慈悲に縋る賃金労働者に転落することになってしまうのです。

農民たちは、以前には適度な労働を行い、自らの精神的進歩に必要な時間を持つことができました。今や農民たちは、そのような時間を持つことができません。心配や労働のために、彼らの肉体的能力や精神的能力は衰退し、無知な馬鹿者——動物と人間の中間形態——となってしまいます。だが、レントナーは時間、金そして芸術などによって自らの精神を高めるとともに、個人的にきわめて有利な金融制度をあらゆる手練手管を使って確立しようと努めるのです。」

ここでアストール氏は、次のように述懐した。

「楽園における禁断の木の実は、何を実現したのでしょうか。それは、人間の間にきわめて大きな貧困と苦しみを広げてしまいました。従いまして、今や洗礼だけでは、人類をこのような原罪から解放するのに十分ではないということを、認めなければなりません。

上述したような事態は、全世界において次々に大規模に生じました。とりわけ工業ではそれ以上に大規模に、こうした事態が生じたのでした。なぜなら、手工業者と都市住民は、農民よりもはるかに容易に搾取の犠牲者になってしまうからです。換言すれば、手工業者と都市住民は生活手段のストックを持っていないために、食生活への心配からすぐにいかなる抵抗もできなくなってしまうからです。

わが愛する友人たちよ。すべての貧困を終焉させる絶好の機会が、実際に到来しているのです。もしゼムジィ鉱山が適宜発見されていなかったならば、原罪、すなわち以前の貨幣制度が人類をどれほど深い深淵に陥れたのか分かりません。

今やあなた方は、どうして勤勉な労働者が永遠の貧困の中で暮らさざるをえないために、最終的に、衰退傾向に陥っているのかを知るに到っています。そうです。人類の原罪の責任を負うのは、禁断の木の実、すなわち金なのです。従いまして、諸君が洗礼によって原罪から解放されるとすれば、それはシュヌフラー博士のお陰なのです。彼は、毒によって毒を制したのです。」

「われわれは、アストールさんに感謝します。あなたがわれわれにしてくれた説明のお陰で、われわれは事態をかなり理解することができました。だが、あなたは新しい金融改革計画をどのように考えているのでしょうか。『金は紙幣に置換されるべきである』という意見すら、囁かれています。けれども、われわれは、――そうなれば、われわれ労働者には都合がよいし、少なくとも以前よりははるかに良くなるにもかかわらず――貨幣なしには永遠に立ち行かないということを、良く知っているのです。」

それに対し、アストール氏は次のように述べました。

「他の国々で行われているような形態の紙幣発行という金融改革計画は、人民が犯してはならない最大の愚行です。」「今やすべての働く者は、債務から自由になっており、十分な生計を得ています。だが、何の労働もしない者は、何も持たないし、何も持ってはならないのです。この新しい紙幣が計画通り導入された場合、一世代の間は計画通りにいくにしても、結局のところわれわれは、ゼムジィ鉱山の発見以前と同じような腐敗した事態を持つことになってしまうでしょう。私は諸君に断言します。一〇年もたたないうちに、諸君は、今や飢えを満す術すら分からない破産した億万長者の私が再び銀行業の頂点に立ち、前代未聞の大金持ち、すなわち今日の百倍も大きな大金持ちになっているのを見ることになってしまうでしょう、と。

ところで、何百万マルクといったお金は、もはや私を魅了することがありません。むしろ貧困は、幸福を別の方法で求めることを、私に教えています。私は、**実践的な哲学者**になっています。富は幸福を作り出さないということを、私は積極的に認めますし、次のことをも喜んで認めます。私は、以前には何百万マルクもの私の富が、二つのベッドと二つの椅子を利用することや一〇枚のビーフステーキの食事をすることを私に可能としたにもかかわらず、一つのベッドで寝て、一つの椅子に座り、一枚のビーフステーキしか食べられませんでした。真理だけを言いましょう。あなたの愛する奥さんが私に与えてくれたスープは、これまで私が食べてきたものの中で一番美味しい料理でした。私はこのことに今日初めて気付きました。何百万マルクものお金を持つ喜びなど真の喜びたりえないと私が主張するならば、そのことは、上品で優雅な家族の食卓で食べるものならばどんな料理でも美味しいと言うのと同じことなのです。

私は、以前には富を評価しましたが、今や富を憎んでいます。それゆえ、私は、この富がもたらす酷い失望から他の人々を守るために、私が長いこと説き続けてきた金融改革計画を――私は、この改革計画を入念に吟味した後に大臣に提出しようと考えているのですが――諸君に説明したいと思います。

この改革計画は紙幣をも扱うけれども、これまで他の国々に流通していた紙幣とは本質的に異なった紙幣を扱うものです。**その紙幣とは、金の良き目的を完全に、そしてより良く達成するとともに、その欠点をも回避しようとするものでもあります。**

しかるに、私は、諸君にこの改革計画を説明する前に、諸君がこの改革計画を正しく理解するのに不可欠な点を最初に述べておきたいと思います。従いまして、私は、次章における次のような小さな寓話から始めることにします。」

第三章　学校の教師アクサー

［更にアストール氏は語ります。］
「人々は、これまで何度も恐慌を体験してきました。そうした体験の中で、ある者は、最近一〇年間にかなりの規則性を持ちながら、ほとんどすべての国々において繰り返されてきた当の産業恐慌の決定的かつ自然的な原因を、次の点に求めました。
（1）利子制度のために諸資本が自然に反するように蓄積された結果、これらの諸資本に対応した債務［額］は、最良の意志や真剣な労働にもかかわらず、返済不可能な額となり、債務者の破産を引き起こしたこと。
（2）諸資本が少数者の手に集中した結果、人間の活動が宮殿の建設や贅沢品の生産などの間違った道に向けられてしまったこと。

そのような恐慌の勃発に際して常に生じたことは、多数の人々の失業と飢え、そして移民への強制でした。たとえば、これまで豪華列車製造工場に直接または間接に依存してきたある村があるとしましょう。けれども、この豪華列車製造工場が恐慌によって今や破産してしまったために、その村の全住民が移民することを強いられたと仮定することにしましょう。村人たちは、『団結こそ苦境を乗り切る強さを与える』という信念のもとに行動しつつ、協力して大洋の向こう側に植民地を建設することを決議したのです。

その村のすべての手工業者も、その決議を全員支持しました。というのも、彼らは、農家なしには自らの営業を継続できないからでした。かくして［その村の］学校の教師は、その手に地図を持ちながら、原野の真っ直中のひとつの土地――そこは、この学校の教師の見込みによれば、良き植民地になるあらゆる条件を持っている土地でした――を選び出し、そこに向かって彼らは突き進むことになりました。沼地、いばらの茂ったブッシュ、鬱蒼とした原始林を通る何日もの行進といった長い苦難の旅路を経た後に、この移民団は、最終的に、学校の教師が選び出したその土地を幸運にも発見することができたのです。そして人々は、その土地を実際に見て、その男が思い違いをしていなかったことが分かるとともに、これ以上よい場所が選ばれることはありえないと考え、植民地建設の仕事に着手したのでした。

それでも、開拓の初期には、開拓民全員が自分の家屋を建築するまで、全員がこの共同の計画のために協力して労働するということ、また思慮深く、理性的であると皆に思われている学校の教師の指示に全員が従うということ、この二点について、開拓民全員が合意したのでした。

それからまもなく学校の教師が、開拓民個々人の特性、気候的かつ場所的事情などを配慮した計画を作成しましたが、開拓民はその計画を満場一致で採択しました。学校の教師の賢明な決定ならびに全員の共同労働とのお陰で、この計画を実現するための作業は進捗し、比較的短い期間に開拓民はすべての建造物を建設することができました。その入植地の中心地に、シンボルとして、その他の建造物よりもはるかに立派な、そしてより高層の学校が建てられました。この学校は、共同社会の中枢部かつ心臓部となるものでした。彼ら開拓民にとっても学校の運営と青少年の教育とは、片時も忘れられてはならないものでした。事実、学校は開拓民によって絶えずもっとも上位の、もっとも重要な施設と見なされていましたし、またそのようにも評価されてもいました。こうした学校の周囲には手工業者の家屋が建ち並び、さらにこうした手工業者の周りを取り囲むかたちで農民の農場が存在しておりました。

開拓民全員がこの全施設に満足しました。そしてくじ引きによって各人に住居が割り当てられた後に、各人は自らの個人的趣味に従って住居の調度を整えました。――そしてその日以来、すべての者は共同労働を止めたのです。

――

その時まで、だれも入植地に貨幣がまったく流通していないことに気付きませんでした。入植地に貨幣がまったく流通していなかったのは、学校の教師の勧告に従って、故国からの旅の途中で最後に通過した小さな町で移民者が所有していたすべての貨幣を手工道具や穀物の種子と交換してしまっていたからでした。そして共同労働をしているかぎり、だれも貨幣を必要としませんでした。だが、今や貨幣の欠如が問題として感じられるようになっていました。人々は、物々交換を通じて自らの望むものを手に入れることができましたが、これには多大な労働と時間とがかかりました。この不便な状態を取り除くべく、学校の教師は、物品を交換したいと望むすべての者は、一定の時と一定の場所を決めて、そこに集合するということを、提案したのでした。このような方法によって問題が解決されたために、すべての者は、この新しい交換市を歓迎しました。

だが、このような解決策は、時間の経過とともにまもなく不十分なものとなりました。というのも、日々小さな軋轢が生じたからでした。たとえば、交換の際の正確な評価や計算ができないことから、それらは生じました。だが、こうした小さな軋轢は、開拓民の平和的性格のもとでは大きな争いに発展することがありませんでしたし、また学校の教師の調停によって簡単に解決されもしたのでした。それにもかかわらず、開拓民全員は、貨幣がないと困るという点で、一致していました。

かくして学校の教師が、ある日全開拓民を招集し、彼らに次のように述べました。

『今や諸君は、いつも貨幣の欠如を嘆いている。その上、諸君の中の若干の人たちは、この不便な状態を克服すべく、外からの借款に頼ろうとしている。

諸君が自らの置かれた状況に満足しないならば、事態はもっと悪くなるだろう。諸君は、なにゆえわれわれが、わが愛する故郷が豊かな土地であるにもかかわらず、またわれわれがその土地を勤勉にかつ精力的に耕作してきたにもかかわらず、その土地を捨ててきたのかを、忘れたのだろうか。しかるに、そこでは貨幣渇望が存在していた。それに対し、われわれは、今やかなり長い期間この入植地にいるが、なおわれわれは盗みも犯していないし、どんな争いもわれわれの静謐さをかき乱すこともなかった。確かに、だれも豊かになっていないけれども、だれも貧しくなっていない。またこの地のわれわれは、支配者を持っていないが、また同時に従者も持っていない。諸君は、われわれが金、とりわけ外国の金を導入した場合でも、このような諸関係が残ると信じているのだろうか。

諸君は、『残る』と言う。それだからこそ、諸君は自らの要求を固持し続けているのである。そこで今や私は、諸君にひとつの提案を行いたい。その提案は、おそらく諸君の貨幣渇望を満足させるものとなるだろう。

従って、私は次のことを提案するものである。われわれは大きな市場用ホールを建設し、そこにすべての者が自らの商品を持ち込む。そしてこのホールの管理者は、生産物を受け取り、それと引き換えに紙幣［Schein］を発行する。この紙幣は商品の価値を、われわれが正確に作成した料金表に従って示す。たとえば、一〇〇キログラムの小麦を市場用ホールに持ち込んだすべての者は、一〇ターラーの紙幣を受け取る。彼は、この一〇ターラーの紙幣によって**何時でも一〇〇キログラムの小麦**を買い戻すことができるばかりでなしに、料金表の価格に従ってその他のあらゆる商品をも購入することができる。またこの紙幣は持参人払いであるから、第三者にも譲渡することができる。このような方法をとれば、諸君は貨幣を持つばかりでなしに、外からの借款にかかる経費をも節約することができるだろう。

本当のことを言えば、私は、諸君がこれまでのように貨幣なしでやっていくことの方が良いと思う。なぜなら、私にはわれわれの故郷での貧困がありありと目に浮かぶからである。だが、諸君が災いは必要であると言うならば、われわれは二つの災いの間でより小さい方の災いを選びたい。実際、この私の提案と外からの借款との間でどちらかを選ぶことは、それほど困難なことではないだろう。むしろわれわれは、今後の事態の推移を注意深く見守りたい。もし私の陰鬱な予想が当たったならば、**われわれはこうした活動を即座に中止し**、われわれが古くから保持してきた物々交換に戻るべきだろう。』

この学校の教師アクサー Axer の演説は、集会の参加者に大きな感銘を与えたのでした。彼らが故郷で味わった貧困の思い出がなお彼らの中に生きていたので、彼らは貧困の防止に全力で尽力する覚悟を持っていたからでした。だが、他方で、彼らは貨幣流通の利点を享受したいという願望も強く、ほとんどの人は、**貨幣と貧困の［密接な］関連**を十分には理解していませんでした。かくして最終的に、大多数の人々は、この学校の教師の提案に賛成することとなりました。

まもなく市場用ホールが完成しました。また価格表もすべての人が満足するように作成されました。こうしてホールは、勤勉な住民の可能なかぎり多くの生産物で満たされることになったのです。

学校の教師は、貨幣となるべき市場用紙幣を作成し、それが示す物質的価値の他に芸術的価値を与えることにも努めました。［それを、われわれも見ることにしましょう。］

紙幣の表の面の真ん中には、この紙幣の価値を示す数字が表記されており、その左側にはカラスが啄んでいる貧しい罪人をつるした絞首台が、そしてその右側にはストライキ中の飢えた労働者たちを弾圧しようとしている、手に武器を持った多数の警察官が、それぞれ描かれておりました。

他方、紙幣の裏の面には豪華な大ホールとともに、次のような絵が描かれておりました。山盛りのご馳走の並んだテーブルにご機嫌な気分の上流階級の人々が座り、勤勉な従者がこの上流階級の人々の密やかな願望を満足させようと努めている。また地下室の窓越しにコックが額に汗しながら料理を作っている。そしてホールの門では、粗野な従業員が哀れな乞食を追い払っている、こうした内容の絵でした。

この紙幣の表の面には、次のような銘文が書かれていました。『この紙幣を保持する者は、すべての者に非常に尊敬される正直な主人である。この紙幣を保持しない者は、ルンペンとしてすべての者に踏み付けられる権利を持つ。彼がそれについて不平を言うならば、警察は彼を即座に監禁してもかまわない』、と。

またこの紙幣の裏の面には、次のような銘文が記載されていました。『この紙幣を一、〇〇〇枚所有する者は、年間五、〇〇〇マルクの恩給をもらう権利を獲得する。そればかりでなしに、国家は彼に二〇人の従者をも与える。その従者には、白昼この紙幣をポケットに持たずに街頭にたむろしている人々から選ばれる』、と。

開拓民たちは、学校の教師のこうした奇妙な悪戯に笑いながらも、彼らの中に達者な絵描きがいることを喜びました。だが、賢明な者にとってこの不吉な銘文は、災いの前兆と思われたのでした。それでも、人々はこの紙幣を熱烈に支持し、幸運な場合には可能なかぎり多くこの紙幣を保持したいと思ったのです。

実際、この新しい貨幣を用いるや、取引は順調になされるとともに、時間の損失もなくなり、以前にあったような不可避的な軋轢も完全に回避されるようになりました。また料金表も大変公平に作られていたので、すべての者は自分の労働生産物と引き換えにそれと同じ価値のマルク紙幣を手に入れたのでした。こうして、貨幣の導入はすべての人に災難をもたらすことになるだろうという学校の教師の予言は、あたかも間違っていたかのように思われたのでした。

それから六か月が経過し、事態は、学校の教師が予測したよりもはるかにうまく進みました。だが、ある日、学校の教師は、ひどくうろたえた市場用ホールの管理者と出会ったのです。この市場用ホールの管理者は、学校の教師に次のように語りました。

『アクサー氏よ、私の在庫表は、実際の数字と一致していません。紙幣の発行高と付き合わせれば、私は三%を越えた赤字を抱えています。きっと私たちの中に詐欺師がいるのでしょう。』

学校の教師は、それに対し次のように述べました。

『君が見たもの、それはきっとわれわれの呪われた貨幣に起因するものです。今や私たちは、私が警告と予測の意味を込めて紙幣に描いた絞首台を建設することもできます。けれども、私たちが最初にここでなすべきことは、その調査でしょう。われわれは不平を言う前に、調査する必要があります。』

かくして両人は、ホールに向かいました。ホールの管理者は、学校の教師が最初に調べるのはドアとそのカギであると考えたのですが、だが、不思議なことに、学校の教師は部屋の隅や床を詳細に調査したのでした。学校の教師は、鼠の穴の前で立ち止まり、次のようにホールの管理者に言いました。

『君のホールには、私の見るところ、多数の鼠がいるようだ。』

ホールの管理者は答えました。

『おー、その通りです。多数の鼠がいますね。』

『君は、どういう意見でしょう。ここで鼠は何をしたのでしょうか。多くの財が食べられています。鼠こそ、君が軽率にも訴えた詐欺師なのです。』

『私も、鼠のことを考えました。けれども、鼠がそんなに多くを食べたとは思われません。きっと鼠以外の人間も、協力したのでしょう。』

『ですが、甲虫や蠅、そしてゴミの形態で毎日捨てられるものなどを、君は考慮に入れていないでしょう。』

『その通りです。けれども、それらすべてを考慮に入れても、そんなに多くの損害は出ません。』

『しかし、君は酸素の破壊的影響力、鼠の歯よりも大きな破壊力を持つ時間の威力を忘れているのです。』

ホールの管理者は、内心ほっとしながら、次のように叫びました。

『私は、実際酸素のことをまったく考えていませんでした。酸素こそ、赤字の主要な原因なのです。』

『だが、今や私たちは、この赤字を補塡し、さらにこうした事態を今後とも繰り返さないために何をしたらよいのでしょうか。』

『その点についてはもっと後に語ろうと思います。私は、むしろこの機会を利用して在庫品を詳細に調査するつもりです。

今、ここに一〇マルクの長靴が一〇足、合計一〇〇マルクの長靴があります。けれども、これらの長靴は鼠に齧られ、全部黴だらけになっています。君は、もはやこれらの長靴に一〇マルクの値札を付けることができません。九・五〇マルク、全部で九五マルクの値札を付けざるをえません。』

『しかし、私の赤字はもっと大きくなっています。』

『その通りです。そのことは当面避けられません。

君は、この鋤を在庫品から削除しなければなりません。なぜなら、鍛冶屋がもっと良い型の鋤を発明したからです。より良い型の鋤がだれでも買えるならば、もはやだれもそんな旧式の鋤を買うことはないでしょう。』

学校の教師は、全在庫品を通覧する作業を行った。そしてその作業の後、両人は、全体として在庫表から五％を控除しなければならないということが分かったのです。つまり、両人は、紙幣の五％が保証なしに流通していることを確認したのです。

しかるに、このような弊害は即座に解決されなければなりません。しかも、それは、このような赤字の再発を防ぐようなやり方で、解決されなければなりません。

だが、こうした問題の解決は、それほど簡単なことではないのです。

確かに、故郷ではこのような赤字が問題になることはありませんでした。なぜなら、借款と物品は返済されたからです。だが、われわれの教師は、借款を憎みました。それは、共同社会全体が民間人に対して債務者として存在することになってしまうという理由からでした。つまり、それは、父親が息子から借金をするようなものだったからです。そのこと以外にも、借款には利子が必要となります。そして利子には税金が必要となります。この両者は、われわれの小さな共和国では負担できないほど巨額なものになってしまいます。

それでは、赤字を補塡するにはどうしたらよいのでしょうか。赤字の補塡のために税金が徴収されるべきです。だれから徴収されるべきでしょうか。全住民からでしょうか。

否、それは間違っています。なぜなら、われわれの中には市場用ホールを必要としていない人々ばかりか、市場用紙幣を所持していないために、この市場用ホールの損害にまったく関係のない人々も、多数存在しているからです。

学校の教師アクサーは言いました。『ちょっと待て、私にはひとつの考えがある』、と。実際、彼はそのための救済策を持っていたのです。」

第四章　集　会

「ロバが荒涼とした平原にアザミを見つけたら喜ぶように、われわれの学校の教師も、その救済策を発見して喜んだのでした。

彼は次のように語りました。

『やあ、今やわれわれは、銀行券から絞首台の図柄を削除できるだろう。なぜなら、われわれはもはや泥棒を処刑する必要がないからである。またわれわれは、労働者を弾圧する警官からその制服を取り上げることもできるだろう。なぜなら、市民たちが貨幣への愛から同胞たちを拷問ぜめにするといったような危険がなくなっているからである。そしてわれわれは、無礼を働く従者と施し物を乞う乞食とを伴う豪勢な晩餐を、未熟なやり方ではあっても、この美しい高価な贈り物を全員で享受できるような、そうした楽しげな祝宴に変えることができるだろう。』

学校の教師は、自らが推薦しようとする計画のことを考えて煩悶し続けた結果、夜の間ほとんど眠れませんでした。それでも彼は、開拓民全員を招集した大集会で自らの計画を発表するために、次の日の朝早く起床しました。まもなく開拓民たちも、時間通りに到着しました。全員の到着を確認した後に、学校の教師は演壇に登り、おおよそ次のような内容の演説を声をはりあげて行いました。

『親愛なる友人・同胞諸君、私は、重要な金融改革を審議するためにこの集会に諸君を招集することが必要であると考えました。そして今や、諸君が私の招集に全員そろって応えてくれたことに、私は大変満足しております。今更ながら、私は諸君に心から感謝する次第です。

さて、われわれの市場用ホールの決算は、五%の赤字を示している。つまりわれわれの市場用紙幣の五%は、保証のないものである。ここで諸君に尋ねたい。〈この現行の赤字を補塡し、今後も繰り返し発生するだろう赤字を回避するためには、何をしたらいいのだろうか〉、と。市場用ホールの詳細な調査の結果は、ここにはいかなる泥棒も、また管理者のいかなる不注意もないことを示している。このような損失を引き起こした主たる原因は、遅かれ早かれだれもがその犠牲者になるような自然的［破壊］作用にほかならない。従って、このような損失は、今後とも防ぎようのないものであるがゆえに、年度末になったならば、われわれは絶えずこのような損失を大なり小なり覚悟しておかなければならないだろう。とすれば、われわれは、このような損失の補塡のために何をすべきなのだろうか。

ではわれわれは、開拓民全員に課税する税を徴収すべきだろうか。

そんなやり方は、間違っている。なぜなら、市場用ホールの利点を開拓民全員が等しく享受していないという理由からである。

われわれがこのような赤字を税金によって補塡するならば、火災や川の氾濫などによって全商品ストックが今日のように五%失われた場合、紙幣の所有者が引き合いに出すような先例を作ることになってしまうだろう。つまり、この場合紙幣の所有者は、全員に課税する税金によって紙幣の保証を行うことを要求するようになってしまうだろう。

以前の故国から継承している諸君の法観念に基づけば、このようなやり方は正しいのかもしれない。だが、いずれにしても、多数の人々が火災による損失にまったく無関係であるのに、たとえば自給自足の生活を行っているために、市場用ホールを一度も見たことのない友人スペクフェクト Specfect のような人々から火災税を徴収するなどといったやり方が間違っているということは、疑問の余地のないことである。

われわれの貨幣は、市場用ホールの中に積まれた商品を代表するものである。従って、あらゆる紙幣は、ジャガ芋、肉、パンなどの多くの商品と同義のものである。それゆえに、物品が錆びたり、破損したり腐敗して減少するならば、それらの物を代表する紙幣もまた、同じ比率で傷まなければならない。もし紙幣が傷まないならば、紙幣はもはや商品の代表者たり得ないことになる。その場合には、紙幣は実際の［商品］価値よりも大きく見せる誤った正札になってしまうだろう。

われわれは、現在一〇、〇〇〇ターラーの紙幣を流通させているが、それは、厳密に同じ価値を有する商品ストックと一致していなければならない。だが、この商品ストックは、われわれの決算が示しているように、毎年平均して五％減少する。それゆえ、流通貨幣額も、それと同じ比率で減少しなければならない。このことは、当然なことである。なぜなら、もし流通貨幣がその価値を保持し続けていくのに対し、この貨幣が代表する市場用ホールの物品が日々価値を減じていくならば、当然のことながら、赤字が生まれるとともに、われわれの貨幣は、商品の代表者としての性格――われわれの貨幣は、当然のことながら、そうした役割を果たさなければならない――を失っていかざるを得ないからである。あらゆる商品が、例外なしに、自らの価値を失っていくのとは対照的に、同じ価値を持ち続ける貨幣、自らの価値を減少させることのない貨幣、それは商品の代表者ではなく、神の特権を持った物品、つまり、時間の破壊的作用を免れ、永遠に不変のままで、生産者の犠牲によって自然的損失からその所有者を守るという特権を持った物品である。かくしてそのような貨幣の所有者は、自らの手に恐るべき専制権力を授けてくれる道具を持つことになるのである。この点を諸君に説明したい。今諸君は、だれかが何らかの方法によって、たとえば大豊作や遺産相続によって大量の紙幣を所有するに至った場合を考えてほしい。そうなった場合、その人はこの紙幣を流通させないことを思い付くだろう。そうした場合の直接的結果とは、何だろうか。それは、市場用ホールの商品がもはやいかなる買い手も見つけられないということである。なぜなら、だれもその購入に必要な貨幣を持っていないからである。つまり、市場用ホールではいかなる商品も販売できないがゆえに、市場用ホールの商品販売者は何も買うことができないのである。従って、商品販売者は、紙幣の所有者、すなわち金融家のところに行き、彼に自らの商品を安価に提供しなければならないことになる。

大量の紙幣を所有することに成功した男は、投機を行うことを考える。つまり、彼は、投機の利益とは無関係に、緊急に販売しなければならない大量の供給を利用して、商品の価格を引き下げようとする。彼は、絶対そうするに決まっている。彼は、この機会を利用して、きわめてわずかな貨幣額によって大量の商品を所有するようになるだろう。それからこの男は、再び貨幣を流通させる。その間に市場用ホールの商品は、腐敗しているがゆえに、購買者は、金融家、すなわち現在の商品所有者のところに買いにいかなければならない。その際、この商品所有者は、自らの大きな需要を大幅な価格騰貴のために利用する結果、二倍の貨幣を所有するに至るのである。こうして彼は、規則的にこの手練手管を繰り返し、短期間に全貨幣額の唯一の所有者になってしまうのである。

それとともに彼は、われわれの入植地における専制的支配者になり、その権力を利用して自らの富裕を思うままに大きなものにしていくのである。その結果、われわれの市場用ホールの料金表は有名無実のものになり、今や金融家が商品の価格を決定することになる。

そして彼は、自らの貨幣の価値を騰貴させるために商品の価格を、最終的に開拓民がもはや生活できなくなるまで引き下げる。今や開拓民は債務を負う。その際、銀行家だけが彼らを助けることができるがゆえに、彼らは、今や銀行家の恣意に従属した存在になる。その結果、この男への諸君の猜疑心は、皇帝ネロのそれよりももっと大きなものに膨れ上がることだろう。

このような例を示すだけでも、諸君に、絶えず同じ価値を持ち続けるような貨幣が全能の存在になるという危険性を示すと同時に、われわれはそのような種類の貨幣をけっして導入してはならないということをも示すのに、十分であるだろう。

つまり、われわれの貨幣は独裁者であってはならず、単に商品の代理人、商品流通を容易にする手段、そして物々交換の不便さを克服する手段でなければならない。

われわれは、絶えず同じ価値を持ち続ける貨幣に反対するこうした重要な理由以外にも、次のような理由も言わなければならない。〈そのような貨幣は、恐るべきほどの不正義を孕んでいる〉、と。

われわれがすでに見てきたように、われわれの市場用ホールの在庫品調査は、毎年一〇％の欠損を示しているがゆえに、発行された市場用紙幣は、年末にその額の一〇％を保証するものになっていない。このような欠損額は、われわれが破産したくないならば、また紙幣がなお有効であり続けたいならば、保証されなければならない。だが、このような保証を可能にするのは、全員に課税される税金か、あるいはその担税力がない場合には、**われわれの紙幣の所有者からの借款**かのどちらかしかない、と言われている。

開拓民の全員が等しく市場用ホールを利用しているならば、全員が等しく赤字の補塡に関与しなければならないだろう。従って、その場合には、全員に課税される税あるいは借款が適切な方法であり、法律的立場からもいかなる異論も生じないだろう。だが、皆が知っているように、開拓民の全員がこの市場用ホールを利用しているわけではないのである。

それゆえ、商品が錆びなどによって被る損失は、だれによって担われなければならないのか。それが**商品の所有者**であることは、明白なことである。

商品を所有していない者には、いかなる権利もいかなる義務もない。ところで、**商品の真の所有者とは、だれなのか。**

それは、紙幣の所有者以外のだれでもない。なぜなら、紙幣は、商品といつでも交換できる権利を持っているからである。つまり、紙幣の所有者は、いつでも商品を手に入れることができるからである。それに対し、彼が紙幣を商品と交換しないならば、商品は腐敗していくという危険が生まれる。かくしてわれわれの赤字は、紙幣の所有者によって補塡されなければならないということは、明白である。だれも、このことを否定はできないだろう。

だが、同様に赤字額が確定された場合、年末に紙幣を所有している者にその赤字額全額の補塡を要求することができないということも、明白なことである。なぜなら、この赤字額全額は、一年間の流通のなかで形成されたものだからである。従って、紙幣の所有者は、自らが紙幣を財布の中にとどめていた時間に比例してこの赤字額全額の補塡に［部分的に］関与することになるだろう。

かくして、われわれがこの赤字額全額の負担を公正に分担しようと望むならば、われわれはわれわれの市場用紙幣を次の第五章に例示されているような形態に変更しなければならない。』」

第五章　錆びる銀行券

学校の教師［アクサー］は、とくに上手な演説家というわけではなかった。彼は、紙面に書いてある文言をただ棒読みしたにすぎない。そのため、彼が一息ついて周囲を見回した後、彼は、聴衆は皆眠っていると呟いた。

しかし、彼はとても温厚だったので、これらの善良な人々の眠りを妨げることをしなかった。

それについてアストール氏も、次のように述べました。

「われわれもまた、彼らを眠らせておきましょう」、と。「さて、この勇敢な学校の教師が開拓民たちに提案した貨幣制度は、私にとっても理想となりうるものです。それゆえに、私は、この学校の教師がわれわれドイツの諸関係に留意しつつ行った彼の説明をさらに継続したいと思います。

この学校の教師は、諸君に貨幣の本質を説明する中で、例を用いながら、すべての貨幣、すなわち金であれ銀であれ、また堅固な価値を持つ紙であれ、それらは、この世に存在しているもっとも無思慮で不公正な制度であることを、証明しました。また彼は、諸君に次の諸点を、すなわち、**貨幣の所有者は商品の真の所有者であるということ**、商品の販売にはリスクがあるということ、そして貨幣の所有者は錆びるなどの年々の損失を負担しなければならないということ、こうした諸点を証明しました。またその価値が不変であり続ける貨幣の場合には、そのリスクは国家の費用になるということ、つまり国家が自らの収入からその損失額――赤字額――を貨幣所有者に返済するということをも、彼は示しました。**かくしてこの学校の教師は、諸君に次のことを、すなわちすべてのマルクは、国家の費用によって貨幣所有者に有利になるように流通しつつ、毎年一〇%ないし一〇ペニヒの税を徴収しているということ、そしてこのすべてのマルクは、それ以外にも金の持つあらゆる利点を享受しているということを、証明したのです。**

このような貨幣制度は、礼節を重んじる国民にふさわしい貨幣制度ではないということは、改めて言うまでもありません。

私はここではっきりと言いたい。固定的かつ不変の価値を持った貨幣は、人類を苦しませてきた原罪である。それゆえ、われわれはこの原罪を根本的に浄化したい、と。

私はさらに言いたい。貨幣は、商品の代表者、商品のパスポート、商品の出荷状、商品のレッテルでなければならない。従って、商品が錆びるならば、その代表者もそれと同じにならなければならない。つまり貨幣も錆びるべきである、と。

このような論拠に基づいて、私は大蔵大臣に、流通する銀行券に次のような文面が記載されるよう申請するものです。

『帝国銀行は、銀行券を一覧した上でその所有者に次のような支払いを行う。

一八九一年一月一日　一〇〇マルク
二日　九九・九七マルク
三日　九九・九四マルク
三一日　九九・一〇マルク
四月三一日　九八・五〇マルク
六月三一日　九七マルク
一〇月三一日　九四マルク
一二月三一日　九〇マルク
etc
etc

要するに、銀行券の価値は、一年間が経過するなかで継続的に減少する。しかもその減価率は、時間の影響によって一年間に平均して減少していく商品——この商品の交換には貨幣が決定的なものになる——の損失に比例したものになる。

そしてこのような銀行券の発行とともに、次のような［内容の］法律が発布される。

〈これまでの貨幣制度では、貨幣所有者は、共同社会の費用によって貨幣本来の目的とは合致しない［多くの］利点を享受してきた。だが、このような貨幣の利点は、本来、貨幣の所有者にではなく、共同社会に役立つべきものである。それゆえ、われわれが税によってこうした貨幣所有者の特権を均等化させようとする試みだけが、公正なことである。このような目的を持ってわれわれは、銀行券を発行するものである。その際、銀行券の印刷は、労働をまったく浪費せずに行われるし、またその特有な制度も、税の徴収をもっとも公正な方法で行う。〉

〈新しい紙幣は、われわれが以前に鋳造した鋳貨と交換される。そしてこの交換は、［交換を始めた］月の末に終了する。このようにわれわれが、金の脱価値化によって流通から排除されたわれわれの以前の鋳貨に再び価値を与えるのは、われわれが、その全般的整序化を容易にするという目的を追求するからである。平和と秩序という全般的に認められた観点から、その整序化が漸次遂行されていくということが、われわれの新しい貨幣制度が作り出していく社会国家への平和的かつ着実な移行にとって、差し迫って必要なものになっているからである。〉

〈銀行券がもはや切りのよい数字を示さなくなるという事態は、日々の交通においてはおそらく不便を感じるだろう。だが、このような不便な事態に直面しても、貨幣改革は、消費者住民にとっては一、〇〇〇倍もの利益というお釣りが返ってくるものとなるだろう。これからは、もはや商品の価格は数字の都合によって決定されることがなく、むしろその実際の価値に従って決定されることになるだろう。なぜなら、自らの所得をペニヒ単位で計算しなければならない大多数の住民にとって、物品が一マルクの価格かそれとも九七ペニヒの価格かということは、どうでもよくはないからである。その場合、大多数の住民は、九七ペニヒの方を支払うに決まっている。すでに述べた貨幣改革の利点のために、彼らはこうした小さな不便さをきっと忘れてしまうだろう。〉

〈当然のことながら、小額の鋳貨も［流通中］に減価しなければならない。だが、それらはペニヒ単位の小額さのゆえに、容易には実行できないだろう。それゆえ、われわれは、一〇枚綴りの小額の銀行券を様々な色で印刷するという解決策を考えた。これらの紙幣は、五ペニヒ、一〇ペニヒ、五〇ペニヒの価値を刻印され、通年その価値を保持し続けるけれども、年末には一〇枚綴りが剥がされる。そしてこのような紙幣の所有者は、補償なしにその紙幣を廃棄する。そうしても、小額でしかないので、だれもそのことによってさしたる損害を被ることがない。だが、個々の場合には、ある者がこのような処置によって比較的大きな損害を被ることもあるから、われわれは、このような処置を小額の宝くじと結び付けた。つまり、このような処置がなされる度に、若干の人々が宝くじの賞金を得る。従って、小額紙幣の無補償な処置というリスクは、宝くじというチャンスによって埋め合わされることとなるだろう。〉

〈われわれは、以下のことを決定した。

次の月の一日から

（1）帝国内のすべての人々は、われわれの銀行券以外のその他の貨幣と引き換えに商品を販売してはならない。

（2）帝国内のすべての人々は、われわれの銀行券以外のその他の貨幣によって貨幣債務関係を締結してはならない。

外国での支払いを行わなければならない者は、いつでも帝国銀行でわれわれの銀行券と金との両替を時価で行うことができる。

われわれはここで、新しい貨幣制度はわれわれの愛する祖国の繁栄を強力に促進し、今日の社会的諸関係の平和的解決に有意義な影響を与えるものになるというわれわれの信念を表明するとともに、このわれわれの信念を公的批判や多種多様な直接的かつ間接的な批判、そして私的かつ共同的利害に基づいた貨幣改革の利点への公的批評に委ねるという方法を取ることによって、すべての誠実な人々がこの貨幣改革の実施を全力で支持することを願うものである。アーメン。〉』（ベルリン）」

アストール氏は、さらに次のように述懐しました。

「以上のことは、貨幣改革の導入に関する法律の内容の概略です。私は、全世界でこれから起きるだろう偉大な改革を諸君に説明したのですが、それはすでに遅きに失しているのかもしれません。というのも、この問題はまもなく新聞紙上で取り上げられ、詳細に論じられるだろうからです。だが、貨幣改革には多くの個人的利害が関係してくるがゆえに、事実の偽造といった粗野なやり方や曲解といった洗練されたやり方によってこの改革を有耶無耶にしようとする人々には、不足することがありません。実際、彼らは、事実を歪曲することによって天地を逆さまにしようとするでしょう。だが、そんなことをしても、結局は役に立ちません。

それに対し、諸君は今や、問題の本質を理解しつつあります。たとえ諸君が嘘の迷宮に入り込んでも真理の糸をたどっていけば、——諸君が一度位真理の発見に失敗したとしても——真理を繰り返し発見することは、それほど難しいことではないでしょう。」

「ではお休みなさい。わが愛する友たちよ、手厚いおもてなしに心から感謝いたします。」「こちらこそ、アストールさんがわれわれに説明してくれたことに、感謝いたします。お休みなさい。」

これまで天使の忍耐をもって私に付き合ってくれた読者は、今や、唖然とする事実や驚天動地の発見に対峙しているなどといった印象を持つことはないだろう。

金、光り輝く金、それを、われわれはディオゲネス Diogenes の賢明な助言にもかかわらず、必死に希求しているのだが、それは、われわれが思っているほど大したものではない。

「借方と貸方」という判事席の前に引き出された者は、自らの債務が明らかにされる。そして彼が詐欺師であることが暴露され、悪党のレッテルが貼られることになる。

従って、すべての誠実な人々はそのような社会から逃亡し、それとのあらゆる接触を恥と考える。

雲は太陽の光を遮り、それを包み込んでしまう。へまな行為はぬらりくらりと逃げるにしかずというように、それはわれわれの前からぬらりくらりと逃げようとしている。そうでなければ、それは光のない暗闇という沼にこっそりと戻ることになるだろう。

私は、この発見を荒唐無稽な物語という衣装を纏わせることによって、読者が私の発見した真理を受け入れてくれるための準備をするとともに、読者にまったく偏見なしにこの小冊子を読んでもらい、最終的にその内容の重要性を認識してもらうことが、私の目的であった。

このようなやり方をとったからこそ、読者は、多くの者が犯した誤謬に陥ることがなかったのである。それというのも、読者が、期待されないものを期待する気持ちの中で——全体の完全な理解には必要であるけれども、それだけでは事態の不明確な概念しか得られないところの——付随的状態を無視できたからなのである。

第六章　貨幣改革への批評

この小冊子の第一章において、私は全能といわれる金の実際の価値を暴くことに努めた。その際に、私は、もっと手短に、たとえばAが四に等しいならば、一、〇〇〇Aは四、〇〇〇であって、〇にはなりえないという代数の法則を利用しながら、「われわれが流通する金量を四Xマルクと表記するならば、その一〇倍は四〇Xマルクでなければならない」と表現することもできただろう。だが、膨大な量の金が発見されて以来、金の価値がゼロになっているという状況は、むしろ金の実際の価値がゼロであることを示すものである。

この小冊子の第二章では、金がいかにして次第に支配者になるのか、そして金の導入以来、金がどれほど有害な影響を与えてきたかが、述べられている。

この小冊子の第三章では、今日の貨幣制度がいかに理性に反したもので、しかも違法なものであるのか、また今日の貨幣制度が法治国家にとっていかに不面目なものであるのか、さらに今日の貨幣制度が生産者階級にとっていかに不公正なものを孕んでいるのかなどの諸点が示されている。

それに対し、本章での私の課題は、流通しているすべてのマルクは、その所有者に有利になるかたちで、共同社会に約一〇ペニヒの税を毎年課税するという定理の提起であり、その証明である。

さて、すでに証明されているように、貨幣の所有者が流通中の商品の実際の所有者である。それゆえ、次のような命題が成立する。すべての者は、自らの生産した物品を販売することを通じて初めて商品の所有者になる、と。こうした命題に基づいて、この貨幣が彼の購買用代金として彼の所有であり続けている間に、錆びることなどによって生じた商品の価値損失は、この貨幣の所有者によって負担されなければならないということになる。――しかるに、このような負担の仕方は、今日の貨幣制度のもとでは不可能である。――

こうした方法で今日の貨幣制度の不公正さと問題性を示すとともに、貨幣改革に即座に着手することが、公正さの観点ばかりでなしに、共同社会のさらなる強化の利害からも、差し迫って必要になっていることが述べられた後で、私は、この貨幣改革の利点と作用とをできるだけ簡潔に明らかにするつもりである。

ところで、われわれは、次のような認識の点で、すなわち今日の貨幣制度は文明的国民に相応しいものではないという点で、また公正さの観点から年間一〇%の貨幣税［の徴収］に反対しないという点で、一致している。

われわれは、これまで述べてきたわれわれ自身の見解と矛盾しないためにも、即刻貨幣改革に取り組まなければならない。従って、ここでは第四章で扱われた計画がもっと詳細に論じられなければならないだろう。

［まず最初に必要となるのは］、今日の鋳貨が第四章で描かれたような銀行券と両替されることである。

その結果、国内ではこの新しい銀行券だけが流通することになる。

だが、この銀行券は、日々その価値を減じていく。その結果は、どうなるのか。

たとえば、日々その価値を減じていく商品を抱えた商人は、どのように行動するのだろうか。彼は、商品を可能なかぎり早く販売し、貨幣を可能なかぎり早く手放そうとするだろう。

紙幣の所有者も同様の行動をとるだろう。以前には彼は、彼の労働者に月毎に支払っていたが、今や労働者に週毎に、あるいは一日毎に支払うことが、彼の利益になる。労働者も、彼の主人と同じ状態にある。たとえば、彼は毎日パン屋に支払う。それも現金払いによってである。なぜなら、彼が貨幣を自分の財布の中に入れておくと、その貨幣は、次第にその価値を減じていくからである。次にパン屋はすぐに粉屋に走り、そこでただちに支払いを行う。粉屋は辻馬車に乗って、穀物商人のところに急行し、すぐに支払いを行う。そして穀物商人は、電報局に急行し、電信によって銀行家に貨幣を送金する。かくして、貨幣が企業家、労働者、パン屋、粉屋、穀物商人の手を次々に通って、その出発点である銀行家のところに届くのは、きわめて僅かな時間しかかからない。ちなみに、これまでは三か月が必要であった。なぜなら、すべての者は貨幣から離れがたい一方で、他方では絶えず可能なかぎり長く貨幣を保持し続けようとしたからであった。

今や貨幣は、あらゆる方面から銀行家のところに集まってくる。他方、突然の貨幣請求がなされても、それは銀行家によって素早く支払われる。そして手形はなお数か月の期限があった場合でも、満期になるずっと前に現金化される。かくして今やすべての者が現金払いになる。商人も現金で仕入れを行うので、もはや信用を利用する必要がなくなる。

今やすべての未回収金は、八日以内に銀行家のところに集まる。信用や支払延期などへの需要は、もはやまったく存在しない。銀行家の金庫は銀行券で一杯になる。そしてこの銀行券の価値は日々減じていく。

「私は貨幣によって何をしたらよいのか。私は、商品を購入したらよいのか。このことも、それほど良いやり方とは思えない。従って、私は土地を買うつもりだ。」そして次の日に次のような大きな広告が新聞に掲載された。「ヒルシュゾン Hirschson は、現金払いで購入できる土地を求めている」、と。

だが、今や一片の土地すらも供給がない。不思議に思った彼は、親しい土地所有者に尋ねた。「今や、土地がまったく販売されていないのは、どうしてなのでしょうか」、と。

土地所有者は次のように返答する。「そうなんです。今やだれも土地を売る気がありません。日々その価値を減じていくものと引き換えに自らの良質な土地をだれが譲渡するというのでしょうか。もはやだれも信用を必要としていない今日、もはやだれも利子を支払う必要のない今日、貨幣によっていったい何ができるというのでしょうか。今や、土地が売られるということはありません。長いこと論議されてきた問題、すなわち土地を売買の対象にしていいのか否かという問題は、すでに決着がついているのです。つまり、土地はいかなる売買の対象にもならないというのが、それです。ヒルシュゾンさん、あなたは、自分の貨幣をもはやドイツに投下することができません。貨幣は、ドイツでは過剰になっているからです。従いまして、あなたは自分の貨幣を再び銀行で金と交換し、それをサルタンやアルゼンチンのガウチョに貸す以外にはありません。今や、土地投機家の時代は過去のものとなっているのです。」

ヒルシュゾンは、大きな窮地に陥っていると感じた。彼は、不安のために全身から冷や汗を、それも勇敢な下士官クリューガー Krüger を自らに役立つ祖国防衛隊員にしようと画策した時よりもはるかに多くの冷や汗をかいたのであった。

ヒルシュゾンは、途方に暮れながら銀行に行き、彼の紙幣を金と交換した。なぜなら、そのような交換をすれば、彼は少なくとも更なる損害を被ることがないからである。だが、金はドイツ帝国ではもはや流通していない。従って、彼に残された道は、自らの貨幣を外国に投資することでしかない。その場合には、外国が彼に利子を支払ってくれるだろう。その他のほとんどの銀行家も、ヒルシュゾンと同じような状況にある。その結果、一〇X億マルク強の貨幣、すなわち流通している貨幣の三分の二が、銀行の金庫に眠ることになっている。つまり、一〇X億マルクが、流通から引き上げられているのである。それにもかかわらず、いささかなりとも貨幣不足といった事態は生じていないのである。それればかりか、この一〇億マルクは、もはや利子の支払いをも必要としない。たとえば、一〇億マルクの六%の利子は、六、〇〇〇万マルクである。かくして六、〇〇〇万マルクだけ産業は、その負担が軽減されるのである。つまり、生産的人民ないし共同社会は、六、〇〇〇万マルクを控除した利子を銀行家に支払えばよいのである。それに対し、この六、〇〇〇万マルクは、外国がドイツ帝国に新しい貨幣制度の導入に対する貢租として支払われねばならない。それも、毎年、つまり一二か月ないし五二週にわたって支払われねばならないのである。

たとえば、アルゼンチンのガウチョは、この六、〇〇〇万マルクのためにドイツ国民に毛皮、羊毛、小麦などを、金を得ること以外の反対給付なしに毎年引き渡さなければならない。つまり、彼らは、ドイツ帝国においてはもはや流通していない金と引き換えに六、〇〇〇万キログラム［マルク］の小麦を引き渡さなければならないのである。

ところで、毎年このような六、〇〇〇万マルクを食べ尽してしまう寄生虫の駆除ということが、何を意味するのだろうか。そのことは、これまでこのような六、〇〇〇万マルクがどのような形態で支出されていたかを考える場合に、初めて明らかになるだろう。たとえば、毎年六、〇〇〇万マルクを支出できる男は、従者一人当たりの費用が一〇〇〇マルクであると仮定すれば、六万人の従者を獲得できるだろう。この六万人の従者にはほぼ同数の婦人とその三倍の子供がいると思われる。従って、従者の合計は三〇万人の人間である。他方、彼らの管理や防衛には五〇、〇一〇人の婦人と子供を擁する一万人の男が必要になる。全部で三五万人である。その際、最初の六万人の男たちが料理人や御者、否、手工業者、官吏、兵士、将校から構成され、国王すらもそこに含まれるといったことなどは、考える必要がない。ここでは、彼らが当の六、〇〇〇万マルクの支出に依存しているすべての分子から構成されているということだけが、確認されればよいのである［訳者注：数字は原文のまま］。

それに対し、銀行家の好意に多少とも依存しながら、その他の市民の犠牲の上で暮らしている人々は、その三倍の三×一五＝四五万人ぐらいであるだろう。

今や、貨幣改革は、共同社会がこれまで負担してきたこのような六、〇〇〇万マルクをなくし、その支出を他国民に押しつけるものとなるのである。

もとより、これらの数字は厳密なものではなく、概算のものでしかないが、そこでは途方もなく大きな数字が問題になっていることに、疑問の余地はないだろう。ところで、新しい紙幣は、これまでの貨幣よりもより迅速に流通するだろう。だが、こうした迅速な貨幣流通は、流通貨幣量の一部を不要にする。かくて国内で不要となったこの一部の貨幣は、国内には投下されず、外国に投下されなければならない。

このように**貨幣改革は、あらゆる過剰な貨幣を自ずから除去し**、そうした除去を通じて取引上の大きな混乱を阻止するものとなるだろう。それに対し、不可欠な取引に使用されないすべての貨幣は、その胎内に投機の契機を孕んでいる。そして実際に投機がなされるようなことがあれば、大きな価格変動が生じ、取引上の大きな混乱が生じる。だが、錆びていく銀行券の導入とともに、もはやこうした投機が生まれることはない。なぜなら、確実な損失に不確実な儲けが対峙する事態になった場合、投機資本はまもなく自ずと霧消してしまうからである。かくして投機によって毎年生まれる損失を補填する必要もなくなるのである。

ほとんどの破産は、信用制度と結び付いた価格変動によるものである。従って、この価格変動の原因が廃絶されるならば、またこの貨幣改革の必然的な結果となる現金払いが導入されるならば、破産はなくなり、商業は堅固な基礎を持つことになるだろう。

今日、ドイツ帝国ではX百万マルクの貨幣が流通しているが、迅速な流通によってその流通貨幣量がY百万マルク減少し、Z百万マルクになってしまう。たとえば、われわれが、Z百万マルクが三〇億マルクに等しく、この三〇億マルクが一年間の流通の中で一〇％、つまり三億マルク減少すると仮定するならば、年末には二七億マルクの貨幣しか流通していないがゆえに、三億マルクの貨幣の補塡が必要となるだろう。そして流通過程の中でこのような貨幣不足の事態が多くの人々に感じられることとなり、それが銀行家の下での貨幣需要——この貨幣需要は、年末には**その補塡額とぴったりと一致するだろう**——になっていくということは、明白である。

だが、国家は帝国銀行の中に本来の三〇億マルクを保証するための金を所有しているがゆえに、国家はこの貨幣需要を新規の発行によって補塡することができるのである。その際、この新規の貨幣発行額は、国家の収入として、すなわち正当に徴収された税と見なされる。かくしてこの欠損額は毎年繰り返されるものであるがゆえに、毎年その補塡が要求されるものであるがゆえに、国家は予め、厳密な計算のもとにはじきだされた収入を見込むことができるようになるのである。だが、その税の徴収には、紙幣の印刷費しかかからない。差押えもなければ、貧窮化した農民から牛を徴発することもなく、そして万人の権利を侵害することもなしに、この税は徴収されることになるだろう。

かくして貨幣改革は、租税改革にもなる。その際に、あらゆる市民にその所得額に応じてまったく公平に分割・負担される税は、執行官の強制なしに国民が自発的に国家に支払う税となるだろう。

この三億マルクの貨幣は、天から不意に降ってきたものではない。それは、以前には国家の費用で貨幣所有者によって徴収されていた三億マルクの貨幣である。今や、貨幣改革とともに、その貨幣は再び国家に徴収されるものとなるのである。

第七章　社会国家への架橋

今日、われわれが少数者の所有となっている大資本の起源を追跡するならば、この大資本への集積は、今日の反理性的な、そして不公正な貨幣制度の下でだけ可能となるにすぎないということ、またこの大資本を今日の資本所有者に直接贈与したのは、国家であるということ、こうしたことを証明するのは、それほど困難なことではないだろう。これらの資本家たちが、資本に付与された権力をつねに共同社会の利益のために使用していたならば、彼らに対する非難は、最終的にそれほど大きなものとはならなかったであろう。だが、こうした権力が乱用されているのを人々が見るならば、上述したような資本集積を深く嘆かざるを得ないのである。

今や人々は、何百万人もの労働者が不必要品や何の価値もない物を生産するために、資本によって不健康きわまりない作業場や危険な鉱山で働くことを強要され、自らの健康、自らの力、自らの生命を傷つけているのを見ている。だが他方では、人々は、この同じ労働者が自らの必要とする健康な住居の建設や未耕地の開墾――それらの成果は大きなものになる――に従事できればと考えている事態をも見ているのである。

また人々は、いつも軍事費や帝国の安全保障に文句を付けている同じ資本家が、何億マルクものお金を御者、料理人、女性秘書などに支出しているのをも見ているのである。

さらに人々は、科学費のためにはきわめて小額の金額を調達するのにも汲々としているのに、物事の自由な認識が制限されている宮殿では、何十億マルクもの大金が浪費されているのをも見ているのである。

それだけではない。人々は、資本家すらも持つことがないばかりか、また理解もできないような宗教を黒人の固い頭の中に叩き込むために、何百万マルクものお金が使用されているのを、見ているばかりか、貴婦人の飼う愛犬用のクッションへの刺繍を行うために、子供の養育や子供の教育に携われない母親がいることをも見ているのである。こうした事態は数えきれない程ある。

こうした事態を観察した者は、深い悲しみをもって、このようなあらゆる愚行が終わりになる日の到来を待ち望んでいるのである。

貨幣改革は、こうしたあらゆる愚行を終わりにさせる手段を、国家の手に与えるものとなる。

まず貨幣改革は、最初から大多数の資本を無用の存在にし、外国へと追いやる。そして貨幣改革は、故国に残留した資本からそれまで享受してきた不公正な特権を奪いつつ、更なる資本集積を阻止し、資本を漸次消滅へと導いていく。

その結果、資本家も、自分の老齢期を迎えるために大量の小麦を蓄える農民のようにやっていく以外にはないだろう。しかし、このような蓄えは、自然の破壊的作用の下で絶えず減少していく。たとえば、彼があらゆる収穫後、このような損失をなくそうと努めたとしても、それは、せいぜいその損失を小さくすることでしかないだろう。いずれにしても、彼が労働を止め、毎日彼の蓄えを消費しなければならなくなった時から、彼の蓄えは漸次減少していくことになる。

他方、こうした私的資本の減少は、国家に有利なものになる。私的資本が小さくなっていくのと同じ比率において、国家資本、すなわち公共資本は大きくなっていくからである。

かくして、時間の経過とともに私的資本がこのようなやり方で完全に消滅していくとともに、国家が当の資本の所有者になっていくのは、当然のことなのである。

貨幣改革の実施の日から、われわれは、社会国家、すなわちわれわれが理想とする社会国家を持つことになる。この社会国家は、各人にその労働に応じて与えよという原理に立脚するとともに、すべて者の完全な自由にも依拠する。かくして、この社会国家の目的は、自由、正義、所有をすべての者に保証することにあるといってよいだろう。

これまで多くの人が社会国家の支持に躊躇してきたのは、「社会国家ではすべての者の意志は国家の下におかれるのではないか」という根拠のない幻想であったが、今やこうした根拠のない幻想は一掃される。

この金融改革は、国家がすべての資本の所有者になる瞬間を厳密に決定できる十分な権限を国家に与えるものである。だが、それにもかかわらず、その権限とは、単に国家が貨幣税を引き下げたり引き上げたりするというやり方をとるものでしかない。たとえば、それは社会国家への移行の促進が望まれる場合には、貨幣税が引き上げられ、その反対の場合には貨幣税が引き下げられる、というようにである。

このようなやり方によって国家は、状況に応じた有効な対応策を持つことになるのである。かくして貨幣改革は、「社会国家に架橋するもの」となるのである。

（1） 決まり文句

社会主義者は、今や、敵がどこで待ち伏せているのかを知っている。彼らは、もはや資本家を非難せず、自らの貨幣制度を批判する。今や、真の敵が貨幣制度にあるというのが、彼らの認識である。

彼らは、もはやこれまでのようにストライキやインターナショナルの会議などでその解決を暗中模索することがない。彼らは今や何をなすべきかを知っている。従って、彼らの前には解決への確実な道が開かれている。そして彼らは、この確実な道を通って目的に辿り着くことになるだろう。

他方、ドイツ工業は、巨額の資本利子という重たい負担から解放されるや、新たな躍進を遂げ、未曾有の繁栄を迎えることだろう。そして今日、資本によって珍奇な動物の如く檻に閉じ込められているドイツ科学は、自らの足枷から解放されるや、翼を広げ、大空高く飛翔し、人類とその進歩の胎内に貴重な卵を宿すことになるだろう。

かくして貨幣改革は、人間の手に南極から北極までの地上を開拓し、これまで太陽に依存し、宇宙のなかで光の吸収体としての役割を果たしてきたわれわれの地球を、もっとも美しい真珠として自らの光によって天空に輝く惑星群の中に組み入れるための手段をも与えるものになるだろう。

だが、貨幣改革のもっとも素晴らしい、最良の、そして最高の成果は、次のことである。すなわち、貨幣改革は、資本との闘争に敗退した多数の商人の真の名誉回復を行い、世界の人々の前で彼らの存在を正当化するということである。

いずれにしても、今日の社会的諸関係が維持しがたいということ、今日の社会は、火種が点火したならば、いつでもすぐに破裂してしまう榴弾の上にあるということ、こうした認識をだれも否定できないだろう。従って、自分の生命を守ろうとする者、正義感のある者、科学と進歩を愛する者、彼らはきっと貨幣改革を支持してくれるばかりでなしに、「貨幣改革をさらに続けよう」と主張してくれるだろう。

それに対し、貨幣改革に反対する者は、虫けらのように踏みつぶされてしまうだろう。つまり、貨幣改革を導入する国家は、今日の泥沼的事態からフェニックスの如く光り輝く美しい新鮮な生命体を生み出すことになるだろう。だから、[貨幣改革のことを考えると、]「ボーイ、早く支払いたい」という気分になってしまう。

（2） 質屋の中に

単なる外貌だけで敵に恐るべき不安と恐怖を与えるようなドイツの巨人は、いったいどこに残されているというのだろうか。

[貨幣所有者が次のような命令を下す。]「ベルリンの街頭から一、〇〇〇人の男を奪い取れ。そして彼らに熊の毛皮を着用させよ」、と。「おやまあ、それは大変なことだ。」だが、そのような叫びは恐怖の代わりに笑い声をまき起こしている。

[こうした事態が生じているとすれば、]ドイツ人の自由の感覚は、いったいどこにあるというのだろうか。群衆たちの自由と引き換えにきわめて僅かな金額しか手渡されていないのに、首紐、宮殿、靴墨、タバコなどにき

わめて多くの金額が支出される場合には、国民は喘ぎ苦しむことになる。

いったい今や、五月法や社会主義者鎮圧法によって抑圧されている人民の抑えがたい自由の精神は、どこにあるというのだろうか。また自らの同胞の自由を制限する国民は、自由に対するどのような感覚を持っているというのだろうか。

統計が、世界中のその他のいかなる国々と比較してもわが愛する祖国ドイツの乳児死亡率が絶対的にも相対的にも高いという事実を示している場合、ドイツの婦人はいったい何をやっているというのだろうか、こう悲しみをもって問わざるをえないだろう。

またドイツ人種族同胞や同盟国オーストリアと提携しながら、世界市場に悪徳をまき散らしているのがドイツであるならば、ドイツ人の倫理性は、いったいどこに残っているというのだろうか、こう問わざるえないだろう。

ドイツ帝国が世界のどの国よりも悪辣であるならば、ドイツ人の名誉はいったいどこにあるというのだろうか、こう問わざるをえないだろう。

求婚広告の中でドイツの青年が、パートナーの美しい目や徳よりも貨幣を高く評価しているならば、いったいドイツ人の理想主義はどこに残っているというのだろうか、こう問わざるをえないだろう。

質屋の中に、金の質屋の中に、今日の不公正な貨幣制度という質屋の中に、われわれの先祖が持っていた珠玉の宝石が長期間眠っている。さあ、時節到来だ。こうした質屋がつぶれる前に、われわれはそれを取り戻そう。(大爆笑)

(3) 専制君主

人が笑いたい時に泣くように、また人が沈痛な気分になった時に笑うように強制するのは、だれなのか。

朝早くから慌ただしい中で細いネクタイとカラーボタンをつけるよう強制するのは、だれなのか。

真面目な男に道化帽、通称シリンダーを着用させるように強制するのは、だれなのか。

小さすぎる長靴を履かせて苦痛を与えたり、燕尾服という拘束服を着用させるのは、だれなのか。

物理学者が、黒い上着が太陽光線を引きつけることを知っているにもかかわらず、暑い夏に黒い上着を彼に着用させるのは、だれなのか。

工場主は、温かい心で労働者を見ているにもかかわらず、恐慌時に彼の昔からの忠実な労働者を解雇するように彼を強制するのは、だれなのか。

誠実な男に毎日月並みな嘘をつかせるのは、だれなのか。また軽蔑している知り合いと遭遇した際に、いわゆる「愛想笑い」を浮かべるようにさせるのは、だれなのか。

若い男の性格や能力がガチョウの飼育により適しているにもかかわらず、彼がラテン語を学ぶのは、何ゆえなのか。寒い冬の夜中に、寝ぼけ眼の旅行者に国境で手荷物を開くよう強制するのは、だれなのか。

戦争を起こすのは、だれなのか。

人間から真善美の感覚と理解とを奪ったのは、だれなのか。

あらゆる創造の奇跡にベールをはり、人間の眼を曇らせるのは、だれなのか。

手短に言えば、何千年にもわたって礼節や進歩を抑圧してきたのは、だれなのかということである。

金、すなわち今日の貨幣制度は、人類を愚者に落とし込む専制君主である。そしてすべては、その恣意的支配に服従する。かくして、人間たちは、無意識のうちにその常軌を逸したメロディーに従って踊ることになる。他方、専制君主は、感性や理解をもたないばかりか、自らの懐疑と向き合うこともない。また彼は、やみくもに味方と敵を詰るが、反抗の構えを見せる者にはおべんちゃらを言う。それゆえ、彼は昨日、彼の親友が上席に座ることを認めたけれども、今日は彼の親友をドアのところで足蹴りにしたりする。彼は、あらゆる種類の愛想を用いて、詐欺を積み重ねていく。そして彼は誠実な人間を裏切り、かつ堕落させるのである。

つまり、そのような邪神の周りを、人間たちは何千年もの間踊り続けているのである。

結論

雨が降れば、われわれは、雨からわれわれを守ってくれる屋根の下にいく。毒蛇が出れば、われわれはその頭を打ち砕く。噛み付く犬には鎖を付ける。歯が痛んだならば、われわれはその痛んだ歯を抜き、治療する。

われわれがこれまで見てきたことは、以下の諸点である。すなわち今日の貨幣制度の下では金はあらゆる方法でわれわれを虐待するということ、金は生産的国民を搾取し、彼らに圧制を強いるということ、金は、飢えた労働者にジャガ芋の栽培の代わりに首紐の生産を強要するということ、金は高潔な国民の性格を腐敗させるということ、金は、われわれの冷酷な敵であるということ、要するに金は邪悪な存在であるということ、こうした諸点である。

今やわれわれは、何をすべきなのか。

われわれは、金に宣戦布告し、金との血みどろの戦争、金絶滅の戦争をしなければならない。われわれは、悠長に今日明日に金に対する挑戦の手袋を投げ付けるのではなく、今ただちにこの瞬間に挑戦の手袋を投げ付けなければならない。そしてわれわれは、この敵を真に打倒するまで不眠不休で闘わなければならないのである。

われわれは、どのようなやり方であろうと、金を有害な爬虫類と見なし、金を絶滅させなければならない。たとえば、金を王水のなかで分解し、それを下水に流し込んだり、大砲によって金を地球の引力圏の外に放逐したり、また金を鮫の餌に投げ与えたりするとともに、金を大洋の孤島の安全な場所に保管した上で、そこに銀行を設立し、リップス・トゥリアン Lips Tulian を頭取に任命し、金の保管にあたらせたりするというやり方などで、われわれは、金を絶滅させなければならない。手短に言えば、われわれは、金をわれわれの住む世界から放逐しなければならないということである。

「さあ攻撃だ。旗を振れ。諸君は金に向かって進むのだ。今は理性の武器をしまい、前進あるのみだ。万歳。」

補遺

近年、繰り返し勃発する営業恐慌への苦情が寄せられ、政府によって任命された大学教授が、鍵鼻の銀行家とともにそれをどうしたらよいのかについてあれこれと助言している。

だが、事実の本質を**見ようとしない**者は、盲目の人と同様に盲目である。彼らは些細なことに腹を立てるけれども、その本質を見ることができない。また善良な人々も、不幸の原因を絶えず隣人のせいにして、その原因が自分にあることを見ない多数の人々と同様のことを行なう。

その理由は、人々は自分の願望を事実として積極的に信じてしまうからである。もとより、人々は、これまですべての人々によって大なり小なり尊敬・評価されてきた良き友人や金に対して不信を抱くようなこともある。

たとえば、晴天無風の天気の際に、船が航路から外れた場合、だれがその責任を取るのか。労働者である二等水夫ではないのか。この男たちは、今や八時間労働の下で食べ過ぎて肥え太ったために、船は重量超過になり、航路通りに進むことができない。これが、恐慌という、航路からの乖離状態についての原因だというのである。

諸君、キャビンの後ろに舵手が座り、周囲を見回している。諸君は、そのことをすぐに見い出すだろう。

ところで、人々はどうして金融恐慌については語るのに、商品恐慌については語らないのか。

私は、少なくとも小麦の不足ないし過剰についての長期にわたる不平を聞いたことがない。というのも、小麦が不足したならば、農民は即座に小麦耕作に向かい、また小麦が過剰になれば、小麦は腐敗してしまうからである。

貨幣が小麦の代表者であるならば、なにゆえ貨幣とともに小麦が問題にならないのか。また貨幣が不足しているならば、なにゆえ貨幣を製造しないのか。貨幣の素材が紙である場合、この貨幣が過剰になったならば、この過剰分は小麦の過剰分のようにどうして腐敗しないのか。

今日の転倒した貨幣制度、すなわち金が、金融恐慌とそれに伴うあらゆる悲惨さの原因なのである。それゆえ、金がヴェスビオ山に投げ捨てられるや、それとともに恐慌のあらゆる原因も消滅することになるのである。

貨幣に商品の代表者という性格を与えよ。そうすれば、諸君はもはや金融恐慌についての不平を言うこともなくなるだろう。

貨幣改革は、われわれの世界から恐慌を除去するものとなる。なぜなら、貨幣改革によって必要な貨幣量が厳密かつ自動的に調整されるようになるからである。

それはこうである。だれも、その価値が日々減少していくものを必要以上に長く持ち続けることを利益とは考えない。それゆえ、流通に不必要となった錆びる銀行券は、絶えず発行元（帝国銀行）に還流するか、あるいはこうした事態が起こらない場合には、小麦のあらゆる過剰分が輸出されるか、または腐敗しながら、自ら消滅していくかのどちらかになる。

貨幣のあらゆる過剰分は、絶えず帝国銀行に集まる。かくして貨幣が十分流通しているのか、それとも過少にしか流通していないのかについては、厳密に計算することができるだろう。

そして銀行の赤字が増加するならば、それは貨幣が過剰になっているという印である。また銀行の赤字が減少するならば、より大きな貨幣需要が存在していることを意味する。

それに対し、蓄蔵金が完全に消滅すれば、銀行は新しい貨幣を、飽和になったと感じられるまで発行する。また蓄蔵金が増加するならば、銀行は新しい貨幣を一切発行しない。手短に言えば、貨幣改革は、貨幣流通の規制者になる。つまり、貨幣改革は、金融恐慌を終焉させるということなのである。

事態の本質——貨幣改革論の続編（1891年）

今日の貨幣制度の下では、少しでも警報が鳴ると、貨幣は流通から撤退してしまう。そうなると、商品交換は絶えず停滞することになる。つまり、国家の交通制度の中でもっとも重要な制度は、少し警報が鳴るだけで、いつでも自分の職務を放棄してしまうのである。

序　文

世界の開闢以来、われわれが現在ここアルゼンチンで対峙しているような、きわめて錯綜した金融的状態を観察する機会を、これまでだれひとりとして持ったことがないだろう。

だが、こうした金融上の大混乱は、ひとりアルゼンチンにおいてばかりでなしに、全世界においても不可避的に騒乱を引き起こし、最悪のカタストロフィーを招くものとなるだろう。

今や私は、数年前に銀価格の下落のために瓦解するに至ったラテン諸国の貨幣協定を思い出す。また同時に、私は、若干の国々が金本位制度を支持するために行ったプロパガンダ、その他の国々が銀本位制度を支持するために行ったプロパガンダ、そして更に第三の国々が複本位制度を支持するために行ったプロパガンダならびに国家債務の絶えざる増加などを思い出す。

ラテン諸国の貨幣協定がこれほど長期間保持されるなどと、だれが予想し得たであろうか。だが、こうした協定が瓦解するならば、それは銀と金の間の今日の価値比率に大きな影響を与え、多くの銀行の破産を引き起こすことになるだろうということは、十分予測され得たことである。

いずれにしろ、こうした銀本位制度の支持者たちが達成したのは、金と銀の二つの鋳貨相互の価値比率の変更とともに、通常の景気の攪乱、そして支払不能、ストライキ、貧困などであった。

こんな状態が永久に続かないであろうことは、明らかである。すべてはこうした貨幣問題の解決にかかっているといってよい。それゆえに、諸国民は、貨幣問題の最終的解決を必ず要求するようになるだろうし、またこれらの鋳貨の価値比率の変動が引き起こす不利益な結果を十分に認識するようにもなるだろう。

ところで、国家債務は、債務額の二乗の比率で増加するため、若干の国々ではこの債務利子は、今や国家収入の六〇%を占めるようになっており（ポルトガル、アルゼンチン）、そしてフランスなどのその他の国々でもこの比率は三〇%ないし四〇%を占めるようになっている。

［ある意味では、］ポルトガルとアルゼンチンは、すでに破産状態に入っているといってよい。けれども、これらの国々は小国であるがゆえに、デフォルトがなされても、それほど大きな問題になることはないだろう。それに対し、もしフランスがひとたびデフォルトに陥れば（その日は、数学の計算のように容易に予測できるのだが）、その直接的結果は、計り知れないほど大きなものとなるだろう。

その他の国々も、多くはフランスと同じような財政状態にある。これらの国々の国家債務は日々増加しつつあり、それはデフォルトが宣告されるまで長いこと増加していくだろう。そしてこれらの国々のデフォルトが宣告されるならば、通常の経済構造の混乱、たとえば失業などが引き起こされることになるだろう。

このような暗い展望の中にあって、政治家がこうした債務の増加を阻止できる手段を案出するために、その原因についての真剣な討議をするようになるだろうと、人々は信じているのである。だが、このような善良な人々は、こうした債務の原因が負担の軽い税金にあると見なし、増税の導入がその克服手段になるかのように考えているのである。

また表面的にしか観察できない人々は、その病気の原因として軍国主義を指摘する。その際に、彼らは、こうした自らの主張を証明するものとして、比較的軍事費が少ないために国家債務が減少しつつある北アメリカの例を持ち出してくる。

だが、彼らは、北アメリカでは国家債務が減少していることの代わりに、資本家への国民の債務がますます増大しつつあることを、無視しているのである。

その際、国民全体にとって、自らの債務利子を直接に支払うのか、それとも間接的に国家を通じて資本家に支払うのかということは、まったくどちらでもよいことである。なぜなら、両者ともその最終的結果は、国民にとってまったく同一の結果となるからである。

かくして北アメリカにおける私的資本の膨張は、上述したその他の国々の国家債務の膨張と同様に、限界に達しその崩壊を引き起こすまで、突き進むことになるだろう。つまり、北アメリカは軍国主義に苦しんでいないにもかかわらず、その崩壊もまた同様に不可避的なのである。

だが、国民の中の生産的人々にとってはそのような崩壊から恐れなければならないのは、その間接的結果、すなわち通常の経済機構の混乱や一時的失業でしかない。むしろその崩壊が早ければ早いほど、彼らにとって好都合なものとなるだろう。

ところで、このような大きな全般的崩壊が勃発する時点を予測することは、正確な統計資料さえ自由に使用できるならば、それほど難しいことではないだろう。私の計算に従えば、このような時点は、大戦争が物事の自然的経過を妨害しないかぎり、次の五年以内に来ると思われる。

以上のような大きな全般的金融危機は、多数の生産者が望んでいるところの経済革命になるだろう。従って、そこで問題となるのは、こうした金融上の混乱の再発防止には何をなすべきかだけでしかない。

ドイツやその他の国々では、経済革命の勃発にともなって今日の経済制度に代わる新しい経済秩序を用意するという目的を持った政党が、形成されている。この政党は、今日の経済機構が引き起こす社会的格差の先鋭化と同じ比率で、膨張していく。従って、今日の経済機構が存続していくかぎり、この政党は今後もさらに同じ比率で膨張していくにちがいないだろう。

けれども、遺憾ながら、この政党の有力な指導者たちは、今日の経済制度の欠陥を指摘することを回避しているばかりか、生産上の大きな混乱を引き起こすことなしに、諸個人の個性を配慮しつつ、人間に不可欠な生活手段を十分な量生産でき、しかもいつでも容易に実行できるような経済制度を構想できないでいる。そればかりでなしに、これまで彼らによって提起されてきた経済制度は、簡単な理由から実行不可能なものでしかなかった。というのも、生活手段のストックがきわめて僅かしかない場合、全般的経済機構が僅かに混乱しても、それは直接に飢餓状態の形態をとって現出してくる可能性があったからである。

今日なお彼らは、今よりもより良い経済秩序を構想できないでいるが、その原因は、社会主義の指導者たちがマルクスを信奉しているために誤った道に導かれていること、そして指導者以外の多くの同志たちが、その問題の解決を自ら冷静に考えることの代わりに、彼らの指導者に任せてしまっていることなどにある。

盲目の鶏すらもしばしば穀物を発見するし、有能な人間であっても、**創造的**でないことがしばしばある。従って、私は、次のように確信するものである。たとえば、もしわれわれ全員がケプラー Kepler やゲーテ Göthe であったならば、われわれは、今日なおジャガ芋が食べられるということを知らないままであったろうし、また印刷装置や火薬を自由に扱うこともできないままであっただろう、と。

社会主義者たちは、今日の社会的格差が起こる原因として、正しくも、少数者による国民的生産手段の占有ということを指摘する。そして彼らは、**このような占有がいかにして形成されたのか**ということを知っていると信じているのである。けれども、そのように信じている彼らは、大きな誤りに陥っているといってよい。

［彼らが依拠する］マルクス Karl Marx は、資本家による国民的生産手段の占有という点に社会問題の深源があると考えたが、彼は、**国民の食料の基礎となる土地**を検討しなかった。彼はこのような怠慢の罪を犯したために、彼自身が誤った道に踏み入ってしまったし、彼の理論をまともに吟味もしないで受容してしまった人々もまた、出口のない迷宮の中に入り込んでしまったのである。

それればかりでなしにマルクスは、貨幣制度を批判的に研究しなかった。そのためにマルクスは、貨幣制度の実際の目的や本質についての理解の点で、不十分となった。たとえば、マルクスの場合、金と貨幣は同一のものであった。彼は、ほとんどの人間と同様に金に執着し過ぎたために、貨幣制度の改善を最初から不可能なことと考えたのであった。つまり、金の美しいばかりの輝きが、マルクスを幻惑させたのである。かくして彼は、金、すなわち**今日の貨幣制度**は、資本主義が根を張って繁栄しているところでしか、繁殖力のある基礎を形成しないということを認識しなかったのである。

それに対し、今日の貨幣制度を深く研究した者だけが、次のような確信、すなわち、今日の貨幣制度はいかなる点でも現代の交通の要求に応えられていないということ、また**今日の社会的格差は、例外なしに貨幣制度の有機的欠陥に起因しているということ**、こうした確信にきわめて迅速に到達することができるにすぎない。

その際、すべての者が最初に注目しなければならないことは、貨幣制度以外のあらゆる交通制度が急速な変革を遂げているのに対して、金属貨幣という今日の貨幣制度は、商業、交通、分業などがなお未発展であり、しかも信用がなお未知で、そしてなお不可能な状態にあった**数千年前に**、**応急措置**として奉仕した貨幣とまったく同じものでしかないという、こうした事実についてなのである。

おそらく金属貨幣は、われわれが悠久の太古から受け継いだ唯一の交通制度であるだろう。かくして、この貨幣の信じられないほど大きな欠陥に直面した人々は、驚きをもって「このような欠陥はどうして可能になったのか」と、きっと尋ねることだろう。

貨幣は、交通を容易にすべきものである。実際、貨幣は、このような目的のためにだけ作られたといってよい。だが、今日存在しているような貨幣は、交通を容易にするのとはまったく正反対のものになっている。［本来］貨幣は、商品交換を媒介することを目的としている。しかも鉄道が商品輸送を迅速に、確実にそして廉価に実行することが要求されているように、商品交換を迅速に、確実にそして廉価に媒介することが、貨幣にも要求されているのである。

こうした貨幣に対する要求は、今日実行されているのだろうか。

この問題への解答を与えるのは、商人の店舗での不活発な貨幣流通のために消費界への道の途中に滞留しているところの、膨大な商品量の存在、貨幣流通の停滞といった事態のために雇用を得られず、貧困に陥っているところの、何百万人もの労働者の存在、合計一〇万人もの人数の金採掘人、銀行家、レントナー、高利貸し、投機家などの存在、そして貨幣の製造と管理に必要な官吏の存在、こうした事実であるだろう。

今日の不活発な商品交換のために、生産者が負担する経費がどれほど大きくなっていることか。貨幣流通の停滞のために、消費界にまで到達せずに無益に腐敗していく商品量がどれほど膨大になっていることか。そして今日の貨幣制度の維持に必要な管理費がどれほど巨額になっていることか。けれども、これらがいかに膨大なものであるにしても、厳密な計算は不可能である。確実なことは、ドイツの場合、今日の貨幣製造には約一〇〇億マルクもの経費がかかっているということ、そしてその経費と毎年の管理費とは、軍事予算や教育予算の三－五倍強になっているということ、こうした事実である。

ところで、このような経費をだれが支払うのか。もちろん、それは、生産者、すなわち農民や手工業者である。彼らは、自らの生産物を相互に交換するためにこの悪名高い貨幣制度の導入に自ら合意し、それを積極的に導入したのであった。それ以来、何千年もの時間が経過した。

「おー、お人好しで愚かな農民よ、諸君は、野蛮な外敵の侵入から諸君の土地を防衛するために政府に対して自国の防衛力の強化を大声で訴えているのに対して、諸君が本心から合意した貨幣制度が諸君を嘲りながら、毎年更なる反対給付もなしに諸君が獲得した収穫物の半分を奪っているのに、諸君は何の不平も言わないのか。」

「おー、目前に迫った危機が分からない手工業者や社会主義者たちよ、諸君は怒らないのか。そう、諸君は怒らず、諸君の前にある深淵を見ないのだ。

諸君が「今や」その土台を掘り崩しつつある家屋が、たとえば今日倒壊するならば、諸君は生き埋めとなってしまうだろう。

諸君は搾取者や吸血鬼については嘆くけれども、諸君自身が諸君の貨幣制度を廃絶することでしかこの吸血鬼をなくすことができないということを諸君は知らないのである。

太古の昔から受け継いできた諸君の貨幣制度を廃止せよ。魔法によって舞台が変わるまでに、さあ、諸君は金をがらくたを収納するための納戸の中に放り投げてしまうのだ。」

第一章　貨幣制度の幼年時代

二人ないしそれ以上の人数の人間が、相互の労働生産物の交換を容易にするためにある価値単位──この価値単位に従ってすべての商品の価格が計算されるが──を取り決め、この価値単位をXなどの任意の数字を付けて、相互の支払いの中で授受される場合には、貨幣を導入したと言うのである。

その際、彼らは貨幣を交通を容易にする手段と呼び、こうした交通の容易化という目的のために貨幣を導入するのである。実際、貨幣は交通の容易化以外のどのような目的を持つというのだろうか。つまり、ここでわれわれが確認したいのは、貨幣は交通の容易化という唯一の目的のために誕生したということである。

ちなみに言えば、われわれの世界には交通を容易にする制度、すなわち商品交換を媒介する制度としては、貨幣制度以外にもその他の多くの種類の制度が存在している。事実、車両、道路、橋などは、交通と商品交換を容易にする制度である。たとえば、郵便は交通を容易にする。また船舶、電報そして鉄道も、少なからず交通を容易にする。だが、**それらの制度のうちでもっとも重要な制度は、貨幣［制度］にほかならない**。なぜなら、その他のあらゆる制度は、多少とも無くてもやっていくことができるのに対し、貨幣無しにはいかなる交通［商品流通］も可能とはならないからである。つまり貨幣が欠如しているところでは、生活は停滞してしまうのである。

鉄道の車輪によって商品は生産場所から消費場所に運ばれ、紙切れの貨幣によって商品は生産者から消費者に移動する。

ところで、鉄道輸送が中断してしまうならば、馬、橇、船舶が絶えずその代役を演じることができる。だが、貨幣流通が中断してしまうならば、**商品は、その中断が解消されるまで停滞し続けてしまう**。

その際、だれも、農民が鉄道によって彼の商品を輸送するようには強制することができない。この場合、農民は、自分の好みに従って、車両、船舶、馬のどれかを使用することが可能なのである。だが、彼の生産物の交換の場合には、すなわち販売の場合には、貨幣を使用する**可能性以外にはない**。その上、国家は、貨幣での税金の支払いを強要することで、農民による貨幣の使用を強制することができる。また商品は貨幣と引き換えに売買されてきたという慣習も、農民に貨幣の使用を強制するものとなる。その結果、生産者は、貨幣［制度］という交通制度に決定的に依存することになる。かくして、生産者にとって貨幣制度はその他のあらゆる交通制度よりもより重要なものになる。**それゆえに、だれもが自分の利害に貨幣［制度］を従属させてはならないのである。**

［もう一度繰り返そう。］貨幣の目的は、商品交換を容易にすることである。つまり、貨幣は商品交換を、太古以来の物々交換よりもより迅速に、より確実にそしてより廉価に遂行すべきなのである。もしこれらのことが貨幣によって達成されないならば、貨幣は無用の存在になってしまうだろう。従って、貨幣に要求されるのは、**貨幣が交換を確**

実に、迅速にそして廉価に遂行するということなのである。それゆえ、貨幣が商品交換をより確実に、より迅速にそしてより廉価に遂行すればするほど、それだけいっそう貨幣は、自らの目的をより良く実現しているということなのである。それは、鉄道が商品交換をより迅速に、より確実にそしてより廉価に遂行すればするほど、それだけいっそう鉄道は自らの目的をより良く実現しているのとまったく同様のことなのである。

たとえば、農民の駄馬が老齢になり、もはや馬車を引けなくなったとすれば、農民は、この駄馬をただちに皮剥業者に送る一方、若い駄馬を購入して、自らの交通事情を改善するだろう。郵便局員が老齢になって、使いものにならなくなったならば、彼はただちに若い郵便局員に置換されてしまうだろう。橋が交通の増加のためにあまりにも狭く、弱体化したならば、その橋は取り壊されてしまうだろう。国道が交通の増加に対応できなくなれば、鉄道が躊躇なく敷設されるだろう。だが、その結果、何千人もの馬車屋が失業することになるのだが。

このようにこれらの交通制度は状況に対応できなくなれば、大胆に改善されるのに、あらゆる交通制度のなかで一番重要な制度である貨幣の場合には、なぜそのような例外を成すというのだろうか。

反対に、われわれは、貨幣が公的交通制度としてますます重要な制度になればなるほど、それだけいっそう貨幣に大きな注意を向けるべきなのである。そして現存の貨幣制度が不十分であることが明らかになったならば、われわれは、それだけいっそうこの貨幣制度に対して大きな注意を払うべきなのである。なぜなら、公的制度の欠陥のために全経済機構の停滞と全国家組織の動揺とが引き起こされる場合には、その是正がただちに必要となるからなのである。だが、私は、これまで貨幣制度の改善のために人々は何をしてきたのかということを問いたい。世界が開闢して以来、人々は同一の貨幣制度に苦しんできたにもかかわらず、なにも変えなかったし、また一度たりとも貨幣制度の改善という思想を抱いたこともなかったのである。

エジプトのヨーゼフ Josef の兄弟がヨーゼフを売りとばして得た金額は、三〇ターラーだった。この金額は、今日奴隷制に反対する同盟への分担金として徴収されるだろう。またイスカリオト Ischariot が彼の師匠を裏切って得た金額は、一〇ドゥカーテンだった。この金額を、法王は、今日笑いながら信者の手から献金として受け取るだろう。［だが］金の寺院にはだれも入っていかない。たとえば、古代ドイツ人がドナウ帝国の周辺に盤踞したように、今日の人間たちは、迷信深い恐れを抱きながらも、マモンの寺院の周辺に盤踞しているだけである。従って、マモンの寺院に坐す偶像神が自らの義務を遂行しているのかどうかという問いは、一度たりとも提出されたことがなかったのである。人間の知識欲は、その問いにまで至ったかに思われるが、すべての者は、その問いのはるか手前で、すなわち偶像神は多くの供物を食べるという意識水準のところで、立ち止まってしまったように思われる。

だが、偶像神が多くの供物を食べてしまう時、この偶像神が有益な存在であるなどとは、絶対に言うことができないだろう。反対に、最大のことを果たすものは、通例、最小のものしか食べない。事実、動物や人間の場合にも、最大の労働を行うものは、最小の供物しか食べないのである。

私は、先程、貨幣の唯一の目的は商品交換を容易にするということ、すなわちこの交換を迅速に、確実にそして廉価に遂行するということ、このことが貨幣に要求されているということを述べた。

つまり、このように商品交換が迅速になされるということは、商品が生産地点から滞りなく、一直線に消費地点に向かうということである。鉄道の場合にも、商品がどこにも滞積されず、最短距離で輸送されるならば、鉄道は輸送を迅速に遂行している、と言うことができるのである。

たとえば、鉄道輸送が遅滞していないならば、その貨物置き場はすぐ空となり、**少数の鉄道職員と機械とによって膨大な量の貨物が輸送されるだろう**。だが、鉄道輸送が攪乱されるならば、貨物は滞積し、**その貨物置き場はすぐに満杯となり**、新たな貨物置き場が建設されなければならなくなるだろう。また商品の積載や積み降ろし、積み替え、その監督、倉庫での保管などのために、多数の鉄道職員と機械とが必要とされるだろう。

ところで、無数の商人倉庫の存在――それは、近代都市に年市という外貌を与えるが――は、何を意味するのか。そこでは、商品がはるか天井まで積み上げられ、何百万人もの手代が商品の積み降ろしをしたり、数えたり、塵を払ったり、盗みを警戒したりして、年中働いている。**このような商品は、ここで何をしているのか。**ここは、**消費場所ではないのに。**

ここにある商品は、何らかの理由から、たとえば貨幣流通が攪乱されたといった理由から、ストック状態にある。今この商人倉庫の管理人に、「なぜここの商品はストック状態にあるのか」、「なぜここの商品は消費場所への途中で滞積されているのか」と尋ねるならば、われわれは次のような答えを得るだろう。「それらの商品は引取り手がいない。つまり購買者が不足しているからである」、と。

では、こうした商品はなぜ引取り手がいないのか。

なぜここの貨物は、鉄道によって迅速に引き取られないのか。

その理由とは何か。それは、この貨物の受取人が鉄道会社に貨物保管料を支払いたくないからである。もし鉄道会社がすべての商品の保管料をすでにその運賃の中に含めているならば――その結果、すべての者は、貨物を即座に引き取るか否かに関係なしに、保管料を支払わなければならなくなる。つまり、時間厳守の引取り手の場合にも、遅滞料が支払われることになる――、だれも貨物の引取りを急ぐことがないため、今日の商人倉庫のように、**商品はあらゆる停車場に巨大な山のように積み上げられることだろう。**

いずれにしても、今日の貨幣制度の下では、だれも、**自分が商品を使用する時点よりも以前**に商品を引き取ることに直接的な利益を有していないのである。それだからこそ、すべての者は、自分は商人の倉庫費を支払わなければならないとか、期限を厳守する購買者すらも遅滞料という倉庫費を支払っているなどと呟くのだ。それに対し、すべての者が商品の迅速な引取りに直接的かつ個人的な利益を感じるようなかたちに貨幣制度を変革するならば、商人の倉庫はたちまち姿を消し、そこに滞積してあった貨物も、即座に目的地、たとえば、主婦の貯蔵室に至ることだろう。その結果、多数の手代が不必要になるとともに、**商品の価格もこの手代の生活費分だけ低落することになるだろう。**

ところで、鉄道の貨物置き場に滞積している商品の所有者とは、だれなのか。その保管料を支払う者とは、だれなのか。それはいかなる場合にあってもその送り主なのか、それともその受取り主なのか。

商人の倉庫にある商品の所有者とは、だれなのか。その商業費を支払う者とは、だれなのか。それはいかなる場合にあっても、生産者なのか、それとも消費者なのか。

ドイツの商業費の構成要素のひとつである商人の保管料が、どれくらいになるのかをいったいだれが計算するだろうか。また大洋の砂粒ほどいる商人の人数を、いったいだれが数えるだろうか。

私は、これらの費用総額をここではあえて書かないが、その数字を知ったならば、読者はその巨額さにきっと驚愕することだろう。

人間が自らの生産物の交換のために選択しそして合意した今日の貨幣制度は、きわめて不活発なやり方でしか商品交換を媒介しない。そのことの証拠となるのは、消費場所への道中にあるところの、商人倉庫に滞留している膨大な商品量であるだろう。(人々がしばしば行なうラベル化は、商品交換を緩慢にではあるが、確実に媒介する。)すでに見たように、今日の貨幣制度は、不活発な商品交換のために、生産者が巨額の保管料を負担するという事態を引き起こしているが、こうした不利益は、もしかしたら、商品交換の確実性の増大によって相殺されるのだろうか。

鉄道が、いかなる時にも絶えず必要な数の貨車と人間を自由にできるならば、つまり、財貨が貨車の不足から輸送されなかったり、腐敗するといったことがなかったならば、鉄道は、財貨の輸送の確実性を与えるものとなるだろう。同じく貨幣が、いかなる時にもまたいかなる状況の下でも、たとえば、戦争や平和の時にも、またコレラ、飢餓そして営業恐慌といった状況の下でも、商品交換を媒介するのに十分な量存在しているならば、貨幣は商品交換に確実性を与えるものとなるだろう。

今日、貨幣不足のために、交換されないまま腐敗していく商品がどれほど多いことか。

夜空にまばたく星の数は多すぎるために、それを数える者などどこにいようか。ドイツで毎年このような方法で失われていく商品額は多すぎて、それを数える者などどこにいようか。時に全般的過剰が生じた場合ならば、そのような浪費状態も喜ばれよう。だが、である。最大の窮乏と貧困が支配している時に、また恐るべき恐慌が生じている時に、そのような浪費状態が最大のものになってしまうのである。というのも、こうした場合には、貨幣不足のためにほとんどの商品が無益にも傷んでしまうからである。

至る所で労働を求めながら、職を見出だせない何十万人もの労働者がいる。彼らはどのような人々なのか。彼らは、自らの腕、脳髄、肉体の中に宿している商品を、商人の店舗の中で無益にも傷んでいってしまう商品と交換したいと思っている人々である。

では、こうした交換を阻むものは、何なのか。

それは、貨幣の不足、つまり金融危機である。

貨幣は、何らかの事件によって不安が広がると、金庫という隠れ家に撤退してしまう。その結果、今や貨幣不足のために、商品は、雪に嵌まって立ち往生してしまった鉄道列車に積載されている商品のように、腐っていく。毎年このような方法で失われていく商品は、合計すれば何百万マルクにもなる。この金額と比較すれば、ドイツの全軍隊の維持費など小さな金額に見えてしまうだろう。

人々は次のように言うかもしれない。「劣悪なものは廉価である。従って、今日の貨幣制度は、迅速かつ確実な商品交換という点では劣悪ではあっても、それだけより廉価である」、と。

たとえば、鉄道は、その経費――こうした鉄道の経費は、建設費、維持費、管理費そして経営費などに分割できるだろう――が少なくなれば、安価な運賃でも経営できる。従って、安価な運賃で鉄道経営を行っていくためには、あらゆる点で節約がなされなければならない。他方、国家も、運賃が可能なかぎり安価であることに直接的な利害を持っている。なぜなら、高い運賃が交通を阻害するのに対し、安価な運賃は商業と工業を促進するからである。

それゆえ、鉄道を建設する場合には、レールは金や銀によってではなく、もっぱら鉄で製造することになるだろう。なぜなら、このようにすれば、建設費ばかりでなしに、維持費もまた安価になるだろうからである。また管理職員のための豪華な施設を建設しないこと、鉄道装備を管理職員の自由にさせないこと、彼らに法外に高い俸給を支払わないこと、むしろ彼らをその他のあらゆる官吏と同様に扱うことなども、必要になる。さらに経営費に関しても、ダイヤモンドではなく石炭によって機関車を動かし、保線係や技術者の賃金を全般的状況が許すかぎり引き下げることが、必要になる。

貨幣が財の交換を廉価な費用で遂行すべきであるならば、貨幣の経費も同様に最低限の経費に引き下げなければならない。なぜなら、――貨幣流通は鉄道交通よりもはるかに重要であるがゆえに――国家は、安価な鉄道運賃に有している以上の大きな利害を、廉価な貨幣運賃ないし廉価な貨幣費用によって商品交換を遂行するということに有しているからである。

こうした貨幣制度の費用は、鉄道のそれとまったく同じように次のように分類される。

（1） 製造費
（2） 維持費
（3） 管理費
（4） 経営費

かくして、貨幣が商品交換を廉価な運賃によって遂行すべきものならば、貨幣は、鉄道の場合と同様に、あらゆる点で経費のきわめて大きな節約を行わなければならない。

ところで、このことは、今日の貨幣制度の場合に妥当するのだろうか。

たとえば、ドイツ帝国で一〇〇億マルクが金や銀の鋳貨形態で流通しているとするならば、これらの貨幣の製造には、ちょうど一〇〇億マルクの費用がかかっていることになる。

今日仮に、ドイツ帝国が地上のどこかに建国され、そこでも今日支配的であるのと同じ貨幣制度が導入される場合、この貨幣素材を地球から採掘するためにだけ一〇〇億マルクが支出されなければならないだろう。労働者一人当たり

一、〇〇〇マルクと計算すれば、一、〇〇〇万人の労働者が、**商品交換を可能にさせる貨幣制度の創出のためにだけ、まるまる一年間労働しなければならないことになる。**一〇〇億マルクもである。このような事態を招くのは、人々があらゆる交通制度の中でもっとも日常的かつ慣習的な交通制度のためにもっとも高価な素材、すなわち金と銀を選ぼうとするからなのである。なにゆえ、人々はそのようにするのか。

このような事態は、農民が自分の手押し車に金のタイヤを付ける場合のように、私には嘲笑すべきことのように思われる。なぜなら、われわれがすでに認めているように、貨幣は、手押し車と同様に交通制度以外の何ものでもないからである。

他方、ドイツ帝国に流通しているこの一〇〇億マルクを輸出し、それを外国の国民に毎年三%の利子で貸すならば、この一〇〇億マルクの貨幣は、毎年三億マルクの利子をもたらすことになるだろう。それゆえ、われわれは次のように言うことができる。「ドイツ帝国は、貨幣の製造費として一〇〇億マルクを必要とする。だが、この一〇〇億マルクは、［外国に貸すならば］毎年三億マルクの利子をもたらす」、と。

［今日のドイツ帝国におけるような］貨幣制度は、［その製造費が高価であるばかりでなしに］その維持費も少なからず莫大であるということは、明白である。なぜなら、貨幣は摩滅し、その多くが失われるがゆえに、新たな補充が必要になるからである。鋳貨の摩滅が問題となるかぎりでの、このような貨幣の維持費がどれほどの金額になるのかについては、正確な計算が可能になるだろう。だが、どの程度の鋳貨が直接失われ、道路のゴミと一緒に処分されたのかについては、厳密な計算は不可能であるだろう。ただ確実に言えることは、それらはけっして少なくない金額であるということだけである。

これらの維持費に造幣局の経費とを加えるならば、今日の貨幣維持費は何百万マルクにものぼることだろう。

今やわれわれは、貨幣の管理費と経営費の項目に移ろう。

今日の貨幣の管理に必要なすべての者は、当然のことながら、鉄道の管理のために雇用されている全職員が鉄道管理費で暮らしているのと同様に、貨幣の管理費で暮らしている。だが、貨幣の場合には、まったく何も行わないで、俸給だけを受け取る職員が存在している。彼らは何も労働していないにもかかわらず俸給を受け取ることから、彼らが貨幣の管理職員であると分かるのである。

それに対し、貨幣制度以外の公的交通制度の管理部門には、何も行わず、俸給だけを受け取るような職員は、まったく存在していない。そのような職員は、**あらゆる交通制度の中でもっとも重要な貨幣制度の管理部門にだけ存在しているのである。**

今日のレントナーとは、どのような存在なのか。彼らは、労働もせず、収穫も種蒔きもせず、貨幣――生産者が交通を容易にするために合意した交換手段――から潤沢な報酬、しばしば王侯貴族が受け取るような良い俸給を受け取るのである。そしてわれわれは、彼らが受け取る俸給から、彼らが貨幣の管理者であるということを認識するのである。

なにゆえ、あらゆる公的交通制度のなかでもっとも重要な貨幣制度に、そのような無益かつ無意味な経費を負担させるのだろうか。その理由とは。

そもそも、貨幣とは何か。それは、いかなる場合でも商品交換を容易にするために生産者が取り決めた制度のことである。では、生産者とはだれのことなのか。彼らはどのような人々であるのか。彼ら生産者はいかなる場合にあっても、国家の根幹をなす人々である。従って、貨幣は生産者の制度、もっと言えば国家の制度なのである。それにもかかわらず、その他のあらゆる制度の場合にはきわめて大きな節約がなされているのに、なぜこのような国家制度にだけそのような経費を負担させるのだろうか。

今日の生産者間の商品交換の媒介手段である貨幣がレントや利子の形態で負担するこうした経費が、どれほどの金額になるのか、諸君は知りたくはないだろうか。

たとえば、貧しい母親が自分の飢えた子供たちのために流した涙、そして宮殿、従者そしてその他の愚行のために支出された膨大な金額などを数え、これらの金額に結核患者、自殺者そして破産した商人などの人数を乗じても、その金額はレントや利子の形態で支払われる経費よりもはるかに少ないものでしかない。

それればかりでなしに、貨幣の管理費には、国境警備隊から大臣に至るまでの、あらゆる部局を備えた大蔵省の巨額の経費もまた含まれなければならない。

［また以下のものも、貨幣の管理費に含まれなければならない。］

何千人もの職員を擁する国立銀行や民間銀行、

取引所、投機家、富くじ業者そして高利貸し、

法律の執行吏、保険会社、強盗そして慈善家、

判事、金庫製造業者そして看守などの経費。

手短に言えば、今日の貨幣の管理費に含まれるのは、直接間接に貨幣の管理に関係を持つ者全員である。

たとえば、天文学者は、距離の測定の際の単位としてフィート、ツォルあるいはメーターを使わず、等しくマイルを使う。それと同じようにこの貨幣の管理費を計算しようとする者は、単位基準としてマルクではなく、一〇〇万マルクを使うべきである。

事実、今日の貨幣制度の管理費、すなわち**国家のあらゆる交通制度の中で第一級の、もっとも重要であると同時に、もっとも単純な制度の管理費**は、何百万マルク、否何十億マルクにも達しているのである。

以上の、貨幣の製造費、維持費、管理費、経営費などの全部を合計するならば、その合計額は、フランスの軍事税が取るに足りない額に見えるほど巨額のものになる。つまり、**その合計額は、農民と手工業者の全労働生産物の半分強ほどの巨額さになる。**

たとえば、今日のドイツに略奪騎士が盤踞し、あらゆる道路、橋、運河、鉄道、郵便局そして電報局に通行税徴収所を設け、これらの交通網を経て輸送される商品から貢租としてその半分強を要求するならば、今や世界のあらゆる

文明国の労働者住民の下で知覚されるようになっているのと同じ窮乏が、［ドイツの］住民の下でも起こることになるだろう。

今日、二人ないしそれ以上の人間が、自分たちの労働生産物の交換のためにXという独自の、任意の単位の貨幣を導入したが、未知の第三者が策略によってこの全貨幣を自分の所有とし、他人がこの貨幣を利用するのと引き換えに、この貨幣と交換される商品の半分強をレントとして要求するならば、人々は、この未知の第三者を略奪騎士と見なし、彼を殻竿で片付けてしまうだろう。あるいは人々が流血の惨事を回避したいならば、彼らはその貨幣を略奪騎士に委ねたまま、**別の貨幣を導入しようとするだろう。**

けれども、世界のあらゆる国々と同様に今日のドイツでも、未知の第三者が、生産者相互の商品交換のために製造した貨幣を自分の所有としているばかりでなしに、貨幣の通行税徴収所を通過しなければならない商品の半分強を、本物の略奪騎士の如く要求しているのである。

東インドへの通常の海路の途中に、海賊がいると仮定しよう。彼らは商船を襲って略奪を繰り返しているために、船員たちがこのような海賊を退治するほど強くないと思っているならば、船主は別の海路を取るか、適切な装備によって海賊から身を守るかのどちらかを選択するだろう。

農民と手工業者よ。今日相互に交換するために諸君の商品が辿っている道は、貪欲な海賊がひしめいており、すべての海賊を退治することは困難である。だから、その道は略奪者に委ねよう。諸君はそれとは別の道を通り、諸君の商品を略奪されないように努めるのだ。

第二章　金融恐慌の原因となる金の秘密の道

私は、前著の貨幣改革論において次のことを証明した。「今日の貨幣制度は不公正な制度である」、と。そして私は、本書の前章において次のことをも証明した。「この不公正な制度は、きわめて不活発で、不確実な、そして考えられうるもっとも高価な方法でその存在目的を果たしている」、と。読者がこの事態に注目しつつ本書を通読したならば、今日の貨幣制度は、――ノアの箱舟がハンブルクとニューヨーク間の至急便に適していないように――今日の交通に少しも適していないという印象を抱くことになるだろう。事実、今日の貨幣制度は、ゾウ、ダチョウ、カバと同様に、太古の時代からの遺物である。たとえば、カバによって市電を動かそうとすれば、皆に嘲笑されるだろう。だが、それ以上に皆に嘲笑されるのは、われわれがこれから見るように、太古の遺物である今日の貨幣制度によって現代の交通を動かそうとする試みである。

二人ないしそれ以上の人間が、相互の労働生産物の交換を容易にするためにある価値単位――それに従って、あらゆる商品の価格が計算される――を取り決め、この価値単位に対してXという任意の記号を（金、銀、銅、皮、貝殻、紙などに）付けた上で、彼らの取引において相互に授受されるようになれば、それは貨幣と呼ばれる。

その際、**こうした貨幣は、当然のことながら、この貨幣によって購買できる何かが存在しているかぎりにおいて、換言すれば、自分の商品によって貨幣を再び入手しようとするだれかが存在しているかぎりにおいて、価値を持つにすぎない。**従って、商品の販売者が貨幣を受け取るのは、商品の購買者ないし第三者が同じ価値を有する他の商品と引き換えに、この商品の販売者から貨幣を再び受け取るという前提がある場合だけである。

この点は明白なことである。というのも、貨幣が商品の購入に使用されないならば、その貨幣はいったい何に使用されるというのだろうか。

ところで、貨幣の価値は、貨幣の大きさ、重量、外見によるのではなく、もっぱらこの貨幣によって購入される商品の大きさ、重量、外見そして数量によっている。たとえば、AとBという二人の人間が貨幣を取り決め、そしてこの貨幣をAが所有しているならば、この貨幣の価値は、Bが販売しようとしている商品量に依存する。

その際、たとえばこのような商品量が一〇〇キログラムの蜂蜜から成るならば、Aの所有する貨幣の価値は、それが一〇〇マルクないし一、〇〇〇マルクなどと呼ばれようとも、等しく一〇〇キログラムの蜂蜜である。だが、Bが、自分の蜂蜜はもっと多くの価値があると考えたならば、彼は、貨幣と引き換えに蜂蜜全部を引き渡すのか、それとも残りの蜂蜜を保持し、それを腐らせるのかという二者択一の前に立つことになる。なぜなら、Aは、通常の場合それ以上の貨幣を持っていないため、それ以上の貨幣をBに与えることができないからである。

逆に、Aが「自分の貨幣は一〇〇キログラムの蜂蜜よりももっと大きな価値を有している」と考えたとしても、Bに対して自分の所有する貨幣の全部を与える以外の選択肢は、Aには残されていないのである。なぜなら、Bは、通常の場合それ以上の蜂蜜を持っていないため、貨幣と引き換えにそれ以上の蜂蜜をAに対して与えることができないからである。

以上のような理由から、**現存する貨幣の価値は、販売用に供給される商品の価値よりもけっして大きくはならない。**もちろん、時には余剰が生じることもある。だが、その場合でも、**その余剰は貨幣では購入できないがゆえに、**それは自ずと無価値なものになってしまうのである。

逆に、販売用に供給される商品の価値は、現存する貨幣の価値以上にはけっして大きくはならない。なぜなら、貨幣が商品の購入に十分な量存在していないならば、**余剰は販売されず、**腐ってしまうからである。

従って、**商品の購入用貨幣の価値は、つねに販売用に供給される商品の価値水準を求めるのである。**

換言するならば、貨幣の価値は、販売用商品の価値に依存しているということである。それだからこそ、どんな貨幣量も商品の存在量に対応したものになっていくし、またそれだからこそ、いかなる状況にあっても、いかなる時にあっても、そしてどんな国にあっても、貨幣が不足するということは、一度としてないのである。というのも、販売用商品の量が増加するならば、それと同時に貨幣もまた自らの価値を騰貴させるからなのである。

従って、ある国において貨幣量が、商品量の増加以上の比率で増加したならば、**その貨幣は減価しなければならない。**それとは逆に、商品量が増加しつつ、貨幣量が同一のままであるならば、貨幣は自らの価値を騰貴させることになる。

貨幣と商品の関係がこのような関係にある場合、ドイツ国内にフランスの何十億フランもの貨幣を輸入したのは、どのような目的を持つものであったのかと、われわれは問わざるをえない。

人々は、それをフランス人に課税された何十億フランの軍事税と呼んだが、実際には**この軍事税は、ドイツの貨幣所有者に賦課された租税以外の何ものでもなかった。つまり、この軍事税は、ドイツ政府がドイツの資本家に振り出した金為替以外の何ものでもなかったのである。**この何十億フランもの貨幣は、［それがドイツに輸入されるや、］ドイツの貨幣を減価させるものとなった。なぜなら、貨幣量の増加が商品量増加の結果でもなければ、商品量の増加を結果的に引き起こすことができなかったからである。こうしたフランスの何十億フランもの貨幣の輸入後のドイツ貨幣の減価は、即座にドイツ国内のすべての商品価格の騰貴を引き起こしたのであった。その結果、ドイツの資本家は、彼の所有の半分を失うことになった。**というのも、ドイツの資本家は、自分の貨幣と引き換えに以前の商品量の半分強しか手に入れられなくなったからなのである。**

かくして、フランスがドイツ政府に譲渡した何十億フランを、だれが支払ったのか。**それは、ドイツの資本家以外のだれでもなかった。**

奇妙なことではあっても、だれも、そのような状況にあることを否定することができない。

もちろん、貨幣の減価によって賃金が騰貴した。だが、労働者の状態は改善されないまま、ドイツ工業は衰退していった。なぜなら、賃金の騰貴が商品の輸出を困難にさせたからであり、また自国の需要を充足させるにはドイツ製品よりも外国製品を注文する方が商人にとってははるかに有利となったからでもあった。

こうして工場は閉鎖され、何百万人もの労働者が失業状態に陥るとともに、至る所で貧困が支配的になったのである。（それは悪行の報いであった。なぜなら、貨幣は流血［戦争］への報酬でもなければ、流血［戦争］への罪滅ぼしでもなかったからである。）

他方、ドイツで生じたのと反対の事態が、当然のことながら、フランスで生じなければならなかった。まず、フランスでは、このような巨額の貨幣輸出が、国内に残った貨幣の価値を**騰貴させた**。それに比例してあらゆる商品の価格下落が生じるとともに、賃金もまた下落した。そしてその自然的結果は、産業の輸出力の著しい強化とともに、産業の著しく強力な発展であった。

それに対し、何十億フランもの貨幣の輸入は、ドイツ工業の衰退の原因になるとともに、ドイツでは輸入が輸出を著しく超過し、巨額の貿易赤字を後に残すという結果をも引き起こしたのである。そしてこうしたドイツの貿易赤字は、**金の輸出**によって決済されたのであった。

けれども、こうした金の輸出は、当然のことながら、国内に残った貨幣の価値を騰貴させるものになった。そしてそのような貨幣価値の騰貴は、貨幣が再び以前の価値水準に戻るまで——何十億フランもの貨幣がもはやまったく残らない状態になるまで——長く続いたのである。

貨幣がそのような以前の価値水準に戻るや、輸出が増加し、輸入が減少し、工場は再び稼働して、**危機**は克服されたのであった。こうしてフランスの血税から徴収された最後のフランがドイツの国境を越えて出て行くや、ドイツに再び秩序が戻ったのである。以上を総括すれば、フランスの何十億フランもの賠償金は、ドイツに混乱、貧困そして苦境をもたらしたにすぎなかったと言うことができるだろう。

たとえば、フン族がローマに脅威を与えていた当時、彼らが大量の金を略奪することで満足していたならば、われわれは次のように言うことができただろう。「フン族、彼らは野蛮人であった」、と。だが、石頭のドイツ人が豊かなフランスから金だけを唯一の賠償品とみなして、それだけを持ってきたならば、「フン族は野蛮人であった」という文言に、われわれは首を振らざるを得ないだろう。

ちなみに、これまでの主張に対し、人々は、その金によってその他のあらゆる商品を後で手に入れることができたと異論を唱えることもできるだろう。だが、そのような輸入は、**自国の産業に損害を与え、自国の産業的基盤を破壊**

することになったということを、忘れてはならないのである。

確かに、外国商品の輸入は国民に［当初は］満足を与えるけれども、その後国民が貨幣を支出してもこれまでのように十分なものを得られなくなるならば、［最終的に］不満足なものになってしまうにちがいない。

このことは、いかなる場合にも立証することができる。たとえば何十億フランもの貨幣がドイツに長期間滞留することになったならば、それは、ドイツの輸出産業を長期間衰退させるものとなったにちがいない。それに対し、この何十億フランもの貨幣が一時的滞留であったならば、従って、その何十億フランもの貨幣が外国商品の輸入に向けられることとなったならば、それは、同様にドイツ工業に損害を与えたにちがいないし、またこの貨幣がなくなった時から、その充足が不可能となるような必要を国民の中に引き起こすことになったにちがいない。

またこの何十億フランもの貨幣によって鉄道を敷設したり、その他の産業設備を設置したりしようとする場合、まずドイツではこうした事業に必要な資材――労働者、石炭、鉄など――が不足していたという前提から出発することにしよう。この場合、この何十億フランもの貨幣はもっぱら外国の資材の購入に使用されることになるが、それらの貨幣のうち、少なくとも移住労働者の生産物との交換に必要となる程度の貨幣がドイツに残されていなければならなかった。それは、おそらく四〇〇－五〇〇万フラン程度で十分だっただろう。だが、もし必要な資材が存在していたならば、ドイツは、その資材を購入するためのいかなる外国の貨幣をも必要としなかっただろう。というのも、われわれがすでに見たように、どんな国でもけっして貨幣不足という事態は生じることがないからである。

（ひとつの国にはけっして貨幣不足という事態は生じないけれども、外国貿易の場合には、過剰な貨幣という事態が生じることもある。）

他方、現存の貨幣によって交換される以上の商品が存在するならば、商品の価格は、商品の総価値が現存の貨幣の総価値の水準に均衡するまで、長いこと下落する。それからそうした均衡が生じるならば、貨幣不足は自ずと終焉することになる。

また商品量が貨幣量と比較して著しく大きい場合には、商品の価格は大きく下落し、商品輸出が大きな利益を生む。だが、輸出は商品量を減少させ、貨幣量を増大させる。従って、商品の輸出は、減少した商品量が増加した貨幣量によって調整されるまで、長いこと続くことになる。だが、このような調整過程は、今日の輸送手段の発展にともなってとくに急速に進捗する。従って、われわれは次のように言うことができるだろう。「今日、どこでも長期的な貨幣不足は支配的とはなりえない。それゆえに、何らかの方法によって国内に貨幣を人為的に供給することは、不必要なことである」、と。だが、それにもかかわらず、時折貨幣不足ということが問題になるが、それは絶対的な貨幣不足ではなく、今日の貨幣制度の欠点、すなわち貨幣の不活発で、停滞的な流通によるものなのである。

植民地国によってすでに毎年何百回、何千回となく繰り返されている誤った主張がある。それは、貨幣さえあれば、何でもできるという主張である。

たとえば、アルゼンチンに鉄道が敷設されることになれば、それに必要な資材の購入のためばかりでなしに、国内労働者に支払うための借款が、ヨーロッパでなされるだろう、と。

そしてこの借款額のうち、鉄道敷設に必要な資材の購入に当てられる部分は、等しくヨーロッパに残るのに対し、鉄道敷設のための土木労働に当てられる残りの部分は、アルゼンチンに持ち込まれる、と。

この主張は大きな誤りである。

土木労働は、アルゼンチン人の所産である。どれほど多くの貨幣によっても、この土木労働を、ヨーロッパから購入することはできない。それゆえ、この労働がヨーロッパから購入できないならば、この借款された貨幣は何のために使われるのだろうか。

この主張に対して、ひょっとしたら次のような異論が生まれるかもしれない。「アルゼンチンでは土木労働に支払うための貨幣が不足している」、と。だが、この異論も正しくない。なぜなら、われわれがすでに見たように、ひとつの国には貨幣不足はけっして存在しないからである。従って、土木労働がアルゼンチンの貨幣によって行われたならば、それに応じた貨幣量が通常の流通から奪われることになるにちがいない。その結果、残った貨幣は、その価値騰貴によって流通から奪われた貨幣量という欠損分が補われるまで、その価値を騰貴させるだろう。

また鉄道労働は、その他の産業部門から必要な労働力を奪い、不作を引き起こす結果、その不足分を輸入によって補うために貨幣が導入されるという異論も、正しくない。なぜなら、一般的にはその不足分の多くを輸入することができないため、**国内は、いかなる状況にあっても、**住居や生活手段の大部分を自ら提供しなければならないからである。

つまり、国内は、賃金価値の少なくとも六〇%–八〇%を、日光、空気、水、太陽を提供するように、適切に提供しなければならない。しかるに労働者の賃金のために、ヨーロッパから貨幣を受け取るということは、愚かな行為ということになるだろう。

それに対し、賃金の残りの二〇%–四〇%は、回り道をしながら——というのも、人々は外国から何かを購入する前に、人々は好んでその何かを国内に求めるからである——、再び外国に行ってしまう。従って、保証されることのない需要は、貨幣と資本の間の現存の比率を攪乱し、**全経済機構に混乱をもたらすものとなる**にちがいない。

それゆえに、どのような貨幣の輸入も、その使用目的が鉄道やその他の有益な施設の建設であっても、愚かなことなのである。**つまり、貨幣は、いかなる状況にあっても、絶えず国内に十分な量存在しているということなのである。**

［われわれは、ここでもう一度次の点を確認しておこう。］

どのような貨幣の輸入も、すでに現存している貨幣の価値を減価させ、あらゆる商品の価格を賃金とともに騰貴させるという結果を引き起こす。そしてこうした賃金騰貴によって自国の産業は、外国の産業との競争に耐えられず、衰退していくにちがいないのである。

従って、われわれは次のように言うことができるだろう。**外国の貨幣によって敷設された鉄道は、工業を促進する目的を持ちながら、工業を破壊するものになる、と。そしてヨーロッパの貨幣によってアルゼンチンに敷設された鉄**

道は、アルゼンチンの資本家の犠牲の上に敷設されたものでしかない、と。

われわれは、鉄道敷設のための外国の貨幣の輸入を決定する前に、この点をしっかりと注視しておかなければならない。

ところで、「もしこのような事態になるならば」アルゼンチンの有価証券を持つヨーロッパの所有者は、この国が急速に衰退したことに驚き、借款された貨幣の劣悪な管理についての説明を求めることになるだろう。

だが、このような事態が生じるのは、たんに借款された貨幣の管理の問題にその原因があるのではない。たとえ借款された貨幣の十分な管理がなされようとも、その最終的結果は多少とも同一になるだろう。

その失敗の原因は、貨幣の輸入にあるといってよい。たとえば、アルゼンチン人はこの貨幣を受け入れた。なぜなら、彼らは、貨幣が起こす奇跡を信じたからである。そしてヨーロッパ人は、この貨幣を引き渡した。なぜなら、彼らは同様に、貨幣によって荒野をパラダイスに改造できるという見解を持っていたからである。

それに対し、貨幣は、それと引き換えに何かを得られるところにおいてだけ流通するという原理を一貫して保持している者は、「すべての国は十分な貨幣を持っている」、「すべての国は、自らが消化できるだけの貨幣を持っている」、「かくして何らかの国が大量の貨幣を貸すという事業は、絶えずリスクのある事業である」という見解に迅速に到達するだろう。

同様に、貨幣は資本ではなく、現存の資本の交換のために奉仕する存在でしかないという原理を堅持している者は、彼が首尾一貫しようとするならば、貨幣によってはいかなる鉄道も敷設できないという確信に［容易に］到達するだろう。そして彼らは、そのような敷設の最終的結果を予測し、そのような目的のための、外国からの貨幣借款を警戒するだろう。（私は、ここでは土木労働に支払われるような貨幣について語っているのである。）

［もう一度言おう。］ある国の貨幣の総価値は、つねに販売用に供給されるすべての商品の総価値と同じ大きさである。従って、どのような貨幣輸入も、すでに存在している貨幣の価値を引き下げることになる、と。

その際、貨幣［量］は、販売用商品に配分される。貨幣［量］が大きくなるならば、それぞれの各貨幣に対応するのは、より少ない商品になる。たとえば、ひとつのリンゴを四つに分割することの代わりに五つに分割する場合には、その一片がより小さくなるのと、それは同様である。

通例の場合、立法での手練手管によって自らの利害を貫徹させる資本家たちは、このことを知っていないように思われる。もし知っていたならば、彼らは当時何十億フランもの貨幣の輸入に対して抗議しただろうし、すでにずっと以前からどのような貨幣輸入をも禁止して、貨幣輸出にプレミアを付けるといった法律を公布したことだろう。——

コッホ教授 Prof. Koch は、バクテリアについての研究を行う際に、顕微鏡を利用する。つまり、彼は、より明確に見るためにバクテリアを拡大する。このように研究対象の実際の大きさを拡大しながら、彼はバクテリア研究を行っているのである。

同様に、だれかが貨幣をより明確に見るために、顕微鏡による拡大化を補助手段として利用することは、時には適切な方法になる。それゆえ、［今や］われわれはこの顕微鏡を利用しよう。そして全地球にはたった三人しか住んでいないと仮定しよう。その三人とは、アダム Adam、ベダム Bedam、セダム Cedam にほかならない。さらに彼らは、自分たちの間で任意の貨幣制度を取り決め、その目的のために製造された貨幣を彼らの間で等量の配分をしたと仮定しよう。

今や、アダムがベダムから商品を購入する際に、ベダムが貨幣を受け取るとすれば、それは、当然のことながら、アダムないしセダムがその貨幣と引き換えにその他の商品を譲渡するという前提が充足される場合だけであるだろう。なぜなら、そのような前提が充足されないならば、貨幣はベダムにとっていかなる価値も持たないだろうからである。

他方、今やアダムが、——適切な合意に反して——彼が支出した貨幣を商品によって再び回収する意志を失った場合には、この貨幣は、当然のことながら、支払われることのない手形が無価値であるように、無価値なものになる。そして商品と引き換えに貨幣を受け取ったベダムとセダムは、交換した商品の価値だけ騙し取られたことになる。その時、彼らは、きっとアダムに次のように言うだろう。「アダムは、自分の義務を果たしていない。アダムは、自分の手形を請け出していない。つまり、彼は詐欺師である」、と。

また、今やアダムが、労働生産物によって自らの貨幣を再び回収することの代わりに、貨幣用の金を生産している鉱山に行き、新しい貨幣をまたもや製造するならば、他の二人は、嘲笑しながら、彼を偽金作りとして扱い、彼が自ら支出した貨幣を取り戻すまで、彼を長いこと強制労働させるだろう。

コッホ教授が顕微鏡の助けを借りて、バクテリアは哺乳動物ではないという観察を行った後に、彼は顕微鏡を片付け、バクテリアが彼の視界から再び消え去っているという状態の中でも、きっと次のように主張するだろう。「われわれは、拡大化という助けを借りて観察しても、われわれを誤らせる恐れもなしに、現実の姿を明らかにすることができる」、と。

われわれは、顕微鏡による拡大化の方法を使って貨幣を見てきた。それによれば、「貨幣は、本来手形の一種である。」従って、貨幣を支出する者は、この貨幣を商品と引き換えに再び回収するという義務を果たすことになる、と。

ところで、人々が言うところの、貨幣を公的に普及させたいわゆる人類の恩人とは、だれなのか。

それは、裁判で有罪判決を下され、刑務所の中で自分が支出した貨幣の最後の一ペニヒまでをも自らの労働生産物によって返済するために、長いこと強制労働しなければならなかった手形の偽造者である。

さらにわれわれが顕微鏡を使った観察によれば、貨幣だけを支出し、商品とのいかなる交換も行わない金採掘人は、その偽造者である。かくして彼らは、自分たちが支出した全金塊を再び流通界に引き戻すまで、浪費家と同様に強制労働を長いこと果たさなければならなくなるだろう。

起こり得るどんな犯罪に対しても、それを罰する法律が、存在している。だが、私は、これまで浪費家を手形偽造者として、また金採掘人を貨幣偽造者として罰する法律などけっして聞いたことがないのである。

そのような事態が生れてしまうのは、今日の貨幣が国際的であるがゆえに、浪費家や金採掘人が貨幣所有者に与える損害が、地上のすべての国民にそれぞれ分散されてしまうからなのである。だが、いずれにしても、こうした法律は、貨幣が国民的であるならば、つまり、金がドイツの国境内でしか流通せずに、その外部で無価値であるならば、ずっと前に公布されていただろう。そして人々は、金採掘人ならびに貨幣偽造者が他の住民の費用によって暮らしているということ、また浪費家あるいは人類の慈善家が、流通過程を流れている貨幣を**その支出額分だけ減価させているということ**、こうした点をもっと以前に洞察していたことだろう。

非合法な金採掘ならびに非合法な銀行券の印刷は、すでに長いこと罰せられてきた。けれども、**今日なお、貨幣の偽造によって、つまり金の採掘や銀の採掘によって暮らしている諸国民がいる。そしてこの諸国民は、貨幣の偽造によって衰退しつつあるといってよい。**たとえば、メキシコは、もっぱら鉱山労働、すなわち貨幣の偽造によって暮らしている。そしてスペインの以前の繁栄した産業の衰退も、もっぱら貨幣偽造者の活動、すなわちペルーの金採掘業者の活動によるものなのである。

二人あるいはそれ以上の人間が、Xという任意の貨幣制度に合意し、その目的のために製造された貨幣が彼らの間で分配されたとしよう。その場合、すべての個人によって支出された貨幣が価値を持つのは、この貨幣が貨幣の支出者によって再び商品と引き換えに回収されるかぎりにおいてであるだろう。

それに対し、この貨幣の支出者が不運、不作、病気、死などによって、自分の貨幣の回収を妨害されたならば、この貨幣はその価値を失うばかりでなしに、この貨幣の所有者も、それ相応の損失を被ることにもなるだろう。だが、彼らはこうした損失を嘆くことはない。なぜなら、彼らは、貨幣を取り決める際に、このようなケースを想定し、そのリスクを相互に分担し合う取り決めを行っているからである。ところで、このような人々のところに一人の見知らぬ人がやって来て、「私は、私の隣人とここでこの貨幣に合意した。だが、私の隣人は、不作のために彼の貨幣を回収することができない。あなた方が、彼の代わりに自らの商品によって彼の貨幣を回収するつもりはないのか」と言ったならば、彼らは、「この見知らぬ人は狂っている」と宣告するだろう。

たとえば、今日のイギリスにおいてペストが蔓延し、その国の住民が一人の男だけになってしまったならば、その男は、イギリスに流通しているすべての貨幣を相続することになるだろう。だが、イギリスにはもはや彼以外だれも存在していないのであるから、彼は、この貨幣を持ってドイツに渡ることになるだろう。その結果、ドイツに存在している貨幣は、このイギリスの貨幣額だけ減価することになる。従って、ドイツの資本家は巨額の損害に苦しむことになるだろう。

さらに、今日モンゴロイドが凶作になったにもかかわらず、十分な［穀物］ストックを持たないならば、彼らは金塊をハンブルクに輸送し、それと引き換えに不足した穀物を購入するだろう。その結果、モンゴロイドに輸出した穀物分がドイツの貯蔵室から奪われることになる。このような貨幣の輸入と商品の輸出は、当然のことながら、商品と貨幣の間の現存の比率を攪乱することになるだろう。しかも、商品輸出によって販売用商品の量が減少すればするほど、それだけいっそう貨幣は、貨幣輸入によってその価値を減価させることになるだろう。こうしてモンゴロイドの凶作の結果、ドイツにおける全般的価格騰貴が生じるのである。

逆に、ドイツにおける軍備の拡大のために、工業と農業が苦しみ、そうした産業の生産不足が生み出されたならば、ドイツは、その不足分を金の輸出によってフランスから輸入するだろう。こうしたフランスにおける金輸入と商品輸出は、モンゴロイドの凶作がドイツに引き起こしたのと同じ価格騰貴を引き起こすだろう。その結果、フランスに向けたドイツの軍備の拡大を支払うのは、フランスの資本家ということになる。

さらに、アルゼンチンの国民が、「土地の価値を決めるのは、土地の売買取引だけである。それゆえに土地の価値にとって土地の耕作などは問題とならない」という見解を抱くようになったならば、このことは、まもなく不作という形態で現出してくるだろう。そうなった場合、商品の不足分はヨーロッパからの輸入によって補われると同時に、金の輸出によって支払われるだろう。その結果、ヨーロッパでは［商品］価格が騰貴する。かくしてヨーロッパ人は、アルゼンチンの乱脈経営が作り出した直接的損害を負担することになるのである。

一国の貨幣の総価値は、貨幣量の多寡によってではなく、販売用商品量の多寡によって規定される。だがその際、商品が生産場所と消費場所の間をさまよっているかぎり、それは販売用商品である。それに対し、主婦の貯蔵室に到達した商品は、取引を免れ、もはや貨幣価値にいかなる直接的な影響も及ぼさない。

今や、何らかの事情によって生産場所から貯蔵室への商品の移動が**緩慢になる**ならば、一種の商品渋滞あるいは商品滞積が生じる。つまり、販売用商品量が増加する。そしてそれとともに、**貨幣価値も騰貴する**ことになる。

それとは逆に、交通の容易化によって生産場所から消費場所への商品の移動が加速されるならば、販売用商品量は減少し、それにともなって貨幣価値は下落する。

たとえば、新しい鉄道は、商品交換を加速する。従って、この新しい鉄道は、販売用商品量を減少させ、それとともに貨幣価値を下落させる。また向かい風は、船舶の速度と商品の引き渡しを遅延させるがゆえに、貨幣価値を騰貴させる。

同様に、急速な貨幣流通は、消費場所への商品の移動を加速するがゆえに、貨幣価値を減価させる。それとは反対に、不活発な貨幣流通は商品交換を妨害し、貨幣価値を騰貴させる。

かくして、急速な貨幣流通を可能にさせるあらゆる制度は、貨幣価値を下落させるにちがいないということ、たとえば、電報による為替送金は、貨幣価値［の下落］に決定的な影響を及ぼすにちがいないということである。

それればかりか、取引契約の加速化を促すすべてのものも、消費場所への商品の移動を加速化するとともに、取引用商品のストックを減少させるがゆえに、貨幣価値を下落させる。

従って、注文書のきわめて僅かな改善ですら、貨幣価値［の下落］に影響を与えるものになるだろう。かくして、スペインにおける飛脚制度が馬車によって置換されるならば、タタールのカルムック人は、馬乳酒をより高価格で支払わなければならなくなる。

今日のドイツの販売用商品の総価値が一、〇〇〇という数字によって示されるならば、ドイツにおいて商品を購入するための貨幣の総価値も、等しく一、〇〇〇になるであろう。なぜなら、われわれがすでに知っているように、貨幣は、商品の価値水準を求めるものだからである。

今や、国家が商品に二五％の税を賦課するならば、――消費者がその税を支払うものとされる場合――商品の価格、つまり一、〇〇〇という数字は、その二五％増し、すなわち一、二五〇に騰貴するにちがいない。このように国家が税の導入とともに貨幣流通量を二五％増加させたならば、すなわち一、二五〇に増加させたならば、消費者がその税を支払うだろう、あるいは、もっとより良く言えば、消費者はその税を支払うことができるだろう。そうでない場合には、不可能である。なぜなら、一、〇〇〇で一、二五〇を支払うことができないからである。

かくして、商品所有者が自分の商品を販売しようとする場合、彼は、元の価格からその税額分を控除しなければならない。つまり、彼は、自分の商品を販売することによって一、〇〇〇の代わりに七五〇――その税額を含めた一、〇〇〇――だけを得るにすぎないということになる。そうなるのは、それ以上の多くの支払いをする貨幣が全般的に存在していないからである。従って、生産者が「間接税は最初は少なくとも消費者によってではなく、**自分たちによって支払われる**」と主張する場合、その主張は正しいことになる。

ところで、このような主張は、すでにしばしば観察されている現象、すなわち新しい税の導入にもかかわらず、商品の価格が同じままであるという現象を説明するものでもある。［それはこうである。］これまでよりも高い商品価格を支払うための貨幣は存在していないがゆえに、生産者は、当然のことながら次のような二者択一の前に、すなわち生産者は自分の商品の価格を変えずに、新しい税を自ら担うか、それとも自分の商品を販売しないまま腐らせるのかという二者択一の前に、立つことになるからである。［かくして生産者は、当然前者を選択することになるだろう。］

それに対し、**消費者から税を徴収することが国家の目論見であるならば、その税、つまり高い価格を支払う可能性がなによりもまず消費者に与えられていなければならない。**そしてこのことは、**貨幣額がその税の価値額だけ騰貴する**ことによって達成されるにすぎない。

ところで、こうした貨幣額の騰貴は、歳月が経過するなかで自ずと生じてくる。というのも、ドイツは、貿易黒字、つまり貨幣輸出よりも貨幣輸入が超過している状態にあるからである。従って、その他の場合であれば、借款という形態で外国に投下されるこの超過貨幣は、今や国内に残って、消費者が最終的により高い商品価格、つまり税を支払うことを可能にしてくれるのである。

こうしたことが、税が最初は価格にいかなる影響を与えなかった場合でも、なにゆえその後次第に価格を騰貴させるのかについての説明なのである。それに対し、ドイツの対外貿易が貿易赤字、すなわち貨幣輸入よりも貨幣輸出が超過しているならば、価格は、新しい税の導入にもかかわらず、騰貴することがないのである。

［もう一度確認しよう。］われわれがドイツの販売用商品の総価値を一、〇〇〇とするならば、貨幣の総価値もまた同じく一、〇〇〇になると仮定しよう。

さらにわれわれが、一、〇〇〇という数字の中にはその二五％、つまり二五〇が含まれており、この税の徴収額はすでに長いこと同一であるが、この税はあらゆる状況に反作用を及ぼしていると仮定しよう。そしてすべてのもの、すなわち価格はもとより流通貨幣量も、この二五％の税に順応していると仮定しよう。

今や、国家がこの税を突如廃止したならば、価格は即座に二五％下落すると仮定すべき根拠があるだろう。こうした二五％の価格下落が商品の総価値を一、〇〇〇から七五〇に下落させるのに対し、一、〇〇〇の貨幣額は不変のままであり続ける。その結果、二五〇の余剰貨幣が存在することになる。そしてこの余剰貨幣は、残りの貨幣をその額だけ減価させざるを得なくなる。かくして、税の廃絶にもかかわらず、価格は不変のままであり続ける。そしてその後次第にこの余剰貨幣を輸出することによって、価格は下落していくことになるのである。

たとえば、ドイツでは一〇〇億マルクの貨幣が流通しているならば、販売用に供給される商品の価値は、同様に一〇〇億マルクになる。

こうした金額に二〇％の直接税と間接税が含まれているならば、ドイツの税は二〇億マルクの貨幣への必要を引き起こすだろう。だが、この二〇億マルクは、税の廃絶によって商品価格が次第にその額だけ下落する場合には、存在しないことになるだろう。

この場合には、この二〇億マルクは、外国に利子生み資本として投下されることによって、ドイツ帝国に毎年六、〇〇〇万－一億マルク［の利子］をもたらすことになるだろう。かくして、ドイツの間接税によって引き起こされる価格騰貴は、ドイツ帝国に毎年多額の利子をもたらすことになるのである。

それに対し、イギリスではいかなる間接税も存在していない。それゆえ、イギリスは、国内流通のために僅かな貨幣しか必要としない。［そのような状況にあるからこそ、］イギリスは、より多額の貨幣を外国に投下することが可能になっているのである。そしてこのような投下貨幣は、時間の経過のなかで利子と複利とによって巨額な額に膨れ上がってもいるのである。その際に、イギリスのそのような豊富な金は、大部分自由貿易のお陰であるということ、その立証を行うことは、それほど困難なことではないだろう。ともあれ、イギリスは、より低い商品価格のゆえにその国内流通のために他国よりもはるかに少ない貨幣量しか必要としないから、外国への借款のためにより多くの貨幣を回すことができるのである。

貨幣価値は、販売用商品の価値水準を求める。今や、生産が同じままで通常の商品消費が増加しつつ、貨幣量が同じままであるならば、販売用商品の量はもとよりその価値も、当然のことながら、減少することになる。［その後、］貨幣は減価し、商品の価格は騰貴する。今日、労働者は多大な努力を払って賃金の引上げを行っているが、このような賃金の引上げの自然的結果は、生産が同じままでの、より大きな商品消費にほかならない。こうしたより大きな商品消費に続かねばならないのは、貨幣の減価である。［貨幣の減価が続かないならば、］労働者は、一方で彼らが賃金の引上げによって獲得したものを、他方では商品の価格騰貴によって再び失ってしまうということなのである。

従って、労働者が実質賃金の引上げを実現しようと望むならば、彼らは**自らが**消費する商品の**生産**を促進すること以外にはありえないのである。その場合、彼らの賃金は名目的には同じままであるけれども、彼らはこの賃金貨幣と引き換えにより多くの商品を獲得できる状態になるからである。従って、彼らは、より多くの労働者住宅の建設、労働者が着用する衣服のより多くの生産、より多くのパン、肉そしてジャガ芋の耕作などを要求すべきなのである。つまり、建築されたすべての労働者住宅は、賃上げに相当するものであり、また開墾されたすべての耕作地は、労働者の賃金の価値をより高めるものになるということなのである。それに対して、新しい宮殿、絹の衣服、慈善活動、これらは賃金の引下げを意味する。［要するにこういうことである。］労働者が良い賃金を支払われていても、贅沢品製造工場が建設される場合には、労働者の賃金が引き下げられるのに対し、農業用器具の製造工場の建設がなされた場合には、労働者がどれほど劣悪な賃金を支払われていても、［実際には］賃金の引上げを意味しているということなのである。

［同様に、］災害補償法、老齢保険法、疾病保険法は、労働者の状態の全般的改善にとって無価値なものでしかない。たとえば、立法の助けによって労働者の状況を改善しようとするならば、工場が労働者用家屋を建築する前に、また

故国ないし植民地に農作物の耕作に適した土地が開墾される前に、贅沢品製造工場が認可されてはならないのである。つまり、賃金引き上げや老齢保険などは、貨幣トリックでしかない。労働者向け商品の生産の増加だけが、労働者にとって有益となるにすぎないのである。

こうした足跡をさらに辿ろうとする者は、至る所で今日の貨幣制度の中で出会ういわゆるすべての矛盾への説明を発見することになるだろう。そして、私は、このような例を十分に示せば、「今日の貨幣制度は、この地上に存在するもっとも狂った制度である」という思想に読者を十分精通させることができると考えているのである。

第三章　紙　幣

ドイツにおいて一〇〇億マルクの金貨と銀貨とが流通しているとすれば、このような貨幣を製造するための素材には、ちょうど一〇〇億マルク［の費用］が必要となる。

だが、すべての国々がこのような贅沢な貨幣制度を導入できるというわけではない。というのも、すべての国々がこのようなきわめて日常的な国家的交通制度のために一〇〇億マルクを支出できるというわけではないからである。このような支出ができない国々は、安価な貨幣素材の使用を思い付くだろう。その結果、貨幣は紙から作られることになる。

ところで、紙幣は、金属貨幣と比較して大きな利点、すなわちその製造にそれほど多くの費用がかからないという利点、そしてその維持費も同じような理由からきわめて僅少ですむという利点、つまり、貨幣が摩滅したり失われたりしても、たいした費用もなしに補填することができるという利点を持つ。

それに加えて、紙幣は金属貨幣よりもはるかに持ち運びやすく、しかも巨額の貨幣を持ち運びができるばかりでなしに、僅かな時間で数えることもできる。

さらに、紙幣は、金属貨幣よりも偽造が困難である。そればかりか、紙幣は財布の中で音をたてることもないし、比較的大きなサイズの紙なので無くすことも少なく、また容易に見つけ出すこともできる。更に紙幣は、簡単に封筒でも送ることができる。

従って、金貨と紙幣の両者が流通している国々では、**皆紙幣の使用を選択する。**

けれども、紙幣はきわめて大きな欠点を持っている。それは、紙幣が国内においてだけ価値を持つにすぎないために、その輸出も輸入もできないという点である。従って、**紙幣だけしか流通していない国は、毎年、商品量が増加するか減少するかに応じて、貨幣量を調節しなければならないのである。**

われわれがこれまで認識してきたのは、貨幣は絶えず販売用商品の価値水準を求めるということ、そしてこの販売用商品量が減少した場合、貨幣は減価するということ、そしてその逆もまた真であるということ、こうした点などである。

ところで、一国の商品量は、きわめて大きく変動する。輸入と輸出、豊作と不作、産業活動の活性化と停滞などが、商品量の変動に絶え間のない影響を及ぼす。たとえば、豊作は商品量を増加させるのに対し、不作は商品量を減少させるというようにである。その際、こうした商品量の増減とともに、貨幣価値もまた騰落することになる。

金が貨幣として流通している国々では、不作の場合などには、外国から不足の農産物が輸入され、その代金は金の輸出で支払われる。そのために、金属貨幣の国々では商品在庫の変動はきわめて僅かでしかない。それゆえに、貨幣価値もきわめて僅かな変動しか被ることがない。

このように金属貨幣の国々では輸出入が商品量の規制要因に、従って、貨幣価値の規制要因になっている。

それに対し、紙幣だけしか流通していない国々では、不作の場合などには、同様に外国から不足の商品が輸入される。だが、その代金は貨幣によってではなく、その他の商品によって支払われねばならない。なぜなら、紙幣は、金のように国境を越えて行くことができないからである。それゆえに、こうした**紙幣本位制度の国々では、**金本位制度の国々においてのように、貨幣価値を多少とも同じ水準に維持する輸出入という規制要因が欠如しているのである。その結果、こうした国々の貨幣価値は、永久に変動し続けることになる。そしてこのような貨幣価値の変動は、商業の中に大きな混乱を引き起こし、あらゆる正確な計算を不可能にするとともに、時間の経過の中で堅固であった商工業を破壊するものとなるだろう。

また、紙幣本位制度の国々の商品生産と貨幣価値は、収穫に依存しているばかりでなしに、その国の政治状況や立法活動にも依存している。たとえば、軍事的紛糾がその国に脅威を与えているならば、商品生産はもとより、貨幣もまた危険に晒されているといってよい。つまり、ほんの僅かな外交上の争いも、貨幣価値に影響を与えるものとなるのである。

さらにこのような国々の場合、商人身分が工業と商業にとって有害なものと見なすような法律が公布されるや、貨幣価値はただちに下落する。

しかるに、きわめて大きな価値変動を蒙る対象物は、もちろん、とりわけ投機に適するものである。従って、投機家は、貨幣を独占的に所有しつつ、良い情報はもとより悪い情報をも組織的に流すことによって貨幣価値を自分の思い通りに、かつ自分の利害に従って決定するといったことを行うのである。

それゆえに、その製造費のために金属貨幣の製造を嫌がっていたほとんどの国々は、まもなく紙幣の流通に疲れ果ててしまい、金の調達に走ることになった。たとえば、イタリアは、少し前に紙幣を金に置換するといった気の進まないことをせざるをえなかった。そのため、イタリアは、それに必要な金をイギリスから借款という形態で調達したのであった。かくして今やイタリアは、この借款のために毎年五、〇〇〇万フランの利子を支払わなければならなくなっているのである。

だが、イタリアは豊かな国ではない。この国の財政は悪化し、その予算は慢性的に赤字になっている。そうした国が、その心許ない財政状態にもかかわらず、貨幣価値の変動という欠点を避けるためにだけ、毎年五、〇〇〇万フランの貢租を支払うことを厭っていないとすれば、それは、それだけ重大な理由を持っているにちがいないのである。けれども、［実際には、］貨幣価値の変動を避けるための、もっと別の、より良い、そしてはるかに安価な逃げ道が存在していたのであった。

［確かに］輸出入は、商品量と貨幣価値を規制する。だが、これは唯一の規制要因であろうか。否である。なお別の規制要因――それは、はるかに簡単であると同時に、はるかに確実な、**はるかに感度の良い**規制要因である――が存在している。私がここで問題にしているのは、**「生産と消費」**という規制要因のことにほかならない。

貨幣の輸出は、**貨幣量**と同様に**貨幣消費**を減少させる。

貨幣の輸入は、**貨幣量**と同様に**貨幣生産**を増加させる。

金の輸出入は、外国の市場、すなわち商品の輸出能力に依存している。それに対し、貨幣生産と貨幣消費は、国民の意志にだけ依存しているにすぎない。

人々は、次のように言う。「**消費**が商品の生産を規制する。従って、商品ストックは消費に依存する」、と。貨幣をこうした消費の自然法則に従わせる場合には、**その国は**、**貨幣ストックを規制するために貨幣生産を自由に行うことができるだろう**。その際、紙幣の生産は、一瓶のインク、一束の紙、一台の印刷機の存在だけに依存しているにすぎない。従って、紙幣は毎日必要に応じて生産することができるのである。

かくして貨幣を強力な消費に従わせるならば、貨幣の生産によって貨幣需要を、**どんな価格変動**も可能にならないほど、つまり商品が毎年同じ価格であり続けるほど、**厳格にコントロールすること**が可能になるだろう。

このように貨幣が消費に従う結果として、個々の貨幣片が毎日その価値を減じていくならば、貨幣の全体量の価値も毎日減少していくことだろう。その際、商品量が同一であり続けるならば、貨幣不足という事態が生じるにちがいない。そしてこの貨幣不足が、商品価格の下落を引き起こす。さらにこの商品価格の下落が新しい貨幣発行の合図となって、商品価格がそれ以前の水準に到達するまで、長いこと貨幣発行が続けられることになるだろう。

これと同じようなやり方で、豊作や不作によって引き起こされるような価格変動もまた避けることができるだろう。たとえば、価格が下落したならば、貨幣発行量を増加し、また不作のために価格が騰貴したならば、貨幣発行を中止するというようにしてである。

［最後に次の点に触れておきたい。］すなわち、今日の紙幣と比較した場合の金の唯一の利点は、その価値の持つより大きな固定性にある。だが、金は、全体的に見れば、紙幣に比べてほぼあらゆる点で劣っているといってよい。従って、**金の価値固定性に匹敵する、ないしそれをはるかに凌ぐ紙幣が作られるならば、その紙幣は金属貨幣に比較してあらゆる点で優れたものとなるだろう。**

第四章　貨幣改革の下での交通の発展

貨幣の唯一の目的は、商品交換、すなわち交通を容易にすることである。それゆえに、貨幣がこうした交換、すなわち交通をより迅速に、より確実にそしてより廉価に媒介すればするほど、**その貨幣はそれだけいっそう良い貨幣であると言うことができるのである。**

だが、われわれがこれまで見てきたことは、今日の貨幣はこの点では多くのことを望めないということ、つまり、今日の貨幣は**商品交換をきわめて緩慢かつ不確実にそして著しく経費の掛かるやり方で媒介する**ということなのである。

その原因がどこにあるのかということを、われわれは前著『社会国家に架橋するものとしての貨幣改革』の中で見た。しかるに今日の貨幣は、例外なしに、世界中のすべての人間が必要とする唯一の対象物としてありながら、その他のあらゆる物のように腐らず、**永遠に同じままであり続ける。**

従って、［今日の］貨幣は、腐敗への恐れなしに、その所有者の都合に応じて流通から回収されたり、再び供給されたりすることができる。それゆえに、貨幣ほど投機に適した対象物は他にはないのである。それに対し、パン、肉、石油、鉄、銅などは、人間が必要とする対象物であるけれども、それらは少なくとも短期間については無くても済ますことができるし、また他の代用品によっても置換することができる。だが、貨幣はその他の何によっても置換することができない。またそれは、だれもが一日たりとて無しで済ますことのできないものでもある。

パン、肉、鉄などは、日々重量、規模、価値を失っていく。だから、これらの物に投機したり、これらの物を流通から回収したりする者は、確実に損失を被り、利益の不確実性に直面する。

こうした事情に、次のような事情が加わる。投機家が流通から回収する商品には運賃や保管料がかかるばかりでなしに、［少し時間がたつならば、］生産者によって新しい商品への置換がなされてしまうという事情である。

だが、貨幣はいかなる運賃も、またいかなる保管費もかからず、新たな生産によって随意に置換されるといったこともない。従って、投機家は、何の損失も被らずに、好きな時に貨幣を流通から回収することが可能になるのである。かくして、投機家があらゆる投機から確実な利益を引き出すには、彼は必要な資金を意のままにすることだけを必要とする。

それに対し、たとえば、穀物が金のように永遠に新鮮なままで、永遠に使用できるという特性を持っていたならば、穀物商人は、とうの昔に、今日の銀行家がそうであるように世界の主人とその支配者になっていたことだろう。だが、これまでこうしたあらゆる試みは、穀物が腐敗するという事情とともに、投機目的のために流通から回収された物がただちに、より大きな、新しい生産によって置換されるという事情とのために、いつも座礁することにならざるをえなかったのである。

これまで商品の購入に際して、僅かな利益を掴むために貨幣の不変性を利用しなかった者など、世界のどこにもいないだろう。またこれまで日々お金を使って何度も投機をしなかった者など、世界のどこにもいないだろう。

今、一人の農民が市場に販売用の卵を供給し、この卵を購入するために主婦が貨幣片を提出した場合、この取引においてはどちらがより有利な状態にあるのだろうか。それは、主婦かそれとも農民か。その際、主婦はきっと次のように呟くだろう。「私の貨幣は腐らない。だが、卵は腐る。こうした状況の中で、私が今日農民から卵を買わないならば、彼は、明日になっても、何も得られず、卵を腐らせてしまうだろう。従って、このことを明確に示せば、彼は卵を私により安く販売するだろう」、と。このように、数千年来、貨幣所有者は、いつも商品所有者に対して「貨幣は腐らない」という小さな利点を有してきた。そしてこの小さな日常的利点が時間の経過とともに巨額なものに膨れ上がり、われわれが今日遭遇しているような、膨大な資本蓄積の基礎となったのである。

だが、貨幣は本来投機をしたり、富裕な人々を作り出したりするためにあるのではなく、流通を容易にするためにだけある。従って、「今日の」貨幣がそのような目的を達成できないならば、そのような目的を達成できるような形態に貨幣を改造すべきなのである。

私は、前著『社会国家に架橋するものとしての貨幣改革』の中で、このような改造点がどこにあるのかを示し、「錆びていく銀行券」の導入があらゆる諸関係にどのような影響を与えるのかを簡潔に述べた。

この問題は興味深く、きわめて重要である。従って、もっと詳細に論じる必要があるだろう。

まず「錆びていく銀行券」の導入は、その直接的かつ論理的結果として**「現金払い」**を引き起こす。なぜなら、金庫の中におく貨幣を可能なかぎり**少なくする**ことは、すべての者の**直接的な個人的利益**になるからである。それゆえ、すべての者は、「現金払い」あるいは「先払い」によって自らの貨幣保有高を可能なかぎり少なくすることを志向するだろう。

たとえば、今日貨幣改革が導入され、「これまで」流通過程にあった貨幣がすでに「私が」描いたような「錆びていく銀行券」という新しい銀行券――それは、毎年一〇、二〇、三〇、一〇〇、三〇〇%の価値を減価させる――によって置換された場合、すべての者は、自分の身を守るために、われ先にその銀行券によって自らの債務を返済しようとするだろう。こうして、債務の支払いが全般的になるがゆえに、平均的に見れば、すべての者は、彼が他者に引き渡したものを他者から再び返却されるという関係が生じるだろう。従って、この場合、自分の貨幣保有高は、以前と同じままになるだろう。

つまり、自らの貨幣保有高は同じままであるにもかかわらず、だれももはや債務を負っていないのである。なぜなら、すべての未払い金がなくなっているからである。

しかるに、［新しい］貨幣は、日々その価値を失っていく。従って、人々はこのような損失から身を守ろうとする。だが、このような損失から免れるためには、この［新しい］貨幣を支出する以外には、とりわけこの［新しい］貨幣を何らかの商品に投下する以外にはない。

かくして、以前には主婦は、コーヒー豆をポンド単位でしか購入しなかったが、今や彼女はそれを袋単位で購入するようになる。また砂糖、粉、塩、石鹸、ニシンなどを、以前には彼女は、毎日少量ずつしか商店から購入しなかったが、今や彼女は貯蔵室を設置し、そこをこれらすべてのもので満たすようになる。その時、彼女は次のように呟くだろう。「貯蔵室は、日々その価値を減価させていく貨幣よりもより確実な資本投資である」、と。

この主婦が行うことを、隣の主婦も同様に行う。［今や、］すべての者は自らの貨幣を商品に投下しようとする。つまり、すべての者は貯蔵室を作り、商人の店舗からできるだけ多くの商品を購入しようとする。

だが、**このような店舗は、購入者からのこうした注文の殺到にどれほど長く対応できるだろうか。**

また滞積した財貨に保管料が徴収される場合、財貨は鉄道倉庫からどれほど急速に消滅するだろうか。

「錆びていく銀行券」の導入が八日以内に商人の店舗を空にするということは、子供でも容易に分かることである。

その結果、商人は、商いで暮らしたいと思っているにもかかわらず、商品がないために商いをすることができなくなってしまう。それゆえ、商人は自らのストックを新たな商品によって補充するように**急ぐ**ことだろう。

こうして、以前には農民や手工業者が商人のところに来て、自らを卑下しながら自分たちの生産物を商人に渡すまで待っていたのに、今や商人が農民のところに自ら急いで出向くようになる。

だが、一人の商人だけがこうするのではない。すべての商人がこうするのである。そのために、農民は突如、彼の商品を優先的に購入しようと争っている商人たちに取り囲まれることになる。

その際、当然のことながら、彼らの中の一人が他人よりもより高い価格を提示するだろう。その結果は、農民が自らの生産物と引き換えにより良い価格を手に入れるということであり、その支払いが「現金払い」になるということであり、そして農民が自らの商品を自分で都市に輸送する必要がなくなるということなのである。なぜなら、その購買者が自ら取りに来るからである。

だが、このように価格が騰貴したからといっても、生産が増加したわけでもない。だから、二〇人の商人のうちの一九人は、販売用商品の補充品を見つけられず、商品不足のために店仕舞いをしなければならなくなるだろう。

他方、生き残った商人は、絶えず自らの倉庫を満たし、自らの貨幣をできるだけ商品に変えることに努めるだろう。それに対し、購買者は、商品をもはやロート単位やポンド単位では購入せずに、袋単位で、車両単位で購入することに努めるだろう。かくて、商人は、以前には一〇人の従業員とともに一週間で販売していた商品量をはるかに越える商品量を、今や一人の従業員とともに一時間で販売するようになるだろう。

また農民も、商品と引き換えに得た自らの貨幣を可能なかぎり迅速に投下することに利害を有している。従って、農民は同じく貯蔵室を設置し、そこを作業着や労働道具などで満たすことになる。

こうして卸商人の作業着倉庫や鉄具品倉庫は、同じく短期間に小商人の倉庫のように空になる。だが、彼ら卸商人も、彼らの同僚や小商人と同様に、自らの倉庫を満たすことができなくなってしまうのである。

そうなった彼らは、もはや悠長にセールスマンを待つのではなく、手紙や電報で自らの注文書を予め発送し、販売用商品の補充品を求めることになる。

今や、あらゆる方面からの注文書が、工場主のところに届く。だが、工場主は通常の労働力数ではこの注文を処理できなくなってしまう。従って、工場主は、新たな労働力を雇用しなければならない状況に陥ることとなる。

だが、それは、一人の工場主だけではなく、すべての工場主が陥った状況でもある。従って、労働力の確保をめぐる全般的競争の激化ということが、その自然的かつ不可避的な結果になるのである。

かくして、工場主は、労働者を確保するために他の工場主よりも高い賃金を支払うつもりであったとしても、もはや労働者を簡単には確保できなくなる。今や、迅速な商品交換のために不要になってしまったために、他の営業部門に移ろうとしている商人たちが、新たに労働者に加わってきているにもかかわらず、そうなのである。かくして、工場主は日々増加していく需要に追いつくことができず、彼のところに届いた注文を処理することができない。従って、商人は八－一四日も待たなければならない。その結果、商人の過半数は、商品不足のために店仕舞いをしなければならなくなる。そして生き残った商人たちは、工場主から手に入れることのできない商品を**自ら労働者のところに出向いて調達しようとするだろう**。

それゆえに、彼らは、労働者により良い報酬を示すだろう。また彼らは、労働者に仕事場の建設資金の貸与を申し出るだろう。そして労働者がこうした貨幣を受け取り、商品を作ってくれる場合には、商人は、日々その価値を減価させていく貨幣を適切に処理できたことになるのである。

他方、労働者がこうした商人たちの申し出に同意した場合でも、彼らはもはや工場主のために働かず、自分自身のために働くようになる。そして労働者が受け取るより良い価格や労働者が借りた資本にいかなる利子も支払う必要がなくなるという状況とのために、労働者はこの自らが借りた資本をいっそう早く返済できるようになるだろう。

こうした事態は、すべての労働者の下で生じる。従って、すべての労働者は「錆びていく銀行券」の導入によって賃金労働者から独立自営の手工業者になっていくのである。

以上述べたことは、絵空事でもなければ、ユートピアでもない。このような貨幣改革の導入によって手工業者が隷属状態から解放されるということは、子供でも容易に分かることなのである。

ところで、「錆びていく銀行券」は、いかなる中間取引も、いかなる商品滞積も、またいかなる保管料の徴収も、許さない。それゆえに、「錆びていく銀行券」の導入とともに、商品は、**滞積されることなしに、**一直線に生産者から消費者へと届くことになる。またショーウィンドー、セールス活動、人目のつく広告などは、商品をその目的地［である消費者］に届けるのにもはや不必要なものになる。そして**商品は、何が利益なのかという触覚に導かれて、自ら主婦の貯蔵室への道をひたすら辿ることとなるのである。**

貨幣は、商品交換を迅速に遂行すべきである。

では、**このような商品交換をより迅速に遂行するのは、どのような貨幣なのか。時代遅れになった金属貨幣なのか、それとも「錆びていく貨幣」なのか。**

商品ストックを売り切ってしまった事業所の所長は、多数の商人に次のように言う。「諸君は、諸君の不確実かつ危険な商売を放棄し、今や生産者、すなわち労働者の隊列に移行すべきである」、と。

また元気な農民や評判の高い手工業者は、次のように自問する。「私たちは、『錆びていく銀行券』の導入によってどうして独立自営者になることができたのか」、と。「このような単純な貨幣改革が、どうしてそのような社会変革をもたらすことができたのか」、と。この問いに、国民経済学の大学教授は答えることができない。なぜなら、彼らは、このことを理解するのに必要な実践的研究を行う機会をこれまで持ってこなかったからである。それに対し、どんな小商人も、このような事態をいとも簡単に次のように説明する。「以前には貨幣を求めるために商品が供給されたが、今や逆に商品を求めるために貨幣が供給されているからである。商売のイロハを知っている者ならば、この両者の大きな相違を理解できるだろう」、と。

いつも真っ先に供給される商品とは、どのようなものなのか。

大学教授殿、あなたは、そこで小さなニシン業者に聞いてみるがいい。そしたらニシン業者は、あなた方に次のように答えるだろう。「腐りやすい物を最初に販売し、それから丈夫なものを販売する」、と。

たとえば、だれかが貨幣と商品の両方を同時に所有しているならば、彼は、貨幣を持ち続けたまま、まず最初に商品を販売するだろう。なぜなら、商品は腐るのに対し、貨幣は不変であり続けるからである。従って、すべての者は、貨幣を可能なかぎり長く持ち続けようとする。だが、商品は販売するために供給される。その結果が、絶えず生じる貨幣不足——だが、それは外見的な貨幣不足でしかない——ならびにこの貨幣不足に正確に対応した「過剰な」商品供給なのである。

だが、こうした貨幣不足の結果、商品は貯蔵室への道を辿ることができず、その道は渋滞し、大量の商品が商人の店舗に山積みされることになる。

それにもかかわらず、こうした絶えざる貨幣不足は、貨幣保有量を増加させることでは取り除くことができない。なぜなら、貨幣量の増加は、われわれがすでに知っているように、貨幣の減価を引き起こすがゆえに、貨幣不足が生じた場合の貨幣は、迅速に流通することがないからである。だが、複本位制度やその他のがらくたの貨幣制度によっても、急速な商品交換は達成できないのである。こうした悪弊を是正できるのは、**貨幣よりも商品を所有することの方が有利になる場合だけ、ないし貨幣が商品と同様に腐り、両者が同等の地位に立つ場合だけである。つまり、こうした悪弊を是正できるのは、「錆びていく銀行券」だけなのである。**

ところで、貨幣は、商品交換を確実に達成すべきものである。それゆえに、貨幣不足のために、商品が交換されないまま、腐っていくということがあってはならないのである。

われわれは、すでに「錆びていく銀行券」がいかに店舗を空にしていくのか、またこの銀行券が生産場所から消費場所への商品の移動をいかに迅速に達成するのかを、見てきた。それればかりか、今日の貨幣の場合、商品所有者が貨幣所有者を求めねばならないが、「錆びていく銀行券」の場合には、「貨幣所有者が商品所有者を求めるという」その反対の事態が生じることをも、われわれはすでに見てきた。

「そこで、問いたい。」重たい商品が軽い貨幣を求めるのと軽い貨幣が重たい商品を求めるのとは、いったいどちらが公正な事態なのだろうか、と。

錆は、銀行券が——商品が隠れている場合には——商品を探すための鋭敏な鼻になる。そしてこの錆は、貨幣所有者の足にまとわりついた重しとして、貨幣所有者が貨幣を何らかの商品と交換するまでそのことを強制し続けるものになる。

たとえば、**猟犬が獲物を嗅ぎ付けるように**、「錆びていく銀行券」は、雪の下にあっても、原生林の中にあっても、大気の中にあっても、水中にあっても、そして地球のどこにあっても商品を見つけ出し、捕らえ、手工業者がそれと同じ商品を生産するまで自由にすることがないだろう。

そのような状況の下では、商品が貨幣不足ということのために消費場所に到達しなかったり、**また労働者が労働のない状態におかれる**などといったことが、どうして起こり得ようか。

今日、商品所有者は、多数の人々の下に商品の購買者を求め、この商品に関心を示す者を発見しようとする。それに対し、「錆びていく銀行券」の下では貨幣所有者は、埋もれている商品を、繊細な感覚と利益の感覚とによって発見しようとする。従って、もはやいかなる商品も、悪天候などのために市場で無益に購買者を待ち続けるといったことがなくなるだろう。つまり、「錆びていく銀行券」は、雪、雨、風の天候であろうとも、主婦を市場に駆り立てるのである。

また［「錆びていく銀行券」の下では、］いかなる手工業者も、もはや仕事不足といったことに不平を言うことがない。なぜなら、貨幣所有者は、自分の貨幣を処分するために、完成品がなくても、何かを注文をするだろうからである。従って、たとえ労働者の労働力と商品との交換を媒介するための貨幣が不足していても、今や何かが生産され、その原材料も絶えずその［生産者の］手中にあるという状態が生まれるのである。

このように、「錆びていく銀行券」は、いかなる商品も腐らせない。また「錆びていく銀行券」は、だれをも失業させない。さらに「錆びていく銀行券」の導入とともに貨幣不足になることはない。

私は問いたい。「商品交換をより確実に媒介するのは、どちらか。『錆びていく銀行券』か、それとも今日の貨幣制度なのか」、と。「錆びていく銀行券」は、流通から排除されることがない。なぜなら、投機家といえども、貨幣価値が減価することのために、確実な損失と不確実な利潤とに対峙しなければならなくなるからである。

かくして「錆びていく銀行券」の導入とともに、いかなる投機も不可能になる。また「錆びていく銀行券」の導入とともに、価格変動も存在しなくなる。それゆえに、「錆びていく銀行券」の導入とともに、もはやいかなる営業恐慌も存在しなくなる。そして、破産整理、労働停止、支払不能、裁判所の執行、今日の馬鹿げた取引の隆盛といったことも、終焉することになる。そしてこの「錆びていく銀行券」は需要と供給を、いかなる時期にも、たとえば、戦争と平和の時期にも、また幸運と不運の時期にも、またいかなる状況にあっても絶えず均衡させるものとなるだろう。

他方、今日の貨幣は、微かな警報がなっても、すぐに流通から撤退してしまう。**その結果、当面その国の貨幣流通は絶えず中断し、貨幣なしの状態になってしまう。**つまり、貨幣流通は絶えず停滞し、**国家にとって不可欠な交通制度の中でもっとも重要な制度が絶えず機能不全の状態に陥ってしまうのである。**

貨幣は、商品交換を廉価に行うべきものである。つまり、貨幣の製造費、維持費、管理費そして経営費は、可能なかぎり小額でなければならないということである。

「錆びていく銀行券」の製造には、何が必要か。一台のリトグラフ機、一台の印刷機そしてインクと紙である。つまり、ドイツ帝国は、毎年貨幣の製造費には約一、〇〇〇マルクを用意すれば事足りるのである。

それに対し、今日の貨幣の場合、その維持費には**一〇〇億マルク**が必要とされるが、それでも絶えず貨幣不足に苦しんでいるといってよい。

さらに「錆びていく銀行券」の場合、貨幣の管理と経営のためには、一人の貨幣水門管理人がいれば十分である。

というのも、貨幣が不足した場合には、貨幣貯水池の水門を開き、また十分に貨幣が流通している場合には、その水門を閉じるという任務を遂行するのに、一人の男がいれば十分だからである。

今日の貨幣の場合、こうした貨幣水門の管理と経営とのために、ドイツの人口の半数を必要とする。

それに対し、「錆びていく貨幣」の場合、ドイツ帝国は、**いついかなる時にも**、たとえば戦争や平和の時にも、必要な貨幣需要を**ペニヒ単位に至るまで正確に測定するのに**、たった二人の男を必要とするにすぎない。つまり、「錆びていく銀行券」の製造、維持、管理、経営にはたった二人の男、すなわち一人のリトグラフ工と一人の貨幣水門管理人だけが必要とされるにすぎないということなのである。

［それはこうである。］リトグラフ工は、毎年銀行券の印刷を請け負い、印刷し終った銀行券を貨幣水門管理人に手渡しする。そして貨幣水門管理人は、この銀行券を流通に加える。

だが、彼が余りに多くの銀行券を発行したならば、余剰分の銀行券は銀行預金の形態で自ずと彼のところに戻ってくるだろう。だが、貨幣によって購買できるいかなる商品も存在していない場合にだけ、また自らの労働力を貨幣と交換したい労働者がまったく存在していない場合にだけ、過剰な貨幣ということが問題となるにすぎないのである。

そのような場合、より良い貨幣投資ができる機会が与えられるまで、貨幣所有者は貨幣水門管理人のところに行って、彼に貨幣を預けるという方法しか残されていない。だが、このような機会はいくら待っても訪れることがないだろう。なぜなら、流通過程の中を流れている貨幣は日々その価値ないし量を減少させているけれども、こうした欠損分は、まず最初に時には生じてしまうことのある余剰［貨幣］を動員することによって、更にそれから新しい貨幣を発行することによって補填されるだろうからである。従って、こうした補填に必要な余剰［貨幣］を預かるのは、貨幣水門管理人ということになる。だが、彼の金庫の中では銀行券は**錆びることがない**。つまり、貨幣水門管理人は、彼に譲渡された貨幣を、いついかなる時にも、譲渡された際の金額のまま返却するのである。もし彼が一－二％の保管料を取るならば、だれも自分に不必要となっている貨幣を彼には預けないし、またどれも銀行に必要以上に長く預金しないだろう。

従って、貨幣所有者の利害の観点から、あらゆる余剰貨幣が絶えず自動的に貨幣水門管理人に供給されるだろうし、そしてこの余剰貨幣が別のより良い方法で使用されるならば、つまりさらなる商品供給ないし労働者供給がなされるならば、同じ彼らの利害からこの余剰貨幣は撤回されてしまうだろう。

生産と消費は、商品市場を規定する。従って、生産と消費は、貨幣市場をも規定するものとなるだろう。

その場合、貨幣水門管理人は次のような事態を見ることになる。貨幣需要の増大の結果として、従って労働者供給の増大の結果として、銀行の預金が引き出される場合には、銀行は貨幣水門を開けるのに対し、商品供給と労働者供給が消滅し、預金の逆流が生じた場合には、銀行は適切に貨幣水門を閉めるといった事態である。

その際、貨幣水門管理人は、貨幣流通の水位計として自らの帳簿を利用するだろう。その結果、彼は、預金の増加や減少に応じて、貨幣需要を正確にコントロールしたり、また貨幣水門の開閉によって貨幣需要を厳密に調節したりすることができるようになるのである。

このように「錆びていく銀行券」は、たった二人の男とたった二、〇〇〇マルクという僅かな費用を生産者に毎年負担させるにすぎない。それに対し、今日の貨幣制度は、生産者を押し潰してしまうほどの巨額な費用を生産者に負担させるのである。

また貨幣改革は、レントナーと銀行家と同様に金採掘業者をも不必要な存在にさせる。そして貨幣改革は、中間取引を除去してしまう。つまり、貨幣改革は、何百万人もの小売商人、株式仲買人、高利貸しを余計な存在にしてしまうのである。そればかりか、貨幣改革は、商人身分の何千年来の見果てぬ夢だった「現金払い」を導入するものとなる。かくして、そのことは、支払不能を不可能なものにし、人類から裁判所の差押え劇といった悲劇を追放するものとなる。そして今やだれも、不必要なやり方で「錆びていく銀行券」を保持しようなどとは考えもしない。まただれも大金を持ち回ることもないから、強盗殺人や泥棒もなくなるだろう。要するに、「錆びていく銀行券」は、刑務所を無人にするのである。

他方、以下のような人々は、「錆びていく銀行券」を必ず災いと見なすだろう。守銭奴、富くじ業者、強欲な者、高利貸しなどがそうである。だが、彼らは「錆びていく銀行券」とともに消滅していくだろう。それに対し、この「錆びていく銀行券」は、人類に高潔な精神、すなわち今日の不合理な貨幣制度が人類のほとんどの者から奪ってしまった高潔な精神を再び取り戻すこととなるだろう。


ところで、貨幣が日々減価していく場合、人々は自分の老後にどういう備えをしたらよいのだろうか。つまり、人々はいかにしたら［自分の老後に使える］蓄えを残すことができるのだろうか。

たとえば、自分の老後のために蓄えを残そうとする者は、その余剰を自分の収入源の改善のために使用することができる。彼が農民ならば、彼はその余剰を自分の農地の改良、自分の家の改築、自分の家畜の品種改良などのために使用するというようにである。また彼が手工業者であるならば、彼はその余剰を自分の仕事場の改善や新しい機械の購入などのために使用するというように等々である。他方、彼が官吏ならば、年金を当てにすることができるだろう。だが、農民と手工業者にとっての最良の場合は、その蓄えを自分の子供たちに投資し、より良い教育を受けさせることである。こうしたより良い教育を受けた子供たちは、いかなる場合にも、銀行に預金した貨幣よりもはるかに良い蓄え、はるかに確実な蓄えになるだろう。

それに対し、子供を持たないばかりか、年金、農業そして仕事場などを一切持たない者は、貨幣を貨幣水門管理人に引き渡すという逃げ道、すなわち貨幣を銀行に預託するという逃げ道しか残らない。その場合、その貨幣は彼にいかなる利子ももたらさないけれども、確実に保証されるがゆえに、何の心配もいらない蓄えとなるだろう。

だが、貨幣は本来このような貯蓄をするためにあるのではなく、商品交換を容易にするためにある。つまり、貨幣は、鉄道切符や郵便切手と同様の目的を履行しなければならないのである。（かくて、だれも自分の蓄えを郵便切手に投資するなど思いつきもしないだろう。）

まず最初に言わなければならないのは、貨幣改革は今日の貨幣制度よりも老人の不安をはるかに少なくするということである。たとえば、**今日の貨幣制度の場合、老人たちが銀行や民間人の破産によって老後に使用する予定のなけなしの蓄えを失うことが、どれほど多いことか。**

否、今日の貨幣制度は蓄えを増やすことをしない。むしろそれは、貯蓄性向の敵である。そのことは、もしドイツが戦争に巻き込まれたならば、明白になるだろう。つまり、戦争になった場合、ドイツには、スープすら沸かすことのできない貨幣以外のいかなる蓄えも存在しないために、もしベルリンが包囲されたならば、**ベルリン［人］は自らの蓄えによって三日間も生活できないだろう**という事実が、それである。

その際、ベルリンの唯一の蓄えは商人の倉庫にあり、**個人の地下室には何もないのである。**

他方、「錆びていく銀行券」は、商人の店舗を空にし、個人の地下室を蓄えで一杯にする。（一つの商人の倉庫の蓄えよりも個人の一〇〇の地下室の蓄えの方がはるかに大きい。）

もっと言うならば、「錆びていく銀行券」は、人々に蓄えることを強制し、備蓄を強いる。従って、それは、豊かな者を飢えた者の敵意から守るものとなる。

ドイツ人は、シュパンダウの塔を誇りをもって眺めるだろう。その塔の中に、戦争賠償金が保管されているからである。さらにドイツ人は、この賠償金を戦争準備金として蓄えている政府を用意周到なことと称賛し、畏敬の念を込めてその塔を眺めるだろう。

「だが、子供たちよ、塔には財宝はなく、**金為替**――その塔の扉が開かれるならば、諸君はその為替を金に兌換することを強いられるのだが――しか存在していないということを、諸君が知れば、諸君は先程とは違ったように考えることだろう。それはこうである。そこに蓄えられた何百万マルクは、（商品生産の減少によって）貨幣自らが減価している戦争期には自由に使用できるが、諸君の手にある貨幣は、当の財宝額だけ減価せざるをえないのである。たとえ、塔の中に小麦、ラード、えんどう豆などが蓄えられていても、諸君はそれに戦争賠償金という名称を与えることもできるけれども、それは、隠された**偽造貨幣**、すなわち**戦時税**以外の何ものをも意味しないのである」、と。

「錆びていく銀行券」の導入とともに、ドイツ帝国が依存しているところの**外国貿易**は、どのように変化するのだろうか、きっとこうした質問が提出されることだろう。

しかるに貨幣改革が世界中のすべての国々に導入されないかぎり、従って、外国が金鋳貨を使用しているかぎり、事態はきわめて単純である。

[「錆びていく銀行券」の導入とともに、]今日ドイツ国内で流通している金属貨幣は「錆びていく銀行券」と交換される。そしてこの「錆びていく銀行券」と引き換えに獲得した金は、銀行に保管されることになる。

それとともに、今や外国において支払いをしなければならない者は、つまり金を使用しなければならない者は、いつでも「錆びていく銀行券」を銀行で金と交換することができるし、逆にドイツにおいて支払いをしなければならないすべての外国人は、銀行で金を「錆びていく銀行券」と交換することができるようになる。

従って、輸入と輸出が完全に同額ならば、金の流出入は同じであるだろう。だが、輸入が輸出よりも多い場合には、流入する金量よりもより多くの金量が流出するだろう。それに対して、逆に輸出が輸入を凌駕する場合には、流出する金量よりも流入する金量の方が多くなるだろう。

その際、前者の場合には、銀行は金の赤字分に対応した余剰紙幣を持つことになる。だが、銀行はこの余剰紙幣を次のようなやり方で、すなわちこの余剰紙幣を使って国内で商品を購入し、その商品を外国で販売するというやり方で、利用するだろう。そしてその商品と引き換えに得られた金は、銀行の金赤字分を補塡するものとなる。

それに対し、後者の場合には、銀行は金の余剰と紙幣の赤字分を持つことになる。だが、銀行はこの金の余剰を次のようなやり方で、すなわちこの金の余剰を使って外国で商品を購入し、その商品を国内で紙幣と引き換えに販売するというやり方で、利用するだろう。そしてその商品と引き換えに得られた紙幣は、銀行の紙幣の赤字分を補填するものとなる。だが、もし銀行が商品購入によって損失を被った場合には、この損失は、金兌換ないし紙幣兌換の際の為替割引率——それは、この損失がどの程度輸入あるいは輸出によるものかに応じて決定される——として徴収されることになるだろう。

以上のことを要約すれば、外国貿易は、「錆びていく銀行券」の導入とともに著しく容易かつ確実に処理されるということなのである。

他方、外国の国々がドイツ帝国と同様に貨幣改革を実施し、全世界の金が脱価値化したならば、個々の国民は**為替勘定**を導入することになるだろう。たとえば、ドイツ人がフランスにおいて支払いをしなければならない場合には、彼は、ドイツの銀行から「錆びていく銀行券」と引き換えにフランスの銀行為替を手に入れることになる。もちろん、その逆の関係もあるだろう。

それに対し、フランスで振り出されたドイツの銀行為替は、その地でフランスの銀行券によって支払われることになる。そして逆に、ドイツで振り出されたフランスの銀行為替は、その地でドイツの銀行券によって支払われることになる。

その際、輸入と輸出が均衡状態にあるならば、為替勘定も均衡状態になる。けれども、ドイツの銀行にフランスの銀行にとって有利となる為替差額が残る場合には、ドイツの銀行にそれと同じ額の紙幣差額が存在することになるだろう。それゆえに、ドイツの銀行は、この紙幣差額を国内で商品購入のために利用し、その商品をフランスに送って、フランスの為替差額を補填することになるだろう。

つまり、外国貿易は、貨幣改革によってもなんら妨げられることがないのである。むしろ反対に、外国貿易は、今日よりもより良く、より確実に発展するということなのである。

しかるに、今日の貨幣制度の下では、外国貿易の差額は金によってしか決済できない。たとえば、ドイツが北アメリカから一〇億マルクの商品を購入したのに対し、北アメリカに九億マルクの商品しか輸出していないとすれば、その決済のためには、ドイツは一億マルクの金を北アメリカに送らなければならないのである。

だが、こうした北アメリカへの貨幣輸入は、当然のことながら、北アメリカの貨幣価値の減価を引き起こす。従って、北アメリカの農場主は、彼の精励の報酬として彼が消費する煙草により高い価格を支払わなければならなくなるのである。

それに対し、貨幣改革の導入とともに、輸入商品は輸出商品によって支払われることになるのであって、価値のない貨幣によって支払われることにはならないのである。

こうして、貨幣改革の導入とともに、ドイツの貨幣価値は、タタール人の凶作、ティエラ・デル・フエゴでの金採掘業者の活動、クリホルの不景気などともまったく無関係になるのである。

つまり、「目には目を、商品には商品を」が、「錆びていく銀行券」のモットーになる。

第五章　貨幣改革の視点からの社会問題

だれでも、自分が病気であると自覚すれば、医者のところに行く。医者は、彼を診察し次のように言った。「あなたの胃は弱っているから、あなたは少し食べる量を減らしなさい」、と。だが、この助言に従っても、彼の病気は少しも良くはならなかった。

第二の医者に助言が求められたが、第二の医者は、次のように言った。「あなたの神経は、あなたの職業には適さない。従って、あなたは自分の職業を変更しなければならない」、と。

だが、この病気の男は、この実行することがきわめて困難な助言に従ったけれども、少しも良くはならなかった。さらに［彼を診察した］第三の医者は彼に薬を処方し、第四の医者は彼に絆創膏を与え、第五の医者は彼に局部の切断を助言し、第六の医者は彼は治癒不可能な病気に罹っていると診断し、彼に自殺を勧めた。

そのような絶望的な状況の下で、病気の男は、最後の医者の助言に従い、人里離れた樅の木で首吊り自殺するために、［鬱蒼とした］森林に向かったのである。

樅の木のところに到着後、彼は、思い切って首吊り自殺をするために、エニシダの背後に立った。そこで、彼は何を見たのであろうか。大きなサナダムシが彼の体内から逃れ、草地に向かうのを見たのであった。――彼は言った。――「なんてこった、お前だったのか。待て、オー、お前の藪医者は、私を自殺させようとした」、と。

この男はすぐに縄を外し、家路についた。それから彼は、健康に毎日を過ごすことができている。

今日の国家は、古臭くなった貨幣制度というサナダムシに苦しめられているといってよい。その相談に応じているどんな医者も、社会的格差という病気の理由を認識していない。

老齢保険や疾病保険などは、その病気への救済策としては絆創膏のごときものでしかない。またストライキやインターナショナルの会議などは、薬の処方のごときものでしかない。他方、熱病にうなされている病人たちは、空想的な社会国家を夢想し、革命という自殺によってそこに到達することを期待しているのである。

けれども、最終的に危機が到来したのは、サナダムシ自体が大きくなり過ぎて、その余りにも小さくなってしまった隠れ家を捨てなければならなくなってしまったからなのである。

（1）　生産手段

社会主義者は、**いかなる場合でも**［生産手段の］**所有権**の中に資本蓄積の秘密が隠されていると信じている。このような誤りに囚われているために、彼らの中に共産主義的**生産様式**という**思想**が生まれることになるのである。

今日の生産手段の所有者をじっくりと観察するならば、生産手段の所有権に資本蓄積の秘密が隠されているという主張が間違いであるということは、即座に明らかになるだろう。

たとえば、資本蓄積の秘密が生産手段の所有権に求められるならば、資本蓄積はなによりもまず本源的な生産手段の所有者のところに、すなわち農民や手工業者のところに見い出されなければならないだろう。

だが、今日の生産手段のほとんどは、その代わりに、以前の銀行家、高利貸しそして投機家の手中に、従って、以前には生産手段を所有していなかった人々の手中に握られているといってよい。こうした人々は、商業や投機によって貨幣を蓄財した人々なのである。

実際、われわれは日々次のことをすなわち、農地、仕事場、工場などの所有者が、こうした自分の所有を銀行家、レントナー、高利貸しに販売するか、または担保物件として彼らに取られるかしているということを観察する機会に恵まれている。他方、農民が他人の農地を所有したり、鍛冶屋が他人の仕事場を手に入れるといったことを、われわれはまったく見ないか、またはほとんど見ることがないのである。

労働、従って生産手段の直接的利用によっては、だれも富裕な人間にはならない。商業と投機だけが、富裕を作り出すことができる。このことは、だれもが知っている真理にほかならない。

今日、われわれは、多数の手工業者の生産手段が略奪されているのを見ているが、そうした略奪はいかなる場合にも生産手段の所有権によるものではない。こうした事態は、別の原因から生まれたものである。

そうした原因は、機械による労働者の搾取に求められるべきものなのだろうか。

しかるに、労働者とはどのような人々であろうか。

彼らは、自らの腕や頭脳の中に宿している商品を貨幣と引き換えに販売する人々である。

それでは、雇用主とはどのような人々であろうか。

彼らは、このような商品を取引する人々である。

［こうした関係の中で、］機械はどのような役割を演じるのだろうか。

それは、商品の販売の際に商店員が演じるのと同じ役割を演じる。つまり、それは、労働者の商品を包装し、労働者に商人という外観を与えることに奉仕する。

商人が商店員という存在を利用するのは、商取引に際してより大きな利益を獲得するという目的のためであろうか。否、反対である。商店員を雇用している場合、商人は、自らの商店員の雇用を維持するという目的のためだけに、きわめてしばしば小さな利益に甘んじてしまうことがある。また多くの場合、彼は、同じような理由から、自らにいかなる利益ももたらさない事業を締結してしまうこともある。

他方、すべての工場主は、自らの機械という存在を通しつつ労働者に拘束されている。［もっと言えば、］機械は、工場主を労働者に従属させるものになる。換言すれば、**機械への配慮が、工場主を事情によっては労働者の要求に譲歩させる唯一の理由になる。**

たとえば、機械が使用されないならば、機械はまもなく錆び付いてしまう。従って工場主は、このような損失を避けるために、しばしば労働者の賃金引き上げに同意したり、また時には不景気の時期にも労働者を解雇せず、損失を出しながらも操業を続けたりするのである。

労働者もまた、ストライキ運動の中でこのような事情を自分たちの利益になるように利用する術を心得ている。つまり、機械は、**労働者が賃金問題において持つことのできる唯一の同盟者**であるということにほかならない。

それに対して、もし工場主がこうした機械の損害への恐れを持っていなければ、彼はストライキ運動に対してもっと冷静に対処できるだろう。しかるに、こうした機械への配慮だけが、工場主を弱腰にするのである。

それゆえ、機械は、労働者を搾取する武器ではない。反対に、機械の存在は、あらゆる恣意的搾取に対する唯一の保護を労働者に与えるものなのである。

従って、もし機械が存在していなければ、また工業が貨幣によってだけ経営されているならば、労働者の搾取は、今日の場合よりもはるかに酷いものになっていたことだろう。

こうしてわれわれは、日常生活の中で日々次のことを、すなわち産業経営が簡素化されればされるほど、つまり、機械が工業における搾取に不必要となればなるほど、それだけいっそう賃金は低くなり、そしてそれだけいっそう雇用主は恣意的になっていくということを観察する機会を持つことになるのである。

たとえば、家内工業では雇用主は貨幣だけを持ち、機械などのような経営資本をまったく持っていない。それゆえ、あらゆる産業の中で家内工業ほど搾取の激しいものはないのである。(使用人の場合にも同様のことが言えるのである。)

かくして、雇用主が労働の購入の際に、従って、労働契約の締結の際に、利益を得るならば、彼は自らの利益をその機械からではなく、彼が商品の購入に利用しようとする貨幣の不変性から、つまり、貨幣所有者の彼が商品所有者の労働者に対峙する際の権力から得るのである。

他方、労働者の持つ商品は、利用されないかぎり、つまり、販売されないかぎり、二四時間以内に全部腐ってしまう。それに対し、このような商品を購入するための貨幣は、いかなる種類の損失も被むることがない。反対に、こうした貨幣は利子を生む。

その場合、労働契約の締結に際して、もっとも平静でいられるのは、だれなのか。つまり、最良に待つことができるのは、だれなのか。

それは、自らの商品が販売される前に腐ってしまう労働者なのか、それとも腐らないで利子を生む貨幣を所有する雇用主なのか。[答えは自ずから明らかである。]

ところで、世界が原子と分子から構成されているように、今日の資本蓄積も原子と分子から構成されているといってよい。

たとえば、結核患者の咳や吐き気そして熱病者の狂乱は、その病気の原因ではない。その病気の原因を成すのは、肺を駄目にする微生物である。

大気中の小さな電気火花が大きな稲妻を引き起こし、有毒の蛇の一刺しが巨象を大地に倒すこともある。

以上のことを考慮して、今日の社会的病気の原因を発見しようとする者は、勢いよく走行している鉄道列車の汽笛や工場に鳴り響く音、空想的な風車の運動などの中にその原因を求めてはならないだろう。むしろ彼は、必要ならば、身をかがめて顕微鏡を使い、その細部をしっかりと見なければならない。その時、彼は、ロックフェラーの富と専制的権力とが、今日の貨幣所有者が商品所有者に対して持つところの、小さな分子的利益から構成されているということを発見するだろう。

それだからこそ雇用主は、次のように言うことができるのである。「お前たちは明日来い。否、明日私は狩りに行くつもりだ。だから、お前たちは明後日に来い」、と。なぜなら、彼は、労働者が二日間労働なしに稼げなくても、どんな損失も被らないからである。つまり、彼が労働者の商品との交換のために用意している貨幣は、**腐ることがない**からである。

それに対し、労働者は控え目に次のように尋ねる。「私は、今日から労働を始めることができないのか」、と。そして労働者はさらに言う。「私は、積極的に賃金をいくらか値引きするつもりだ。私は、多少なりとも安価な賃金になっても労働するつもりだ。なぜなら、私は二日間もぶらぶらするわけにはいかないからである。［もしそのような事態になってしまったら］、その間に、私の家族は飢えに苦しむことになってしまうだろう」、と。

それに対し、雇用主は冷静な態度で次のように言う。「諸君が私の条件を呑まないならば、諸君はどこか他のところに労働を求めることになるだろう。なぜなら、私の貨幣は損失から守られているからである」、と。

貨幣所有者のこうした利点は、資本蓄積を構成する分子であり、社会的格差の基礎である。そしてこうした小さな

利点が、資本の権力を説明するのである。

私は、ここで多数の例を用いて読者に貨幣所有者のこうした特権の全構造を明白にすることができるだろう。だが、私はこの仕事を読者自らが引き受けていただくことをお願いしたい。なぜなら、自分で行うことは、人にやらせるよりもはるかに価値のあることだからである。それだからこそ、実際に読者自らがこの仕事を引き受けることをお願いするのである。その場合には、読者は、今日の貨幣制度と社会的格差の間の内的全関連を明確に認識できるだろう。そのもっとも適切なフィールドワーク研究として、私は、読者が雨の日に市場を訪れることを提案したい。そこを訪れた読者は、貨幣所有者のきわめて大きな特権をその発展の中で観察する機会を持つことになるだろうからである。

こうした貨幣所有者の特権は、当然のことながら、賃金を引き下げる。そのことが、なにゆえ労働者が雇用主の恣意に完全に従属してしまうのかということの原因なのである。つまり、貨幣所有者の特権が、搾取の出発点を形成しているのである。

こうした搾取は、時間の経過とともに労働者の全財産とその蓄えを奪うものになる。そしてこのような全般的貧困化が、今や労働者に対する高利貸的搾取という貨幣所有者の特権を［さらに］促進するものとなるのである。

今や、われわれは貨幣改革の下での労働契約の締結を見ることにしよう。

われわれは、「貨幣改革の下での商業」についての章において、――今日の貨幣制度の下でのように商品が貨幣を求めるのとは異なり――「錆びていく銀行券」の導入とともに、貨幣所有者が商品所有者を求めなければならなくなるということを見た。

この事態は、労働者にとって大きな利点を有する。第一に、労働者はもはやいかなる時にも［自ら］労働を求めなくてもよいからである。また第二に、労働契約の締結に際してその取引が労働者の居住地で成立するという大きな道徳的な利点をも与えるからである。

さらにわれわれは、その同じ章において、貨幣改革の下ではいかなる状況でも労働［需要の］不足が支配することがないということを見た。というのも、貨幣改革は金融恐慌の勃発を全面的に不可能にし、そして永久にあらゆる投機を廃絶するからである。そればかりか、**貨幣改革は、貨幣所有者に自らの蓄えを商品に投下することをも強制するからである。つまり、われわれが見てきたことは、「錆びていく銀行券」が流通しているかぎり、だれもが商品、とりわけ労働者を求めるということなのである。**

従って、［「錆びていく銀行券」の下では］**もはや失業が賃金を引き下げるという事態は生まれないのである。**

反対に、このような圧力から解放された賃金は、労働者が供給する商品の**全価値**に［等しくなる］まで騰貴するだろう。換言すれば、賃金は、雇用主が一般に支払うことができる高さにまで騰貴することになるだろう。

今や、労働者は「お前たちは明日あるいは明後日来い」とはもはや言われず、「今日、この瞬間から来たまえ」と言われる。なぜなら、貨幣所有者が自らの貨幣を日々錆び付かせていることから生まれる損失のために、彼は自らの貨幣を可能なかぎり迅速に投下することを強制されているからである。また彼の貨幣が錆びていくことのために、彼はもはや労働者を自分の好きな時に雇用するという自由を持ち得ないのである。

［以上のことは、次のように要約できるだろう。］

胃の腑は、労働者に労働を強制する。錆は、雇用主に労働者の雇用を強制する。そうした状況の中で、労働者と雇用主の両者は、同一の権利と同一の義務をもって対峙する。**どちらも、他者に対する特権を持たないがゆえに、**労働契約の締結に際しても両者の願いと利害は、同程度に配慮されることになる。

また賃金率の騰貴と失業の廃絶の結果、労働者は蓄えを作ることができるようになる。そしてこの蓄えの増加とともに、搾取欲に対する労働者の抵抗力もまた増大していくことになる。こうした労働者の富裕の増大は、今日の貨幣制度が労働者の手から奪っているところの生産手段を再び労働者が獲得する可能性とその完全な経済的独立性とを労働者に与えるものとなるだろう。

さらにこのような経過を詳細に追跡することが必要となっている。従って、私は、ここで辿ってきた経過をさらに進むことを、読者にお許し願いたい。そのお許しが得られるならば、読者はまもなく貨幣改革が社会的格差の原因を根絶するという認識に至るだろうと、私は確信するものである。

（2）機　械

周知のように、商品の価格は、全体的に見れば生産費によって規定される。従って、ある商品の生産方法が改善されるならば、その商品の価格は下落する。そしてこのような［商品］価格の下落は、消費者の利益になる。つまり、消費者は、その商品を獲得するのに、これまでよりもより少ない交換価値（部分）を譲渡すればよいということになる。かくして、消費者は余剰の交換価値を持ち、それを他の目的のために使用できるようになるだろう。従って、生産手段のどのような改善も、共同社会の利益になるとともに、新事業のために自由に使用できる資本をも増加させるのである。

だが、生産方法の改善は、他方では、新しい機械によって過剰な存在にされてしまう住民部分の失業を一時的に生むという不利益をも持つ。とりわけそのような不利益を被るのは、大抵の場合、貧しくて、新しい手工業を習得するための資本ないしその他の生産手段を獲得するための資本を所有していない人々である。それゆえに、こうした人々が失業した場合には、著しく危険な状態に陥ることになる。

実際、こうした人々の貧困は、時には次第に深刻化していくものになる。かくして彼らの多くは、自分たちを失業状態に陥らせた機械の導入を呪うことになる。

貨幣改革は、生産手段改善のこうした不利益を全面的に廃棄するものではないが、これまでの職業を継続していこうとする慣性の法則の克服と道徳的努力――これらは職業の変更を行う場合に必要なものである――とによって、こうした不利益を著しく減少させることができるのである。

われわれがこれまで見てきたように、今日の貨幣制度の下では商品が貨幣を求めるが、貨幣改革の下では逆に貨幣が商品を求める。

それゆえ、今日の貨幣制度の下では、機械の改善の結果自らの職業を変更せざるをえない労働者は、自らの供給する商品の買い手を求めなければならないけれども、貨幣改革後には、逆に何千人もの男たちが労働者を求めるようになるだろう。

従って、機械の改善によって失業した人々は、貨幣改革の後には自らの家屋の戸口に次のように書けばよい。「ここには、労働の供給、すなわち商品の供給の用意がある」と書くならば、即座に多数の購入者が集まってくるだろう。それは、今日の貨幣制度の下ではだれかが自らの家屋の戸口に「ここには、貨幣供給の用意がある。つまり労働者が求められている」と書くならば、即座に労働者が集まってくるのとまったく逆の事態なのである。

また生産方法の改善によって引き起こされた価格の下落は、消費者の側に、一時的な資本供給、すなわち労働者需要に転換されなければならない余剰の交換価値が生まれることになるだろう。なぜなら、このような（貨幣ないし商品に投下される）余剰の交換価値は、日々その価値を減価させるから、その所有者は、そのような損失から自分を守るためにこの余剰の資本を即座に新しい生産に利用することを余儀なくされるからである。

生産過程の改善によって、一方では失業が生まれることがなくなるだろうし、また他方ではこの同じ生産過程の改善によって生まれた余剰の資本が、［新たな］労働者需要を作り出すことにもなるだろう。

かくして貨幣改革は、生産過程の改善による不利益を最小限に、つまり職業変更を困難にする物理的かつ道徳的抵抗を克服できる程度にまで、減少させるのである。

(3) 賃金問題

労働はひとつの商品である。そして賃金は、この商品の価格である。

労働というこの商品の価格である賃金は、その消費者である雇用主がこの商品と引き換えに与えることのできる商品の価値およびその交換に必要となる商業費や運送費との合計に依存している。従って、商業費や運送費が高額になればなるほど、それだけいっそう労働者がその消費者から獲得する交換価値は、小さくなる。

貨幣改革は、商品交換を迅速に、確実にそして廉価に媒介する。その結果、商業費［や運送費］は最小限に低落し、その消費者の交換価値は、ほとんど削減されることなく労働者に譲渡されることになるだろう。

けれども、こうした商業費や運送費は完全には無くすことができない。なぜなら、［もし商業費や運送費が賃金の中に含まれていないならば、］すべての労働者は、自分の商品を自分の輸送手段によって輸送しつつ、自ら交換することが必要となってしまい、その出費は、生産者が輸送と交換を第三者に任せる場合よりも多額の出費になってしまうからである。

つまり、商品交換をどれほどうまくやろうとも、財の輸送と交換に携わる人々はつねに必要になるということなのである。また彼らも、そのような財の輸送と交換に携わりながら暮らすことを望んでいるのでもある。

それに対し、労働者は、こうした出費が最小限にまで低落することに利害を持っている。こうしたことを貨幣改革は達成するのである。

今や、交換の最初の、そしてもっとも重要な媒介者である工場主に、どのような補償［報酬］が与えられるのかという問題がなお論及されずに残ったままである。

労働は、ひとつの商品である。この商品を購入するのは、工場主である。従って、彼は中間商人［問屋］でもある。

ところで、すべての工場主が廃絶された場合、経済はうまくいくのだろうか。またすべての工場主を廃絶することは、すべての労働者の利害に適うものなのだろうか。

工場主は、単なる中間商人であるばかりでなしに、労働者に手工具［や原材料］を貸す中間商人でもある。それゆえに、このような中間商人が廃絶された場合、すべての労働者は、自らの手工具［や原材料］を自分で調達することを余儀なくされるだろう。だが、そのようなことは、多くの場合不可能なことである。たとえ可能になったとしても、多くの労働者はその結果、自らの居住地を変更できなくなってしまうだろう。

たとえば、石工は、煉瓦を携行して旅することができるだろうか。この場合、移住の自由は廃棄されるだろう。そして石工は、自分の居住地で貯水池のカエルのように拘束されて暮らすことになるだろう。

以上のことからも分かるように、工場主という制度は、労働者に移住の自由という利点を与えるものなのである。従って、労働者はこうした利点の補償を支払わなければならない。つまり、労働者は工場主を扶養しなければならないのである。

他方、工場主は、自らの居住地を変更する自由を放棄しなければならない。この点以外にも工場主は、労働者よりもはるかに多くの面倒や苦労を抱えているがゆえに、彼がその補償［報酬］を受けるのは、当然のことなのである。

ここで注意すべきことは、貨幣改革の下での労働者は、どこに行こうとも、決して失業せずに、いつでも**労働できる**ということである。

われわれがすでに見たのは、貨幣改革の下では、今日の貨幣制度の下で貨幣が求められるように、労働者が求められるということであり、またどんな商品も——失われた財布がだれかに発見されないことがあり得ないように——その買い手を見い出せないことがないということ、すなわち、労働者が労働できないことがないということなのである。

むしろここでわれわれが警戒すべき主張は、労働者が工場主によって搾取されているという主張、つまり、工場主は、彼が払わねばならない犠牲の反対給付としてより大きな利潤を要求しているという主張である。

私はすでに前章において、労働者がいかなる方法で搾取されるのか、また工場主がいかに自らの権力を、彼の機械の所有にではなく、彼の貨幣の不変性に依拠させているのかを明らかにした。工場主は商人である。なぜなら、彼は、貨幣によって労働者の商品を購入するからである。また彼は問屋［中間商人］でもあり、交換の仲介業者でもある。なぜなら、彼は、労働者が提供する商品と労働者の生活の維持に必要な商品との交換を媒介するからである。

その交換を遂行するのは、貨幣である。そしてこの貨幣を所有しているのは、工場主である。その際、工場主がこの貨幣を保持し続けるならば、その交換は遂行されない。そして労働者の商品は、労働者が交換を望む商品とともに腐っていくことになる。

このように工場主が貨幣を保持し続けるためにその交換が阻止されても、工場主は、彼の貨幣の不変性のために、直接的な損害を被ることがない。否、それ以上に工場主は、労働者に損害を与えることすらできるのである。なぜなら、工場主は、貨幣の所有者として労働者の商品を自由にできるからである。従って、工場主は労働者の商品の主人となる。その際、こうした工場主の支配権力が大きくなればなるほど、それだけいっそう労働者の商品が急速に腐敗していく危険性が高くなっていくのである。

実際、労働者の商品は、使わないかぎり、即座に腐朽していく。それゆえ、労働者は、貨幣所有者あるいは工場主の恣意に完全に従属してしまうのである。

他方、貨幣所有者は、労働者の商品との交換を随意に行うことができる。従って、労働者は、自分の商品が腐っていくことへの配慮から、［工場主］のいかなる交換の申し出も受け入れざるを得なくなる。

たとえば、労働者が、彼が一日に供給できる一対の長靴に対して四マルクを要求しているのに、工場主は三マルクを提案していると仮定しよう。この場合、労働者は、この工場主の申し出を受け入れざるを得なくなるだろう。なぜなら、もしその申し出を受け入れないならば、彼はすべてを失ってしまうことになるからである。

かくして今や、労働者は工場主に一対の長靴を供給し、三マルクの賃金を得る。それに対し、労働者が工場主からこの一対の長靴を購入しようとする場合、彼は三マルク以上の代金を支払わなければならない。どうしてそうなるのだろうか。

なぜなら、労働者の商品は、工場主に販売されるや、はるかに腐りにくくなるからである。つまり、朝には労働者の体内に漲っているけれども、その後即座に腐敗していく商品は、工場主に引き渡されるや、もはや急速に腐敗することがないからなのである。

こうして労働者は、工場主に――その商品が労働者に属しているかぎり、急速に腐敗していくけれども、それが工場主に引き渡されるやその寿命をとりわけ長くするところの――ひとつの商品を販売することになる。

他方、工場主は、――自分の商品が容易に腐敗していくことへの配慮から価格上の譲歩をしなければならなかったところの――労働者からひとつの商品を購入する。だが、労働者は、[工場主に引き渡されるや]、長持ちのする商品になったために、工場主が価格上の譲歩をする必要のないひとつの商品に対して支払うことになる。

労働者が、自分の供給したのと同一の商品を工場主から再購入しようとする場合、工場主の置かれている状態は、労働契約の締結の際の労働者の境遇よりもはるかにより良いものである。従って、工場主は、一対の長靴と引き換えに今や四マルク二五ペニヒ――そのうちの三マルクは賃金の支払いに、**一マルクは工場主が貨幣所有者に対峙する際の特権への支払いに、**そして二五ペニヒは工場主の報酬への支払いに向けられる――を要求することになるだろう。

それに対し、貨幣改革は、貨幣所有者からあらゆる特権を奪う。それは、工場主の稼ぎを一マルクから二五ペニヒ――これは、工場主が自分の労働の報酬と移住の自由の放棄の代償としての代金である――に減少させる。

このように貨幣改革は、工場主の稼ぎが一定の比率を越えて増加するのを阻止する。なぜなら、第一に、労働者需要が大きくなるため、それが賃金を最高限界にまで騰貴させるからである。また第二に、起業しようとしているすべての手工業者に――彼がそれに必要な道徳的保証を持っているかぎり――独立自営者として工場主と競争するのに必要な資本が、絶えず**無利子**で提供されるからである。

けれども、工場主の人数は、一般にきわめて少ない。それというのも、工場主の人数は、移住の自由を放棄したくないと考え、どこにも定住しようとしない労働者の人数に左右されるからなのである。

それに対し、労働者が定住しようとする企図を持っているならば、労働者は即座に必要な資本を、利子なしに前貸しされることだろう。なぜなら、そのような資本投資は、すべての者にとって蓄えられている商品あるいは貨幣が日々被る損失から自分を守るためのきわめて望ましい機会となるからにほかならない。

（4）土地問題

数千年来、人類は「その土地はだれのものか」という問題をめぐって争ってきた。たとえば、一方の人々はその所有権は国家にあると主張するのに対し、他方の人々はその所有権は土地の耕作者にあると主張するというようにである。

だが、二人の人間が絶えずひとつの問題について争っているが、そのどちらも相手を説得することができない場合には、通例、両者とも一方的であると仮定すべきなのである。

たとえば、空気や太陽はだれのものか。

いかなる場合にも、だれもが空気を吸い、だれもが太陽の光を浴びる。こうした空気や太陽を販売できる者などいるのだろうか。たとえ、**それらに対して支払う用意のある者を見い出したとしてもである**。では、なにゆえ空気や太陽を販売できないのだろうか。

それに対し、土地は、土地を耕作する者の所有である。従って、彼は、その購買者を見い出したならば、土地を販売することができる。

ところで、ひとつの卵と引き換えに一羽の鶏を譲渡する者などいるのだろうか。

ひとつのリンゴと引き換えに一本のリンゴの木を譲渡する者などいるのだろうか。

一定量の小麦と引き換えに農地を譲渡する者などいるのだろうか。

鶏は多数の卵を生むがゆえに、一羽の鶏と引き換えにひとつの卵を受け取ることは、愚かな行為であるだろう。またリンゴの木は多数のリンゴを実らせるがゆえに、一本のリンゴの木と引き換えにひとつのリンゴを受け取る行為は、嘲笑されてもしかたのない行為であるだろう。そして農地は大量の小麦を実らせるがゆえに、農地を一定量の小麦と交換する行為も、やはり愚かな行為ということになるだろう。

多数の卵、リンゴ、小麦などの蓄えによって鶏、農地、リンゴの木などの価値を支払うことができる者などいるのだろうか。

たとえば、卵、リンゴそして小麦はいつかは腐る。従って、交換に必要な数の卵、リンゴそして小麦などが集められるずっと前に、最初の卵、リンゴそして小麦などは腐ってしまうだろう。

一人の男が突然、このような大量の卵、リンゴなどを所有してしまったならば、彼はどうしたらよいのだろうか。これらのものは、すべて腐ってしまうからである。それに対し、鶏、リンゴの木そして農地などは、毎年彼に新鮮な卵、リンゴなどを提供してくれるのである。

［今や貨幣改革の導入後の］農民は、大量の「錆びていく銀行券」をどうしたらよいのか。この銀行券は、日々その価値を減じていく。つまり、この銀行券は、卵やリンゴのように腐っていく。だが、彼の農地は腐らず、毎年彼に新鮮な収穫物をもたらしてくれる。

貨幣改革の導入後、世界には土地への支払いが可能になるものは、もはや存在しない。つまり、貨幣改革の導入後、土地は販売できないものになる。なぜなら、いかなる購買者も存在していないし、またそれは存在することができないからである。

かくして土地は、［貨幣改革の導入後］、日光や太陽そして空気のように販売できないものになる。

それでも、貨幣改革の導入後、自分の土地を販売したい者は、それと引き換えに彼に一〇〇マルク、一匹の馬、一羽の鶏、ひとつの首紐を譲渡する者を発見するだろう。だが、彼らは、別の労働や別の商品によって土地に投下された労働への支払いができるのであって、土地そのものへの支払いができるのではないのである。

［それゆえ］、貨幣改革は、次のような観点から、すなわち土地は耕作者の所有であるけれども、だれもそれに対する対価を提供できないがゆえに販売できないという観点から、土地問題を解決することになる。

今日の貨幣制度の下では、土地購入と土地販売、つまり土地投機は、あらゆる国々においてすでに深刻な危機を引き起こしている。そして土地にかけられた抵当は、農村の高利貸しと同様に、農民の貧困化の主要な原因になっている。けれども、土地問題が社会的格差の原因であるという理由から、土地を国家的所有にすると宣言し、国家にその管理を任すことは、大きな誤りである。

むしろ貨幣改革は、土地を私的所有にすることを宣言する。従って、貨幣改革の下では耕作者は、自分の土地を自由に耕作し管理することができる。だが、農民は、自分の土地に抵当をかけることができないばかりか、自分の土地を販売することもできない。従って、農民が高利貸しの手に落ちることはないのである。

［貨幣改革の下では、］巨大土地所有群の存在が不可能になる。また現存の大農場も、遺産相続を繰り返していく中で分割されていく。というのも、複数の遺産相続人は、それをひとつの全体として獲得することができなくなるからである。

どんな相続遺産を分割する際にも、個々の遺産相続人は、自らに分配された土地部分を自ら耕作するのか、それともその土地部分の耕作を放棄するのかという問題の前に立つ。だが、その土地の購入者は、もはや存在しないし、存在することもできないのである。

他方、土地を借地にすることもできない。なぜなら、貨幣改革のために賃金が高騰し、どんな借地人もその借地代を支払えなくなってしまうからである。

（5）労働権

労働は、ひとつの商品である。そのかぎりで、労働権とは、国家にこの商品の購入ないし購買を強制できるということを意味する。［それは次のような関係にまとめられる。］国家は、労働という商品と引き換えに貨幣を支払う。そして労働者は、自らに必要な生活手段と交換するためにこの貨幣を利用するという関係である。しかるに、国家は、労働者から購入した労働という商品によって、何をするのか。国家はこの労働を、次の者たちに、すなわち国家から得られた貨幣と引き換えに労働者に生活手段を提供する者たちに、販売するのである。

つまり、国家は、労働者の商品と農家の商品との間の交換を媒介するのである。

このように労働権は、こうした交換の媒介を国家に強制できるということを意味する。そのため、**国家は、農民に労働者の商品購入を押しつける権利を持たなければならないのである。**

従って、労働権は、そのかぎりにおいて、だれかの所有を任意のX量の他の商品との交換を強制することを意味せざるを得ないのである。

だが、このことは間違っている。なぜなら、私が一対の長靴を販売し、その代金でひとつの時計を手に入れたいと考えている場合、だれも、私が首紐と交換に長靴を譲渡するように強制したり、また私が使用しないシリンダーと交換に長靴を譲渡するように強制したりしてはならないからである。

だれかが私の長靴を所有したいならば、彼は、私にひとつの時計を提供すべきであるし、また私が必要とする他の商品を提供すべきなのであって、首紐を提供すべきではないのである。［つまり、こういうことになる。］その男がひとつの時計を提供できるならば、私を交換に導くいかなる強制をも必要としないということなのである。

たとえば、今や女性がコルセットを非近代的なものとする賢明な思想を抱くに至ったならば、いずれコルセット製造労働者の労働は消滅するだろう。もしそこに労働権が存在しているならば、国家は、いかなる場合にもこの［失業した］コルセット製造労働者を雇用する義務を持つことになるだろう。従って、この労働者の多くがコルセット製造労働だけしか知らないならば、国家は、コルセットの購入者を得るために、女性がコルセットを付けることを義務と宣言しなければならなくなるだろう。このように労働権とは、だれも必要としていない労働を国家が行わせることに、つまり労働生産物を腐敗させるための労働を国家が行わせることに、導くものなのである。

貨幣改革は、すべての者に労働を保証する。換言すれば、「錆びていく銀行券」が流通しているかぎり、労働もまた存在することになる。

それにもかかわらず、いかなる労働も見い出さない者がいるとすれば、それは貨幣不足、営業恐慌、過剰生産によるのではなく、単にだれも彼の労働を必要としていないという事情によるだけなのである。

たとえば、墓堀人がいかなる労働も見い出さないならば、それは、だれも死んでいないという事情によるものでしかない。その場合、彼は別の職業を習得しなければならない。それに対し、彼は、自分の雇用を守るために、人間は皆死ぬべきであるなどと主張する権利などを持っていないのである。

つまり、だれも、他人に自分の商品を押しつける権利を持っていないのである。こうした職業変更が望まれているならば、国家とは関係なしに、他人の願望を配慮しながら彼は、皆に望まれている別の職業を習得しなければならないのである。

ところで、貨幣改革は、大多数の商人、銀行家、レントナーを余計な存在にするばかりでなしに、大多数の靴磨き労働、首紐労働、シリンダー労働をも余計にするだろう。これらすべての人々は、彼らの職業の中にではなく、石工、農家、庭師、天文学者、兵士などの中に労働を見い出すことになるだろう。

たとえば、家僕は長靴を磨く代わりに、天文台のレンズを磨くだろう。商人はニシンを取引する代わりに、自然研究者として暗黒大陸を旅行するだろう。コーン Cohn 氏は、クーポンを裁断する代わりに、司令官として軍隊に命令を発するだろう、というようにである。

(6) 八時間労働

多くの労働をしなければならないのは、だれなのか。それは、大家族を扶養するという偉大な義務を持ったすべての者である。他方、未婚の男は、結婚した男よりも長く労働する必要がない。未婚の男が、**自分の必要**を充足するのに二時間の労働で足りるのに、なにゆえ彼は、八時間の労働をする必要があるのだろうか。それに対し、既婚の男が八時間の労働では十分なものを得られない場合、彼は自分の家族をどのように扶養したらいいのだろうか。

他方、頑健な男は、身体の弱い男よりも迅速に労働を遂行できるし、また器用な者は不器用な者よりも迅速に労働を遂行することができる。それにもかかわらず、両者は同じ時間の労働をすべきなのだろうか。

ディオゲネス Diogenes は、あまり欲求を持たなかったが、リュクルス Lucullus は多大な欲求を持っていた。それにもかかわらず、前者はどうして自分が必要と考えた以上の労働を行うことを強いられたのか。また後者は、自らの欲求を充足させるのに必要なものを獲得する労働を阻止されたのか。

たとえば、老人は若者よりも長く労働することができない。従って、老人を若者と同じように労働させるように強制することは、不当なことである。

[以上のことを鑑みるならば]、むしろ八時間労働日という制度は、社会的病気の注目すべき症状のひとつなのである。

今日、人間たちは、自らの多大な労働によるよりもより少ない労働によって豊かになれるという見解を抱き、自らが商品を生産することが少なくなればなるほど、それだけいっそう自らの商品ストックは増大していくと考えているのである。換言すれば、人々は、人間たちが成長しなければしないほど、それだけいっそう人間たちは強大になっていくと主張しているのである。

このことは、パラドックスのように見えるけれども、実際、事態は今日このように進んでいるのである。従って、社会主義者［労働者］の場合にも、**可能なかぎり少なく種を撒いて、より多く収穫する**という義務を果たす場合にだけ、正しく行動していることになる。けれども、社会主義者［労働者］は、自分たちが種を撒いたものを収穫しない。彼らの労働生産物を享受するのは、別の人々［利子取得者］である。かくして、今や労働者が多くのものを生産すればするほど、それだけいっそう別の人々［利子取得者］はより豊かに成長し、より強大になり、その人数もより増加することになる。それに対し、社会主義者［労働者］がより僅かしか労働しなければ、別の人々は、より多くの制約を受け、より劣悪に成長し、その人数も少なくなる。この場合、社会主義者［労働者］は、野鼠を駆除するために田畑を長いこと未耕作のままにしておく多数の農民のように行動しているのである。［その時、彼らは次のように言うだろう。］「野鼠はもはや餌を見つけられず、退去するだろう」、と。

たとえば、特定の病気には薬として役立つ毒がある。だが、その薬も、健康な肉体にとっては毒でしかない。同様に病気に罹っている国家にとって八時間労働という制度は薬になるとしても、健康な国家にとってはそれは毒でしかない。

貨幣改革は、——各人が自分とその家族を扶養しなければならないかぎり、また彼がそうできるかぎり、彼の力がそうすることを許すかぎり、彼が労働意欲を持っているかぎり、彼が自らの必要を充足しようとするかぎり——、すべての者に労働を与えるものとなる。

それればかりでなしに、貨幣改革は、各人の労働の成果を削減することがない。つまり、貨幣改革は、一方の人々が八時間を越える労働をした場合でも、他方の人々に損害を与えることがないのである。（それは、馬が強く引っ張られてもその役畜として不利にならないのと同様のことなのである。）また貨幣改革は、人間からあらゆる後見を取り除く。従って、**貨幣改革は、すべての人間が自らの好みに応じて労働することを可能にさせるのである。**

（7）学　校

大地は、すべての人間のものである。それゆえ、すべての者は、大地がその内部に宿している地下資源に対しても平等な権利を有しているといってよい。

秩序ある国ではすべての者に、こうした地下資源の持ち分が保証されていなければならない。そしてこのことは、すべての者に大地から自分の持ち分の地下資源を掘り出す完全な自由を認めてやることで、達成される。

従って、国家は、このような自由が侵害されないように、またその持ち分が他人によって掘り出されるのを阻止できるように、尽力しなければならない。その際に、地下資源の採掘に成功するかどうかは、各人の努力次第であって、そのことに国家は関知しないのである。

ところで、個人の自由の保証の中には、地球上の土地の平等な分配への保証もまた含まれているといってよい。だが、その保証が与えられるのは、国家内部のすべての者が自由とは何を意味しているのかを知っており、しかも自らの個人的自由に鋭い注意を向けるとともに、他者の下での個人的自由をも認めかつ尊重する場合なのである。

では、こうした個人的自由の最大の敵とは、何であるのか。また専制的権力は、どのような国民的分子に依拠しているのか。

彼らは、無知な、教養のない国民的分子に依拠している。

つまり、大多数の国民の無知の上に専制的権力という王冠が聳え立っているのである。というのも、教養のある人々は、専制的権力の道具として利用されることがないからなのである。

それゆえ、個人的自由の敵と土地の不平等な分配との基礎は、国民大衆の無知に基づくものなのである。だが、**本来国家というものは、すべての市民の自由と所有を保証する義務を持つものである**。この義務を、国家は国民大衆の啓蒙によって達成することができるのである。従って、国家がこの義務を遂行するためには、学校が決定的に重要となるのである。

[私はここで言いたい。]無知は、国家の敵である。従って、学校制度を通じた啓蒙によってこの敵と闘わなければならない、と。

国家は、個人的自由の維持に必要な保証を与える前に、国民が学校に通学しない事態になることを許してはならない、と。

秩序ある国家では、すべての者は、押さえがたい自由の意味を本当に理解できるまで、長く学校に通学しなければならない。なぜなら、国民の持つ自由の感覚は、国家の防壁となり、その基礎となるものだからである。

また学校は、自発的に生まれた場合でも、国立学校となるべきである。なぜなら、学校は国家の維持に決定的に重要になるからである。

従って、国家は、学校の経費を賄うための資金を、軍事費と同じ源泉から調達しなければならない。というのも、学校と軍隊は、同一の目的、すなわち個人的自由の保証や国家の維持という目的に奉仕するものだからである。

その際、貨幣改革を実行した国では軍事費や学校運営費を賄うための資金に不足することはない。そのことを、私は次の節において明らかにするつもりである。

(8) 租　税

租税は、国家という共通の制度を運営していくための、個々の国家構成員の分担金である。だが、このような国家経費に、個々の構成員は均等には関与しない。ある者は、他の者よりもより多く公的制度を利用するがゆえに、より多く支払わなければならない、というようにである。だが、軍事と学校は、自由の維持に奉仕する。こうした自由への利害は、すべての者にとって同じ大きさのものである。従って、すべての者は、同じ額の軍事税と学校税を支払わなければならないということになる。

それに対し、道路、鉄道などのようなその他の経費の場合には、すべての者は均等には関与しない。たとえば、運送業者は、歩行者よりも道路の舗装をより多く破壊する。また大規模な経済活動を行う者は、小規模な経済活動しか行わず、橋、郵便そして鉄道を余り使わない者たちよりもより多く労働し、より多く生産し、より多く消費し、橋、郵便そして鉄道などの大きな制度をより多く使用する。従って、この両者から同じ額の租税を徴収するならば、それは不公正なことになるだろう。

今や、貨幣改革とともに、このような租税はきわめて公正なやり方で分担されることになる。たとえば、公的交通制度を多く使用する者、つまり、**多くの商品を生産する者は、その商品を販売する結果多くの貨幣を所有することになるだろう。**［だが、その貨幣は「錆びていく銀行券」である。］従って、**この「錆びていく銀行券」を多く所有している者は、それに応じた多額の租税を支払うことになる。**このように、いかなる税収見積りによろうとも貨幣改革ほど公正な租税徴収を可能にするものはないのである。

今日、鉄道を利用する者は、運賃を支払う。それに対し、国道を利用する者は、何も支払う必要がない。なにゆえ、こうした相違が生まれてくるのだろうか。

鉄道運賃の徴収は、多くの問題を引き起こしている。とりわけその徴収には多くの人員が必要とされるばかりでなしに、それは、諍い、着服、運賃変更に伴う価格変更や支払不能への永遠の種にもなっている。

それに対し、貨幣改革は、鉄道の利用を国道の利用と同様に自由にする。だが、その利用者は、石炭を提供するかまたはその代金を支払うようにする。そうすれば、今日陸上輸送の際に馬を使う場合のように、だれもこの交通制度を乱用することがないだろうからである。

貨幣を持つ者は、いずれ商品を所有する。なぜなら、**貨幣は商品交換のために存在しているからである。**だが、その商品とは、すでに消費場所に届いた商品ではなく、依然流通過程にある商品――貯蔵室への旅をなお終えていない商品――、すなわち**鉄道によってなお輸送されなければならない商品である。**ところで、「錆びていく銀行券」を所有している者は、日々国家に有利となるようにして自らの所有［の価値］を失っていくが、**その損失額は、これらの商品が公的制度の利用の代償として国家に支払うべき運賃と一致したものとなる。**従って、鉄道輸送の特別運賃を徴収することは、いかなる根拠もないものになる。なぜなら、貨物運賃は、商品の代表者、運送状、つまり銀行券からすでに徴収されているからなのである。

旅客輸送の場合も、上述した貨物輸送の場合と同様の状態にある。旅行者は、貨幣なしには旅行できない。従って、貨幣所有者は、貨幣が日々損失を被る中で切符代を支払う。その場合、公的制度のいかなる乱用も不可能になる。なぜなら、すべての者は労働しなければならないからであり、また他人の費用で生活することのできない国家の中では、だれ一人、必要以上の時間をかけて鉄道旅行をしたり、鉄道を乱用したりするといったことをしなくなるからでもある。

貨幣改革は、かくしてこのような観点から出発し、鉄道運賃問題と租税問題を解決することになる。

貨幣改革は、なによりもまず多数の税務署官吏を不必要にし、その有能な分子を生産者の主力部隊に編入する。

蜜蜂の巣は、雄の蜜蜂が巣の中にとどまることが少なければ少ないほど、それだけいっそう多くの蜂蜜を提供するものになる。従って、それと同様に、生産者が多ければ多いほど、また寄生者が少なくなればなるほど、それだけいっそう国家は自らの担税力を増大させることができるようになる。

今日の貨幣制度の下では、直接ないし間接であれ、ドイツ国民の半数は、寄生者から構成されているといってよい。というのも、寄生者の範疇には、直接他人の費用で暮らしている者ばかりでなしに、**この寄生者のために労働してい**

るすべての者、つまり、今日の工業労働者のほぼ全部と今日の社会主義者のほぼ全部も含まれているからである。

それに対し、貨幣改革は、このようなすべての寄生者を生産者に転嫁させることになるだろう。従って、この国の担税力が一〇倍ないし二〇倍も増加するということは、容易に予測できることなのである。かくして象が蝿を易々と養うように、国民は易々と軍事費や学校費を担うだろう。そして熟練の庭師によって余計な枝を切り落とされたリンゴの木がその果実を五倍も多く実らせるように、ドイツの科学と工業はその生産力を著しく高めることになるだろう。

［結論として言えば、］貨幣改革以上に租税を簡素かつ公正に徴収する租税制度を作り出すものは、他には見当たらないということなのである。

（9）女性問題

今日の女性がその自然的職業を犠牲にして、別の職業を習得するように誘引させるものとは、何か。

女性たちは、自分はもしかしたら結婚できないのではないか、たとえ結婚した場合でも、夫の収入だけでは、今後形成される家族を十分に扶養できないのではないか、そして最後に、彼女たちは自分に無理解な男と結婚してしまうのではないかといった恐れを抱いている。こうした恐れのために、彼女たちは、結婚生活でもできるかぎり独立的存在になろうと努めるのである。

彼女たちがこうした独立性を持つことができるのは、彼女たちが職業を取得している場合だけである。こうした独立性は、最初から彼女たちを守るものになる。従って、ある女性が一度たりともこうした独立性を志向するつもりがなくても、衝動的に結婚した場合には、彼女はこうした独立性を志向せざるを得なくなるだろう。

［本質的に言えば、］利害によってではなく、愛情によって結び付いた結婚生活の場合、個々の結婚当事者の独立性の保証は、心の調和にあると言えよう。

〔私はここで問いたい。〕今日多くの人々の結婚を阻止しているものとは、何か。また今日多くの女性が倫理の自然法則に反して嫌いな男性と結婚するように誘引しているものとは、何か。そして今日男性たちが、人生の伴侶の選択に際して、自分の愛情よりも自分の財布を重視しているのは、どうしてなのか、と。

すべての人々は、皆次の事実を、すなわち窮乏とこの窮乏から生まれる貨幣渇望とが、ほとんどの不幸な結婚、不貞、離婚の増加の原因になっているという事実を、知っている。問題は、こうした今日の窮乏状態をもたらしたのは、今日の嘲笑すべき制度、社会的格差、今日の古臭く、不必要となった貨幣制度、多数の寄生者の存在などであるということなのである。

それに対し、貨幣改革は、怠け者を働き者に、そして寄生者を生産者に転嫁することを通じて、窮乏と貨幣渇望とを一掃するだろう。

また貨幣改革は、因襲的結婚や貨幣優先の結婚を許さないばかりか、姦通罪をも不必要にするだろう。その結果、貨幣改革は、精神上および肉体上の奇形児の繁殖を阻止し、人種をも改善するものとなるだろう。

さらに貨幣改革は、人生の伴侶の選択をすべての女性の自由な自立的意志に任せるものにするだろう。またその選択に際しても、女性の自由な自立的意志以外のいかなる配慮も影響を持つことがない。かくして、女性は男性に対して独立性を持った存在になるだろう。

最後に貨幣改革は、女性問題を次のような観点から、すなわち女性はいかなる特別な職業をも習得する必要がないということ、また夫は唯一の調和的存在になるにしても、独自の信念ないし思想を持った存在にすぎないということ、従って女性がその選択に際して、自分の信念や思想をごまかす必要がないということ、こうした観点から、解決することとなる。

(10) ユダヤ人問題

今日の貨幣制度の下では、貨幣所有者は商品所有者、すなわち生産者に対して大きな特権を保持している。従って、貨幣所有者がこの特権から利益を引き出そうとするならば、彼はその地位にとどまり続ける以上のことをしなくてもいいのである。

[今や]ユダヤ人は、好んで金融業に従事している。従って、上述した貨幣所有者の特権は、とくにユダヤ人に役立つものになっているということ、このことは明白な事実である。

だからといって、シュテッカー Stöcker 氏はユダヤ人を迫害する権利を持つというのであろうか。

貨幣が公的な制度でないならば、またすべての人々が、ユダヤ人と競争する能力を持っているならば、彼ら、否、シュテッカー氏すらも銀行家になりたいという密かな願望を持つことはないだろうか。

つまり、ユダヤ人迫害は、絶対的不正と不公平な制度の結果、すなわち今日の貨幣制度の結果なのである。

たとえば、腐った肉があるところに、鷲が集まってくるだろう。この鷲を追い払いたいならば、その餌の腐った肉を取り除く必要がある。そうすれば、鷲は、一人の犠牲者も出すことなく、自分で消えていくだろう。

貨幣改革は、種を撒くことなしに収穫するということを不可能にする。そのために、ユダヤ人は、彼らの優秀な精神的能力の利用の場を不妊な暴利にではなく、科学、芸術、堅気の産業に求めることを余儀なくされるだろう。

要するに、貨幣改革は、ユダヤ人をあらゆる大迫害から守るばかりでなしに、ドイツの科学と立法にユダヤ人の鋭い知性が寄与することをも保証するものになるだろう。

(11) 倫理と法

人間の意志は、至上のものである。従って、われわれがこの地上に世俗的楽園を作りたいならば、われわれは、すべての者に完全な自由を与えて、各人が望む通りに行動する自由を持たなければならない。

けれども、このような自由は、——所有が他人の所有によって制限づけられているように——他人の持つ自由への配慮によって制限づけられていると言ってよいだろう。

たとえば、だれかが原始林の中で一人で生活しているならば、彼の所有は無制限であり、彼の自由も無制限であるだろう。だが、だれかが都会の中で生活しているならば、彼の家屋の四つの壁によって彼の所有が制限されるように、彼の自由も他者の自由によって制限されるものになるだろう。

他方、ある男は、自分の家の中で自分の思い通りに行動することができる。彼は、そこでは王様である。それゆえ、彼がそこでピストルの射撃練習をしても、だれも彼にそのことを禁止させることができないだろう。だが、この男が街頭でピストルの射撃練習をしようとするならば、彼は、近隣への配慮からこのピストルの射撃練習を禁止されるだろう。

常識を弁えている人ならば、きっと「自分は街頭では絶対にピストルを発射しない」と呟くことだろう。だが、こうした常識を弁えていない人々が存在しているということもまた、事実なのである。従って、こうした常識を弁えていない人々に対しては、適切な法律によって常識が教えられなければならないのである。

かくして街頭でのピストルなどの火器の使用を禁止する法律が公布されることになる。

それに対し、原始林の中に一人住む男の場合、そのような法律は必要ない。彼は、ピストルを家の外で自由に発射してても問題にはならないだろう。なぜなら、彼がピストルを自由に発射してもだれをも傷つけることがないからである。だが、彼の隣に別の男が居住しているならば、彼が自由にピストルを発射する場合には、この隣人にかなりの損害が見込まれることになるだろう。それゆえ、居住者が彼の周囲に多くいればいるほど、それだけいっそうこうした彼の自由は縮小することになる。

つまり、人口密度が高くなればなるほど、それだけいっそう自由はより多くの制限を受けるものになり、それだけいっそう法律もより多く公布されねばならなくなる。

逆に言うならば、一方の人々の自由を制限するこうした法律は、他方の人々の自由を保証するものでもある。たとえば、街頭での火器の使用を禁止する法律がないならば、多くの人々は、射殺される恐怖から外出することができなくなってしまうだろう。その結果、多くの人間は自由を奪われることになり、できれば自らの家屋を捨て、そのような火器の使用を制限する法律のある国に逃亡したいと望むだろう。

このように法律は、自由を保証するものとして奉仕する。また法律は、このような目的のためだけに公布されるにすぎない。

それに対し、このような自由の保証以外の目的を追求する法律は、どんなものであっても、役立たずであり、かつ有害である。なぜなら、そのような法律は、自由を制限するものになるからである。

ところで、今日の法律には条文化された法律と条文化されていない法律とが、存在している。つまり、今日の法律には国家が公布する法律と倫理が厳命する法律とが、共存している。

前者の法律に違反した場合、国家は自由制限罪と罰金を課すといった強い態度を取る。それに対し、後者の法律に違反した場合、社会が嘲笑や侮蔑そして当惑といった態度を取る。この二つの刑罰は、その形態こそ違え、繊細な心情の持ち主にとっては同じく手厳しいものである。

また今日の条文法、すなわち国家の法律がすべて多少ともその法律施行の権限と目的を持つのに対し、今日の社会が持つ何千もの条文化されていない法律は、嘲笑と損害を加える以外のいかなる権限も持たない。

たとえば、だれもが「ノーブレス・オブリージュ」という法律を知っている。それと同時に、すべての者は、この法律が厳格に適用されていることをも知っている。

この法律は、専制君主によって発布されたのだろうか。彼が専制君主と呼ばれようとも、また彼が玉座に就いていようとも、彼はどのような手段によってこの法律の厳格な施行を強要できるというのだろうか。

だれも、そのようなことはできない。だれもそのようなことを見たこともない。だが、この法律を想起させるだけで、力強い男性たちや勇気のある婦人たちを心底恐怖に陥れるのに十分なのである。

ところで、どうして太った女どもは窓辺で高笑いをし、若い女性はそこで俯いて顔を赤らめるのか。

彼女たちは、自分の子供の世話で、自分の衣装を流行に合わせたものに変えようとする時間をほとんど奪われているからである。だから太った女どもは高笑いし、勤直な主婦は顔を赤らめるのである。

「あなたは、どうして自分の部屋に長居をするのですか。ナッハティガール Nachtigall さん。あなたは、非常にやつれているように見えます。きっと長い冬があなたの神経を悪くしたからでしょう。どうしてあなたは、こののどかな春の天気に気力を回復させるための散歩をしないのですか。散歩をすれば、戸外のすべてものが息吹き、鳥が囀り、太陽の光が明るく輝いているのを、あなたは見るでしょう。」

「あー、どうかそう言わないで下さい。それにしても、天気が悪くなりそうですね。私は洗濯女が私にネクタイを持ってこないことに苛立っています。というのも、ネクタイなしには、私は外出できないからです。

ところで、ヨハネス Johannes さん、あなたは自分の子供に洗礼を受けさせたのは、どうしてなのですか。私の考えによれば、洗礼はあなたの見解に反しているように思われるのですが。」

「私はどうしたらいいというのでしょうか。風習や状況が私にそうするように強制しています。つまり、私は、社会への配慮からこのような意に反したことをしなければなりません。」

「ビター Bitter さん、医者はあなたにビールを飲むことを禁止しているでしょう。ですから、あなたはビールを飲めないはずですのに、あなたはここでビールがなみなみ注がれた大ジョッキを飲んでいるのを、私は見ています。」

「私は、ビールを飲む度に、一四日間も病気のような状態になり、酷い二日酔いに悩みます。ですから、グラスを空にするのにいつも英雄的な克己力が必要になります。だが、あなたがそのことを望んでいるにしても、村祭りの仲間の健康を祝って飲む以上、私は自分自身の健康を配慮するということができません。

今日、中国で窮乏に苦しんでいる住民を支援する寄付金要請が私のところに来たので、私は、体面上一〇マルクを寄付しなければなりませんでした。

その時、私にとってそのことがどれほど勇気のいることだったか、あなたには容易にわかるでしょう。なぜなら、私の病気の治療には多くのお金がかかり、私の家族は今やこの中国人よりも大きな窮乏に苦しんでいるからです。この中国人のくそったれめ。」

「そうなのですか、あなたも村祭りの仲間の構成員なのですか。その仲間はあなたの見解とまったく違った目標を追求していることを、私は良く知っています。」

「その通りです。私は、いかなる場合にも適切に対応しようとする観点から、そのことを形式上受け入れているにすぎないのです。」等々。

このような井戸端会議のお喋りが朝から夜まで、年々、何千年来続いているのである。

人間はけっして自由ではない。人間の行動は、多くの場合、自らの意志に反するものになる。人間が何事かを為そうとするならば、人間は、自分自身やそのしきたりを無視して、それ以外のものの命令を待つことになる。

「それ以外のものとは、だれなのか」と、観察者はきっと尋ねるだろう。

その答えを与えることができるのは、小商人だけである。

今日、貨幣所有者は商品所有者に対して最初から利点を、すなわち貨幣が腐らないのに、商品は腐っていくという利点を有している。

そのために、商品所有者は貨幣所有者に従属しているといってよいだろう。こうした従属のゆえに、商品所有者は、貨幣所有者の心を掴まえるために、また**貨幣所有者が自らの特権を可能なかぎり控え目に行使するようになってもらうために**、貨幣所有者の望みを予め**配慮**することを余儀なくさせられているのである。

ところで、今やこの世のすべての者は、例外なしに、**商品所有者**である。それゆえ、**この世のすべての者は、自らの商品の購入者に従属しているのである。**

この点を示すには、ひとつの例を提示すれば十分だろう。

［今、］銀行家は、政府への借款のために政府と交渉中である、つまり銀行家は貨幣を所有し、この貨幣を政府に販売しようとしている。

この場合の銀行家の貨幣は、貨幣ではなく、商品である。なぜなら、銀行家は、彼の貨幣を商品と引き換えに販売するのではなく、他の貨幣と引き換えに販売するからである。その上、それは腐っていく商品でもある。というのも、それは彼の貨幣ではなく、顧客の貨幣であるから、彼はそれに対して利子を支払わなければならないという理由からである。従って、貨幣が金庫の中に長く蓄蔵されればされるほど、それだけいっそう銀行家は多くの損失を被り、それだけいっそう彼は多くの利子を支払わなければならないということになる。

それゆえ、この取引をめぐる協議が長いことかかるのかどうかということは、銀行家にとって無関心たりえないことである。従って、彼は、この取引の締結を可能な限り促進するために、可能な限りの手練手管を用いて政府の代表者の歓心を得ようとするだろう。たとえば、彼は、政府の代表者のためのパーティーを催すだろう。そしてこのようなパーティーにおいて銀行家夫人は、政府代表者の夫人と同じ衣装を着用し、彼女が政府代表者の夫人の趣味を気に入っているということばかりでなしに、政府代表者の夫人を規範としていることをも、はっきりと示すだろう。

銀行家自身もまた、内心次のように呟くことだろう。「私は、取引相手次第で仏教徒、プロテスタント、ユダヤ教徒にも改宗するし、どんな新しい宗教的衣装を着てもいつも快適さを感じる」、と。かくして銀行家は、機会があるごとに、力を込めた乾杯の音頭をとり、自分の健康を無視して大きなグラスを飲み干すのである。

このようにして銀行家は、可能なかぎりのお世辞を述べることによって、**政府の代表者が自らの権利を行使しないように**、つまり、取引をめぐる協議を促進し、銀行家を利子の損失から守ってくれるように、仕向けるだろう。

それに対して、もし銀行家がいかなる利子をも支払う必要がなくなれば、彼は、急いで借款を締結させる必要もなくなるだろう。そして彼は、政府に対して自由な人間になり、政府代表者の夫人にまとわりつく自分の夫人の行動に深く悲しむようになるだろう。さらに彼は、自らの宗教を信仰し続け、乾杯の際にも健康に応じて［酒を］飲むようになるだろう。

従って、人々が今日の貨幣制度を――貨幣を腐らせることによって、貨幣を商品と同等の立場に立たせるというやり方で――改革するならば、貨幣所有者は［これまでの］特権を失うとともに、商品所有者がもはや不利な立場に立つこともなくなるだろう。**なぜなら、この両者は、迅速な取引の締結に同一の利害を持つようになるからなのである。**

貨幣改革がなされた場合でも、販売者は、当然のことながら購買者の望みを配慮する。だが、その他の点では、販売者は、購買者の気紛れからは何の影響も受けない独立的な人間になり、そのような人間として購買者の歓心を買う必要もなく、自分の見解や自分の本音を語るようになるだろう。

貨幣改革がこのようなやり方で国民の性格の発展に影響を与えるにしても、それが倫理と因習にどのような変化を引き起こすのかについては、［今のところ簡単には］言うことができない。だが、それでも確実なことは、貨幣改革は人間に自由を返却するものとなり、人間を他人の気紛れから影響を受けない独立的な人間にするとともに、人間の心をきわめて気高いものにするだろうということである。

だれももはや、自分の商品の購買者に従属しない。またたれももはや、自分の決定に際して他人の決定の介在を許さない。そしてだれももはや、自分の趣味、自分の資力、自分の年齢に合わない衣装を着ない。こうした事態が生まれることになる。

要するに、貨幣改革は、人間を流行や因習などのような専制君主から解放し、人間を猿、すなわち馬鹿者やうそつきにしてしまう何千もの条文化されていない法律を始末することになるだろう。

(12) 社会問題の解決

今日の社会問題は、胃の腑の問題、すなわち純粋な物質的問題である。その証拠となるのは、社会主義者が多くの場合、十分に胃の腑を満たすことのできない国家的分子から構成されているというそうした事実である。それに対し、胃の腑の必要を満たすことを可能とするような収入を得ている人々の下では、社会主義者はきわめて僅かにしか見出だされない。他方、胃の腑の必要を日々満たすことができるようになったために、党の存在を忘れ、その党の旗を捨ててしまった社会主義者が何千人もいるということが、今では良く知られている。

ところで、貨幣改革は、このような胃の腑の問題、すなわち物質的社会問題を、――この貨幣改革が、すべての者に自分の才能を向上させる自由を与えることによって、またこの貨幣改革が、すべての者に自分の才能の向上に必要な道具、すなわちいわゆる今日の資本主義から奪った道具を返却することによって――根本的かつ簡単な方法によって解決する。

このことは、いかなる場合にも、すなわち即自的にも向自的にも貨幣改革の大きな利点になる。だが、このことだけが、貨幣改革の利点なのだろうか。また胃の腑の問題は、唯一の社会問題なのだろうか。

二人ないしそれ以上の人間がひとつの国家に統合した場合、彼らを、そのように突き動かしたものは、利害、とりわけエゴイスティッシュな利害である。従って、彼らは、統合が与える利点を享受しようとするだろう。だが、この統合の利点は、物質的必要のより容易な充足であるばかりでなしに、精神的必要のより容易な充足でもある。しかるにこうした人間の精神的必要の充足は、物質的問題が根本的に解決された場合に初めて問題になるものでしかない。

なぜなら、胃の腑は、人間という有機体のもっとも重要な器官であって、その他のあらゆる器官は、前者の器官の禍福に依存しているからである。それゆえに、胃の腑が充足するならば、すぐにその他の器官がその充足の権利を要求することになるのである。

たとえば、飢えた小鳥は囀らないけれども、餌のカブト虫を発見するや、即座に枝に止まり、囀る。

つまり、ここで私が言いたいのは、胃の腑の問題、すなわち物質的な社会問題の解決は、その直接的結果として精神的な社会問題を浮上させ、即座に国民の精神的必要の充足という権利を要求するということなのである。

今や、人間のもっとも気高くかつもっとも望まれている精神的必要は、自由のうちにあり、人間の完全な独立性のうちにある。

それゆえ、胃の腑の問題という今日の社会問題を解決しようと望む者は、その解決が自由、すなわち人間の絶対的自由と独立性を犠牲にするものであってはならないということを、けっして忘れてはならないのである。というのも、それを忘れた場合には、彼は、胃の腑と精神の間の闘争に、すなわち人間のもっとも気高いものである精神が屈伏させられる闘争に、挑むことになってしまうからである。

ところで、今日の社会問題を生み出したものとは何かと問うならば、だれもが、「それは、労働者住民が陥っている窮乏と貧困によるものだ」と答えることだろう。

だが、こうした［窮乏と貧困を克服したいという］労働者住民の願いは、［共有財産制度の下で］兵舎のような住居で暮らし、共同決定を受け入れるといった願いでもなければ、自由な自己決定、独立性、家族生活を放棄するといった願いでもなく、さらに共産主義的生産様式といった、はなはだ問題の多い利点を享受するといった願いでもない。反対に、社会主義者の大多数すらも、こうした共産主義的経済機構を、今日の社会問題の解決に際してのきわめて不快な付録と見なしているのである。

［私は言いたい。］今日、多くの労働者が社会運動に加入することをためらっているとすれば、それは、こうした共

産主義的経済機構があらゆる健康な人間たち——貧困や工場の雰囲気に萎縮していない人間たち——の中に引き起こしている反感によるものである、と。

従って、社会主義者の綱領からこうした共産主義的経済機構［の要求］が削除されるならば、即座にすべての労働者ばかりでなしに、農民、官吏、大学教授、商業界などのきわめて多数の人々も、つまり国民の中の全プロレタリアートも、社会主義の陣営に加入することになるだろう。

貨幣改革は、こうした共産主義的経済機構に頼ることなしに、社会問題の解決を可能にする。そしてこの貨幣改革は、今日の経済機構の下で非常に苦しんでいるすべての人々を社会主義運動に供給することで、現実の社会国家の建設を可能なものにするだろう。

貨幣改革は、**その論理的かつ直接的、そして不可避的な結果**として次のような事態を引き起こす。

（1）現金払いの実行。その結果、すべての商品交換がきわめて単純なものになる。

（2）卸業の廃絶。その結果、生産者は、莫大な額の商業費を節約することになる。

（3）利子制度の廃絶。その結果、生産者は多数のレントナー維持費を節約することになる。

（4）失業の廃絶。その結果、賃金は、慢性的労働不足［失業］という圧力から解放されることになる。

（5）金融恐慌を永遠に廃絶すること。その結果、労働者は貯蓄可能となるばかりでなしに、この貯蓄を自らの生産手段の獲得のために利用可能となる。

（6）投機の廃絶。その結果、生産者は暴利から守られることになる。

（7）金採掘人、取引所、銀行、抵当機関の不要化。その結果、生産者は何百万マルクもの商業費を節約することになる。

（8）債務や利子などの負担からの国家の漸進的解放。その結果、国民の租税負担は大幅に軽減されることになる。

（9）全租税制度の著しい簡素化。

(10)すべての者が物財ストックを蓄えることへの強制。その結果、窮乏状態が予防されるばかりでなしに、他者の搾取渇望への人々の抵抗力もまた高まることになる。
(11)貨幣価値の安定化の実現。その結果、すべての商品交換は確実な基礎を獲得し、支払不能状態が予防できることになる。
(12)すべての商品の現金化［販売］の実現。その結果、だれも金詰まり状態に陥ることがないので、だれも高利貸しの餌食になることがない。
(13)貨幣所有者が商品所有者を見つけることを強制されること。その結果、労働者は、貨幣所有者の気紛れや良き意志から完全に自立することになる。
(14)いかなる時にも、すなわち戦争や平和の時にも、全生産資本は、その新しい起業に際して無利子の貨幣を自由にできるようになること。その結果、全経済機構の新しい飛躍が生まれることになる。

われわれが今や、これら個々の要因のすべてを高く評価した上で、慢性的な失業状態の廃絶が賃金の改善や生産の発展にどのような影響を与えるのか、利子制度の廃絶があらゆる諸関係にどのような変革を引き起こすのか、卸業の廃絶によってどれほど莫大な商業費の節約が労働者のためになされるのかなどを全面的に明らかにすれば、だれもが、貨幣改革が実際に社会国家への道を劇的に切り開くものになるという見解を拒むことができなくなるだろう。

われわれは、ここで時間の問題を取り上げてみよう。われわれが上で指摘した諸要因を五、一〇、二〇年間作動させるならば、諸関係が大きく変化し、農民があらゆる債務から解放され、そして手工業者が自からの生産手段を再び所有するという事態を、われわれは見ることになるだろう。

立法が、自由貿易、すべての国家構成員にとっての平等な老齢年金、就学の完全無料化、介護の完全な無料化などの一連の改革の導入によってその全般的発展を支援するようになった場合、われわれは、すべての国家市民が喜々として生活しつつ、防衛のためにすべての者が自発的に関与するひとつの国家、すなわちすべての国家市民に無関係である征服渇望に対して自由かつ自立した男たちが頑強にかつ不屈に抵抗するようなひとつの国家を持つことになるだろう。

こうしたやり方で今日の社会問題、すなわち胃の腑の問題が解決されたならば、そこに伏在しているその他の社会問題、すなわち精神的社会問題の解決に向かっていくことができるだろう。

また貨幣改革は、生産者を寄生者層の扶養から解放することを通して、生産者の担税力を高める。それと同時に、貨幣改革は国家に、貨幣税の引上げによって国民の全余剰を国庫に提供させる手段を与えるがゆえに、国家は、このような余剰を科学的目的を持った、体系的かつ目的意識的な科学研究に利用できるようになるだろう。

今日の馬鹿げたほどの贅沢三昧の中でまったく無目的に浪費されている何十億マルクものお金が、貨幣改革によって国家に供出された後に初めて、われわれは、精神的な社会問題の解決に、すなわちわれわれはどこから来て、どこに向かうのかという問題の解決に向かうことが可能となるのである。

結　論

一八九一年九月一日号の『ナツィオナール・ツァイトゥング』誌に、私は次のような短い記事を見い出した。「コールベルク地区では、二人の商人によって一四人の騎士領農園の八、五二二ヘクタールが購入され、その後それらは分割された上で、抵当権が付けられて日雇いに販売された。」

同じ新聞の以前の号で、私は、イリノイ州（北アメリカ）の一二、〇〇〇人の農場主は皆債務を負っているという記事を読んだ。

このように、多数の土地所有を競売に付すための通知が掲載されていないような新聞は今やない。

他方、プロイセン邦国は、ポーゼン地区で競売に付されていた騎士領を購入した。だが、国家はこうした購入目的のために借款をしているので、本来の購入者は国家ではなく、この借款債権証書の所有者ということになる。

ところで、大小の農場所有者のほとんどすべての人々が債務を抱えているということは、今や周知の事実である。従って、国家が鉄道の国営化や保護関税などによってこのような大小の農場所有者を援助しなかったならば、今日債務を抱えていない土地所有者をもはやだれ一人見出すことができなかっただろう。

フランスでは革命後、土地所有は割地された。一〇〇年後の今日でも、今や同じような割地状態にある。その違いは、相続分割によって割地がますます小さくなっているために、農民が抵当権に苦しめられるようになっている点でしかない。

それに対して、大土地所有群が形成されているところでは、その所有者は農民ではなく、決まって商人やレントナーである。

手短に言えば、土地の収用は金融家や商人に有利に行われているということ、また生産手段の所有者が至る所で多額の債務を負っているために、自らの所有を手放すに至っているということ、こうしたことをわれわれは今や到る所で見ているのである。

このような事態に対し、生産手段の所有権に関する社会主義理論は、十分答えきれているのだろうか。

もし社会的格差の原因が生産手段の所有権にあるならば、農民自身は、今日銀行家や商人が占めているような地位を占めていなければならないはずである。

それに対し、今日の貨幣制度と社会的格差の間の内的全関連は、国民全体として見るならば、また多数の国家がその収入の大部分を利子の支払いのために利用せざるを得ないといった事態を観察するならば、きわめて密接であると言わざるを得ないだろう。

だが、これまで社会政策に携わってきた人々は、生産のために必要なのは、資本（つまり、土地、機械、原材料など）と労働だけであるという原理から出発しているのである。

けれども、それは正しくない。なぜなら、生産は実際には消費に依存し、支払能力のある消費こそが生産にとってのもっとも重要な要因になるからなのである。

つまり、生産のためには、資本、労働、そして支払能力のある消費、この三つの要因が結合しなければならない。そして**この結合を媒介するのが、貨幣なのである。**だが、**この結合が生じないならば、生産は停滞してしまう。**

しかるに、今日の貨幣所有者は、自らの直接的損害を恐れることなしに、――われわれが日常的に、とりわけ金融恐慌の時期には明確に観察できるような――消費と資本の間の結合を切り離すことができるという特権、従って、生産を恣意的に妨害したり促進したりすることができる特権を有しているのである。

このように、今日の生産は完全に貨幣所有者に従属するものになっている。だからこそ、貨幣制度は、これまで以上にわれわれが大きな注意を寄せなければならない問題になっているのである。

この小冊子の目的は、社会主義者の注意を今日の貨幣制度に向けさせることにある。私は、ここで商人風の簡素なスタイルで書いたが、これに、この世紀の人々に感銘を与えられるような科学的装いを付けてくれる者が出て来てくれることを切に願うものである。

貨幣の国営化——貨幣改革のための続編第二部（1892年）

貨幣は、鉄道と同様、商品交換を媒介するという目的を持った国家制度以外のなにものでもない。従って、貨幣を利用する者は、その利用料を支払うべきである。

第一章 「貨幣」概念の定義

ひとつの物品 Sache の正しい概念を作り上げるのに、適切な名称ほど役立つものはない。シュヴァリエ Chevalier、ルロワ Leroy、ボリュウ Beaulieu、ラブレー Laveleye そしてすべての社会主義者たちは、貨幣をひとつの商品——［彼らによれば］その商品の内的価値は、その購買［交換］に際して得られる諸商品の等価物になると同時に、それらの価値尺度にもなる——と特徴づける。

それに対し、私は、貨幣概念のこうした定義づけはきわめて不適切なものでしかないということばかりではなしに、なお人類を囚えているところの、誤った貨幣観をいっそう拡大するものでしかないということをも、これから示したいと考えている。

それゆえに、私は、真理により近付くと同時に、冒頭において読者への長たらしい説明を不必要とさせる物品の正しい名称、つまりここで望まれている貨幣名称の考案に取り組むことにした。実際、私はそのような貨幣名称を発見したと信ずるものである。

たとえば、貨幣が仲介する取引の場合、購買者と販売者——需要と供給——が区分される。しかも、購買者ないし需要が貨幣所有者と呼ばれるのに対し、販売者ないし供給は商品所有者と呼ばれる。

以上のことからも、われわれが商品のことを「供給」と呼び、そして貨幣のことを「需要」と呼んでも、さしつかえないだろう。

このような呼び方は、一九世紀の偶像となった貨幣が纏っている色とりどりの外皮を剥ぎ取るだけではない。むしろこのような呼び方は、私がこれから示すように完全に正しいものでもある。

ところで、交換ないし取引とは、個人的に消費されることのないひとつの商品を、より良い利用が可能になる「その他の」商品と引き換えに譲渡することであると、理解されている。

この場合の「より良い利用」とは、今や二通りのことが考えられうる。第一は、私が交換によって得られた商品を自分の消費のために自ら利用することである。そして第二は、その商品を他の商品と交換するための交換手段として利用することである。

前者は以前の物々交換の場合であり、後者は貨幣導入後の場合である。

両者の間には、ひとつのきわめて大きな、そしてきわめて重要な相違があると言ってよいだろう。

物々交換の場合には、取引の終結後二人の関係者は、——両者とも自分に必要な商品を手に入れたがゆえに——市場から消え、それ以上いかなる影響も商品市場に及ぼさないのに対し、貨幣の導入後のいかなる取引の場合にも、二人の関係者のひとりだけ、すなわち購買者ないし貨幣所有者だけが、自分に必要な商品を獲得したにすぎないのである。それに対し、他方の販売者は、さしあたり貨幣を獲得しているにすぎない。換言すれば、他方の販売者は、次の新しい交換によって自己の欲求を充足させることが可能となる手段を持っているにすぎないのである。かくして、今や販売者は購買者になる。つまり、彼は市場にとどまり、商品を求め続けることになる。なぜなら、彼は自らの商品の販売によって異なったひとつの商品を獲得したけれども、それは彼の欲求を充足させるのに必要なものではないからである。

従って、貨幣の導入以来、すべての取引ないし交換は、これまでの状態とは異なったものになる。つまり、貨幣所有者は絶えず市場にとどまり、商品を求めることになる。そしてそれ以来、慣習法が商品の販売を貨幣と引き換えること以外には不可能にしたがゆえに、需要は当の貨幣所有者の手中に完全に掌握されているのである。

こうして、今や貨幣は需要を代表する。［その結果、次のような関係が生まれる。］大量の貨幣が流通しているところでは、商品への需要が大きいのに対し、僅かな貨幣しか流通していないところでは、［商品への］需要が少ない、という関係である。

それゆえに、貨幣がまったく流通していないところでは、［商品への］必要がどれだけ大きかろうとも、需要はまったく存在していないのである。従って、貨幣が輸出されているところ、または貨幣流通が制限され妨害されているところでは、需要は不足することになる。

たとえば、空腹状態にあるけれども、貨幣を所持していない一、〇〇〇万人もの労働者がいても、彼らはパンへのいかなる需要も持たず、小麦価格を一ペニヒたりとも吊り上げることがないのである。なぜなら、需要は、貨幣が流通しているところにしか存在していないからなのである。

以上の理由から、私が光り輝く金のことを「需要」という散文的な名前で呼んでも、読者はきっと許してくれるだろう。

第二章　貨幣価値が依存する諸事情

貨幣を「需要」と定義づけることは、なによりもまず、われわれが貨幣の価値規定を考察する場合に、あらゆる経済法則の中でのもっとも重要な経済法則——つまり、需要と供給が商品の価格を決定するという経済法則——を、最初から十分に利用できるという利点を予め持つことになる。

その際、すべての人々が、毛の発見だけでノアの洪水以前の動物を実物どおりに再現できたキュヴィエ Cuvier のような精神的能力を持っているならば、あらゆる経済問題を説明する場合にも、上述の経済法則と関連させながら、貨幣を「需要」と定義づけることで十分となるにちがいないだろう。そして私はここで本書を終わりにし、インクと紙とを節約することができるだろう。

だが、私は、人間にはそのような連想能力があるとは思われないので、本来ならば自明のものとして取り扱われるべきものを、詳細かつ丁寧に説明する必要があると考えるものである。

——これまで私が読んだり聞いたりしたことによると——、人々は、貨幣には貴金属生産から多少とも影響を受けるところの、一定の価値があると絶えず考え、この価値を厳密に規定するために、貨幣価値についての大著を書いてきたのであった。

その上多くの人々は、金属貨幣の価値は、その金属生産の変動のために絶えず正確には表現されないがゆえに、貨幣の機能としてはなお不十分なものであると考え、穀物ないし労働時間を貨幣ないし価値尺度とする提案を行ってきたのである。

だが、そうした提案は愚かな企てでしかない。

ひとつの物品の価値は、一度たりとも厳密に規定されたことなどないのである。なぜなら、ひとつの物品の価値は、何百万もの物質的かつ道徳的な事情に依存するというきわめて個人的な概念でしかないからである。たとえば、溺れている者は、藁にさえ自分の全財産を提供するのに対し、満ち足りた者は平気で商品を買い叩く、といったようにである。

つまり、この世界には、絶えず固定的な交換価値を保ち続けるような商品などは存在していないということなのである。自然力ですら、一度たりともそのような固定的な交換価値などを持ったことがない。なぜなら、一方の者が日陰を求めているのに対し、他方の者は日光の弱さをぼやいているといった状態が、通常の状態だからである。ただ需要と供給の法則だけがひとつの物品の交換価値を決定する。そしてこの法則だけがずっと以前から物品の［交換］価値を決定してきたし、今日なお決定しているし、今後もなお永久に決定し続けることになるだろう。

それにもかかわらず、この偉大な自然法則が絶えず完全に貫徹するとはかぎらないという可能性は、疑問の余地なく、存在している。たとえば、需要には、老朽化した不完全な交通制度のために、供給がけっして持つことのなかったような特権が与えられる。その結果、この自然法則はその作用を変容させると同時に、価格決定に際しても、通例需要の側に有利に作用する。だが、こうした欠陥は本質的性格のものではなく、適切な改革によって廃棄可能になるものである。もっと後に、私はこのきわめて重要な論点に立ち返り、貨幣価値が依存している諸事情の列挙から始めるつもりである。

［もう一度言おう。］貨幣は需要を代表し、商品は供給を代表する。こうした需要と供給の間に［商品の］価格が存在する。この価格は、商品の価値とは絶対に何の共通点もない。なぜなら、価格は、貨幣や商品に付着したものではなく、取引契約に際しての取り決めにすぎないからであり、従って、取引に関係する何千もの諸事情を総括したものでしかないからである。

このような諸事情の変動が、供給と需要の変動を引き起こし、商品の価格を変動させるのである。従って、供給や需要に変動がなければ、価格は永久に不変なままであるだろう。

需要の減少、そしてその結果としての**貨幣価値の騰貴**を引き起こす主要な事情は、以下の五点である。

（1）貨幣の輸出。なぜなら、貨幣の輸出は貨幣保有量の減少、従って需要の減少を引き起こすからである。

（2）金属貨幣の装身具への転用。なぜなら、その結果、貨幣保有量の減少が引き起こされるからである。

（3）保険制度や宝くじ。これらは、一時的には少なくとも何億マルクもの貨幣を金庫の中に眠らせたままにするので、商品市場での貨幣流通を妨害するものになる。その結果、需要の減少が引き起こされることになる。
（4）債権や抵当など。なぜなら、これらの金額は、もっぱら債権の利子の獲得という目的のために財布や金庫の中に眠り続けることになるので、それらは商品市場から奪われたまま、需要を喚起することがないからである。
（5）土地投機や取引所投機。なぜなら、いつもこのような形で利用される貨幣額は、貨幣の真の目的とは異なったものに使用されるからである。
つまり、貨幣を直接的または間接的に商品市場から脱落させるすべての要因は、商品価格の下落ないし貨幣価値の騰貴を引き起こす。なぜなら、それらは需要の減少を引き起こすからである。

同じく、商品の供給増加を引き起こすすべての要因も、**貨幣価値の騰貴**ないし商品価格の下落を引き起こす。［たとえば、それは以下のような要因である。］
（1）分業の拡大［と発展］。なぜなら、自給自足の人間は一切購入したり販売したりすることがないから、まったく貨幣を必要としないし、またいかなる販売用商品をも提供することがないからである。
（2）豊作。
（3）生産手段の改善。
（4）新世界の発見と新たな通商地域の開拓など。
つまり、市場に新商品ないし商品の増加をもたらすすべてのもの。

それに対して、貨幣保有量の増加を引き起こすかまたは貨幣を商品市場に引き戻すすべての要因は、商品価格の騰貴、すなわち需要の増加による貨幣の減価を引き起こす。［たとえば、それは以下のような要因である。］
（1）貨幣の輸入。
（2）国内ないし外国における紙幣発行量の増加。
（3）貴金属装身具の鋳貨化。

（4）投機や宝くじの減少。
（5）新しい金山の発見など。

同様に、商品生産の減少を引き起こすすべての要因も、貨幣価値の減価ないし［商品の］市場価格 Marktpreis の騰貴を引き起こす。［たとえば、それは以下のような要因である。］

（1）パナマ運河やキール運河、トンネルや鉄道建設などのような、多くの歳月を必要とする大事業。
（2）贅沢品産業や軍事制度の創設などのような、資本の不生産的投資。
（3）不作、ストライキ、操業の停止。

交換手段としての貨幣を過剰にし、現金需要の減少を引き起こすあらゆる商業制度も、少なからず貨幣の減価ないし物価の騰貴を引き起こす。［たとえば、以下のような要因である。］

（1）小切手、為替そして信用制度。
（2）金属貨幣の紙幣への置換。
（3）商品や為替送金などによる諸国民の貿易差額の均衡化など。

すべての国民経済学者は、貨幣は最大限安定した価値を持っていなければならないという点で、一致している。事実、複本位制度の支持者たちの最大の武器となっているのは、複本位制度の貨幣はより大きな価値安定性を持っているという論拠である。かくして彼らの理想は、不変の固定的な価値を持つ貨幣制度を作り上げることにほかならない。だが、金属貨幣はこのような理想からどれほどかけ離れた存在になっていることか。まさしく不変の固定的な価値を持つ貨幣制度など、馬鹿げた夢想でしかない。なぜなら、貨幣価値に影響を与える事情などは、何百万もあるからにほかならない。

とすれば、商人は、このように変動し続ける舞台の上で自らの事業を遂行しなければならないのだろうか。つまり、商人は、そのような［不安定な］手工具を使って労働しなければならないのだろうか。

それゆえ、商業が賭博そのものと紙一重の事業になっているのも当然なのである。かくして、商人の倒産が絶えず起こるのも当然なのである。

そうであるがゆえに、商品交換、すなわちあらゆる事業の中でもっとも容易な事業に数えられている商業が、あらゆる手練手管と科学とを必要とするもっとも難しい事業になっているのである。どんな科学であっても、今日の商業に要求されるほどの、精神的に緊張した活動を要求されることがない。つまり、商人は四六時中警戒を怠ってはならないのである。なぜなら、どんな小さな失敗も彼の命取りとなってしまうばかりでなしに、仲間の物笑いの種にすらなってしまうからである。

従って、彼らは取引においては、自らの本能や自らの個人的経験の積み重ねだけを頼りにする。それでも彼らは多々失敗をする。どうしてなのだろうか。

なぜなら、彼らのだれひとりとして価格の変動を元の実際の水準に引き戻す術を持たないからであり、彼らのだれひとりとして自分の手工具である貨幣のことを知らないからであり、また彼らのだれひとりとして一度たりとも貨幣についての研究の労を取ったことがないからである。どんな価格変動もこれまで生産の側にその原因があるとされてきたけれども、ほとんどの価格変動の原因は、実際には貨幣の側にあるのである。そのことをだれも知らないし、これまでだれもそのことを考えることすらしなかったのである。

第三章　投機が貨幣価値に及ぼす影響

だが、貨幣価値、すなわち貨幣の購買力は、宝くじ、貴金属装身具、保険制度などによって商品市場から脱落していく貨幣量、分業の拡大の程度ならびに金属貨幣から紙幣への置換等々に依存しているばかりでなしに、貨幣所有者の投機的才能にも多分に依存しているのである。

それにもかかわらず、［原理的に見れば］、需要と供給が、商品の交換価値ならびに貨幣の購買力、つまり貨幣の価値を規定するという関係にあると言ってよい。従って、需要が減少するならば、——通俗的な表現を用いる場合——商品の価格が下落するのに対し、貨幣の価値、すなわち貨幣の購買力は増加する。

だが、貨幣が商品市場から脱落するならば、需要は減少する。つまり貨幣流通が抑制されるならば、物価が下落し、貨幣の購買力が増加する。

かくして、貨幣を商品市場から脱落させることは、貨幣所有者自身の直接的な個人的利益になる。なぜなら、その場合には、需要が減少し、物価が下落するとともに、貨幣は自らの交換価値、すなわち自らの購買力を増大させることになるからである。それゆえ、貨幣所有者は、自らの資産の価値を増加させるためには、すなわち、自らの資産に他人の資産の一部を加えるためには、貨幣を流通から脱落させること以上のことをする必要がないのである。

人々は次のように言う。「貨幣は商品交換を媒介すべきである」、と。また多くの人々は次のようにさえ主張する。「貨幣は商品交換を容易にすべきである」、と。だが、今日の貨幣制度のもとでは、貨幣を撤退させることによって商品交換を妨害することが、つまり貨幣を撤退させることによって生産者と消費者の間のコミュニケーション（交換関係）を妨害することが、貨幣所有者自身の直接的な個人的利益になってしまうとすれば、どうして今日の貨幣制度が商品交換の容易化を達成できると言うのだろうか。

商品交換は、貨幣を頼りとするものである。つまり、貨幣という遮断機を開くことなしには、商品は消費場所に行くことができないし、また商品交換も実現されない。従って、貨幣所有者が貨幣を撤退させるならば、換言すれば、貨幣所有者が貨幣を流通から脱落させるならば、生産者は窮境に陥ってしまう。その時、貨幣所有者はこのような窮境を利用して資本を形成するのである。

貨幣が商品交換の容易化という唯一の目的を持っているということが、実際に本当のことであっても、貨幣所有者が存在するかぎり、そのような目的を達成することはできないのである。なぜなら、商品交換を困難にさせるということが貨幣所有者の直接的な［個人的］利益になるがゆえに、貨幣［所有者］が、自らの利益に反してまで商品交換を容易にすることはないだろうからである。それに対し、もし貨幣が商品交換を容易にしてしまうならば、貨幣所有者は損害を被ることになってしまうだろう。つまり、貨幣所有者が商品交換を容易にするような行為を取れば、彼は自らの損害を招く行為、すなわち自らの利益に反する行為を取ることになってしまうからである。従って、そんなことを、だれもしないだろう。

このように今日の貨幣は、流通の容易化とは正反対の事態をもたらすものとなっている。従って、流通の促進ということを望むならば、商品交換を中断したり、貨幣の撤回によって生産者間の結び付きを妨害したりすることが、もはや貨幣所有者の利益とはならないような貨幣、つまり貨幣所有者がその正反対の事態、すなわち商品交換の迅速化に直接的な個人的利益を持つような貨幣、こうした貨幣が作られなければならないのである。

このことは、どのようにしたら実現できるのだろうか。

第四章　貨幣流通が貨幣価値に及ぼす影響

私は、これまで意識的に——その他のあらゆる事情を総計したもの以上に貨幣価値に影響を与える——ひとつの事情に言及してこなかった。それというのも、金属貨幣［制度］は高利貸しにだけ役立つにすぎない古くさい制度であるということ、従って、今こそこの交通制度を全面的に改革する時であるということの証拠を、だれにでも分かるような明確なかたちで提出したかったからである。

私がここで問題にするのは、信用と不信がきわめて近い将来に及ぼす影響、すなわち迅速な貨幣流通や不活発な貨幣流通が貨幣価値に及ぼす影響のことである。たとえば、商人が、商品の販売によって適宜自分の貨幣債務の返済を行うのに十分な貨幣を再び所有できるようになるだろうという期待から、貨幣を持たずに当の商品を購入する場合、信用があるということになる。それに対し、人々が多種多様な理由から次のように仮定しなければならない場合には、すなわち販売が減退傾向にあるため、自らが厳しい窮境に陥るのを回避するには、新たな商品購入のための貨幣を手放してはならないと仮定しなければならない場合には、不信が支配しているということになる。このような信用や不信がなにゆえ生じるのかについては、私はもっと後に語るつもりであるが、さしあたり私は、だれもが知っている次のような事実、すなわち信用と不信は交互に現われるという事実についてだけ述べておきたい。

今や、何らかの原因から取引上の不信が支配するに至ったとしよう。そうなった場合、商人は将来に自信をもてないばかりか、商品の購入のために投下した貨幣額がその商品の販売によっても再び回収できないのではないかと恐れるようになる。そのために、彼は貨幣を持ち続け、もはや何も購入しようとはしない。かくして貨幣は流通せず、需要は減少し、物価は下落する。

それに対して、商人が信用の支配的な雰囲気の中にいるならば、つまり、商人が販売は順調に行われるだろうと予想しているならば、彼は、自らの貨幣を支出し、自らの商品在庫を積み上げることも厭わない。この場合、貨幣は流通し、需要は増大し、物価は騰貴する。そしてそのような信用の支配的な雰囲気は、事情によっては何年も長く続くこともあるだろう。その場合には、貨幣は驚くほど迅速に人から人へと渡っていく。そして需要は膨大に増加するけれども、生産はそれに歩調を合わせられず、すべての商品の価格は一〇%、五〇%、一〇〇%と騰貴していく。かくして取引所は沸騰し、工場主は高価格に活気づき、自らの工場を拡大しようとする。それにともなって、労働者への需要も増大し、賃金も騰貴する。そして以前にはいかなる貨幣も投下されなかったような分野にも投資が活発に行われることになる。

だが、突然、何らかの方向から警笛が鳴らされ、脅えた鹿の群れのように取引所の人々は耳をそばだてる。そして銀行家も何ごとにも怯えるようになる。それとともに信用は制限され、貨幣は回収される結果、もはや貨幣は流通することがない。かくして需要は減少し、物価は下落することになる。

たとえば、ある商品を一マルクで購入し、その商品を九九ペニヒで販売する者などいるだろうか。そんな馬鹿げたことを行う者など、どこにもいない。また価格の下落のためにその販売からおそらく九九マルクしか得られないような商品に、一〇〇マルクの労賃を支払う工場主などどこにいるだろうか。

このように価格が下落しているかぎり、いかなる工場主も生産活動を行わない。彼は労働者を解雇し、賃金用の貨幣を銀行に預託する。

その結果、窮乏と貧困が労働者住民の下で支配的になる。所得が得られず、飢餓が増大する。そして労働者は暴動を起こし、政府に対してパンを得るための労働を強要する。

だが、こんな強要は馬鹿げている。なぜなら、政府にいったい何ができるというのだろうか。今日の政府は、銀行家の掌中にある玩具でしかない。従って、諸君は、――貨幣を流通から回収することで、商品交換を妨害し、異常なほどの不信と工場の閉鎖とを引き起こした――当の銀行家に頼むことになる。

銀行家が貨幣を流通から撤回することを思いついたがゆえに、需要が減少し、物価が下落したのである。この場合、政府は工場主に損失覚悟でさらに生産を続けることを強要できるのだろうか。［否］政府は、まったく何もすることができない。なぜなら、政府は銀行家や貨幣［所有者］に対して何の力も持っていないために、政府はあらゆる国家的交通制度の中でもっとも重要な制度［貨幣制度］をまったく管理できない状態に陥っているからである。つまり、この場合、銀行家がヴァイオリンを弾き、皇帝と大臣たちとがそのメロディーに従って踊らなければならないという関係にあるということなのである。

交通手段はきわめて重要な制度であるという正しい認識から、すなわち、交通手段の私的所有はその所有者にその他の住民に対するきわめて大きな専制的権力を与えるという正しい認識から、ドイツ政府は、絶えず郵便、鉄道、電報、橋梁、電話そして道路などを国民の公共財として残すことに全力を傾けてきたにもかかわらず、なにゆえ貨幣の場合だけは、すなわちあらゆる制度の中でもっとも重要な制度の場合だけは、どうして例外とするのだろうか。

政府の人々も、その他のあらゆる人々と同様に金に幻惑されているからなのである。つまり、政府の人々も、貨幣を交換手段として代替不可能な存在であると見なす誤った理論に導かれているからなのである。

では、だれがそのような誤りを作り出し、だれがそのような誤りの発見を妨害しているのか。またそれによってだれが益するのか。それは、どさくさに紛れてうまい汁を吸う存在、つまり全般的窮乏の時期に儲けようとする高利貸しであるのか。

私は、人間をそのような惨めな存在とは見なさない。人類が貨幣に関して陥ってしまった誤りは、人類が貨幣の研究を怠ったことによるものでしかない。従って、そのような誤りがどこにあるのかを、私は同様にこれから示すつもりである。さしあたり私は次の問題だけを読者に提示しておきたい。われわれがすでに見たように、貨幣価値は宝くじなどに依存するばかりでなしに、それ以上に貨幣の流通速度や銀行家の信用の程度にも依存するものであるならば、貨幣に価値尺度という名称を与えることは適切であるのだろうか、と。さらに私は、流通を妨害し、労働者を貧困に陥らせ、商人に莫大な損失を被らせ、国民的資産に何十億マルクもの損失を被らせることが、神経質な銀行家の気分に依存するものであるならば、金属貨幣のことを優れた、何物にも代えがたい交通手段であると呼ぶことが適切であるのかどうかということを、読者に尋ねてみたい。

［それと同じく］郵便サービスを一か月もの間中止することが、郵便配達人の気分に依存しているならば、また全鉄道交通を中断することが、鉄道監理局の気分に依存しているならば、私は、そのような存在は適切なのかどうかということを、読者に尋ねてみたい。

このような単純な問題に答えるのは、容易なはずである。しかるに、私は、またもや次のような無邪気な答えを聞くことになる。「貨幣は、銀行家のものである。つまりそれは、彼の私的所有物であり、その他のあらゆる商品と同様のひとつの商品でしかない。従って、銀行家は、交通が撹乱されようがされまいが、また手工業者が自分の商品を販売できようができまいが、それらとは関係なしに、彼の貨幣を自由に処分できる」、と。

貨幣が銀行家の所有であり、彼の所有物であるということは、まったくその通りである。だが、**なにゆえ国家は、税金を銀行家の所有物で支払うように私を強制するのか。**

もし国家が、税金を銀行家の庭園に咲く花で支払うように読者に強制したならば、読者はそのことに対して何と言うだろうか。（このような比喩はきわめて不適切であるかもしれない。なぜなら、銀行家は、絶えず貨幣を支出することよりも彼の花を販売することにより早く応じるようになるだろうからである。）私が税金を支払うことが可能となるためには、つまり、銀行家に貨幣を支出させるためには、私に何ができるのだろうか。なにゆえ国家は、私の所有物でないもの、すなわち、私があらゆる種類の譲歩をしながら、私の所有物をばか安値で譲渡することでしか調達可能にならないものを私に要求するのだろうか。

なにゆえなのか。

実際に、貨幣がその所有者の私的所有となる通常の商品以外の何ものでもないならば、なにゆえ国家は、この商品への貢祖 Abgabe を要求するのだろうか。

こんなことは間違っている。こんなことをしてはならない。農民は、貨幣が銀行家の金庫の中に収納されてしまえば、貨幣をどこから調達したらよいのだろうか。農民に金庫破りでもしろと言うのか。

国家は、金による税の徴収を行うことで、貨幣所有者がいかなる時にも彼の貨幣と引き換えに商品を獲得することに尽力する。だが、それに対し、政府は、商品所有者が絶えず彼の商品と引き換えに貨幣を獲得することにも尽力するのだろうか。

たとえば、国家は、薬剤師に医薬品の販売特権を与えると同時に、薬剤師がこの特権を過度に利用しないようにも尽力する。従って、国家は医薬品の価格を固定し、薬剤師が公衆に日夜奉仕するように強制する。

国家は、すべての者に金による国税の支払いを強制するという国家的特権を貨幣所有者に与えている。かくして、その税を支払うすべての者は、たとえ回り道をしながらでも、この貨幣を銀行家のところで得なければならない。銀行家にこのような特権を許す巨大な権力を制限するような法律など、いったいどこにあると言うのだろうか。すべての残金を銀行に持って行くということが全般的習慣になって以来、銀行家はその国のすべての流動資産を意のままにしていると言ってよい。つまり、彼らの掌中に全交通の糸が握られているのである。そして国民は、銀行家に無条件に操られた存在になり下がっているのである。いったいぜんたい国家の管理などといったことは、どこにあると言うのだろうか。

そもそも貨幣は、交通を媒介するために存在している。そして交通を媒介するためには、貨幣は流通していなければならない。かくして、交通はその性格上規則性に依存するがゆえに、貨幣もまた規則的に流通しなければならないのである。

貨幣は、貨幣流通を妨害する銀行家の信用や気分に依存してはならない。そして投機や何らかの他の理由から貨幣流通を妨害する者には、厳罰を科すべきである。

こうしたことは、普通の人々の正義感からも理解できることだろう。

第五章　貨幣はひとつの商品か?

人々はマモンという世紀末の偶像に色とりどりのメッキの羽を沢山付けたために、その真の姿がまったく分からなくなっている。従って、われわれはこの羽を毟り取ろう。

マルクス Karl Marx は、「商品は、ひとつの外的対象物である」と自らの『資本論』の中で述べている。このことが正しいならば、貨幣もまたひとつの商品であるだろう。なぜなら、貨幣は、ひとつの外的対象物のあらゆるメルクマールを有しているからである。たとえば、人々は、貨幣を見、「その音を」聞き、触れることができる。そしてそのことは、アルゼンチンにおいてすら知覚できることである。かくして、マルクスは、貨幣を実際にひとつの商品、すなわち茶や鉄などのようなごく普通の商品と見なしたのである。彼は言う。「一〇グロシェンの金を採掘するためには、それと等価の小麦、脂肪、ズボンなどを生産するのと同一の時間が必要となる。かくして貨幣はひとつの商品である。なぜなら、その中にはその他の商品と同様に多数の人間労働が凝固しているからである」、と。

このように貨幣をひとつの商品とすることは、マルクスにとって都合のよいものであった。なぜなら、彼はその商品の特性の中に社会的格差の根拠を求めたからである。かくして彼は、それ以上貨幣の研究を行わず、貨幣をひとつの商品と説明することで彼の貨幣論の研究を終了したのであった。

だが、国民経済学では、いかなる小さな誤りも許されない。きわめて小さな誤りも、予測のつかない結果をもたらすことになるからである。同様に、国民経済学の研究ではいかなる小さな怠慢の罪も許されない。なぜなら、誤った理論に導かれた道を歩む者は、確実に誤った結論に到達してしまうからである。――その際、この結論が、その原因から離れていればいるほど、この結論はいっそう真理から乖離したものになってしまうのである。――このようにマルクスは、貨幣制度を研究もしないで、貨幣をひとつの通常の商品と見なしたのであった。つまり、マルクスは貨幣をひとつの交通制度、それも不可欠で――鉄道や機械よりもはるかに大きな影響を全文化発展に及ぼすがゆえに――、重要な交通制度であるとは認識しなかったのである。従って、マルクスは、貨幣が交通制度であることを知らなかったがゆえに、貨幣の中にいかなる欠陥も発見することができなかったばかりか、こうした欠陥がもたらす恐るべき結果をその原因にまで立ち返って研究するということもできなかったのである。

要するに商品の性格を我慢強く分析しようと試みたマルクスには、商品に対して貨幣が占める特権的地位についての研究が要請されていたにもかかわらず、彼はついにそのような貨幣の研究に足を踏み入れることがなかったのである。

あらゆる商品には、共通の特性がある。たとえば、あらゆる商品は、需要が増加するならば、例外なしにその価格を騰貴させる。だが、多数の贅沢品が出回る好景気の時期に、すなわち多くの金や銀が各種の装身具に加工される好景気の時期に、金の価値が下落するという事態――この事態は、その他のあらゆる商品の価格が騰貴するということによってきわめて明白に示される――は、どうして生じるのだろうか。

つまり、金に対する需要が増加しているにもかかわらず、自然法則に反して金の価値は下落するのである。それに対し、不景気の時期に、すなわち人間たちが悔い改め、金の装身具が貨幣に変貌を遂げる時期に、金の価格が騰貴するのはどうしてなのか。

金がいかなる特別な研究も必要としないひとつの通常の商品であるならば、なにゆえこの商品は、その他の商品のように供給と需要の自然法則に反した運動をするのだろうか。

この場合、金は自らの価値を金属から引き出しているのでもなければ、金属を装身具に加工する習慣からも引き出しているのでもなく、鋳貨、すなわち交換手段から引き出しているのである。従って、この場合、不景気の時期には鋳貨に対する需要が増加するのに対し、金属に対する需要は増加しないと答えることができるだろう。だが、この場合、金は絶対にひとつの商品とは言えないだろう。なぜなら、この場合、金に価値を与えるのは、金の採掘に必要な労働ではなく、金の生産とはまったく関係のない事情だからである。

もし金がひとつの通常の商品であるならば、金が流通から脱落する場合、なにゆえ流通が停滞してしまうのだろうか。

銀行家が自分の手中を通過して流通している貨幣を撤回させるならば、なにゆえその他のすべての商品の価格は下落してしまうのか。そして工場主は労働者を解雇し、商人は破産し、農民は高利貸しの利子を支払うという事態に陥ってしまうのか。

こんな事態は、その他の商品の場合には起りえないことである。たとえば、ジャガ芋の凶作が起こったとしても、せいぜいその他の生活手段の価格が騰貴するぐらいで、全経済機構が停滞するといったようなことは起こることがないのである。

こうした事態が起こるのは、貨幣がその他の商品が持っている特性の何ひとつも持っていないからなのである。それゆえ、貨幣の商品としての性格を認識するために行うあらゆる試験に貨幣は、絶えずその他の商品とはまったく正反対の反応を示すことになる。

従って、貨幣は商品ではなく、**その正反対のもの**である。つまり、貨幣、すなわち交換手段は**等価物ではなく**、それとはまったく別の概念なのである。

貨幣は、物々交換を購買と販売に、すなわち、需要と供給に分離する。貨幣は需要を代表し、商品は供給を代表する。次に私は、このような概念をもっと厳密に定義しようと思う。今ここで私が主張したいのは、マルクスが貨幣を通常のひとつの商品と見なしている――そのことは、マルクスが必ず使用する「等価物」という表現からも疑問の余地なく理解できることである――ということだけである。

マルクスは、商品と貨幣を区別していない。それゆえに、彼は、資本の搾取的性格の責任を貨幣にではなく、商品になすりつけることを余儀なくされているのである。

このような失敗のために、当然のことながらマルクスは誤った道を進み、彼の研究の最終結果を誤らせずにはおかなかった。なぜなら、彼は簡単な改革によって貨幣からその蓄積的性格を奪うことができたにもかかわらず、資本集中を廃絶するために、個人的イニシアチブに基づいている今日の生産様式に代えて共産主義的生産様式を、すなわち進歩に代えて野蛮な未開時代の生産様式への後退を主張せざるをえなかったからである。

第六章　貨幣の内的価値という作り話

マモンの神を作り上げる欺瞞的糸のひとつは、金の内的価値という作り話である。人々は、「金に価値を与えるのは、鋳貨や支払手段、そして金によって商品交換を媒介するといった慣習などではない。むしろ鋳貨の交換価値や購買力は金属に、すなわち金が装身具製造産業などにおいて有する価値に基礎づけられている」と主張する。そのような作り話や重大な誤りが、今日に至るまで保持されているということは、まったく考えられないことのように思われる。

［通常は］需要と供給が商品の価格を決定する。従って、需要が減少するならば、価格は下落する。［それに対して］人々は、「金属が交換手段に価値を与える」と主張する。今やわれわれは、この地上の諸国民が金以外の何らかの対象物を交換手段と宣言した結果、もはやだれも自らの債務や税の支払いのために、また自らの商品の交換のために、金を用意する必要がなくなったと仮定してみよう。その場合、金に対する需要は絶対的に減少し、それは産業が必要とする量的水準にまで低落するだろう。

だが、産業が必要とする量的水準は、せいぜい今日の金保有高の一〇％程度でしかない。従って、金の脱鋳貨化によって、金の価格は今日有しているその価値の九〇％を失うことになるだろう。

他方、疑いもなく、金価格の下落とともにこの金属の産業的利用は増加するようになるだろう。そしてこの産業的利用の増加は、脱価値化の方向とは反対の方向に作用するだろう。だが、このような事態も、金価格の下落をまったくもって食い止めるものとはならない。むしろわれわれがここで確認しておく必要があるのは、金が交換手段、すなわち鋳貨としてその産業的利用の九倍も多く利用されてきたということである。従って、そこから次のような結論を引き出すことができるだろう。「金は鋳貨になることによって、この金属の価格を九〇〇％も騰貴させてきた」、と。

だが、われわれが鋳貨の金属価値に割り当てた一〇％が何らかの影響を金の価値に与えていると仮定したいならば、つまり、当の一〇％がいわゆる鋳貨の価値の基礎になっていると考えるならば、このような仮定や考え方は誤っているだろう。というのも、紙の素材価値が銀行券の価値に影響を与えないように、金属も、鋳貨の価値にまったく影響を与えないからである。この点は、次のようにしてきわめて容易に証明することができる。

今やわれわれは、産業において金の完全な代替物となる金属を発見する一方で、金の装身具が完全に流行遅れのものになったと仮定しよう。その結果、もはやだれも、金の首輪やイヤリングなどを身に付けようとはしないだろう。だが、それにもかかわらず、すべての者が自らの税を金で支払わなければならないという法律、つまり、商品の購買と販売は金と引き換えにだけ可能になるという法律が存続したままであるとも仮定しよう。

この場合、金の価格がわずかたりとも下落するようなことがあるだろうか。絶対に下落しない。なぜなら、貨幣価値は、商品の供給に依存しているからである。そして金の代替物の発見は、その他の商品の生産をいささかも減少させないがゆえに、金の価値もまた不変のままであり続けるだろう。金がもはや鋳貨としての使用だけに限定されているにもかかわらず、そうなのである。

金属が金の価値に少しの影響も与えないということ、むしろ金の価値はもっぱら交換手段への需要、ないし商品供給によって決定されるということを、ひとつの例で証明しよう。

たとえば、需要と供給は、プラチナの価格をキロ当たり一、五〇〇マルクとした。つまり、この金属の価格は金との価格比においては一五対二三である。

今やこの地上の諸国民が、交換手段を金からプラチナに代えることに一致するに至ったならば、この金属への強力な需要が突如生まれ、その需要はこの金属の価格を、現存のプラチナの重量が今まで鋳貨として流通してきた金の重量と同じ比率になるような高さにまで騰貴させるだろう。つまり、今日金一〇〇トンが流通し、プラチナ一〇トンが流通しているならば、プラチナが支払手段として導入されるや、プラチナはちょうど金の価値の一〇倍になるだろう。その際、プラチナが今日キロ当たり一マルクか一、五〇〇マルクかどうかということは、まったく関係がない。つまり、プラチナの本来の価格は、鋳貨の価値にいささかの影響も及ぼさないのである。否、プラチナの価値は、この金属が交換手段として利用されたその日以来、もっぱら交換手段への需要によって規定され、もはや産業用金属の価値によっては規定されることがないのである。

このように、支払手段の価値が、支払手段を形成している素材とはまったく関係がないならば、つまり、金貨の価値が交換手段への需要によって規定され、その金属への需要によって規定されるのでないならば、私が、――紙の価値が銀行券に何の影響も与えないように――金属は鋳貨の価値に何の影響も与えないと主張しても、読者は納得してくれるだろう。

要するに、地中から［突如］出現するような金が、今日の支払手段なのである。ちなみに、金が装身具にも使用される支払手段であるということは、今日の貨幣制度の欠陥でもある。だが、このような事情すらも、金の購買力に――農民が嘲りの対象として、銀行券の裏面を飾る小麦の束、蜜蜂の巣などが当の存在の価値を高めるほどの――影響を与えることがないのである。

第七章　金は交換手段として代替不可能な存在であるという作り話

われわれがたった今見たように、金の価値がもっぱら交換手段ないし支払手段への需要によって決定され、**金の装身具への需要によって決定されるのではないならば、人々が交換手段として宣言したところの、金以外のその他の何らかの対象物の価値も、金の代替物として、今日金の価値が従っている法則に厳格に従うことになるということは、**明らかである。

貨幣価値は、今日、商品の供給と需要に依存する。そして商品の需要は、現存の貨幣量とその流通速度とに依存する。従って、大量の貨幣が存在すれば、また商品への需要が増加すれば、商品の価格は騰貴し、金は減価する。他方、金が何らかの理由から通常よりもより急速に流通するならば、また貨幣流通が商品生産と歩調を合わせられないほど急速になるならば、需要が急増すると同時に、貨幣の急速な減価が生じる。今やわれわれが、金を何らかの素材、たとえば紙に置換するならば、そしてこの紙幣を金貨と同量発行し、紙幣の流通が金の流通と同じ速度であると仮定するならば、この紙幣の価値、すなわちこの紙幣の購買力が金のそれと厳密に一致するということについては、疑問の余地がない。

われわれが、ドイツでは今や突然金属貨幣が紙幣によって置換されたと仮定した場合、つまり、流通しているすべての一マルクが一マルクの銀行券で発行されたと仮定した場合、この銀行券の価値は金属貨幣の価値と同一となり、そして同一となり続けないだろうか。

われわれが、この銀行券の価値が九〇ペニヒに下落したと仮定するならば、つまり、一マルクの名目価値を持つ一枚の銀行券と引き換えに九〇ペニヒの商品しか手に入れられないと仮定するならば、供給がまったく同一のままであるのに対し、商品への需要が一〇％だけ減少していることになる。この一〇％の需要の減少は、同じく一〇％の即座の物価下落を必然的に引き起こすにちがいない。そしてこの物価下落は、銀行券の価値、すなわちその購買力を再び以前の水準に引き戻すことになるだろう。

要約すれば、金属貨幣と比較した銀行券の価値低下ないし価値騰貴は、一般的には、その他の事情が同一である場合には、銀行券が金属貨幣よりもより緩慢にあるいはより迅速に流通する場合にのみ生じるにすぎない。

今、紙幣が緩慢に流通しているならば、すなわち、紙幣が、平均的に金属貨幣よりもより長い期間個々の所有者によって保持されているならば、その直接的結果は、需要の減少、物価の下落ないし貨幣の価値騰貴である。つまり、単なる紙から作られているためにまったく内的価値を持たない銀行券は、金属貨幣よりも**より多くの**購買力を持つことになるのである。何ゆえそうなるのか。銀行券がより緩慢に流通しているからである。逆に、銀行券の購買力が減少するとすれば、それは、銀行券の流通が金属貨幣の平均的流通速度よりもより迅速である場合だろう。なぜなら、需要はこの場合増大し、物価の騰貴ないし紙幣の減価が必然的に起こるからにほかならない。

実際、後者のようなことが起こりうる。なぜなら、紙幣が金よりも迅速にかつ規則的に流通するのは、金が今日の教養あるあるいは教養のない多数の人民に及ぼしているような魅惑的特性を、紙幣が持っていないからである。

従って、今日のドイツで貨幣［金］が同量の紙幣によって置換された場合を仮定してみよう。その直接的結果は、貨幣流通の加速化、需要の増加、物価の騰貴ないし一〇―二〇％の、おそらくは三〇％もの貨幣の減価であるだろう。だが、貨幣のこのような減価の原因は、**貨幣が紙という素材によるのではなく**、貨幣がより迅速に流通していることによるものなのである。このような減価を予防するためには、流通している紙幣の三〇－三五％を流通から回収し、物価、貨幣の価値ないしその購買力を今日と同じ水準に保持する必要がある。

このような事情は、七五〇マルクの紙幣が一、〇〇〇マルクの金と同じ購買力を持つといういかなる場合にも奇妙に聞こえる法則、すなわち今日の金属貨幣保有高の七五％を紙幣に代えても、後者は物価変動することなしに、商品交換を媒介するのに十分であるという法則を私が提起することを許すものである。このことは、疑いもなく、金属貨幣価値にいかなる影響も与えるものではないということの、決定的な証明なのである。

さらに、この同じ事情は、紙幣七五〇マルクが交換手段として金一、〇〇〇マルクに置換できるならば、**金は鋳貨に価値を与える代わりに、鋳貨から反対に購買力の二五％を奪う**という議論の余地のない主張を行うことを、私に許すものである。

こうした主張は、だれにも反論できない絶対的真理である。

金属貨幣よりもより迅速にかつより規則的に流通するという、こうした紙幣の特性は、需要の増大、物価の騰貴ないし貨幣の減価を引き起こす。だが、紙幣のこうした作用は、これまで貨幣制度の研究では表面的にしか扱われず、国民経済学者によって一度たりともその実際の根拠にまでさかのぼって研究されたことがなかったと言ってよい。むしろそれは誤って紙という素材のせいにされ、そこから紙幣は金属貨幣を置換することができないという結論が引き出されたのであった。

だが、こうした貨幣流通が貨幣価値に及ぼす作用を、だれひとりとして原理的に研究しようなどとはしなかった。そうでなければ、今日オーストリアで予想されているような惨めな失敗など起こり得ようはずはないのである。

［近年］オーストリアでは、紙幣から金に置換する計画が持ち上がっている。それは、すべての紙幣グルデンと引

き換えに金グルデンを発行するという方法で、同量の貨幣量を実際に流通させようとするものである。すでにその内部に孕まれている金本位制と保護関税（この保護関税は、オーストリアでも人気を集めているが）という嘲笑すべき矛盾を度外視しても、こうした紙幣の代替物としての金の導入は、恐るべき難点を有するものである。というのも、金は、文明国で紙幣ほど迅速には流通しないからである。ましてや、国民の大多数がなお半未開人であるオーストリア＝ハンガリーでは、金の流通はどれほど緩慢になることだろうか。それに対し、ジプシー、フン人、チェコ人、スロバキア人などは絶対に紙幣グルデンを地中に埋めたりすることはなかった。むしろ彼らは、紙幣グルデンを交換手段としてだけ利用することで、繰り返しそれを流通させてきたのである。

彼らは、金グルデンでもこのように振る舞うのだろうか。おそらくそうすることは難しいだろう。たとえば、クロアチア人は、金グルデンを堅持し続け、極端な緊急事態の時にだけ手放すにすぎないだろう。またチェコ人は、それで金のボタンを作るだろう。さらにジプシーは金を地中に埋めるだろう。従って、**金は紙幣グルデンほど迅速には流通しないために、需要が減少し、物価が下落することになるだろう。**

しかるにオーストリアでは、このように人為的に引き起こされる商品の全般的価格下落がどのような結果をもたらすのかについての予想を、人々は朧気ながら持っているのだろうか。

価格が下落するかぎり、いかなる工場主も活動しない。その場合には、工場主は工場を閉鎖するから、労働者は失業状態に陥る。価格が下落するかぎり、だれもが貨幣を堅持し続け、だれもが支出しようとはしない。なぜなら、その価値が騰貴し続ける対象物、すなわち**今日よりも明日にはより多くの商品を手に入れることのできる**対象物を手放すような馬鹿者は、どこにもいないだろうからである。

こうした紙幣の代替物としての金を導入する事業は、オーストリアの産業を麻痺させ、その国民の担税力を減退させるものとなるだろう。それにともなって、オーストリアの財政は、赤字決算になるだろう。それに対し、前年のオーストリアの国家予算はヨーロッパのその他のあらゆる国々とは異なり、黒字決算であった。このような変化は、いかに説明されるのだろうか。

現在のところその他のあらゆる国々では金が流通しているのに対し、オーストリアでは紙幣と銀とが流通している。このようなオーストリアが財政黒字を示す唯一の国であるというのは、偶然のことなのだろうか。それとも、そのことは、紙幣のうちにその理由を求めるべきなのだろうか。

なによりもまず、紙幣は金よりも均質的に流通する。そしてそれは、少なくともそれほど容易には長期間流通から引き上げることのできないものである。そのため、需要は金の場合よりも均質的なものになり、物価もより固定的なものになる。

取引所の金価格は、間接的にひとつの役割を演じるにすぎず、それは国内流通にはほとんど関係することがない。従って、取引所における金の価格変動は、［紙幣本位制度の国々では］金本位制度の国々におけるような貨幣流通の不規則性が及ぼす破滅的影響を長期間流通に与えることがないのである。

つまり、オーストリアでは紙幣本位制度のため、貨幣流通の停滞は、金属貨幣の国々におけるよりもより少ないがゆえに、貨幣流通は、後者の国々におけるよりもはるかに堅固な基礎を持っているのである。そればかりでなしに、オーストリアでは、労働不足［失業］が容易には起こらず、金融危機が労働者の貯金を奪うこともないし、また住民はより大きな担税力を持ち、国家は確実な収入を意のままにできるのである。従って、その結果が国家予算の黒字ということになるのである。

だが、取引所の人々は、外貨の価値変動のことを取り上げ、「［紙幣本位制度のもとでの］国際流通ではいかなる確実な計算もできない」と主張するのである。いったい、このような価値変動は、どのような側から生じるのだろうか。オーストリアの紙幣の側からなのか、それとも金の側からなのか。

取引所の人々は、あたかもこの金という金属が固定的な、一定の価値尺度でもあるかのように考えて、この金という金属によってオーストリアの紙幣を測定したのである。では、金の価値は何によって測定できるのだろうか。商品の価格によってである。つまり、株式によって示される生産手段の価値によってである。だが、金本位制度の国々の取引所の相場表と市況報告は、前年における金の価値が商品や生産手段と比較して——これまで紙幣制度を持ったいかなる国においても観察したことのないような——きわめて甚大な変動を被っていることの明白な証拠を提供しているのである。

ドイツでは貨幣は、過去数年中、例年よりもより迅速に流通し、需要は増大し、あらゆる商品の価格は騰貴した、ないし金は減価した。それに続いて、景気の後退がやってきた。貨幣はより緩慢にしか流通せずに、流通から回収された。かくして需要が減退するとともに、物価も下落し、金は三〇‐五〇%、否一〇〇%もその購買力を増加させたのである。

このように絶えず変動する尺度によってオーストリア人は、自らの紙幣を測定しようとするのか。オーストリア人は、彼らの紙幣が金よりもはるかに安定的な価値を有していることを確信したいならば、彼らは、金本位制度の国々の商品の平均価格を計算し、この平均価格とウィーンの取引所での金の相場表とを比較すればよいのである。そうすれば、彼らは次のことを、すなわち「金の相場変動は、オーストリアの紙幣にその原因があるのではなく、金それ自体にその原因がある」ということを見るだろう。金の価値は、オーストリア紙幣との比較において変動しているのであって、その逆ではないのである。従って、オーストリアの紙幣が、**金の価値**を測定する価値尺度になるべきなのである。だが、人間は、金に対する妄想を抱き続けている。金の価値は不変であるという信仰は、きわめて根深いものであるために、きわめて単純かつ容易な事態すらも完全に見落としてしまうのである。つまり、人々は、金によってあらゆるものを測定してしまうのである。従って、金と商品の間の価値比率が変動するならば、その原因は——通例その反対のことが事実であるにもかかわらず——いつも決まって、例外なしに商品の側に求められることになる。

オーストリアにおける金本位制度の導入は、工業を発展させようとする目的を持つものである。人々は、スロバキア人が自らの鼠取り機製作所を株式会社に転換できないことの責任を紙幣本位制度になすりつけて、金本位制度を導入するならば、フン人やジプシーは突如知的かつ有用な手工業者になるだろうと考えているのである。なんという馬鹿げた考えなのだろう。

むしろスロバキア人の工業が依然として外国の競争相手によって押しつぶされていないのは、国民的貨幣制度がオーストリアの工業に与えた保護のお陰なのである。

いったいイタリアでは、金本位制度の導入によってどのような経験がなされたというのか。事実、イタリアではあの不幸な改革以来、事態はますます悪化してきている。たとえば、財政赤字はますます大きなものになり、移民は絶え間なく増加し、国民大衆のプロレタリア化は巨大な規模で進行している。だが、人々はこうした事態を検討しないし、また検討するつもりもない。つまり、人々は、経済的状況の劣悪化が金に起因しているということを最初からありえないことと見なしているのである。

再びオーストリアに目を向けてみよう。そこでは、一金グルデンは、長いこと、一紙幣グルデンと交換されたということがない。反対に、最初から全般的価格下落、すなわち、長期にわたる凄まじい経済危機を引き起こしたくないならば、二紙幣グルデンを流通から撤退させるためには、少なくとも三金グルデンを流通させせなければならないのである。

従って、こうした金の不活発な流通のために不可避的に生じる物価下落を阻止するための多種多様な手段が存在している。その中でもひときわ重要な手段のひとつは、小切手制度の改善とその全般的利用である。また郵便や電報によるあらゆる金輸送の加速的促進、宝くじの廃絶そして貨幣を商品市場から駆逐するあらゆる制度の廃絶なども、そうした手段に属している。

銀行預金、主として信用収縮期の銀行預金への課税、郵便預金やその他の国営貯蓄金庫の廃止等々なども、そのような手段に属している。

だが、人々が諸商品の価格下落や産業活動の麻痺に対するあれやこれやの手段の有効性を検討するとは、私には思われない。なぜなら、そのような手段を採用することを通じて貨幣流通が商品価格ないし貨幣の購買力に大きな影響を与えるということを原理的に認めるに至った者は、上述のことを認識して、紙幣という未来を約束する貨幣を金属貨幣という過去の貨幣によって置換するといったような反動的な計画に取り組むようなことをしないだろうからである。

また貨幣流通は貨幣価値に全般的な影響を与える、ないし与えることができるということを認めるに至った者は、彼が少しでも論理的な知性を持っている場合には、貨幣価値は、貨幣を作る素材とはまったく違った事情に依存しているということをも認めなければならないだろう。

金の価値はその流通から影響を受けるということ、従って、金はそれ自体大きな価値変動を被るということ、このことを認める者は、金本位制度の導入によって自分の国をこうした価値変動の国際的坩堝の中に投げ込むことの代わりに、なによりもまず自分の国をこうした価値変動から免れさせようとするだろう。

金が交換手段としては役に立たないということ、それに対し紙幣はそれが盗賊によって管理されている場合であっても、金属貨幣よりも何十倍もより良い交換手段であるということ、こうしたことの決定的証拠を、目下のところ提供してくれるのは、二つの共和国ウルグァイとアルゼンチンである。

この二つの共和国は、人口、土地の肥沃度、地理的位置そして行政に関してはまったく類似しているが、ウルグァイが純粋な金本位制度を有しているのに対し、アルゼンチンでは専ら紙幣しか流通していない。［つまり紙幣本位制度が取られている。］

この二つの共和国は、両者とも多大な債務を負っている点で、同じである。そしてこの二つの共和国は、同じ時期に債務のデホルトを宣言した。だが、今日この二つの共和国の発展においてどのような相違が観察されるのだろうか。

ウルグァイでは商業と交通が著しく衰退傾向を示し、工業は死滅しつつあり、労働者は大量にアルゼンチンに移住している。それに対し、アルゼンチンでは交通が著しく発展しているばかりでなしに、工業も躍進し、今日未曾有の繁栄を遂げている。そしてそこでは、至る所に企業家精神が溢れ、新しい産業が興され、人民は今や未来に希望を持つようになっている。

こうした事実は、どのようにして説明されるのだろうか。事態の本質を見抜けない人々は、これらの国は昔からそうだったと主張する。こうした主張が、馬鹿げていることは言うまでもないだろう。

金が流通しているウルグァイでは、金の一部はヨーロッパへの債務の返済のために国外に流出しており、また残りの金は、現在の状況に不信を抱いた銀行家によって流通からすべて撤回されている。

従って、今や実際のところ、［ウルグァイでは］いかなる貨幣ももはや流通していない。需要は日々ますます減退し、物価はそれと同じ比率で下落している。その結果、工業は麻痺し、労働者の大群がアルゼンチンへと移住している。それに対し、アルゼンチンでは貨幣は輸出できない。なぜなら、アルゼンチンの紙幣はアルゼンチン内部でしか使用可能とはならないからである。そのため、貨幣は絶えず［流通界に］存在し、商品交換は妨害されることがない。また貨幣が流通から大量に脱落するといったようなこともない。なぜなら、銀行家は次のような危険に、すなわち政府が、銀行家の不信や投機によって流通から撤回された紙幣量が紙幣の新発行によって補充されるという危険に晒されているからである。他方、あらゆる金融的窮境に際して政府が新発行する紙幣のために、需要は絶え間なく増加し、物価は絶え間なく騰貴する傾向を示している。それゆえ、工業家の［経済］活動もその規模が二倍に拡大される傾向にある。こうした事態は、必然的に、労働、しかもより多くの労働を行うことになるが、こうした労働のあるところ、富裕もまた増大することとなる。

かくして［アルゼンチンでは］絶え間のない紙幣の新発行によって物価は（たとえ名目的ではあっても）間断なく騰貴し、貨幣はますますその価値を減価させている。そしてその結果は、商品が実質上貨幣よりもより良い存在になっているということなのである。

その際、政府がこのような貨幣発行を計画的に行うならば、すなわち、政府が毎月何百万［ペソ］もの新貨幣を計画的に発行するならば、すべての者は、貨幣の大きな減価ないし物価の大幅な騰貴に直面し、自らの蓄えを貨幣に投下することの代わりに、商品に投下することになるだろう。だが、この場合政府は、国の発展を果たすという約束のために貨幣を発行しているのではなく、貨幣の不足という事態から自らを救うという目的のためにだけ貨幣を発行しているにすぎないのであり、あらゆる蓄えや余剰を直接に商品ないし産業的設備に投下することが慣習になった場合に、この国に生まれるだろう膨大な利益を見ているわけではないのである。

政府は、自らのパシャ経済に頼っても、貨幣不足の状態から抜け出せない。従って、政府は定期的に紙幣発行を行わざるをえない。その結果、物価は間断なく騰貴するとともに、ここで生じる経済危機も恐れる必要のないものになる。

こうしてこの国は、**パシャ経済にもかかわらず**、否、**パシャ経済のゆえに**発展するだろう。そのことは、あらゆる国民経済学者を驚かすだろうし、またいわゆる専門家の予想をも覆すものになるだろう。人々は、そのことが説明可能となる合理的な説明を求めるだろうが、彼らはその唯一の合理的な説明も見い出すことはないだろう。というのも、彼らは、金崇拝者が名付けるようないわゆる紙幣経済の内部にそのような奇跡の秘密を求めることがないだろうからである。

他方、人々が今日、「金属貨幣は不可欠な存在である」という主張を支持するために持ち出してくる証拠は、「貨幣がいかに商品交換を媒介すべきなのか」という問題の専門的論究に基づくものではない。むしろ人々は、素人財政家ジョン・ロー **John Law** が行った紙幣の誤った試みに言及することで満足してしまうのである。その際、人々は、なにゆえこうした試みが失敗したのか、つまりなにゆえこうした紙幣がその素材の価値にまで減価してしまったのかを、問おうとはしないのである。かくして、そうした事態が生じたという事実から、「紙幣は役立たない」と説明する国民経済学の学説を信奉することで、人々は満足してしまうのである。

それゆえ、われわれは、なにゆえジョン・ローの試みが失敗に終わったのかをこれから研究することにしよう。

ローが犯した失敗は、単に次の点に、すなわち、彼が金属貨幣の代用品を求めずに、王室財務機関の致富化だけを求めたという点にあったにすぎない。たとえば、銀行券が発行されたのは、国家の収入を増加させるためであった。そしてその際、銀行券は金に裏付けられていたがゆえに、そして銀行券と並んでなお本物の金が流通していたがゆえに、全商品交換は金を基礎としたままであった。つまり、あらゆる計算は金に基づいて行われ、あらゆる債務の返済も金に依存していた。それゆえ、国家は、租税を金――それがただ名目上の金にすぎなくとも――で徴収したのであった。

今や、われわれは、貨幣が需要を代表し、商品が供給を代表しているということを知っている。

ところで、［ローが行った］銀行券の発行は流通貨幣量を増加させることになるから、この銀行券の発行によって需要と商品の価格は、同じ比率で上昇するはずであった。しかるに、商品の高価格は、外国の商品の輸入を誘引すると同時に、自国商品の輸出を不可能にする。そしてその直接的結果は、輸入商品への支払いのための本物の金への大きな需要である。従って、銀行券の保有者が金を銀行に預託し続けているかぎり、万事が順調に運ぶこととなった。だが、こうした事態は長くは続かなかった。なぜなら、銀行券の発行によって人為的に高く引き上げられた物価は、必然的に銀行の所有する全金量という限界を越えた金量を求めざるを得なかったからである。かくして、銀行が一覧払いでの兌換ができなくなるや否や、金プレミアが生じた。一〇〇フランの金を得るためには、一一〇、一二〇、一五〇フランの紙幣が必要となった。その時、ローが発行を中止していたならば、事態はそれほど悪化することもなかっただろう。そして金プレミアも一三〇－一五〇紙幣フランの水準に維持され、住民は次第に紙幣に慣れていったことだろう。だが、彼は依然として銀行券を発行し続けたので、需要と物価は絶えず上昇し、輸入も絶えず増加して、金プレミアは二〇〇－三〇〇紙幣フランにまで騰貴してしまったのである。

だが、ローは銀行券の保有者に金との兌換を約束していた。それゆえに、計算も絶えず金を基礎とするものであった。従って、銀行側の支払約束の履行への期待がますます小さくなっていったのに対し、金プレミアはますます大きくなっていったのである。かくして、貨幣での支払いも本物の金属貨幣でするという習慣が次第に定着していくこととなったのである。

銀行券を発行した当初には、金と紙幣は同等の貨幣として並行しながら流通していたが、金プレミアが生じてからは、金属貨幣は撤退し、紙幣だけがますます流通するようになった。そしてついには、計算が本物の金に基づいて行われているところでも、再び紙幣と金が相互に並行しながら流通したけれども、それらはもはや同等の価値を持つ貨幣としてではなく、まったく異なった、相互に敵対する二種類の貨幣として流通したのである。

従って、ローが銀行券の発行高をますます増加させればさせるほど、それだけいっそう需要も増大し、それだけいっそう金プレミアも騰貴し、それだけいっそう計算を本物の金で行う習慣もまた定着するようになったのである。かくしてこのような本物の金によって計算する習慣が強くなればなるほど、それだけいっそう紙幣は交換手段として使用されることがなくなり、それだけいっそう紙幣は減価することになった。そして最終的に国家自身が租税を金で徴収し始めるや、銀行券はまったく利用されなくなり、銀行券の価値も、この銀行券を作る素材の価値にまで下落したのであった。

これが、ことの真相である。だが、そこから紙幣は金属貨幣に代位することができないという、こうした結論を演繹しないためには、事態の表層的な考察にとどまってはならないのである。

なにゆえローの銀行券は減価したのか。それは、ローの銀行券が過剰になったからである。つまり、それは貨幣だったからである。しかも、それは王室財務機関に蓄積される貨幣としてではなく、いかなる場合にも流通し続ける貨幣としてであった。では、ローの銀行券の目的とは何だったのか。ローが紙幣を金の代替品として流通させようとしたならば、彼は金を流通から一掃し、紙幣だけを流通させなければならなかった。従って、彼は、金属貨幣を脱貨幣化させる法律を布告しなければならなかったのである。つまり、彼は、すべての王室財務機関において紙幣だけを受けとるという決定とともに、民間人によるどのような貨幣支払いも、――たとえそれが紙幣でなされようとも――、法律の前では有効であるという決定をも下さねばならなかったのである。

それに加えて彼は、いかなる状況であっても、以前に金が流通していた量以上の銀行券を発行すべきではなかった。むしろ彼は、反対に銀行券の総額を、以前の金属貨幣の総額の約七〇－八〇％に抑えるべきであった。それは、紙幣フランは、金フランよりもはるかに迅速に流通するという理由からである。従って、彼は、紙幣への人民の信用を作り出すためにも、物価、つまり銀行券の価値を金属貨幣の価値と同じ水準に維持することを志向しなければならなかったのである。

このような方法で調整していれば、紙幣の減価は防ぎ得たであろう。反対に、銀行券を回収したならば――そのことは政治的理由から望まれていたように思われるのだが――、紙幣の価値を金属の価値以上に引き上げることが可能になり、人々は紙幣に対してプレミアを支払わなければならなくなったことであろう。なぜなら、ローが銀行券の総額を増加させることの代わりに、反対に減少させたならば、それらとは反対の事態が生じたであろうことに疑問の余地がないからである。

このような銀行券の回収の直接的結果は、需要と物価の下落であったろう。そして物価の下落は輸出を促進し、金を国内に流入させることになっただろう。

だが、一フラン紙幣と引き換えに一・五フランないしそれ以上の金フランを受け取ったならば、そのことは国民にどのような印象を与えるものになっただろうか。

ローは、このような方法によって紙幣に対する国民の信頼を強めた後に、金という文言を銀行券から削除するとともに、貨幣と金というこの二つの概念はまったく同一のものではないという思想を国民のものとするために、それらをまったく違った言葉に置換することへと進むべきであったろう。

なぜなら、一金フランよりも多くの価値を有する一フラン紙幣は、もはや金ではなく、金とはまったく異なった存在になるからである。つまり、そのような一フラン紙幣は、もはや金と共通なものをまったく何ももっていないからである。他方、金は通常のあらゆる商品と同じ状態になる。たとえば、多数の金を供給するならば、金の価値は下落し、逆の場合にはその価値は騰貴するというようにである。そして金の需要と金の供給は、対外貿易にだけしか関係せず、金は国内流通にとってはもはや何の意味も持たないものになっただろう。なぜなら、金という文言が銀行券から削除された後には、計算はフランに従って行われたからであり、そしてフランという概念も、一般に金とはもはや何の共通性も持たなくなったからである。

そうなった場合、計算はフランに従って行われ、フランの価値も供給に依存するものになったであろう。たとえば、雨が降ったならば、フランと引き換えにより多くのサラダが手に入っただろうし、復活祭の頃にはフランと引き換えに冬よりもより多くの卵が手に入ったことであるだろう。

だが、同様に銀行券は、サンキュロット、コフキコガネ、あるいはスターなどと呼んでもよかった。それがどのように呼ばれようとも、その価値は同じままであった。つまり、その名称は、その価値にいささかの影響も与えることがなかったのである。

ローは、銀行券に次の文言を与えることもできただろう。「フランスは、この紙幣を一〇〇サンキュロットと認め、この紙幣を模倣ないし偽造した者、あるいはこの偽造ないし模倣した紙幣を流通させたすべての者を棒叩きの刑に処す」、と。そうしたとしても、それは銀行券の価値をいささかなりとも侵害するものとはならなかっただろう。

いずれにしても、一フラン、一サンキュロットないし一コンミューン Comunard の価値は、このようなフラン、サンキュロットなどがどの程度流通するのか、それがどの程度の速度で流通するのか、その供給がどの程度になるのかなどといったことに依存したことだろう。

あるいは読者は、おそらく次のように考えるだろう。「侯爵あるいは高位聖職者は自らの臣下の借地料を受けとることに躊躇するだろう。なぜなら、それはサンキュロットで計算されているからである」、と。とんでもない。サンキュロットが流通している以上、彼らはそれを喜んで受け取るだろう。**Non olet hätte auch hier gegolten.**

たとえば、男爵がサンキュロットを受け取らないならば、彼はいかにして自分の税金を支払うのだろうか。またいかにして彼は、商人に支払いをするのだろうか。さらにいかにして彼は、自らのアルコールを販売しようとするのだろうか。サンキュロットはあらゆる財を輸入するとともに、いたるところに浸透し、全流通を支配する。街道を旅する者、手紙を郵便で送る者、家賃を支払おうとする者、こうした人々はサンキュロットを用意しなければならない。またサンキュロットを手に入れることができないならば、人は生きてはいけない。つまり、サンキュロットなしには、だれも結婚式をあげることもできないし、葬式を行うこともできないのである。

事情によっては罪人を煉獄からパラダイスに送り込むことのできるひとつの対象物、事情によっては黒を白に変えることのできるひとつの対象物、そして悲哀を愉快に変えることのできるひとつの対象物、犯罪人を免罪し、高利貸しを市民的身分の分際から高い尊敬を受ける貴族的身分に引き上げることのできるひとつの対象物、それがサンキュロットなのである。だれもその力を阻止できない。かくして当のものを調達しなければならない者は、この力の等価物を商品の形態で与えなければならないのである。

けれども、それは、数字が印刷されている一片の紙幣にすぎない。従って、その価値とその購買力は、ただ「すべての租税は紙幣によって支払わなければならない」という法律、また商品の購入や販売がこの紙幣の手助けによってなされてきたというこれまでの慣習などに依存しているにすぎないのである。

だが、サンキュロットは、自らの種族同胞の社会を憎み、隠遁地を愛する。そして自分と平等な紙幣が多数製造されると、サンキュロットは減価し、評価されなくなっていく。そうなると、人々は、サラダが満載している笊の代わりに、その半分強のサラダしか入っていない笊しか手に入れられなくなってしまうのである。

以上のことからも、ローが「貨幣の価値はその素材とは無関係であるということ、そしてそれゆえに、貨幣は紙からも作ることができる」ことを認識していたということ、そのことに、疑問の余地はない。

だが、こうした認識は、なおきわめて漠然としたものであったにちがいない。それゆえに、彼は、貨幣を国民的資産の一部と見なしたのであった。かくして、彼は貨幣の増加によって国民的資産を増大させることができると考えたのである。

それゆえ、ローは、貨幣が需要を代表しているということ、また貨幣の増加は需要の増加、物価の騰貴、輸入の増加、金の輸出をその結果として引き起こすということ、こうしたことを知らなかったのである。

ローもまた、次のような妄想、すなわち、「金は、名目的にではあれ、絶えず価格の基礎と見なされなければならない」という妄想――この妄想は、金は鋳貨に価値を与えないという認識と鋭く矛盾していたにもかかわらず――取り付かれていたのであった。従って、彼は、価値の単位としてなんらかの抽象的概念を導入することができるとは考えなかったのである。それゆえ、彼は、「貨幣の価値が商品供給に依存しているということ、また個々の貨幣片は本来商品生産中の彼の持ち分への所有権をなすということ、つまり、この所有権にどのような名称を与えようともかまわないということ」、こうしたことを知らなかったのである。手短に言えば、ローは、貨幣が金ないし紙で作られようとも、貨幣はそれ自身のうちにそれ相応の価値を持っていると考えたのである。

それに対し、人々は次のように主張した。「紙幣は使用不可能である。なぜなら、紙幣の場合、政府は、いつでも新発行によってこの貨幣の価値を引き下げる力を持つからである」、と。だが、いったい今日の文明国の政府とは、だれのことなのか。それは、自らの代表者によって統治している人民自身のことである。従って、人民がその代表者に政府を委託する場合、人民は新しい貨幣発行が望むべき価値のあるものであるのか否かといった問題の決定権をも彼らに委託することができるのである。だが、今日、一国の貨幣保有高が新しい金生産によって増加させられるべきか、それとも装飾品の鋳貨への改鋳によって増加させられるべきかといった問題の決定権は、冒険的な金採掘人や気取った女性の手に握られているのである。従って、あらゆる諸関係に影響を与えるところの、こうした重要な決定権を帝国議会に委託した方がずっと良くはないだろうか。

さらに人々は次のように言う。「国家が新しい貨幣を発行する場合、それは民間人の資産を傷付ける可能性がある」、と。だが、商品の場合にはそうしたことがいつもなされてきたのではないだろうか。たとえば、ある都市で多くの資本が家屋の建築に投下された場合、個々の家屋の価格は下落するだろう。その結果、家屋所有者は他の人々の建築活動によって損害を被ることになる。とりわけ大量の資本が工業製品の製造に投下された場合、多数の手工業者が時として破産させられることもあるだろう。

また国家が、以前には馬車輸送がなされていたところに、鉄道を敷設するならば、しばしば多数の村落が衰退し、その住民は移住することを余儀なくされるだろう。

このように、人々が見るのは、国家や民間人の活動によって土地所有や商品所有の価値が絶え間なく影響を被るということである。このような活動に対してだれも抗議などしない。それに対し、どうして貨幣の場合には例外をなすというのだろうか。とりわけ、そのような価値の影響は政府の決定権に依存しているというのに。

ドイツ人は、彼らの皇帝に戦争や平和の決定権、すなわち彼らの子供の死と生命の決定権を委ねている。それと同様に、彼らは、彼らの皇帝に彼らの貨幣（の決定権）を委ねていないだろうか。

確かに、多数のドイツ農民は、彼らの貨幣と家畜を彼らの子供よりも高く評価する。彼らは、自分の息子の命を戦争で奪われても、すぐに忘れるのに対し、自分の豚小屋に落ちた弾丸は忘れることがない。なんと酷い輩であることか。Ech han meng Köh baal esu lef wie meng Konner. だが、このような酷い輩は多数ではない。このような酷い輩は、もはや立法での決定権を持っていない。

だが、政府が貨幣から金という基礎を奪った後に、当然のことながら、この政府は毎年新たな貨幣発行を行うことが生じるだろう。その時、どのような結果になるのだろうか。

その場合、貨幣の価値は減少し、物価が騰貴する。そして起業欲が促進され、失業はどこにも生じることがない。また国民的資産は、活発な産業活動によって増加し、担税力も増加する。他方、帝国決算は黒字となり、利子率は絶え間なく低落し、商品交換は加速されるだろう。

その際、この貨幣発行は、――その他の場合には強制的な、交通妨害的な、呵責のないそして経費のかかる課税方法によってだけ達成できるような――［莫大な］規則的収入を政府に与えるという途方もない利益を有するものになるだろう。また国民も、国民経済的観点からまったく**馬鹿げたもの**として特徴づけられる習慣、すなわち、蓄えを商品や産業設備に投下することの代わりに貨幣形態で貯蓄するという習慣をも止めることになるだろう。

私は、読者がこのような事態を［完全に］理解することを要求するつもりはない。私は、読者がそのような貨幣発行の規則的な利益をまったく理解できないのは、今日全般的に広まっている貨幣理論の誤りに彼らがなお囚われているからであると考えているので、私は、さしあたり次のような簡単な問題に答えておくにとどめたい。

貨幣が通常の商品と見なされるならば、**なにゆえ**この商品は課税されないのか。――国家がすべての国民同胞によって神聖なものと見なされている塩やパンにその強欲な手が延びているというのに――。

貨幣が商品ではなく、たんに商品の代理人であるべきならば、人々は**なにゆえ**、商品が支払うべき税をその**代理人**から徴収しないのだろうか。加えて、このようなやり方での税の徴収が、はるかに簡単なのではないだろうか。

貨幣が商品でもなければ商品の代理人でもなく、国家の交通制度であるべきならば、この交通制度の利用は、**なにゆえ**その使用料を支払わなくてもよいのだろうか。――その他のあらゆる交通制度の利用に対しては、運賃を支払うというのに――。

今日のドイツで流通している鋳貨は、それを利用する者の負担ではなく、国家や共同社会、すなわち、ほとんど鋳貨を使用していない多数の個々人の負担になっている。このことは、正しいことなのか。

いずれにしても、こうしたきわめて簡単な問題に、私は、――さらに本書の論旨を進めることの許しを読者に乞う前に――、答えておきたい。

第八章　金は価値尺度であるという作り話

「貨幣は、あらゆる商品の価値を測るための尺度である。」

このような意味の見解が、繰り返し決まって聞かされるし、また貨幣はしばしばこのようなものとして論じられてきた。そのため、国民経済学のあらゆる著作には、このような古典的虚言が見い出されることになる。

しかるに、一マルクの価値がどれほどの大きさかを、私に説明できる勇敢な男などいったいどこにいるというのだろうか。

それでもマルクスは、自らの著書『資本論』の中で次のように主張している。「一マルクは、一四グラムの重量の銀であり、この銀の価値は、この銀の生産に必要とされるのと同等の労働量の商品と厳密に一致する」、と。

マルクスは、一度も商人になったことがなかった。たとえ彼が商人になったとしても、彼は自分の事業を小商人のように取り組んだにちがいない。いずれの場合にしても、私は彼にいかなる信用も与えなかったであろう。なぜなら、今日そのような価値論の上に自分の事業を構築する者は、瞬く間に破産してしまうだろうからである。

ところで、貨幣が「価値」尺度になるためには、貨幣はなによりもまず自ら一定の計算単位あるいは一定の価値を持たなければならない。ではいったい、一マルクの価値とはどれほどのものなのか。

その問いは、無数の「条件づけ」の助けを借りた場合にだけ答えられるものにすぎない。

たとえば、貨幣が緩慢に流通する場合には、貨幣の価値は騰貴する。だが、この価値、すなわち貨幣の購買力は、貨幣流通が促進される場合には、即座に下落する。

またオーストリアにおいて紙幣が金本位制度によって置換されたり、富くじ、道楽、その他の貨幣操作などによって多量の貨幣が商品市場から排出されたりするならば、金の価値は、オーストリア国内において騰貴するのとまったく同様に、全世界においても騰貴することだろう。だが、それに対し、不況期に多数の装飾品が鋳貨に改鋳されるならば、金の価値は即座に下落することになるだろう。

さらに分業が発展するならば、たとえば、ドイツの農民が自らの活動を甜菜耕作に集中し、すべての生活手段を購入しなければならなくなったならば、商品の供給と貨幣需要は増大し、貨幣の購買力は上昇する。だが、このような貨幣価値の騰貴は、支払方法の容易化と加速化、たとえば小切手制度の改善などによって、反対の作用を被るものとなるだろう。

手短に言えば、貨幣は価値尺度たりえないし、また銀や金の中に対象化されている労働も貨幣価値にいかなる点でも影響を与えることがないということなのである。

貨幣価値の不変性といったことを頼りとするような商人など、だれも相手にしない。そのような者は、窮境に陥るだけでしかない。

従って、人々が価値尺度という名称に相応しい貨幣を望むならば、人々は、今日金が被っている無数の影響を、この貨幣から奪わなければならない。

そのためには、なによりもまず国民的貨幣が必要になるだろう。

たとえば、ドイツのターラー貨が被った価値の損失ほど不合理なものはない。なぜなら、そのような事態が生じたのは、オーストラリアで銀鉱脈が発見されたこと、日本で借金を背負った役者が自らのイヤリングを鋳貨に改鋳したこと、スペインで富くじ行為が減少したこと、そしてオーストリアで金本位制度の導入が延期されたことなどからであった。

従って、「不変の価値を持った貨幣を作るためには」貨幣はなによりもまず外国の影響から自由になっていなければならない。またそのためには、輸入も輸出もできない貨幣が必要になる。だから、紙幣である。

さらに必要なのは、貨幣を商品交換以外の用途に利用してはならないということ、従って、貨幣を装飾品に加工できないようにするということである。だから、紙幣である。

第三に必要なのは、金保有高の増加が金発掘人の冒険に依存してはならず、むしろ金保有高を決める重要な決定は、商業の必要に従う政府の決定に任さなければならないということである。だから、紙幣である。

だが、この場合の核心的点は、完全に規則的な貨幣流通を達成するということであり、また投機や不信によって貨幣が流通から脱落してしまうのを阻止できるということである。このような貨幣を実現するためには、腐敗や錆が［市場の］商品に及ぼすのと同一の圧力を被る貨幣以外にはない。従って、このような貨幣が導入されたならば、自分の所有する貨幣を市場に持ち込むことを怠っているすべての貨幣所有者は、自分の商品を販売することを怠っている商品所有者と同一の損失を被ることになるのである。

このような方法を取る場合にだけ、需要と供給は絶えず、またいかなる時期にも、すなわち戦争や平和の時期にも、一致することが可能となるにすぎない。またこのような方法を取る場合にだけ、商品は固定的な価格を維持し、貨幣が価値尺度になり続けることが可能となるにすぎない。

貨幣流通が完全に均質的でないかぎり、つまり、貨幣を流通から脱落させたり、流通に流入させたりすることが銀行家の恣意に委ねられているかぎり、貨幣の価値は絶え間なく変動し、それにともなって商品の価格も騰落し、価値尺度などといったことは問題にもなり得ないだろう。それゆえに、貨幣の購買力、すなわち貨幣の価値は、貨幣流通が商品生産と同じ歩調をとる場合にだけ、不変のままであるにすぎないという観点が堅持されねばならない。しかるに、後者の商品生産は、その性質上、均質性に依存するものである。従って、後者の商品生産が貨幣流通の不規則性によって絶え間なく受けてきた影響を遮断できる場合には、後者の商品生産もまた、完全に均質的になるだろう。それだからこそ、貨幣も均質的に、否、完全に均質的に流通しなければならないのである。

第九章　貨幣を利用するのはだれなのか

供給と需要が価格を決定する。それゆえ、需要が増加するならば、価格は騰貴する。**貨幣**への需要が大きくなるに従って、貨幣の価値はそれだけいっそう**減価**するという事実は、一見すると上述の自然法則と矛盾するかのような関係にある。だが、そうした関係を理解するには、われわれは市場価格 Marktpreis を利子率と対比させる必要がある。その場合、われわれは、利子率が高くなるに従って、市場価格もまたそれだけいっそう高くなり、それにともなって貨幣の価値もまたそれだけいっそう減価するという関係を見ることであろう。

どうしてこうなるのだろうか。

利子率の騰貴から明らかとなるような、貨幣への需要の増加が生じるならば、上述の［自然］法則に従って、貨幣の価値、すなわち貨幣の購買力の増大もまた生じるはずである。しからば、この自然法則に反する事態［の形成］は、いかに説明できるのだろうか。

その説明は簡単である。簡単だからこそ、私は、貨幣制度についての全般的に広まっている見解がいかに根本的に誤ったものなのか、また金属貨幣がいかに危険なものなのかについての、新しいけれども決定的な証拠を挙げながら、そのことを本書の全編を通じて読者に指摘しているのである。ところで、貨幣とは何か。それは交換を媒介する手段である。そして貨幣を利用する者とはだれなのか。それは、**交換手段**を必要とするすべての人々、つまりひとつの商品を販売した売上金で他の商品を購入するすべての人々である。

以上のことからも明らかとなるように、貨幣への必要は、商品が供給されているところにおいてだけ支配的となる。つまり、貨幣への需要は、商品販売者だけが持つものである。かくしてわれわれは次の事態、すなわち商品の供給が増加するに従って、換言すれば、交換手段への需要が増加するに従って、それだけいっそうこの交換手段の価値が騰貴し、それだけいっそう貨幣の購買力が増大する事態を認識するのである。

今日、人々が「貨幣への必要」と呼ぶところのものは、実際には「商品への必要」以外のなにものでもない。だが、国家が国債［の発行］を通じて徴収する貨幣は、いかなる商品の交換をも媒介しない。従って、この場合、国家は、貨幣を交換手段としてではなく、購買手段としてだけ使用しているにすぎないのである。つまり、国家は、国債［の発行］によって貨幣流通を促進しているのである。かくして、需要が増加し、物価が騰貴する。そしてそれにともなって貨幣の価値が減価する。これが、なにゆえ――自然法則に反して――「貨幣への需要」が外見的に増加するのに従って、貨幣の価値がそれだけいっそう減価するのかについての簡単な説明なのである。

物価の騰貴、つまり高い利子率は、国内における需要、すなわち商品の消費がその生産よりも大きいという事態、つまり国民が赤字経済のもとにあるという事態ないし貨幣流通が商品生産と歩調を合わせていないという事態、こうした事態のひとつの現れなのである。

今や、xという任意の国において、貨幣への需要が増大し、利子率が騰貴したならば、何をなすべきなのか。その場合には、強力な増税によって流通から――この需要が適切に減少するように――貨幣量を回収し、その貨幣を破棄する以外にはない。

このような政策の結果、貨幣保有高が減少するのにともなって、商品への需要がその充足可能な限度にまで下落するだろう。そして物価や利子率も、即座にこの下落した需要に適応するようになるだろう。しかるに今日、それとは反対の事態が、当然のごとく全世界で生じているのである。

ある国において貨幣が過多になっているならば、つまり、商品の消費がその生産よりも大きくなっているならば、従って、こうした事態が利子率の騰貴のために生まれているならば、この高い利子率のためにあらゆる部門で外国資本の流入が促進されるだろう。そしてその国の［財政］赤字は、そうした貨幣輸入［の増加］によってなおいっそう拡大されることだろう。その論理的結果は、利子率と商品需要が新たな貨幣輸入［の増加］と物価騰貴の比率と同じ比率において増大するということなのである。

他方、物価の騰貴は、国内産業が外国の産業との競争に耐えられず、麻痺・破滅していくという結果をまたもや引き起こすことになる。

かくしてわれわれは、「貨幣への必要」という用語の誤った解釈がいかに全国民の債務と破産とを必然的に引き起こすのかを見るのである。諸国民が、より大きな貨幣需要によって引き起こされた利子率の騰貴が貨幣不足ではなく、貨幣過多を示すものであるという認識を持つに至ったならば、どれほど彼らは、多くの災難、倒産、貧困そして革命などを防止できるようになっていただろうか。つまり、こうした単純な事態を認識できていれば、いかに多くの金融行政の錯誤などを予防できるようになっていただろうか。

第十章　国内にはどの程度の貨幣が流通可能になるのか

一国の富裕がその国の貨幣量によって評価されたり、また多くの政府が自国の貨幣保有量を人為的に増加させようとすることは、貨幣制度についての原理的研究が著しく不足していることによるものでしかない。

[こうした貨幣制度の原理的研究を活性化させるためにも、それについてのわれわれの基本的理解をここで示しておこう。]

[こうした貨幣制度の原理的研究についてのわれわれの出発点となるのは]、供給と需要が価格を決定するということである。

その際、供給、すなわちその中でもっとも純粋な形態の商品は労働者によって示されるのに対し、需要は貨幣によって示される。

今日、労働者は多少とも貧しく、またその日暮らしの生活を営んでいるために、供給は年々均質的である。というのも、大多数の労働者は胃の腑の必要を充足させるために、供給を一日たりとも止めることができないからである。

このように供給が永遠に均質的であるところで、需要が貨幣の増加ないし貨幣流通の加速化などによって増大する場合、今までの均衡は消滅し、価格、つまり賃金が上昇する。

だが、今日の国際的貨幣制度のもとでは、また鉄道と蒸気船輸送の発展が諸経費の減少をもたらしているという状況のもとでは、一国の商品価格は、長期的には他国の商品価格よりもはるかに高くなるということがない。なぜなら、商人が国内産業の製品に金一〇〇グロッシェンを支払わなければならない状況にあって、同じ製品を外国から購入する場合には金一〇グロッシェンだけ安価に購入できるならば、彼は迷うことなく外国製品の購入を選択するだろうからである。

そのような商品購入の場合、金の流出が必然的に生じ、それはきわめて短期間に、侵略、借款あるいは流通の加速化などによって増大した貨幣を国境の外に追いやることになる。

保護関税によっても、このような事態はいささかたりとも変えることはできない。なぜなら、賃金騰貴の負担は、国内市場向け産業にとってばかりでなしに、同じ比率において輸出にもかかってしまうからである。だが、ひとつの輸出商品の価格は、他国のその生産物価格に依存する。その商品が、高賃金のために競争可能な価格では提供できない場合には、生産者は工場を閉鎖するだろう。またその場合には、この商品輸出の減退に続くのは、金輸出の増加である。従って、対外貿易をまったく放棄するつもりのない国は、その国と交通関係にある国々よりも貨幣をより多く流通させることはできないのである。むしろその国と通商関係にあるすべての国々は、同量の貨幣を持つことになるのである。つまり、貨幣は水がそうであるように連絡管の法則に従うということなのである。

その際、もちろん、分業がどの程度発展しているのか、小切手制度がどの程度普及しているのか、貨幣がどの程度迅速に流通しているのか、貨幣が富くじなどのようなたんなる貨幣操作によって商品市場からどの程度奪われたのかなどといったことをも考慮しなければならない。これらすべての何千もの事情を考慮するならば、国際的交通に関与しているすべての国々では——金、銀あるいは紙幣といったことと関係なしに——同量の貨幣が流通しているということを、人々は発見するだろう。

貨幣保有量の人為的な増加——そのことが貨幣の量的増加によるものであれ、貨幣流通の単なる加速化によるものであれ——は、金本位制度の国々では即座の金輸出を、また紙幣本位制度の国々では金相場の騰貴を引き起こす。そしてたとえば、今日のドイツにおいて小切手制度の改善がなされるならば、驚くなかれ、きわめて短期間に国境を越えていく強力な貨幣の流出が生まれることになるだろう。

このような事態は、子供ですら分かることである。だが、もっと驚くべきことは、ここでは多くの場合きわめて単純な法則に違反する行動が取られているということである。

たとえば、フランスの何十億フランもの貨幣をドイツに輸入したことは、この単純な法則に対する違背以外の何だったというのだろうか。他方、アルゼンチンのヴァレラ Varela 大臣は、少し前に中央銀行の金販売によって何を企てたのだろうか。この男は、金相場の騰貴が投機の結果にすぎないことを確信した上で、金相場を下落させるために、法律上不可侵な銀行の金準備金を取引所で販売することに躊躇しなかった。彼は、金を大海に投棄することもできただろうし、また金販売を最近に至るまで続行することもできただろう。それでも、彼は、長期にわたって自分の目標を達成することができなかっただろう。なぜなら、アルゼンチンは、アルゼンチンと交通している国々においてよりもより多くの貨幣を流通させていたからであった。金相場を下落させることが国民の利害であったならば、そのためには二つの手段だけが存在していたにすぎなかった。すなわち、紙幣の回収によって貨幣保有高を減少させる方法か、それとも貨幣流通を緩慢化させる方法のどちらかである。前者は、銀行が金販売によって流入してくる紙幣を破棄することによってきわめて容易に達成することができただろうし、また後者は、それ以上に簡単に貨幣富くじの導入や信用制度の制限、利子率の引下げなどによって達成することができただろう。

第十一章　貨幣はいかに流通するに至るのか

金には一定の価値、すなわち、金生産によってだけ影響を受けるにすぎない一定の価値があるということを認める者は、諸商品が貨幣を流通させるという推論を持っていなければならない。マルクスは、この推論を信じた。否、彼は、この推論を信じなければならなかった。なぜなら、この推論は、彼の農民風の貨幣価値論の基礎となっていたからである。

かくしてマルクスは、すべての商品を予め労働量によって規定された価格を持つ存在として市場に登場させた上で、この価格に従いながら、商品購入のために金庫から取り出す貨幣量を算出するのである。

そのような算出方法をとる場合、マルクスは、どのように金融恐慌、高利そして投機の発生を理解しようとするのだろうか。私にはまったく分からない。それればかりか、需要と供給による価格決定というシステムも、そのような貨幣流通のために機能不全に陥ってしまうだろう。

ところで、諸商品を市場に持ち込もうとする［本質的］要因とは何か。それは、諸商品を貨幣に転化させたいという願望にほかならない。

さらに諸商品を市場へと駆り立てる［直接的］要因とは何か。それは、錆たり腐敗することへの恐れや火災、泥棒、保管料などへの恐れなどである。それに対し、商品が貨幣形態に転化しないかぎり、商品はその所有者にとっていかなる価値も持つことはない。そして諸商品が日々自然の破壊的作用の影響を受けて、重量、規模そして価値を減少させていくという事情は、その所有者の心を落ち着かせない。従って、諸商品は、生産された瞬間からその販売場所に達する瞬間に至るまで日々絶え間なく均質的に市場に供給され続けることになるだろう。

貨幣の場合にも果たしてそうなるのだろうか。確かに、貨幣を市場に導くのは、貨幣を商品に転化させようとする願望である。だが、貨幣の背後には、商品の背後に存在しているのと同じ推進力が存在しているのだろうか。

いやそのようなものは存在していない。なぜなら、貨幣は腐らないからである。そればかりでなしに、貨幣が流通から撤回されたならば、あらゆる商品の価格は下落する、つまり貨幣の購買力、すなわち貨幣の価値が増大するからである。

従って、貨幣を金庫から解き放つ推進力は、腐敗するという恐れではなく、いくばくかの利潤を稼ぎたいという願望なのである。このように貨幣と商品の背後に存在するのは、まったく異なった二つの推進力なのである。つまり、商品の場合には損失を免れたいという願望であり、貨幣の場合にはいくばくかの利潤を獲得したいという願望なのである。

それゆえに、貨幣が貨幣所有者のこうした願望を満たすことができなければ、貨幣は再び金庫に収納されてしまう。だが、それに対して、商品は市場にとどまり続ける。

このように商品が市場にとどまり続けることを、貨幣所有者は知っている。そして彼は、腐敗、錆そして保管費などが商品所有者の心を不安にさせるため、商品所有者が弱腰になるということをも知っている。それゆえに、彼は、自分の望みどおりの価格で商品を獲得するには、ただ待てばよいのである。

他方、商品所有者は、自らの商品を最終的に――貨幣所有者に利潤を与える価格で――貨幣所有者に譲渡しなければならない。さもなければ、彼は商品を持ち続けることになってしまうからである。それに対し、たとえば一〇マルクで購入した商品を再び一〇マルクで販売するような商人は、いったいどこにいるというのだろうか。

それゆえ、貨幣は、いくばくかの利潤を稼ぐという条件のもとでだけ商品交換を媒介するにすぎない。貨幣がこのことを達成できないならば、貨幣は、商品所有者が自ら被る損失のために弱腰となり、自らの商品の価格を下落させる時まで、交換を拒否することになる。

かくして、商品は市場では商品所有者の望む価格では売れず、貨幣所有者がその価格を指定することになる。そして競争だけが、その価格の修正を行うことができるにすぎない。それゆえ、商人は、商品を買う前に、必要が存在しているのかどうかではなく、需要が存在しているのかどうかだけを問題にする。つまり、消費者が商品への必要を満たす状態にあるのか、そして消費者はその商品のためにどの程度の貨幣を支出できるのかについてを、彼は問題にするのである。こうした予測を立てた後に初めて、商人は、彼が自分の支出可能な価格、しかも生産者がいやおうなしに受け入れねばならない価格を決定するのである。

以上のことからも、商品が貨幣を流通させるという主張は間違っている。なぜなら、その反対のことが生じるからである。

第十二章　等価物という作り話

貨幣所有者が商品交換を次のような条件のもとでしか許さない場合、すなわち、商品所有者が自らの所有物の一部を——反対給付なしの——貢租として譲り渡すという条件のもとでしか許さない場合、貨幣に商品の等価物という名称をどうして与えることができるのだろうか。

たとえば、一〇マルク［の貨幣］がひとつのリンゴの等価物である場合、商人はなにゆえこのリンゴを九マルクでの購入を要求するのだろうか。つまり、このリンゴの所有者はなにゆえ自らのリンゴをより安価に譲渡しなければならないのだろうか。

ひとつのリンゴの等価物となりうるのは、せいぜいリンゴと同じ性質を有する対象物、つまり、リンゴが腐るならば、同じように腐る性質を持った対象物である。

たとえば、北極での熱いコーヒーの入った一杯のカップとアラビアでの一本のアイスは、等価物である。従って、この二つの商品の交換が問題になるならば、二人の所有者のどちらも、その交換においてより多くの儲けを手に入れようとはしないがゆえに、自分の商品の等価物を過不足なく手に入れられることを確信できるだろう。

［それと同様に、］マルクスは、労働者と工場主を同等の商品所有者と見なす。なぜなら、工場主も、彼が労働者の労働力を購入しようとする貨幣額、すなわち労働力の等価物——つまり、それに見合った金量の採掘に平均的に必要となるであろう労働量——を所有しているからである、と。

このような主張は何を意味するのだろうか。金の輝きのために、だれもがこうも簡単に騙されてしまうものなのだろうか。いったい両者の間のどこに同等性や等価性があるというのだろうか。労働者が工場主と交渉している間に、労働者は損失を被る。それに対し、この同じ時期に、工場主の貨幣は銀行で利子を生む。

もし両者の交渉が成立しなかった場合、どうなるのか。労働者は一日、一週、一月の賃金を失うとともに、マルクスの言うところの等価物、すなわち貨幣と同等な商品を失うのに対して、貨幣はいかなる損失も被らない。反対に、貨幣はその期間中にその価値、すなわちその購買力を増大させる。なぜなら、労働者の損失は、労働者を弱気にさせる結果、自らの商品を安売りするように労働者を誘引するからである。従って、そこには、等価性とか同等性といったもののいかなる痕跡も見い出すことができないのである。

労働者の商品は、泡の如き束の間のものでしかない。それは、一分たりとも保存できるものではない。それに対し、マルクスの言う「同等な商品」の貨幣は、あらゆる金属の中でもっとも頑丈な金属から形成されている。

否、工場主が、労働力を購入するために金の代わりにミルク、パンのようなその他の束の間の存在で支払うならば、そこには同等性が存在していると言えるだろう。そしてその場合には、労働者は絶対に損することがないだろう。だが、今や労働者は、貨幣所有者の慈悲にすがっている。貨幣所有者間の競争だけが、商品の価格、すなわち賃金を規定しているにすぎない。そこでは、労働者自身の希望などまったく問題にされることもない。だが、このような競争相手のだれもが、そこから何の利潤も引き出すことができないならば、その商品を受け取ることはないのである。つまり、利益なしにはすべての貨幣所有者は、このような労働者の商品を受け取ることをしないということなのである。

従って、商品の所有者たる労働者は、自らの商品の等価物として賃金を受け取ることがないということである。かくして金属貨幣がこれらの商品の交換を媒介するかぎり、労働者はけっして［等価物としての］金属貨幣を受け取ることができないのである。なぜなら、だれも、けっして腐敗することのない対象物を与えないだろうし、だれも同等の価値を持っていても**腐敗していく商品**と引き換えに**貨幣を与えるというようなことはない**からなのである。

第十三章　農民の靴下の中に保持している貨幣は、だれのものか

ドイツで手形の割引きなどに従事している銀行や民間人の資本を合計するならば、その合計額は、ドイツで流通しているすべての貨幣額よりもより大きな金額になるだろう。

だが、ひとつの対象物は、一人の所有者しか持ちえない。とすれば、今や何百万人もの民間人のポケットにある貨幣は、いったいだれのものかと問わざるを得ない。

それに対し、銀行家は次のように言うだろう。「それは、われわれの貨幣である」、と。だが、農民はその答えにびっくりしながら次のように否定する。「自分の靴下の中に保持している貨幣は、自分の所有する貨幣である」、と。

今やわれわれは、どちらの方が正しいのかをすぐに見抜くことだろう。まずわれわれは、銀行［家］が自らの資本、自らの貨幣そして自らの所有のすべてを全面的に流通から撤回し、それらを彼らの金庫の中に集中させることで一致したと仮定してみよう。――そうした銀行［家］の行為は、株主に資本がまったく損なわれていないということを証明するという目的のためにだけなされたにすぎないのであるが。――

その目的を達成するために、もはや銀行はいかなる手形も割引きせず、だれにも信用を与えることがない。他方、銀行はすべての未回収金をきわめて強引に回収する。そして民間人が商人に譲渡する貨幣は、即座に銀行に移され、そこで堅持される。

このような方法でますます多くの貨幣が流通から回収されるのに対し、回収されたいかなる貨幣も流通に戻ってくることがないがゆえに、まもなく貨幣は不足し始めるだろう。こうしたことは、明らかである。こうして貨幣は日毎に少なくなっていく。そしてだれももはや商品を購入できないし、商品もまたけっして売り場から動くことはない。そのような状況の中で、われわれの農民は自分の子牛を市場に連れて行き、この子牛を売り払った代金で煙草を購入したいと考えている。だが、彼は市場の中に子牛のいかなる購入者をも見い出すことができない。それゆえ、彼が煙草の購入をあきらめることができないならば、彼は自分の靴下の中に保持している貨幣を取り出して、この貨幣によって煙草を購入することになるだろう。そしてこのターラー貨は、商人を通じて即座に銀行に移動し、そこで堅持されることになる。

だが、子牛はまだ売れないままである。それゆえ、農民は、靴下の中のターラー貨がなくなるまで、靴下の中からターラー貨を取り出し続けて他人への支払いを続けることになるだろう。それにともなって、そのターラー貨は、商人を媒介としながら銀行へと突き進むことになる。かくして今や銀行では、農民が自分の靴下の中に隠していたターラー貨がいったいだれの所有なのかが、株主に示されることになる。

［農民が自分の靴下の中に隠し持っているターラー貨は、だれのものなのかという問いの答えは以下の通りである。］ターラー貨を所有する者は銀行である。なぜなら、農民が自分の靴下の中に隠し持っているターラー貨は、銀行が農民に貸与しているにすぎないものだからである。その場合、銀行は、農民へのターラー貨の貸与を無益に行っているのではない。というのも、農民は、個人的にはまったく銀行と関係していないにもかかわらず、また外見的には銀行に当のターラー貨に対するいかなる請求権もないにもかかわらず、銀行に利子を支払わなければならないからである。その際、農民は利子を直接銀行に支払うのではなく、回り道をして支払う。つまり、農民は、当のターラー貨を銀行から信用という形態を取って借りている商人により高い商品価格で支払うのである。

私がここで読者に助言したいのは、農民が彼の豚と引き換えに得た貨幣は彼の所有ではなく、銀行家の所有であるということ、それゆえに、農民は銀行家に利子を支払わなければならないということ――そのことが、ますます彼を不利な状態におくことになる――、こうした点である。

だが、私はそれ以上に読者に説明したいのは、ドイツの俗物市民が利子のために銀行家に預けた資本は、彼の所有ではないということ、また彼は銀行家のもとで手に入れる三％の利子のために別のところで商人に六％も高い商品価格を支払わなければならないということ、こうした点である。

だが、人々は、きっと上述の説明は馬鹿げていると言うだろう。

第十四章　貯　蓄

貨幣は需要を代表し、商品は供給を代表する。かくして貨幣を貯蓄する者は需要を、自らの貯蓄を使用しようとする日まで、すなわち、通例**不景気の時期**まで延期させようとする者である。

ところで、こうした不景気の時期は、しばしば不作の結果として生じる。従って、不景気の時期とは、消費用商品を不十分にしか生産できない時期であり、また国民大衆が自らの**貯蓄**を頼りにして生きる時期でもある。

「このように巧みに貯蓄を行った抜け目のない人々よ。君らは、何を溜め込んだのか。」彼らは、余剰の時期に、次の不作の時期に使用する**飢餓**［を満たすもの］を溜め込んだのである。

［不作の時期に使用される］貨幣の出所は、銀行、靴下、金庫などである。［この時期に］人々は、貯蓄をもって市場に殺到する。――だが、市場は空である。――従って、需要が増大し、物価が騰貴する。そして二〇年間の骨の折れる労働の中で蓄えられた僅かな貨幣は、たった一度の凶作のために失われることになる。

たとえば、ロシアでは、なお数年前までは凶作の年の備蓄用の穀物倉が存在していた。このような穀物倉は、もちろん、いかなる利子ももたらさなかった。反対に、このような穀物倉は国家財政の赤字の原因のひとつにもなっていた。それゆえに、有能な今日の金融大臣は、こうした損失は避けることができると考え、この穀物倉の穀物を外国で金と引き換えに販売したのであった。そして彼は、こうした販売の結果得られた金を銀行にストックしたのである。だが、今や、凶作が発生した。金融大臣は金庫を開け、そこにストックされていた貨幣を国民に分配し、次のように明言した。

「諸君を満腹にさせよう」、と。

かくして国民に救済金としてのルーブルが配られ、教会ではその感謝の聖歌が歌われた。そして大臣は現神と称讃されたのであった。

今や、人々は貨幣をもってパン屋に走り、パンやソーセージを、さもなければ、その他の総ての良質かつ高価なものを買い求めた。

ああ、なんたることだ。パン屋は、パン需要の増加に直面し、パン供給を停止した。従って、パン価格は、大臣の金をその国に注入したのと同じ比率で騰貴する。かくして住民は以前も貧しかったが、今やなおいっそう貧しくなっている。なぜなら、自分たちの貨幣、すなわち自分たちの貯蓄の購買力が、需要の人為的な増大のために減少することになったからである。

「どうして国民の飢えを満たすことができないのか」と、皇帝はびっくりしながら次のように尋ねる。「私は三億ルーブルの貨幣を分配した。これで十分なはずではないのか」、と。

今や、自国の国庫は空になったがゆえに、外国から金が調達されることになる。けれども、奇妙なことに、金がますます流入すればするほど、それだけいっそう需要が増大し、それだけいっそう供給が減退し、また窮乏もそれだけいっそう大きなものになっていく。

飢餓と欠乏が始まった時期——その時期には、需要は住民が持つ貨幣手段に制限されていたが——には、パン需要は、貨幣手段の不足分だけ小さいものでしかなかった。また、価格も穀物への大きな必要にもかかわらず、安価であり続けた。だが、金融大臣が注入した貨幣のために、需要が人為的に増大し、価格もまたそれと同じ比率において騰貴せざるを得なくなったのである。

つまり、飢えた人たちは、この金融大臣の貨幣から僅かな利益すらも引き出すことができなかった。そこから利益を引き出したのは、ただひとり穀物商人だけであった。それゆえ、この事態を適切かつ簡明に言えば、金融大臣がこのような穀物商人たちに直接何百万ルーブルもの国家資産を贈与したということなのである。

反対に、金融大臣は、窮乏地域に貨幣を送る代わりに、**需要**と価格を下落させるための、きわめて巨額な**貨幣税**を課す必要があった。そしてこの貨幣を**一セントたりとも**分配せずに、この貨幣の全額によって外国の穀物を購入した上で、この穀物を窮乏地域に提供しなければならなかったのである。

もしそうしていたならば、需要は減少していたことであるだろう。従って、その場合には穀物所有者は、ただちに自らの穀物の価格をこの需要の減少に適応させねばならなかっただろう。

こうしたロシアの窮境は、貨幣貯蓄を行う習慣がいかに馬鹿げたものであるのかという明確な例を、われわれに提供するものである。つまり、ここに見るのは、こうした悪習がロシアの窮境にいかに直接的責任を持っているのかという事実なのである。

個々の住民が貨幣貯蓄をせずに、その貯蓄を自らの生産手段の改善や自らの貯蔵室の充足などに利用したならば、農民が自らの穀物の換金を急がなかったならば、金融大臣が「ルーブルさえあれば食べられる」という妄想を抱かなかったならば、彼が「金は資本ではなく、**現存する実質的な資本の交換**に奉仕するものでしかない」ということを理解していたならば、つまり、彼が備蓄用穀物倉を存続させていたならば、このような短期間の凶作があっても、それはいかなる窮境をも引き起こすことがなかっただろう。また帝国が前代未聞の額の新たな債務を課されるということもなかったであろう。さらに所有諸関係の巨大な変動も起こることが**なかったであろう**。換言すれば、貨幣を資本と見なし、貯蓄するという悪習によって直接引き起こされたロシアの窮境は、ロシアでは何千人もの投機家を百万長者にし、何百万人もの生産者をプロレタリアにしたのであった。この事実は、資本蓄積の責任を所有権と生産手段になすりつける社会主義理論の観点からは驚くべき発見に導くような資料を提供するものになるだろう。

ところで、貨幣貯蓄を行うという習慣は、凶作の観点から危険であるばかりでなしに、今日の貨幣制度の危険な帰結として、工業にとっても恐ろしい結果をもたらすものでもある。

たとえば、すべての者が貨幣貯蓄を行う場合、すなわち、すべての者が需要を余剰の時期から不況の時期に延期させる場合、商品は店舗や仕事場に滞積し、生産者は自らの商品にとっての必要があるのか否かについての僅かな手掛かりすらなしに、ただがむしゃらに働くことになる。かくして商品が顧客を見い出せるのかどうかは、不確実かつ偶然なものになる。その結果、生産者は完全に暗中模索の状態に陥るとともに、商品を注文する側の商人にとっても、何百万もの事情の影響を受けた商況ということが、唯一の［取引］基準になる。つまり、商品の販路についての堅固かつ確実な基礎は、完全に失われるということなのである。かくして商人のあらゆる注文は、販売力という点で、絶えずリスクを含んだものになる。従って、このリスクの価値［分］は、もちろん、その価格の中に含まれることとなる。

今や、工業家も商人も、商品への必要を測定することができない。――ところで、必要と需要というこの二つの概念は、今日では、全く異なった事柄である。需要は、何百万もの事情の影響をうける貨幣流通に依存しているがゆえに、ひとつの品目は、現存の需要以上に提供されたり、それとはまったく逆の関係が起こるといったことが、しばしば生じるのである。――

従って、その結果は、商業と工業における絶えざる動揺、すなわち、支払不能や失業をもたらす絶えざる価格変動ということなのである。

それに対し、貨幣制度の改革によってすべての者が商品貯蓄を行うことを強いられるか、または貨幣貯蓄の代わりに産業的投資を行うことを強いられる瞬間から、即座に状況は、流通や工業のこうした度し難い混乱とはまったく異なった様相を呈するものとなるにちがいない。

その場合、商品への必要が、即座に増大するだろう。そして商人の商品倉庫は消滅し、生産者は注文、すなわち直接消費者の注文に従って労働するようになるだろう。そうなった場合、あらゆる商品は生産される以前にその購入者を持つことになる。また手工業者も、もはや盲目的にあくせくと働く必要がなくなる。そして彼の商品への必要が減退した場合には、注文の減退という形をとってはるか以前に彼に知らされることになるだろう。

それゆえ、その時には経済恐慌などはもはや問題になりえない。

だが、［貨幣貯蓄という］事態はなお別の結果をもたらすことにもなるだろう。たとえば、今日いかなる民間人もストックするための商品を購入しようなどとは考えもしないがゆえに、その国の全商品ストックは、絶えず衆人環視の中で商人の店舗に置かれることになる。

そのため、投機家たちは、一定の商品種類のストックについての正確な情報を手に入れることができる状態にある。つまり、こうしたストックは絶えず購入可能な状態にある。それゆえ、彼らは絶えず大胆な投機を確実に成功させる基礎を有しているのである。

かくして突然の急速な買占めによって、投機家たちは、一定の期間一種類の商品の全ストックを所有し、そして価格の吊上げによって窮境に陥った消費者たちから思いのままに搾取することができるのである。

このような方法によって、毎日、投機家たちの財布の中に入っていく何十億マルクもの貨幣を支払っているのは、だれなのか。アメリカの独占［資本］家たちが有する何百万ドルもの貨幣は、このような方法によって獲得されたものなのである。

こうした事業方法が原因で支払不能に陥る者を、だれが数えるというのだろうか。［こうした事業方法によって支払不能になる者の人数が余りに多くて数えきれないからである。］

だが、貨幣制度の改革によって、民間人が自らの貯蓄を商品に投下することを強いられるならば、投機はその存在条件を奪われることになるだろう。というのも、もはやだれも、全商品ストックの概算を行うことができなくなるからであり、もはやだれも何百万もの私的貯蔵室から投機目的のために商品を奪い取ることができなくなるからでもある。

ところで、［今日］商品は腐り、如何なる利子ももたらさない。従って、いったいだれが自分の蓄えを商品などに投下すると言うのだろうか。

このことは、まったくもって正しい。事実、今日あちこちの店舗にある商品は腐朽する。それは、どのくらい腐朽するのか。また銀行家が預金者に支払う利子を最終的に支払ねばならない者とは、だれなのか。この利子は天空から降ってくるものではない。また貨幣は銀行で孵化し、増殖するとも仮定することができない。だれかが、この利子を過酷な労働によって支払わなければならないのである。

たとえば、銀行が四％の利子を支払う場合、銀行は、商人への貸付金と引き換えに商人から六％の利子を徴収する。この六％の利子を支払わなければ商売を行えない商人は、自らの商品価格に一〇％の上乗せをする。そして彼らが信用で販売する場合には、なお追加の二％の保証金を自らの商品価格に加える。かくしてわれわれが見るのは、商人のもとで信用購入を行う預金者は、それだけいっそう多くの貨幣を銀行に提供し、この四％の利子のために一〇％、一五％、二〇％の額を上乗せをした商品価格を年間にわたって支払っているのである。こうしたことを、人々は貯蓄と呼ぶのである。そしてこの種の貯蓄を、ドイツ政府は自らが使用できるあらゆる手段を用いて促進しているのである。

要するに、民間人が自らの貨幣を銀行に持って行き、そして銀行家がこの貨幣を意のままにするということなのである。われわれがすでに見たことは、投機家が一定の商品種類のストックを独占するのに成功した場合、彼はどのような権力を持つのかということであり、またその国の市民のすべての貨幣——その貨幣は全流通の基礎であり、それなしにはだれも一日たりともやっていくことができない——を意のままにできる場合、銀行家の権力がどれほど大きくなるのかということなのである。

今やすべての国々に誕生しており、その構成員がほとんどひとつの家族のようになりながら、あらゆる事業を相互に兄弟のように支え合っている金融グループは、どのような目的を追求しているのか。

彼らの目的とは、［上述の独占的投機による略奪行］以外の何があるというのだろうか。

頭目の合図によって世界のあらゆる部分に――世界は衰退していくという――警戒の風評が撒き散らされる。これが彼らの略奪行の開始なのである。

小市民は即座に腰を抜かし、貨幣を流通から引き上げて、ライオンの洞窟に、つまり銀行に持って行く。銀行家は、その貨幣を嘲笑しながら受け取り、預金者に四％の利子を支払う。だが、この貨幣は再び流通に戻る代わりに、銀行家によって溜め込まれるのである。

その結果、貨幣流通はきわめてまもなく不足した状態に陥り、それとともに需要の衰退と物価の下落とが生じ、証券の相場が突如崩落することになる。国民は、この崩落の説明の原因を警戒的風評に求めるが、銀行家は、彼の帳簿の中に何百万マルクもの利潤を書き入れ、この事態の経過を説明するのである。

かくして人々は取引所に文句をいい、取引所を悪徳と呼ぶ。だが、だれも貨幣という金の子牛の貯蓄を行う悪習を真の悪徳とは見なさない。つまり、ここに認識されるのは、結果と原因の永遠の混同にほかならないのである。

第十五章　利　子

われわれは、ここでかつて数世紀も前に、他人の助けもなしにまったくの独力で、一〇、〇〇〇ターラーを宝くじで獲得するという注目すべき才能を発揮したある祖先の男を見ることにしよう。彼は、文字通り自力で財産を築いたのだった。

彼は、この貨幣を銀行に持って行き、この貨幣が生む利子によって生活するとともに、自らの家族を立派に教育した上に、自分の資産をも拡大した。

その息子は、この銀行預金を相続した。そして彼は、絶えず良き愛国者であり続けながら、自分の生活をつつがなく行なった。つまり、彼は、彼の父と同様に利子を受け取り、自分の家族を立派に教育しつつ、自らが受け取った利子の一部を毎年銀行に預けて、自分の所有を拡大したのであった。

その孫もまた同じようなやり方で生活した。かくしてわれわれは、ここに、四、八、一〇世代にわたってまったく生産的活動を何もしないで、毎年豊かな収入を得ているひとつの家族を見ることになる。どうしてそのようなことが可能になったのか。なぜなら、先祖がかつて巨額の宝くじに当選したからであった。

このことは、国民経済学が次のような尤もらしい説明を与えざるを得ないほどの、きわめて注目すべき事実なのである。

［上述の家族の］先祖が巨額の宝くじに当選した時期に、鋤を持たないで、手で耕作を行っているひとりの農民がいたとしよう。当然のことながら、彼は鋤を持っていなかったので、彼の収穫は少なかった。

銀行家はこの事態を観察した上で、この農民の前で次のような損得計算を行った。「今日、お前は一〇シェフェルの小麦しか収穫できていない。もしお前が鋤を備え、利用できたならば、お前は、これまでよりも少ない労力によって二倍の収穫を得ることができるようになるだろう。従って、私はお前に貨幣を貸すから、お前はその貨幣で鋤を買い、その代償として、私に毎年二シェフェルの小麦を提供しなさい」、と。

このような損得計算はそのかぎりで正しいのであるから、国民経済学者は次のように推論する。「農民が鋤を持たなかったならば、彼はそれほど多くの小麦を生産することができなかっただろう。従って、銀行家は、鋤の提供によって農民の労働を生産的にしたのだから、農民が支払う利子は、貨幣を借りたことへのささやかな反対給付にすぎない」、と。

今や、資本を借りた場合、何ゆえ利子が支払われるのかについてのこうした国民経済学者の説明が正しいのかどうかについての吟味を、われわれはこれから行うことにしよう。

ところで、この場合、農民が土地を耕作するのに必要としたのは、貨幣ではなく、鋤であった。貨幣は即時的にも向自的にも農民にとっていささかの価値を持つものではない。彼は、貨幣を目的実現のための手段としてだけ、つまり鋤を手に入れるための資金としてだけ、必要としたにすぎない。従って、本来の資本は貨幣ではなく、商品――鋤――である。それに対し、貨幣は、資本――その性格は、貨幣が廃絶されてもいささかの変化を被ることがなかった――の交換手段にすぎない。

その点を明らかにするために、われわれは貨幣を無視し、貨幣が存在しなかった時代、つまり、物々交換がなお通常の状態であった時代を想定してみよう。

当時は、節約した者だけが資本を蓄積した。だが、彼には、自分の蓄えを貨幣形態で永続的に保持しようとする機会は与えられず、むしろ商品、たとえば織布、機械そして鋤などとして、つまり貨幣のような擬制資本 fictives Capital としてではなく、実物資本 wirkliches Capital として蓄積される以外にはなかった。だが、こうした実物資本は、自然の破壊的作用の影響を被った。従って、資本家がこのような［自然の破壊的作用がもたらす］損害を防ぐのは、いつもきわめて困難なことであった。そのために彼は、**こうした実物資本を再生産の中で資本として利用する以外には**、つまり、鋤を他人に貸す以外には、このような損害を防ぐことができなかったのである。

かくして資本供給は、つねにきわめて多量かつ均質的にならざるを得ず、しかも資本需要よりもはるかに大きかった。従って、この場合にも――供給と需要が価格を決定するがゆえに――より少ない［資本］需要はより大きな［資本］供給に比してはるかに有利な状態にあった。このことに、疑問の余地はない。**このような状況にあったとすれば、資本家は**、**農民から鋤への利子を要求できたであろうか**。［否である。］つまり、鋤の供給はその需要よりも大きかったがゆえに、またこの鋤は毎年価値を減少させていったがゆえに、この鋤の所有者は、**このような損失を他の人々に**

転嫁させる必要があった。かくして、彼は、農民が後日この資本の返却を以前に借りた現物それ自体で行うという条件での貸与を行うこととなったのである。

その結果、農民は、一、二、一〇年後に、貸与された現物の同量を返却するという義務を負ったにすぎなかった。つまり、だれも、利子などを要求しなかった。なぜなら、農民は、資本家の資本を錆、火災、盗賊そして保管費などから守ったからである。

かくして、今や商品所有者から自らの資本を貨幣に転嫁させる可能性はもとより、商品が日々錆などによって被る損失を他者に転嫁させる可能性とが奪われたならば、またすべての資本家が錆、損失などから自分の資本を守るという心配を日々抱くようになったならば、資本供給はただちに大幅に増加しただろうし、利子制度も即座に廃絶されたことだろう。

［以上のことからも明らかとなるように］、貨幣は資本ではなく、実物資本 greifbares Capital の交換手段にすぎないのである。他方、この実物資本は、小麦、ラード、道具などの——すべての商人が知っているように——急速に腐敗する対象物から構成されている。とすれば、今日このような損失を支払うのはだれなのか。いずれにしても、だれかがこのような損失を支払わなければならない。だが、そのだれかは、自分の資本を他の人々に無利子で貸し付けることで、この損失を回避できないだろうか。

資本は即自的にも向自的にもいかなる利子も要求しないということ、また資本は錆などによる損失を阻止できる場合には、それで満足してしまうということ、これらのことが分かるだろう。だが、なにゆえ［今や］いわゆる資本の代表者、すなわち貨幣は利子を要求するのだろうか。

［今日の貨幣が利子を要求するのは］、今日の貨幣が自らのうちに詐欺行為を孕んでいるからである。今日、取引される商品は、私がすでに繰り返し言及したように、予め貨幣所有者の担保になるか、または貨幣所有者に販売＝譲渡される。従って、貨幣所有者の意志なしには、今日商品は［生産者から消費者に］移動しないのである。かくして貨

幣所有者は、商品に対して貴族のように振る舞うことになり、商品も彼らの所有になってしまうのである。**だが、その際彼らの所有の扱い方や支払い方法については、いかなる義務も彼らに課されることがないのである。**

それに対し、保管費などは生産者の負担になる。つまり、商品を支配する貨幣は、このような負担から解放されるのである。かくして貨幣は、保管費などの出費を実際の商品所有者から他者に転嫁させることになる。

今や農民のところに届けられる鋤は、貨幣という遮断機を通過しなければならない。換言すれば、貨幣所有者は、［今や鋤が農民のところにまで届けられる］道路を閉ざすことができるのである。たとえば、銀行家が貨幣を撤回させるならば、農民は永遠に鋤なしで耕作しなければならない。**そのことと同時に、この鋤は鍛冶屋のもとで、また鍛冶屋の費用で錆びていくことになる。**今や、毎日われわれの目前で生じているのとまったく同じ事態が生じるのである。つまり、商品という資本が倉庫の中で腐敗していく間に、労働者は、資本供給の不足のために、失業状態に陥ってしまうのである。何ゆえなのか。なぜなら、銀行家が商品の通る道路を閉鎖してしまうからである。換言すれば、銀行家が不信のために流通から貨幣を撤収してしまうからである。

それゆえに、今日農民が鋤を手に入れられるかどうかは、銀行家に依存しているといってよい。つまり、今日鋤を提供する者は、究極的には銀行家なのである。だが、鋤は銀行家の費用で錆びるのではなく、**他人の費用で錆びる。**従って、銀行家個人は、鋤が錆びるのを避けたり、鍛冶屋の損失を防いだりすることにいかなる利害も持っていないのである。かくして、農民が銀行家から鋤を手にいれたいと望むならば、彼は銀行家にその反対給付、すなわち特別の報酬としての利子を支払わなければならないことになる。

それゆえ、国民経済学が利子を資本の生産性と関連づけて説明するならば、国民経済学は間違っている。なぜなら、資本の生産性は利子とはまったく何の関係もないからである。むしろ、利子は、今日の貨幣制度の単なる随伴現象にすぎず、次の諸点にその基礎を持つものでしかないのである。

（1）貨幣の導入以来、需要は貨幣所有者の手に独占的に握られている。

（2）その結果、貨幣所有者は、商品ならびに自らの所有に対する自由な処分権を持っている。
（3）だが、その際、保管費、錆や窃盗などの損失費用を負担するのは、貨幣所有者ではなく、生産者である。
（4）貨幣所有者は、こうした事態を利用して、取引から利潤を獲得する。
（5）かくして貨幣所有者は、商品所有者ないし生産者に比して大きな特権を享受する。
（6）銀行家は、その他の人々に貨幣を貸与することを通じて**貨幣所有者に貨幣特権を授ける。**
（7）**そして最終的に利子は、当の特権の数字上の価値表明を意味する。**

［以上のことからも明らかになるように］、適切な貨幣改革によってこのような貨幣特権が廃絶されるならば、つまり、貨幣が商品よりもより良い存在にもより悪い存在にもならなければ、利子制度は廃絶されるにちがいないし、この利子制度に依拠している全機構もまた解体されるにちがいない。

こうした利子の、工業状態に及ぼす災いに満ちた作用を全体的に理解できる人が、いったいどこにいると言うのだろうか。

たとえば、国家債務の利子のためにだけ、フランスの生産者はレントナーに毎年八・七億フランも支払わなければならない。またアルゼンチンのような小さな共和国では、毎年、自らの国家債務のためにだけ八千万マルクの利子が租税を通じて徴収されなければならない。

ロシア、イタリア、ポルトガル、スペインは、利子制度のために疲弊し衰退している。またすべての南アメリカ諸国は、利子制度のために破産しつつある。他方、ドイツで人々が誠実に行動しようとしたならば、つまり、ドイツ政府が、きわめて零細な小商人に要求されるような行動をしようとしたならば、彼らはずっと以前に彼らの債権者を破産させるための会議を召集しなければならなかっただろう。なぜなら、金本位制度の導入以来、赤字額が膨大に膨らんでいたからである。

その脱出口はどこにあるのか。民間人ならば、この場合、軽率かつ無責任に破産させたといった理由で告訴されるだろう。そして検事が自分の職務に忠実であったならば、彼らは、ずっと前に金融大臣を被告席に座らせていなければならなかっただろう。しかるに、この増大する債務を清算するための資金をどこから得たらよいのだろうか。たとえば、一八七一年に行ったような新たな略奪行為によってなのか。［そのような手段をとるならば］、資本は、きわめて急速にレントナーの手に集中してしまうと同時に、それに比例して、国民の担税力も日々減退していってしまうだろう。それればかりでなしに、複利のために債務の支払いに必要な租税額も、ますます大きくなってしまうだろう。

このような迷宮からの脱出口はない。それゆえに、ヨーロッパの国家財政の状態を冷静に観察する者たちは、カタストロフィーが必然的運命であり、軍縮も税制改革も、事態の自然的経過を阻止することができないという確信を抱くに至っている。かくして人々がこうした災いの根源を発見しないかぎり、また人々がこの根源が今日の貨幣制度に隠されていることを洞察しないかぎり、つまり、国民と政府が金の子牛の周りを踊り続けているかぎり、われわれは日々破産に一歩一歩近付いていくことになるのである。

今日ヨーロッパでは、失業や植民地購買力の減退が、悲観的に語られている。だが、なにゆえ植民者たちの購買力が減退したのだろうか。植民者たちは、毎年何十億マルクもの利子をヨーロッパのレントナーに支払わなければならない。従って、彼らは自分自身のために何も使うことができない状態にある。それに対し、レントナーはこの何十億マルクものお金を無邪気にも贅沢のために浪費する。そうでなければ、それらは、植民者によって自らの生産手段の改善に、たとえば、鉄道の敷設、機械の設置、あらゆる種類の道具の設置などのために使用されたことであったろう。このような状態にある植民者たちが、もし利子という重しから解放されたならば、彼らの購買力は即座に増大し、あらゆるヨーロッパの工業は即座に全面稼働することになるだろう。そして生産手段の改善に比例して、植民者たちの労働の生産性も増大し、植民地物産の価格も下落することだろう。つまり、**今日植民地からレントナーに送られてくる利子は、ヨーロッパ工業にとっての金の卵を生む鶏を殺しているということなのである。**

第十六章　信　用

貨幣は、需要を代表する。つまり、貨幣を持っている者だけが、需要を可能にする。たとえば、大量の商品を持っているけれども、貨幣を持っていない者は、マッチすら買うことができない。

銀行家の意志なしには、商品は店頭から一歩たりとも動かない。従って、銀行家が貨幣を流通から撤回したならば、商品は腐り、資本は無益に失われていく。そして労働者は、資本の供給不足のために、飢えてしまうだろう。つまり、商品の所有者は、自らの所有を自由に処分できずに、銀行家の恣意に従うということなのである。

現行の貨幣の導入によって、生産者は無力になっている。それは、――大男ガリバー Güllïver が小人たちによって何千本もの小さな糸によって縛られたように――、今や生産者、すなわち農民と手工業者が大地の上に縛られているのに対し、金庫の上にごく少数の銀行家が、堂々と身代金という称号をもって鎮座しているという構図なのである。その際、生産者たちはこのような従属の状態に我慢しているかのようである。それに対し、彼らは、荒々しい暴力によって彼らを縛り付けている足枷を切断し、金庫とその中身を大海に投げ捨てることがないのだろうか。否、そうするには彼らは余りに愚鈍であるために、彼らは自分の商品を信用販売してしまう。換言すれば、彼らは物々交換に戻ってしまうのである。

今日、生産者は、商品の本来の所有者、すなわち貨幣所有者が自らの所有物との取引をしてくれない場合、自らの商品を、貨幣の仲介なしに、すなわち、貨幣と関係なしに交換しようとする。つまり、彼らは商人に商品を信用で供与しようとするのである。これは、消費者が支払った代金で、生産者が提供する商品の交換価値を得ようとする方法なのである。

この方法はきわめて複雑で、危険かつ手間の掛かるものである。またそれは、絶えず順調に行くとは限らない方法でもある。しばしばこの純粋な物々交換の連鎖が、またもや貨幣の介入によって中断されてしまう。だが、信用で販売される商品の辿る道がいかに複雑であろうとも、またこの方法に従うことがいかに困難であろうとも、信用の全制度は、貨幣所有者が生産者を縛り付けている足枷の暴力的爆破、すなわち、以前の物々交換への後退以外の何ものでもないのである。そのように観察者の目には映る。

しかるに、貨幣は、物々交換の困難さを回避するために導入されたものであった。そして今日、商品交換のきわめて大きな部分が信用という方法によって行われているという状況は、今日の取引が貨幣に求めている要求を金属貨幣が十分に充足させていないということの新たな証拠を、われわれに提供するものでしかない。

つまり、貨幣がその製造目的を実現しているならば、いかなる商品も、貨幣の関与なしには、従って、貨幣の助けなしには、その所有者を変えてはならないし、またいかなる商品も店舗から一歩たりとも動いてはならないのである。一言で言えば、その場合には、信用制度は即座に撤去されなければならないということなのである。

だが、信用制度の裏面にある途方もない混乱を知っている者は、信用制度が取引や流通に何をもたらすかという問いに対しては、おそらく「刑務所だ」と答えるだろう。

第十七章　一九世紀末の取引

ちなみに言うと、アダムAdamが電報を知らなかったように、ギリシアの賢人たちも今日の商業を知らなかったにちがいない。それゆえ、彼らは、数千年前にわれわれに次のように語った。「貨幣は頑丈でなければならない」、「貨幣は磨滅してはならず、内的価値を持っていなければならない」、と。そして今日の国民経済学者も、オウムの如く次のような型に嵌まった言い方をする。

「金は、人々が発見したその特性のゆえに、良き貨幣になる」、と。そのような驚嘆すべき発見は、科学者に大きな名誉を授けるものである。だが、それは次のように言っているのと同じように聞こえる。「有能な郵便局員は、粗野で不親切であるにちがいない。」なにゆえ。「なぜなら、郵便局員は不親切だからである」、と。

その上、人々は次のようにすら主張する。「貨幣は、商品交換を媒介すべきである」、と。しからば、貨幣はこのような商品交換をいかになすべきなのだろうか。また、貨幣が商品交換を迅速に、確実に、廉価に行うには、貨幣をどのように改造すべきなのだろうか。だが、こうした問題は、アリストテレスAristoteles以来一度として論究されたことがなかったのである。

金融恐慌、経済危機、失業、倒産、投機などは、何を意味しているのか。

それらは、商品交換の妨害を意味している。では、商品交換を媒介するものとはだれなのか。それは、貨幣である。ところで、商人の膨大な商品在庫は、何を意味しているのか。それは、商品交換の停滞を意味している。では、商品交換を媒介するものとは、だれなのか。それは、貨幣である。

銀行や取引所で働く人々、そして執行吏、セールスマンなどの何百万もの人々の存在は、何を意味しているのか。このような人々を必要としているのは、だれなのか。それは、商品交換であり、貨幣である。

今日の貨幣制度の欠陥が明白であるにもかかわらず、人々はなお次のように主張する。「貨幣は、優れた交通制度となっている。なにゆえなのか。なぜなら、それは頑丈であるから」、と。だが、なにゆえ貨幣は、商品——その交換を貨幣が媒介する——よりも頑丈である必要があるのか。そればかりか、貨幣は流通から撤退させることもできるし、また商品交換を任意に中断させることもできる。つまり、貨幣は、生産者を困らせることもできるし、資本を破壊することもできるのである。

ところで、多数の商品の小売値が生産者価格の二倍ほど高くなるということは、周知の事実である。全般的に見た場合、商品の生産よりも商品の販売の方が、より多くの労働を必要とする。そして集金することの方が、商品の販売よりも二倍もの労働を必要とする。それにもかかわらず、人々は次のように主張する。「貨幣は、商品交換を容易にする」、と。なんとまあ、自分勝手な容易化なことだろうか。

今日の商業には、多数の人々が従事している。そのことから、商業上の競争は激しいと信じている者がいるならば、その人は誤っている。

たとえば、賃金が安い部門での競争が激しいならば、人々は、きっと次のように言うこともできるだろう。「手工業者のもとでの競争は激しい。なぜなら、そこでの賃金は、もっとも低いからである」、と。商業のもとでの競争が手工業者のもとでの競争と同様に激しいならば、商人の平均所得が手工業者のそれよりも高くなっているといったことは、ないだろう。だが、今日この点に関しては大きな相違がある。[商人の平均所得の方がはるかに高いのである。][そのことが事実だとすれば]、なにゆえ商人のもとでの競争は、他の職業のもとにおける競争よりも激しくないのだろうか。

今日の商業[技術]を修得することはきわめて困難であるがゆえに、また芸術や科学以上に商業[技術]を修得することが困難であるがゆえに、さらに商業に必要な有能な人材を国民がなかなか輩出しないがゆえに、商業のもとでの競争は、商人の所得を下落させるほど十分激しくはならないのである。

今日の商人は、貪欲な貨幣欲を持ち、手堅く、慎重かつ勤勉に、そして倹約的にならなければならないばかりでなしに、大きな炯眼と社交的才能を持ち、――その他のいかなる身分にも見い出せないような――物理学的、化学的、多言語的知識をも身に付けていなければならない。だが、なにゆえ商業はそれほどむずかしいのかという問いへの答えは、今日の貨幣制度が商品交換を困難にさせるということの中にも見い出されるのである。

すでに本章の冒頭に述べたように、今日、商品所有者の窮境をうまく利用し、貨幣の撤回によって商品交換を中断させるということが、貨幣所有者の直接的利害になっている。

このような事態から、商人たちが成功するためには予見しておかなければならないあらゆる種類の困難さという無限の連鎖が生まれてきている。彼がこれらのことを予見できないならば、彼は破産する。これが、商業における競争が激しくないことの［大きな］理由なのである。

物凄い混乱と絶えざる価格変動とをもたらす信用制度だけでも、どれほどの困難をもたらすことになるのだろうか。そして金融恐慌である。

このような困難さが適切な貨幣制度改革によって廃絶されるならば、商業はあらゆる職業の中でもっとも容易な職業になるだろう。たとえば、どのような老女であっても商業を遂行できるようになり、そして商人の所得も、より激しい競争にともなって下落することになるだろう。

われわれは、何人かの人間たちが天候を制御し、貢租の支払いを強要するために農民の耕作を困難にさせることが、彼らの利害になっている場合を想定してみよう。今やこうした天候所有者の企みをうまく回避するには、農民は、化学と物理学のあらゆる法則、外国語の会話、法律などを研究しなければならないだろう。けれども、ジャガ芋耕作は、農民がそのような研究を行えないほどの重労働である。かくして、そのような研究への精神的能力を持っていない農民は、天候所有者によって苛められることになる。だが、その結果はどうなのか。ジャガ芋農民の競争は減退し、ジャガ芋の価格は騰貴し、**その上天候所有者によってもたらされる困難さが大きくなればなるほど、それだけいっそう農民は、高い価格を手に入れることができるだろう。**これと同じ状態にあるのが、商業なのである。

第十八章　全世界との対立

全世界に全般的に流布しているような理論に反対する者は世間のつまはじきにされ、具体的証明によって自らの主張を裏付けることができない状態に陥ってしまう。なぜなら、彼は狂気の人と見なされるからである。

私が上述してきたすべての主張は、アリストテレス以来今日に至るまでの、貨幣制度についての、これまで流布してきたあらゆる理論ときわめて直接的な矛盾関係にある。それゆえに、こうした私の主張への証拠が日常的に存在していなかったならば、またすべての商人にとってそのことが日常茶飯事のことでなかったならば、私は酷い目にあっていたことだろう。だが、幸いにもそうではなかった。

このような倒錯した事態を示すために、私はここでひとつの証拠だけを提出しておこう。

ここアルゼンチンでは、毎日次のような決まり文句が繰り返し聞かれる。

「大統領選挙後、信用が戻るや否や、金プレミアは低落するだろう。つまり、アルゼンチンの紙幣は購買力を、つまりその価値を騰貴させるだろう」、と。だが、今や信用の回復の最初の作用のひとつは、銀行が信用の供与に対して寛大になるということ、つまり、貨幣が金庫から出て行き、急速に流通するということ、従って、需要が増加するということなのである。

だが、需要の増加は即座に商品価格の騰貴を随伴する。こうした商品価格の騰貴は外国製品を［国内への輸入に］誘引する。だが、**輸入商品は、金によって支払われなければならない。**［つまり、信用の回復は、以下のような論理的関連をたどる。］信用の回復は、急速な貨幣流通を引き起こす。この急速な貨幣流通は需要を増加させる。需要の増加は商品価格を騰貴させる。そして商品価格の騰貴は輸入を容易にし、輸出を困難にする。輸入商品は金の購入を誘引する。この金の購入は金プレミアの騰貴を引き起こす。**以上のことを簡潔に要約すれば、信用は直接貨幣価値の減価、金プレミアの上昇に作用するということなのである。**従って、人々がここで信用全般に期待していることの反対の事態が、まさしく起きることになる。

このような事態は、多数のアルゼンチンの金融王たちの野望をいかに破滅させたことか。多数の投機家がこのような事態のためにいかに自分の資産を失ったことか。信用の回復にもかかわらず、金プレミアが急上昇した場合、多数の者がいかにけげんな気持で首を傾げたことか。

金本位制度の国々では、信用はどのような作用を及ぼすのか。商品価格、株価によって示される生産手段の相場、賃貸料、給料、賃金などの騰貴である。つまり、貨幣は価値を失い、購買力を減じるのである。どうして、アルゼンチンではそれとは正反対の事態が起こるというのだろうか。信用がアルゼンチンではそれとは正反対の作用を及ぼすいかなる根拠も、絶対に存在していないのである。従って、信用がもたらす諸結果は、羊毛と毛皮といった主要な生産物がまったく信用と関係していないかぎり、つまり羊が食べ、飲み、反芻し、羊毛が生産されているかぎり、大統領がAかBかのどちらになっても、まったく関係のないことなのである。

第十九章　貨幣概念の定義づけの続き

かくして今や、私は、マモンという雄鳥から十分に羽をむしり取ったと考えるものである。だが、その尾には残りのわずかな羽があるし、小さなむく毛も広がっている。これらをむしり取ることは、とても退屈なことであるから、焦げるに任しておこう。

ところで、金がいかなる商品でもない場合——金がいかなる内的価値も持たない場合——、つまり、金が等価物でもなければ、価値尺度でもない場合、そして金が——紙幣の七五ペニヒが金の一〇〇ペニヒと同じ購買力を持つことができるように——適切に紙幣によって置換される場合、私は問いたい。「**貨幣とは本来何なのか**」、と。

私は、貨幣を単なる受取書、すなわち——紙幣本位制度の国々では——**国家**が、そして——金属貨幣が流通しているところでは——**人類**が、市場に**商品**を供給した人々に授ける受取書、つまり、以前に提供した商品の等価分をその国の商品在庫からもらい受ける権限をその所有者に付与する受取書と見なす。

国家は、まずそのような多数の受取書を流通させる。それとともに、このような受取書の提示と引き換えに商品が譲渡されるという慣習を、国家が定める。そして需要と供給の法則が、この受取書の価値を決定する。たとえば、国家が多数の受取書を発行したならば、つまり、国家が多数の鋳貨を鋳造したならば、需要は増大し、物価は騰貴する。そして受取書の購買力が低落する。それに対し、国家が受取書を僅かしか発行しなかったならば、需要は減少し、物価は低落する。そして受取書ないし鋳貨の購買力が増大する。

ひとつの商品の価値はまったく個人的な概念であるがゆえに、国家は受取書にいかなる価値をも付与しない。受取書は、一マルク、一〇ルーブル、一〇〇シリングなどと呼ばれる。だが、同様に受取書は、コフキコガネ、アトム、雨の滴などと呼んでもよい。それがどう呼ばれようとも、その呼び方は、当のものの価値とはまったく関係がないからである。

その際、商業においては大小の額の受取書が必要となるため、受取書は一、五〇、一、〇〇〇といった数字を帯びたものになる。こうならなければ、数字は余計なものになってしまうだろう。かくて商品は、一〇、五〇、一、〇〇〇の受取書に値いすると呼ばれることになる。

ところで、ドイツ帝国の一マルクとは、どの程度のものであるのか。抜け目のない料理人ならば、一マルクで一羽の若いガチョウを手に入れてしまう。だが、未熟な若い娘ならば、同じ額の貨幣と引き換えに動物の古い肉しか手に入れられない。このことからも分かるように、一マルクの価値はきわめて不確定なものでしかない。このように貨幣の購買力は、その所有者の手腕に依存していることが分かるであろう。

けれども、全体として見れば、マルクの価値、すなわち貨幣の購買力は、まったく一定の経済的法則に依存している。

たとえば、貨幣が均質的に流通している場合には、つまり貨幣の流通が商品生産と同一の歩調をとっている場合には、貨幣の価値は不変のままである。それに対し、貨幣流通が妨害される場合には、つまり貨幣が流通から撤回される場合には、貨幣の価値は大きくなる。他方、貨幣流通が促進される場合には、つまり本来ならば一週間にわたる需要が一日に集中される場合には、貨幣の価値は小さくなる。

つまり、おおよその場合、貨幣の価値は需要と供給によって決定される。その場合、貨幣量と商品生産［量］が等しいままであるならば、貨幣の価値はその流通［速度］にだけ依存することになる。

それゆえ、この場合、貨幣の流通［速度］は貨幣の価値規定の中の主要な要因になる。従って、絶えざる物価変動、――今日の商業を攪乱するような――貨幣の購買力の絶えざる変動は、貨幣流通における不規則性の結果にすぎない。貨幣流通の単なる促進によってだけでも、すなわち、たとえばロンドンなどの決済所のような制度の全般的導入によってだけでも、――以下のことが望まれる場合には――あらゆる商品の価格を一〇％、二〇％、五〇％なおそれ以上に騰貴させることもできるだろうし、金の価値、つまり金の購買力を五〇％、否九〇％も下落させることもできるだろう。なぜなら、前述と同じ手段によって貨幣流通を促進させるならば、需要と物価もまた騰貴するにちがいないということ、そのことに、まったく疑問の余地がないからである。それでも、多数の人々は、金の価値が貨幣流通のようなまったく不確定な要素に依存しているという事実に無知であるために、金の価値が著しく流動的であるという事実を理解できないでいる。それに対し、金の価値が流動的であるという事実が現実に起こっていることを確証するには、一八七〇年以来今日に至るまでの時期にドイツで生じてきた大きな物価変動を考察すれば十分だろう。

だが、貨幣の流通は、本質的には、そのように人々が信じているほど不確定な要素ではなく、一定の自然法則に依存している。従って、人々が貨幣を投機目的のために流通から撤回することが個人的損失を蒙ることなしにはできなくなれば、貨幣流通も絶えず均質的になり、商品生産と厳格に歩調を合わせていくようになるだろう。

いずれにしても、貨幣は、長期間、商品生産より**もより急速に**流通するといったことは**できない**。なぜなら、この場合、需要が増大し、物価が騰貴するからである。だが、物価騰貴は、貨幣ストックの減少を意味する。そして貨幣ストックの減少は、他方では、需要の減少とその結果として貨幣流通の緩慢化をもたらす。だが、貨幣が商品生産よりも**より緩慢に**しか流通しないならば、［いずれ］貨幣もまた流通不可能になってしまうだろう。なぜなら、この場合物価が下落し、物価の下落が貨幣［量］の増加を引き起こすからである。従って貨幣ストックの増加は、貨幣流通の加速化と同様需要の増加を引き起こすことになる。

たとえば、商品が高い価格水準にある場合、低い価格水準にある場合よりもそれぞれの商品と引き換えにより少ない貨幣しか得られないということ、またその結果として、高い価格水準は需要の減少を引き起こし、物価を下落させるにちがいないということ、こうしたことに注目するならば、急速な貨幣流通の結果としての需要の増加が急速な貨幣流通の作用を廃棄するということが分かるだろう。従って、投機を度外視すれば、貨幣流通は、全体的に見れば、商品生産と**歩調を保って進行するにちがいないということ**、そして［商品価格と貨幣価値との］一時的乖離は物価変動によって是正されるということ、こうしたことも分かるだろう。その際、このような物価変動の結果を考慮する場合、そのような是正は確かに痛ましいものになってしまうのだが。

それというのも、貨幣を生産に適応させる以外には、つまり、生産が増加したり、供給が増加したりする場合、物価下落や生産制限を回避するために、貨幣量を増加させたり、貨幣流通を促進させたりする以外には、今日、**労働者の解雇などによって生産を貨幣ストックに適応させる方法しか**残っていないからなのである。

この世界の中に、今日の貨幣制度のこうした諸結果以上に笑うべきものがあるだろうか。労働者は、現存の貨幣が、生産増によって増加した商品を――価格を下落させることなしに――交換するのに十分な量存在していないことを祝わなければならないのだろうか。いずれにしても、今日の貨幣制度は、周到な思考の所産であるとは考えられない。つまり、今日の金属貨幣制度は、数千年前に開催された大きな国際会議での白熱した討論の後に、すなわちその賛否両論の主張を詳細に突き合わせた後に厳粛に、「金は交換手段、すなわち、人間のもっとも重要な接着剤である」と宣言した後に導入されたものとは、とても考えられないからである。

それについては何も分からない。人間がなお類人猿の発展段階にあった当時、人間たちは色とりどりの羽根で飾ることを好んでいた。金もまた、その光輝く外見のゆえに、そのような飾りに好んで利用されていた。今や、金は実際に希少なものとなる一方、当の類人猿もまた飾りへの要求が大きくなった。そのために、金は絶えず買い手を見い出した。そして持ち運びにも便利であるということとも結び付いて、次第に金を交換手段として使用する状態が生まれたのである。

その際、商業の必要は顧慮されなかった。金は商品交換を実際に容易にするのかどうかといった問いにも、だれも一度たりとも答えなかった。当の類人猿は、そんなことを考えもしなかったし、ましてや品質の改善などまったく考えもしなかった。

けれども、それ以上に注目しなければならないのは、大昔の人間がまったく偶然に貨幣制度を考案した時、現代の複雑極まりない商業の必要をまったく考慮しなかったということである。

実際、誇り高きネアンデルタール人は今日の商業の必要についてどの程度の理解を持っていたのだろうか。五千年後の今日、なおわれわれの博物館のミイラとして無益に復活をまっているエジプト人は、供給や需要についての何を理解していたと言うのだろうか。

従って、まったく偶然に野蛮人によって考案された貨幣制度を、われわれはこの啓蒙の世紀の終わりにもなお堅持すべきだと言うのだろうか。あらゆる国家的交通制度の中でもっとも重要な制度をわれわれは、類人猿の飾りへの要求に、すなわち、われわれの理性とは関係のない偶然に任そうと言うのだろうか。その場合、理性はいったいどこに残っていると言うのだろうか。

第二十章　最古の古文書の切れ端・紀元前九、〇〇〇年の受取書

今やマモンは、毛を毟りとられ、焼かれている。われわれは、それを味わってみることにしよう。

「うわー、お前はとてつもなく古い動物で、木材のようにとても固い。お前は、いずれにしても、エジプトのミイラよりも古い存在なのだ。

おー、お前はとてつもなく重要な古い交通制度である。だが、お前は下劣なマモンでもある。お前は、人類が快活でおとなしく、投機などを知らなかった時代に誕生している。人間が純潔を失わなかった間は、お前は自分の目的を

よく果たしたのかもしれない。だが、今や、お前は取引所の人間のもとでは赤子のように見える。」

供給と需要は価格を、［貨幣の］価値を、つまり貨幣の購買力を決定する。このことはまったく単純なことであり、そのかぎりでは子供にも分かることである。だが、こうした需給による価格決定は、ひとつの難点、すなわち高利貸しの机の上では機能しないという隠された難点を持っている。

ひとつの商品の価格交渉をする場合、販売用に提供される商品量がどれほどなのか、また需要がどれほどなのかということばかりでなしに、**とりわけ**購買者と販売者がどれほどの**緊急度**をもって交渉しているのかということにもかかっている。

たとえば、販売者が次のような事態を認識するならば、すなわち、貨幣所有者が商品を所有することにとくに急いでいるという事態を認識するならば、彼は安心して価格をいくばくか高めに吊り上げることができるだろう。それに対して、購買者が次のような事態を認識するならば、すなわち、商品所有者が自らの商品の処分を急いでいるという事態を認識するならば、そして彼が需要を明日に延期しようとする態度をとって値引き交渉をするならば、彼は確実により安価に商品を手に入れることができるだろう。

ところで、商品所有者は絶えず次のことを、すなわち、商品が腐朽したり、盗まれたり、火災にあって商品が駄目になったり、また販売できないために、彼が**費用をかけて**またもや商品を家に持ち帰り、そこに退蔵しなければならなかったりすることを、常に恐れているのは、事実である。

それゆえ、商品所有者は、絶えずあらゆる商品が例外なしに腐朽していくという自然法則の圧力のもとにあると言ってよいだろう。［その場合、］これらの商品がより急速に腐朽すればするほど、その圧力もまたそれだけいっそう大きなものになるのである。

その際、あらゆる商品の中でもっとも重要な商品、もっとも純粋な形態にある商品、すなわち、労働者の肉体に新鮮な形態で宿っている商品は、即座に保存されることがないならば、多くの果実と同様に［すぐに］腐朽してしまう。

かくして商品所有者は、常に自分の商品を他者に押しつけようととくに急いでいる。つまり、供給は、常に商品が灰燼に帰すという自然法則の強力な圧力のもとにある。

だが、貨幣所有者、すなわち需要の場合には事情が異なっている。

[それはこうである。] 人々は、貨幣の製造のためにあらゆる金属の中でもっとも頑丈な金属を求めた。金は腐らないし、錆びることもない。それは盗賊から守るにも容易である。鼠や蛾が金を害することもないし、まったく酸化することもない。またそれは、運送費もいらない。家屋が延焼した場合、すべての商品は失われるけれども、金は焼跡の灰の中から拾いだし、それに付着した汚れを洗えば、元通りになる。そしてその所有者は、市場で彼の好みの商品を見出ださないならば、再び家に持ち帰り、何日でも、何か月でも、また何年でも待つことだろう。

かくして貨幣所有者には、すなわち、需要には、万物はこの世において灰燼に帰すという自然法則の圧力がかかることがない。つまり、需要は、つねに供給に比して計りしれないほどの利益を有しているのである。それゆえに、価格決定に際して、その他の条件が同じであるならば、価格はきまって貨幣所有者の側に、つまり需要の側に有利となるのである。

[以上のことをまとめれば、次の通りになるだろう。] 社会あるいは国家は、商品の販売者に受取書、すなわち全般的な商品在庫から当該価値分をいつでも取り戻すことのできる権利を彼に与える受取書を発行する。つまり、国家がこの受取書の当該価値を彼に保証する結果、商品交換はこの受取書を媒介にしてだけ、つまり貨幣を媒介にしてだけ行われるようになる。だが、その場合、需要は貨幣所有者の手に握られている。つまり、貨幣所有者は商品を意のままにできるのである。それゆえに、貨幣所有者が商品との交換比率を決定する完全な自由を持つことがないならば、すなわち、貨幣所有者が商品の保持に必要な経費を負担することから免れることができないならば、商品交換は百パーセント順調に進むことになるだろう。

それに対し、需要が完全に貨幣所有者の掌中に握られている場合、つまり、商品所有者が貨幣所有者の恣意に完全に依存している場合、需給による価格決定が十全に貫徹しうるのかどうかという問題を、人々はもっと厳密に検討することが必要となるだろう。

たとえば、一方の供給は［市場への提供を］延期することができないし、商品は、その所有者に出費を与えることなしには、市場を出ることができない。従って、需給による価格決定が歪曲されないことを望むには、需要が延期されないということ、つまり、貨幣も［商品と同様に］貨幣所有者に損失を与えることなしには市場を出ることができないということ、こうしたことが必要となる。だが、こうしたことは、今日の貨幣制度のもとでは不可能である。なぜなら、［今日の貨幣制度のもとでは］供給が一日たりとも損失なしには［市場での販売を］延期できないのに対し、需要は、いつでも自由に需要証書の所有者に損失を与えることなしに［市場での購買を］延期することができるからである。しかるに、流通からの貨幣の撤回によって、すなわち、需要の延期によって、供給は増大する。なぜなら、販売用商品量は、とどまることを知らない新たな生産によって増加するからである。その結果、商品の価格は下落する。かくして貨幣の価値は、需要の延期に比例して騰貴することになる。

要するに、社会あるいは国家が、錆びていく商品の交換手段として錆びることのない対象物を導入した結果、需給による価格決定の作用が歪曲され、需要、すなわち、貨幣に供給が持つことのない利点を与えることになったのである。

つまり、社会は、金属貨幣の導入に際してひとつの失敗を犯したのであった。

大昔の類人猿――今日の貨幣制度、すなわち、あらゆる国家的交通制度の中でもっとも重要な制度の存在は、彼らが用いた装飾品に負っているのであるが――は、こうした発明を通じて次のような証拠、彼らは一度たりとも受取書や納品書を正しく振り出す能力を持っていなかったということの証拠を提供したのであった。なぜなら、彼らは、今日の農民が犯しているのと同じ失敗、すなわち、今日の農民が自分のジャガ芋を販売する際に、その購買者にいつでも好きな時にジャガ芋の取引を行う完全な自由を許しているのと同じ失敗を犯したからである。かくして今や、購買者がジャガ芋を引き取らないかぎり、農民はジャガ芋を保持し続けなければならないし、また農民が貨幣を持っていないかぎり、農民はジャガ芋を交換手段として利用することもできないのである。つまり、今日の農民は自縄自縛の状態に陥っているのである。

ところで、今日取引対象となっている商品は、予め〔貨幣所有者に〕販売され、担保にされ、譲渡されている状態にある。なぜなら、貨幣所有者は、唯一購入の権利を付与された者であり、商品の運命を自由にできるからである。それに対し、商品所有者は、貨幣所有者が現われるまで、つまり貨幣所有者が彼の所有物を購入してくれるまで、辛抱強く待たなければならない。その時以降初めて、商品はその所有者にとって交換対象として役立つものとなるのである。

いずれにしても、貨幣問題には、いかなる小さな誤りも存在してはならない。たとえば、リスが梢の実をとる際に落下させた雪が大雪崩の原因になりうるように、不可視の経済的失敗の結果が何千年もの経過の中で全世界を覆って、全世界を窒息させてしまうこともあるからである。では、いったいマルクスは、貨幣制度のこのような欠陥を発見したのだろうか。また彼は、それがどのような結果をもたらすのかを知っていたのだろうか。

マルクスは、このような欠陥を発見しなかった。彼は、貨幣をニシン、石鹸そして石油のようなひとつの通常の商品と見なしたのであった。そして彼が貨幣に発見した唯一の欠陥は、貨幣が人間のもとで不平等にしか分配されていないということだけだったのである。

だが、今やわれわれは、彼の失敗を追跡する前であっても、そして商業が金属貨幣の導入なしにも、いかに発展し得たのかという問題を見る前であっても、われわれは、類人猿の素晴しい発明——国民経済学者が何ものにもかえがたい優れた交通制度と賛美する制度——、すなわち錆びることのない対象物を錆びていく商品の交換手段として導入した制度がもたらした、またもたらすにちがいない重大な損失をより適切に評価できるようになっているだろう。

第二十一章　バラタリア［島］

先天的な盲人は、白と黒、明と暗の相違を決して把握することができない。また先天的な病人も、いかにしたら健常者の気持になれるのかを決して理解することができない。

人間全般も、同様の状態にある。数千年来、金や金属貨幣に抑圧され、苛められてきたために、アダムの子孫は、本来もっとより良い状態があり得るのだという意識を失っている。それだからこそ、なにゆえ多数者が、今日の社会状態をまったく正常のものと見なしているのか、またなにゆえ少数者が、社会的不平等状態を全般的に認識しながらも、その原因を人間の本性の中や生業の本性の中のどちらかに求めようとしているのかということの説明もつくのである。つまり、前者は、状況を改善するための提案をまったく何も行わない。なぜなら、彼らの見解によれば、そのような改善を行なうためには、人間をまったく違った存在に改造することが、必要となるからである。それに対し、後者は、改善の唯一の可能性を共産主義的生産様式という不可能なものに求めるのである。

両者とも、［私に言わせれば］先天的な病人である。両者とも、金の子牛の周りを何度も踊る中で、自分の惨めさを認識する能力を失ってしまった者たちなのである。

実際、人間が金に対して卑屈な態度を取るなどといったことは、きわめて滑稽なことのように見える。それでも、彼らは次のことを盲信しているのである。「現世は金と一蓮托生の関係で過ぎて行かざるを得ない。」「生活は金という基礎なしには有意義に過ごせない。」「人間の幸運は金で尺度される。従って、幸運な人間は、多くの金を所有しているにちがいない」、と。このように人間の目は執拗に金に注がれ、その唯一の目標も、金に向けられているのである。

ところで、金とは何か。金とは、幻影、生命のない鉱物、何の役にも立たないものである。またその価値も、紙片の切れ端が金の代役――この代役は、耳輪や鼻輪ではなく、交換手段の機能を果たすものである。――を果たした瞬間には、何もなくなってしまうものでしかない。

私は、ベラミー Belamy たちの幻想世界については多言を弄するつもりはない。ここで私が考えるのは、人々がそのような［ベラミーたちの幻想世界の中の］国家制度にいかに到達できるのかを知らないかぎり、そのような幻想は無益であるということだけでしかない。

つまり、私がここで読者に語ろうとしているのは、そのような幻想ではなく、交通についての簡単な事柄なのである。それは、錆びていく商品の錆びることのない交換手段に代わって、商品よりも良くも悪くもないひとつの対象物――それは、その他のあらゆる商品と同様錆びていくひとつの対象物である――を商品交換の交換手段として導入するならば、論理的かつ不可避的にも、交通は発展していくにちがいないという論点である。

そこで、われわれは、ダビディス女史 Frau Davidis の料理書に従い、一方の手に一塊の土地を掴み、他方の手に移民船を掴もう。それからわれわれは、この一掴みの土地を静かな大洋のどこかに投げ捨てて、そこを島としよう。またわれわれは、移民船もその近くの海に投げ捨てて、航行中としよう。だが、この移民船は新しく生まれた島に停泊する前に、岩礁にぶつかって破壊されてしまったと仮定しよう。さらに、われわれは、乗客は不快な状態から脱出し、彼らは衣服を乾かすために浜辺にたどり着いたとも仮定しよう。

移民者たちは、自分たちが大洋の囚われ人になったことを認識する。彼らは、このような認識から唯一の正しい結論、すなわち、彼らは、生き続けるためには労働をしなければならないという唯一の正しい結論を引き出す。

そこで彼らは生産し、自らの生産物を交換しようとする。そしてこのような交換のために、彼らは貨幣を必要とする。だが、貨幣はどこにも存在していないではないか。かくて大いなる窮境と必要が、発明の母となる。「聞きたまえ」、とヨーゼフ・ヘイエン Joseph Heyen 氏は叫んだ。「人々は、アリストテレス以来今日に至るまで、絶えず次のように主張してきた。『良き貨幣は頑丈であり、それ自体のうちに価値を持つべきである。そのような貨幣だけが、商品交換を迅速に、確実にそして廉価に媒介することができる』、と。だが、われわれは、商品交換に関するかぎり、われわれの以前の故郷では、頑丈な貨幣が［商品交換を迅速に、確実にそして廉価に媒介するという］こうした諸結果をもたらすことがまったくなかったという体験をしてきた。**それゆえ、われわれは、頑丈でもなければ、それ自体の中にわずかな価値すらも持っていないような貨幣を作るべきである。**従って、私は、この立派な樫の実を貨幣とすることを提案するものである。この樫の木はここ以外この島のどこにも存在していない。そこで、われわれは、われわれの**銀行家**を守るために塀を作り、偽造貨幣からわれわれを守るために見張りを立てるということが必要になる。こうして次の収穫の際に、われわれは一、〇〇〇キロの樫の実を摘み、それを貨幣とした上で、われわれの間で分配する。それとともにわれわれが、樫の実と引き換えにだけ商品が売買されるという協定を結ぶならば、この樫の実はまもなく交換手段としての市民権を得ることになるだろう。そしてわれわれが樫の実での租税の徴収を行うや、この貨幣に強制的公定相場が与えられて、こうした市民権の獲得もよりいっそう容易なことになるだろう。

その際、われわれは価値単位をグラムと決定する。そしてこうした一グラムの価値は、需給によってまもなく示されることになるだろう。確かにあらゆる取引の際に、貨幣の量が絶えず測定されなければならないが、販売者が、自分の商品を測定し、包装しなければならない場合、この貨幣量の測定はその際に何もしないでいる購買者、すなわち貨幣所有者に任されることになるだろう」、と。

以上の試みには何の費用もかからなかった。それゆえ、ヘイエン氏の提案は採用され、収穫期に一、〇〇〇キロの樫の実が採集され、**貨幣**として移民者に平等に分配された。

［こうなっても］、だれも一グラムの樫の実がどれほどの価値であるのかを、知らなかった。けれども、だれもが次のように主張した。「樫の実は、自分の生産物と等価である商品の購入に十分でなければならない」、と。こうして、だれもが事前に計算して樫の実の分配を受けたのであった。

「私は、ここに一〇エレの麻布を持っている。それは、私の八日間の労働の生産物である。私は、この一〇エレの麻布と引き換えにこれまでに一〇ポンドのパン、五ポンドのバターそして二ダースの卵を手に入れた。

今や私は、これらすべての物品を貨幣によって購入しなければならないがゆえに、私は、私の一〇エレの麻布と引き換えに［これまでと同量の］パン、バターそして卵などを購入できる量の樫の実を手に入れなければならない。われわれが、一〇エレの麻布は私に分配された一〇〇グラムの樫の実と同じ価値であると仮定するならば、一〇ポンドのパンは約三〇グラム、五ポンドのバターは六〇グラム、そして二ダースの卵は二〇グラム［一〇グラム］の価値である。他の人々がそれ以上の価値を私に要求するならば、私は麻布の価格を引き上げることとなるだろう。」

頭の中でこのような計算を素早く行ったヘイエン氏は、市場に出向いて、同じような計算をしてきた他の島民と遭遇した。

その際、すべての者は、予め購入すべき商品と販売すべき商品の価格を自己の貨幣手段に従って計算していた。それゆえ、商品はすでに樫の実のグラム価格をもって市場にやってきているのである。だが、供給と需要の間にはかなりの開きがあった。

たとえば、パン屋は、パンと引き換えに三〇グラムの代わりに四〇グラムを要求している。そのため、ヘイエン氏は八ポンドのパンしか購入しない。それに対して、バター屋の女将は六〇グラムではなく、四〇グラムを要求しているにすぎない。それゆえ、ヘイエン氏は、二ポンドも多くの、すなわち七ポンドのバターを購入する。ヘイエン氏の知人は、彼に次のように語る。「パン屋がパンをより高い価格で販売すれば、だれも彼のパンを購入しないだろう。そしてその結果は、パン屋がその日にもパン価格の引き下げを強いられることになるだろう。それに対して、バター屋の女将は、売り急ぎ、つまり余りにも安価に販売していることにまもなく気付くだろう。その結果、彼女はバター価格を引き上げるだろう。ヘイエン氏も、パン屋との交渉までは自らの麻布を多少とも見積価格で販売しているが、パン屋と交渉後は調整を加えることになる」、と。

「貴方が私にパンをもっと安く提供するならば、私は貴方に麻布を貴方の希望通りの価格で与えるだろう。だが、そうでないならば、貴方は自分のパンを持ち続け、私は自分の麻布を手許に置き続けることになるだろう。」かくしてパン屋は、自分のパンを腐朽させるのか、それとももっと安価な価格で提供するのかという二者択一の前に立つことになり、［結局のところ］パン価格三〇グラムを選択した。その結果、ヘイエン氏は、自分の欲しかったすべての商品と最初から所有していた一〇〇グラムの貨幣とを持って家に戻ることになったのである。

手短に言えば、商品は最初の日からすぐに概算価格を付ける結果、島民は多少とも、そのことから一グラムの樫の実貨幣がどれほどの価値を持っているのかということを知ったのであった。確かに、多数の小さな価格齟齬が存在したけれども、これらの齟齬はまもなく消滅するに至った。というのも、供給と需要が、短期間に堅固な基礎を持つ価格を与えたからである。

ところで、この新しい貨幣は、島民が欠点と見なし得るようなひとつの特性を持っていた。それはかなり急速に萎びるということであった。たとえば、本来一〇〇グラムあったものは、次の市場開催日には九九グラムの重さになるといったようにである。そのため、すべての者は［市場開催日ごとに］一グラムの損失を被ることとなったのである。

このような事態は次のような結果を、すなわち、すべての者が、自らの損失を他人に押し付けるために、自らが自由にできるすべての貨幣を絶えず商品の購入のために市場へ持ち込むという結果をもたらしたのである。

その結果、需要は絶えず完全に均質的なものとなり続け、物価もいかなる大きな変動も被らなかった。［たとえそうした変動があったとしても］、それはせいぜい小さな恒常的物価下落が認められる程度でしかなかった。ヨーゼフ・ヘイエン氏は、そのことに非常に驚き、彼は、ただちにその原因を、貨幣の重量の減少ないし貨幣価値の減少によって需要と同じ比率において物価が下落するという事情の中に発見した。そして彼は、貨幣の量は重量の減少によって年間一〇％減少しているにちがいないと計算した上で、次のように述べた。「これは、新しい貨幣を補充することによってだけ阻止できるにすぎないひとつの欠陥である。従って、われわれは、貨幣量の減少に比例して新しい貨幣を流通させなければならない」、と。さらに彼は、次のように続けた。「一、〇〇〇キロの一〇％は、一〇〇キロである。

これは、われわれの共同体が支出すべき金額である。つまり、これはわれわれが税として徴収すべき金額なのである。だが、われわれは、いかなる税も徴収する必要がない。なぜなら、われわれは、われわれが無費用で樫の木から摘んできた新しい貨幣をわれわれの職員に支払えばよいからである。このようにして新しい貨幣を補充すれば、物価下落は阻止することができるのである」、と。

そうして以来、物価は絶えず完全に同じままであり続けた。なぜなら、貨幣の絶え間のない重量減少による絶えざる需要の減少は、漸次的な物価下落を引き起こしたが、新しい貨幣の発行によって同じ比率で需要を増大させたため、需要と供給は、絶えず均衡を保ち続けてきたからである。

ところで人々は、自分の商品を、日々その価値を減少させている貨幣と引き換えに販売しようなどとは考えないだろうし、またそのような減価していく貨幣の受け取りをも拒否するだろう。だが、商品が日々その価値を減少させているというのもまた、同様の事実なのである。かくして、商品所有者も、時間の経過の中で生まれる［樫の実貨幣の］損失への恐れのために、貨幣を繰り返し他の商品の購入に利用するように誘引されることとなった。

その結果、彼が商品あるいは貨幣のどちらを所有するかどうかは、すべての者にはまったくどうでもよいことになった。なぜなら、両者とも等しく損失を被り、しかも両者ともこのような損失を防ぐことができないからであった。だが、貨幣は直接個人的消費のために使用できないがゆえに、また同価値の二つの商品の間では、絶えず自らが消費する商品を選択するがゆえに、すべての者は、なによりもまず貨幣よりも商品を選好し、更に商品の中でも個人的必要のために消費する商品を選好したのである。

その結果、すべての者は、自己の生産物を絶えず販売向け商品として［市場に］提供し、［市場で自己の生産物と引き換えに］手に入れた貨幣で他の生産物を購入した。こうしたことをすべての生産者がしたゆえに、すべての商品は絶えず販売され、購買されることとなったのである。

かくして供給は、年々絶えず均質的なものとなった。なぜなら、島民は年々労働し、その生産物を絶えず即座に、つまり、錆や腐敗への恐れからただちに市場に持ち込むがゆえに、絶えず商品が均質的に市場に出回ることになったからである。

だが、需要も年々均質的なものとなった。なぜなら、主婦は、貨幣が損失を生むために年々貨幣を均質的に市場に持ち込むことになったからである。

このように需要と供給の両者が均質的ならば、同じ価格のままである。この島の場合もそうだった。

なるほど、収穫物の価格は、収穫の多寡に応じて変動した。それでも、農民が自らの商品と引き換えに得た貨幣の総量は、絶えず多少とも均質的なままであった。なぜなら、需要が絶えず均質的であったからにほかならない。たとえば、収穫が良かったならば、その価格は下落したし、またその逆の関係もあった。だが、このような価格変動は、その他の商品にはまったくといっていいほど大きな影響を及ぼすことがなかった。

またこうした事態は、時が経過しても変わらなかった。生産手段の改善によって生まれた余剰生産物の生産、その結果としての供給の増加は、価格の下落を引き起こしたけれども、再び価格を通常の水準に騰貴させるには、即座に新貨幣を発行すればよかったからである。

他方、貨幣が何らかの理由によって通常の場合よりも急速に流通するといった事態、すなわち需要が増加し、物価が騰貴するといった事態が生じたけれども、このような悪い事態は、新貨幣の発行制限によって容易に除去されたのであった。

従って、ヘイエン氏は、流通に使用されている貨幣の補充［の仕方］の中に——人々がそう考えなかったのとは反対に——単純ではあるが信頼に足る、正確な価格規制要因を見たのである。

かくして貨幣は商品よりもより良い存在ではないがゆえに、すべての者は、自分の貯蓄を商品形態で行った。つまり、すべての者は貯蔵室を設置し、そこを商品で、［もっと詳細に言えば］彼自ら生産した商品ではなく、彼が個人的に消費することのできる商品で満たしたのであった。

それゆえに、すべての商品は完売された。なぜなら、絶えず自らの貯蔵室用の商品を求める人々がいるからであった。だれかが現金を必要としたならば、彼は、販売用の商品を提供するだけでよかった。そこには絶えず購買者が存在していた。それというのも、商品が貨幣と同等な存在であったからにほかならない。

その自然的結果は、あらゆる店舗や商人がどこにも存在しなくなったことである。なぜなら、商品は店舗に滞留する時間を持たなくなったからである。今や**商品は、絶えず生産場所から消費場所へと流通した**。それゆえに、今や商品価格には商業費が付加されないばかりか、**すべての者は確実に自らの商品の等価物を手に入れることができるようになったのである。**

それと同時に、今や取引や値引き交渉に多くの時間が取られるということもなくなった。なぜなら、商品はかなりの程度固定的な価格を持ち続けるようになったからであり、また両方の当事者、すなわち貨幣所有者と商品所有者の両者とも、取引がうまくいかなかった場合には、貨幣あるいは商品とも同じように損失を恐れなければならなくなったからである。他方、事業が順調にいった場合、両当事者のどちらも、もはや他方の人を自分の保護者ないし恩人と見なすこともなかった。そこには手練手管といった言葉は存在しなかったし、また販売者も、貨幣やその所有者に平身低頭することもなかった。なぜなら、販売者は、貨幣所有者と**同等の商品所有者**と自負しているからであった。

今や、貨幣は商品よりもより良い存在ではなくなったがゆえに、すべての者は、予め自らの生産物の売上代金と引き換えに何が購入できるのかを考えたし、また［自分の欲しい生産物が］店舗にない場合にも、貨幣と引き換えに商品を確実に手に入れるために、**すべての者は、予め望みのものを注文した。**

その結果、すべての者は、注文に応じて労働することができるようになった。そしてすべての商品は、予めその購買者を持つことになった。かくて、家屋の中の最良の、もっとも風通しのよい、もっとも健康な部屋にショーウインドーを備えたり、商品で埋め尽したりする必要もなくなり、むしろ手工業者の家族は、道路側の部屋で生活し、小部屋をお得意先との応接に利用するようになった。また手工業者は、五〇のランプで小部屋を照らすことも不必要となり、鯨油ランプの明るさで十分になる一方、良質なランプを自分や自分の家族のために利用するようになったのである。

そればかりでなしに、**手工業者は、注文に応じた労働を行っているがゆえに、彼は、自分の労働の購入者の存在を知っていた。**従って、注文が少なくなっても、また価格割引が効果のないものになっても、彼はその商品への必要が減少していることを予め知っているから、彼は――その価格の騰貴傾向が需要の増加を推測させるところの――他の商品の生産に容易に移行できたのであった。

だが、そのような事態は、稀にしか生じなかった。なぜなら、すべての商品交換は、絶えず均質的に遂行され、需要が減少しても注文の減少によって絶えず予め彼に知らされたからである。

かくして、すべての者が自分の貯蓄を商品形態で行ったがゆえに、またすべての販売が即座の購買を引き起こしたがゆえに、さらに**需要**を、――貨幣所有者に損害を与えることなしには――長期にわたって**延期させることができなくなったがゆえに、一度として労働の不足が生じるということはなかった。**ところで、労働は商品であり、この商品は貨幣と同格の存在であった。そのため、貨幣は絶えず提供されていたがゆえに、商品、つまり労働は絶えず購入者を持つことができたのであった。

しかるに商品は現金と同格であったがゆえに、またすべての商品は絶えず販売されたがゆえに、**すべての者は労働の時間を持つことで、現金を自由にできた。**なぜなら、労働は商品であり、商品は現金であったからである。「時は金なり」ということは、ここではけっして空疎な文句ではなかったのである。

それゆえに、だれもが金詰まり状態に陥ることがなかった。そしてだれもが貨幣を流通から撤回させることに利益を持っていなかったがゆえに、つまり、だれもが直接的損失なしには貨幣を流通から撤回できなかったがゆえに、**すべての者は現金払いを行った。**

そこでは、いかなる帳簿も、いかなる支払不能も、存在しなかった。なぜなら、信用販売はなくなったからである。

従って、すべての者は、二重帳簿なしに絶えず自分の財務状態についての正確な情報を知り得ることができたのであった。

今や商品と貨幣は、日々その価値を失った。だが、その事態にいかように対処しようとも、このような損失を防ぐことはできなかったのである。

その唯一の予防策は、資本を再生産に使用することでしかなかった。だが、すべての者は、自己の生産手段を持ちつつ絶えず完全雇用の状態にあったがゆえに、そうした目的の実現のためには、［追加的］労働者を自由に使用できなければならなかった。

［そうしたことの］結果は、資本の大きな供給であった。なぜなら、人々は自らの損失を免れるために、資本を他人に貸与したからである。

かくして、人々は、商品を現金で販売することよりも、商品を一年後ないし一日後に再び新鮮なもので返却するという条件のもとで商品を譲渡することを選択した。なぜなら、その交換の結果得られる現金や商品はともに、日々その価値やその重量を減少させる上に、［盗難などにも］警戒しなければならなかったからである。

かくて資本を必要とする者には、資本があらゆる方面から提供されることになった。そこでは**だれも、利子などを要求しなかった。**なぜなら、このような方法を取ることで錆や損失から守られることの方が、利子を得ることよりもはるかに利益が大きかったからである。たとえば、一〇〇を借りた者は、一〇〇を再び返却する必要があった。それでも多数の資本家たちは、おそらく九九ないしそれ以下でも満足したことであっただろう。

だれかが家屋を焼失した時、即座にあらゆる方面から、利子なしの資本を彼に提供しようとする資本家たちがやってきた。そしてこのような方法で支援を受けた手工業者たちは、自分の家屋を再び建てて、労働し、稼いだ。その後、前貸しされていた資本が資本家たちに返却されたが、資本家たちは、こうした賃借関係が長く継続しないことに腹を立てた。むしろ彼らが真に望んだのは、手工業者たちが資本をなおいっそう長期間保持し続けていくということであった。かくして、今や再び資本は、貨幣や商品のどちらに投下したかとは関係なしに、日々資本家たちの手の中でその価値を失っていくことになったのである。

だが、資本を求めるすべての者が、十分に資本を見い出せたというわけではなかった。たとえば、こうした資本は信頼のない人間には貸与されなかった。なぜなら、彼らがもたらす全損失は、錆などによる損失よりもはるかに大きいものだったからである。それゆえ、独立的な経営を行うことができずに、日雇いとなっている人々が、絶えず存在した。このような人々には独立的経営を行うためのいかなる資本も提供されなかったけれども、監督を受ける労働に従事する人々への必要や需要は今やますます大きなものとなった。通常の場合、人々はそのような労働力の確保のために走り回ることになった。なぜなら、人々は労働力からいくばくかを稼ごうとしたからではなく、日々その価値を減じている資本を再生産に利用することで、資本を確実に保持しようとしたからである。それゆえに、労働者への大きな需要がある場合、賃金は労働が産出した価値に到達したばかりでなしに、その上しばしばそれを上回ることすらあったのは、当然のことであった。それにもかかわらず、こうした事態になっても、事業は利益のあるものとなった。なぜなら、その事業が生む損失は絶えず、資本が錆などによって被る損失よりも小さかったからなのである。

人々が事態をどのように処理しようとも、また人々がどのように考えようとも、人々はこうした損失を免れることはできなかった。確かに、人々は土地の購入ということを考えることもできただろう。だが、だれが土地を販売したいなどと言うのだろうか。換言すれば、だれが、日々その価値を減じている商品ないし貨幣と引き換えに一エーカーの土地を販売したいなどと言うのだろうか。また土地耕作を行う労働者を確保できないばかりか、収穫よりも多額の賃金を労働者に支払わなければならない場合、土地を購入してもどうすることもできなかったのではないだろうか。

さらに人々は、家屋を建築することもできただろう。実際、家屋の建築は大規模になされた。だが、家屋が建築されればされるほど、それだけいっそう家屋への需要は少なくなった。その結果、家賃は低落し、家賃はその維持費を賄えなくなった。それにもかかわらず、この種の資本投資は、ますますもってあらゆる投資の中で最良の投資となった。従って、その結果としてきわめて多数の家屋が建築され、すべての者が美しく広々とした住宅を所有することになったのである。

　こうした家屋建築と並ぶ優良な資本投資として、自己の生産手段の改善があった。たとえば、手工業者は、自らの機械と道具の改善とその増加とに努めた。また農家も、自分の家畜の品種改良、森林の開墾、沼地の干拓に努めた。かくしてこのような労働がより多く行われれば行われるほど、それだけいっそうより良質の大量の生産物が市場に出回り、それだけいっそう島民は豊かになり、**それだけいっそう島民の貯蓄も増加した。そしてこの貯蓄が増加すればするほど、それだけいっそう［島民の下での］資本の供給や労働者への需要もまた大きなものになったのである。**

　このように、資本をその損失から守るいかなる逃げ道も存在していなかったがゆえに、すべての者は、良質な商品を蓄え、それに可能なかぎり頑丈な形態を与えることを志向したのである。このことは、［商品に対して］絶えず最良の品質が要求されるという結果とともに、手工業者が自分の技術の向上をはかるという結果をも引き起こしたのであった。**かくして、手工業者の競争は、その矛先が価格に向かわず、製品の品質に向かうこととなったのである。**それゆえに、すべての手工業者は、可能なかぎり安価にではなく、可能なかぎり良質にということに努めたのであった。いずれにしても、商品は貨幣と同格であり、貨幣も商品と同格であったがゆえに、**すべての資本は、いかなる時でも流動的となったために、容易にあらゆる事業に投資されたのである。**

　だが、そうした事態は、貨幣所有者だけが新しい事業のための流動的資金を所有し、金融家だけが新しい事業に関与できる今日とは、まったく違ったものである。今やすべての商品は貨幣になるがゆえに、一袋のジャガ芋、一台の机、一軒の家屋を所有しているすべての者は、流動的資本を意のままにすることができたのであった。

　資本のこのような流動性は、起業意欲を大いにかきたてた。そして資本はますますその所有者自身を起業へと駆り立てることになった。また資本家の所有が被る損失のために、資本家自身もますます新しい事業を起業することで自らの蓄えに堅固な形態を与えることへと駆り立てられたのであった。その結果、こうした起業意欲は国民の全体の中に普及することになり、かくして、起業意欲がいかなる政治的事件や自然的事件によっても妨げられることがないという結果をもたらしたのである。

今や人々は、なによりもまず、新しい事業の起業によって資本を損失から守ることを志向したがゆえに、その完成に一〇－二〇年間、否、五〇年間の期間を必要とするような事業にも着手することができたのであった。かくして大陸の住民が驚くような巨大プロジェクト事業が着手されたのである。その際、その事業に参加したのは少数の個人ではなく、全住民であった。つまり、すべての者が、積極的に自分の貯蓄をそのような事業の固定資本に投資したのである。従って、その所有者は少数の銀行家などではなく、何千人もの株主たちだった。

ところで、手工業者が自らの貯蓄を守るための投資によって陥った［過剰な競争という］困難、そうした困難から抜け出すために彼らは、協同組合を作り、自分たちの資本を大規模工場の建設に投資した。彼らはこのような方法で合同の利点を享受しようとしたのである。かくして協同組合運営のこれらの工場は、最良の機械を備えるものとなった。またそこで労働する手工業者も、自らも株主であるがゆえに、その計画の作成に際して彼らの意見が尊重されることになったのも、当然のことだった。このようにここでは、資本の利害と労働者の利害が緊密に結合していたのである。それゆえに、この工場を運営するのにいかなる法律も、いかなる強制も、いかなる刑罰も必要なかった。というのも、この工場は、その所有者独自の個人的利害に基づいて運営されていたからである。

このような、いかなる恐慌によっても撹乱されることのない労働過程の下では――このような目的意識的かつ完全に均質的な事業過程の下では――、［手工業者にとっての］有益な結果が生じたことに、だれがいったい驚くというのだろうか。

［このバラタリア島では］すべての住民は労働しており、またすべての住民は労働しなければならなかった。なぜなら、レントと利子は存在していなかったからである。他方、失業によって資本が失われるということもなかった。かくして商品交換は単純になり、迅速になったので、もはや商人を必要としなくなったのである。今日商業によって

営業員、店舗、取引所、銀行、広告、セールス旅行、ショーウインドー、金庫等々の形態で消費されていた資本は、すべて生産的投資に向けられ、全体的富裕に強力に貢献するものとなったのである。そればかりでなしに、流通において使用される無費用の貨幣代替物による簡素な税徴収の方法は、すべての徴税役人を余計な存在にし、他の場合には生じるであろう出費も、有益な目的に向けることができたのである。今やすべての者は、例外なしに労働し、生産した。それとともに、全般的にみれば、より多くのものを生産すればするほど、個々人の労働はその交換価値をそれだけいっそう高めることになったのである。

今や、すべての商品は生産場所から即座に消費場所に移行したので、毎日生産される以上の商品が販売されることもなくなった。それゆえに、投機もなければ、他人の費用によって暮らす者もいなくなった。投機がなくなったのは、いかなる投機対象も存在しなくなったという単純な理由からである。つまり投機をしようとするあらゆる試みは、投機対象の購入によって需要が増大する結果、商品の価格が即座に騰貴してしまうという事情のために、永久に座礁したのである。(その際に注意すべきことは、資本に特別高い流動性がある場合、他の資本との競争を即座に引き起こすためには、商品の価格は平均的生産費を僅かに越えている必要があったことである。)

従って、投機がひとつの商品を独占しようとするならば、それと同じ比率で、価格の引き下げと投機家の絶滅とを引き起こす競争が激化することになった。なお所見すべきは、以下のことである。すなわち投機目的のために自由になる一定の資本は、それが商品に投資されようともまた貨幣に投資されようとも、日々その価値を減じていくがゆえに、——運送費、火災保険、在庫費といった、投機のために商品を市場から回収する場合の経費をともなった——このような確実な損失は、不確実な儲けよりもはるかに大きくなってしまうので、それはあらゆる投機渇望を胚芽のうちに窒息死させるものになったということである。

事態はこのようにして進み、あらゆる交通制度において投機家が確固たる地歩を占めることのできる場所はなくなった。かくしてこうした状況は、交通と営業状態に確固たる基礎を与え、価格を不変に維持し続けるということに寄与することとなったのである。

［今や］商品は貨幣と同格になったがゆえに、だれも、自分の商品の購買者を恩人とは見なさなくなった。つまり、購買者と販売者は、完全に同権の商品所有者になったのである。しかも両者は、取引の成立に同一の利害を持っていた。その結果は、各人のもっとも完全な経済的独立性、すなわちアナーキストたちが夢見た以上の完全な経済的独立性ということであった。かくしてだれもが、自らの見解を率直にかつ自由に表明することを恐れなくなった。そして選挙に際しても、それゆえに、だれもが自分がだれに投票したのかを秘密にする必要もなくなったのである。今や、秘密選挙という下品な制度は、国民の本当の考えを知るのにもはや不必要なものとなった。だが、富裕の増加、労働の生産性の上昇、営業感覚の促進がなされているにもかかわらず、この大地の宝物を問題にせず、無意味にあくせくと一日労働することよりも好んで自らの必要を制限するような人々もある程度存在した。このような人々は富裕ではなかった。なぜなら、労働なしにはいかなる富裕も存在しなかったからである。だが、彼らは僅かな労働を行うことで、絶えずいかなる時にも自らの僅かな欲求を充足させるのに十分であった。

他方、吝嗇の人、物欲の人、そしてあくせく働く人も、他人にとって現実的な危険にはなり得なくなった。なぜなら、彼らがどのように労働し、吝嗇になろうとも、また節約しようとも、**彼らが自らの資産に付け加えることのできるものは、絶えず自己活動の所産でしかなかったからである。**利子も、未払いの賃金も、商人の利潤も、投機利潤も、自らの富の蓄積を助けるものにはならなかった。そしてこのような富は、その所有者に権力を与えるのに十分な大きさになるはるか前に分配されるので、アナーキストの中の最強の人々を死滅させるに至った。［われわれは、彼らの墓の前で言いたい。］「安らかに眠りたまえ」、と。

私は、今や——私がバラタリア島の住民の文化的発展を描いたような——そのような経済的諸関係の基礎に立つべきかどうかという問題については、その答えを読者に任せたい。私にとって問題なのは、そのような**経済的諸関係が**いかに必然的に発展しなければならないのかということ、ならびに、金に代わって、**われわれ自身とわれわれの生産**

物よりも少しも良くないひとつの交換手段をいかに導入するのかということ、すなわちその他のあらゆる商品と同様に錆びていく交換手段をいかに導入するのかということ、こうしたことを描くことだったからである。

第二十二章　カラリア［島］

バラタリア島の交通と今日の経済関係との相違は、読者の注目するところだろう。商人のいない国、店舗のない都市は、いずれにしてもまったく斬新なものである。商品が固定的な価格を有する国、いかなる投機も商業を撹乱することがない国、いかなる破産も刑の執行も生まれない国、こうした国は少なくとも読者の関心を呼ぶところとなるだろう。

現金払いが実施され、仕立て屋が自分の顧客の前で帽子を取らずに、借りた資本に対していかなる利子も要求されない国、こうした国は読者にはまったくありえないもののように見えるだろう。経済恐慌のない国、すべての者が満杯の貯蔵室を所有する国、すべての者が消費者からの直接の注文にだけ応じて労働する国、いついかなる状況でも失業が支配することのない国、こうした国は、読者の圧倒的賛成を得られるだろう。

国家が重税を徴収しない国、国家があらゆる歳出のための秘密の歳入源泉を持っている国、こうした国は読者にとってまったく謎にみちた存在であるだろう。

労働者が賃金として自らの労働の全価値を手に入れる国、商品が現金と同格である国、労働者自らが株主である国、すべての者がもっとも完全な経済的独立性を有している国、そして金に代わってまったく地味な対象物が商品交換を媒介する国、こうした国は読者には社会主義的ユートピアとして見えるにちがいない。

けれども、読者が偏見なしに注意深くこの事態を読み解くならば、読者は、これらすべてのことが唯一の原因の直接的作用にすぎないということ、そして交換手段としてわれわれ自身やわれわれの生産物よりも良くもなければ悪くもないひとつの対象物——われわれ自身と同様に再び消滅していくような対象物——が導入されるならば、交通は必然的に発展するにちがいないということに、同意するはずである。

ところで、われわれが矛先を逆に向け、ヨーゼフ・ヘイエン氏が島民に、樫の実の価値を重量に従ってではなく、数に従って計測することを提案したと仮定しよう。その結果、同じ樫の実は、——貨幣がその重量を減少させるか否かに関わりなしに——絶えず額面上同じ価値を保つことになるだろう。

このような方法を取るならば、貨幣の維持費は、もはや貨幣所有者の負担にはならず、国家の負担になる。それは、今日、金属鋳貨の損耗が国庫の負担になっているのと同じである。

かくして貨幣は、古いか新しいかに関わりなく、また損耗したか否かに関わりなく、絶えず同じ価値を持つ。そして貨幣の重量といったことは、もはや不必要なものになる。

このような利点は注目に値するものであり、無下には否定できない。だが、われわれは、このような小さな利点が何百万倍もの欠点によって廃棄されてしまわないのかということをも見る必要がある。第一に、国家はこれまで行政費を捻出してきた収入源を失う。そしてその代わりに、国家は複雑かつ厄介な、そして経費のかかる租税徴収方法を導入しなければならなくなってしまう。

国家は、通常の歳出のための租税を徴収しなければならないばかりか、租税徴収の費用額——このような租税徴収によって民間人の側に課されるあらゆる出費を計算するならば、その費用額はドイツの状況では租税額の一〇%以上の費用額になってしまう——をも引き上げなければならなくなってしまう。だれかが自分の租税を支払うならば、彼は租税当局に支払う貨幣ばかりか、彼が支払いなどに要する時間も失う。また関係者が租税徴収行政を執行する際のさまざまな損失もまた、問題になる。

そればかりか、その他の点でも、事態は大きく変わる。

［そうなった場合］すべての者は次のように考える。「これから導入しようとする貨幣、これは以前の貨幣よりもは

るかにより良い貨幣である。それは以前のようには腐らない。たとえそれが腐ったとしても、その損失は私の勘定にはならない。貯蓄を錆から守るための素敵な貨幣、それは優れた制度である」、と。

貨幣は、すべての者によって堅持される。それなのに、なぜ貯蔵室を設置するのか。

「[貯蔵室の設置という]こうした古代の制度などさっさと消え失せろ。私は、商品を損失から守ることにうんざりしている。だから、**この労働を、私は喜んで他人に任す**。私は、一台の車にこの貯蔵室の物財を満載して市場に行く。私は貨幣を所有したい。一番いいのは、新しくて頑丈な貨幣である」、と。

けれども残念なことに、彼は抜け目なく行動しようと考えているただ一人の者ではない。この島のすべての住民は、以心伝心したかの如く同じ考えを持つに至っている。[今や]商品はあらゆる方面から流入してくる。恐るべき数の群衆が街頭にくり出し、車や人間が溢れる中、売りに出されたすべての商品は値引きされても、だれも購入しようとはしない。

ここでは貯蓄を貨幣形態で保全し、貯蓄を錆から守りたいという自然的願望が、いかにわれわれが今日観察しているような巨大な商品供給を作り出しているのかということが分かるだろう。

「**おい、ユダヤ人、お前は私の馬をいくらで買うのか。**」、と、ステェーエン Steyen[ヘイエン Heyen]は、その購買者が現れるまで長く待たなければならないことに苛立って叫ぶ。「私はすでに述べたように、私の馬を三〇ターラーでしか譲渡しない。」「**このユダヤ人やろう、くたばってしまえ。**」

自分の色とりどりの織物をいつものように即座に販売できない者は、机の上にのって、大声で自分の商品の良さを吹聴し始める。彼は値段を次々に引き下げるけれども、だれも彼の織物を買おうとはしない。すべての者は販売だけをしたいのであって、だれも買おうなどとは考えていないからである。

ここでは、商品を貨幣に代えたいという全般的な願望がいかに商品交換を困難にしているのかということが分かるだろう。

泥と雪に膝までつかりながら、良き島民たちはそこを動かず、のろまなガチョウのようにあたりを見続ける。遅くなり、冷たい雨が降りしきり、ひもじく、悪態をつきながら新しい貨幣を求め続ける島民たちは、自らの商品を再び荷造りし、貨幣を手に入れることもなくまたもや家路につく。けれども、若干の農民は、「赤い鼻」という飲み屋に立ち寄り、強い酒を飲むことで自らの怒りを宥める。彼らの中に、高慢なヒルシュゾン Hirschson と取引をしているわが友ヘイエン氏もいる。

「とんまめ」と彼は言い、彼は、そこで自らが所有するなけなしの現金を支出する。だが、彼は、［なお］額面の大きな商品を持っている。彼は、「商品は貨幣と同格である」、と考えることはあっても。国家が今や以前の収入源を自ら塞いで以来、国家が徴収する貨幣のことは考えない。

「ヘイエンよ、飲みすぎるな。お前は自分の現金を持ち続けなければいけない。もし現金を持たないで飲むならば、お前はますます困った事態に陥ってしまうぞ。」

この最初の日の最終的結果は、一〇、〇〇〇人の農民と手工業者が就業日を終日市場で過ごしたために、島民の国民的資産は一〇、〇〇〇労働日の生産物分だけ貧しくなった。つまり、一人五マルクとすると、五〇、〇〇〇マルク貧しくなったということであった。

翌日も同じ光景が繰り返され、再び良き島民たちは、柱のように自らの商品の前で動かず、再び商品は販売されないままであった。従って、再びヘイエン氏は、飲み屋に立ち寄って酒を飲み、今日自らの立派な馬と引き換えに二〇ターラーしか出そうとはしなかったヒルシュゾンを罵った。

［それに対し、だれかが言う。］

「農民たちよ、お前さんたちは、新しい、傷むことのない、優れた貨幣の秘密の蝶番いのために身動きがとれなくなっていることに注意を払ってこなかった。しかるに、明日お前たちは税を支払わなければならない。だが、［お前たちは］現金をまったく持っていない。お前たちの穀物倉庫は満杯であり、お前たちの耕地はよく耕作され、お前たちの馬はよく肥えている。だが、お前たちにはもっとも大事なもの、現金が欠けている。」

再び一〇、〇〇〇人の男が終日就業できず、市場に何も提供しなかったのであるから、島民は再び五〇、〇〇〇マルク貧しくなった。

次の日にも同じ事態が生じる。従って、農民は不確実性の感情から以前よりも早起きするだろう。なぜなら、すべての者は、市場にだれよりも早く先駆け、自分の商品を販売できる最大の機会を掴もうとするからである。

わが友ヘイエンの場合にはどのようなことが生じたのだろうか。彼は、三時間も早く、一番いい馬に乗って都市の市場に駄馬をもって急いだ。「［ヒルシュゾンのところで］火災が生じていないのか。子供が病気になっていないのか。子供を急いで医者のところに運ぶ必要がないのだろうか」などと、考えながら。

「おー、否」、今日彼は税金を支払わなければならない。従って、彼は今日いかなることがあっても彼の駄馬を販売しなければならない。なぜなら、だれにも、彼が税の支払いの遅れた者であると言わせたくないからである。それゆえ、彼は急いだ。彼は農民の車の長い列にまじって急いだ。彼は、市場に登場する最初の人でありたい。彼の唯一の心配は、ヒルシュゾンがそこにいるかどうかである。彼が考えるのは、商人［ヒルシュゾン］の状況がどうなっているのかだけである。つまり、彼が考えるのは、ヒルシュゾンは、病気になっていないか、また天気は良くないかといったことだけでしかない。

ヘイエンが市場に現れた時には、まだ暗かった。そしてヘイエンは、苛々しながら朝焼けを待った。だが、その間ヒルシュゾンはベッドに横たわり、ゆうゆうと眠りについていた。彼は急ぐ必要がなかった。彼は、現金を所有していることが、決定的な切り札になるということを良く知っていたからである。

わが農民は長いこと待たなければならなかった。それとともに彼の困惑した表情が明るさとともに浮かび上がった。最終的に彼は、群衆の中にあのユダヤ人を発見した。そして彼は神に感謝した。ヒルシュゾンは健康であり、病気ではなかった。「神は私を捨て賜わなかった」、と。

「おはよう、ヒルシュゾンさん」と彼は叫び、帽子をとった。「ここですよ、ヒルシュゾンさん。貴方は、私の馬を見たくないですか」、と。

「あー」、まったく［ヘイエンとは］異なった調子で答える商人は、次のように考える。「販売は急がねばならないのだ」、と。

動物に触れ、歯を調べた商人は言う。「この馬はすでに五歳馬である。よく飼育されているけれども、ひづめの釘がなくなっている」、と。

「従って、私は、私の以前の購買価格を撤回する。私はその馬と引き換えに一五ターラーなら支払う。」

農民はこれにびっくり仰天する。かれは二〇ターラーときめていた。今や彼は一五ターラーしか手に入らない。けれども、彼にはどうすることもできない。彼は税金を支払わなければならないし、税務当局もまた馬での支払いを受け取らない。そこで通用するのは「現金」だけである。

「高利貸しよ、馬を引き取ってくれ」と、ヘイエンは言う。多くの人は、首をかしげながらこの奇妙な取引を見つめている。

人々は、ここに今日の商品と貨幣との間にある大きな相違を認める。その結果人々は、商品所有者ないし生産者がどれほど貨幣所有者に隷属しているのかを見るのである。つまり、貨幣所有者がこうした生産者の隷属からいかに資本を引き出すのかを、人々は見るのである。だが、それと同時に人々は、今日すべての者がどれほど彼の財務状態に注意を払わなければならないのかを、またすべての小さな怠慢がいかに高利貸しによる搾取の原因になるのかを見るのである。

「物価が下落している。貨幣が少なくなっているのだ」と、島民たちは言う。

けれども、以前から同一量の貨幣が存在しているばかりか、貨幣は一ペニヒも減少していない。そこには、たったひとつの相違だけが存在しているにすぎない。以前には貨幣はその所有者の費用で錆びていたけれども、今や国家の費用で錆びている。従って、すべての者は貨幣を堅持する。またすべての者は、商品が錆びて被る損失を他者に転嫁しようとする。それゆえに、すべての者は、彼の蓄えを頑丈な貨幣形態で保持しようとする。

大きな供給、小さな需要、価格の下落。

だが、価格が下落した場合でも、商品は取引されない。なぜなら、すべての者は、必要なものしか購入しないからである。たとえば、一袋の代わりに一片しか、また一樽の代わりに一リッターしか購入しないからである。従って、残りは、販売者によって繰り返し荷造りされ持ち帰られなければならないのである。

今や、商品を販売するには言語に絶した努力をしなければならない。それにもかかわらず、新しい卓越した頑丈な貨幣制度が島民たちの間に引き起こしている損失は、すでに莫大なものになっているのである。

しかるに、なにゆえ商品は、日々市場に持ち込まれ、夕方には再び家に持ち帰ることになるのか。いずれにしても、景気の動向が改善されるまで商品を在庫できるような小屋や頑丈な家屋が建設されることになる。しかし、このような家屋の建設と維持には、莫大な資本がかかる。だが、だれがこの資本を支払わなければならないのか。

また商店街が建設され、ショーウインドーに商品が展示される。そしてそれらを維持していくための人々が必要とされる。だが、だれがこのような人々への支払いを行わねばならないのか。

かくして、商人はすべての販売用商品に一〇分の一税とも呼ぶべきものを要求する。だが、どの商人もこの要求を実現できるというわけではない。というのも、購買者は横柄かつ貨幣の権力を誇示して、多大な要求をし、けっして満足することがないからである。こうした困難は、商人の社交的態度や策略などによって克服されねばならない。このような社交的才能をとりわけ多く有しているのは、商人の中でも少数の人々である。従って彼らは、他の人々よりもはるかに多くのものを販売する。その結果として、彼らのところに一〇分の一税がもたらされるのである。彼らはそれを蓄えることもできるし、またこの蓄えに頑丈な貨幣形態を与えることもできる。その結果、これまで彼らが生産者の計算に基づいて販売していた商品を、彼らは今や自分の計算に基づいて買い取り、支払い、しかも現金払いをする。かくして彼らは、生産者に対して超過利潤——彼らが商品に投下する**資本の報酬**としての超過利潤——を要求することになる。

ついこの間まで生産者の倉庫に在庫され、彼らの私的所有となっていた商品、それは今や、以前には所有していなかった商人の所有になるのである。

このような所有の変換はどうして生じたのか。

商人は言う。「このような商品はわれわれの労働の報酬である。だれもそのことは否定できない。なぜなら、商人は実際多大な労働を行ってきたからである」、と。

少なからぬ数の商人がいる。というのも、商品を小売りするためには、多くの人手が必要になるからである。それ以外にも、取引は絶えず緩慢にしか進まず、購買者は絶えず横柄で、商品に絶えずけちをつけ、できうるかぎり安価に購入しようとするからである。

従って、取引と値引きには終りがない。商人のこうした時間の損失をいったいだれが最終的に支払わねばならないのだろうか。

自己消費向けの商品を保持していた島民たちの貯蔵室は、今や空である。そこにあった貯蔵費用のかかることのなかった商品は、今や、商人のところにあり、商人は小売りする中でその一〇%、一五%、二〇%もの商業費を徴収するのである。

人々は、ここに——人々が商品それ自体よりもより良い対象物を貨幣として導入したかぎりでの——商業が取らなければならない自然的発展を見るのである。

だが、貯蔵室が空になるのに対応して、仕事場は自己の工業製品で一杯になる。自己の必需品の貯蔵に代わって、今や靴屋の仕事場は靴で一杯になっているけれども、だれも靴を買おうとはしない。従って彼は、販売を促進するために、彼の家族がこれまで住んでいた、通りに面した美しく健康な部屋を明け渡し、彼の奥さんと子供を湿っぽい奥の部屋に閉じ込め、通りに面した部屋に鎧戸を備え、靴やスリッパで一杯にする。

以前には人々は、薔薇の花の間から窓越しに靴屋の赤い頬の子供を見た。そして都市の外観は、靴屋のこうした引っ越しによっても何も変わらないのに、奥の部屋の湿っぽい空気のなかで赤い頬もまもなく消え去ってしまう。以前には靴屋は注文に従ってだけ労働していたが、今やストックのために労働している。彼は、そのストックへの必要があるのか否かを知らない。彼がそれらの靴を販売できるかどうかは偶然のままでしかない。

彼は、適度に働くことができない。だが、彼だけではなく、すべての手工業者がそうである。たとえば、過剰生産という言葉が聞こえてくると、手工業者の労働は過少になり――そして非自立的労働者の場合には働き口を求める失業者の増加などとともに――、日々巨額の金が失われていく。

夏になれば、野原は一面見事な草原になる。

この草原の大司祭のヒバリは、自然の祭壇でミサを行うために大空に飛び立っていく。深い祝福の中で草花は大地に穂をたれ、彼らの司祭の祈りに聞き耳を立てている。そしてこうした歓喜の中で近くの小川が好ましいメロディーを奏でている。「ハレルヤ、ハレルヤ」、と。

ヨーゼフ・ヘイエンは、ヒバリの囀りを聞き、彼の心は、彼の労働を豊かなものにしてくれる創造主への感謝に溢れている。彼の感謝はこの大地のほこりとなって舞い上がり、あらゆる山の上をさ迷いながら、遠方の青い霞の中に消えていく。

彼は手に入れようとする貨幣のことも、暗闇で手ぐすねを引いて待っている投機のことも考えない。

ところで、藪の中を這うのはいったい何か。草むらの中を音もたてずに忍び寄り、空に飛ぶ鳥に鋭い眼光を向けている動物、それはいったい何か。

ヒルシュゾンはいったい都市で何をやっているのか。彼は、狂人のように倉庫から倉庫を走り回り、荷造りの紐――農民が自らの刈取機のために必要となる荷造りの紐――をすべて買い占める。彼はどんな価格であっても全ストックを購入する。そして彼は、明日にでも仕事を始めるつもりである。

鳥の物哀しげな泣き声は、ヘイエンを夢から覚醒させた。そして彼が覚醒した目で事態を眺めるや、彼は藪の中にヒバリとともに爬虫類が消え去ったことに気付いた。彼は、怒りをもって立ち上がり、荷造りの紐を購入するために町に出かけた。ヒバリが自らの囀り欲求に命をもって償わなければならなかったことに、彼は苛立った。「とんまめ」、と。

ヘイエンは、以前には予め自らの貯蔵室に荷造りの紐を備えていたが、今や卓越した、頑丈な貨幣の導入以来、彼は好んで荷造りの紐のストックの保持を商人に任せきっていた。

彼は、一ツェントナーの荷造りの紐を力強く商人に求める。彼のポケットには現金がある。

哀しいかな、荷造りの紐はまったくないというのが、その答えである。「収獲が目前に迫っているのに、どうして貴方は荷造りの紐をまったく持っていないのか」、と。

第二の商人のもとでも同じ答えである。「私はどこでその荷造りの紐を手に入れることができるのか」、と愚かなヘイエンは怒りをもって尋ねる。「ヒルシュゾンのところでだ」、と。

すでにヘイエンは、遠方から鋭い叫び声を聞いていた。多数の農民は、ヒルシュゾンの家の戸口の前にいて、「詐欺師、高利貸し」などと叫んでいる。いったい全体何が起こったのか。

［ある者が言う。］

「一キロの荷造りの紐のために、われわれは一〇マルクも支払わなければならない。だが、これまで荷造りの紐と同額であった商品は今でも五〇ペニヒでしかない。従って、これは前代未聞の搾取にほかならない」、と。

ヒルシュゾンは、そうこうしている間に、静かに自分の荷造りの紐の上に座り、農民の自然な怒りを嘲笑しながら、「荷造りの紐はすべて私が付けた価格でしか売らない」と述べた。その発言が意味するのは、農民がヒルシュゾンの要求する価格を支払うのか、あるいは穀物を茎ごと腐らせてしまうのかである。なぜなら、荷造りの紐なしには、機械は作動しないからである。

ヒルシュゾンは、ここで一挙に一〇万マルクを儲けた。他方、ヘイエンは次のように漏らした。「ヒバリは自らの囀りによって一、〇〇〇マルクをふいにした」、と。

人々はここに、大小の程度の相違はあれ日常的に行われているようなむき出しの投機を見る。だが、それは、貯蓄を商品形態の代わりに貨幣形態で行なうという悪習にのみ基礎を持つものにすぎない。そのため、投機家は、一定の商品種類のストックについての正確な見通しを手に入れた上で、このストックを突然買い占めることによって消費者を困難な状態に陥らせることを可能にする。かくして人々は、こうした投機行動のためにいかにすべての者が物質的利害への間断のない注意を払うことを余儀なくされているのかということを見るのである。なぜなら、だれも、投機の網の前では安全な存在になれないからである。こうしない者は破産し、乞食となって街頭にほうり出されるだろう。今日人間が自らの物質的利害に対する感覚を過剰に持ち過ぎているというこの特有な現象についての自然的説明が、ここにある。つまり、すべての者は、今日の営業状態における不確実性ということを媒介にして専ら自らの財務状態に関係することを余儀なくされているのである。

ヒルシュゾンは、今や資本を、しかも錆びない資本を所有している。そして彼はその資本を扱う術をも心得ている。かくして、彼は銀行を設立した。信用制度は、絶対に必要な制度とみなされており、すでに長いことそのような制度への必要が存在していたからである。

手工業者は彼の家を靴で一杯にするけれども、貨幣を持たず、自らの私的消費ストックをほとんど持っていない。従って、彼は信用でそれらを購入することになる。

信用販売する商人は、現金買いができないために、彼も信用を要求しなければならない。

ヒルシュゾンが銀行を開設するや否や、彼はあらゆる方面から信用を求められることになる。そしてヒルシュゾンは、六％の割引きを計上した手形を振り出す。

ヒルシュゾンは、有能な商人との評判であり、彼の商人道徳は明快なものである。従って、人々は彼に全面的な信用をおき、島民たちは躊躇することなしに自らの貯蓄を彼のところに持っていく。彼はそのような貯金に四％の利子を支払う。彼は、その差額二％を手数料として徴収する。

人々は、ここに頑丈な、素晴らしい貨幣がいかに商品交換を緩慢にさせるのか、それゆえに信用制度を引き起こすのかということを、つまり、銀行を必要とするのかということを、見るのである。

だが、商人が銀行家に支払わなければならない六％の利子を、商人は自分の財布からは支払わない。この利子は、一般的経費として商品価格に加えられる。それになお四％が加えられる。なぜなら、商人は善意で交換を媒介するのではないからである。

人々は、ここに銀行家への預金にどうして四％の利子が付くのか、だが、他方ではどうして商品価格の八％が商人に返却されるのかを見るのである。

だが、島民たちはこのことを見ない。銀行家が支払う利子に彼らは魅了される。すべての余った小金は銀行に持ち込まれるが、人々が信用買いするようになると、それだけいっそう多くの貨幣が銀行に持ち込まれるようになる。そしてこの悪習が広がれば広がるほど、それだけいっそう生産者は困窮状態に陥り、それだけいっそう商品は稼働しなくなり、それだけいっそう信用が要求されるようになり、それだけいっそう多くの手形を銀行家は自らのポートフォリオの中に持つことになる。かくしてすべての商品交換は、信用に基礎を持つことになる。それは、債権者と債務者の無限の連鎖を意味する。一方は他方に依存するというようにである。「なんてこった」。四肢［の一部］が引きちぎられれば、この唯一の四肢［の一部］の破損は、不可避的にその全連鎖の破損になってしまう。

今やあらゆる貨幣が銀行家の手を通じて流通する。かくして、彼の手に全交通網が集中し、銀行が全商品交換を管理する。

預金は長期間解約することができない。だが、商人の手形は、大部分一定の期日に満期になる。ヒルシュゾンは、その調整を心得ているので、彼は大きな略奪行を計画する。

信用へのあらゆる新しい要求を、彼は次のような口実によって拒否する。「私は、来年バッタが収穫を破壊するだろうと考えている」、と。彼は、より多くの貨幣を流通から撤回させるために預金の利子率を六％に引き上げる。彼はすべての未回収金を容赦なく取り立てて、まもなくすべての貨幣を銀行に集中させる。

その結果、商品交換は、完全に中断される。需要が減少し、物価が下落する。商人は未回収金を取り立てることができず、貨幣を入手することができない。支払期日は日々刻々と近付いてくる。恐るべき恐慌が支配し、だれもその原因を除去できない。

債権者は、債務者に支払いを強要する。他方彼は債権者に支払いを強要され、脅される。その結果、強制徴収が行われ、ダンピング価格で農民の全財産が競売にかけられる。商人は、脅威に晒されている自らの名誉を救うために、最後の避難所に逃げ込み、大々的な競売を行う。だが、**その唯一の購買者は、ヒルシュゾンの代理人だけである。**なぜなら、ヒルシュゾンは、同等の商品、すなわち等価物である現金を意のままにできる唯一の人であるからにほかならない。

だれもヒルシュゾンを非難しない。反対に彼は、高い尊敬を受ける。なぜなら、手形を拒絶するかわりに、彼は手形に複利を付けた上でその満期日を延期させてくれるからである。

ヒルシュゾンは、今や突如利子率を二％に引き下げる。従って、預金は銀行から逃げる。信用供与においてヒルシュゾンは、きわめてリベラルである。あらゆる信用要求は承認され、銀行の金庫は空になる。

その結果、きわめて多くの貨幣が流通する。貨幣は驚異的な速度で流通し、需要が増加し、あらゆる商品の価格が騰貴する。同等の商品、すなわち等価物である貨幣はもはやまったく価値を持たなくなる。**そしてヒルシュゾンは、今や恐慌の期間中に自分が買って手許に置いていた商品を販売する。**

彼は、投資した貨幣額の二倍の額を手に入れ、この投機で百万マルクを稼いだ。

人々は、——商人が諸国民の間で占める地位や証券が商品に占める地位についてはもとより、略奪物が百万マルクではなく、何百万マルクになるかどうかなどについては多少の相違があるにしても——、ここに投機というものの実相を見るのである。民間人が自らの過剰な資金を銀行に預ける結果、銀行家は、すべての流動資金を意のままにできるばかりか、有価証券相場を引き上げたり引き下げたりするこの恐るべき権力を利用し、純利益としてその差額を手に入れることができるのである。そのような略奪行の後にはいつも破産した商人と工業家の無数の死体がころがっている。そのことに対して銀行家はまったく無頓着かつ無関心なままである。このようにして国民は、預金というシステムとともに銀行家が自分自身の預金者を捕捉し、略奪するための網を編むための糸を、自ら提供しているのである。ヒルシュゾンを今や司令官と仰いでいる島民たちのもとでは、状況は一変した。

商業は、停滞的で、不規則な貨幣流通によってますます困難なものになる。価格は騰落し、同等の商品、すなわち等価物は日々その購買力を大小に変化させ、もはやどんな価格も固定的にならない。その結果、商業は特別な用心を必要とするものになる。平凡な人物は手伝い報酬を得られるだけでしかない。それに対し、事業の指導者自身は、銀行家の策略を成功裡に阻止できる、天分豊かな、用心深い人でなければならない。かくして商業は有能な人物を必要とし、無能な人物は淘汰される。従って、科学と工業にとっては能無しと変人しか残らないのである。

手工業者は、労働者以上に商人的でなければならない。彼は、自らの商品の価格変動についての正確な情報を持たなければならない。従って、原材料の市況は自らの経験を積むための講義の教室となる。このような価格変動に十分注意を払わない手工業者は、全般的には技術がきわめて優れていても、プロレタリアに転落してしまうのである。

農民は、自らの生産物中の大きな部分を商業費に奪われてしまう。つまり、彼らが以前行っていた貯蓄は、商業と投機とによって商人と銀行家の財布に入ってしまうのである。

従って、彼らがかろうじて税金を支払うことができたとしても、道路、鉄道建設のためのいかなる流動資本 ein flüssiges Kapital をもはや持つことがないのである。その結果、彼らは労働を二倍にすることによって貯蓄しようとするけれども、こうした生産の増加は物価の下落だけを引き起こし、貨幣所有者を有利にしてしまうのである。「われわれには鉄道が不足している」と、農民は叫ぶ。そして鉄道敷設が決議される。だが、流動資金を意のままにできる唯一の者は、商人と銀行家だけである。農民も積極的に参加したいと思っているけれども、彼らはいかに資本を流動化［貨幣化］させるのか。彼らの資本は貨幣ではない。そればかりでなしに、こうした供給の増加は、物価下落だけを引き起こす。かくして農民は、株式登記を行う際に排除されてしまうのである。

人々が今日鉄道を敷設するのは、それが収益をもたらすことへの期待、つまり運賃（率）が収益をもたらすことへの期待からである。以前に国道が建設された時、このことは住民の利便性という観点から共同体の費用でなされ、だれもレントなどを考えなかった。だが、鉄道は国道とはまったく違う。人々は鉄道に利子、レント、配当金を要求する。それらの要求が充たされないならば敷設されない。従って、今や島民は、商業費の中に鉄道配当金をも加えて支払わねばならないのである。その際、運賃（率）は、農民がかつかつに暮していけることができるような負担に設定される。かくして彼らの担税力は減少する。つまり、国家が遂行しなければならない唯一の大きなプロジェクトのための資金すらも、税によって完全に徴収することはできないのである。その結果、国家は、国債に頼ることとなる。ここでも、国家に流動資金を提供できる唯一の者は、またもや商人と銀行家だけでしかない。従って、国家はこのような国債の利子を支払わなければならない。そしてこの利子額は次年度以降の予算に組み込まれていく。つまり、レントナーは、国庫に資金吸入器を備え付けるのである。そのために国庫は、急速に救いがたいほど衰弱していくのである。かくして国家は、毎年新しい国債を持って貨幣市場に登場し、年々生産者の担税力を衰弱させていくことになる。そして国家は、それに比例して利子と複利に必要な金額を返済するために、その返済額を税金によって徴収しなければならなくなってしまうのである。

多数の農民は、今や自らの支出を抑えなければならない。彼らの多くは誇りや軽率さから、そうすることができない。従って、彼らは、自らの借金と高利貸しとを伴って村に帰ってくる。また徴税人の機構が必要になり、彼らの給与は次年度以降の予算に組み込まれる。他方、裁判所による競売が行われる。だが、公証人と裁判員もかすみを食べるだけでは生きられない。多くの農民は税の滞納のための強制執行という不名誉を回避するために、抵当権に逃げ込む。こうして抵当機構といったものが、レントナー、商人そして銀行家たちによって設立される。そしてこの怪物が設立されたところでは、ペンペン草ももはや生えることはない。かくして農業プロレタリアが今や形成される。以前には自らの太った豚を食べていたヨーゼフ・ヘイエンは、今やこの豚を都市に運ばねばならない。そこでは、レントナーが絶えず良い買い手になる。ヨーゼフ・ヘイエンは、このような変化を次のように説明しようとする。「気候が悪くなっている。従って、土地はもはやこれまでと同じ収穫をもたらさない」、と。だが、彼は、頑丈な、素晴らしい貨幣がその原因になっているとは考えもしないのである。

彼は、自分の農場とともに大きな沼地を持ち、以前にはそこを干拓させるために絶えず懸命に働いた。そして彼の二人の息子も結婚し、そこに定住した。

だが、今や彼は、沼地の干拓を行うことができない。なぜなら、彼は、即座に利子［利益］をもたらさない労働のために時間をさくことができないからなのである。従って、沼地は以前と同様手付かずのままになっている。

人々は、ここに、頑丈な、素晴らしい貨幣がこの貨幣の特権を利用できる少数の抜け目のない人々をいかに有利にし、生産者をいかに破滅させるのかということを、そして農業住民の衰退が休閑地と荒れ野の開墾をいかに放置するのかということの原因の概略を見るのである。

自分の働く農地をもたないヘイエンの息子は、都市に移住する。そこで彼は、ヒルシュゾンの召使として調理場で豚肉の骨——彼の父親が抵当の支払いのために市場に持ち込んだ豚——を齧ることになる。

彼と同様多くの人々が農村から都市へと吸引される。（ほとんどの者は必要に迫られたからであるが、その少なからぬ人々は、都市の華かさやぜいたくに魅せられて吸引されたのであった。）なぜなら、農村が今や都市に対して商業費、抵当、国債そして家賃、投機利得、鉄道配当金などの形態で支払わねばならない貢納は、レントナーがあらゆる種類の贅沢三昧をすることを許すとともに、農村で農民が小さな農園の耕作すら放棄しなければならない事態を招くことになったからである。かくして農民は、時間を節約するために以前には花壇があった戸口の前に堆肥の山を築くことになった。

農民が貨幣を持っていれば、怖い物なしの状態であるだろう。だが、農民が貧困になるのに比例して、農民の購買力は減少し、全産業部門全体が麻痺する。また独立自営の手工業者の多くも農村から殺到するプロレタリア大衆に投げ込まれる。他方、労働は十分に存在している。とりわけレントナーのための贅沢品を生産しているあらゆる仕事場は活発に活動している。しかも、これらの産業はとりわけ手工業部門を必要としている。これをどこから持ってくるのだろうか。

その時、ヒルシュゾンが、再び救世主として登場する。すでに彼は何度も困難な状態から都市を救った。従って、人々は彼の太っ腹に褒美を出した。つまり、都市は、彼の大銀行制度、街路、鉄道に感謝し、彼の報酬を認めつつ、彼を名誉市民に任命した。

ヒルシュゾンは、レンガ造りの、最新の機械を装備した大きなネクタイ製造工場を設立し、何千人もの人々を雇用した。かくしてすべての者は、この偉大な慈善家に恭々しく挨拶する。

だが、このような慈善はすべての者に等しく受け入れられたわけではなかった。なぜなら、ヒルシュゾンは、彼の工場労働者に賃金として最低限の生活費しか支払わなかったからであり、また彼は賃金を引き下げることもできたからである。その結果、小さな手工業者は、自らの必要を充足させるために、以前よりもあくせくと働かなければならなくなってしまったのである。

人々が隣人に示す慈善は、天上界で初めて実現されるようなものであってはならない。だが、工場はこの種の慈善でしかなかった。事実、ヒルシュゾンは、この工場によって金を儲けたのである。

犬が獲物を嗅ぎ付けるよりも早く、商人は貨幣を嗅ぎ付ける。従って、ヒルシュゾンが労働者から金を稼いでいるということは長くは秘密にできなかった。そのために、競争相手の企業もこの地上に誕生することになった。

その支配をめぐる争いの中で、小さな独立自営の親方は圧迫された。かくして失業者の人数が増加し、賃金も下落したのである。飢え、貧困、革命だ。

「地上は過剰人口になっている」と、大学教授は叫ぶ。そして大衆は「その通りだ」という。「否、労働者は避妊具の利用を忘れている。彼らは余りにも好色である」、と。他の者が「地上は、自らの住民をより良く扶養する状態にはない」と言う。多数の人々も「その通りだ」と言う。

「諸君は、われわれの存在の目的がアダムによって犯された原罪をこの世で贖罪することにあるということを忘れている。労働は誤って主張されているように人間にとって名誉なものではなく、神が犯罪者に課す刑罰なのである」、と。手短に言えば、「地上は煉獄である」と坊主が厳かに言う。多数の者が「その通りだ」という。「何と」。他の者が言う。「この貧困の原因はどこにあるのか」、と。「労働者が余りに賢い点にある。従って、われわれは学校を廃止しなければならない」、と。

「否、反対である。労働者は十分な教育を受けておらず、もし受けていれば、彼らの労働は十分生産的になるだろう。職業教育の欠如こそ問題である」、と。またもや「その通りだ」、と。

「宗教的ファナティズムと同様に、今日の諸関係への利害が判断を狂わしている」と、社会主義者は言う。「機械、生産手段への私的所有権にその全責任がある。従って、革命的社会民主党に支持を与えたまえ」という何百万人もの人々の声が鳴り響く。

「だれが正しいのか」と、ヒルシュゾンは尋ねる。

われわれは、ここで、人民大衆のプロレタリア化の責任を鋤や紡ぎ車になすりつけることがいかに愚かであるのかを見る。つまり、実際の状況についてのきわめて一面的かつ表面的観察がこのような結論に導く原因なのである。今日の全生産様式は、今日の貨幣制度の導入の結果のひとつ、すなわち、今日の貨幣制度によって歪曲された自然法則の結果のひとつにすぎないということ、かくして「需要と供給が価格を決定する」けれども、「依然として」今日の生産様式は、社会的病気の最後の局面にあるということなのである。というのも、今日の生産様式は、資本を少数者の手に集中させるとともに、それに対応したプロレタリアートを大量に形成することとを前提としているからである。つまり、今日の生産様式はこの二つの要因なしには、登場しえなかったということなのである。

人民大衆のプロレタリア化と資本の集中は、収入源としての鋳造権が領主から奪われた時から、つまりいわゆる統一的な貨幣制度が導入された時から――国の管理費［の支払い］が貨幣から商品に転嫁された時から――始まったということ、こうした歴史的事実を立証するための史料を、私は持っていない。だが、私が知っているかぎり、それはジョージⅡ世の政府のもとで国王の鋳造権を廃止したイングランドから始まったのである。従って、イングランドは、資本主義の生誕地にほかならないのである。

イングランドが体験した大きな危機、すなわち、最新の機械の導入にその責任をなすりつけた大きな危機の主要な原因は、金融危機であった。私は、偉大な知的国民が若干の紡ぎ車によって日常をかき乱されたからであるとはまったく思わないのである。

マルクスは、社会主義者たちに次のように指摘した。「われわれが今日否定的に見ている独特の経済的諸関係の原因は、生産手段の私的所有にある。そしてその結果として、より理性的な経済秩序は、共産主義的経済機構によってだけ期待されるにすぎない」、と。なにゆえ人々はマルクスに反論しないのか。それは、今日まで社会主義者たちがマルクスを信奉しているからなのである。従って、共産主義の計画の実現が提供する実践的困難性に言及するだけでは、社会主義者たちは少しも動揺することがないのである。

というのも、飢えた者には、いかなる困難も問題にならないからである。だが今や、マルクスが正しいのか否かが問題になる。彼が間違っているならば、彼に逐一反証を示さなければならない。だが、彼が正しいならば、社会民主党の闘争は、不正なものである。そしてこうした不正なものは遅かれ早かれ復讐されねばならないものでもある。なぜなら、創造の調和の中ではいかなる不正なものも長続きしないからである。

第二十三章　新しい衣服

われわれは社会的病気の病原体を、錆びていく商品の錆びることのない交換手段に発見した。カラリア島という純粋培養の場においてわれわれは、そのことを学び、それを絶滅する手段を発見した。

読者は、この手段――錆びていく銀行券――をすでに知っている。従って、読者は貨幣制度についての知識の点では進歩したと思われるので、私が期待するように、読者は、私が錆びていく交換手段に新しい衣装を纏わせても、驚くことはないだろう。

読者は、貨幣の価値はその原材料とはまったく関係がないということを知っている。また読者は、貨幣は需要の代表者を意味しているということ、そしてその価値は、商品供給に依存しているということを知っている。人々が商品の重量を、商品の外見からではなく、むしろ他のものから読み取ることができるように、貨幣の価値もそれ自身のうちにではなく、他方の側の供給のうちに基礎を持つものなのである。さらに読者は、紙から適切な貨幣を作ることができるばかりでなしに、貨幣の安定した価値を達成するためにこのような貨幣の均質的な流通に努める必要があるということをも知っている。

従って、錆びていく交換手段の内容は以下の通りになる。

貨　幣

この貨幣の所有者には、国内市場で一〇〇アトム（あるいはターラー、シュテルンなど）の価値の商品が提供される。つまり、彼は国内の商品ストックから同じ価値を手に入れる権利を持つ。

彼がどのような商品のどれほどの量を手に入れるかは、供給に依存している。

商品所有者とその代表者、すなわち国民が錆によって商品の被る損失に比例して、この紙幣は帝国国庫の利益になるように、次のように減価していくものとする。

	アトム	モレキューレ
一月一日	一〇〇	―
一月二日	九九	九九
一月三日	九九	九八
一月一〇日	九九	九〇
一月三一日	九九	七〇
二月一日	九九	六九
三月三一日	九九	一〇
六月三〇日	九八	一五
一二月三一日	九六	三五

小額貨幣の場合

貨幣

この貨幣の所有者には、国内市場で五〇モレキューレ（あるいは二五、五、一）の価値の商品が市場で提供される。つまり、彼は、商人の商品ストックから同じ価値を手に入れる権利を持つ。

彼がどのような商品のどれほどの量を手に入れるかは、供給と需要によって決定される。

この紙幣はいろいろの色の一〇枚つづりで発行される。そして商品所有者が錆などによって被る損失に比例して、この紙幣は毎年、帝国国庫の利益になるようにして回収される。その時には所有者は補償なしにその紙幣を破棄しなければならない。

今や、まず最初にこの貨幣の注目すべき点、または不審の念を抱かれる点は、価値単位としての「アトムとモレキューレ」という名称であるだろう。だが、読者の生活の幸運が可能なかぎり多くのターラー、ルーブル、ドルを所有することに依存している場合でも、このターラー、シリング、クローネなどの名称をアトムに置き換えても問題ないだろう。なぜなら、貨幣の価値にはまったく変わりがないからである。

さらに、銀行券の所有者には金ないし銀への兌換が約束されておらず、**銀行券の価値の実現に際しては、直接に商品供給に依存している**ことも、注目に値いする点である。あたかもその結果、銀行券が絶対にいかなる固定的、かつ一定の明確な価値を意味していないかのように読者には思われるかもしれない。だが、読者が、今日の銀行券の所有者は一定量の銀と金を得られるにしても、**この金の交換価値は商品供給に完全に依存している**ということを了解してもらえば、読者は、銀行券が**商品供給に直接依存することによって、つまり、銀や金とのリンクを回避することによって、全取引の簡素化が達成され、その結果として、新しい銀行券の価値が、金属に基礎づけられた銀行券の価値よりも不確実なものではなくなる**という認識に至るだろう。

今や、読者は、この新しい銀行券の日々の減価の目的を知っている。また読者はこのような減価によって貨幣がその所有者にとって直接的な個人的損失を出すことなしには流通から撤回させることができなくなるばかりか、このような損失のために貨幣を規則的に流通させることを強いられるということ、このことをすでに知っている。従って、貨幣流通の均質性は、貨幣の価値持続性にとっての基本的条件であるがゆえに、この新しい銀行券は、まったくもって安定的な価値を持つものになるだろう。つまり、商品価格は**固定的なもの**となるのである。

私はすでに［前著］『事態の本質――貨幣改革論の続編――』（一八九一年）の中で、国内の交通や外国との交通がいかに遂行されねばならないのかを示した。同様にそこで私は、金属貨幣を錆びていく銀行券によっていかに代えていくのかということを示したばかりでなしに、このような貨幣改革の導入がいかに次のような直接的かつ不可避的な結果をもたらすのかということをも立証した。

（1）現金払いが導入される。
（2）中間取引が除去される。
（3）利子制度が廃絶される。
（4）失業が不可能なものになる。
（5）金融恐慌と経済恐慌が廃絶される。
（6）投機や高利貸しの存在基盤が除去される。
（7）金採掘業者、取引所、銀行、抵当機関が不必要になる。
（8）租税制度が簡略化される。
（9）貨幣価値の安定化が達成される。
（10）すべての商品が現金化される。
（11）あらゆる民間人は、貯蓄を実物資本に投下することを強いられ、金のような擬制的資本には投下することを強いられない。
（12）すべての生産的資本は、いかなる時にも新しい事業を意のままにできる。

そしてこのような要因全体の共働によって遠くない将来に、バラタリア島で支配的になった交通状態にかなり近づいた交通状態が必然的に達成されるはずであるということを、われわれは示したのである。

第二十四章　錆びていく銀行券の導入

多くの者は、「これらすべてのことは素晴らしいことだが、すべての諸関係を根本的に変えるこうした改革は、いかにしたら実行できるのか」、と言うだろう。

その目的の実現のためにだれかの権利を侵害する必要があるならば、たとえば、その目的の実現のためにだれかの財布から、たとえ一ペニヒであっても、何かを取り上げなければならないならば、私はそのような改革を私的所有への攻撃、非合法的、非実践的なものと説明する最初の人間になるだろう。だが、幸いにも、貨幣改革の導入にはいかなるテロも必要としないし、だれの権利をも侵害しない。

錆びていく銀行券を導入するためには、国民経済学者や資本家から［賛成の］言質だけをとり、金は、ニシン、石油、チーズのようなひとつの商品であると説明し、すべての国庫機関においていかなる商品も受けとらず、むしろ**貨幣だけを受けとるという法律**、すなわち金と銀は**通常の商品としてあらゆる国庫機関では受け取りが拒否されるという法律**を公布する必要がある。

それから、国家は**紙幣**を製造し、**この紙幣を国家的交通制度と説明する。そしてその利用に対しては、国家は運賃を徴収する。**つまり貨幣の利用に対しては、国家は日々貨幣減価の形態で貢納を徴収する。つまり、国家はこのような貨幣を流通させる。第一に、国家は通常の商品と見なされている**金の購買者**として登場することによって、第二に、国家が大規模な国家プロジェクトを引き受けることによって、第三に、官吏への支払いによって、貨幣を流通させる。さらに新しい貨幣を強制的に流通させるZwangscursことに国家は、新しい貨幣での納税を要求することで尽力する。国家が多くの貨幣を発行し、その価値や商品の価値、すなわち一アトムの交換価値が一マルクや一ルーブルの交換価値などに達した場合には、国家は、それ以上の発行をやめ、貨幣の価値を流通に必要となる貨幣量の補填によって調整する以上のことをしない。自分の持つ金や銀を新しい貨幣と引き換えに国家に販売したくない者は、それを保持し続けてもかまわない。だれもそうするように彼を強制することをしない。だが、彼は、この金を租税、関税、切手、鉄道運賃の支払いに利用することはできない。むしろ彼は、そのような支払いのために金を販売しなければならなくなるだろう。なぜなら、国家は金や銀を通常の商品と見なし、租税当局はもはやいかなる商品も受け取らないからである。

アルゼンチンの通貨制度——その利点と改善点　第一分冊（１８９３年）

序　論　貨幣についての通常の全般的定義

われわれがどのような国民経済学の著作を読んだとしても、われわれはすぐに次のようなステレオタイプな命題に直面することになるだろう。「貨幣は、その内的価値がこの貨幣と引き換えに受け取った商品の等価物ならびにその価値尺度になるところの、ひとつの商品である」、と。

私の思い違いでなければ、この定義は、遠くアリストテレス Aristoteles の時代に溯るものである。それ以来、この定義は、経済学者が経済問題を研究する際に、彼らが常に引き合いに出すところのものになっている。

経済学者にとって貨幣の内的価値、つまり金の内的価値とは何を意味するものなのだろうか。われわれが任意のひとつの商品、たとえばパンの内的価値とは何かと問うならば、われわれはその答えを次のようなかたちで得るだろう。たとえばパンの内的価値とは、疑問の余地なく、パンに含まれた栄養素——すなわち、この生産物が人間の扶養のために有する有益性——にある、と。つまり、ひとつの生産物の内的価値は、この生産物がなんらかの人間の必要を充足させるために有する有益性にある、と。しからば、金の内的価値とはどこにあるのか。それは、疑問の余地なく、この金属が装飾品の生産その他の産業的用途にとって有する有益性にある、と。

つまり、このような経済学者の見解によれば、金の価値は、金片を指輪やその他の装身具に変更できる可能性にあると言うのである。かくして、経済学者は、金に価値を与え、金の価格を規定しているのは、その貨幣としての使用にあるという点を明確に否定するのである。そして彼らはみな異口同音に、紙幣が様々な国々で経験した減価――その原因は専ら内的価値の欠如、つまり、紙幣を装身具に変更できない点にあるとされるのだが――をその理由に挙げるのである。すなわち、彼らは、紙幣が交換手段としての有益性を低下させているために、減価しているのだということを認めないのである。

［ここで経済学者が依拠する］アリストテレスの有名な定義を、われわれは次のようにまとめてみよう。

「金属貨幣、すなわち金はひとつの商品、すなわちこの金属が装身具の生産のために有する有益性からその価値を引き出すところの、ひとつの商品である。この鋳貨は原材料の段階では装身具である。従って、この装身具は、この装身具と交換される商品の等価物であり、その価値尺度でもある」、と。

［この定義からも分かるように］、経済学者が陥っている重大な誤りは、明白である。［そこで、われわれは次のように問おう。］なにゆえ鋤は価値を有するのか。それは農家にとって有益であるからなのか。否、そのことはそれほど単純なことではない。というのも、鋤が価値を有するのは、農家がそれと引き換えに私に何かを与える状態にあるからである。また銃が価値を有するのは、猟師がその銃への代金を支払う用意があるからである。さらに使用済み郵便切手が今日価値を有するのは、この使用済み郵便切手を購入しようとする人々が存在するからである。従って、われわれがここで見るのは、ひとつの生産物は、この生産物と引き換えに何かを譲渡しようとする状態にある消費者が存在するかぎりにおいてだけ、価値を持つにすぎないということなのである。

切手を収集するのが子供だけになったならば、この［使用済み郵便］切手はいかなる価値も持たなかっただろう。収集家たちの下に、貨幣を稼ぐために［使用済み郵便］切手の代金を支払う用意のある人々が存在した時に、初めてこの［使用済み郵便］切手は価値を有するものになったのである。

しかるに、金の装身具の消費者とはだれなのか。われわれは、装身具がいつの場合でもほとんど有用には利用できない無為な人々の所有になっているのに対し、労働する人間、すなわち装身具を購入できる状態にある人々は、装身具を軽蔑するといった事態を見るのである。［経済学者が言うように］金の価値が、装身具の使用者がそれと引き換えに支払う用意のある金額に依存するものであったならば、金の価値は［今日よりも］もっと低いものになっていたことだろう。金の装身具が今日多少とも価値を持っているとすれば、その価値を規定しているのは、その利用者自身ではなく、その購入者――彼は贈物にするために金の装身具を購入する生産的な人間である――なのである。このことを確証するためには、喜んで装身具を身に付けたいと思っているすべての人々をひとつの広場に集めた上で、こうした人々に入手できるかぎりの、もっとも美しい装身具を提示してみればよいだろう。そうした場合、その価値はいったいどれ位のものになるのだろうか。それらは、子供たちの中での［使用済み郵便］切手の価値やフエゴ島の現地ユダヤ人にとってのダイヤモンドの価値と同様にまったく価値を持つことがないだろう。なぜなら、このような人間の下には、金の装身具を購入できるたった一人の人間もいないだろうからである。

自分自身の生産物を媒介にして他人の生産物に価値を与えるのは、いつでもその消費者である。だが、装身具の消費者はいかなる生産的人間でもないという理由から、金に価値を与えるものは、この装身具生産の素材としての金の有用性であるなどといったことは、あり得ないことなのである。いずれにしても、堅実な商人が自らの計算を、金を装身具にしようと考えている若干の無為者の道楽にその基礎を置くなどといったことはまったく考えられないことなのである。

だが、金は、すべての取引契約の基礎であり、取引活動の軸心を成す。従って、この軸心を成すものが、装身具のような存在でしかないなどと考えることはできないだろう。

第一章　アルゼンチン通貨制度へのこの定義の適用

（1）アルゼンチンの紙幣には次のような銘文が記されている。**「銀行は、一覧の上この紙幣の所有者に国民的通貨のペソをしかじか支払う」**、と。（われわれは、「一覧の上」という章句を省略することができる。なぜなら、そのことは守られていないからである。）

（2）有価証券には次のような銘文が記されている。**「しかじかの比率の利子としかじかの償却率を含んだしかじかのペソの支払いが、国家と銀行の資産によって保証されている」**、と。

従って、国債証書の場合には、一定の日時における一定額の利子と償却費の支払いが約束されていると同時に、さらにこうした国家の全般的保証と並んで、現実の資産価値によっても追加的な保証がなされている。それに対し、銀行券の場合には、利子もなければ、物的保証もない。ただ一定額の支払いだけが約束されているにすぎない。

今や、この二つの証書を提示されている一人の商人を思い描いてみよう。一方の証書の場合には、一定の期日に利子をも含む一定額の支払いが約束され、しかも国家の保証と土地資産による物的保証もある。それに対し、他方の証書の場合には、期日の指定もなければ、また国家の全般的保証もなく、ただ漠然とした支払約束があるにすぎない。商人に次のように、すなわち「この二つの証書のどちらがより大きな価値を有するのか」と問うならば、「前者である」というのが、彼の答えとなるだろう。

しからば、銀行券が市場で国債証書よりもより大きな価値を有しているということは、どのように説明されるのだろうか。その評価に際して兌換約束が重視されるならば、国債証書は絶えず銀行券よりもより大きな価値を持つはずである。なぜなら、国債証書は、銀行券と同じ保証を持つばかりでなしに、さらに利子をもたらすと同時に、物的な保証もなされているからである。その上、兌換も一定の期日内での約束がなされている。それに対し、支払期日のない単なる支払約束は、全般的に見ればいかなる市場価値も持つことはない。とくに――銀行券の場合のように――債務者がいかなる利子も支払わずに、いかなる物的保証も与えられていない場合には、まったく市場価値を持つことがないはずである。

［それにもかかわらず、銀行券が市場で国債証書よりもより大きな価値を有しているという］こうした矛盾した事態の説明は、アリストテレスのテーゼから離れることなしには、すなわち金への兌換約束が専らアルゼンチン銀行券を評価する際の基礎になっているという経済学者の見解を訂正することなしには、不可能なのである。

第二章　価値の全般的基礎

経済学者は次のように主張する。「価値の基礎は、その生産物の内的有益性である。従って、内的有益性ないし何らかの必要の充足ということは、価値の不可欠な前提条件である」、と。

この主張は正しくない。なぜなら、すべての商人は、ひとつの生産物の価値はそれに対する需要に依存していることを知っているからである。つまり、需要こそが価値の不可欠な前提条件なのであって、内的価値などではないのである。従って、需要が欠如しているならば、その生産物は、どれほど大きな有益性を持っていようとも、いかなる価値も持たないのである。

他方、次のような異論が述べられることがある。「有益性は需要を生む。それゆえに、その生産物の有益性がその生産物の価値の基礎である」、と。だが、このような異論も、正しくはない。なぜなら、需要は商品の生産に先行するものだからである。つまり、需要が生産に先行して存在していなければ、その生産物は生産されるに至らないからである。

たとえば、工場主は、自らの労働の有益性などを問題としない。彼の関心事は、唯一需要だけである。従って、彼が［自らの商品への］需要の存在を知っているならば、彼もまた、自らの商品が価値を持っていることを知っているのである。

このように私が理解するのは、私がこうした理解を気にいっているからではなく、こうした理解が前章で取り上げた銀行券の価値の基礎を検討する際の、きわめて大きな手掛りを与えるものとなるからなのである。

紙幣の価値評価は有益性とは関係がないということが分かったがゆえに、［今後］不快なアルゼンチン銀行券の物的有益性などといったことにわれわれは心乱されることはないだろう。**むしろわれわれは、次のように自問しなければならない。「何が貨幣への需要を生むのか」**、と。そう自問するならば、われわれは銀行券の価値の基礎を即座に把握することができるだろう。それゆえに、銀行券の内的価値ないし金の内的価値——銀行券は後者を名目的に表明したものでしかない——は、われわれにとって**まったくどうでもよいものになる。**ただ貨幣への需要だけがわれわれの関心事となるにすぎない。なぜなら、それだけが［貨幣の］価値を決定するからである。

第三章　貨幣への需要

「貨幣への需要とは何か」という点に関して、きわめて重大な誤りが存在している。

世間全般に言われているのは、次のような主張である。「貨幣への需要は、利子率が騰貴する場合、つまり、銀行で多数の手形が割り引かれる場合等々に、存在している」、と。

けれども、利子率の騰貴が貨幣需要の増大を示す場合、利子率の騰貴が、通例全般的な［商品］価格騰貴、——あるいは同じことに帰するのだが——貨幣価値の下落を随伴するということは、どう説明されるのだろうか。利子率の騰貴が実際に貨幣需要の増加への刺激になるならば、この需要は貨幣価値の騰貴、従って［商品］価格の騰貴ではなく、その下落を引き起こさなければならないであろう。なぜなら、経済法則が示すのは、需要の増大傾向が支配的であるすべての商品は、その価値を騰貴させるからである。

経済法則も、自然法則と同様に、絶えず同一に作用する。たとえば、私が石を空中に投げるならば、地表の引力が作用して、石は必ず再び地表に戻ってくる。それと同じくひとつの生産物の需要が増大するならば、その生産物の価値は不可避的に騰貴する。このような理由から、利子率の騰貴が貨幣需要の増大への刺激になるといったようなことは、ありえないことなのである。まったく反対に、利子率の騰貴は貨幣価値の下落を随伴するがゆえに、貨幣供給の増大を引き起こすことになる、こう言えるだろう。この命題を確証するための更なる理由を、われわれはここであらためて指摘する必要はないだろう。なぜなら、ここでは、需要と供給の法則に言及すれば十分だからである。

従って、――絶えず様々な物品の所有変換に関係するのは、需要と供給だけであるということ、また貨幣への需要が、貨幣以外のその他の物財が供給されるところにおいてだけ、支配的になりうるということ、こうしたことをわれわれがありありと思い描く場合には――われわれは、利子［率］の騰貴は、実際には貨幣供給の増加を示すということ、かくして利子［率］の騰貴は［商品］価格の騰貴を随伴するにちがいないということを容易に確信することができるだろう。つまり、ペソの兌換はいかなる取引業務でもないがゆえに、その種の取引は、いかなる点でも貨幣価値に影響を与えることはできないのである。

たとえば、貨幣融資を銀行に求める商人は、この貨幣と引き換えに債務証書、すなわち支払約束書を与える。かくして彼は貨幣と引き換えに貨幣を提供するのである。それはいかなる交換でもなければ、貨幣へのいかなる需要でもない。

しからば、貨幣への需要とは何か。

上述の経済法則は［われわれに］次のように語る。「需要を増加させつつあるすべての生産物は、その価値を騰貴させる」、と。では、われわれは、貨幣価値の騰貴をどのように理解したらよいのだろうか。またわれわれは、［商品］価格の下落をどのように理解したらよいのだろうか。

商品供給が増加する場合、すなわち、産業活動が成長する場合、そして豊作が生じる場合、われわれは、貨幣価値の騰貴を確認することができるだろう。その場合、われわれは、経済法則との矛盾に陥ることなしに、貨幣への需要が支配していると言うことができるのである。

従って、需要が［貨幣］価値を騰貴させるのであって、たとえば、その「内的価値」が［貨幣］価値を騰貴させるのではないがゆえに、かくして商品の供給が貨幣への需要を引き起こすがゆえに、アルゼンチン銀行券の価値の基礎は、商品供給以外の何ものでもないと結論づけることができるのである。

商品供給が優勢であるところでは、貨幣への需要もまた優勢であるということ、つまり、商品が供給されているところでだけ、貨幣が求められるにすぎないということなのである。

貨幣を必要とする人々とは、貨幣を借りる人々ではなく、商品を供給する人々のことである。かくして貨幣への実際の需要は、価格が下落しているところでだけ、存在しているにすぎないということなのである。

われわれはこれから、商品供給とは何かを検討しなければならない。なぜなら、商品供給は貨幣価値の基礎であるがゆえに、商品供給がいったいどこから生れるのか、そして商品供給はどうして貨幣への需要を引き起こすのかを知るということは、重要な意義を持っているからである。

第四章　商品供給――貨幣への需要

われわれは、「商品」というものを次のように理解する。「商品」とは、商品所有者に有益な存在になる前に、その他の生産物と引き換えに交換されねばならないすべての生産物である、と。つまり、生産された瞬間から、［交換を通じて］生産場所から［生産場所とは異なった］消費場所に届くまでの生産物のことを、われわれは「商品」という。このような理由から、自己の必要のために生産される生産物は、商品たり得ない。なぜなら、［その場合には］生産場所が同時に消費場所になってしまうからにほかならない。たとえば、羊毛は刈り取った日からセーターに形態変化した後でも、それを着る人の手に渡るまでは商品である。だが、それを彼が着た瞬間から、この羊毛は商品たる性格を失ってしまう。なにゆえなのか。それは、今やその所有者に有益なものになっているので、もはや交換をする必要がないからである。

そもそも商品は、その［最初の］所有者にとっては有益なものではない。反対にそれは、彼にとっては負担になることを意味している。従って、彼がこの負担［商品］を販売することで厄介払いできなければ、彼はそれを廃棄物にし、他の労働［仕事］を求めることになるだろう。

たとえば羊の群れの所有者は、何千もの束の羊毛を販売することができなくなったならば、この何千もの束の羊毛をどうしたらよいというのだろうか。彼は、それを不用ながらくたとしてどこかに放置し、破棄する以外にはない。

ここで次のような異論が出されるだろう。「羊の群れの所有者は、その購買者がいなくても、羊毛を彼の田畑の肥料として利用するならば、その所有から利点を引き出すことができる」、と。だが、この場合、羊毛の束は商品たる性格を失う。なぜなら、この場合、生産場所が同時に消費場所になるからである。それに対して、生産物は、交換される場合にだけ商品となるにすぎない。このことを考慮すれば、今私が述べてきたことは、けっして誇張したことではないのである。生産物が商品たる性格を失わないかぎり、つまり、生産物がその消費場所に達していないかぎり、その生産物はその所有者にとってひとつの負担でしかない。商品は［その所有者にとって］いかなる内的有益性も持たないからである。というのも、もし生産物が［その所有者にとって］このような有益性を持っていたならば、それは商品になることがなかっただろうからである。つまり、羊毛がすでに商品でないとすれば、羊毛は有益でない生産物から有益な生産物に転嫁しているということなのである。

周知のように、商品は分業の所産である。つまり、商品が生まれるのは、諸国民が分業を導入している場合だけである。［この場合］、分業が発展していればいるほど、それだけいっそう商品の数もまた豊富になるという関係にある。

ところで、［最初の］所有者の手にある商品はいかなる有益性も持たない。それゆえに、商品生産を基礎づける分業は、絶えず商品供給を随伴するものになる。なぜなら、分業の生産物が販売用に供給される場合にだけ、この分業の生産物は、その所有者にとって有益な生産物に転嫁しうるからなのである。従って、交換や販売が不可能であることが判明した場合には、生産者は自らの労働を放棄することになる。なぜなら、この労働は彼にいかなる有益性ももたらさないからである。かくして交換が可能であるということが、分業、つまり、商品生産の決定的な条件になるのである。

こうした分業は、人間に大きな利益を与える。そのために、人間は生産物の交換にともなう困難性を克服しようときわめて早い時期から試みてきた。物々交換の中に大規模に認められるこのような困難性は、貨幣の導入と完成とによって漸次緩和されてきたと言ってよいだろう。だが、このような困難性は今日までなお完全には克服されているとは言いがたいのである。そのことを示すのは、しばしば起こる破滅的な経済恐慌であるだろう。こうした経済恐慌は商品流通を中断させるばかりでなしに、生産者がきわめてしばしば自らの労働を放棄せざるを得ないという事態を伴いながら商品流通を不可能にさせるからでもある。

私は、ここで貨幣の歴史に触れるつもりはない。私の目的にとっては、すべての者がすでに知っている次のことに言及すれば十分なのである。つまり、「生産者が自分自身にとって無益である商品を自分にとって有益な生産物と交換したいならば、彼の生産物はなによりもまず貨幣と引き換えに販売されなければならない」、と。ところで、生産物を物々交換で譲渡するというやり方は、［今日でも］法律上禁止されていない。だが、このやり方は、今日きわめて困難なので、すべての生産者が自らの生産物から利益を引き出したいのであるならば、——貨幣の使用以外の他のやり方で交換を行うことが不可能であるがゆえに——、自らの生産物を貨幣と引き換えに販売することを文字通り余儀なくされているのである。いかなる法律も、羊の群れの所有者が羊毛の束をスウェーデンに送り、それと引き換えにマッチ箱を受け取るというやり方を禁止していない。だが、このようなやり方を行うには、莫大な費用と労力とがかかる。従って、こうした物々交換のやり方は、実際上法律による禁止と同じ事態を引き起こすことになっているのである。

かくして、今日商品を物々交換のやり方で譲渡することの文字通りの不可能性のために、すべての人間に貨幣の利用が強制されるという事態が生れているのである。

法律もまた、われわれすべてが必ず貨幣を使用しなければならないという事態を引き起こすことに寄与している。今日法律は、「租税債務の支払いを貨幣で行うべし」と規定している。従って、租税は、最終的に国家と市民の間のサービスや商品の交換以外の何ものでもないがゆえに、すべての者は貨幣の使用を法律的に強制されている状態にあると言っていいだろう。もっと正確に言えば、国家は租税を貨幣で徴収することで、貨幣の使用を義務づけているばかりでなしに、分業そのものをも義務づけているのである。なぜなら、租税を支払うための貨幣を所有できる唯一の現実的可能性は、分業に基づいて生産される商品の生産と販売とに依存しているからなのである。**(注意せよ！*)**

＊私は本書の重要な各箇所に「注意せよ！」**Achtung!** と付して、本書の読者にその箇所に特別な注意を向けさせるようにしている。というのも、それらの箇所は、私が本書の第二分冊で提案する［予定の］私の金融改革論を擁護してくれる強力な論証として役立つものになるからなのである。

商品交換のために貨幣を使用することへのこうした実際上の法律による強制は、自ずと貨幣への強力な需要を生むものになる。そしてこの貨幣への需要は、分業が発展すればするほど、それだけいっそう大きなものになるにちがいないということなのである。

従って、われわれはこの点にこそ、貨幣価値の本当の基礎——**貨幣を使用することがすべての人にとっての義務になるという命題**——を有するのである。この命題こそが、分業の生産物を物々交換のやり方で販売することの実際上の不可能性によって強められながら、商品生産に対応する貨幣需要を作り出すことになるのである。「それは次のような論理にまとめられる。」価値の基礎は需要である。**それゆえに**、貨幣は、――分業は商品生産に導き、商品生産は必然的に貨幣需要を生み、貨幣需要は貨幣価値を作り出す**がゆえに**――、分業が存在するかぎり、自らの価値を保持することになるにちがいない、と。

他方、「貨幣価値は取引所のような蒸留装置の中で完全に気化してしまうのではないか」、また「紙幣の価値は銀行預金とともに消滅してしまうのではないか」という恐れを抱いている人々がいる。こうした恐れを抱いているすべての者は、「今や」静かに就寝することができる。というのも、アルゼンチン通貨の価値は、銀行預金や国家保証よりもはるかに堅固な基礎を有しているからなのである。

たとえば、アルゼンチン銀行券は、その価値の保全のために金準備や国家保証を持つ必要がない。なぜなら、アルゼンチン銀行券は、その価値の基礎として分業とそこから生じる商品供給とを有しているからである。しかるに、分業は、けっしてこの国から消滅することがない。

すべての経済学者は次のように言う。「良き貨幣は内的価値を持たなければならない。従って、良き貨幣は産業にとって有益な素材から製造されていなければならない」、と。何のためになのか。たとえば、それは価値を生み出す有益性のためになのか。ここで言う金の有益性とは、貨幣需要を生み出す産業的利用にあるとでも言うのだろうか。それに対し、自らの債務を支払いたい者あるいは自らの生産物を販売し他の生産物を手に入れたい者にとっては、貨幣が金、銅、紙から製造されているのかどうかは、まったくどうでもよいことである。生産者が持ちたいと望むのは、**貨幣**、すなわちあらゆる生産者に必要とされるがゆえに、彼自身の生産物の適切な反対価値の保証になる生産物なのである。

「貨幣は内的価値を必要とする」、こう主張するすべての者は、内的有益性が価値を作り出すという誤った前提から出発しているのである。それに対し、今やすべての任意の生産物が有益であるのか否か、必要であるのか否か、素晴らしい匂いがするのか嫌な匂いがするのか、関心があるのか否かなどといったこととはまったく関係なしに、実際には需要だけがすべての任意の生産物に価値を付与するのである。

しかるに、アルゼンチン銀行券の価値は、「擬制的価値」として特徴づけられてきた。だが、すべての人間は、少し考えれば、擬制的価値なるものは存在していないし、また［これまでも］存在してこなかったばかりか、［今後も］存在することがないだろうという確信を抱くことになるだろう。

人間関係の中に何か確固たるものが存在しているとすれば、それは、価値に関係するものである。価値論に難しさがあるとすれば、それは、需要が価値を作り出すのに十分であるという確信とともに、アルゼンチン銀行券の価値は、あらゆる貨幣と同様に、ただ物々交換の困難性や分業とに依存しているという確信に辿りつく点にあるにすぎない。ちなみに、鉄道の価値は、鉄道に投資された資本量にあるのではなく、専ら動物による輸送の困難性にあると言ってよい。競争を考察外にすれば、鉄道の価値は、その投資資本とはまったく無関係である。その建設にどれほどの費用がかかろうとも、その価値は同一のままになるだろう。ただ鉄道会社のサービスに対する大小の需要だけが、この鉄道の価値を決定するのである。つまり、貨幣価値を決定するものは、その生産にどれほどの費用がかかろうとも、つねに貨幣への需要の大小なのである。

第五章　貨幣の供給―商品への需要

われわれが、アルゼンチン貨幣の価値の基礎への十分な確認を行った後に、われわれの関心事となるだろう唯一のことは、貨幣価格の決定方法、つまり貨幣量と商品量との間の一定の比率［の問題］である。なぜなら、われわれは、分業が貨幣価値の基礎であることを知っていても、この価値がどれほどの高さになるのかをなお知らないからである。けれども、われわれは、この問題の検討に立ち入る前に、生産者が――自らの生産物と引き換えに受け取ることを余儀なくされているところの——この貨幣で何をするのかという点を明確にしておかなければならない。従って、われわれは、事実をより正確に評価できるような貨幣の定義づけを行うことに努めなければならないだろう。

ここでは、分業が一、〇〇〇束の羊毛を羊の群れの所有者のものにしたけれども、彼は自らにとってのその無益性のために販売することを余儀なくされたという事実から始めよう。その際の販売代価となったのは貨幣——それはその生産者にとっては自らが生産した羊毛よりもはるかに無益な生産物であった——だった。羊の群れの所有者はこの貨幣で何をするのか。［もっと正確に言えば］彼が、紙幣を使う人をだれも発見できなかったならば、彼はこの紙幣で何をしたらよいのだろうか。［彼は何もできないだろう。］

けれども、羊の群れの所有者は少しも不安に陥らず、貨幣と引き換えに自らの商品を購入する人を発見できると確信している。なぜなら、羊毛で紙幣を購入することが彼にとって不可欠だったように、他の生産者たちも同じ状態にあるからである。つまり、ワイン、長靴、レンガなどを生産している他の生産者たちも同じ状態にあって、これらすべてものを**貨幣と引き換え**に販売することを余儀なくされているからである。

羊の群れの所有者は、法律、習慣、そして自らの生産物を貨幣以外の方法によって交換することの不可能性などの理由から、貨幣を受けとることを余儀なくされていた。けれども、このような義務は、［羊の群れの所有者にとってばかりでなしに］、すべての生産者にとっての相互義務でもある。こうした相互義務が、それを購入することを余儀なくされているすべての人々への貨幣の販売を保証するものとなるのである。

かくして、分業と貨幣による税徴収とがすべての貨幣所有者に貨幣の購入者の存在を保証する。それと同時に、貨幣の無益性、つまり**その内的価値の絶対的欠如**が生産者に販売を保証する。なぜなら、貨幣所有者は購買を行うことによってしか自らの貨幣価値を実現できないからである。（**注意せよ！**）

換言すれば、法律や分業が、生産者に貨幣の購入を強いるのであり、また貨幣の内的な無益性が、彼をしてこの貨幣を再び販売することを余儀なくさせるのである。

それに対し、もし貨幣が、経済学者によって信じられているような内的価値を持っていたならば、貨幣所有者は、どうして貨幣の販売を余儀なくされるのだろうか。他方、貨幣所有者が貨幣の販売を強いられることがなかったならば、他の生産者は自らの生産物をどのようにして販売できるのだろうか。こうして生産者が自らの生産物を販売できないならば、彼は自ら生産活動を放棄することになる。なぜなら、彼にとって自己の労働生産物は販売を媒介にしてだけその価値を得られるにすぎないからである。

従って、こうした貨幣の内的価値は、労働へのブレーキの役割を果たしたことだろう。その結果、商品の販売はもとより生産者自身も、次に述べるような恐るべき深刻な状態に陥ることになってしまっただろう。

まず国家は、貨幣による税の徴収を行うことですべての市民に分業を強いる。そしてこの分業は、交換によってだけその価値を獲得できるにすぎないような商品の生産に導く。けれども、こうした交換は、貨幣がその内的価値を持っているために、偶然にも貨幣を管理している人々によって消費されたりまた固持され続けたりしたならば、不可能になっただろう、と。**（注意せよ！）**

このような論旨から、われわれは経済学者が述べる主張に直截に対立するばかりでなしに、先回りして次のような事実をも確認することができるのである。「良い貨幣は、いかなる内的価値を持ってはならない。その内的価値（その素材の価値）が小さければ小さいほど、貨幣はそれだけいっそう良い貨幣になる」、と。

商品は、その商品所有者にとっては「大きな」負担である。また商品は、交換を通してだけその有益性を獲得できるにすぎない存在でもある。従って、生産者がいかなる購買者も発見できないならば、つまり、商品を貨幣へと転化させることができないならば、生産者は自らの労働の果実を失ってしまう。**それゆえに、彼の販売努力を成果のあるものへと保証する唯一の要因は、まさしく貨幣の内的価値の欠如ということなのである。**

このように貨幣の内的無益性は、生産者が自らの義務を履行できる唯一の保証、すなわち彼が分業の一翼を担うことができる唯一の保証なのである。従って、貨幣の内的無益性が完全なものになればなるほど、それだけいっそう商品が購買者を発見できる保証もまたより確実なものになっていくのである。

だが、人々は次のように問うだろう。「ひとつの生産物はいかなる内的価値も持たずに、価値尺度という貨幣の機能に不可欠な価値をどのようにして獲得できるのだろうか」、と。

こうしてここに、われわれの理論を使用する二度目の機会が与えられるのである。われわれの理論によれば、ひとつの生産物に価値を与えるのは、その内的価値ではなく、それへの需要だけである。この貨幣への需要は、分業の結果としての商品供給から必然的に生じる。そしてそれは貨幣に価値を与える。しかも、それは、貨幣を作る素材とはまったく関係なしに行われるのである。つまり、貨幣価値は、商品の供給、すなわち分業に基づくものであって、貨幣そのものによるものではないということなのである。従って、貨幣価値を評価するためには、貨幣を作る素材にではなく、商品供給に注目しなければならないのである。

かくして貨幣価値を、貨幣を作る素材から測定しようとする者は、聖バルバラの聖遺物の価値をそこに含まれた燐酸塩から評価しようとする科学者と同じ過ちを犯すことになる。なぜなら、聖遺物の価値を構成するのは、燐酸塩ではなく、その聖人性だからである。つまり、貨幣の素材は貨幣に価値を与えないということ、貨幣に価値を与えるのは、別の要因、とりわけ市場への商品供給であるということである。こうした商品供給なしには、貨幣の価値は素材の価値に、すなわちどうでもよいものに限定され続けることになってしまうだろう。従って、世界市場への商品供給が金へのいかなる需要を持つことがなかったならば、銀行に堆積されているこの金属は、いったいどのような価値を持ったと言うのだろうか。

第六章　需要と供給

需要が価値を作り出すにしても、それだけでは価格を決定できない。また分業が商品供給――それは今やそこに貨幣への需要を生み、貨幣に価値を授ける――を作り出すにしても、分業だけでは、貨幣価値がどれほどの高さになるのかを言うのに十分ではない。

われわれは、自らの商品を所有する生産者が貨幣への需要を持っているということ、彼らは、自らの商品の譲渡によってしかこの貨幣を手に入れることができないということ、こうしたことを納得できて以来、われわれは、貨幣がなにほどかの価値を有しているということを知るのである。つまり、われわれは――商品を購入できるのは貨幣だけであるがゆえに、また生産者が自己の欲求の充足を得たいならば、商品を生産するばかりでなしに、自らの商品を貨幣と引き換えに販売することをも余儀なくされるがゆえに、そして租税は貨幣によって支払わなければならないがゆえに――貨幣がいくばくかの価値を有しているということを知るのである。

国家がすべての国民に租税を貨幣で支払うように強制して以来、貨幣所有者は、自らの貨幣にはなにほどかの価値があるという保証を与えられているのである。（注意せよ！）だが、貨幣に価値があることを彼に伝えるものは、紙幣に記載されている銘文でもなければ、貨幣の製造者、すなわち国家でもない。

たとえば、一ペソの価値を持つ紙幣の場合、その一ペソとはどれくらいのものなのか。その場合、貨幣自体が、自分は満天の星の中のひとつの星ないしひとつの座位ほどの価値でしかないと言った方が、貨幣の価値を、今日の銘文によるよりもはるかに明確に定義できるだろう。

ところで、一ペソは今日高い価値を持つこともあるし、明日には低い価値しか持たないこともある。つまり、そのことは、一ペソは時には籠一杯のサラダを購入できる場合もあるし、他の場合には数枚の葉しか買えないこともあるということなのである。

要するに、いかなる変動も受けることがない正確な価値といったものは、存在しないのである。貨幣もまた、そのような不変の価値を持つことがない。従って、貨幣にそのような不変の価値を求めようとする者は、解決不可能な問題に解決を求めることと同じなのである。たとえば、自分の商品に「固定価格」という銘文の正札を付ける商人は、自らと自らの顧客とを騙しているのである。つまり、この「固定価格」を守ろうとする人は、大洋の荒波の上に固定した建造物を建立することと同じ行為をしていることになる。

しかるに、貨幣は、交換取引を二つの行為に、すなわち販売と購買とに分解する。従って、交換取引には販売者と購買者とが存在することになる。この両者は、対立した利害を持つ。なぜなら、すべての者は可能なかぎり少なく譲渡し、それと引き換えに可能なかぎり多くを得ようとするからである。それゆえに、この目的のために両者は数多くの欺瞞的トリックを使用することになる。その場合、あらゆる所有者変換に先行するのは、合法的な戦いである。だが、その戦いは、両者が受け入れるような均衡点で「最終的に」終了する。この均衡点こそが**価格**なのである。つまり、価格は、商品の価値とは何の関係もなく、むしろ購買者と販売者によって締結される契約を表明したもの、従って、関係者に影響を与える何千もの要因の総括としての、需要と供給の関係を表明したものなのである。

たとえば、一人の破産候補者が高利貸しに商品を捨て値で販売するならば、人々はその価格を目にして即座に次のように認識するだろう。「販売者は経済的に劣悪な状態にある。そして購買者は道徳的に品位がない」、と。

このようにして価格は、しばしばわれわれに［商品の］長い歴史を物語ってくれるけれども、商品と貨幣の価値についてては何も物語ることがないのである。

すでに述べたように、価格は、購買者と販売者によってサインされた契約に表明されたところの、需要と供給の間の比率を反映したものである。

この供給と需要は、一般的に言えば、人間の必要に依存していると言うことができるだろう。事実、少なくとも人間の必要は、供給と需要が制御されている場合には、もっとも重要な要因になると主張できるだろう。だが、ここで問題になるのは、多数の金融上の無分別な行為という大きな誤りとその原因についてなのである。

需要の起源は、疑問の余地なく、自分では生産できないために自らの生産以外の方法によって調達しなければならない生産物を所有することへの必要性である。だが、この場合、［自分が必要とする生産物の所有者である］他の人々はほとんどの場合、未知の人である。従って、彼は、彼らとの贈与の関係を期待することができないし、またそのようなことを想定することもできない。それゆえに、自分では生産できない生産物を望む人々は、その所有者に対して交換用の何ものかを提供しなければならない。すでに示したように、需要はけっして必要だけではなく、交換にふさわしい価値を持ったものを提供する能力にも、つまり、交換にふさわしい価値物の所有にも、依存しているのである。かくして交換にふさわしい生産物の所有なしには、必要を需要に転化させることができないのである。さもなければ、必要と需要は、その逃げ場を物乞いと寄生とに頼らねばならないことになってしまうだろう。

それゆえ、交換価値の存在だけが、必要を需要という地平に引き上げることになる。従って、われわれは、そのような交換価値の存在という単なる事実に着目し、そこから出発しなければならない。

たとえば、靴屋は、貨幣を近々必要とすると予測しながら、労働している。だが、彼の労働の直接的果実——靴——は、彼にとって有用でないばかりか、重荷ともなるものでもある。

靴屋が自らの生産物に高い価値を得たいならば、彼はそれを販売しなければならない。だが、販売に至るまでは彼の家屋は靴で溢れている。そのために、彼は、盗み、火災、埃、鼠などに用心しなければならないし、様々な費用をも負担しなければならない。それゆえに、たとえ彼が販売したくないという理由を持っていた場合でも、彼は自らの生産物を販売することを強いられるのである。つまり、靴が単に存在するというだけで、その生産者がそれを望んでいるのか否かということに関係なく、またその生産者が貨幣を必要としているのか否かということに関係なく、その生産者に**靴の販売を行うことを強いるのである**。このように靴の場合になされていることは、大なり小なり、すべての商品の場合にもなされていることなのである。**（注意せよ！）**

従って、靴を供給するものは、本質的には靴屋ではない。**むしろ靴それ自体が、自らを供給するのである**。つまり、靴屋の個人的必要が靴の供給を作り出すのではなく、靴の存在それ自体が靴の供給を強制するのである。**この場合、供給の代理人は靴屋ではなく、靴それ自体なのである。**

商品の単なる存在自体が商品供給を強制するけれども、そのことは、その所有者の必要とは無関係に行われる。従って、大量の商品が存在するところでは、供給も大量になる。なぜなら、**商品は自ら自身を供給するからなのである**。

［換言すれば］商品所有者は、市場への商品の供給を拡大したり、縮小したりすることに関与することができないということなのである。つまり、商品所有者は販売権を与えられず、むしろ彼らが商品から販売権［の委託］を得てその通りに販売するだけでしかないということなのである。

生産者は、場合によっては販売を遅らすことができるだろう。だが、彼が［自らの商品を］販売しなければならない日は、遠からず必ずやって来る。つまり、商品はその所有者に販売を強制しているのである。というのも、販売こそが、分業の本質と目的だからなのである。

商品の持つ特有性とは、譲渡の義務である。なぜなら、譲渡は商品所有者にとって自らの商品を有意義なものにするからである。従って、われわれが今後も、「商品の存在それ自体が、初めてその所有者の個人的必要を需要に転化させる可能性を与える」という考えを持ち続けていく場合には、私が、「商品は供給を代表するものであるばかりでなしに、供給、**すなわち個人化された供給をも実現する**」と述べても、それはなんら誇張した表現とはならないだろう。

つまり、人間の必要は、供給に間接的な影響だけしか与えないということである。なぜなら、商品生産は「人間の」必要に依存するにしても、商品が一度存在してからは［人間の］必要とは無関係に商品が供給されるからである。

以上が供給論である。次にわれわれは需要論を展開しよう。

商品というものは、その生産者の手中にあるかぎり、何の有益性も持たない。従って、この事実は、保管と保存の費用という事実とともに、生産者を販売へと強制する。しかも、そうした販売の強制は、生産者の必要や個人的利害を考慮することなしに行われるといってよい。しかるに、そのことは、貨幣の場合にも妥当しないのか。貨幣の「内的価値」は、貨幣所有者にとっては全くの無益である。それは、羊の群れの所有者にとっての羊毛よりもはるかに無益なものである。従って、貨幣の保存費用が商品の保存費用よりもはるかに少ないにしても、保存費用がかかるという事実は、この生産物の無益性という事実とともに、貨幣所有者が［保存する］意志を持っている場合でも、貨幣の処分を彼に強いることへの十分な理由になる。

かくして貨幣は、貨幣所有者の必要とは関係なしに、自らを処分・支出することを、すなわち流通することを強いられるのである。

それに対し、銀行家の場合、——私がこれから論及しようとする理由から——貨幣が保存費用をはるかに上回るような価値増殖を行う場合にだけ貨幣を保存するにすぎない。

商品の単なる存在それ自体がその供給を強制するならば（その結果としての貨幣への需要を持つならば）、貨幣の単なる存在自体も、商品への需要（貨幣供給）を強制するものになる。

まさしく、大量の商品が存在するところには、貨幣への強力な需要もまた必然的に存在することになる。それと同じように大量の貨幣が存在するところには、商品への強力な需要もまた必然的に存在することになる。しかも、そうしたことは、その時々の所有者の必要とは無関係に行われるのである。

生産者が自らの商品によって販売を委託されるように、貨幣所有者も商品所有者と同様の状態に陥ることになる。つまり、商品と同様に貨幣もまた、その所有者に購買を委ねることとなる。

ところで、供給は、生産者の必要に依存するものではなく、商品の存在それ自体に依存するものである。それに対し、需要も貨幣所有者に依存するのではなく、貨幣の存在にのみ依存する。

たとえば、通常の食欲を満たしたいと思っている何百万人もの人々がいても、貨幣なしにはほんの僅かな需要も喚起されることがない。他方、大きな金庫に大金を入れている銀行家からは、遅かれ早かれ、個人的必要なしに、大きな需要が生まれるだろう。なぜなら、商品が個人化された供給であるのと同様に、**貨幣も、個人化された需要である**

からにほかならない。

つまり、貨幣と商品は時々のその所有者とは関係なしに、自らの計算にもとづいて行動する。貨幣と商品は、それぞれの所有者に購買や販売を委託する。貨幣と商品は、相互に協議することなしに、二つの独立した人格のように行動する。つまり、商品は貨幣への転化を要求し、貨幣は商品への転化を要求するということなのである。

たとえば、豊作が生じたならば、商品供給と貨幣への需要は増大し、貨幣価値は騰貴する。山師が豊富な金鉱脈を見つけ、多くの新しい貨幣が流通したならば、貨幣供給ないし商品需要は増大し、［商品］価格が騰貴する。貨幣所有者がそのことを望むと望まないにしても、また政府がそのことに抵抗しようと抵抗しまいと、そうなのである。

第七章　制限（抑制）

われわれは、［これまでに］たとえば人間の必要といったような不正確な要因から供給と需要を解放するとともに、こうした人間の必要は供給や需要にいかなる直接的影響も及ぼさないということ、むしろこれらは、専ら商品量や貨幣量の大小に依存しているということ、こうした点をも示してきた。

またわれわれは、商品を供給と同一視し、貨幣を需要と同一視した。その結果、われわれは、貨幣の唯一の正しい定義を見いだすに至ったのである。

かくしてわれわれは、次のような定理、すなわち「貨幣は、その内的価値がこの貨幣と引き換えに交換される商品の等価物ならびにその価値尺度になるところの、ひとつの商品である」といった定理をもはや主張しないだろう。われわれは単に次のように定義するだけである。「貨幣は、［市場に］供給された商品への需要である」、と。

この定義は、商品の性格と貨幣の性格の間にいかなる大きな相違も存在していないならば、すなわち、需要の場合にまったく有効に作用していない要因が供給の場合にも［まったく有効に］作用していないならば、それだけですでに貨幣の価格形成をわれわれに説明するのに十分なものとなるにちがいない。

しかるに、投機家を除くすべての者は、価格の安定性に利害を持っている。けれども、価格の安定性というこうした望みを達成するためには、供給と需要とが価格の固定化に先行した闘争において同一の武器を持つということが不可欠になる。だが、今日［供給と需要は］同一の武器を持ってはいない。需要は、供給が手にできないような武器、すなわち、日々の闘争の結果を歪曲するような恐るべき武器を有しているのである。

われわれは皆次の事実を知っている。「年老いた馬は若い馬よりも安価である。また新鮮な玉子は古い玉子よりも安価である。」またわれわれは次の事実も知っている。「虫に食われてしまった帽子は無傷の帽子よりも安値でしか売れない。」一言で言えば、われわれの周囲にあるすべての物は、自然の破壊力に晒されているということ、つまり、われわれの周囲にあるすべての物は、日々その価値を減じていくということ、こうした事実をわれわれは皆知っている。人間ですら、この自然の破壊力から逃れる術を持たない。われわれは皆こうした事実を体験しているのである。［だから、次のような諺も生まれるのである。］「今日は我が身の上、明日は汝が身の上」、と。

このように、商品は、例外なしに、日々その価値を失っていく。そしてその多くは、一日すらもその価値を維持することができない。かくして、全般的に言えば、物財が有益なものになればなるほど、また不可欠なものになればなるほど、それだけいっそうその破壊は急速なものになる、と。

たとえば、小麦、ジャガ芋、肉などのすべての食物は日々刻々腐敗し、歳月の経過とともに完全に腐敗していく。また機械も［時間の経過とともに］錆び、そして古臭くなる。原料も［時間の経過とともに］変色し、瓶も割れる。パナマ運河の施設も波の被害を受ける。——いったいこのような損害をだれが負担するのだろうか。——

こうした自然の破壊力による損失の他に、これらすべての商品の保存は、それがどれほど不完全な保存しかできないにしても、保管、火災保険、警備員などの法外な額の経常費の出費を引き起こす。そしてその際、見逃せないのは、国家すらもこうした商品管理から利益を得ているという事実である。それゆえに、関税費用、運賃、保険、輸送、荷造りなどの高額な費用を支出することなしには、われわれは商品をある国から他の国々に簡単には移送することができないのである。

われわれがすでに述べたように、個人化された供給としての商品は商品所有者に販売を強制する。それゆえに、今やわれわれは次のように所見する。すなわち、「販売が今日になるのか明日になるのかということは、商品にとってどうでもよいことではない。商品は、トラブルなしに、つまり、時間を損失することなしに販売されたい。なぜなら、そうできない場合には、空気中の酸素が商品の価値の一部を奪い、鼠が商品を齧り、火災が商品を駄目にし、政府が商品に税金を賦課するからである。ジャガ芋がその年に販売できなければ、そのジャガ芋は次の年になれば腐ってしまう。このような理由から、ジャガ芋を今日中に販売する必要がある。かくてジャガ芋がその所有者に、『[販売ができなければ] 費用がかさむから早く [自分を] 売却せよ』と命令する。」

だが、商品は酸素や盗みなどを恐れるばかりでなしに、新しい収穫物をも恐れる。なぜなら、生産は一日も停止することがないからである。かくして、小麦がその年に販売できなければ、次の年にはその新しい競争相手、すなわち若々しく新鮮で強力な競争相手と対峙することになる。

従って、[われわれは] **次のように結論づけることができるだろう。**「**供給は延期できない**し、商品は市場から撤退できない」、と。つまり、商品は次のように言うことができない。「今日の価格は私にとって少しも好ましいものではない。だから、私は、私の商品を家に持ち帰り、一年、二年、一〇年でも待つ。[簡単に言えば] 私は、私の望む価格になるまで待つ」、と。商品が田畑や作業所などで生産されて以来、あるいはそれが生まれて以来、商品は消費に至るまで間断なく供給され続けるということである。つまり商品生産は人間の必要のために絶え間なく進展するがゆえに、**商品供給も絶え間なく続くにちがいない**ということなのである。(**注意せよ!**)

今やわれわれは、需要、すなわち貨幣によって何がなされるのかについての吟味をしよう。

貨幣の内的無益性は、貨幣所有者に商品の購入を、すなわち貨幣価値の実現を強制する。つまり、貨幣は、商品が商品所有者に販売せよという命令を与えるように、貨幣所有者に購買せよという命令を与える。けれども、貨幣は、商品の購入に際してはいかなる期限をも課されることがない。

要するに、貨幣は、購買の実行をその所有者の判断に任す。従って、貨幣所有者にはどんな場合でも、「購買せよ」という命令を実行するための期限が指示されることはない。それは、貨幣が［自然の破壊力によって］減価することもなければ、それほど多額の保管費がかかることもないという理由から、また政府が［貨幣に］税や貢納を賦課することもなければ、盗難保険も問題にならないほど少額でしかないといった理由などからでもある。だが、もっとも重要な理由は、貨幣が、羊毛や小麦その他の商品が年々市場で直面するような新たな競争相手、すなわち新たな貨幣という収穫物に対峙するという事態を恐れる必要がないという点にある。というのも、貨幣の生産は不可能だからである。たとえば、古くからの金属鋳貨制度を有する国々では、金を自由に作ることは事実上不可能である。また紙幣本位制度の国々でも厳しい法律による銀行券製造の禁止のために、事実上貨幣の生産は不可能になっていると言ってよいだろう。

それゆえに、［われわれの社会では］供給を行う生産者は「労働者」と呼ばれるのに、需要を作る生産者は「偽造者」と呼ばれることになる。

かくして、商品にいかなる安息も与えないような新しい生産物という亡霊は、貨幣の場合には存在していないのである。つまり、貨幣はどのような恐るべき敵も持っていないのである。

そればかりでなしに、貨幣は、いつでも自由に市場から撤退することができる。つまり、需要は、［自然の破壊力による］価値の減少や新たな競争相手などを恐れることなしに、一日、一年、一〇年もの間一方的に購入を延期させることができるのである。**（注意せよ！）**

それゆえに、需要は、供給に対して大きな利点と特権とを有することになる。かくして需要の所有者がこの利点を活用するのは、きわめて人間的なことであり、まったく通常のことなのである。われわれは今や、このような特権がいかなる作用を及ぼすのかということを吟味しよう。

その際、［われわれの出発点となるのは］、価格を決定するのは需要と供給であるということである。従って、この価格が安定的であり続けるためには、供給と需要の間の相対的比率がいかなる変動も被らないということが必須になる。

すでにわれわれが見てきたのは、供給は延期できないということ、従って、このような理由のゆえに、また生産の連続性ということのゆえに、供給が連続的でなければならないのに対し、需要は貨幣所有者の思い通りに延期させることができるということ、こうした点である。

今や需要が、こうした連続的かつ間断なき供給の目前において抑制され、その実行を遅延させる場合には、商品価格は下落するにちがいない。そうなった場合、［商品を］安価に購入しようとする者が出てくるだろう。

かくして需要［の実行］を遅延させること、貨幣を秘匿すること、そして貨幣を市場から撤回させることは、貨幣所有者の直接的な個人的利益になるだろう。なぜなら、このような方法によって需要が減退し、価格が下落するとともに、貨幣の強権的権力がさらにいっそう強化されるだろうからである。

［そうなった場合］、貨幣所有者は投機を行う。――需要サイドでは、供給サイドには存在していないひとつの要因、すなわち投機という管理不可能な要因が登場する。――つまり、価格決定をめぐる闘争において需要は、その実行の延期という形態を取ることで、供給が自由にできないひとつの武器、すなわち、あらゆる価格にその流血の痕跡を残す恐るべき武器を有することになるのである。

かくして需要と供給によって署名された講和の記録――価格――は、絶えず流血によって、しかも供給サイドの流血によって、つまり、生産者の汗によって汚されているのである。もし供給が需要と同様に延期できたならば、つまり、商品が日々その価値を失わなかったならば、そして在庫の商品が新商品によって置換されず、供給が価格騰貴を強制できたならば、あらゆる種類の投機は不可能になっただろう。なぜなら、供給のあらゆる抑制は需要のそうした抑制を相殺できたからである。だが、実際には供給を遅延させる作用など廃棄されていたのである。つまり、価格決定をめぐる闘争における供給は、その運動の中では日光、灼熱そして泥に妨げられながら、強力な敵に追われている戦士の如き存在でしかない。それに対し、需要は、堅固な土台の上にしっかりと立ち、大きな樫の木のもとで日光や雨を恐れることもなく、難攻不落な山を背後にして、確実に援護されている戦士の如き存在なのである。

そのような闘争条件の下にあっては、供給は絶えず敗者になる。従って、需要が供給に対して好意的な態度からの降伏を行うとすれば、それは、彼らが自らの有利な立場が持っているあらゆる利点を使うことを恥と感じる場合だけだろう。

供給の状態は需要の状態に比して不利であり、少しも羨むべき状態にないことは、否定できない事実だろう。本来生産者は、尊敬されてしかるべきであるにもかかわらず、今や生産者は、自らの生活を需要、つまり、貨幣所有者の寛大さに頼らなければならないといった劣悪な状態に陥っていると言ってよいだろう。［それに対し、われわれは次のように考えるものである。］需要と供給が同じ武器を有している状態の方がはるかに公明正大であるばかりか、均衡のとれたものでもある。［その場合でも］、供給は抑制することができないがゆえに、需要は延期する力の行使を控え目にしなければならない、と。（**注意せよ！**）

ところで、投機は商品が存在するだけでは不可能である。事実、物々交換の時代には投機はまったく不可能であった。なぜなら、需要も供給と同様に、その所有者にあらゆる種類の費用を負担させることなしには、市場から撤退させることができなかったような商品から構成されていたからである。つまり、物々交換の時代には供給はもとより、需要も市場から撤退することができなかったのである。従って、供給と需要の関係は安定していたし、またそれに対応して価格も安定していたのである。

これまであらゆる時代の経済学者たちは、貨幣の価値に関する分厚い著書を書いてきたけれども、それらの著者の多くは、今日の貨幣制度の重大な作用や欠陥を発見できなかった。

そのことがおそらく、これらの著書がなにゆえ分厚いのか、またなにゆえ商人が今日に至るまでこのような研究からきわめて僅かな利益すらも引き出すことができなかったのかということの理由なのである。

以上のことをまとめるならば、需要を延期させることの可能性と供給を延期させることの不可能性とが、投機家による事業の基礎になっているということなのである。けれども、こうした投機は、貨幣の優越性がもたらす諸結果中のもっとも小さな結果でしかない。

その中にはもっと大きな重要性を持つ結果がある。［それはこうである。］すべての堅実な人間そして自由や自立の友は、蓄財の形成に努める。だが、商品の保存にはあらゆる種類の費用が必要になる。従って、蓄財家は、このような費用を可能な限り少なくしようとする。かくして貨幣はあらゆる価値対象物の中でもっとも少ない費用で蓄財を行うことができるがゆえに、すべての人間が行う蓄財は貨幣形態で、つまり需要でなされることとなる。

こうした蓄財は、通例余剰が生まれた時期に形成され、不作の年に使い尽くされる。

余剰は、大抵豊作の結果生まれ、不作は逆に不足を引き起こす。そして今や人々が好景気の年に貨幣を、つまり小麦への需要を蓄財し、その需要を不作の年に使うならば、彼らは、——無意識的ではあっても——豪勢な食事の前で、食卓に何もなくなった時のことを考えて、食事を放棄する男と同じような愚行を犯していることになるのである。

この譬えはけっして誇張したものではない。そうであるからこそ、われわれは次のように所見する必要がある。「多数の国々では、政府は自ら自由にできるすべての手段を用いてこのような蓄財を促進させてきた」、と。

この蓄財という明白な事実は価格にとってどのような結果をもたらすのだろうか。

［それはこうである。］市民が蓄財を形成できる余剰の時期には、［商品］価格は下落する。なぜなら、多数の貨幣が蓄財され、かくして流通から引き上げられるからである。こうした流通貨幣量の減少は、需要の減少を引き起こし、［商品］価格を下落させる。しかも蓄財が強力なものになればなるほど、それだけいっそう［商品］価格は下落することになる。

その後（価格下落の直接的結果として）不況の年が到来し、人々は蓄財に手を付け、自らの預金通帳の残高をゼロにする。つまり、需要は、以前の好況の年に行った蓄財が減少するのに正確に反比例して増加することになる。だが、［商品］価格騰貴の結果、蓄財を持つ市民は、二年、五年、一〇年の間に蓄財したものを一挙に失うことになるのである。

ここアルゼンチン共和国では、何年にもわたって豊作が続いたので、入植者たちは銀行券の形態での蓄財を行い、それを自らの家に隠匿した。

貧困地区に住んでいるけれども、相当な額の貨幣を蓄えている何千人もの入植者たちが存在しているという事実を、私は確信を持って言うことができる。だが、こうした彼らの貨幣は市場には出回らないために、需要が減少し、物価や金価格も下落する。けれども哀しいかな、またもや凶作の年が到来する。従って、入植者たちは自らの蓄財を引きださなければならない。こうして何百万ペソもの貨幣が市場に投入される結果、物価はそれに応じて騰貴し、金は五〇〇マルクにも達する。かくして入植者たちは、物価騰貴の結果、自らの蓄財の半分を失うことになるのである。

このように貨幣蓄財というものは、豊作年が凶作年になるまでの期間中の、需要（飢えの充足）の延期以外の何ものをも意味しないということである。こうした事実は、経済学者たちの主張への反論をなすものである。というのも、彼らは、貨幣価値を支配する法則を構成しようとする際に、この事実を見落としているからである。かくしてそのことが、なにゆえ国民経済学を研究した銀行家と商人が、ドン・キホーテ Don Quijote がアマディス・ドウ・ガウラ Amadis de Gaula の面白い講義に接してそうなったように、間抜けになってしまうのかということを説明するものである。それゆえ、私は次のことを確信する。「年老いたバーリング Baring が、国民経済学を学ぶことを放棄していたならば、彼は自分の金の袋を今日でもなお所有し続けたであろう」、と。

このように需要を延期させることの可能性は、不況の年の価格騰貴の原因ともなるし、また好況の年の価格下落の原因にもなるだろう。もしこうした需要が延期できないものであるならば、価格変動などは生じないであろう。（注意せよ！）

しかるに、物々交換の時代には蓄財は物財でなされねばならなかったし、需要もまた延期することができなかった。従って、豊作の年には商品供給ばかりでなしに、需要もまた大きくなった。それに対し、不作と貧困の年には供給ばかりでなしに、需要もまた小さくなった。かくして、物々交換の時代には需要はため込まれることがなかったし、また余剰の年であっても、凶作の年に利用しようとする目的のために、需要を抑制するといった経済的神経質さが登場することもなかった。それゆえ、その論理的かつ必然的な結果は、価格の大きな安定性、つまり、価値相互の量的関係の安定性ということであった。

バール **Baal** を崇める経済学者たち、彼らは、絶えず金の不変性、すなわち、この金属を交換手段にしているその本質的特性を賞賛する。だが、彼らは次のことを、すなわち「この金属の不変性こそが、人間が自らの蓄財を直接に価値対象物に投資することの代わりに、**貨幣**――需要や交換手段――、つまり、なんの『内的価値』も持たないものを蓄財する理由になっている」ということを明らかにしないのである。［換言すれば］、彼らは、金の不変性こそが、価格を温度計の水銀柱（本来は「**バロメータ**」といわれる）のように絶え間なく騰落させることの理由になっているという点を明らかにしないのである。**（注意せよ！）**

人々が自らの蓄財を貨幣で行う場合に陥ってしまうだろう重大な誤りについては、われわれが金の代わりにダイヤモンドを、つまり金とは別のものを蓄財手段とするならば、一目瞭然のこととなるだろう。従って、われわれは次のような思考実験を行ってみよう。その際の、われわれの出発点となるのは、人間が蓄財手段としてダイヤモンドを使用するという習慣を持っているということである。［そのような習慣が存在しているならば］、何が起こるのだろうか。

ダイヤモンドへの需要とダイヤモンド価格は、人々が蓄財可能となる余剰の時代には一〇％、一〇〇％ないし五〇〇％騰貴することだろう。そして人々が自らの貯蓄で生活しなければならない不足の時代には、本来の需要に代わって大きな供給が登場することだろう。そしてその結果は、一〇％、一〇〇％ないし五〇〇％の価格下落であるだろう。かくして国民は、［この場合でも］自らの蓄財を持っていても、助けにならないということなのである。［他方］国家は、今日、市民が租税の支払いを貨幣で行うように強制している。また債務、つまりなんらかの種類の支払義務も、絶えず貨幣で支払われ、清算される。たとえば、私が入植者に鋤を貸与するならば、私はその鋤の価値を貨幣に換算した債権を持つことになるだろう。つまり、入植者が私に負う債務は、ひとつの鋤という物的債務なのではなく、一定の貨幣額——だれも生産や栽培もできずに、絶えず他のだれかから調達しなければならないもの——という貨幣債務なのである。

従って、人々は、絶えず貨幣支出に不可避的に直面する一方、他方では金銭収入に関しては貨幣所有者の好意に依存するという事態を見ることになるのである。

たとえば市民が、販売向けに製造している生産物を販売できないということが明らかになったならば、彼はどうするのか。つまり、彼が自らの販売向け生産物を販売できなかったならば、彼はどのようにして税金を支払うというのか。また**貨幣**で取り決めたその他のあらゆる支払義務をいかに彼は遂行するというのか。市民が自らの生産物を販売できないならば、彼は何を食べたらいいというのか。また彼は何を着たらいいというのか。市民が望むものは皆お金がかかるというこうした恐るべき状態は克服されねばならないだろう。

それらに加わるのは、生産者の間での商人の活動である。こうした商人の任務は、商品を生産場所から消費場所に移送することにある。商人がこの移送という労働を引き受けるのは、消費者が、商人によって生産者に支払われた貨幣［額］をその費用とともに支払うという条件が与えられた場合だけでしかない。

商人の生産者への支払いは、もちろん商人が消費者から得られる貨幣額に依存している。従って、消費者が多大な貨幣額を提供するならば、需要は大きく、［商品］価格は騰貴する。この場合には、商人は、生産者に高い価格での支払いを行うことが可能になる。

全般的に言えば、商人は、消費者がどの程度の支払いができるのかということを経験上よく知っている。従って、商人は、この自らの経験に基づいて生産者に商品の注文を行う。その後［注文した商品を受け取り］、彼はこの商品を販売する。こうして初めて彼は、自らの販売額から生産者への自らの支払義務を履行することができるのである。

だが、Ａ（消費者）がＢ（生産者）の商品と引き換えに支払うことができる貨幣額は、この消費者［Ａ］が自らの生産物と引き換えに得られた貨幣額に依存している。蓄財、投機家による需要の抑制そして私がこれから下段で指摘するような何千ものその他の理由から［商品］価格が下落した場合、Ａは、Ｂの生産物と引き換えにこれまでと同じ価格を支払うことができなくなる。なぜなら、ＣあるいはＢすらも、自らの生産物と引き換えにＡに対してこれまでよりも少ない貨幣額しか支払わなくなるからである。

［この場合］、商人は価格の後退局面を観察すると、彼は自らの資本（貨幣）を危険に晒したくないがゆえに、またそれ以外にも［商品］価格の下落が今後どれほどの程度になるのかが分からないがゆえに、彼は自らの注文をキャンセルする。［そして彼は、考える。］「おそらく［商品］価格の下落は二％程度にとどまるのか、あるいはそれは四、一〇、二〇、五〇％、またそれどころか一〇〇％に達するのかもしれない。今日、貨幣価値はいかなる騰貴もしていないがゆえに、だれも［商品］価格がどれほど下落するのかについては分からない」、と。従って、この場合、損失を防ぐ唯一有効な方法は、自らの貨幣を流通から引き上げることである。商人であれば、そうするに決まっている。そうなれば、Ｂの生産物は販売されないままになる。かくして、Ｂは破産する。このような［商品］価格の下落を引き起こす可能性のある多くの理由については、知識をもった商人ならば予見することができるだろう。従って、彼らは、［商品］価格の下落が生じる前に、自らの注文をキャンセルし、自らの貨幣を流通から引き上げようとするだろう。かくして需要は減退し、彼らが逃れようとする価格下落はその願いに反して加速されることになるのである。

［今や、］商品所有者の下に不安が広がる。もっとも不安を感じた者は、［商品］価格の下落が底無しになることを恐れ、自らの事業を大急ぎで処分するだろう。そしてこうした緊急販売は、その［販売の］瞬間から、［今や］滞っている需要量をはるかに越えた供給量の増大を引き起こすことになる。

こうして［商品］価格は、まさしく絶望的な底値の水準にまで下落する。そしてこのような価格下落の効果をきわめて正確に知っている投機家は、この機会を見逃さずに、さらに［商品］価格の下落を煽り立てる。その結果、新聞には、――エジプトの一二の神罰がこの地上に降り注ぐかのように――戦争、害虫、疫病などについての記事が溢れることになる

［今や、］だれも［商品を］購入しない。だれもが［商品を］販売することだけを望む。そのことは当然といえば当然である。第一に、［商品］価格が下落している場合、今日よりも明日買う方がより良いに決まっているからである。第二に、［商品］価格が下落している場合、明日よりも今日販売することの方がより良いに決まっているからである。その上、私の生産物の販売は不確実であるがゆえに、私は、あらゆる事態に備えるために私の貨幣を堅持し続けねばならないからである。

従って、私は何も購入しない。そして私は何も購入しないがゆえに、他の人々も何も販売しない。かくして彼らも、私のところで何も購入することができない。

私は何も購入しないし、何も販売できない。また私は何も販売できないがゆえに、私は何も購入することができない。かくして商品流通は中断し、われわれの状態は物々交換の時代よりもさらに悪くなってしまう。なぜなら、当時は［物々交換の時代には］少なくともだれひとりとして貨幣を持つことの義務を果たす必要がなかったからである。たとえば、火それ自体は炎をよりいっそう強くする風を作り出す。それと同様に、商業流通の中断はそれ自体パニックを生む。こうした経済的パニックの状態に陥った国民を商業の観点から見るならば、これほど興味深くかつ馬鹿げたものはないだろう。

一般的に言えば、なお販売されていない商品は新品で、未使用である。だが、パニックが貧しい人々の魂に入り込んでしまうと、彼らは皆新旧の生産物を市場に持ち込むようになる。その結果、消費場所に到着後商品としての性格を緩慢に失いつつあった物が、突如再び商品的性格を帯びて、市場に出回り、すでに多すぎた供給をさらに多くする

ことになるのである。

こうして私は、以前には一・五〇ペソ、二ペソ、三ペソの価値があったものを一ペソと引き換えで購入するようになる。今やどんな物も価値を持たず、貨幣だけが価値を持つことになる。たとえ土地価格や所有権であっても、すべてのものは底値になってしまう。その結果、高利貸しは［易々と］自らの収穫物を手に入れる。また至るところで競売人のしゃがれた、耳障りな声が聞かれる。［人々は言う。］「どうしたんだ。なにゆえ金は突如高い価値を持つに至ったのか。たとえば金の装身具への需要が増加したとでも言うのか」、と。今や、すべての者は自分が持っていた宝石類を販売している。そしてそれと同時に、それらの生産に必要な金属［材料］の価格もまた絶えず騰貴している。経済学者はこうした事態を次のように説明するのかもしれない。

「**われわれは恐慌の渦中にいる**」、と。しかるにわれわれが知りたいのは、目前の現象ではなく、恐慌の基礎とその原因についてである。だが、経済学者のだれもがこの問題へのある程度満足のいくような答えを与えられないでいる。彼らは、恐慌を天気の如く自然的かつ不可避的現象であるかのように見なし、「**われわれは恐慌を迎えている**」という命題だけを主張することで、われわれの好奇心を満足させることができると考えているのである。たとえば、**ルクワ・ボーリアン Leroy Beaulien** は、必死の形相をしながら次のような主張を行っている。「恐慌は絶えずその国にとっての善行である。なぜなら、恐慌は下剤のように作用するからである」、と。この主張こそ、どれほど気持ちのよい下剤、すなわち快適な理論であることか。ある国が下剤を必要としているならば、その国は病気であるにちがいない。従って、「どこが病気なのか」、と問うのが筋であるだろう。というのも、健康な人間がいかなる下剤をも必要としないように、健康な経済も同様にいかなる下剤をも必要としないからである。

しかるに、地球上のすべての国々では経済恐慌が、絶えず短期間の中間段階をともないながら繰り返されている。いったいどうしてなのか。下剤が、ひまし油を常用した場合のようにその効力を失ってしまうからなのか。［そうではない。］

恐慌の引き金になったのは、［商品］価格の下落である。この価格の下落が、商人をして注文をキャンセルさせ、自らの貨幣を流通から撤回させたのである、と。つまり、［商品］価格の下落が商品流通を麻痺させたのである、と。それゆえに、［経済学者は次のように言う。］「［商品］価格の下落が恐慌の原因である。かくして、［商品］価格の下落が不信とパニックを引き起こす前に、この［商品］価格の下落を克服しなければならない」、と。だが、すべての貨幣所有者が［商品］価格の下落に直接的な個人的利益を有している場合に、この［商品］価格の下落はいかにしたら回避できるというのか。（注意せよ！）

しかるに、［商品］価格の下落を引き起こすためには、貨幣所有者はただ需要を撤回させればいいのである。こうした需要の撤回に比例して、供給が増加し、［商品］価格が下落する。そしてこのような［商品］価格の下落がパニックや恐慌を引き起こすのである。そうであるとすれば、［商品］価格の下落が恐慌の原因ではないということになる。むしろその原因は需要の撤回にあると言ってよいだろう。従って、恐慌の克服のために闘うべき対象は、［商品］価格の下落ではなく、需要の遅延なのである。（注意せよ！）

［以上のことからも明らかとなるように、］［商品］価格の下落は結果であって、需要の遅延こそが恐慌の原因なのである。つまり、経済学者は結果と原因とを混同しているのである。

かくして［商品］価格の下落に先行するのは、絶えず需要の待機ということである。［それはこうである。］まず需要が、次のような目的から、すなわち［商品］価格の下落を引き起こすという目的から、つまり恐慌を引き起こすことで商品を安価に購入しようとする目的から、抑制される。

このように［商品を］安価に購入したいという願望こそが、需要抑制の動機なのである。

それに対し、供給は抑制することができない。というのも、供給は、需要の抑制から自らを守るためのいかなる武器も持っていないからである。従って、需要から供給に対するその特権を奪うことは、公正かつ当然そして健全なことなのである。

しかるに、物々交換の時代には需要は抑制できなかった。こうした物々交換の時代には大きな供給は大きな需要を［必然的に］生んだ。従って、こうした物々交換の時代にはいかなる恐慌も生じることがなかったのである。それに対し、貨幣が物々交換を排除した今日、なにゆえ経済恐慌が猛烈な勢いで次々と襲ってくるのだろうか。それは、この貨幣のために需要が遅延させられているからである。つまり、需要の抑制を阻止できるような機構が存在していないからである。それに対し、供給は自然法則に従う。つまり、供給は投機家の企図に無保護のままに置かれ続けているということなのである。従って、供給が抑制できないのに対して、需要は貨幣所有者の本能や銀行家、高利貸し、投機家などの悪賢い思惑に従わざるを得ない状態に置かれているのである。

われわれは本書の冒頭で次のように述べた。「商品の供給は貨幣への需要を生み、その貨幣に価値を付与する」、と。さらに、「商品の存在は必然的に貨幣への需要を生む。なぜなら、それ以外の方法では商品の価値を実現することが不可能だからである」、と。

それでも、こうした必然性は絶対的なものではない。たとえば、商品所有者が自らの所有物をその下落した価格でも処分できないならば、彼に残されているのはたったひとつの逃げ道、すなわち信用販売だけである。

この信用販売は、古い物々交換を新しい形態にしたものであるけれども、貨幣価値に大きな影響を与える。たとえば、輸入業者は商品を受け取り、その商品を販売しようとする。だが、彼が現金取引の締結に成功しないならば、彼はそれを生活手段取扱商人に信用 Kredit で譲渡する。だが、この生活手段取扱商人も入植者への現金販売に成功せず、収穫後支払うという期限付きで入植者にその商品を販売したとする。その場合、入植者は収穫がなされた後で、自らの債務を清算するために生活手段取扱商人に一定量の小麦を提供するだろう。その後、この小麦は、生活手段取扱商人が輸入業者との貸借関係を清算するために利用されることになるだろう。

すべての取引事業がこのような方法で処理されるならば、貨幣への需要は完全に消滅するとともに、貨幣価値、否、貨幣すらもまた消滅するだろうことは、明らかである。

このように貨幣の直接的媒介なしに遂行されるところの、商品のあらゆる所有変換は、貨幣への需要を減少させるとともに、全般的価格騰貴に寄与するものとなる。

周知のように、あらゆる信用販売の不可欠な前提となるのは、信頼 Vertrauen である。こうした信頼は、商業では絶えず［商品］価格が騰貴していく場合にだけ生まれる。というのも、［商品］価格が騰貴していく場合には、商人は自らの貨幣上の債務を問題なく返済することができるはずだからである。

かくして、［商品］価格の騰貴に平行して信頼もまた増大すると考えている。そして信頼の増大に平行して信用もまた増大する。こうした信用の拡大に平行して現金への需要が縮減し、貨幣価値が下落し、［商品］価格が騰貴する。つまり、信用は［商品］価格の騰貴を引き起こす。そしてこの［商品］価格の騰貴が信用の利用を促進するものとなる。

もしこうした［商品］価格騰貴が貨幣所有者の利益になるものであるならば、以上の理由から、こうした［商品］価格の騰貴は際限なく続くことになるだろう。

けれども、貨幣所有者は少ない貨幣と引き換えに多くの商品を購入したいと考えている。つまり、彼らは［商品を］安価に購入したいので、［商品］**価格の下落**を望むのである。従って、［商品］価格の**騰貴**の根源が信頼の増加の結果としての信用の拡大によるものであるがゆえに、信用の制限を引き起こすためには、貨幣所有者は、ただ不信さえ引き起こせばよいということになる。こうした［不信の］事態が生まれるならば、［商品］価格の下落が生じるだろう。［事実、］銀行家は需要の遅延を行うことを媒介にして、こうした不信をきわめて簡単にまき散らす。というのも、彼らは、需要の遅延を行うことによって［商品］価格の下落と平行した不信を強制的に作り出すことができるからである、その際、どのような不信も、信用の制限や現金への需要増加そして貨幣価値の騰貴といった状態に導くことになるからである。

［こうした状態が生れた場合］、輸入業者は、もはや自らの商品を生活手段取扱商人に信用販売しない。そして後

者もはや入植者に対して信用販売を行わない。［今や］すべての者が貨幣、つまり、銀行券を要求することになる。かくしてすべての者は、更なる価格下落と彼ら自身の破滅に無意識的に寄与してしまうことになるのである。

［今や］貨幣所有者、銀行家そして高利貸しは、彼らが需要の縮減によって達成しようと望んだものを［すなわち、価格の下落を］達成する。そして信用の授与が中断されるのに対応して、現金への需要と現金の価値とは増大する。かくして［商品］価格は下落するけれども、だれも支払えなくなってしまう。その結果、［われわれが］目にするものは、強制競売と破産である。こうして、今や銀行家は［商品を］きわめて安価に購入することができるのである。

今や一ペソ［の貨幣］は、短期間に三倍の価値になっている。つまり銀行家は、需要の単なる縮減を行うことで、左手に握り締めている自らの資本を三倍にするのである。

［それでも］われわれの優秀な経済学者は言う。「われわれの貨幣制度は素晴らしい。ああ素晴らしき交換手段よ」、と。われわれは、前章において次のように述べた。「商品は人格化された供給であり、貨幣は人格化された需要である」、と。またわれわれは次のようにも述べた。「需要が貨幣所有者の意志から独立しているのと同様に、供給は商品所有者の意志から独立している。また商品がその所有者に『販売せよ』と命令するのに対して、貨幣はその所有者に『購買せよ』と命令する。さらに大量の商品ストックが必然的に大量の商品供給を引き起こすのに対して、大量の貨幣ストックは必然的に商品への大量の需要を引き起こす」、と。

今やわれわれが認識するのは、供給の観点から見ればこの理論へのいかなる訂正の必要もないが、需要の観点から見ればこの理論は制限付きにおいてのみ有効となる理論でしかないということなのである。

確かに、貨幣の内的無益性は、貨幣所有者にとっては貨幣を商品に転化させることの必要性を意味する。――その結果、大量の貨幣の存在は、必然的に、しかもその時々の所有者の意志とは無関係に、商品への強力な需要を引き起こすにちがいない。――だが、貨幣所有者は需要を抑制できるということ、すなわち貨幣所有者は商品所有者――商品所有者は、損失や趣味の変化への恐れから商品供給を抑制するといったことができない――とは異なって、買い注文を盲目的に強制されることがないということ、こうした点が配慮されなければならないのである。

つまり、大量の貨幣の存在は、長期的に見れば、貨幣所有者の意志とは独立に、商品への大きな需要を作り出す。だが、貨幣の不変性は、その所有者にこの大きな需要という限界内であっても、国内の価格変動と市況の変動とを引き起こす大きな余地を与えるものとなっているのである。

たとえば、一億ペソを有する国の需要は、疑問の余地なく、平均すれば、一、〇〇〇万ペソしか有しない国におけるよりも一〇倍も大きい。だが、この需要は恣意的に抑制することが可能となるがゆえに、この需要は、いかなる時期にも、現存の一億ペソになるとはかぎらないのである。むしろそれは、その時々に投機目的や貯蓄形成などのためにどの程度の貨幣が流通から撤回されたかに応じて、九、〇〇〇万ペソ、六、〇〇〇万ペソ、三、〇〇〇万ペソなどに抑制されることになる。

従って、商品の場合と同様に、貨幣が貨幣所有者に損害を与えることなしには流通から撤収することができないならば、需要は絶えず国内に存在する貨幣［量］に比例するものとなるだろう。つまり、この貨幣量が変化しないかぎり、需要は絶えず同一であり続けることになる。そしてその結果は、供給の安定性とともに、価格の安定性とが作り出されるということなのである。

［こうした事態の］論理的かつ不可避的な結果である価格の安定性は、貨幣価値を絶えず混乱させてきたところの、あらゆる信用販売を余計なものにしてしまうだろう。なぜなら、商品所有者に支払期限を認めるように強要することは、不可能だからである。

［われわれはここで次のように言いたい。］需要の絶えざる変動は、［商品］価格の絶えざる変動に導く。かくしてこのような価格の変動は、需要の変動と価格の不安定性を増大させるところの、信用販売を強制することになる、と。

この章の最後に、われわれは次のように言いたい。「商品は人格化された供給であり、貨幣は人格化された需要である。供給は管理されながら、自然法則に従っていくのに対し、需要の場合には管理できない要因――貯蓄形成や投機、信用取引――が作用し、価格形成への強力な攪乱ならびに何百万もの商人や企業の倒産を引き起こすものになる」、と。

経済は、絶えず観察されるところの、途方もなく大きな価格変動の排除を政府に要求する権利を有している。このような途方もなく大きな変動が貨幣制度にその原因を有しているだけに、とりわけそうである。なぜなら、貨幣は公的制度、すなわち、その本質上商品流通の容易化という目的を持った公的制度であるからであり、またこうした**商品流通は固定的な価格の基礎の上でだけ促進する**ことができるからでもある。

第八章 生産費

自らの研究の出発点に神の存在を認めてしまう自然研究者は、安易すぎる。なぜなら、彼が自らの周囲に起こる現象の説明に必要不可欠な道具や精神的直感を欠如させている場合には、彼は、神なるものを舞台に登場させて、あらゆる問題を「神の摂理」として簡単に片付けてしまうからである。

金の生産費が貨幣価格を規定するという理論に依拠している経済学者も、それと同様のことをしているのである。彼は、説明できないあらゆる経済的現象――われわれの周囲に起こっているがゆえに、今や説明が求められているあらゆる経済的現象――を、この有名な理論に依拠していとも簡単に説明してしまうのである。

だが、われわれが、この［経済学者の］重要かつ快適な言い訳を棄てたならば、われわれは、これまで経済学者の神とされてきたこの生産費理論での説明とは別の方法での説明を余儀なくされているということが分かるだろう。

経済学者は、貨幣価格を次のようなやり方で説明する。「世界中に普及している金属貨幣は、金の生産費によって規定された価値を有している。この費用は、金を採掘している鉱夫が消費した小麦、肉、衣類、娯楽などの一定量から構成されている。従って、こうした理由から、金の価格は、採掘された金［量］と採掘のために利用された価値

［量］との間の量的比率である。たとえば、金一キログラムの採掘に一、〇〇〇キログラムの小麦ないしこの量の対価となる費用がかかるならば、小麦の価値に対する金の価値は、一対一、〇〇〇の比率になるだろう」、と。

商品と金との間の価値比率をこのような定式に還元した後に、経済学者は次のように説明する。「市場に供給される商品は、金の採掘のために同量の商品を投入したならば得られるだろう、その時々の貨幣量に均衡する」、と。換言すれば、経済学者にとって銀行やポケットは鉱山の一部であるのに対し、商品は鉱山の採掘道具以外の何ものでもないと言うのである。

このような馬鹿げた理論が今日まで真面目な人々の中に多数の信奉者を持っているということ、そのことに私は驚かざるをえない。だが、その際に、経済学者も「価格は供給と需要とによって形成されるが、需要と供給は対立的な利害に従うので、あらゆる取引の前に社交上の言葉の戦い──そこでは供給と需要は、あらゆる考えられうる利益を確実に得るために、講和、すなわち価格決定に至るまで何千ものトリックが酷使される──が先行する」と説明するので、価値論についての経済学者の途方もない愚論もきわめて現実性を帯びたものになってしまうということが、考慮されるべきであるだろう。よろしい。それでは、金鉱山はどのような個人的そして対立的な利害を持つことができると言うのだろうか。このような不活発な素材の山から供給と需要の何が分かると言うのだろうか。あるいは経済学者は、金の採掘に際して克服されねばならない大量の困難を、銀行家が自らの貨幣価格を値切る際に利用する大量のいかがわしいトリックによって帳消しにしようと望んでいるのだろうか。実際、彼らはそうできると信じ込んでいるのである。というのも、彼らは次のように主張しているからである。「銀行家が自らの貨幣に要求する価格を生産者にも約束しない場合には、だれも、生産者に貨幣を受け取るように強制することができないだろう。またたれも、生産者が自らの商品を直接金の採掘に投入するためにフエゴ島に出発することを妨害しない。それゆえに、このような方法によって、彼は、騙されることなしに、確実に自らの生産物の公正な対価を得ることができるのである」、と。

こうした経済学者の主張に対しては、次のような異論が出されるだろう。「だが、そのようなことはまったく不可能なことである。なぜなら、われわれ全員がフエゴ島に行くことはできないからである。またわれわれがその地で実際に鉱脈を掘り当てるということを、だれがわれわれに保証してくれると言うのだろうか」、と。

このようにそのことが可能でないならば、生産費が貨幣の価格を規定するという理論にわれわれは同意することができない。少なくともこの理論を正しいものであるかのように見せるには、金の無際限の採掘が金を必要とするすべての者にとって可能になること、つまり、金の無際限な採掘が商品を供給するすべての者にとって可能になること、こうしたことが不可欠になるだろう。というのも、周知のように、自由競争だけが、生産費が同価値の商品であるにもかかわらず、一方の商品が他方の商品よりも高く評価されるような事態を阻止することができるからである。従って、自由な競争が欠如している場合には、こうした商品の価値的基礎もまた欠如してしまうのである。その結果、[その評価基準として]他のものが求められなければならないことになる。

ところで、生産費が商品の価値に及ぼす影響は比較的小さいものでしかない。なぜなら、商品の価値は生産者間の競争によって規定されるからである。たとえば、競争が大きければ、商品の価値は下落し、競争が小さければ、商品の価値は大きくなる。確かに競争は、全般的にみれば、生産費が低廉になればなるほど、つまり、肉体力と精神力の使用が少なくなればなるほど、またとりわけ不可欠な生産手段の消耗が少なくなればなるほど、それだけいっそう大きなものになる。

たとえば、ポーターの労働は、牛の労働よりもより大きな価値を持つ。なぜなら、ポーターの労働は、肉体労働と並んで頭脳労働を必要とするのに対し、牛は自らの肉体しか使えないからである。

つまり、ポーターは、牛と比較するならば、牛が使うことのできない知識という「生産手段」を持っているという利点を有しているのである。従って、牛はポーターよりも稼ぎが少ない。なぜなら、牛は、知識を欠如させているためにポーターと競争できないからなのである。

他方、水の販売者は、ポーターよりも稼ぎが多い。なぜなら、両者は同一の知識と同一の肉体を必要としているにもかかわらず、前者はそれらに加えて、車と馬とを有しているからである。

従って、水の販売人は、ポーターよりも自らの労働をより高く販売することになる。なぜなら、この職業を営むのに必要な資本をポーターが欠如させているために、ポーターは、——牛が知識を欠如させているためにポーターとの競争から排除されてしまうように——水の販売人との競争から排除されてしまうからである。

それに対し、手工業に従事する専門職労働者の労働は、水の販売人の労働よりもはるかに価値が高い。なぜなら、彼の労働は、水の販売人の労働よりもより長い修業を必要とするからである。こうした修業の欠如のために、牛、ポーターそして水の販売人は、専門職労働者との競争から排除されることになる。従って、このことが意味するのは、彼らが同一の賃金を稼ぐためには手工業に従事する専門職労働者よりもより長く労働しなければならないということなのである。

たとえば、手工業に従事する専門職労働者が一日に五ペソを稼ぐ場合、水の販売人は同じ金額を稼ぐためには二日を、ポーターは三日を、そして牛は四日を労働しなければならないということになる。

今や問題となるのは、五ペソの生産費とは何なのか、まただれがこのような支払額を決めるのか、ということである。

たとえば、手工業に従事する専門職労働者が五ペソを稼ぐ場合、彼の親方は一〇ペソを稼ぐ。なぜなら、両者の修業は同じであるにもかかわらず、彼の親方はそれに加えて道具と顧客とを有しているからである。それに対し、手工業に従事している専門職労働者は、これらを持たないために親方との競争から排除されているのである。これと同じ現象をわれわれは、絶えず確認することができる。たとえば、農家は、手工業者よりもより多く稼ぐ。学者は農家よりもより多く稼ぐ。そして商人は、上述のすべての者よりもより多く稼ぐ。なぜなら、あらゆる科学の中で商業科学がもっとも困難であるという理由からばかりでなしに、商人は、より多くの知的、物質的そして道徳的資本を必要としているという理由からでもある。

以上のことからもわかるように、［商品の］価値を生産費に還元しようとする経済学者のこうした努力は、嘲笑するだけですましうるような問題ではない。［私は問いたい。］「いったいどこに生産費が介在する余地があるというのか。生産物の生産のために使用される価値の合計のうちになのか。」［経済学者は答える。］「その通り」、と。だが、生産のために支出すべき合計額を決めるのはいったいだれなのか。「それは自由競争である」というのが私の答えなのである。

ところで、われわれが羊毛の価値をヨーロッパからの輸入商品との関連において示そうとする場合、われわれは、これらの［輸入］商品が疑問の余地なく、その等価物、すなわち羊毛の生産よりも一〇〇倍もの肉体労働と精神的サービスを消費していることを簡単に確証できるだろう。たとえば、［アルゼンチン］の羊の群れの所有者は、若干の野生動物の助けや若干のより深い農業知識の助けなどを借りながら、大量の羊毛を生産している。そしてその対価となるのは、ヨーロッパの大量の商品である。［この場合］、われわれは羊毛の生産費やその対価となるヨーロッパの商品をどのように理解したらよいのか。というのも、両者は等価物となっているからである。しかるにヨーロッパ商品の生産を羊毛のそれと比較するならば、両者が使用した肉体労働や頭脳労働には大きな相違が見られるだろう。たとえば、羊毛の生産費は、疑問の余地なく、羊の群れの所有者が消費した価値の合計額から構成されている。だが、この合計額は、羊毛の生産とはいささかの関係もなく、専ら羊毛の価値に依存しているといってよい。今や、羊の群れの所有者が期待通りの羊毛価格を得られないならば、彼は、羊毛をわずかたりとも手放さないだろう。その結果、羊毛の生産費はその価値の基礎であることと無関係になってしまう。否、それ以上に羊毛の生産費は、その価値の結果以外の何ものでもなくなってしまう。たとえば、ポーターが一日に一ペソを稼ぐ場合、彼の労働の生産費は同様に一ペソであり、彼が二ペソを稼ぐならば、彼の生産費は二倍になってしまうことになる。かくして、有名な生産費理論は、すべてのポーターが知っている次のような決まり文句に落ち着くことになるだろう。「商品の費用は、価値次第である」、と。

ひとつの商品を生産するのに同じ価値を持つ他の商品よりもより少ない支出ですむ場合、後者の生産者は、もちろん前者の生産に移行することになるだろう。そして両者の価値が両者の生産に必要とされる労力を正当に反映するようになるまで、前者の競争は激化し、後者のそれは減退することだろう。だが、このような過程は、自由競争が物質的かつ精神的生産手段の欠如によって麻痺してしまうことがないということ、こうしたことを不可欠な条件としているのである。

つまり、精神的かつ物質的生産手段の欠如に基づいた生産者間の競争の欠如は、絶えず一種の特権を生むものになる。そしてこの特権の価値は、ひとつの商品の生産とその等価物としての他の商品の生産とのために使用した労力の相違から算出される。

従って、生産費という固定的な価値を主張する場合には、あらゆる商品の生産が例外なしにすべての人間に可能になるということ、つまり、すべての者が同一の精神的かつ物質的生産手段を自由にできるということ、このことを不可欠の前提条件にする。だが、そうしたことは可能でないがゆえに、購買者にとっての商品は絶えず費用分の価値であるのに対して、販売者にとっての商品は価値分だけの費用でしかないのである。そのことが意味するのは、すべての物財の価値は今日競争によって決定されるということなのである。

第九章　特　権

われわれは、精神的かつ物質的生産手段の所有が価値に対して持つその重要性を確信するものである。またわれわれは、生産がすべての者にとってオープンかつ可能である場合にだけ、万物にとっての通常価格、つまり生産費から算出されるような価格が生じるということを確信するものでもある。

そのことは、貨幣の場合にも妥当するのだろうか。もちろん妥当しない。なぜなら、貨幣の生産は、法律によって禁止されているからである。しかもこうした貨幣生産の禁止は、ここアルゼンチンにおいてばかりでなく、金属貨幣制度をなお利用しているすべての国々においても、そうである。というのも、これらのすべての国々においては金鉱山はほとんど存在していないからである。従って、自由競争は、貨幣製造の場合には完全に排除されているのである。そのかぎりにおいて、貨幣所有者は特権——この特権の価値は、貨幣が不可欠であればあるほど、それだけいっそう大きなものになる——を享受することになるのである。［そこで問題になるのは、以下の点であるだろう。］こうした特権はいかに評価されるのか。どうしてこうした特権が貨幣に生れるのか。そしてだれがこうした特権を行使するのか、と。

こうした特権はなにほどかの価値を持つものである。従って、その価値は何らかの方法で実現される。かくしてだれかがその代金を支払うことになる。そのことは確かなことである。その場合、その代金を徴収する者は貨幣所有者であり、そしてその代金を支払う者は、貨幣の購入者である。ところで、アルゼンチン共和国に流通している貨幣の所有者とは、だれなのか。その問いに、人々は次のように答えるだろう。「貨幣を自分の財布の中に持つ者が、貨幣の所有者である。たとえば、私の財布の中に二〇ペソを持っている私は、この二〇ペソの所有者である」、と。これは子供じみた誤りにほかならない。

しかるに、ひとつの対象物は一人の所有者だけを持つことができるにすぎない。またわれわれが、アルゼンチン共和国で営業している様々な銀行の資本を積み上げるならば、われわれは、アルゼンチンの貨幣発行額よりも多額の金額を得ることになるだろう。かくしてそこから次のような問いが生まれる。「何百万人もの住民の財布に分散されている貨幣の所有者とは、いったいだれなのか」、と。

銀行家は次のように言うだろう。「その貨幣はわれわれのものである」、と。そして彼らは、その証拠として彼らの金庫に保管されている為替、債務証書そしてあらゆる種類の債権などを示すだろう。それに対し、民間人はおそらく次のように言うだろう。「その貨幣は私のものである。なぜなら、私はその貨幣を私の財布の中に持っているからである」、と。だが、そう言う場合、彼らは、貨幣が直接であれ間接であれ銀行からやって来たものであるということを忘れているのである。

［結論的に言えば］、銀行は、国内に流通する貨幣の所有者である。つまり、貨幣特権の享受者とは、銀行なのである。それゆえに、その代金の支払いをする者は、自らの財布の中に貨幣を持っている者と同一人物なのである。その際、このような特権が何をもたらすのかは、銀行の配当金から明らかになるだろう。

生産者［貨幣製造者］によって徴収されるこうした貨幣特権は、公正さを求めるならば、生産者にも役立つものとならなければならないように私には思われる。なぜなら、そこには、生産者［貨幣製造者］の独占的制度が存在しているからである。それゆえに、国家という唯一の貨幣製造者が、僅かな補償すら得ることもなく、民間の銀行や外国の銀行に貨幣特権を委ねているというのは、私には奇妙なことのように思われるのである。

貨幣特権の委譲の見返りとしての補償を銀行に要求する国家の権利、こうした権利が要求されているということは、そのような特権が存在することについての証拠がもたらされて以来、もはや疑問の余地のないことになっている。というのも、そこで問題になっているのは、公的制度だからである。従って、この制度から生じるあらゆる利益は公共のものになるべきなのである。

しかるに、貨幣特権の存在は、貨幣の自由な製造を禁止している法律そのものによっても保証されている。貨幣の銀行への集中がなお生じていなかった以前の時期には、貨幣特権は民間人のものであった。だが、民間の銀行が存在するようになり、すべての貨幣を銀行に預けるという習慣が一般化して以来、貨幣特権を利用するのは、銀行家だけになっているのである。つまり、貨幣特権は、貨幣製造における競争の禁止によって銀行家のものとなったのである。

第十章　錬金術

われわれがこれまで見てきたのは、生産費理論がどのような価値を持っているのかということであった。そこでわれわれが示したのは、あらゆる物財に価値を与えるのは、生産手段によって限界づけられているところの、競争であるということであった。

従って、［それに対して一般的に言えるのは、］競争相手の人数が多くなればなるほど、それだけいっそうその価値が低くなるということでしかない。

けれども、競争は絶えず、またいかなる場合にも、競争者の人数に直接依存していると仮定することは、誤りである。なぜなら、競争者の人数は、いわゆるシンジケート、リング、カルテルなど——それらの目的は、絶えず、競争を制限することによって人為的に物財の価格を騰貴させることにある——の助けを借りて、人為的に制限できるからである。

［言うまでもなく］このような談合制度は、一定の商品の生産者あるいはその所有者の人数が少なくなればなるほど、またそれを利用する消費者の人数が多くなればなるほど、それだけいっそう大きな成功の見込みが得られるものとなる。なぜなら、共同行動を取ることの難しさは、関係者の人数の増加とともに増大していくからなのである。

それ以外にも、投機家がある程度の成功を収めたいならば、彼は自らの操作対象にしようとする物財の選択に最大限の慎重さを期さなければならない。なぜなら、投機目的に適した商品の数は、きわめて少ないからである。

従って、［投機が可能となるためには］その物財の所有者の人数が少なく、容易に提携できなければならない。またその［物財の］消費者の人数が著しく多数で、彼らが共同の談合を行うことが困難でなければならない。かくして、［投機に適した物財としては］生活に不可欠な必需品が対象になる。だが、それは代用品を持つものであってはならない。しかもその生産が困難で、価格騰貴の影響を受けても簡単に増産できるものであってもならない。またその保存が簡単で、いかなる在庫費用も生じないものでもなければならない。さらに輸送が容易で、商品の秘密裏の集中が容易に遂行されるものでもなければならない。

これらすべての不可欠な特性を全部持っている物財を発見することなど、偶然の僥倖でしかない。実際、これらの中の一つないし二つの特性を欠如させていたということが、多数の投機が失敗に終わったことの原因なのである。たとえば、フランスにおける悪名高い銅投機は、銅がその他の金属によって代替される可能性を持っていたために失敗したのであった。また小麦投機も、絶えず失敗した。なぜなら、すべての小麦所有者を一つにまとめることが不可能であったからである。さらにブラジルのゴム投機が失敗したのは、ゴム生産が価格騰貴に比例して増産されたからであった。

手短に言えば、われわれが商品カタログを手にして、何百万もの物財を思い浮かべるならば、われわれは次のことを確認できるだろう。すなわち、相対的に重要な物財の場合、投機に成功するための不可欠な前提条件を全部有しているものは、ひとつとしてない、と。

たとえば、小麦はある程度まで不可欠の要件を持っているけれども、生産者の人数があまりにも多く、一日としてひとつに纏まることができない。また小麦の価格が幾つかの地点で騰貴したならば、この穀物の耕作面積は二倍に増加するだろう。そのほかにここでは、保管や輸送などに莫大な費用がかかるということばかりか、［そうした保管や輸送のために］量的減少を引き起こしてしまうということ、つまり、その多くをむさぼり食べてしまうということ、そして少数の人間の手に集中させることが困難であるということ、こうしたことなども問題になってくる。従って、小麦は投機対象の物財から排除されることになる。しかもわれわれは小麦からその他の代替食物に転換できるがゆえに、このような小麦は投機に適していないということが分かるだろう。ジャガ芋は腐る。食肉は高い保存費と高い輸送費を必要とする。それに対し、大量の生きた家畜はそれらのことに加えて流行病の脅威にも晒されている。

それに対し、工業製品の場合、これらは、農産物よりもはるかに生活必需品としての度合が低い。従って、このような理由からも工業製品は、投機にそれほど向いたものとはならないのである。

しかも、これらの物財［工業製品］の生産は、全般的に限界を持つものではない。もし若干の地域での価格騰貴があるならば、これらの物財は短期間に二倍の生産をすることが全般的に可能になる。

それに対し、鉄道、蒸気船航路、電報などがなお存在していなかった以前の時期には、商品投機は一定の市場で時として成功裡に行われた。だが、近代的交通手段がそれぞれの国を全世界との競争の中に巻き込んで以来、その種の地方的投機はほとんど除去されるにいたっている。ここアルゼンチンでも少し前に行われたバインダー用細紐の投機は、電報によって全世界中に細紐が注文されずに、その競争が可能にならなかったならば、また蒸気船輸送が注文量の細紐をその国に迅速に運ぶことができなかったならば、きっと成功裏に行われたことであっただろう。

しかるにわれわれが、このような投機を行うためのあらゆる条件を満たす投機財を探すために商品を次々と思い浮かべても、われわれは、ひとつの投機財すらも発見できなかったであろう。なぜなら、これらの商品はみな生活必需品としての度合いの高さ、不可欠な生産制限そして保存の容易性といったことを欠いているか、または輸送、在庫、保険、削減などに高い費用を必要とするか、多少とも無制限な競争に晒されているかのどれかでしかなかったからである。

けれども、上述したすべての前提条件を最善の方法で満たすひとつの物財が存在している。この物財がわれわれの注目を免れているとすれば、それは、われわれが数世紀以来その物財に対して価値の中での特殊的地位を与え、われわれが領主に対して持ったのと同じような畏敬を持ってそれを取り扱うことに慣れてきたことにある。こうした点については、疑問の余地がない。

［今や］私がここで問題にしているのは、貨幣のことである。この貨幣こそどれほど投機に適したものであることか。この貨幣こそどれほど投機対象に不可欠なあらゆる前提条件を一身に全部集め持つものであることか。

貨幣の自由な製造は、法律によって禁止されているか、物理的にも不可能であるかのどちらかである。また少数の銀行の手中への貨幣の集中もほぼ完璧に行われている。それに対し、貨幣への需要は、何百万人もの人々の間に分割されている。従って、われわれの四人ないし五人の銀行家が、共通の協定を結ぶことがどれほど容易になっていることか。そして貨幣を使用する何百万人もの人々が協定を結ぶことがどれほど困難になっていることか。その他にも、貨幣の保管と輸送にはほとんど何の費用もかからない。また貨幣は減価からほぼ確実に自らを守ることができる。そして貨幣や紙幣が流通しているところではどこでも、外国［の貨幣］との競争は完全に排除されている。

こうした状況は、投機にとってきわめて有利な基礎にならないだろうか。ここで、われわれはいかに投機がなされるのかを少しばかり考察することにしよう。

われわれを襲った大きな恐慌の後にもなお［アルゼンチン］共和国の中で自らの信用能力を保持できたのは、共和国の三つないし四つの銀行であったと言われている。今やこれらの銀行は、民間人が自分の銀行預金を率先して預けようとする銀行になっている。従って、以前には州立銀行、国民銀行、開発銀行、そしてその他の多くの銀行に分散されていた大量の貨幣は、その間に流通の舞台から完全に消えてしまい、今や三つないし四つのこの生き残った銀行に集中しているのである。

もちろん、［恐慌後の］不信がなお十分には克服されていないために、貨幣の大部分が民間人の家に保持されているということは、十分にあり得ることである。だが、このいかなる利子も生まない貨幣額は漸次減少するとともに、遅かれ早かれ、発行された全貨幣がこの四つの銀行に預託され、処置されることになるだろうということも、少なからずあり得ることなのである。

この銀行の頭取たちが、いかなるリスクもなしに、何百万ペソもの利益を約束する事業のために合同することが、どれほど容易なことであるのか。それに対し、われわれがこれまでしばしば見ているのは、多数の人間が、あらゆる種類のリスクの大きい共同事業の遂行のために集まり、最良の場合でも五ないし六・五％の利子収益しか約束しない事業のために［苦労して］合同するという事態である。そのひとつの例が、二〇〇万人もの株主を有したパナマ運河建設事業であるだろう。

それらに比べれば、この四つの銀行業者間の談合後のやり方などいたって容易なものである。

彼らは、市場で実際上無価値な有価証券を買い集める。その結果、取引所にはあらゆる種類の事業への友好的な雰囲気が生まれることになる。それゆえに、有価証券の騰貴は事業を活発化させるものとなる。かくして実業界サイドの貨幣需要が増大するが、こうした貨幣需要の増加は、われわれの四つの銀行によって大部分充足させられることになる。また四つの銀行が行う割引業務も大量の貨幣を流通させることになる。この場合、貨幣は需要の別の言葉でしかないがゆえに、需要が膨張することになる。しかもそれは、絶対的確実性をもって膨張するのである。そしてその結果は価格騰貴ということになる。

だが、有価証券の相場が騰貴するばかりでなしに、不動産価格もまた騰貴する。その上移民の流入も強まる。すべての者は、こうした顕著な改善をその国の経済の**自然的反動**に帰す。かくして信頼が、公的雰囲気の中に再び生まれ、民間の金庫の中に溜め込まれていた貨幣が流通にまたもや戻り、その目的に反して銀行家の策略を助けることになる。こうした価格騰貴は、当然の如く、信用の授与を活発化する。そしてこの信用の膨張はなおいっそう価格騰貴を強めることになる。

そうなった場合、われわれの四人の銀行家は、このような価格変動、すなわち「**自然的反動**」の基礎とその更なる価格騰貴がもたらす諸結果とをきわめて良く知っているがゆえに、彼らは、自らの情報の優位性を利用して、有価証券、土地などを適宜きわめて有利な時点で安価に買い占めることができるのである。そして彼らは、「価格は今や十分に騰貴している。その結果自分たちは、自らの**予見**の結果に満足している」と述べながら、すでに購入したものを販売するのである。このような処分を問題なく行った後で、彼らは、彼らの金庫の中にある最後のお金を市場に投入し、現存の貨幣の過剰をいっそう過剰なものにするのである。

たとえば、彼らは、有価証券を一〇〇の相場で購入したけれども、今や彼らは、その有価証券を一一〇、一二〇、一五〇の相場で再び売却するのである。従って、利益率は一〇、二〇、五〇％にもなるだろう。それは、若干の企業の倒産を不可避的に引き起こしても、それを埋め合わすのに十分な利益率になるである。［この場合］、所有が銀行家の幸運を生んだのではなく、購入が銀行家の幸運を生んだのである。かくして彼らは、何百万ペソもの利益を得ることになった。従って、今や彼らは更なる利益を望むことになる。

食欲が貪欲になるように、金銭欲も貪欲になる。それゆえに、銀行家はこのやり口を繰り返すことを望む。従って、こうした目的を実現するために、銀行家は通常の価格以上に騰貴させた価格を今度は通常の価格以下に下落させなければならないのである。

しかるに彼らが貨幣を流通に持ち込んだ結果、［商品］価格は騰貴した。彼らは［こうした方法によって］［商品］価格を強制的に騰貴させる必要があった。今や、彼らが貨幣を流通から撤回させるならば、［商品］価格は下落する。従って、今や彼らは［こうした方法によって］［商品］価格を強制的に下落させなければならない。

有価証券の販売などによって、大量の貨幣が銀行の金庫を満たしてきた。だが、今やこの大量の貨幣は流通から撤回されたままになる。それと同時に銀行家は、手形の割引を拒否するとともに、公衆の貯蓄性向に刺激を与えるために利子率を引き上げる。その結果、漸次貨幣流通の大きな不足が引き起こされることになる。その結果、需要が縮減し、［商品］価格が下落し、また下落し続けるにちがいない。これが、こうした大投機の自然的反動なのである。

他方、このような価格下落は、多数の貨幣債務者の破産を生む。そしてこのような多数の貨幣債務者の破産は信頼の喪失に導き、この信頼の喪失は信用の制限に導くことになる。かくして現金への需要が強まり、貨幣価値が騰貴し、［商品］価格がよりいっそう下落する。

今や当地では貨幣不足のために、貨幣と交換されるべきあらゆる財の供給が自明のごとく増加する。その結果、銀行家は今や［あらゆる財を］どれほど安価に買うことができるようになっていることか。かくして銀行家が、なおいくばくかの価値を有していた彼らの有価証券を販売したことが、どれほど先見的なことであったのか。だが、四人の銀行家が彼らの［天才的な］頭脳によって、価格下落を予測できたかのように主張する者は、馬鹿者でしかない。

実際、「われわれの銀行家は何もしていない」と、人々は申し立てるだろう。

われわれの銀行家は貨幣を稼ぐことを好まないために、投機もせずに、誇りをもって自らの僅かな手数料――それでもそれは、彼らが三〇、四〇、五〇％という控え目な配当金を配ることを許すものであるが――を稼ぐことの方を選ぶかもしれない。だが、われわれの四人の銀行家がこのような投機を刑罰も受けずに行うことができるということ、またいかなる法律もこのような銀行家の投機を阻止することがないということ、そしていかなる制度もこの種の策略から商業を守ることがないということ、こうした事態にだれも文句を言うことができないのである。

要するに、だれ一人として、銀行家が上述のような投機を自分の思い通りに実行するのを阻止できないということである。実際、投機が可能になる場合に、どうして彼らが投機をしないとでも言うのだろうか。たとえば、彼らは貨幣を稼ぐことを自らの目標の基礎にしていないだろうか。さらに彼らは、自らの株主から委ねられた資本によって最大限の利益を引き出すことを道徳的に義務づけられていないだろうか。しかるに配当金を増大させるための機会を利用しない銀行の頭取など、解雇されても当然であるだろう。

あらゆる物財の価格は、需要と供給によって規定されている。従って、羊の群れの所有者が自らの羊毛に可能なかぎり高い価格を付けることを正当と考えるならば、銀行家も自らの貨幣を可能な限り高い価格で販売するという権利を同様に持つことになる。

だが、銀行家が上述したような投機を実行する権利を認めないすべての者は、貨幣の場合にはその他のあらゆる商品の場合と同様にひとつの商品だけが問題になっているのではないということ、それゆえに国家は貨幣制度に強制的に介入する権利を持っているということ、こうした主張に同意するだろう。

事実、そのように主張する者は、正しい。なぜなら、羊毛と貨幣の間にはひとつのきわめて大きな相違が存在しているからである。たとえば、だれも羊毛を羊の群れの所有者から買うことを義務づけられていない。羊の群れの所有者が過大な価格を要求したならば、私は綿製品を購入するかまたは羊毛を外国で購入しようとするだろう。それに対して、国家は、必要とあればその権力によって、私が自らの税金を支払うための貨幣を購入することを強制することができる。そしてそれ以外にも、私が同様に法律的に強制されている分業のために、私の存在は、私の生産物を貨幣と引き換えに販売することに依存しているという事情にもある。さらに国家は、だれもが生活に不可欠な羊毛を自ら育成し、刈り取ることを禁止していない。だが、国家は、偽造貨幣を製造しようとする者にはすべて厳しい刑罰を科す。それればかりか、貨幣所有者が私に法外に高い価格を要求する場合でも、私はいかなる外国の競争相手をも利用することができないのである。

以上のことからも、貨幣がけっして通常の商品ではないということが分かるだろう。従って、国家があらゆる市民に対して彼らの生産物の販売と引き換えに税金を支払うための貨幣の購入を強制している場合、国家は、市民がいついかなる時にも市民の生産物の販売と引き換えに貨幣を受け取ることができるように尽力する義務を負っているし、またすべての市民を搾取者から守ることに尽力する義務をも負っているのである。かくして貨幣は、国家の直接的管理下に置かれなければならないということになる。

私は［本書の］読者がこの論点に注目することを望むものである。なぜなら、この論点は、私が第二分冊で提案する予定の貨幣制度改革における核心的な論点になるからである。［それは、以下のようにまとめられるだろう。］貨幣は、その他の通常の商品のような価値対象物ではない。なぜなら、貨幣が肉やぼう鱈のような通常の商品であるならば、なにゆえ国家は、各人が負担する租税を貨幣で支払うように強制できるのかと、人々は問わねばならないからである。つまり、貨幣がまったくの通常の商品であるならば、税務当局がその他の商品を拒否するのはどのような権原に基づいているのかと、人々は問わねばならないからである。さらに貨幣とその他の商品の間にいかなる相違も存在しなければ、なにゆえ国家は商品での支払いを受け取ることがないのかと、人々は問わねばならないからである。

ところで、国家は、自らの市民に貨幣での租税の支払いを要求する権利を持っているのだろうか。貨幣、それは、――今日この第三者が、四〇〇万人のアルゼンチン人の生産物に対していかなる個人的必要も持っていないわれわれの四人の銀行家であるとすれば――、市民が自己の商品の譲渡と引き換えにだけこの第三者に要求できる生産物である。四〇〇万人のアルゼンチン人は、自らの生産物の交換を実現するために、銀行の金庫に蓄蔵されている貨幣を必要としているけれども、四人の銀行家は、このような四〇〇万人の生産物に対していかなる個人的必要も持っていないのである。［従って、アルゼンチン市民は次のようにつぶやくだろう。］

「いかなる貨幣も流通していないにもかかわらず、私は税金を支払うための貨幣を調達しなければならないのだ。どうしたらよいのか。私は、私の生産物の価格を引き上げるのか、それとも私は、銀行家が許す価格で供給することに甘んじるのか。それに対し、銀行家はいかなる競争相手もいない。だが、私は、銀行家の貨幣を求めている四〇〇万人もの競争相手を持っている」、と。

かくして、あらゆる投機の原因がどこにあるのかということが分かるだろう。人々はその原因として現代の金細工の坩堝［銀行］を認識することになるだろう。

われわれは、たとえば日々土地投機家、ぼう鱈投機家、有価証券投機家などとして資産を形成したゾウンドヅォーSoundso氏の話を聞いたりする。だが、その話は誤りである。彼が投機対象としたのは土地ではなくて、貨幣なのである。土地はその価値をほとんど変えることがないからである。［もし価値を変えるとすれば］、それは、長期間という枠組みの中においてでしかない。それに対して、［短期間に］その価値を変えるのは、貨幣なのである。

人々は言う。この建設地は一〇〇ペソの価格であり、少し前までは一、〇〇〇ペソがその建設地に対して支払われていた、と。だが、それは違う。逆に次のように言わなければならない。「この一〇〇ペソでこの建設地が買える。少し前までは一〇〇ペソではその建設地の一〇分の一すらも買えなかった」、と。土地の価値が変化したのかどうかを明らかにするためには、その価値をその他の資産対象物のそれと比較しなければならない。たとえば、私が一片の土地と引き換えにその他の資産価値と同量のものを手に入れるならば、その価格が半分に減少したにもかかわらず、その価値は変わっていないのである。

今日貨幣を製造する技術者たりうる者は、労働や商業に携わる者たちではなく、貨幣と商品が結婚するための適切な瞬間を認識できるとともに、再びこの「身分の不釣り合いの結婚Mesalliance」から自らを解放する瞬間が何時くるのかを知っている者でしかない。この両者を認識するためには、貨幣がいつ流通するのか、そしていつ流通しないのかを知らなければならないのである。

銀行が、すべての週ごとに自らの貨幣保有高を公表することを義務づけられているならば、商業は、「商品」価格の騰貴と下落とがどのような原因によるものかを知ることになり、その時々に自らを調整できるだろう。だが、民間人である銀行家が自らの資産残高の公表をどうして義務づけられるというのだろうか。一般的見解によれば、貨幣はその他のあらゆる価値対象物と同様にその保有者の財産に属している。従って、この場合、国家が銀行家という民間人の問題に介入する権利などはきっぱりと拒否されなければならないのである。

だが、私は問いたい。このような見解が貨幣制度に適用されるべきならば、なにゆえ多数の国々において高利貸しに反対する法律、すなわち一定の取引所の活動を禁止する法律、たとえば、アメリカ合衆国における「ブランド・アリソン法」といった著名な法律のように、貨幣の価値を保全するという唯一の目的のために毎年何百万ペソを支出することを国家に義務づける法律が、存在しているのだろうか。

私が自分の靴をすり減らすならば、その修理は私の負担になる。だが、貨幣を操作し利用する銀行家は、国家に、その価値の損失を負担するように要求する。それらすべてのことはどのように説明できるのか。これらすべての事実に直面してだれが、貨幣はその他のあらゆる商品と同様のひとつの商品であるなどとあえて主張できるのだろうか。

国家が租税を貨幣で徴収するという単なる事実が、貨幣からその商品的性格を奪い取り、貨幣を公的制度にしているということ、そして国家は、搾取から自らの市民を守るために貨幣管理を自らの手中に収める権利を持っているばかりでなしに、その義務をも持っているということ、こうしたことを証明しているのである。

第十一章　先物取引

貨幣を銀行に預金するという習慣が全般化して以来、交換手段は少数の銀行家の手中に集中しているために、貨幣流通はいかなる自然法則にも従わず、専ら銀行家の意志に従うことになっている。その結果は、絶えざる価格変動である。そしてこのような価格変動は、「先物取引」と呼ばれる取引所活動を生むものとなっている。というのも、こうした先物取引活動は、ある程度まで価格変動に対する一種の防波堤になってくれるからである。

私が［ここで］言及したいのは、こうした先物取引活動が商業に与える利益と不利益についてではなく、多数の政府がこのような先物取引活動を禁止したいと考えているということについてだけである。では、いったい［政府は］どのような権原によって［こうした先物取引活動を］禁止したいと考えているのか。

［政府による］その種の先物取引活動の禁止が行われるための前提条件となるのは、国家が、自らの市民にその種の先物取引活動をもはや強制していないという事態が生れているということであるだろう。

しかるに先物取引とは、一定の財を一定の価格で、そして一定の期日で購入するという売買契約を意味するものにほかならない。従って、国家が一定の期日に徴収する税金や貢納なども、先物取引ではないだろうか。というのも、国家は自らのサービスを一定の価格と一定の期日とで販売するがゆえに、この国家のサービスを購入する義務を持つ者は、このような国家のサービスを一定の価格と一定の期日で購入することになるからである。

これこそ、典型的な先物取引と言えないだろうか。

たとえば、一袋のぼう鱈、金あるいは塩を販売することと一日の公的な安全保証やインディアンに対する保護などを販売することとは、私にとっては同一のことである。両者とも貨幣と引き換えに商品を販売する点で同じである。しかるに国家は、一袋のぼう鱈を期日販売することを禁止する一方で、他方では国家自身の生産物を自らの定めた期日に販売する権利を要求しているのである。それに対し、市民は、自らの生産物［の販売］によって租税債務を支払うための貨幣を、政府が決めた期日までに購入できるどのような保証を与えられているというのだろうか。また国家は、営業税を徴収する期日と銀行家が貨幣を流通から撤回することを思い付く期日とが同じにならないためのどのような保証を市民に与えているというのだろうか。

かくして国家は、先物取引を禁止するや否や、明らかにひとつの矛盾に陥ってしまうこととなる。

それでも国家が先物取引を禁止しようとするならば、その禁止を行う前に、国家は、たとえば、すべての債務証書、契約、手形などの期日販売を違法なものと宣言することから始めなければならないだろう。なぜなら、国家がぼう鱈の期日販売を禁止するならば、国家は、もっと多くの理由から貨幣の期日販売をも禁止しなければならないからである。それればかりではない。私は絶えず、貨幣を使用すれば、私の締結した義務の履行のために必要となる商品を手に入れることができるけれども、私が商品を使用した場合には、債務証書、営業税、税金などの支払いのために必要となる貨幣を購入できるのかどうかについては、まったく分からないからでもある。

国家が、先物取引を有害と確信したならば、国家は、自ら自身の実践と矛盾するような先物取引の禁止を行うことの代わりに、こうした先物取引を商業にとって余計な存在にしなければならないのである。

それに対し、国家が貨幣制度を制御して、貨幣流通を均質的なものにするならば、需要の不均質性に基づく価格変動が消滅するとともに、先物契約の必要性もまた消滅することになるだろう。

人々は、周期的な不況に遭遇した場合、取引所の中に次のことを、すなわち先物取引——その本来の目的は価格変動から事業家を守ろうとする点にあるのだが——が、今や実際にはこのような価格変動の原因のひとつになっているということを観察できるだろう。なぜなら、今や、このような価格変動に利益を持つ多数の人々が存在しているからである。従って、本来有益な制度であるものが、向こう見ずなプレーヤーが全国の取引を混乱させることも辞さない一種のゲームに転化してしまっているのである。

このような商業の厄介事を廃棄するということは必要不可欠なことである。だが、そのためにはどうしたらよいのだろうか。それが、これからの問題である。

第十二章　貨幣流通

私は、前章においてわれわれが日々遭遇する価格変動の原因が供給の変動にあるのではなく、需要の変動に、すなわち貨幣流通の不均質性にあるということを十分明確に述べることができたと考えるものである。

［簡潔に言えば、それは次のようになるだろう。］全般的価格下落は、あらゆる例外なしに、絶えず貨幣の銀行への集中とともに、つまり、貨幣の流通からの撤回とともに起こる。それに対し、前者とは逆の［全般的］価格騰貴は、あらゆる例外なしに、絶えず銀行の金庫における大きな貨幣不足とともに起こる、と。

かくしてそこに問題が生まれることになる。［全般的］価格騰貴は、あらゆる例外なしに、絶えず銀行の金庫が空になる状態とともに起こるが、それに対し、貨幣が銀行に集中するのは、商品が低価格のために十分な量の貨幣を運動させることができないからなのか、それともむしろ貨幣を流通から撤回したために十分な量の貨幣を運動させることができないからなのかという、こうした問題である。

たとえば、貨幣の価格をその生産費（！）に直接依存させようとする経済学者は、前者の見解を主張するだろう。彼らが、自らの主要な法則と矛盾に陥りたくないならば、そのように主張しなければならないからである。

私は経済学者に大きな尊敬を払うものである。とりわけ私は、彼らが自らの大著においてそれほど重要とは思われない問題についての私見を詳細に記述していくその奇特な忍耐強さに心から感心するものである。そうした彼らが――全国民経済学の基礎である――貨幣の研究をひどく軽率に行っているのを目撃すると、驚愕せざるをえないのである。

太陽の輝きが、［眩しさのために］われわれの目を閉じさせるのと同様に、おそらく金の輝きが経済学者を幻惑させるのだろう。おそらくそれ以外に、私がすでに上段で示唆したように、こうした奇妙な理論がなぜ存在しているのかということを説明することができないのである。

［経済学者によれば］「貨幣が銀行に集中するのは、低価格が大量の貨幣の運動を妨害しているからなのである。」このことが妥当するならば、貨幣は、［商品］価格が騰貴するまで、銀行にとどまり続けるはずであるだろうし、またフエゴ島における金の生産費が下落した時に初めて、［商品］価格は騰貴するはずであるだろう。［こうした経済学者の主張は］なんと浅はかな考えであることか。Sancta simplicitas.

経済学者になるような人々はきっと賢い人々なのだろうが、彼らは商業や投機というものについてまったく何も知らないのである。

たとえば、［彼らは］「価格は、供給と需要という自然法則に従って形成される」と主張する。だが、自然法則の装いを持ったこの法則の基礎は、できるだけ少なく与える代わりにできるだけ多くを手に入れようとする需要と供給の担い手の個人的利害なのである。

それゆえに、必要不可欠な生産物は、供給が少なければ少ないほど、それだけいっそう高い価格を実現できるということを、人々は［よく］知っているのである。

銀行家も、できるだけ少なく与える代わりにできるだけ多くものを手に入れようとする。他方、彼の貨幣は、商品を供給しなければならないすべての者にとって不可欠なものである。従って、銀行家がこのような状況の中で行わなければならないあらゆることは、貨幣を流通から撤回させるとともに、商品価格が下落している間に［貨幣］価格を騰貴させることであるだろう。

もしそうであるならば、どうして銀行家は貨幣を流通から撤回しないといったようなことをするだろうか。というのも、すべての者は自らの利益を追求するからである。それに対し、人々は次のように反論するだろう。「貨幣を流通から撤回する銀行家は、利子損失という事態を甘受しなければならない」、と。

このことは正しい。だが、銀行家が六、一五、二〇%の利益を獲得できる場合、彼は四%の［利子］損失などを気にかけるとでも言うのだろうか。

［商品］価格の下落の基礎が、銀行への貨幣の集中にあるということは一目瞭然のことである。だが、銀行への貨幣の集中は、低価格ということの結果ではない。**それとは反対に、銀行への貨幣の集中が［商品］価格下落の直接的かつ現実的原因なのである。（注意せよ！）** 貨幣が流通から撤回させられた後に再び市場に投入される場合には、投機に不可欠な価格変動が生じることになる。それに対し、貨幣流通の規制は、価格変動を消滅させるとともに、投機家をも消滅させる、否、消滅させるにちがいない。かくして今や、貨幣流通を規制する機構が必要になるのである。

そのことは、たとえるならば次のような事態のことである。「炎は風を生み出し、この風は炎をさらに燃え立たせる。従って、人々が炎を消すならば風は自ずと消滅する」、と。

次にわれわれは、今日におけるように貨幣流通がいつも貨幣所有者によって人為的に中断されるようなことがなかったならば、貨幣流通はどのような発展を遂げていったのかという問題を吟味することにしよう。

本書の冒頭で、われわれは次のことを確認した。「貨幣は個人化された需要以外の何ものでもない」、と。同様にわれわれは次のことをも確認した。「供給がいかなる延期にも耐えられないのに対して、需要はこの点ではその所有者の自由裁量に任されている。従って、このような［需要の］特権が、価格変動、投機、恐慌などの直接的かつ真の基礎である」、と。

それに対し、われわれが今後商品と同じ特性を持つ貨幣、つまり、絶えず腐敗し、日々その外観、重量、規模などを損失させていく貨幣、すなわち適宜消滅していく貨幣、要するに商品の持つ特性を正確に示す貨幣を思い描いてみよう。

では、こうした貨幣はどのように流通するのだろうか。またその［貨幣］価格はいかにして形成されるのだろうか。われわれは、また次のことをも見てきた。「商品は莫大な保存費がかかるために、その内的無益性と絡み合いながら、日々商品所有者に商品の間断なき供給を強いている。その結果、間断なき供給圧力というものが生まれている」、と。けれども、貨幣が商品と同じ性格を持つならば、つまり、［その価値が時間とともに］目減りしていくために、貨幣所有者がその損失を避けるために間断なく貨幣を市場に投入することを強いられるならば、需要もまた間断なき圧力を被ることになるだろう。その結果は、需要もまた供給と同様に不変の大きさになるということである。かくしてこうなった場合には、［商品］価格の安定に不可欠な前提が与えられることになる。

私は、この点については今のところこれ以上述べるつもりはないが、読者は、今後私がオレンジ、レモン、タマネギなどの形態の、つまり重たく、腐ったり、悪臭を放つといった形態の、貨幣を提案しても、たじろがずに十分理解していただきたい。むしろ私が注目している貨幣は、一見するとこれまでの伝統的な貨幣と何の違いもない。それは、むしろアルゼンチン銀行券の如き銀行券であり、その銘文だけが［アルゼンチン銀行券と］違っているにすぎない。［われわれは貨幣流通について次のように定式化しよう。］規則的な貨幣流通は、［商品］価格の安定化を引き起こす。他方、［商品］価格の安定化は、通常の条件の下では、貨幣流通を秩序づけるものになる、と。われわれは、この定式の正しさを吟味することにしよう。

貨幣の流通速度、すなわち貨幣が人の手から人の手へと渡っていく速度は、一見すれば分かるように、いかなる限界も持っていない。なぜなら、貨幣を受け取らなかったり、貨幣を即座に商品に変えることをいやがる者はいないだろうからである。その際、こうした商品を販売した者も、もちろん、即座に新しい商品を購入することができる。そのために、貨幣は一日に五、一〇、二〇回もその所有者を変えることが可能になるのである。かくして、われわれが物事をなにほどか根本的に考えるならば、そのような貨幣の無制限な流通速度といったものは不可能であるとか、また数世紀の長きにわたってよい結果をもたらし続けてきたのは、貨幣流通の自然的規制システムが存在していたからであるなどと認識することができないだろう。むしろ貨幣を銀行に預金するという習慣が普及して以来、そうした自然的規制システムは効力を発揮してこなかったというのが、実情なのである。［そこで、私は言いたい。」［今や」このような貨幣の流通速度を規制する要因となっているのは、［商品］**価格の騰落傾向**だけである、と。

ところで、あらゆる購買は、商品の譲渡を伴う。つまり、鋳貨がAからBへ譲渡されるならば、それに照応して商品は鋳貨とは反対の方向に動く。

今や、商品は絶えず生産場所から消費場所へと流れるということ、つまり商品は水の流れがけっして上流に溯っていくことがないのとまったく同じように、それとは反対の方向に動くことがないということ、このことが事実なのである。

従って、ブエノス・アイレスからその上流のコルディレーレに一トンもの水を輸送しようとする者は、アルゼンチン産の羊毛の束をヨーロッパからパンパの羊の群れの所有者へ輸送しようとする者に比べて克服すべき困難ははるかに小さなものになるだろう。

かくして人々は［今や」次のように言うことができる。「商品は後退することなく、絶えず最終消費者に向かう道を歩んでいる。一度最終消費者に辿り着けば、それはもはや商品とはならない。なぜなら、それはその所有者にとって内的価値を有しているからである」、と。

それゆえ、次のことは自ずと理解されるだろう。つまり、貨幣が迅速に流通すればするほど、商品はそれだけいっそう急速に市場から立ち退いていく。その結果、商品ストックが急速に減少するとともに、貨幣への需要もまた減少することになる、と。従って、そうした関連は、水流の速度に正確に比例してその水量を減らしていく水の場合と同様なのである。

つまり、供給の減少、すなわち貨幣への需要の減少が価格騰貴を引き起こすように、貨幣流通の加速化も、それに照応した価格騰貴を引き起こすことになる。

ところで、こうした価格騰貴はどのような結果をもたらすのだろうか。価格騰貴が生じているかぎり、すべての者は急速な購入を行うことができる。なぜなら、彼は、この騰貴がどこまでいくのかを知らないからである。だが、価格が傾向としてだけ騰貴している場合には、その反対のことが生じるだろう。なぜなら、だれもこの傾向が止まるのかどうかを知らないからである。従って、このような事態に直面した場合、購買者は待機し、貨幣を財布に入れたままにするだろう。

かくして流通速度が迅速になった場合に生まれる傾向的価格騰貴は、自ずと貨幣流通の緩慢化を引き起こすものになる。

それに対し、貨幣が通常の場合よりも緩慢に流通する場合には、当然のことながら、それとは反対の事態が生じることになる。この場合には、商品は、——人々が何らかの理由から僅かにしか前に進めないならば、人々が街頭にせき止められるように——、商業の中でせき止められることとなる。その結果、商品の滞積のために供給が増大し、[商品]価格が傾向的に下落する。そしてこうした傾向は、貨幣所有者が買占めや貨幣流通の加速化などを行う誘因になるということを意味しているのである。

従って、人々は、「価格の傾向的騰貴や傾向的下落は、通常の条件の下では貨幣流通を安定化させるものになる」と言う。

われわれが供給に注目する場合、われわれは次のことに、すなわち「供給は、生産場所から消費場所への途上にある無数の商品に分解される」ということに気付くだろう。それに対し、今やわれわれが需要に注目するならば、われわれは次のことに、すなわち「需要は、一方が上へ他方が下へ行く蟻道のように、——あるいは、上に向かうトロッコと下に向かうトロッコとが相互に交差できるような特定の工場のように——相互に反対の方向に流通する無数の貨幣や紙幣とに分解される」ということに気付くだろう。この場合、連鎖が瓦解しないためには、両者は同じ速度によって動かされねばならないのである。

従って、商業の連鎖が銀行家によって破壊されないかぎり、貨幣は絶えず商品生産に比例して流通するものになる。このように叙述する場合、われわれは当然のことながら、次のような認識から出発している。つまり、「貨幣流通の加速化が、上述したような作用をもたらす場合、その原因は、一時的性質のものであるにちがいない」、と。従って、貨幣流通の持続可能な改善の結果、貨幣の流通速度が加速化するならば、ある日反対の作用をともないながら公的価格騰貴の形態を帯びた持続的な価格騰貴が生じることになるだろう、と。

その際、商品は絶えず全貨幣供給量を吸収するということが配慮されねばならない。従って、そうした吸収が支配的価格の下で可能でないならば、価格は騰貴する。つまり、貨幣の流通速度の加速化が、貨幣量の一部を過剰なものにするからである。それは、機械の改善が手仕事の一部を過剰なものにするのと同様のことである。かくしてこれらの不必要となった貨幣部分は、それがいかなる利用可能性も見いだせないならばある程度の期間待機した後に、市場に戻り、貨幣供給を増大させるとともに、［商品］価格を騰貴させるものになる。

従って、発展した商業とより良い貨幣移送・流通とをともなった国々では、その住民が近代的な銀行制度に習熟していない国々におけるよりもより僅かな貨幣しか存在していないということの説明もつくのである。たとえば、イギリスの住民はフランスの住民よりもより少ない貨幣にしか関係していなかったし、それ以上にスペインの住民よりもはるかに少ない貨幣にしか関係していなかったのである。

つまり、そうした事態が生じたのは、イギリスの銀行制度が、貨幣の一部を過剰なものにしたため、この過剰になった一部の貨幣が、イギリスから去ったからであった。もしそれを阻止しようとしたならば、換言するならば、アルゼンチンにおけるようにイギリスにおいても不換銀行券を持つようになっていたならば、貨幣流通におけるあらゆる改善は、［商品］価格の騰貴に、つまり貨幣価値の下落に、そしてこの場合には、金価格の騰貴に導くことになっただろう。

かくして、われわれがアルゼンチンでもイギリス人と同じ銀行制度を持っていたならば、金価格は一、〇〇〇ないし一、五〇〇に騰貴したことであっただろう。

これまで述べたのは、貨幣価値は貨幣の流通速度と反比例の関係にあるということ、また傾向的価格騰貴あるいは傾向的価格下落は、通常の条件の下では貨幣流通の安定化に奉仕するということ、そして長期的原因だけが貨幣の流通速度を長期的に加速化したり緩慢化したりすることができるということ、こうした諸点である。

第十三章　供給と需要の変動

どんな生産物の価格も、供給と需要の影響の下に形成されるといってよい。こうした生産物の価格は、商品ストックと貨幣ストックの間の量的な比率を示すものである。

従って、供給や需要のどんな変動も、この比率を変更する結果、価格変動を引き起こすことになる。

その際、供給は、キログラム、エレ、袋、リッターなどといった何百万もの重量［単位］に分解される。それに対し、需要はペソに分解される。

それゆえ、キログラムやエレなどといった［商品の］重量がその通常［の重量］よりも大きくなったり小さくなったりする場合には、［商品］価格は下落したり騰貴したりすることになる。また需要の細分化としてのペソが増大したり減少したりする場合にも、［商品］価格は即座に変化する。他方、キログラムなどの重量の増加［供給の増加］が、貨幣片の増加、つまり需要の増加と一致する場合には、［商品］価格は不変のままであり続けるだろう。

われわれは、なによりもまず供給、つまり供給の全体を形成するところの、キログラムやエレなどといった重量の増減に影響を与える要因に取り組むことにしよう。

われわれは、［本書の］冒頭においてすぐに次のことを認識した。「分業は商品の母である」、と。つまり、分業のあらゆる多面的深化は、必然的に、供給の増加を引き起こし、貨幣量と商品量の間のこれまでの比率を変化させる――この場合には［商品］価格の下落を引き起こす――、と。

ところで、分業にはいかなる限界もない。それゆえに、近代文明の全発展傾向は、分業の更なる発展に向かうことになる。

かくして、われわれは日々次のような事態を、すなわち人々が自分の［消費する］生産物を自分で作るよりもそれらを購入することの方を有利と見なすという事態を、観察できるのである。たとえば、数年前までは、婦人たちは靴下を自分の家で自ら作る習慣を持っていたけれども、今や彼女たちは靴下を購入することの方を好んでいる。だが、彼女たちが靴下を購入するには、貨幣が必要となる。従って、こうした貨幣を工面するために、彼女たちは、以前には彼女たちが作ることもなかった何かを作り、販売しなければならない。こうして新たに生まれた生産物は需要を増加させるとともに、貨幣価値をも騰貴させ、かくして［商品］価格を下落させることになるのである。

それに対し、今や、以前には家族が商業［活動］の中で手に入れていたところの、靴下を編むことのできる家内労働用の小さな機械が発明されたとしよう。この機械が有利なものであるならば、これまで靴下を購入していた多くの家族は、靴下を再び自分の家で自ら編むことの方を選ぶようになるだろう。そして彼らは、靴下の調達のためにはやいかなる貨幣をも工面する必要がなくなるだろう。それゆえに、この場合、貨幣を工面するために必要であった他の商品を生産することへの誘因が消滅する結果、供給が減少し、［商品］価格が騰貴することになる。そして貨幣は、僅かであれ、その価値を減少させるのである。

こうした例は、靴下編み機の発明が分業をいかに大規模に拡大したのか、また家庭用靴下編み機の導入がいかに分業を小さくしたのかということを示すものである。

たとえば、以前の農家は、自らの土地で成育した穀物をすべて自ら刈り取って収穫するという習慣を持っていた。

今や農家は、刈取りや脱穀を有償ではあっても特殊な機械を有する事業家に委ねた方が有利であると見なしている。その際、このような一部の事業家の労働に対しては打穀財の一部で支払われており、また残りの事業家の労働に対しては貨幣によって支払われている。

両者の場合とも、農民 Sielder はより大量の小麦を栽培しなければならないか、または何か別の生産物を販売しなければならなくなる。その結果、供給が増大し、［商品］価格の下落が引き起こされるのである。

また以前の農家は、販売用の生産物とならんで自家需要用の必需品——小麦、ジャガ芋、煙草、鶏など——を栽培ないし飼育する習慣を持っていた。今日では、農家は専ら唯一の作物の栽培に専念し、家族の必需品を市場で購入するようになっていると思われる。事実、たとえば、専らワイン、煙草、赤カブなどの一品種だけを栽培している多数の農家、または卵、バター、チーズなどの副産物をともなった子牛ないし雌牛、馬、鶏などの飼育に特化している多数の農家が存在しているが、彼らは、自らの私的必需品の全部を市場で購入するようになっているのである。

このような習慣が全般的になれば、こうした分業の拡大に照応した供給の増加が、貨幣への需要の著しい増加と全般的な価格下落とを引き起こすことになるということに、疑問の余地はない。

これまでわれわれは、計量可能な可視的商品についてだけ語ってきたが、［われわれの間には］少なからず不可視的な商品もまた存在している。それらに属するものとしては、子供や青年の教育、軍役、公的行政、牧師の活動などがある。

これらの活動もまた、分業から生まれた商品である。このような商品（サービス）が供給される場合にも、貨幣への需要が生まれるとともに、貨幣価値が騰貴する。

たとえば、すべての両親が自分の子供を個人的に教育したならば、彼らは教師への支払用の貨幣を必要とすることがなかっただろう。その結果、貨幣への需要は減少し、貨幣価値もそれとともに下落したにちがいない。

分業は、とりわけこのような不可視的な商品種の中ではとくに強力に拡大していく。そのことを、われわれは日々自ら観察することができるだろう。たとえば、以前には都市の一地区から他地区に移動しなければならなかったすべての個人は、迅速な交通機関がなかったために自分の足で歩いて行った。今や、彼らは市街電車を使う。だが、こうした市街電車［のチケット代金］を支払うために人々は貨幣を必要とし、それを他の生産物の生産や販売によって工面しなければならない。かくして供給が増加するとともに、貨幣価値が騰貴し、［商品］価格水準が下落することになる。［以上のことを］手短に言えば、分業は、資料分析と同様に限界を持たずに、絶えず拡大傾向にあると言ってよいだろう。従って、すべての新しい商品は、それが可視的であるのか不可視的であるのかに関係なく、また内的有用性があるのか否かにも関係がなく、商品供給を増加させるとともに、貨幣への需要の増加を引き起こし、［商品］価格を下落させることになるのである。

こうした理由から、貨幣価値は日々騰貴傾向にあるのに対して、［商品］価格は下落傾向にあると言ってよいだろう。つまり、このような傾向が生まれるのは、分業が貨幣価値の基礎になっているからにほかならない。それゆえに、貨幣が自らの価値を保持していく場合、分業もまたより生産的なものとならなければならないのである。けれども、生産は、人間の意志から独立した多種多様な要因に依存している。私が川に釣竿をたらすならば、私は美しい魚も、また古い長靴も釣ることができる。両者のどちらを釣っても、分業という事実に何の変わりもないけれども、前者を釣る場合には商品供給を増加させるものとなるのに対し、後者を釣る場合には商品供給を減少させるものとなるだろう。

いずれにしても、収穫は多くの偶然に依存するものなのである。こうした収穫に、大部分の商品供給と貨幣需要とが依存しているのである。

一言で言えば、商品の量と質とを増加ないし改善させるすべてのものは、供給、貨幣への需要そして貨幣価値を増大させるものとなる。

たとえば、新しい鉄道路線は、一般的に言えば、以前には入手不可能であった大量の商品を市場に提供することに尽力する。つまり、鉄道は、［以前には入手不可能であった］商品を市場に輸送し、供給を増加させる結果、貨幣価値の騰貴と［商品］価格の下落とを引き起こすことになるのである。

またたとえば蒸気機関のように新しく改善された機械の発明は、しばしば大きな商品生産能力を持っているために供給の著しい増加を引き起こす。つまり、機械のどのような改善も、生産の逓増的増大に貢献する多様な要因とまったく同様に、貨幣価値の騰貴を引き起こすものとなるのである。

その反対に、たとえば不作、ストライキ、戦争、不生産的な目的の資本利用などのような、生産を縮減させるあらゆるものは、商品供給を減少させ、［商品］価格の騰貴を引き起こすものになる。

たとえば、今億万長者が自分の資本をジャガ芋栽培のために使用するならば、彼は自らの収穫物の供給を強制されることになるだろう。その結果、ジャガ芋の供給は増大し、貨幣は、以前よりもより多くのジャガ芋を購入できるようになるだろう。そしてジャガ芋の価格が下落した場合には、ジャガ芋の消費は、その他の食料品の犠牲の上で増大することになるだろう。かくして億万長者は、自分のジャガ芋栽培によって全般的価格下落を引き起こすことになるのである。

他方、億万長者が今や、自分の貨幣を城塞の建設に投資するために農業から［自分の貨幣を］撤退させるならば、ジャガ芋の供給は減少し、ジャガ芋の価格はその他の生産物の価格とともに騰貴することになるだろう。

このような例を、［私は］無限に続けることができる。だが、私は、これまでの例で供給、需要そして貨幣価値がどれほど多くの予想外の出来事に依存しているのかということを示すのに十分なものと考える。

次にわれわれは、需要の変動が価格に及ぼす影響を研究することにしよう。

［この場合の］需要とは、鋳貨に分割された形態で市場内を流通する貨幣によって代表される。鋳貨の数が多ければ多いほど、それだけいっそう細分化された貨幣片の数は多くなり、そしてその個々の価値もそれだけいっそう小さくなる。それは、一ミリメートルが一センチメートルよりも小さいのとまったく同様のことなのである。

たとえば、ここアルゼンチンでは需要、すなわち貨幣は、ペソと呼ばれる二・六億個もの鋳貨Münze［紙幣］に分割されている。それに対し、われわれが二・六億個［枚］の鋳貨［紙幣］の代わりに一・三億個［枚］の鋳貨［紙幣］にするならば、すべてのペソは、今日の二倍の価値を有するものになるだろう。それは、一メートルの一〇分の一がその二〇分の一の二倍であるのとまったく同様のことなのである。それゆえに、鋳貨量［紙幣量］を大幅に増加させるということは、貨幣を増加させることではなく、その細分化された貨幣片の数を増加させることにすぎないのである。従って、貨幣量が絶えず同じままであるかぎり、われわれがアルゼンチンにおいて二・六億ペソあるいはその二倍のペソを流通させたとしても、われわれはただ細分化された貨幣片の数を増加させているにすぎないのである。つまり、われわれは［これまでと同じ商品を］一ペソの代わりに二ペソで手に入れ、［その代金として］一ペソの代わりにわれわれは二ペソを支払うということなのである。

それに対し、貨幣の増加が可能になるのは、分業が発展するのにともなって供給が増加する場合だけでしかない。なぜなら、このような場合に貨幣への需要は増加し、貨幣は自らの価値を騰貴させるからである。だが、銀行券の新発行あるいは新鋳貨の鋳造によってただ細分化された貨幣片だけを増加させる国は、絶えず上述したのと同じ事態を引き起こすことになるだろう。なぜなら、［細分化された貨幣片だけを増加させても、］それは、その国の消費力を増加させずに、銀行券あるいは鋳貨の価値を引き下げることになってしまうからである。

今や、鋳貨が流通から撤回される場合、なぜ［商品］価格の下落が生じるのかということが分かるだろう。つまり、鋳貨の流通からの人為的な撤回は、細分化された貨幣片の数を減少させるとともに、残った鋳貨が、流通から撤回された貨幣片の数に比例して、その価値を増加させることになるからである。

従って、**貨幣片を市場から撤回させる**すべてのもの、また貨幣片から需要という性格をその時々に奪うすべてのものは、細分化された貨幣片の数を減少させ、流通過程に残っている鋳貨の価値を増加させるとともに、［商品］価格水準の下落をも引き起こすものとなる。たとえば、国家が一・三億ペソ、つまり貨幣量の半分を流通から撤回させてしまうならば、流通過程に残っている貨幣の価値は二倍になり、そして［商品の］価格は半分に下落してしまうだろう。つまり、二ペソの代わりに一ペソを手に入れ、二ペソの代わりに一ペソだけを支払うということ、換言すれば今日二ペソ［の貨幣］を得られる物と引き換えに一ペソ［の貨幣］しか手に入らないということなのである。

だが、［商品］価格の下落を引き起こすために、流通から撤回させた銀行券をあえて燃やす必要はない。紙幣を流通から遠ざけるならば、同じ結果が達成できるからである。つまり、貨幣を流通から撤回させる銀行家と高利貸しは、貨幣を燃やす必要もなしに、自らの望むべき結果を達成するのである。

その際に、銀行家や高利貸しが恣意的に行うこうした［撤回］行為は、まったく異なった目論見を持つものとはいえ、吝嗇家が行う行為とまったく同一の結果を引き起こすものである。つまり、一方の高利貸しが貨幣を流通から撤回させるとすれば、それは、彼が［商品］価格の下落を達成させたいという期待からそのことを行うのである。それに対し、他方の吝嗇家は、貨幣を節約したいという目的で前者と同じ行為を行うのである。だが、両者の行為の結果は、たえざる［商品］価格の下落ということなのである。

資産家が蓄蔵する大量の銀行券や鋳貨は、流通から撤回されたものであり、それらもまた需要と［商品］価格とを減少させるものになる。それに対し、吝嗇家が自らの財宝を掘り出し、それを市場に運ぶならば、需要は増加し、［商品］価格は騰貴するだろう。

しかるに、不信の時期には大抵前者のことがなされ、信頼の堅固な時期には後者のことがなされる。それと同様に取引所で絶えず囁かれることとは反対に、**不信の最初の結果は、貨幣片と銀行券の価値騰貴であるということが**、そこで明らかとなるのである。

ところで、貨幣片が流通から消滅するのは、需要をもっと後の時期に延期させるために資産家が貨幣片を［土中に］埋めてしまう場合だけではない。もっと違ったさまざまな方法がある。

たとえば、年々歳々賭け事、スポーツ、宝くじ、投機などのために支出される何百万ペソは、交換所で燃やされてしまう紙幣と同様に市場から消滅していく。しかも、それらは商品へのいかなる需要も持っていないために、むしろ市場での貨幣片の価値を騰貴させるものになる。かくして分業への賭け事の悪影響（そのことは繰り返し主張されているが）や供給と貨幣価値への賭け事の悪影響といったことをまったく度外視するならば、全般的価格下落を引き起こすには首都のあらゆる地区で貨幣宝くじを行えば十分であるだろう。それは、専門用語で言えば「金をつぶす」ということなのである。

だが、貨幣片が旅行中であるならば、それらは市場から遠のいた存在になっていること意味している。従って、貨幣片がひとつの場所から他の場所に到達するのに必要な期間中、それらは市場から失われ、価格下落的な方向に作用するものになる。それゆえに、貨幣片の旅行を加速させるすべてのものは、休息中の貨幣片の量を減少させ、［商品］価格の騰貴に導くものになる。

貨幣片の旅行期間の短縮に、つまり貨幣片の減価に、きわめて大きな影響を有している制度の下では、振替取引が優先的に使用されるべきであるだろう。なぜなら、銀行の振替取引の介入なしには、すべての貨幣片や紙幣の半分は絶えず輸送中の状態に置かれ続けるために、需要が半分になってしまうばかりか、［商品］価格も半分になってしまうからである。

たとえば、われわれがある国から他の国への貨幣移動を現金だけで遂行するならば、われわれは絶えず市場でよりも海上でより多くの貨幣を持つことになってしまうだろう。そしてこの膨大な金額は市場から撤回され、需要を縮減させるものとなるだろう。

従って、振替取引や現実の貨幣流通のあらゆる改善は、需要の増加、価格の騰貴、貨幣片の減価といった方向に作用するものになる。かくしてこうした貨幣流通の領域でのあらゆる改善は価格の騰貴に影響を与える結果、金はおそらく二〇－五〇地点ないしそれ以上の地点で騰貴することになるだろう。なぜなら、電信為替が増加するからであると、そう私は信じるものである。

だが、このような主張の正しさについての分かり易い証明を、われわれはイギリスに持っている。そこでは分業の大規模な発展にもかかわらず、また貨幣への強力な需要にもかかわらず、他の国々におけるよりも少ない貨幣片しか流通していないからである。どうしてであろうか。なぜなら、イギリスに導入された貨幣流通の改善が貨幣を漸次減価させてきたからである。そして国際的な価値を持つあらゆる生産物が、もっとも安価である国から、高価格を達成できる国に輸出され、貨幣がイギリス島からイギリスの商業が意のままにできるような制度を持っていないすべての国々に移転してしまったからである。従って、イギリスの貨幣が自国を去るのを阻止されてしまったならば、ここアルゼンチンで羊毛が輸出なしには減価してしまうのと同様に、イギリスの貨幣も減価することになってしまったことだろう。

第十四章　貨幣の価格

私は、今やわれわれが「貨幣の価格はいかにして形成されるのか」という重要な問題に着手するのに十分な準備を終えたと信ずるものである。しかるに、経済学者の見解によれば、この問題は、全国民経済学中のもっとも困難な問題であるとのことである。従って、私は、もっとも困難な問題と言われるこの問題の解決に際して、前述した内容を次のような表にして提示するつもりである。そうするならば、私の読者もそれほどの困難なしに、その内容を理解できるようになるだろう、そう私は同じく信ずるものである。

「この表を作成するための原理的基礎は」「需要と供給が価格を形成する」ということである。たとえば、需要が一〇ペソであり、供給が二〇キログラムであるならば、一ペソは二キログラムの価値を持つことになる。そして需要が二〇ペソに増加すれば、一ペソの価値は一キログラムに低下する。だが、だれも、供給がどれほどのキログラムから構成されているのか、また需要がどれほどのペソから構成されているのかを知ることができない。このような状態の中では、商人は自らの勘だけを頼りとしなければならない。従って、次のような数字は「商人の勘だけを頼りにした］仮説的な数字にすぎない。いずれにしても、私の目的にとって厳密な数字は意味を持つものではない。なぜなら、私がこれから述べようとすることは、価格形成全般の方法と価格の個々の要素がいかに配分されねばならないのかを示すことでしかないからである。

価格形成要因の表

a)　**価格の基礎**

	供給	需要
分業は絶えず一〇〇の供給を生む。	一〇〇	
貨幣の発行は絶えず二〇〇の需要を生む。		二〇〇
価格＝$\frac{\text{供給一〇〇}}{\text{需要二〇〇}}$＝二ペソ／一キロ	一〇〇	二〇〇
繰越	一〇〇	二〇〇

b)　**この価格が被る変化**

（1）通常の時期

	供給	需要
分業の持続的拡大は商品と供給の量を増大させる。	一〇	
持続的な貨幣発行ないし持続的な鋳貨の鋳造は需要を増大させる。		一〇
人口が持続的に増加し、生産者の人数と生産物の数量が増大するのにともなって供給も増加する。	三〇	

貨幣流通の改善、**すなわち貨幣運動の加速化**が輸送中の停止した購買力の量を減少させる。そのことは［貨幣の］新発行と同様の作

用をし、需要を増加させるものになる。		三〇
好天は好収穫をもたらす。また平和は産業［の発展］を促進させる。かくしてそれらは供給を促進させるものとなる。	二〇	
平和と豊作は信頼と信用を生む。その結果、貨幣への有効需要の一部が消滅する。そしてそのことは、貨幣の新発行と同様の作用をするために需要を拡大する。		五〇
資本家は、自らの資本を生産手段に投資することを有利と見なす。こうした投資が生産に刺激を与え、供給を増加させる。	一〇	
繰越	一七〇	二九〇
政府は宝くじや賭け事を禁止する。その結果、このような事業の中に凍結されていた需要は市場に戻ることになる。		六〇
事業の持続的需要のために未来への信頼が戻り、あらゆる種類の新企業を設立するための刺激が作用する。その結果、分業の生産物と供給とが増大することになる。	三五	
供給の増加は、価格の傾向的下落を引き起こす。そしてこうした価格の傾向的下落を貨幣所有者は迅速に利用する。かくして通常の貨幣流通速度が加速し、それに応じて需要も増加する。		六〇
価格＝$\frac{\text{供給一〇〇}}{\text{需要二〇〇}}$＝一ペソ／一キロ	二〇五	四一〇

（2）恐慌期

通常の期間中には、ほとんどの人間は貯蓄することができる。この貯蓄は、全般的に見れば、流通から撤回された貨幣の形態でなされる。あるいは貨幣が流通の中に存在し続けた場合でも、それらは高利貸利潤とともに再び流通から撤回されることになる。その結果は、需要がそれに応じた減少をするという事態である。

一〇〇　四一〇

（原注：ここでは本来相応の額を**需要から控除しなければならなかった**。だが、私は、このことは一目瞭然のことであるため、むしろ積極的にそれ相応の額を供給に加算した。いずれにしても、その最終結果は同一である。従って、それに続く多くの局面で、私はこの方法を利用することにした。）

三〇五

繰越　一二〇

貯蓄活動の結果としての価格下落の最初の作用は、貨幣流通の加速化である。なぜなら、短期的現象が問題になっていると信じている多くの人々は、この利潤機会を見逃したくないからである。けれども、価格下落が持続し、価格下落がどこまでいくのか分からないほど価格下落が強まっていくと、すべての者は需要を抑制する。なぜなら、すべての者は価格が下落する場合、今日よりも明日買うことの方がより良い態度であると正しく認識するからである。従って、ほとんどの商人は、自らの貨幣を流通から撤

回する。　五〇

価格下落は、不可避的に多数の商人の破産を生む。自らを救済するために、多数の商人は安売りを行う結果、供給が増加することになる。　二〇

破産は不信を生む。そして不信は信用の抑制を生む。こうした信用の抑制は、それに応じた現金への需要あるいは商品の供給を拡大するものとなる。　一〇〇

価格下落を加速化させるために銀行家や投機家はすべての資本を流通から撤回する。　一〇〇

五七五　五三〇

$$価格＝\frac{供給五七五}{需要五三〇}＝〇・九五ペソ／一キロ$$

「助けてくれ」という叫びがあがる。

（3）好景気の時期

商品流通の崩壊にともなう異常な価格下落とそれに続くすべての工場の停止の結果、人々は、［不足した］生活必需品を購入するために貯蓄の全面的目減りを余儀なくされる。つまり、人々は自らの貨幣を銀行から引き出すか、それとも貯金箱から貨幣を抜き出すか、する。そして彼らはそれらの貨幣を緩慢に市場に持っていくことになるのである。　五〇

恐慌による産業企業の倒産は生産量と供給を減少させる。	二〇
不十分な供給のための価格騰貴は、貨幣所有者の購買意欲を生む。とくに価格騰貴が持続し、今日購入したものが明日にはもっと高く販売できるという期待が広がった場合には、より大きな購買意欲を生むものになる。	一〇〇
価格騰貴は、多くの商人が貨幣の返済義務を履行するのを容易にする。その結果、信頼が生まれる。この信頼は信用授与の増加に導く結果、信用とともに需要を増大させるものとなる。	一〇〇
銀行家、高利貸しそして投機家は、価格騰貴を加速化させるためにも、また恐慌期間中に購入した価値物に利潤を付けて売却可能にさせるためにも、自らの金庫に保持していたすべての貨幣を市場に投入する。	三五〇
五七五	一一五〇

価格＝供給　五七五／需要一一五〇＝二ペソ／一キロ

この表の吟味から明らかになることは、通常の時期には、供給ならびに需要が相当大きな変化に晒されても、価格はいかなる変動にも見舞われることがないということである。なぜなら、通常の時期には需要に影響を与える諸要因が、供給の相応の変化によって相殺されるからである。このような諸要因の中で、通例重要なのは、需要を変化させるのと同一の諸要因である。たとえば、平和と富裕が生産の増加と商品供給の増加に導くならば、それらは、今や需要を強大にするような信用の拡大をも引き起こす。従って、何らかの理由から価格の均衡が一時的に失われたとしても、価格の騰貴傾向ないし下落傾向が、貨幣流通の加速化ないし緩慢化を作動させる結果、再び均衡を作り出すことになるのである。

それとは反対に、われわれが［この表から］認識するのは、恐慌の生成原因が貨幣貯蓄者による需要の延期にあるということ、またこうした延期は価格下落の運動を作動させる結果、需要の全般的抑制に導くということ、そしてこのような抑制は、貨幣債務者の破産を引き起こし、その結果として信用の抑制と新たな価格下落に導くということである。従って、銀行家と高利貸しは、自らの貨幣を流通から撤回することを通して、このような価格下落をさらに促進するのである。

こうした事態に続くのは、その自然的反動である。［それはこうである。］［これまでに］貯蓄を行なってきた者は、今や所得不足のために、この貯蓄に手を付けなければならなくなる。また産業の衰弱化のために、商品供給は不十分になる。その結果、そこに自然的な価格騰貴への刺激が生まれることになる。そしてこのような価格騰貴への刺激は、信頼と信用の拡大を生み、価格騰貴をさらに推進させるものになる。従って、銀行家と高利貸しは、恐慌中に彼らが獲得した価値物の価格を可能なかぎり騰貴させることに利害を持っているがゆえに、彼らは、自らが所有している全貨幣を市場に投入することによって、この価格騰貴への刺激をよりいっそう強力なものにしようとする。かくして価格騰貴への刺激は、貨幣が貯蓄形成あるいは投機のために流通から撤回されるまで持続することになる。その結果、新たな恐慌がまたもや引き起こされてしまうのである。

社会主義者たちは次のように主張する。「恐慌は現在の生産制度、つまり私的イニシアチブに基づく生産の必然的な結果である」、と。［このような主張によって］社会主義政党は日々膨張しているのであるが、そのことに最大の貢献をしているのは、疑いもなく、われわれの国民経済学者なのである。なぜなら、彼らがこのような社会主義理論を論破できないでいるからなのである。

それゆえに、国民はまったく正当にも次のように言う。「恐慌がわれわれの生産制度と不可分の関係にあるならば、その他の制度、すなわち社会主義の生産制度を選択すればよいではないか」、と。事実、国民は、とりわけ恐慌の不可避的連鎖の下で非常に苦しんでいる。従って、経済学者が、この分業の長期的中断を全面的に不可能にするような改革案を提案できないならば、彼らは世界中の社会主義政党の発展に手をこまねいてただ傍観する以外にはなくなってしまうのである。

私がここで非難しているのは、社会主義イデーの培養基になっているわれわれの経済学者の無知についてなのである。

［それに対し、私がここで主張したいのは］、恐慌とそのあらゆる諸結果の現実的生成原因は、需要の抑制に、すなわち供給に比しての抑制可能になる需要の特権――そうした特権は、貨幣が直接的かつ個人的需要なしに流通から撤回できるのに対して、供給の抑制は一日たりともあらゆる種類の損失なしにはできないという点にある――にあるということなのである。

たとえば、いずれかの銀行家が大量の貨幣を流通から撤回させるならば、価格は崩落するにちがいない。そして哀しいかな、このような価格崩落は、上述の例が示すように次の価格崩落を余儀なくさせる。そしてその自然的結果は、「神の救いを待つ」態度でしかないのである。

銀行家が貨幣を流通から撤回させることができなくなったならば、あるいはもっと明確に言えば、銀行家が貨幣を直接的損失なしには**流通から撤回させることができなくなったならば、**（つまり、利子の損失が資本にとってどうでもよいことになったならば、）他の人々も自らの貨幣を撤回させることがないだろう。その時、恐慌が勃発することはない。

もし恐慌の再発を回避できるような改革が実現したならば、こうした経済学者の無能を刻んだ痛ましい記念碑が建立されるだろうことは明らかである。

第十五章　良き貨幣の本質的前提条件

われわれはすでに、何がアルゼンチン貨幣の価値を決めるのかということを知っている。またわれわれはすでに、貨幣の価格がいかに算出されるべきかということも知っている。従って、今や、われわれは、「良き貨幣とは何か、ないし良き貨幣とはどうあらねばならないのか」についての検証に移らなければならないだろう。なぜなら、われわれの目標は［貨幣］改革を提案することにあるがゆえに、われわれは、なによりもまず、われわれがすでに有している貨幣の改善に際して、どのような方向に進むべきかということを知っていなければならないからである。

ところで、貨幣の価値は分業に基礎を持っているのであって、貨幣素材に基礎を持っているのではないがゆえに、貨幣片がどのような素材から作られていようとも、それはどうでもよいことなのである。つまり、貨幣の価値は、絶えず貨幣への需要の大小に依存しているということ、換言すれば、貨幣の価値は、商品の供給の大小に依存しているということなのである。

それにもかかわらず、良き貨幣たろうとすれば、それは、次のような前提条件を満たす素材から製造されていなければならない。

（1）　貨幣素材を生産するのに、実際上多額の費用がかかってはならない。そればかりでなしに、この素材の生産費が貨幣片の価値にいかなる影響も与えてはならないし、また人間の労働がこの不可欠とはけっして言えない対象物のために無意味に費やされてもならない。そして最後に国家が、多額の費用をかけることなく、流通貨幣量を必要に応じて増減できるものでもなければならない。

（2）　貨幣は、いかなる内的価値も持ってはならない。その場合には、貨幣価値の大きさについての意見の相違が生まれるようなことはない。

（3）貨幣は、人間の必要の充足という観点からみれば無益であるような素材から製造されていなければならない。その場合には、だれも貨幣片を流通から撤回したり、消費したりすることがないために、商品流通の中断や――あらゆる富の源泉である――分業の攪乱が生まれることはない。

（4）貨幣は、その取り扱いの際に貨幣所有者に不便さを感じさせるものであってはならない。それゆえに、貨幣は軽く、容易に輸送でき、任意に分割できるものでなければならない。

（5）貨幣素材は、政府が独占的に所有できるものでなければならない。なぜなら、貨幣は公的制度であるがゆえに、貨幣量の増減は、私的個人の利害に基づいて行なわれてはならないからである。

（6）貨幣は、堅固な価値を持つものでなければならない。その場合には、貨幣価値の騰貴から生まれてくるような債権者に対する債務者の不利な事態や貨幣価値の下落から生まれてくるような債務者に対する債権者の不利な事態などは、回避されることになるだろう。

（7）貨幣は、商品交換を**迅速に、確実にそして廉価かつ容易にする**ものでなければならない。なぜなら、商品交換が貨幣の**唯一**の目的だからである。従って、生産者のためにきわめて少ない経費で交換がなされるべきである。こうしたことは、生産場所から消費場所への商品の旅の加速化によってだけ達成されるにすぎない。その場合には、交換市場での商品の渋滞が避けられるとともに、商品の辿るべき道に横たわっているあらゆる障害物も一掃されることになるだろう。

私は、本書では専ら最初の六点だけを取り扱うつもりである。それに対し、良き貨幣の第七の条件については、本書の第二分冊で専ら論じる予定である。

ここアルゼンチン共和国にいるわれわれは［絶えず］金属貨幣の国々を羨み、上は大蔵大臣から下はポーターに至るまで皆、古い先史時代の金属鋳貨の再導入を望んでいる。また全共和国のすべての者は、この国のあらゆる金融問題は銀行券債務の問題であると確信している。そして貨幣債務者、つまり、住民の大多数すらも、金貨を再導入したその日から、われわれ全員が潤沢に暮らすことができると堅く信じているのである。おー、何と言う無邪気さよ。

これから金あるいは銀が本当に良き貨幣の条件を満たしているのかという問題を、われわれは見るだろう。

（1）貨幣素材の生産には、実際上多額の費用がかかってはならない。

そのことは、金や銀から成る貨幣片の場合には妥当するのだろうか。否である。そのことは、疑いもなく金や銀などの鋳貨の場合には、妥当しない。反対に、金属鋳貨の生産費は、個々の鋳貨が初めて流通するや、個々の鋳貨が持っている価値と正確に一致するものになる。それにもかかわらず、外見に惑わされやすい経済学者は、今日ですら貨幣価値をその生産費に依存させているために、原因と結果とを混同しているのである。

たとえば、流通する金貨と銀貨は、採掘された時点からその額面価値の高さの生産費を持つことになる。つまり、すべての金属鋳貨は、少なくとも自らの価値と同じ費用を有するものになるということなのである。かくして金属鋳貨は、第一の条件をほとんど満たすことがない。そればかりでなしに、鋳貨素材の生産のために浪費される資本も、莫大なものになる。それゆえに、実践的才能に溢れているアメリカ人のような国民ですらも、鋳貨素材の採掘のために年々三〇万人もの人々を雇用するという事態を招いているのである。それに対し、われわれアルゼンチン人は、一台の小さな印刷機によってそれと同じ結果を達成しているのである。

（2）貨幣はいかなる内的価値も持ってはならない。その場合には、この貨幣価値の高さについてのいかなる意見の相違も生まれることがないだろう。つまり、その場合には、貨幣はすべての人間にとって同一の価値を有するものとなるだろう。たとえば、一匹の馬、一種類の薬、ひとつの偶像は、ある者にとっては大きな価値があり、他の者にとっては僅かな価値しかない。何ゆえなのか。なぜなら、対象物は人によって異なった価値を持つからである。従って、貨幣片が、家屋、錠剤、宝石などと同様の内的価値を持つならば、貨幣の価値は、貨幣片を購入する人々によって様々に評価されることになってしまうだろう。その場合には、この貨幣片は、価値尺度としての性質を失うことになってしまうことになる。

いずれにしても、金の輝きに魅了されている多くの人々は、婦人や子供をこの金属の数グラムと引き換えに販売してしまう可能性を持っているだろう。また彼らがこのような金属を大きな代価を支払って獲得したならば、彼らは地獄の番犬のように昼夜この金属を見張り続けることになってしまうだろう。こうしたことは、疑問の余地のない事実である。従って、このような人々が不運な状況に陥ってこの自らの財宝を失うことになれば、彼らは自殺してしまうかもしれない。

それに対し、そうした事態は、他の人々にとっては彼らが金から切り離されているということ以外の何ものをも意味しない。そのために、彼らは、その他の任意の対象物を引き渡すのと同じような安易さで［他人に］金を引き渡してしまうかもしれない。

このように、［金貨が内的価値を持っているならば］、金貨の価値は、様々な人々によってきわめて様々に評価されることになってしまう。従って、このような理由から、すべての人間は、ひとつの金属鋳貨と引き換えに同じ量の商品を譲渡する気持ちにならなくなってしまうだろう。かくして、金貨は、非党派的な価値尺度という貨幣の本質的な前提条件を満たすものにはならないのである。

（3）良き貨幣の素材は、必要の充足に奉仕するものであってはならない。そのような必要の充足に奉仕しない貨幣の場合には、だれもその素材を理由にしてこの鋳貨を拒否することがないし、また進歩、分業そして商業などにとってきわめて有害な人為的な価格下落を全般的に引き起こすこともなくなるだろう。

金と銀は、あらゆる金属の中でもっとも無益なものであるけれども、装飾品産業の僅かな必要がその度ごとに金貨の鋳潰しを引き起こす結果、それは、商品交換における最悪の混乱をもたらすのに充分なものになってしまうのである。

しかるに富裕の時代は、分業の急速な全般的拡大、つまり商品生産や供給の拡大が貨幣需要の拡大と一致する時代である。このような経済的繁栄の時期にわれわれが見るのは、多数の鋳貨が坩堝への道を辿り、それらは指輪、櫛、その他の装飾品に転化してしまうということである。つまり、それは――分業の拡大に歩調を合わせるために、商業が豊富な貨幣供給に依存している時に――娘が金貨を装飾品に変え、商業からその労働器具を奪ってしまうということなのである。かくして供給と需要の不均衡とそれに続く恐慌とが生まれることになる。

従って、そこで人々が見るのは、工業にとって金と銀とは、それらが良き貨幣として使用できるほど無益な存在ではないということである。金と銀が装飾品産業に見いだす僅かな使用も、一定の状況の下では、分業のきわめて大きな撹乱を引き起こすのに十分なものになってしまうのである。かくして金は、良き貨幣の第三の条件を満たすものとはなっていないのである。

（4） 貨幣は、その所有者が取り扱う際の不便さをなくすために軽くなければならないし、また任意に分割されるものでもなければならない。

たとえば、何千ペソもの金を入れた財布を持ち歩く者は、その財布に全神経を集中させることは確実である。またこの何千ペソもの貨幣が銀片であったならば、彼は荷車を必要とするだろう。

それに対し、スパルタ人の石の貨幣は、少なくとも次のような利点を、すなわちだれかに見られることなしにはこの石の貨幣を奪うことができないという利点を持っていた。だが、金貨と銀貨は、このような利点すら持っていない。また金貨や銀貨は、財布に入れて持ち歩くにはあまりにも重すぎる。反対に、金貨や銀貨は、公道に置いたまま、休息をとることができるほど大きくはない。そのために、一、〇〇〇ペソ［の金貨］を持ちながら旅行するという不運な所有者は、［一、〇〇〇ペソの金貨の入った］財布を絶えず携帯することを運命づけられているのである。つまり、食事中も、商売中も、また睡眠《すいみん》中も、彼は財布から片時も離れることができないのである。私は以前の恐慌期間中、絶えず仕事をしながら旅行することを余儀なくされていた一人の人間と出会ったが、彼は、絶えずベルトの中に一五キログラムの重さになる二、〇〇〇ポンド［の金］を入れていた。というのも、彼は銀行を信用していなかったために、旅行中も金を銀行券に変えようとはしなかったからである。だが、彼は旅行中であったため、この貨幣を収納するための場所を持たなかった。従って、最終的に彼は、鉄製の大きなトランクを購入したのであった。このトランクのお陰で、彼は少なくとも日中は金から離れることができるようになったのである。つまり、この男は、泥棒を防ぐために大量の貨幣を持ち運ぶ羽目に陥ったのであった。かくして彼は、無意識的にリュクルゴス Lykurg が当時使っていたのと同じやり方を利用することになったのである。

以上のように、金と銀は、良き貨幣になれるほど軽くはない。そして分割可能性に関してはどうなのか。金本位制度の国々を羨むすべての人々は、この金属の分割可能性という賛歌を歌う。だが、この金の分割可能性も不十分なものでしかないために、政府は銅から成る小額貨幣を作らざるを得なかった。従って、貧しい連中——彼らの支出のほとんどは絶えずきわめて小額でしかない——は、きわめて重く、汚いばかりでなしに、その上有毒でもある金属の使用を余儀なくされ続けているのである。

それゆえに金は良き貨幣に必要な第四の要求をも不十分にしか満たしていないのである。

(5) 貨幣製造は、政府の独占的特権でなければならない。だが、今日の場合、われわれが上で見たように、貨幣供給の縮小は、——たとえば鋳貨を装身具に変えるなどのように——私的個人の思惑に依存しているといってよい。そして同じように、今日貨幣量の拡大も、私的個人の主導権に依存している。従って、政府は、その種の操作を完璧に行ういかなる術も持ち得ないばかりか、このような関連の中でいかなる介入の余地をもまったく持ち得ないのである。

たとえば、分業の拡大の結果、供給が増大し、それとともに貨幣への需要が拡大するならば、政府は、価格下落とそれに引き続く恐慌とを回避するために、貨幣供給を貨幣需要に均衡させるようなかたちで増加させなければならないだろう。そして政府は、このような目的のために［貨幣に］不可欠な素材を自由にできなければならない。だが、今日、政府は、貨幣不足によって引き起こされたカタストロフィーを何もせずにただ傍観することを余儀なくされている。こうした貨幣不足や価格下落についての苦情がどれほど新聞紙上で語られようとも、われわれが眼にするのは、われわれが慢性的危機の中に置かれているという事態、つまり連鎖倒産が生じ、国家債務が目も眩むほどの規模に膨れ上がり、銀行や高利貸しが莫大な利益を手に入れるという事態なのである。こうした事態はどう説明されるのだろうか。［それはこうである。］全地球規模の分業の拡大の程度に照応して、商品供給と貨幣需要とが増大する。そして貨幣需要が増大するのに対して、貨幣供給は、金属鋳貨としての銀の廃絶によって人為的に縮小する。以前には、商品供給の拡大にともなった貨幣需要の増大は、金と銀とに分割されていたが、今やそれらはますます金に限定されるようになっている。それとともに、金への需要は、銀貨の全価値分だけ増加している。かくして価格は下落する。あるいはもっとより良く言えば、「価格が下落する場合、生産の継続が不可能になる」、と。つまり、生産と分業が中断されることになるのである。

このような人為的価格下落によって金融上の無分別な行為がどれほど引き起こされていることか。

周知のように［多数の］国家は、国際的な貿易活動を容易にするために金塊の統一的規格化に協調したのであった。また周知のように銀の脱貨幣化とそれに続く［商品］価格の下落は、ほとんどすべての国々に自国産業のための保護関税の導入を余儀なくさせることになった。換言すれば、多数の国家は自由な商品流通を望み、金塊の統一的規格化の導入によってあらゆる困難は一掃されると信じたのであった。こうした多数の国家は、銀の脱貨幣化とともに破産の波を含むような価格の下落が貨幣債務者の下で必然的に生じるということを、そして国家による保護手段を求める叫びが不可避的に生じるということを、まったく考えもしなかったのである。金塊の統一的規格化によって、貨幣はある国から他の国に自由に輸出入できるようになっている。だが、そのために、国境を越えていくような商品流通は妨害されてしまったのである。それに対し、銀が脱貨幣化される以前には、貨幣は国境を自由に通過できなかったのに対し、商品は自由に輸出入できたのであった。かくして今や私の中にひとつの問いが生まれる。「いったい財布やトランクを必要とする金のどこに便利さがあるというのだろうか」、と。

それゆえ、人々はきっと次のような認識を持つことだろう。「金は良き貨幣の第五の要求をも満たさない」、と。そして「国家は、こうした金属貨幣の不足のために無力という迷宮に入り込むことになってしまうだろう」、と。

(6) 貨幣は、堅固な価値を持たなければならない。それゆえ、ここアルゼンチンのわれわれは、銀行券に対する金の価値が変動する場合、毎日すぐに罵り合いをすることになってしまう。そしてわれわれは、このような変動の原因が銀行券にあると確信するばかりでなしに、今日までそれについての唯一の反対意見も聞かれないことにも納得してしまうのである。つまり、われわれは、金を正確な価値尺度と見なすことを慣習としているのである。それゆえに、われわれの精神は、このような価値尺度が安定したものになるという点に何の疑いも抱くことはないのである。

しかるになにゆえ、ヨーロッパではトウモロコシ、羊毛、獣皮、株式、石炭、容器、銀、土地など、手短に言えば、市場で入手できるすべてのものの価格が下落するのだろうか。またなにゆえわれわれは、今後もこれらすべての生産物の全般的価格騰貴を体験するのだろうか。

このようなたえざる価格変動がどこから生れるのかという点を明確に理解するためには、価格形成要因を述べた上述の表をもう一度一瞥すれば、十分だろう。

いずれにしても、金は固定した、不変の価値を持つという意見が深く根を下ろしているので、政府は百年間かけてようやく償却可能となるような金債務を引き受けてもかまわないといった見解すらも登場してくることが稀ではないのである。

だが、取引所での［金の］価値が一年の間に二、五、二〇、五〇%も騰貴しながら、次の年には同じ比率で下落するといった事態がしばしば見られるにもかかわらず、金の価値の安定性への信仰は不動なのである。

他方、銀が脱貨幣化して以来、「貨幣と商品の比率が変化し、［商品］価格が下落している」という確信を抱いている少数の人々が存在している。彼らは次のように主張する。「人々が感じている全般的不愉快さは、全般的な価格下落に起因するものである」、と。

このように主張する人々に対し、単一の金属通貨制度を支持する人々は、「平均するならば、価格はけっして下落していない」と反論し、そのことを証明する統計を示すのである。

［私見によれば］この両者は、ひとつの事態、すなわち価格の継続的な下落が絶対的に不可能になるという事態を見逃しているといってよい。というのも、価格は、現在下落していても、必然的に再び騰貴するにちがいないからである。［それはこうである。］［商品］価格が下落し始めるや、商人は自らの注文をキャンセルする。その結果、商品流通が中断され、分業が停滞し、工場が閉鎖される。そしてそれに続く生産の減少が、遅かれ早かれ［商品］価格の騰貴を引き起こすにちがいないからである。

［商品］価格が下落している場合、明日には九ペソで購入できるような財を今日一〇ペソで購入する商人など、世界中どこにもいるはずがない。

従って、商品価格が下落し始めるや、商人は迷うことなく注文をキャンセルし、工場主は労働者を解雇する。それゆえに、［商品］価格の長期的下落にともなって、あらゆる経営の全般的かつ長期にわたる閉鎖が生じるにちがいない。こうした生産制限や供給制限などが、それに続く価格騰貴を可能にすることになるのである。

かくして複本位制度の支持者が、「価格は継続的に下落している」と主張するならば、それは間違っている。実際には、貨幣不足のために、分業の停滞といった事態が生じているのである。その場合、仕事場の不足が至る所で知覚される。それこそがその［価格下落の］真の原因なのである。つまり、仕事場の不足とは、分業の制限ということとの別の言葉でしかないのである。従って、分業が後退するならば、供給が減少し、価格の下落を阻止するのである。

かくして単一通貨主義の支持者が、「ここで主張されているような価格下落は問題になりえない」と説明するならば、彼らが正しいことに疑問の余地はない。だが、その場合でも、彼らは、価格を現在の水準に堅持させるにはどれほど多くの犠牲を必要とするのかということをも同時に見るだろう。

いずれにしても、**良き貨幣**は、何らかの種類の犠牲もなく、たとえば破産、分業の中断や経営の停止といった事態もなく、自らの価値を持続させるものでなければならない。しかるに金属貨幣はこの条件を満たすことができない。それゆえに、金属貨幣は良き貨幣であるとは言えないのである。

第十六章　アルゼンチン貨幣制度の長所

以上見てきたように、金属貨幣は、良き貨幣が持つ特性のひとつすらも持っていないのである。従って、金が全世界に向けて「金こそが最良の通貨制度である」と全般的に叫ぶことができるとすれば、それは、愛がわれわれの判断力を全面的に曇らしてしまうような場合であるだろう。[そのことは、次のような箴言に示される。]

「眼鏡を通して愛を見る者は、

　ムーサの眼を持つ。

彼は、彼の花嫁の背中越しに、

二つの乳房だけを見ているだけなのである」、と。

金のあらゆる欠点、すなわち金の持つ不快で、邪悪なあらゆる特性は、われわれの尊敬すべき経済学者たちの眼には珠玉のものに変ってしまうのである。おそらく実際上、金に付着している唯一の特性と言えば、その無臭性にあるといってよいだろう。だが金が、ドン・キホーテを夢中にさせたマリトルネス Maritornes の生ニンニクのようなくさい臭いを発する存在になっていたならば、私ですら、金へのわれわれの経済学者たちの愛がこうした金の欠点を良き貨幣の本質的特性に変えてしまったことに同意するだろう。その場合には、われわれの経済学者たちは、今日彼らが「良き貨幣は内的価値を持たなければならない」と述べるように、「良き貨幣は、生ニンニクのように素晴らしく強烈な臭いを発しなければならない」と述べることだろう。

だが、公正さを保つためには、次のように言わなければならない。経済学者たちが、金属通貨制度を第一級の［優れた通貨］制度に分類するならば、彼らは完全に間違っていたというわけではない、と。なぜなら、古代の貨幣制度、たとえばスパルタ人の煉瓦貨幣制度などと比較するならば、金属通貨制度は疑問の余地なく、より優越的な制度だったからである。

実際、だれも次のことを否定することができないだろう。金貨は、リュクルゴスの貨幣やインド人の貝貨幣、アフリカの黒人たちの動物貨幣 Guineas に対して、一定の長所を示している、と。だが、金属鋳貨が、疑問の余地なく、本来のアルゼンチン通貨制度をも含むその他のあらゆる通貨制度よりもより良い通貨制度になっているなどと主張するならば、それはとてつもなく大きな過大評価であるだろう。

われわれがわれわれの通貨制度の研究を少しでも注意深く行うならば、われわれは、われわれの通貨制度［アルゼンチンの通貨制度］が、前章において列挙した良き貨幣のほとんどすべての特性を十分調和的に結合させているということばかりでなしに、その他のあらゆる優位性よりもより重要かつより大きな優位性、すなわちその改善能力という優位性を持っていることにも注目しなければならないのである。［以下、その点を列挙しよう。］

（1） アルゼンチン貨幣の製造にはそれほど多額の生産費がかからない。このような理由から、その生産費が変動したとしても貨幣価値に大きな影響を与えることはないのである。その他に、この国は不確実性という費用をも節約することができるのである。

ここアルゼンチンでは、一億金ペソの取引所価値を有する三億ペソが流通している。だが、もしわれわれがこの一億ペソを現実の金に置換しようとするならば、われわれは、毎年不可欠となる国家債務のために五〇〇万–六〇〇万金ペソの利子を支出しなければならなくなるだろう。かくしてわれわれは、この膨大な金額を新税によって調達する必要に迫られることとなる。

いずれにしても、アルゼンチンの通貨制度はきわめて安上がりなものである。従って、その他の国々がアルゼンチン通貨制度を模倣し、とりわけ――私がこれから述べようとするような――この通貨制度のすべての利点が発揮されるような貨幣の管理がなされた場合でも、私はけっしてそのことに驚くことはないだろう。他方、それとの関連において私が想起するのは、たとえば一〇年前に五億フランの外国信用を、銀行券の兌換という唯一の目的のために得たイタリアのことである。イタリアは、この五億フランのために毎年二、五〇〇万フランの額の利子を外国に支払わなければならなくなっている。換言すれば、イタリアの生産者は、金属鋳貨による財交換という単なる贅沢のために、二、五〇〇万リッターの赤ワインを支出しなければならないのである。その結果、イタリアはどのような利益を手にしていると言うのだろうか。否、イタリアは何の利益も得ていないのである。

それにもかかわらず、国際貿易を行うためには金塊が不可欠であると言われている。だが、イタリアの対外貿易量をイタリアの全取引量と比較するならば、それは一五対一〇〇の比率でしかない。それに対し、ここアルゼンチンでは、ペソ通貨が金に兌換できないにもかかわらず、ほとんどすべての外国貿易はすべてこのペソ通貨で処理されている。このようにアルゼンチンは、全世界の中でも金塊の存在なしに住民が膨大な額の外国貿易に関係しているほとんど唯一の国になっているのである。

つまり、ここアルゼンチンでは、紙幣が金に代わって通貨として流通しているという事実、こうした事実は、一袋といえども小麦の販売を妨害するものとはなっていないのである。さらに言えば、国際的な通商関係にとって通貨制度はまったく副次的なものでしかないということである。この点についてのきわめて納得のいく証拠となっているのは、アルゼンチン共和国がパラグァイ、チリ、ボリビアなどと行っている貿易であるだろう。というのも、そこでは、兌換不可能なアルゼンチンのペソ通貨に基づいてあらゆる取引が遂行されているからである。従って、私は次のことを確信するものである。「われわれが銀行券に大きな安定的価値を与えた瞬間から、この銀行券は、金本位制度の国々をも含むあらゆる国際的取引にとっての基礎として役立つものになるだろう」、と。

たとえば、イタリアが商業のために旧来の金属貨幣制度を導入して以来、イタリアではその他のあらゆる国々においてと同様に物価下落の傾向が生じたばかりでなしに、金の場合に不可避的となる弾力性の欠如ということのために、すなわち金供給を需要に一致させることの不可能性ということのために、保護関税によって産業を援助する政策が必要になったのである。それゆえに、上述した［イタリアの］通貨制度の変更は、国際貿易を活発にする代わりに、もっぱら貿易の新たな妨害物になってしまったのである。

しかるに、商品が存在するところには、貨幣もまた存在する。従って、このような商品が外国で熱望されているならば、政府はいかなる販路対策もする必要がないのである。

つまり、蠅が死んだ鼠を見つけるように、商人は［外国が熱望している］輸出商品を見つけだす。その際の、商品の輸出可能性といったものは、商品を評価するところの、通貨制度に依存するのではなく、ただ外国の需要だけに依存するにすぎないのである。つまり、［アルゼンチンの輸出商品である］小麦が国民通貨のペソで評価されるのか、それともポンド・スターリング、ルーブルあるいは銀で評価されるのかといったことは、この商品の輸出を容易にすることもなければ、この商品の輸出を妨害することもないのである。

［ここで問題となっている］金は、ひとつの国際的商品である。従って、金は国外に流出することもあれば、国内に流入することもある。金は、その滞留に必要なあらゆる条件が満たされているところに滞留し続ける。それに対し、金にとって気に入らない雰囲気が存在すれば、金はこっそりと逃げ出す。［それなのに、金本位制度を導入したいと考えている］アルゼンチン人は、われわれがアルゼンチンに金を流通させるならば、この金はアルゼンチンに滞留し続けるとでも信じているのだろうか。［それは間違っている。］むしろたとえば、カラスが最初の空砲の音に驚いて逃げ去るように、金も、革命への最初の警報が発せられるや、ただちに消え去ってしまうだろう。

つまり、金は、カタマルケス Catamarcas の一〇回目の革命を待たずに、最初の革命で外国に逃亡してしまうのである。

こうした金の移住は、貿易と分業の麻痺ならびにあらゆる貨幣債務者の破産をも引き起こすものになるだろう。かくして［金の移住によって引き起こされる］分業の麻痺は、国民の全般的窮乏化を導くものになる。それに対し、兌換不可能な貨幣は国外に逃亡することができない。そのために、［商品］価格は下落することがないのである。そして、債務者は自らの債務の返済という義務を果たすことが可能になるだろう。従って、［兌換不可能な紙幣が流通しているかぎり、］分業は、どんな革命の風評が生じても、何も恐れる必要がないのである。つまり、［兌換不可能な紙幣が流通しているかぎり、］アルゼンチンは、どんな政府であろうとも、繁栄する。そのことを、だれも否定することはできないだろう。

それゆえに、人々は［国の繁栄や窮乏化といったような］現象の原因を住民の離村あるいは住民の知識といった要因にだけ求めてはならないのである。

われわれは、［アルゼンチンとの比較のために］［ウルグァイ］東方共和国、すなわち、アルゼンチンと同様の豊かな国であり、［アルゼンチンと］同一の人種が居住しているとともに、アルゼンチンと見間違えるほど同一の政府を持っている［ウルグァイ］東方共和国を見ることにしよう。［その場合、両国はきわめて多くの点で類似している。］それにもかかわらず、両国は経済発展の点ではきわめて大きな相違がある。［ウルグァイ］東方共和国ではきわめて大きな貧困が支配しているばかりでなしに、労働意欲のある住民もアルゼンチン共和国に逃亡している。かくしてそこでは産業が衰退し、企業家精神もずっと以前から麻痺し死滅しているといったような惨状にある。つまり、［ウルグァイ］東方共和国の住民は、金から逃れるために、その逃げ場を惨めなアルゼンチン紙幣という屋根に求めているのである。

なぜこうした事態が生まれたのかを説明するには、次のような通貨制度に関する二つの想定をすれば、十分であろう。まずこうした事態に直面するや、金は、［ウルグァイ］東方共和国から移住してしまう。なぜなら、

［ウルグァイ］東方共和国では金の滞留に不可欠となる平和の保証が見いだされないからである。かくして分業、すなわちあらゆる富の源泉が発展できなくなっているばかりか、もはやほとんど存在し得なくなってもいるのである。そのために、人々は、［ウルグァイ］東方共和国の中に兌換不可能な紙幣を導入することに尽力するだろう。そして［こうした不換紙幣が導入されたならば］人々は、ただちに企業家精神という新たな生命がそこに宿されるのを見ることになる。その反対に、アルゼンチンの人々が、［ウルグァイ］東方共和国の通貨制度を導入するならば、人々はただちに次のことを、すなわち、いかに金が最初の革命の情報に接してその国を去ってしまうのかということを、またいかに分業が崩壊してしまうのかということを、そしていかに貧困が計り知れないほど豊かなパンパの国に広まってしまうのかということを、見るようになるだろう、と。

（2）貨幣は、いかなる内的価値も持ってはならない。その場合には、［貨幣価値についての］いかなる異なった評価も生れることがないだろう。

［おそらくアルゼンチンの］商人はよろこんで次のことを確認するだろう。「全世界の中でアルゼンチンほど事業上の大きな揺れに悩まされることのなかった国はない」、と。実際、人々は、アルゼンチンでは貨幣がどれほど相対的により大きな弾力性をもって流通したのかに驚くにちがいない。

たとえば、金属貨幣の国々での鋳貨の譲渡は躊躇しながらゆっくりと行われるのに対し、ここアルゼンチンでは貨幣は快速に人の手から人の手に――その貨幣が偽造通貨であるのか否かという問題を深く考える間もなしに――渡って行く。

しかるにすべての者が貨幣を支出すれば、すべての者は貨幣を所有するという関係になる。それというのももちろんすべての者が購買すれば、すべての者が販売するからである。従って、すべての者が自らの生産物を販売すれば、すべての者が貨幣を所有するという関係が生まれることになる。つまり良き貨幣に基本的に要求されることとは、絶えず、すべての者が自らの生産物を販売できるだけではなしに、その売上代金によって自らの必要なものを購入することができるということの保証が与えられることなのである。そうであるからこそ人々は、絶えず、貨幣は商品交換を容易にするという唯一の目的のために導入されたと考えるのである。［それはこうである。］商品交換は、ひとつの生産物を販売し、それから他人の生産物を購買することにある。こうした商品交換の対象物は貨幣であってはならず、それは固有の有益性を持ったひとつの商品でなければならない。なぜなら、貨幣は専ら、固有の有益性を持つことのない、ただ交換のための補助手段にすぎないからである。それに対し、金属通貨制度の国々では、人々はこうした貨幣本来の目的を完全に忘れているのである。そこでは人々は、貨幣を獲得するという唯一の目的をもって労働し、生産している。つまり貨幣の獲得が労働の目的になっているのである。そして貨幣は、必要という強制の下でだけ支出されるにすぎない。従って、その論理的結論は、すべての者が販売を望むけれども、だれも販売できないという状態に陥ってしまうことである。なぜなら、だれも購買しないからである。すべての者は貨幣を望むけれども、だれもそれを手に入れることができない。なぜなら、だれも販売できないからである。

かくしてすべての者は、ただ生活に不可欠なものだけを購入するにすぎない。このように購買者がいなくなれば、販売者もいなくなる。それゆえに、すべての者は、絶対に生活に必要不可欠なものしか販売できない。かくしてだれも、自分が販売できない物を生産しないがゆえに、すべての者は、絶対に生活に必要不可欠なものという枠内においてでだけしか労働できなくなってしまうことになる。

かくして金の内的価値が問題となるような、装身具産業 Spielwarenindustrie の中に見いだされる金使用は、貴金属がなお鋳貨として利用されている国々の場合、絶対に生活に必要不可欠なものの枠内においてだけその労働がなされるにすぎないという論理的かつ必然的な結果をともなうものになる。そしてそのような結果から、マモンが支配しているすべての国々に広がっている長期的な労働不足［失業］といった状態が説明できるのである。従って、社会主義を信奉しているすべての人々は、この事実に取り組む必要がある。なぜなら、この事実にこそ、なにゆえ今日の労働者は、自らの労働の対価として生活と繁殖に必要な必需品しか獲得できないのかについての説明が見いだされるからである。

従って、きわめて良好な状態にある諸国民とは、貨幣の目的が商品交換の容易化にあるということを少しも忘れていない国民である。またきわめて富裕な諸国民のもとでの際立った事実は、貨幣が何の問題もなく流通しているという点である。けれども、人々は次のようにはけっして言うことはないのである。「貨幣が流通しているのは、その国がうまく行っている証拠である」、と。否、全く逆のことを言う。「富裕という現実の原因が貨幣の流通を容易にしている」、と。しかるに、「資産を宝石で作ろうとする」資産形成マニア熱が非常に広く行き渡っている諸国民、こうした諸国民は、僅かな必需品しか購入しないという単純な理由からも、絶えずもっとも貧困な国民であるし、また「現在そうでなくてもいずれ」もっとも貧困な国民になってしまうだろう。**なぜなら、こうした諸国民の場合、僅かな必需品しか販売されないがゆえに、つまり、販売できないものは作られないがゆえに、僅かな必需品だけしか生産されないからである。**

ところで、貨幣の主要な目的が貯蓄の容易化にあるとする仮定は、きわめて大きな誤りであるだろう。なぜなら、貨幣の唯一の目的は、商品交換の容易化であって、貯蓄形成とは何の関係もないからである。というのも、貨幣を貯蓄する者は、ただ需要を延期させているだけであって、「実際には」何も貯蓄していないからである。つまり、貨幣はまったく貯蓄財たりえないものである。なぜなら、貨幣は貨幣所有者にとって内的有益性を持っていないからである。

鉄道も「貨幣と」同様に、商品流通を容易にするものである。だが、だれも、貯蓄手段として利用するために鉄道を建設しようなどとは考えない。だれかが貯蓄したいのであるならば、彼は自らの貯蓄を、凶作の時に彼の必要を充足させるのに役立つような価値対象物に投資すべきだろう。だが、いかなる場合にあっても、彼は貨幣を流通から遠ざけてはならないのである。なぜなら、彼が貨幣を撤回させてしまうならば、他の人々が何も販売できなくなってしまうからである。販売できないものはだれも作らないがゆえに、貨幣を流通から撤回させる者は、他の人々から労働を盗んでいることになるのである。それゆえに、貨幣は間断なく流通しなければならない。なぜなら、間断なく流通しない場合には、分業、すなわち富裕と富の唯一の源泉となるものは中断してしまうからである。つまり、貨幣が流通から撤回されるや否や、火事を消すために列車を止めるように、人々は生産を止めてしまうのである。**（注意せよ！）**

（3） 貨幣素材は、産業に利用されるものであってはならない。そうなった場合、貨幣片が消費されたり、分業が中断されたりすることがなくなるだろう。

アルゼンチンの通貨制度以上にこうした条件を充足させる通貨秩序など考えることはできない。私はすでに別の箇所で、貨幣の装身具への転化が商業流通にとってどれほど不吉な結果をもたらすのかということを詳論した。こうした欠陥をアルゼンチン貨幣はまったく持っていない。従って、アルゼンチン貨幣が少なからずこの国の分業の発展に寄与しているということ、このことは確かである。他方、私は、近年の小額銅貨の輸出が商業に与えた攪乱を思い出す。もし小額鋳貨の輸出の代わりに高額鋳貨の輸出がなされたならば、それはこの国にどのような影響を与えたのだろうか。この点については、ここでは読者の想像に委ねよう。

［結論的に言えば］ 小額鋳貨が輸出されたのは、それが内的価値を持っていたからである。むしろ、巨額の有価証券や紙幣の場合には、そのような内的価値の完全な欠如が国内へのそれらの滞留を保証するものとなっているのである。

（4） 貨幣は軽く、分割可能であり、容易に輸送できるものでなければならない。このような条件を、アルゼンチン貨幣はほとんど模範的といってよいほどに充足させている。むしろこの点での唯一の改善点となるのは、紙幣によって銅貨を代替することであるだろう。なにゆえ五セント貨幣が紙幣であるのに、二セント貨幣が銅貨でなければならないのだろうか。このような銅貨の存在を正当化できる根拠などどこにも存在していない。この憎むべき汚れて不潔な、そして重く不便な鋳貨のために、どれほど余計な費用がかかっていることか。もし五セント紙幣が製造されているならば、一セント、二セント貨幣も同じように紙から製造されてしかるべきだろう。また三セント、五セント、八セント紙幣も製造されてしかるべきだろう。

金属鋳貨と比較した場合のこうした紙幣の長所は、輸送能力に優れているという点にある。従って、この二種類の貨幣が流通している国々では、紙幣が圧倒的に多く使用されるために、紙幣が不足するという事態もまた生まれ始めているのである。

たとえば、一、〇〇〇ペソの額を金や銀で数えるには、一時間ほどの時間が必要になる。なぜなら、一、〇〇〇個の鋳貨を数えるばかりでなしに、一つ一つの鋳貨が偽造貨幣ではないのか否かということを厳密に見分けなければならないからである。それに対して、一、〇〇〇ペソのアルゼンチン通貨は一分で数えることができる。従って、われわれがここアルゼンチンでも紙幣の代わりに金を流通させたならば、銀行などは、貨幣を数えるためだけにも三倍の人員を必要とすることとなってしまうだろう。

金属貨幣をある場所から他の場所へ送らねばならない者は、袋を用意し、金属貨幣を袋に詰め、封印、測定し、それらを書留で送らなければならない。それに対し、アルゼンチン紙幣の場合には、この紙幣を封筒に入れて、ポストに投函するだけでよい。

また鋳貨を落とした人は、ほとんどの場合自分で一〇メートル四方を探さなければならない。だが、彼が発見できないならば、その国はその落とした鋳貨額だけ［貨幣を］失ったことになるのである。その場合、その代用品は、鋳貨の額面価値と同じ費用で手に入れることができるにすぎない。それに対し、アルゼンチン銀行券の場合には、それほど長く探す必要がない。なぜなら、それは鋳貨よりも形が大きいからである。またたとえ、それが発見されなくても、その国は何も失うことがない。なぜなら、新しい紙幣の製造には実際上何の費用もかからないからである。従って、その場合には、個々人が失ったものを、全体が獲得することになる。このような方法で金融当局が毎年自分のものにできる金額は、けっして少なくはない金額である。それは、何千ペソにも達し、この国の公共費として役立っている。もしこれがなければ、国家はさまざまな繁雑な税金によってこの金額を徴収することになるだろう。

ありていに言えば、次のようになる。「民間人が街頭で失って、最終的にごみ箱に捨てられる貨幣は、税の節約というかたちで再び戻ってくる」、と。金属通貨制度の国々では実際の損失は、鋳貨の額面価値に等しいものになる。そのことは個々人にも、また国家にも妥当するのである。

（5）貨幣製造用の素材は、政府の権力が独占的に意のままにできるものでなければならない。その場合には、だれもが好き勝手に貨幣を製造することはできなくなる。

価格の騰落がその国の分業と富裕の発展に大きな影響を与えるということは、すでに周知の事実である。そして同様に、価格が直接その国の貨幣の多寡の量に依存しているということも、すでに周知の事実である。

一般的にいえば、金属通貨制度の国々で行われている事態ほど、馬鹿げたものがあるだろうか。たとえば、そこでは一片の金を所有しているすべての人々は、この金を鋳貨に鋳造できる権利を持っているのである。つまり、国家は、貨幣量の増加が国家の利益になるのか否かという問題とはまったく関係なしに、貨幣鋳造を無料で行わなければならないのである。今日、新しいカリフォルニア［の金鉱山］が発見されたならば、貨幣鋳造人が日夜働き続けるようになるとともに、［商品］価格は一〇、二〇、一〇〇％騰貴することになるだろう。だが、「新しいカリフォルニアの金鉱山が」発見されなければ、［商品］価格の傾向的下落が続き、慢性的な危機は克服されることがないだろう。

ここアルゼンチン共和国では、貨幣量は管理不可能な金鉱山の生産力や偶然、自らの装飾品を鋳貨に鋳造しようとする零落した芸術家の気紛れなどに依存しているのではない。貨幣発行のような重大な意義を持つあらゆる政策手段は、この国の利益になるようなかたちで遂行されているのである。（そのことが常に正しく考察されているとはかぎらないのであるが。）たとえば、貨幣が必要であると見なされたならば――たとえば、人口が増加し、分業が拡大したならば――、貨幣は発行される。それに対し、私的な信用授与のために貨幣の一部が余計になってしまったならば、貨幣は回収される、というようにである。

だが、アルゼンチンの場合、国家は貨幣発行を乱用する傾向にあるばかりでなしに、［貨幣の］新発行に際しても、この国全体の利害が配慮されずに、政府の利害だけしか配慮されていないと言われている。だが、それに対し次のような反論が可能になるだろう。アルゼンチンの通貨制度の下では、責任感がそのような［貨幣発行の］乱用を可能にさせることはない、と。またそのような乱用が可能になるのは、貨幣発行の乱用を甘受する国民がいる場合だけである、と。つまり、それは、エンジニアが機械を誤って利用したからといって、人々はその機械を利用不可能なものと説明できないのとまったく同じ事態なのである。

ここで真実なのは、発行が偶然によってではなく、国民の意志によって管理されているということである。つまり、貨幣創造は、国民の同意とともに、国民の利害を吟味した上でなされるということである。従って、このような理由からだれも次のことを否定できないだろう。「このような観点から見れば、アルゼンチンの通貨制度は、時代遅れの金属通貨制度よりもはるかに理性的なものである。」

（6）貨幣は価値安定的でなければならない。だが、金属貨幣は、価値安定的ではなく、また価値安定的なものたり得ない。また［金属貨幣の場合］貨幣発行は偶然という条件に制約されているばかりでなしに、貨幣は欲望や気紛れなどのために流通から撤回される可能性もある。しかもその制度は、複雑な国際的協定の締結によってだけ変更できるにすぎない。

確かに、［現実に］アルゼンチン貨幣は価値安定的でないということを認めざるをえない。その点ではなお多くの欠点を持っているけれども、おそらくそうした欠点は［今後］克服されていくことになるだろう。

第十七章　固定価格

貨幣に固定価格を与えたいと思う者は、なによりもまず、固定価格とは何か、またひとつの生産物の価値変動はいかに算出され得るのかということを知らなければならない。

たとえば、パンが昨日は一〇の価格で、そして今日は二五の価格であるならば、今や本質的に何がパンの価値を変えたのか、その原因はパンにあるのかそれとも貨幣にあるのかを問わなければならないだろう。もしかしたらその原因はパンにあるのかもしれないし、また貨幣にあるのかもしれない。その際に、パン価格あるいは貨幣価格のどちらが変化したのかを確定するのに唯ひとつだけ自由に使える方法がある。それは、その比較に必要となる他の「商品の」諸価格を——可能ならばすべての価格を——抽出することである。

たとえば、一人の人間が馬にうまく乗れないならば、一方の人々は、「この男の足は他の人々よりも長すぎるからである」と言うのに対し、他方の人々は、「この男の足は他の人々よりも短すぎるからである」と言うだろう。どちらが正しいのか。その答えを見つけるのは容易なことではない。だが、足が短すぎるがゆえに、馬が適切に走らないことに全員が一致するならば、だれも、「足があまりに長すぎるから、その男は馬に乗れない」などとはけっして主張することはないだろう。

われわれが商品をその他の**ひとつの**商品とだけ比較する場合には、つまり、価格騰貴ないし価格下落の責任をひとつの商品ないし貨幣だけに負わす場合には、われわれは間違いに陥ってしまう可能性がある。それに対して、われわれが貨幣をあらゆる商品と比較するならば、われわれはけっして価格変動の原因を取り違えるようなことをしないだろう。つまり、あらゆる商品の価格が騰貴している場合には、貨幣価値が減価しているのに対し、あらゆる商品の価格が下落している場合には、貨幣価値［価格］が騰貴しているのである。あるいは、もっと適切に言えば、前者の場合には貨幣需要が衰退しているのに対し、後者の場合には貨幣需要がその供給に比して増大しているということなのである。

従って、貨幣価格を測定する尺度としての商品は、ただひとつの商品に限定されてはならないのである。むしろその際には、すべての商品、あるいは少なくともそのうちのもっとも重要な諸商品が考慮されなければならないのである。

つまり、アルゼンチン銀行券の価格がどう変化したのかを証明するには、われわれは、今日の価格を他の時期の価格と比較しなければならないが、そうした比較を、われわれは金価格との比較ばかりでなしに、すべての商品の価格との比較によっても行わなければならないのである。

だが、このようにわれわれがすべての商品の価格との比較を行った場合でも、われわれがそれぞれの商品品目の経済的意義についての適切な評価を与えることができないならば、われわれは大きな誤りに陥ってしまう可能性がある。そしてその結果も、完全に誤ったものになってしまうにちがいない。

たとえば、小麦価格が騰貴したのかそれとも縫い針の価格が騰貴したのかではまったく異なった意味を持っているということ、このことはすべての商人にとって——太陽の光の如く——明白なことであるにちがいない。それゆえに、価格統計の中でバター価格が小麦価格と同一の意義を持つなどといったことはけっして認められないのである。

だが、それにもかかわらず、価格が騰貴しているのかそれとも下落しているのかといった論争の中で作成されたすべての統計表の中には、このよう重大な欠陥が見いだされるのである。

たとえば、**イヴェス・グヨット** Yves Guyot は、『**経済科学**』という自著の中で自らのいくつかの理論を証拠づけるために、**ミカエル・ムールハル** Micael Mulhall の『**価格の歴史**』という有名な著書に掲載されている次のような表を利用している。

〈フランス〉

	一八六一—七〇年	一八八一—八三年
バター	一〇〇	一〇二
コーヒー	一〇〇	八四
リンネル	一〇〇	四五
果実	一〇〇	一〇二
穀物	一〇〇	九三
精肉	一〇〇	一二〇
絹	一〇〇	七〇
砂糖	一〇〇	九五
ワイン	一〇〇	一〇五
羊毛	一〇〇	七〇
（計）	一〇〇〇	八九五

つまり、［この表に従えば、］ムールハルは、一八六一—七〇年の期間に一〇〇フランと引き換えにXキログラムのバターを購入したが、一八八一年に彼は、このXキログラムのバターを一〇二フランで販売したということになる。コーヒー、ワインなどについても、彼は同様の取引をしたのである。それらに続いて二つの事例を加えた後に、彼は、貨幣価格は一〇・五％騰貴しているという結論に到達したのであった。

この場合、ムールハルは、様々な商品目の間に相違をつけず、リンネルにすべての穀物種と同等の意義を与えているのである。かくしてわれわれは、彼はどのような権利によって彼の表から縫い針を取り除いたのかを問わなければばならないだろう。なぜなら、このような除去なしには、彼が証明したいと思っている［商品］価格の下落はそれほど明確に示されることがないからである。

われわれが現存のこの表から羊毛、絹、そしてリンネルを取り除くならば、われわれはまったく正反対の結論、すなわち［商品］価格は下落していることの代わりに騰貴しているという正反対の結論を得ることになるだろう。従って、人々は同様に次のようにも言うことができるのである。「この種の統計表を用いれば、無批判的な読者の前では不都合な事実をすべて［都合のよい事実として］証明できることになる」、と。

しかるに、ムールハルの統計表はけっして欺瞞的なものとは言えない。だが、このムールハルの統計表は、すべての商品品目の価格に、それぞれの品目に投下された資本の相対的意義を示すひとつの要素を——比較時点や立証時点においても——加乗しなければならないだろう。

それを行った場合、先に表示された統計表は、次のように変化するにちがいない。

一八六一—一八七〇年	価格	商品品目の相対的意義	合計
Xキログラムのバター	一〇〇	一〇	一、〇〇〇
コーヒー	一〇〇	五	五〇〇
リンネル	一〇〇	四	四〇〇
果実	一〇〇	八	八〇〇
穀物	一〇〇	一〇〇	一〇、〇〇〇
精肉	一〇〇	六〇	六、〇〇〇
絹	一〇〇	一五	一、五〇〇
砂糖	一〇〇	一五	一、五〇〇

ワイン	一〇〇	五〇	五、〇〇〇
羊毛	一〇〇	八	八〇〇
相対的価値			二六、五〇〇

一八八一―一八八三年	価格	商品品目の相対的意義	合計
Xキログラムのバター	一〇二	一〇	一、〇二六
コーヒー	八四	五	四二〇
リンネル	四五	四	一八〇
果実	一〇二	八	八一六
穀物	九三	一〇〇	九、三〇〇
精肉	一二〇	六〇	七、二〇〇
絹	七〇	一五	一、〇五〇
砂糖	九五	一五	一、四二五
ワイン	一〇五	五〇	五、二五〇
羊毛	七九	八	六三二
計量価値			二七、二九五

この表の［商品品目の］**「相対的意義」**の項目上にある上述の数字がまったくの仮定的性質のものであることについては、自明のことである。私は、［価格の］基礎として穀物を取り上げ、それを一〇〇とした。私は、その他の商品を自分の判断に従ってそれぞれの等級をつけた。その際の私のただひとつの目的は、誤った結論に到達するのを避

けようとするならば、いかに統計表を作成したらよいのかということを示すことでしかない。

ムールハル氏の表では、縫い針や任意のその他の商品品目は、計算後の最終結果を完全に変えることなしには、追加的に収録できないものである。だが、われわれがそれぞれの商品品目に投下された資本の相対的意義を配慮する場合には、縫い針は、その他の品目と比較するならば相対的に無意義であるために、それほど大きな影響を最終結果に与えるものとはならないだろう。

他方、一八八一年から一八八八年の期間に、フランスの砂糖生産とその消費は三倍になった。つまり、砂糖取引と砂糖産業は、フランスでは今日、一八六一年と比較すれば三倍もの重要性を持つものになっている。従って、砂糖価格の騰貴あるいは下落は、今日では一八六一年よりも三倍も強く感じられるものとなっているのである。だが、ムールハルは、この点に何の配慮もしていないのである。

われわれが、銀行券の価格が変化したのか否かをここで確定しようとするならば、われわれは、その国で生産されている主要な商品リストを作成し、そしてそれぞれの商品品目の相対的意義を算出し、すべての商品品目の価格にこの要因を加乗した上で、その総結果を比較時点のその結果と対比させなければならないだろう。それに対し、外国商品の場合には、金価格を取り上げればそれで十分である。従って［この場合には］相対的意義の代わりに、輸入商品の総価値が取り上げられることになる。そしてこの後者の額が、その他の商品の相対的意義を測定するための基礎として利用されることになる。

一八九三年	価格	相対的額	合計
Xキログラムの金	一〇〇ペソ	一、〇〇〇	一〇〇、〇〇〇
羊毛	一〇〇	四〇〇	四〇、〇〇〇
皮	一〇〇	一五〇	一五、〇〇〇

小麦	一〇〇	二七五	二七、五〇〇
トウモロコシ	一〇〇	八〇	八、〇〇〇
煙草	一〇〇	一〇	一、〇〇〇
リンネル	一〇〇	一五	一、五〇〇
ジャガ芋	一〇〇	二〇	二、〇〇〇
木材	一〇〇	五〇	五、〇〇〇
総計			二〇〇、〇〇〇

いわば上の表は、われわれが一〇〇ペソの銀行券によって一定量の金ないし羊毛ないし小麦などを購入する場合、われわれが、この一〇〇ペソにそれぞれの商品品目の相対的意義を示す要因を加乗した上で、その結果を集計すると、最終額としての相対的数字が得られるということを示すものである。

われわれが今や、銀行券の価格は変化したのかどうかを確定しようとするならば、われわれは、われわれの一〇〇ペソ紙幣で購入した金、羊毛、小麦などのために今や何ペソを費やさなければならないのかということを算出する必要がある。そしてその後に、この価格に相対的要因を加乗し、その相対的数字をその全商品の合計額と比較しなければならないのである。

第十八章　金とアルゼンチン通貨の間の関係

商人は、絶えず、最良の価格が得られるところで自らの商品を販売する。けれども、価格そのものは、需要に直接依存する。

たとえば、ここアルゼンチンではわれわれが、［貨幣の］発行、つまり需要を拡大するならば、［商品］価格は騰貴する。その際、この高価格は、世界中のすべての商人が自分の商品を［アルゼンチンへと］輸出しようと誘引するものになる。だが、外国の商人がアルゼンチンで自らの商品と引き換えに得られる貨幣は、彼らにとってはまったく無価値なものでしかない。従って、彼らが営業活動を繰り返すには金が必要とされる。つまり、輸入商人は、この取引で手に入れたアルゼンチン貨幣を金と兌換するために、アルゼンチンの為替取引所に行くのである。かくしてこの金はこの国を離れることになる。

だが、最良の価格を得られるところで自分の商品を販売するのは、外国の商人だけではない。アルゼンチンの商人仲間たちも同じことをする。たとえば、アルゼンチンでは小麦と羊毛が、自国の消費をはるかに越えるほど大量に生産される。従って、それらの価格は、確実な必要が存在しているヨーロッパにおけるよりもはるかに安価である。しかるに農場主は、自らの生産物をアルゼンチンで捨て値同然の価格で手放す代わりに、自らの生産物をヨーロッパに輸送する。だが、ヨーロッパにおいて農場主が自分の生産物と引き換えに得るのは、金である。それに対し、彼が［アルゼンチンで］実際に使用している貨幣は、アルゼンチンの銀行券である。かくして農場主は為替取引所に行き、自分の持つ金を［アルゼンチンの］紙幣と引き換えに販売する。かくして、これらの金は、アルゼンチンへと向かうことになる。このように輸入と輸出は、たえざる金の購買と販売とを引き起こすことになるのである。

その際、［金の］購買と販売が均衡しているかぎり、金供給と金需要も均衡状態にある。従って、金価格は安定したままである。だが、なんらかの理由から需要と供給の間の不均衡が生まれるならば、即座に価格変動が生じてしまう。

アルゼンチンでの需要が新たな貨幣発行によって増加し、価格騰貴が生じるならば、そのことは、外国の商品所有者にとっては、自らの商品供給を増大させる刺激になるだろう。そしてその自然的かつ不可避的な結果は、金への大きな需要と金価格の騰貴である。逆に、われわれが［紙幣の］発行を制限することによって需要を減少させるならば、価格は不可避的に下落することになる。そしてこうした価格の下落は商品輸入や金への需要を弱め、金価格を下落させるものとなるにちがいない。

以上のことの原因と結果の関係は、単純かつ明瞭なことなので、これ以上の説明は不必要であるだろう。それでも、ここアルゼンチンでは、金価格を下落させることを目的とした為替取引所の閉鎖、金販売の禁止、国家による金販売の禁止、アルゼンチン鋳造金貨の販売禁止、オンスとポンドの独占的販売の認可等々といった金融上の錯乱行為はすでに行なわれることがないのである。

大規模な貨幣発行の結果、アルゼンチンでは需要の増大と高価格が生じ、それに続いて商品輸入の増加と金への大きな必要とが生じることになった。このような強力な発行活動が持続されているかぎり、金への大きな必要が存在し続けたままであるだろう。こうした高い金価格の原因は、大量の貨幣発行と不可分の事態にあるといってよい。従って、［高い金価格の］永続的原因は、たとえば中央銀行の金販売によるような短期的には最良となる処方箋によって除去されるものではないということである。かくして金価格の永続的な下落を達成するためには、金への必要を永続的に減少させねばならないのである。つまり、［貨幣］発行の制限なしには、金価格の永続的な下落は簡単には可能とならないということなのである。

第十九章　［貨幣］価格を規制するための銀行

われわれが上述の価格形成要因についての表を入念に吟味するならば、［貨幣の］発行以外のあらゆる要因は、国家による管理の影響力を受けることがないということ、こうした認識を持つことになるだろう。

つまり、政府は、収穫高、信用授与の発展、銀行家、高利貸し、投機家の駆け引きなどを自らの意志通りに統御することはできないということなのである。ただ［貨幣の］発行だけが、政府の直接的管理下にあるにすぎないということなのである。

その際に、政府は、自らの判断に従って発行活動を強化したり、弱くしたりすることができる。それに対し、信用の縮小あるいは収穫高の増加などは、政府の影響をまったく受けることはないのである。以上のような理由から、［貨幣の］発行だけが、政府が貨幣価格に影響を与えることのできる唯一の可能性を持ったものになる。

哀しいかな、政府は今日に至るまでこのような事情に無知であった。反対に、政府は絶えず、為替取引に干渉し、金を販売するなどして、つまり、価格の進行を舵で制御することの代わりに帆で制御するなどのことをして、貨幣流通に影響を与えようと努めてきたのであった。だが、それは、無駄な努力でしかなかった。波、風、海流などが自由にならないことを知っている船乗りならば、自らの注意を舵に集中させ、この舵の助けをもって自らの船を、波や海流に抗しながら、目標地点へと進ませようとするだろう。

このように［貨幣の］発行は、政府が命令を下すことのできる唯一の価格要素である。従って、当然の如く政府は、銀行券の価格を発行政策によって、つまり価格という舵によって制御しなければならないのである。

紙幣本位制度のその他の国々と同様に、アルゼンチン国家もまた、今日に至るまで、特定の貨幣量の［追加的］発行などに関わりたくないと考えてきた。従って、アルゼンチン国家も、銀行券の価格が変動した場合には、ただ驚くことしかしなかったのである。

それ以外にも、［アルゼンチンの］法律は、大蔵大臣の法律的認可が与えられない場合には、貨幣創造の増加を行うことを禁止している。そればかりではない。貨幣価格を引き下げる場合にも、彼はそうするための不可欠な道具を持っていないのである。つまり［アルゼンチンの］法律は大蔵大臣の手を縛っているのである。それにもかかわらず、その法律を発布した国民は、それと同時に自分たちの大臣が、「貨幣価格を一定の水準に安定させることができない」と釈明するならば、きっと自分たちの大臣を間抜けと呼ぶことだろう。それゆえに、銀行券の価格を一定の水準に固定することを、人々が自分たちの大臣に要求する場合には、人々はそのような要求の実現に不可欠な道具を自分たちの大臣に与えることを忘れてはならないのである。

ところで、価格とは、商品と貨幣（供給と需要）の間の比率がどうなっているのかということを示すものである。従って、価格を不変なものにしようとするならば、供給と需要の量的比率が不変のままであることが不可欠なのである。

たとえば、供給の絶対量が増大ないし縮小しても、需要が同じ比率で増大ないし縮小する場合には、価格変動が生じることはないのである。

つまり、供給と需要が同じ比率で増大する場合には、いかなる価格変動も生じることがないのである。だが、需要の増大なしに供給だけが増大した場合には、価格はただちに下落する。アルゼンチンにおいて分業が発展したにもかかわらず、［貨幣の］新発行を行わないために需要が増大しない場合には、価格は傾向的に下落することになる。だが、われわれが供給の増加に対応するかたちで発行活動を強化する場合には、われわれの分業は無限に発展することができるのである。

他方、国内の信用が増大したにもかかわらず、政府が発行［貨幣量］の一部を撤回しないならば、価格は著しく騰貴するだろう。このような価格騰貴の場合には、需要の削減によってだけ、つまり発行の制限によってだけその事態を回避することができるのである。

それに対し、投機家、銀行家、高利貸しなどが、全般的価格下落を誘発させるために自らの資本を利子とともに流通から撤回するならば、「商品」価格は下落するだろう。その場合、政府は発行活動を強化することによってだけこの事態を阻止できるにすぎない。

また投機家、銀行家、高利貸しなどが、価格騰貴を誘発させるために自らの資本を市場に投入するならば、政府は、相応の貨幣量を流通から撤回することによってだけこの価格騰貴という事態を阻止できるにすぎない。

さらに豊作が生じた場合の価格下落は、発行の適切な強化によってだけ阻止されるし、また凶作が生じた場合の価格騰貴は、貨幣創造の削減によってだけ回避可能となるにすぎない。

従って、われわれがここに見るのは、発行政策の助けを借りるならば、貨幣の価値は、銀行家、高利貸しそして投機家の網をすり抜けてひとつの固定点に進ませることができるということである。では、このような固定点とはいったい何なのか。

このような固定点とは、上述のような統計表の助けを借りながら、きわめて確実に算出できる貨幣価格の安定性のこと以外の何ものでもない。

ここアルゼンチンでのわれわれは、金価格を貨幣価値の固定点と見なすことに慣れてしまっている。そのような慣れは、共和国にとって対外貿易が持つ大きな意義ということを配慮するならば、ある程度理解できることだろう。もし外国貿易が存在しなかったならば、金価格はただ装身具産業にとってだけの関心事になっていたにすぎない。だが、[外国貿易では]ほとんどすべてのアルゼンチンの生産[物]が金と引き換えに販売される一方で、他方ではこの国のすべての必要[物]が金によって購入されるようになっている。従って、そこでも銀行券と金の間の固定的な比率の問題が注目されるようになっているのである。

だが、金の固定的な、不変の価値といったものは今だに実現されるに至っていない。というのも、国際市場での金価格は、その他のあらゆる物財の価格と同様に需要と供給によって決定されるために、永続的な変動に晒されているからである。それゆえに、アルゼンチン銀行券が金に対する固定的な価格比率を保ち続けるためには、「アルゼンチン」政府がこの金属のあらゆる価格変動に全面的に関与すること以外にはその道が残されていないのである。

ここで人々は、次のような異論を挟むことができるだろう。「自らを金の奴隷に貶めることは、アルゼンチン人にとって残念なことである。従って、金価格を無視し、貨幣流通をすでに説明されたような固定価格の方向に向けて、つまりアルゼンチン共和国国内の価格安定性の方向に向けて直接制御することの方がはるかにより良いことである」、と。

だが、現在事態はいかなる状況にあるのかという問題、またわれわれはそれを歓迎するのかといった問題などが取り上げられなければならない。かくして、兌換不可能な貨幣の信用を回復させるとともに、降り注がれるであろうあらゆる非難からこの貨幣を解放してやり、この貨幣に関係しているすべての国々の不運をなくしてやることなどが、必要である。従って、私は次のように考えるものである。「われわれが銀行券と金の間の固定的関係を作り出すということは、ただ貨幣の管理にだけ依存しているにすぎないということ、このことを全世界に向けて証明した場合には、われわれはこうした固定的比率を完璧に達成できるようになるだろう」、と。われわれが金価格を固定点に、たとえば三〇〇といったように、その上二、五、一〇年間の長きにわたって制御することに成功したならば、全世界が、兌換不可能な貨幣の長期的な変動はその絶対的な内的無用性によるものではなく、専ら今日まで続く特有な貨幣管理のやり方によるものであるということを理解してくれるだろうと、私は信ずるものである。

以上のような目標を達成するために、私は次のような提案を行うものである。

（1）すべての公的銀行が解体される。そしてそれらの銀行に代わって、「**貨幣価格を規制するための銀行** Banco National Regulador del precio del dinero」が新たに設立される。

（2）この「**貨幣価格を規制するための銀行**」の唯一の目的は、貨幣価格を制御し、金の為替レートを三〇〇［の水準］に安定させることである。

（3）この銀行が自らの任務を遂行できるように、この銀行に独占的発行権が与えられる。従って、この銀行には、金為替レートの安定化の必要性という観点から貨幣創造を増加させたり、縮小させたりすることができる権原が付与される。

（4）この銀行は、いかなる商業的取引を行うことも禁止される。つまり、この銀行は手形の割引きもできなければ、貸付けもできず、いかなる民間人の口座をも開設することができない。従って、この銀行が自らの資本を流通させる唯一の方法は、国債の購入とその販売を行うことによってなのである。

（5）極端な場合、たとえば、この銀行が金価格の騰貴を阻止するのに不十分な量の資金しか持っていない場合、この銀行は、輸入関税を引き上げて輸入自体を抑制したり、また関税収入の助けを借りながら銀行の統御可能性を拡大すべきである。

（6）さらにこの銀行は、一時的かつ緊急に貨幣を市場から撤回させることが必要な場合、つまり、需要を抑制し、商品と金の価格に圧力をかける場合、全国家領域で貨幣宝くじを行う権原を有する。

（7）政府は、世界市場での金価格の動向を評価できるような、つまり、この銀行の義務の遂行に不可欠となるような、そしてこの国の金必要を算出できるような、そうしたあらゆるデータを、関係機関を通じて銀行に提供する。そのために、商業の中で流通しているすべての金債務がその額や満期日ごとに、銀行に申告され、かつ記録されるべきである。

（8）地方行政機関は、耕地やプランテーションの状態を定期的にこの銀行に報告する義務を持つ。

（9）その他

ここで浴びせられるであろう最初の問いは、以下のようなものであるだろう。「周知のように、教会の鼠のように貧しい国の政府が、この銀行の任務遂行に必要な十分強力な資本をこの銀行に提供できるのだろうか」、と。確かにこの銀行は、貨幣発行の権利を持ってはいる。だが、この銀行は、新たな金価格の騰貴を誘発させることなしに、この権利を使用することができるのだろうか。たとえば、金価格が三〇〇を越えている場合に、新たな［貨幣の］発行がなされるならば、金［価格］は、銀行が固定すべきとしている点からさらに遠く離れて行ってしまうだろう。つまり、再度の［貨幣の］新発行がこの銀行にとって有益となるのは、金［価格］が三〇〇マルク以下に下落する恐れがあるという稀な場合だけでしかない、と。

よろしい。私が答えよう。なによりもまず金価格を下落させたいならば、「**規制する銀行**」は［貨幣の］発行を止め、自らのポートフォリオを国債中心の構成にしたらよいのである。そして金価格が騰貴した場合、この国債を販売する。そうすれば、金価格を下落させるのに十分な貨幣が市場から回収されることになる。

われわれが見てきたのは、信用は需要を強力にするとともに、価格を騰貴させるということ、その点で金価格の騰貴に影響を及ぼすということである。従って、信用が収縮する場合には、需要が減少するとともに、価格と金とが下落するにちがいないということである。かくして、人々は信用を妨げ、あらゆる信用証券に税金を課すことになる。その結果、このような信用証券は稀にしか流通しなくなるとともに、貨幣への必要が増大し、価格と金とが安価になるのを、人々は見ることになるだろう。

私が次のように言う場合、すなわち「信用証券は商業の中で少なくとも五、〇〇〇万ペソから一億ペソの［貨幣を市場から］撤回させている。だが、税金もまた確実に二、〇〇〇万ペソから三、〇〇〇万ペソの信用証券を［市場から］追い払うことができるだろう。従って、『**規制する銀行**』は、需要、価格、金などへの何らかの影響を及ぼすことなしに、発行を同一の水準にとどめておくことができるだろう」と言う場合、それはけっして誇張した見解ではないと、私は信ずるものである。

われわれが見てきたように、宝くじも貨幣を市場から撤回させるとともに、このような方法によって需要の減少、商品価格の下落そして金価格の下落に影響を与えるものである。

従って、この銀行が全国家領域で貨幣宝くじを行う場合、この銀行が新発行によって補充できる三、〇〇〇万－五、〇〇〇万ペソを市場に流通させても、なんら問題が生れることはないだろう。

以上われわれが詳論してきたように、価格騰貴を促進するひとつの要素は、貨幣流通を加速化させるすべての制度、たとえば小切手、振替為替、郵便為替、電信為替などである。それゆえ、小切手税［の導入］、電信為替や郵便為替などの禁止は、金相場にいささかの影響も与えることなしに、一、〇〇〇万－二、〇〇〇万ペソの更なる発行のための前提条件を創出するものになるだろう。

他方、資産を形成しようとする人々が流通から撤回する金額は、価格と金［価格］の下落に相当な影響を及ぼす。

人々が貨幣価値の変動という点で抱いている不信のために、銀行券を溜め込むようなことは、それほど多くは見られないだろう。しかるに、「規制する銀行」が存在するだけでも、資産を形成しようとする人々の信頼が新たに生まれることになるだろう。そして銀行券は、以前よりもより多く資産形成のために使用されるようになるだろう。こうした資産を形成しようとする人々の銀行券への信頼が蘇生したために市場から撤回される金額を二、〇〇〇万ペソと評価することにしよう。その場合、銀行は、需要を拡大することなしに、また貨幣価値に影響を与えることなしに、同じ水準での新発行を行うことができるのである。

ところで、アルゼンチン貨幣の基礎となっているのは、分業である。この分業が拡大すればするほど、それだけいっそう貨幣需要が高まり、それだけいっそう貨幣発行量もまた大きくなるだろう。

こうした分業への最良の刺激となるのは、製造された生産物が販売できるということの確実性である。こうした確実性は、価格の安定性に比例するかたちで増大する。このような理由からも、「規制する銀行」が存在するということだけでも、それは、分業の拡大への刺激として作用することになるだろう。そしてその結果は、貨幣需要の増大ということである。かくして「規制する銀行」は、［商品］価格の騰貴を引き起こすことなしに、一、〇〇〇万ペソ、二、〇〇〇万ペソ、五、〇〇〇万ペソを市場に投入することが可能になるのである。

このようにして金為替相場の変動が克服されるならば、それは全般的事業発展にきわめて大きな影響を及ぼすものとなるだろう。そしてその結果として、移民も増大することになるだろう。この新しい移民の増加に対応して「規制する銀行」も、その発行量を増大させていくことが可能になるのである。

上述したように「規制する銀行」の下では、資本形成の機会に不足することがない。しかもそれは、新しい借款を利用することなしにである。だが、これらすべての資金が、この銀行が自らの任務を遂行するのに十分な額にならない場合には、「金価格の規制という限定された目的を持った信用を商業はきわめて適切に引き受けることになるだろう。とくに自国の有価証券の買い戻しを行なうことによってだけでも、この借款額［の貨幣］が再び流通に投じられるようになるということが考慮される場合には、そうなるだろう」と、私は信ずるものである。

今やわれわれは、――このような銀行が存在するようになった場合――このような銀行が金価格にどのような作用を及ぼすのかについての説明を行わなければならないだろう。

今日貨幣が騰貴しているならば、商人は金の購入を急ぐだろう。なぜなら、彼は、この騰貴がどこまで進むのかを知らないからである。かくして金の騰貴それ自体が、需要の増大と金の更なる騰貴とを引き起こすことになる。他方、金が下落した場合には、反対のことが生じる。なぜなら、その下落がどこまで進むのかはだれにも分からないために、だれもが金の購入を延期させるからである。その自然的結果は、われわれが日々観察できるような大きな価格変動［の発生ということ］なのである。

それに対し、強力な影響力を持っている銀行が存在していること、その銀行の唯一の任務が金価格を三〇〇に堅持すること、また金価格がなんらかの理由のためにこの点から乖離したならば、この銀行は三〇〇の相場を短期間内に回復させるためのあらゆる手段を自由にできること、こうした事実を商人が知っているならば、商人は、一定量の金を三〇五の相場で購入することも、また二九五の相場で販売することもせずに、むしろ、この銀行が三〇〇の相場を回復させるまで待つだろう。

かくして、金を短期間に三〇〇の相場で購入できるということの確実性だけでも、金がこの固定点にとどまり続けることに寄与するものになるということ、このことは、明らかなことである。なぜなら、だれひとりとして、三〇〇の相場を無視して、金を購入したり、販売したりしないからである。この場合でも、私が、通常の時期に貨幣流通の規制者として奉仕する価格の傾向的騰貴あるいは傾向的下落について上述したのと同じ事態が生じることになる。

今日、金価格のさらなる変動に基礎づけられている大きな不確実性、そしてわれわれが絶えず観察しなければならないような度重なる相場変動を引き起こす大きな不確実性、こうした不確実性は消滅するだろう。たとえそれが作動したとしても、その前に、この銀行は強力かつ安定した水路を確保することができるからである。

金［価格］の変動の更なる原因のひとつは、先物取引にある。だが、商人が先物を購入したり販売したりすることで、損失を防ぐように強制するのは、だれ［何］なのか。［先物取引が禁止されたならば］、金価格の更なる変動という不確実な現象の中で、商人は絶えず暮らさなければならなくなってしまうだろう。

それに対し、商人が、「金は長期的には三〇〇の相場を乖離することがない。なぜなら『規制する銀行』がその特別な能力と必要な道具とによって警戒しているからである」ということを知っているならば、彼は、先物取引の助けを借りて損失から身を守る必要などなくなるだろう。その結果、金価格の更なる大きな変動の直接的原因が消滅することになるのである。

かくして事態は単純かつ明瞭である。金が三〇〇以下に下落するという傾向を認識した場合でも、商業が、「規制する銀行」に銀行券を発行する権利があるということを知っているかぎり、また［金価格の］騰貴傾向が認識された場合でも、商業が、「規制する銀行」が自らの資本を流通から撤回させるということを知っているかぎり、さらに「規制する銀行」が宝くじによって、極端な場合には追加的輸入関税によって貨幣を流通から撤回させる権利を有しているということを知っているかぎり、だれがいったい金を三〇〇以外の相場で購入すると言うのだろうか。

かくして、われわれが暴発ぎみの集会で起こるのと同じことが貨幣にも起こるのである。つまり、重武装の警官が出席しているだけでも、秩序を維持するのに十分なものになる。また武器がより良いものであればあるほど、それだけいっそう警官は少なくてすむ。たとえば、この銀行が自由な発行政策、輸入関税の引上げの権利などのような特別な武器などで装備されているならば、商業の中に、金はその法定相場を破壊することができないということへの疑問などまったく起こりようがないからである。つまり、上述したような絶対的確実性が、この銀行が自らの武器を使用する必要のないことを保証するものになっているのである。その際、関税の引上げという権利に助けを求める必要性は、例外的場合にしか起こらないだろう。従って、関税の使用権は、そのかぎりにおいて、銀行にとってこの手段の具体的使用問題であるよりもむしろ道徳的支柱問題でしかないのである。

つまり、「平和を願うならば、戦争の備えをせよ Si vis pacem,para bellum.」ということなのである。

第二十章　当局の嘘

嘘は、恥ずべきことである。それが当局の文書の中にある場合には、とくに恥ずべきことになる。

銀行券には次のような銘文が書かれている。**「銀行は、一覧後その持参人に法定相場に従った国民通貨の一〇〇ペソを支払う」**、と。

ところで、国民通貨の一ペソとは何か。法律によれば、それは純金のしかじかの分量である。では、「ここで言う」法定相場に従った一ペソとは何か。それは、銀行券の所有者に約束されたものを受け取るために、銀行券の所有者が銀行に持ち込むのと同じ銀行券である。では、この場合、銀行で何が支払われるのか。それは、兌換するために提示されたのと同じ銀行券で支払われる。つまり、銀行は、銀行券を返却するだけで、それ以外の何ものをも支払わないのである。従って、**「銀行はその所有者に支払う」**という銘文は、支払われるものが、兌換のために提示したのと同じ対象物である時には、いったいどのような意味を持つというのだろうか。だが、**「銀行は鋳貨の持参人への支払いのためにこの鋳貨を返却する」**という銘文を持った金属鋳貨をどこに見ることができると言うのだろうか。しかるに、今日アルゼンチンの銀行券に記載されているのは、それとまったく同じ銘文なのである。

つまり、法定相場の一ペソとは何か。それは、同じ一ペソの銀行券である、と。ニヒツ、ニエンテ、ニヒリ、リーエンでも同じことである。

このような嘲笑すべき、虚偽にみちた表現は一掃されるべきである。

アルゼンチン貨幣に合法的表現を与えるのに不可欠なことは、銀行券とは何か、そして銀行券とは何を意味しているのかということを明確に述べることだろう。従って、私は、このような目的のために次のような文面を提案するものである。

その所持者は、すでに一〇〇ニヒツ（ないしペソ、ナダス、ニヒリスト）の価値を持った分業の生産物を供給しているので、それと同じ額の需要を行使する必要がある。その際、ニエンテの価値は、供給と需要によって決定される。

これらの紙幣の価値は、専ら市場でだけ兌換可能なものになる。銀行は［この紙幣が持ち込まれても］何も支払わない。

需　要

［貨幣］価格を規制するための銀行

［この文面を読んだ］人々は、「一ニエンテとは何か」と問うだろう。私は、私の答えを次のような反問でもって表示しよう。「法定相場の一ペソとは何か」、と。［つまり、こういうことである。］供給量が大きい場合には、法定相場のペソも大きな価値を有するものになるだろう。同じ事は、ニエンテにも妥当する。［換言すれば］貨幣の名称は、価値については何も語らないのであり、価値は供給を基礎とするのである。

羊がよく草を食べ、水を飲み、寝ているために、良質の羊毛が生産される場合、取引所でのこのような羊毛の販売は、［この取引所の中に］豊富な金の流入をもたらす。その結果、一ニエンテと引き換えに，われわれは多くの金を受け取ることになるだろう。それに対し、バッタが羊の牧草地を食い尽くし、羊が羊毛の生産に必要ないかなる食料も見いださなくなったならば、一ニエンテは、僅かな金としか交換できなくなるだろう。

われわれは、紙幣の［価値の］実現とその兌換のことを金属鋳貨の購入と呼ぶ。だが、われわれはこのような金属鋳貨の価値をいかにしたら実現できるのだろうか。われわれがそれを食べることによってなのか。否である。われわれがそれを保存することによってなのか。それも否である。われわれは、市場で価値あるものを購入することによって、その価値を実現するのである。銀行券の銘文が、銀行券の価値を**直接に市場**で実現することをその所有者に要求しているならば、それはただ銀行券の［価値の］**実現**の加速化を引き起こすだけである。私が、金属の価値を実現するために市場に出向かざるを得ないならば、銀行券をわざわざ金属に兌換する必要があるのだろうか。それよりも貨幣の保有者に直接市場に出向くように要求することの方が、はるかに合理的であるだろう。なぜなら、このようなやり方を取れば、われわれは、銀行券の［価値の］実現の手続きを短縮できるからである。つまり、市場は、金であれ紙であれ、貨幣にとっての兌換窓口であるということ、そしてそこで価値が決定されるのであって、銀行で決定されるのではないということなのである。

アルゼンチンのわれわれは、**「金を封印した国民通貨ペソ」**と呼ぶ通貨を持っている。それは何を意味するのか。アルゼンチンでは金は貨幣なのか。アルゼンチン共和国では、金を見たこともなければ、金貨がどのような価値を持っているのかについても無関心であるような多数の人々が存在している。なぜなら、そこでの法定貨幣は不換銀行券であるということ、また国内に二つの異なった通貨が存在してはならないということ、こうした理由による。

それゆえ、アルゼンチンでは金は、その他のあらゆる商品と同様の［通常の］ひとつの商品である。つまり、金はアルゼンチンでは単なる金属でしかない。また金属は、［多くの場合］破片、延べ棒、あるいは袋などの単位では販売されずに、重量に従って販売される。（それに対し、［金を封印した］**国民通貨ペソ**が流通から撤回されねばならないとすれば、それがいかなる生存権も持っていない場合だけである。）そのために、その計算単位としては純金のグラムが代わりとならなければならない。その結果、金は、取引所ではグラム単位あるいはキロ単位で取り引きされるべきであって、オンスあるいは「ペソ」単位では取り引きされてはならないのである。それは、メートル法の制度がそうであるのと同じである。だが、このようなオンス単位の金の販売がたとえあったとしても、それはこの国の法律に違反した行為になってしまうのである。

われわれが、その名称を変更させても、金を重量で測定される通常の商品の地位に下落させるならば、不換貨幣への声望は、世論の中で著しく高まることになるだろう。そのこともまた、国民の魂の中に、われわれの幸運とわれわれの未来とは金にだけ依存しているというこの深く根付いているイデーを溶解させるのに寄与するものとなるだろう。

第二十一章　偽造貨幣

貨幣が公的制度であることは、だれも否定できないだろう。

国家は、貨幣創造の権利を持ち、この貨幣製造部門において国家と競争しようとするすべての者を罰する。それと同時に国家は、私的企業が流通させようとする紙幣を偽造通貨ないし無価値な通貨であると宣告する。

それゆえに、銀行券を受領する者は、銀行券が偽造かどうかを入念に吟味しなければならない。だが、それが偽造であるかどうかを、彼はどのようにして知るのだろうか。貨幣を扱った経験の積み重ねだけが、偽造通貨にだまされることのない保証を与えるにすぎない。それに対し、必要な経験を欠いているために、偽造通貨の犠牲者になるのは、きまって貧しい人々なのである。

偽造の銀行券は、商業にとっての厄介ごとであるばかりか、紙幣への不信を著しく強めるものともなる。従って、国家は、この厄介ごとを終りにする必要がある。それゆえに、このような目的のために私は、次のことを提案するものである。

（1）　国家は、本物であれ偽造であれ、すべての貨幣発行に責任を持つ。

（2）　国家は、提示されたすべての偽造銀行券と引き換えに、その一〇倍の額面の銀行券を支払う。そしてその際に、この偽造通貨が新しい偽造通貨発行の最初のサンプルである場合には、持参人は、その偽造紙幣の二〇倍の額面の銀行券という特別なプレミアを得る。

（3） 偽造通貨の持参人が偽造通貨の犯人についての情報をもたらした場合、上述のプレミアは一〇〇倍の額面の銀行券に増額される。

（4） 偽造通貨で捕った犯人は強制労働という判決を受ける。こうした強制労働が行われる際の彼らの賃金は、一日当たり一ペソとする。この賃金は、偽造紙幣の探索や捜索の際に支払われたプレミアの返済などのために使用される。そしてあらゆる偽造通貨が突きとめられ、なおかつこれらの賃金によって以前に支払われたプレミアが完全に返済された場合には、偽造通貨の犯人は自由の身になることができる。

われわれは、今や、この種の刑罰規定によってどのような直接的効果が期待できるのかを吟味しよう。今日の場合、不注意から、偽造紙幣を受け取ったならば、だれもが黙って、この「偽造紙幣」を他の馬鹿者や盲目の人に押しつけようとするだろう。次の人もそうするだろう。従って、偽造通貨は、最終的に公的金庫に到達するまでに、何千人もの人々の手を渡っていくことになる。つまり、偽造通貨は、水の中の魚のように絶えず泳ぎ回り続けるのである。それゆえに、偶然表面に登場しても、紙幣が最初**どこ**で交換されたのかを追跡することは、まったく不可能になる。たとえば、最初コルドバで流通していた偽造紙幣が、おそらく六か月後に表面に、つまりバヒアに現れたりするのである。

今やわれわれは、問題を変えてみよう。たとえば、われわれは、偽造通貨の持参に対してプレミアを与える結果、偽造通貨との遭遇は幸運な出来事に変えられている。そのために何が生じるのか。[それはこうである。] 偽造通貨を発見した**最初の人**は、**プレミア**をもらうために、それを即座に所轄の当局に持ち込むだろう。そこで、当局の捜査責任者は、この幸運な人から通貨偽造犯人の足跡を辿ることのできるあらゆる情報を最初に手に入れることになる。つまり、偽造通貨の犯人が自らの作品を流通させたのと同じ日に、しかも同じ瞬間に、警察はそれについての情報を入手するのである。

かくして警察は、流通しているあらゆる偽造紙幣を押収するとともに、強力な犯人一味の身柄をも拘束する。こうして今や、すべての［偽造］紙幣は密告者に変わる。つまり、［偽造］紙幣それ自体が警報を発するのである。そうなった場合、警察は、第三の偽造紙幣が流通する前に、偽造者を逮捕できなければ、無能と見なされることになるだろう。

たとえば、一〇〇ペソのために何千ペソもの額のお金 Schuldschein を捨てる男がどこにいると言うのだろうか。彼が支払不能のために、自らの強制労働によってその債務を返済しなければならないということを知っている場合、また通貨偽造の犯人が、自らの偽造通貨のために支払われたプレミアを強制労働によって弁償しなければならないという判決を受ける場合、さらに偽造通貨の犯人が、人々の間に流通させたすべての偽造紙幣に［名前とともに］、「通貨偽造の犯罪者」そして「盗人」と刻印されるということを知っている場合、このきわめて危険で、しかも大して儲からない仕事に精を出すような向こう見ずな人間などいったいどこにいると言うのだろうか。

国家が偽造通貨に対するプレミアのために支出する比較的僅かな金額によって、アルゼンチン共和国は、通貨偽造者を永久に厄介払いできるのである。だが、アルゼンチン政府がその制度の効果について疑念を持つ場合には、私が、その制度の導入後、年間五〇、〇〇〇ペソの罰金はもとより、新発行の際のすべての偽造通貨の全損害賠償債務額を引き受けてもよいという公的提案を行うものである。

第二十二章　国家債務

良き物は、それ以上の良き物によって駆逐されるまで、その価値を保持し続ける。たとえば、馬は今日大きな価値を有している。なぜなら、われわれは、それに代わって利用できる電気機関をなお持っていないからである。また古物商人は良き物を大量に持っている。それらはそれ以上の良き物が出現するまでその地位を占め続ける。

われわれが、金以上により良く公正に取引の必要に応じられる通貨制度を発見するならば、金がより良い通貨としてやっていくことはできないだろう。そのことは、たとえ経済学者が、「良き貨幣になるためのあらゆる要求をより良く満たす通貨秩序を発見することは不可能である」と主張している場合でも、妥当するものである。だが、経済学者も間違いを犯すことがある。

今や、われわれの経済学者の要求はどうなっているのか。彼らが要求する貨幣は、重くないこと、多額の費用がかかること、そして分割可能なことなどである。われわれの経済学者は、本当に控え目である。私は、それ以上のことを要求する。

貨幣の目的は、商品交換を容易にすることである。つまり、もっと明確に言えば、「商品交換が、貨幣の**唯一**の目的である」、と。ところでこのような商品交換は、合目的的かつ迅速に、確実かつ経済的に遂行されるべきである。そうなった場合、生産者は費用を節約する。しがって、われわれにとっての**良き**貨幣とは、商品交換を迅速に、確実に、費用節約的に媒介する貨幣でなければならないということになる。鉄道の場合にもわれわれは、迅速性、確実性そして経済性を要求する。従って、鉄道の目的が貨幣の目的と同様に商品交換であるならば、何ゆえわれわれは、貨幣に対しても［鉄道に対するのと］同じような条件を要求してはならないと言うのだろうか。否、われわれが貨幣に対して商品交換の迅速性、確実性そして費用節約性を要求することは、鉄道への要求以上にきわめて正当な要求なのである。なぜなら、鉄道は［多くの場合］私的企業［の経営］であるが、貨幣の場合には公的制度が問題になるからである。

鉄道会社が自社の列車をいつも脱線させていたならば、また鉄道会社が法外に高い貨物運賃を要求したならば、そして鉄道会社が商品輸送を緩慢にしか行わないために、輸送中の荷物の大半が腐ってしまったならば、公衆はきっと騒ぎだすことだろう。従って、われわれの貨幣がいつもレールから脱線し、法外に高い貨物運賃を取りながら、商品交換を緩慢にしか遂行しないために、商品の多くが目的地に辿り着く前に腐ってしまうのを見なければならない場合、われわれは、こうしたわれわれの貨幣制度に反対する権利を持たないとでもいうのだろうか。否、われわれがこのような権利を持っているということは、自明のことなのである。

それに対し、商品が鉄道駅に長期間留まり続けるようなことがないならば、また商品が貨車の不足のために腐ってしまうようなことがないならば、そして運賃率が可能なかぎり安価になるならば、鉄道は自らの任務を［立派に］遂行しているということになる。貨幣の場合、われわれは、次のように言うだろう。商品が店舗、つまり店先に長く留まり続けることもなく、また不可欠な手数料以上の料金を要求することもなく、そして商品が貨幣不足のために途中で腐ることもなく、生産者から消費者へと輸送されるならば、貨幣は自らの任務を［立派に］遂行しているのである、と。

今日、事態は［実際］どうなっているのだろうか。商品は、商店にあふれかえっているばかりか、その種の商店の数は膨大となり、それらは大都会を形成している。そしてこうした大都会は日々拡大してもいるのである。なにゆえ、商品は商店に固定されたままなのか。なにゆえ、商品は消費者のところにまで届かないのか。また消費者のところにまで届かない商品はどうなってしまうのか。そしてこの莫大な保管費をいったいだれが支払うのか。

絶えず商品交換は停滞してしまうために、われわれは絶えず恐慌に出会う。そして商品の販売は、絶えず不確実になる。そのことは何を意味しているのか。またなにゆえ今日、失業者が存在しているのか。労働は商品である。なにゆえこの商品を腐らせてしまうのか。そのことは何を意味しているのか。こうした諸現象の原因はいったいどこにあるのか、と。

それに対し、貨幣が［分業にとって］不可欠な商品交換を遂行しているならば、恐慌、失業、破産などは起こりようはずはないのである。

商業費は、今日、商品［額］の五〇－八〇％にも達している。このような莫大な費用にもかかわらず、商人は生活に困窮しているばかりか、劣悪な家に居住し、自らの商品の奴隷になっている。そして彼らは翌日には自らの［債務支払いの］義務を履行できるのか否かという絶えざる不確実性の中にいる。他方、商品は都市の中の最良の家屋を占拠しているのに対し、商人自身は、光のない、空気のよどんだ隣室に居住している。従って、［われわれは］次のように言うことができるだろう。「このような興味深い光景を見れば、生産物は生産者よりも価値の高い存在であるということが分かる」、と。

また［われわれは］次のように言うことができるだろう。「今日の金本位制度あるいは紙幣本位制度、こうした制度は商品交換を容易にさせるという唯一の目的を持って導入された公的制度であるにもかかわらず、確実性、迅速性そして費用節約性を求める人々の公正な要求を充足させるのにまったく無縁な制度になってしまっている」、と。

私はすでにアルゼンチン銀行券についての若干の考慮すべき改善点について論究した。［本書の］第二分冊において私は、商品交換の迅速性、確実性そして経済性を達成するにはどのような改革が必要になるのかを論究するつもりである。

［今や］アルゼンチン共和国は、その債権者に膨大な量の金債務を負っている。従って、アルゼンチン共和国はこの金債務を羊毛とトウモロコシによって支払わなければならない。

アルゼンチンは、今日のヨーロッパのトウモロコシ価格で一、〇〇〇万袋を利子の支払いのために輸出している。われわれがトウモロコシの価格を騰貴させることができるならば、あるいは同じことになるが、われわれがヨーロッパの金価格を下落させることができるならば、われわれは、国家債務を支払うために八〇〇万袋、七〇〇万袋あるいは五〇〇万袋を必要とすればよくなることだろう。

かくしてアルゼンチン共和国は、金の価値下落に積極的かつ直接的な利害を有しているのである。

われわれはそのような金の価値下落をいかに達成できるのだろうか。そのことは、金よりもより良く働く通貨制度の発見とその世界的規模の導入とによってだけ達成されるだろう。

もしわれわれが通貨制度の改善に成功するならば、われわれは、分業が唯一の保証となる単一の不換銀行券、すなわち工業と商業の利害によりよく奉仕する貨幣を製造することで、国際的商品交換を著しく容易なものにするだろう。そしてそれと同時に野蛮な保護関税制度に助けを求めることなしに、われわれが自国工業の育成に成功したならば、他の諸国民も、われわれの例に容易に従っていくようになるだろう。

それに対し、アメリカ合衆国は、複本位制度の網の中に絡め取られている。アメリカ合衆国は、このような迷宮からのいかなる逃げ道も発見していないし、また今後も発見できないだろう。彼らは、破滅的な恐慌を引き起こすことなしには、単一金属本位制度に復帰することが不可能であるだろう。むしろ複本位制度が彼らをまったく嘲笑すべき状態に陥らせているのである。従って、われわれが、不換銀行券に名声を与えることに成功したならば、そしてこのような不換銀行券が、まったく費用がかからない上に、古い先史的な金属貨幣制度よりもより良く工業と商業に奉仕するということをヤンキーに確信させることに成功したならば、彼らはおそらくわれわれの後についてくることとなるだろう。

そうなった場合、アメリカ合衆国で貨幣として利用されている金属にはどのような事態が生じるのだろうか。つまり、金と銀が交換手段として利用されなくなるならば、これらの金属はヨーロッパに移動することになるだろう。なぜなら、周知のようにそれらは、絶えずもっとも高く評価される市場を探し求めているからである。従って、金は、ヨーロッパの銀行に蓄積されることになるだろう。だが、そこでは何も果たせず、保管費だけが必要となるがゆえに、それらは緩慢に流通貨幣量に加わって需要を拡大し、価格を騰貴させることになるだろう。

小麦、羊毛、トウモロコシは、全般的価格騰貴によって最大の利益を得る商品になるだろう。そしてわれわれは、［国家債務への支払いという］義務を果たすために、一、〇〇〇万袋のトウモロコシに代わって、九〇〇万袋ないし八〇〇万袋のトウモロコシを輸送すればよくなるだろう。こうした金についてに起こるであろう事態は、すでに銀について起きた事態であった。つまり、銀は、金に対してはもとより、すべての商品に対してもその価値を減少させたのであった。

アルゼンチンが借款を銀で受け取っていたならば、アルゼンチン人は、毎年三〇〇万袋のトウモロコシを節約できただろう。従って、［今問題になっている］金本位制度の廃棄も、金価格を当時の銀価格と同様に引き下げることになるだろう。

金価格の下落、換言すれば**金本位制度の廃棄**に利益を有する国の数は、きわめて多い。全大陸がそれに属していると言ってよいだろう。スペイン、ギリシア、ポルトガル、イタリア、エジプト、ロシア、全南アメリカ、オーストラリアなどは、自らの金債務によって絞殺されようとしている。このようなすべての国々は、いずれの日にか、自らの支払不能を宣告しなければならなくなるだろう。それゆえに、これらすべての国々は、金の下落、**金本位制の廃棄**に強い利害を有しているのである。

アルゼンチン共和国が次のことを、すなわち普通の紙によって金よりも優れた交換手段を製造できるということを立派に証明できたならば、このようなすべての金債務諸国の同盟の誕生ということも容易に考えられるだろう。最終的に金債権者諸国もまた、金本位制度を全般化し、自らの資本を――銀本位制度の廃止によって――三倍にするために、ひとつの同盟を形成することだろう。このようなモデルに従って、金債務諸国もまた、――金本位制度の廃止によって――自らの国家債務を減少させるという目的を持ったひとつの同盟を形成することになるだろう。

従って、ヨーロッパの銀行家は、自らの所有する金の価値騰貴を助けるための機会を見逃さないだろう。彼らがあらゆる国の議会に配置している代理人は、貨幣制度の領域での、ヨーロッパ全体に支配的な無知を利用して、通貨金属としての銀の交代は不可欠であるということを議会に確信させることができたのであった。銀行家は、このようなやり方で交換手段供給の強力な競争相手から自らを解放し、すべての金債務者に莫大な損害を与えたのである。だが、金債務者は、この悪巧みに気付くのが遅く、手遅れになっていた。そのために、通貨金属としての銀の交代によって銀行家は、すべての債務者の負担で自らの資本を三倍にしたのであった。なぜなら、このような銀の交代がなければ、小麦は今日のヨーロッパでは二から四の価値に、従って、われわれが債務利子の支払いのために輸出しなければならない一、〇〇〇万袋のトウモロコシに代わって、わずか五〇〇万袋を提供すればよくなっていたであろうからである。

つまり、通貨金属としての銀の交代によって、ヨーロッパの銀行家は、アルゼンチンの債務負担を三倍にしたのであった。それに対し、アルゼンチンにとっては、今や自らの債務を金本位制度の交代によって減少させることが適切な方策になるだろう。そのことができた場合には、アルゼンチンはその首都で国際的通貨会議を開催し、会議参加者の前で、不換銀行券によって金よりもより良い交換手段を作ることができるという事実を明らかにすることに成功するだろう。

私は、［本書の］第二分冊ではこのような目的を達成するのに不可欠である貨幣改革を［全面的に］描くことにしよう。

（訳者注）このように本書は第一分冊であり、別途に第二分冊があるかのように書かれているが、ゲゼル全集全十八巻には、この第二分冊はまったく見当たらない。第二分冊は実際には書かれなかったか、または全集の編集者が発見できなかったかのどちらかであるだろう。いずれにしても、われわれは残念ながら『アルゼンチンの通貨制度—その利点と改善点—』（１８９３年）の第二分冊を読むことができない状態にある。

Ⅱ　マルクス『資本論』体系へのゲゼルの経済学的批判

搾取とその原因、そしてそれとの闘争
――私の資本理論とマルクスの資本理論との対決（１９２２年）

「厳密に言えば、社会主義がわれわれの終局目標ではなく、われわれの終局目標は『階級、性、党派、人種に対するあらゆる搾取と抑圧とを廃棄する』（エルフルト綱領）ことである。……われわれが社会主義的生産様式をプロレタリア階級闘争の目標とするのは、今日の所与の技術的かつ経済的諸条件のもとでは、この社会主義的生産様式がわれわれの目標を達成するための唯一の手段であると思われるからである。もしこの点でわれわれが誤っていることが証明されたならば、たとえばプロレタリアートと人類の解放が主として生産手段の私的所有を基礎としてのみ、あるいはその基礎の上でのみもっとも合目的的に実現されるということが証明されたならば、われわれは、われわれの終局目標をいささかも放棄することなしに、社会主義を捨て去るだろう。否、われわれは、このような終局目標を擁護する立場からそうしなければならないのである。」（カウツキー）

[Karl Kautsky, Die Diktatur des Proletariats. Wien, S.4.]

序文

眩いばかりの朝日の輝きが資本家の眠りを覚ますずっと前に、いつも彼の執事は堅い寝床を起き上がり、今日も主人を喜ばすにはどうしたらよいのかと思案する。

資本家は現在を生き続ける人間である。従って、彼が構想する未来はせいぜい今日の夕方までのものでしかない。つまり、資本家にとって未来は現在の一部であり、その継続なのである。それゆえに、資本家にとって希望は不要である。かくて彼は、この未来という、現在の安上がりな代用品をプロレタリアに委ねることになる。

他方、プロレタリアにとって希望は必要である。プロレタリアから希望が失われてしまうならば、プロレタリアは自分や資本家のために、終りなき恐怖よりも恐怖の終りの方を確実に選択してしまうことだろう。

ところで、今日何が、プロレタリアの希望を根拠づけることができるのだろうか。カウツキー Karl Kautsky 自身は、プロレタリアートに次のような助言を与えていないだろうか。「じっと資本主義のくびきのもとで静かに屈服し続けるべきである」、と。つまり、彼は、資本主義が病死するまで、すなわち資本主義がマルクス主義的―共産主義的な経済秩序のために「成熟する」まで忍耐強く待てと主張したいのである。だが、われわれは、プロレタリアートの成熟過程とは実際にはプロレタリアートが第三世代に至って死滅する過程以外のなにものでもないということを忘れてはならない。

カウツキーが助言（確かに彼は断腸の思いでその助言を行っているのだが）するようなプロレタリアートの成熟過程は、無数の諸民族、諸強国や世界帝国をのみ込み、しばしばその痕跡も残さずに抹殺してきたものであった。古代ローマ帝国、バビロニア人の帝国そしてエジプト人の帝国も、このような成熟過程の途上で没落したのであった。同じく資本主義的成熟過程も、根本的には腐朽過程以外のなにものでもない。従って、今日のわれわれもまた、ローマ人、ギリシア人、そしてバビロニア人と同様に「成熟」への希望の中で没落する運命にあるのだろうか。そしてそのことが、プロレタリアート、否全人民の終局的な希望とでもいうのだろうか。

なお確かなことは、プロレタリアが依然として希望を抱いているということである。たとえば、彼らは、カウツキーがマルクス Karl Marx の資本理論から正しい結論を演繹したことに疑いを抱いているのだろうか。——実際に、経験を積み重ねた発言は、本物らしく聞こえるものである。——あるいはマルクスの学説にはひとつの誤りが含まれているにもかかわらず、カウツキーが資本主義的機構からの脱出口をどこかに発見してくれるとでも、彼らは考えているのだろうか。そうしたこととは関係なしに、プロレタリアートは依然希望を持ち、労働者組織も依然存続し続けている。確かに労働者組織への信頼は著しく揺らいでいるけれども、それらの組織はなお存続している。こうした労働者組織への信頼は、適宜指導者たちが救出活動を起こすだろうというプロレタリアートの期待によって維持されている。そしてそれらの組織に所属するプロレタリアートは整列し、命令を待っている。この命令がすぐに下されないならば、希望の最後の火が消え、隊列から多数の脱走兵が生まれることになるだろう。そうなった場合——これまでに労働者組織の組織化や建設のために多大な労苦と誠実な活動とが費やされてきたにもかかわらず——労働者組織の解体を阻止することはもはや不可能となってしまうだろう。

プロレタリアートの希望は、幸いにも、もはやマルクス主義資本理論を基礎とすることができない。なぜなら、このような理論は必然的に共産主義的経済秩序の要求に導くからである。資本主義か共産主義か、これがマルクスの資本理論から演繹される要求なのである。だが、現在明らかとなっているように、共産主義的経済秩序はその基礎となる人間の本性のために挫折する。また人間が一般に適応できるのは、きわめて緩慢な変化に対してだけである。従って、すべてのマルクス主義者は本来プロレタリアートに次のように呼び掛けねばならない。「われわれは希望なき問題のために闘っているのである。未来国家は、一定の、変更不可能な理由から到達不可能な目標であり、またそのようにあり続けている。労働者もまた自らの労働生産物への損害をできるだけ少なくするために、資本主義機構へのわれわれの介入を妨害・阻止し、弱めようとするだろう。なぜなら、アメリカにおけるように、資本家的経営がいかなる法律的干渉も受けていない国々の賃金がもっとも高いからである。従って、われわれは、自然災害や地震に耐えるように、搾取にも耐えなければならない。われわれがこの地上に未来国家を実現することを求めないのである」、と。つまり、われわれは未来国家を今後とも夢想し続けるけれども、われわれがこの地上に未来国家を実現することを求めないのである」、と。

マルクス資本理論からこうした結論を演繹するようなマルクス主義者は、今日まったく存在していない。またその指導者たちもマルクス資本理論への批判のために、その正しさへの信頼を動揺させている。それゆえに、彼らも上述の内容のようにプロレタリアートに語りかけることがないばかりか、最後の期待、すなわちマルクスの資本理論には決定的な点で誤りが挿入されているかもしれないという期待すら抱いているのである。

このような彼らの期待は、マルクスの『資本論』第三巻と『資本論』第一巻の間に存在している無数の矛盾に基礎を持つものである。

つまり、彼らはプロレタリアートとともに、成熟したマルクス、すなわち『資本論』第三巻のマルクスが若きマルクス、すなわち『資本論』第一巻のマルクスを打倒するだろう、すなわち独創的研究者たる『資本論』第三巻のマルクスが俗流経済学の学徒たる『資本論』第一巻のマルクスを片付け、科学者マルクスが政治家マルクス——『共産党宣言』の起草者マルクス——をノックアウトするだろう、と期待しているのである。もしそうなった場合、『資本論』第三巻のマルクスは、資本研究とプロレタリアートの解放闘争に新たな道を切り開くものとなるだろう。

この小冊子は、以上のような科学とプロレタリアの希望に新たな活力を与えようとする意図のもとに執筆されたものである。

シルビオ・ゲゼル

搾取とその原因、そしてそれとの闘争

社会主義の推進力は、なによりもまず搾取権力から自分の身を守りたいという被搾取者の願望から生まれる。この命題に立脚するならば、**搾取に反対する闘争に参加するすべての者は、一般に社会主義者と呼ぶことができる。**逆に、搾取に無関心な態度を取る者は、社会主義者と呼ぶことができない。

こうした主張によって私が言いたいのは、社会主義は搾取に反対する闘争だけに専念すればよいということではなく、とくに今日の社会主義の段階では搾取に反対する闘争が社会主義の精神的傾向を特徴づけているということなのである。

多くの共産主義者たちも、搾取なき世界でなぜ自分たちを共産主義者と自称するのかという理由をほとんど理解していないように思われる。**もし被搾取者たちが搾取に対するもっとも確実で、もっとも迅速な廃絶方法についての見解が一致していたならば、社会主義世界の分裂という事態は避けられたであろうし、**またあらゆる社会主義者の統一戦線も最初から揺ぎなく堅固に存在したことだろう。だが現実にそうなっていないのは、社会主義者の間に搾取の本質についての明確な理解が生まれていないからなのである。

ほとんどの社会主義者は、科学よりも信仰命題を重視する傾向にある。従って、社会主義者間の争いは大抵の場合、科学の問題が信仰問題の領域に移動したところで発生する。つまり、信仰と争いとは同義のものでしかないという事実、こうした事実をわれわれは歴史の教訓として学んでいるのである。

人間の搾取は、きわめて様々な方法を通して行われる。それを分類すれば、以下のようになるだろう。

一、個人的優位に基づく搾取

二、経済的優位に基づく搾取

個人的優位に基づく搾取を利用する人々は、略奪者、海賊、奴隷捕獲者などである。盗賊や女衒《ぜげん》も、この範疇に属する。

略奪者、海賊、女衒などの搾取に反対する闘争を、被搾取者は国家に委ねてきた。この闘争は、その性質上終わりなき永遠の闘争である。それにもかかわらず、以前の状況と比較するならば、この闘争はある程度目標を達成しつつあると言うことができるだろう。なぜなら、この闘争に利用された手段は、著しく効果を発揮したからである。[今や]、略奪騎士の城は破壊され、海賊船は捕獲され、奴隷捕獲者は監獄に収監されている。そして近年では、すでに白人女性奴隷の取引に反対する厳格な国際的措置も取られている。従って、個人的優位に基づく搾取はほとんど絶滅の状態にあるといってよいだろう。

他方、経済的武器による搾取は、そのような状況にはない。この領域でも闘争が行われ、きわめて様々な武器が利用されてきたけれども、今日にいたるまでさほど際立った成果を上げているようには思われない。むしろ事態は、個人的優位に基づく搾取に対する闘争とは正反対の状態にあると言ってよいだろう。被搾取者の人数はますます増加し、略奪額も日々ますます莫大なものになっている。戦争前のドイツではこうした略奪額はゆうに二〇〇億金マルクに達していた。利子経済にあるすべての国々では、投資によって生み出されたすべてのもの――家屋、農地、鉱山、店舗、倉庫、銀行、鉄道、家畜の群れ、森林、商船など――に対し、被搾取者は二〇年間にわたって搾取者に地代や利子の形態で支払わなければならない。なぜなら、この資本対象物の購入価格は、いかなる取引の場合にあっても二〇年間にわたる毎年の搾取、つまり利子や地代に基づいて算出されるからである。たとえば、ヘルフェリッヒ Helfferich はドイツの投資資産――彼はそれを国民的資産と命名したのだが――を三五〇〇億金マルクと見積もったが、その金額は、年々レントナーの口座を通過する利子や地代を二〇倍ないし二五倍させたもの、つまりそれらを資本化させたものなのである。

ところで、このような搾取はどうして生まれるのか。とくにここで問題となっている搾取は、われわれの目前で日常的に行われるひとつの出来事、すなわちわれわれが容易にその詳細を追跡することのできるひとつの純粋な人間的出来事であり、しかも大規模に生じている現象でもある。こうした現象については、もっと以前に解明されてしかるべきであった。だが、われわれは、二〇年間にわたって毎年搾取者に二〇〇億金マルクもの利子を支払っていながら、このような搾取の実態についてなお知るに至っていないばかりか、このような搾取についての見解の点でも不一致の状態にある。**それだからこそ、われわれはこの搾取の方法、時期、場所に関してはもとより、それとの闘争方法についても論争しているのである。**信じられないかもしれないが、こうした事態が実情のように思われる。つまり、資本家がわれわれの貨幣を左のポケットから取るのかそれとも右のポケットから取るのかをわれわれがよく理解していないからこそ、社会主義の統一戦線が成立していないということなのである。

今日、被搾取者の世界の中で二つの理論が被搾取者の支持を得るために争っている。その二つの理論とは以下のものである。

一、搾取の原因は**生産手段の私的所有にあるとする理論**

二、**搾取はわれわれの貨幣制度と土地所有権の欠陥の結果であるとする理論**

第一の理論によれば、搾取はもっぱら工場や農園での労働の際に直接行われる。第二の理論によれば、搾取は土地利用や貨幣を媒介とした労働生産物の交換、ならびにあらゆる貸付けの際に行われる。この第二の理論の場合、従業員と雇用主の関係は借手と貸手の関係のような貸付関係として扱われる。

前者の理論は、その当然の帰結として、**私的所有の廃絶**とともに**自己責任**に基づく私経済の廃絶をも要求する。

従って、搾取なき社会で生産物の分配を行うのは、**生産を指導する国家である**。そしてこの国家が従うべき分配原理は、**法律によって**決定される。

後者の理論によれば、このような国家の介入は不必要である。**土地と貨幣が「社会化」される**ならば、それで十分なのである。それ以外のすべてについては、今や実際に自立した秩序としてそれ**独自の**法則に従う**自由経済秩序**が、自然的かつ自律的に行う。なぜなら、後者の理論によれば、搾取は、それ自身生れてきた自然的経済秩序への強力な介入の所産だからである。従って、このような介入が除去されるならば、搾取もまた廃絶されるというのが、後者の理論的見地になる。

以上のように、一方の理論では**国家**、**法律**、**強制**が求められ、他方の理論ではその正反対のもの、すなわちなお未体験であるような完全な国家の**漸進的解体**という新天地の自由が求められる。前者の道は右に曲り、共産主義にいたる。つまり、前者の道はわれわれが過去に一度通った地点に戻る。それに対し、後者の道は左に曲り、資本主義の隘路を経て自由にいたる。つまり、後者の道は国家の改造ではなく、新しい事態に導く。

だが、この二つの理論体系とも、**社会主義の主要目標である搾取の廃絶**を実行する力を必要としている。私的所有の廃止や共産主義への移行にともなって搾取が根底から一掃されるという事態を、われわれは今やロシアにおいて大規模に体験しつつある。実際に、搾取者は全員餓死し、そして死滅しつつある。つまり、レーニン Lenin は社会主義の主要な目標を実際に達成しつつあると言ってよいだろう。だが、だがである。ロシア人はその実現に多大な犠牲を払ってきたように思われる。それゆえに、彼らの多くは資本主義の搾取者が支配していた幸福な時代への回帰を求めているのである。

私がここで共産主義に対置する自由経済は、国家権力 **höhere Gewalt** によって搾取を除去・廃絶させるものではなく、むしろ自由経済理論の基礎となる諸事実の展開だけで搾取が廃絶されなければならないものである。

今や、われわれの関心事は、ここで論議の対象になっているこの二つの搾取理論のどちらが間違っているのかという問題である。そこでは、われわれが設定した目標に科学的な装いを与えるということはもとより、その「イデオロギー的」正しさを確認したいというあらゆる個人的願望や性向も問題とはならない。われわれは、搾取の真の**原因**を明らかにした上で、われわれの認識をひとつの定理にまで定式化したいのである。その際、さしあたりこのような認識を甘美に感じるのか、それとも苦く感じるのかどうかということも関係はない。この場合、大事なのは**真理**を明らかにすることであって、それ以上のことを必要としないのである。ところで、こうした真理を認識した場合、何ができるのか、あるいは何をなすべきなのかということについては、私はもっと後で詳細に論じるだろう。

搾取の原因は私的所有にあるとする理論の主要な代表者は、マルクスである。彼は、「貨幣はそれ自体資本ではない」というきわめて重要ではあっても、まったく皮相な理論的前提から出発する。**彼は言う。「貨幣は、交換において獲得される商品の完全な等価物である**(1)」、と。従って、**彼は、彼自ら定式化した交換の一般的定式G—W—G'（貨幣—商品—剰余貨幣）を貨幣の特性から説明することができない**。この定式が、規則的かつ罰せられずに行われる「詐取」、すなわち**権力要因**によって説明されてはならないとすれば、その説明には長い連鎖の中間項が必要になるというのが、彼の主張である(2)。そして彼はこのような長い連鎖の中間項を**生産過程**に求め、そこで行われる搾取を次のように説明する。「労働力はひとつの商品である。この商品の価値はその生産費に基づいて決定される。事業家は詐取や自己の優越性によることなしに、労働力の価値通りに、すなわちその生産費通りに支払う。労働力商品は、その使用価値がその交換価値よりも大きくなるという特有な商品、つまり工場における労働力の消費が労働力の生産に費やされた生産費よりも大きくなるという特有な商品である。この二つの価値の大きさの差額がその所有者、すなわち**労働力の購入者**の所有になる」、と。このように剰余価値の形成が説明される。

こうした命題の上に、彼の偉大な著作である『資本論』、**少なくとも『資本論』第一巻と第二巻が構築され**（第三巻は第一巻や第二巻と多くの点で矛盾しているけれども、それはわれわれの関心をひくものとはならない。というのも、第三巻は社会主義政治においていかなる役割も演じていないからである）、私的所有の廃止という要求が科学的に基礎づけられているのである。従って、マルクスを受容しようとする者は、この命題をも受容しなければならない。それに対し、彼を批判しようとする者は、この命題の批判から始めなければならない。なぜなら、マルクスも共産主義という自らの要求を基礎づける際に、この命題以上のことを述べていないからである。

ここで私は、このマルクス理論の前提を支持しがたいものにしている若干の矛盾を論証したいと考える。なぜなら、この矛盾が論証された場合、マルクスの次のような見解、すなわち搾取を廃絶するには私的所有を廃絶しなければならないという見解もまた動揺することになるからである。**そしてこの論証に引き続き、私は、搾取なき経済は私的所有や私的経済と完全に調和するという積極的な論証をも与えたいと考えている。**

マルクス理論の出発点は、「労働力はひとつの商品である」という命題である。マルクスは、彼と同時代の国民経済学の文献からこの命題を継承したのであった。[3] けれども、**彼はこの命題を基礎づけておらず、この命題をアプリオリに正しいものと見なしているにすぎない。**おそらくこの命題は、資本主義が人間をひどく酷使することへの怒りを表明しようとしたひとりの人間から生まれたものと思われる。そのような怒りの表明がこの命題を必要としたのであった。しかるにマルクスの場合、この命題が理論の重要な中枢を構成するものとなっている。それゆえに、われわれは、この命題が正しいのか否かについてのより厳密な検討を行なうことが必要となるだろう。

労働する意志を持たない労働力は、何になるのか。労働者が労働力を行使しない場合、この労働力は事業家にとって何の役に立つというのだろうか。また労働力を欠如させた労働する意志も、事業家にとって何の役に立つのだろうか。つまり、**意志と力が合体された時、生産物の提供が行なわれるのである。かくして事業家にとってこの生産物だけが問題となるにすぎない。従って、事業家は労働力を購入するのではなく、労働生産物を購入するのである。**換言すれば、事業家が労働者を雇用するに際しての、彼の貨幣提供は、労働者から期待できる生産物の提供量を基準にして決定されるのである。他方、労働者もまた自分の労働生産物を基準にして賃金要求を決定するのである。

それゆえに、**賃金契約**は、労働者が生産した商品の事業家への販売という両者の**売買契約**以外のなにものでもないのである。**出来高賃金の場合、このような関係はきわめて鮮明なものになる。**その際、労働者が事業家の所有する機械を利用したとしても、そのことは、このような関係を何も変えるものとはならない。この場合、事業家と労働者の関係は質屋の取引関係に対比できるだろう。つまり、事業家は道具と原材料を労働者に貸与し、それと引き換えに報酬を得るという関係である。その際、この報酬額は全般的競争のために、事業家が通例生産手段の調達のために支出しなければならない貨幣の利子額の水準に引き下げられる。彼がそれ以上の報酬額を獲得することができないのは、競争がそのことを許さないからである。だが、それ以下の報酬額にならないのも、全般的競争のためである。なぜなら、投下資本が「通常の」貨幣利子を下回る利子しか約束しないならば、貨幣を事業に投資する者がいなくなるだろうからである。この場合にも、農民に農地を貸す場合と同様の事態が生じる。両者に相違点があるとすれば、土地所有者が自分の所有する農地で生産された商品の販売を農民に委託する点でしかない。だが、後者の場合、土地所有者たちは農民の労働力を購入したなどとはけっして言わないだろう。

とどのつまり**事業家は商人である。**なぜなら、彼は、労働者が使用する原材料や**労働者が提供する生産物**――もっとより良い表現を用いれば、**労働者が事業家に販売する生産物**――を商うからである。

この場合、機械は、事業家が労働者に行う貸付けと見なすことができる。事業家は、その利子を労働者の賃金や出来高賃金から控除すると同時に、それを担保としても利用する。他方、労働者が大きな信用力を持っているならば、労働者は事業を自ら起こすことができるだろうし、また彼らが事業に必要な知識を取得していると仮定される場合には、**彼らも借地農民と同じように行動するだろう。**

以上の叙述から、われわれは次のような結論を引き出すものである。すなわちマルクスと同様に「労働力はひとつの商品である」という命題の上に立脚する者は、この命題とともにふたたび窮地に陥らざるをえない、と。

マルクスは、「労働力商品の価値はその生産費に基づいて決定される」という推論を賃金理論全体に適用する。つまりマルクスは、「労働力はひとつの商品である」という命題から論理的に演繹される賃金理論以外のものをまったく必要としないのである。従って、この賃金理論が事実と矛盾する場合には、その説明は他のところに求められることとなる。なぜなら、「労働力はひとつの商品である」という命題は公理であり、批判の圏外に置かれなければならないからである。こうして「労働力商品の価値はその生産費に基づいて決定される」という推論は、マルクスにとって不動かつ決定的なものになる。**それに対し、マルクスは『資本論』第三巻ではこの矛盾の解明に真剣に取り組んでいるといってよいだろう。**〔『資本論』第一巻となんと対照的であることか。〕

他方、「労働力はひとつの商品である」というマルクスの公理から演繹される賃金理論の論理的帰結として、全般的資本理論、すなわち全般的に認められている搾取理論が生まれる。彼は言う。「事業家は労働力商品をその価値通りに、つまり詐取なしに購入する。だがその際、彼が労働力を購入するのは、その交換価値のためではない。彼が労働力を購入するのは、商人としてではなく、労働力を使用する消費者としてである。だが、労働力商品は、その使用価値がその交換価値よりも大きくなるという特有な性格、つまり、労働力商品の消費がその生産費たる賃金よりも大きくなるという特有な性格を持ったひとつの生産物である。**こうして生まれた差額が剰余価値なのである。**かくして資本理論は完成する」、と。

この場合、労働力商品の購入者は当然のことながらこの商品の**消費者**だけであるという想定がなされている。そして消費者がこの特有な商品を消費できるのは、**生産手段を使用する場合**だけであるというさらなる想定がなされている。その結果、生産手段を所有する事業家は、労働力商品の使用価値と交換価値の差額を自分のものにできる可能性を持つことになる。かくしてマルクスは、人間の搾取は**生産手段の私的所有**に基づくという彼の見解が証明されたと考えるのである。従って、搾取を廃絶しようとする社会主義者は、生産手段の**国有化**という公理とその要求を認めるべきである、と。〔これが、彼の資本理論から演繹される結論になる。〕

以上のように、「労働力はひとつの商品である」という命題から必然的に演繹されるのは、共産主義の要求である。それに対し、「賃金契約の対象物は労働力ではなく、労働生産物である」という証明がなされるならば、**社会主義者**

にとってまったく新しい全面的な方向転換、すなわち理論的、経済的、政治的な方向転換を行う必要性が生まれることになる。なぜなら、社会主義者がこの点に関してこれまで主張し、また信じてきたすべてのものがもはや理論的基礎づけを持たなくなるがゆえに、社会主義者は、新しい賃金理論、新しい資本理論、生産手段の私的所有についてのまったく新しい社会政策的評価とを獲得する必要性の前に立たざるをえなくなるからである。こうして、「労働力はひとつの商品である」という見解とともに誕生した科学的社会主義は、この見解とともに誕生し、そして崩壊することになるのである。

＊　＊　＊

自由貨幣理論もまたもマルクス資本理論と同じく、資本の性質についての研究をマルクスの交換の一般的定式G―W―G'（貨幣―商品―剰余貨幣）から始める。だが、自由貨幣理論は、マルクスがしたように「貨幣は商品の完全な等価物である」という命題を無批判的な前提とせずに、マルクス自身によって定式化された交換の一般的定式の中に「貨幣は［商品の］等価物以上の存在である」という証拠を発見する。つまり自由貨幣理論は、マルクスの定式G―W―G'を、貨幣はそれ自体資本であることの、すなわちG'（剰余貨幣）は永遠に繰り返される詐取の所産ではなく、**商品所有者に対する貨幣所有者の優越性の所産――経済的権力という要因の結果――であることの、直接的証拠として理解するのである**。

だが、自由貨幣理論はG'（剰余貨幣）を貨幣＝資本説の証拠と見るにとどまらず、**なにゆえ貨幣は資本として商品に対峙できるのかという問題に解答を与えるもの**としても見るのである。

この問題に対する自由貨幣理論の解答は、以下のようなものである。

商品は、その生産者あるいはその所有者にとって直接に役立つものではない。従って、商品を有用な存在とするには、**商品は交換されねばならない**。そのために必要なのは、商品所有者が――商品の物理的性質に強いられて――**貨幣を交換手段として**使用しなければならないことである。その時、商品所有者が受け取る価格は、もっぱら**需要と供給によって**規定される。需要とは貨幣供給のことであり、供給とは商品供給のことである。価格は、分子が貨幣であり分母が商品であるところの、分数として見ることができるのである。つまり、貨幣÷商品＝価格という関係である。従って、分子（貨幣）が小さくなるならば、価格は下落する。反対に、分子が大きくなるならば、価格は騰貴する。そして分母（商品）の場合には、分子の場合とは逆の結果になる。

ここでわれわれが注意しなければならないのは、貨幣供給を行うのが本来の貨幣所有者、すなわち銀行家、レントナー、投機家ならびに貯蓄家だけであると想定するかぎり、貨幣供給は彼らのまったくの**恣意的な事柄になる**ということである。**つまり、商品への直接的必要額を越えた貨幣を残す者は、この貨幣を自由に処分できるということなのである**。従って、彼はこの貨幣を溜め込むことができる。たとえば彼は、この貨幣を銀行に預けることもできるし、また手元にそのまま残すこともできる。だが、後者の場合、彼は利子を得ることができない。（四％という通常の預金利子の場合、一〇〇マルクで月に約三〇ペニヒの利子となる。）このような損失を貨幣所有者が被るひとつの圧力と見なすならば、その圧力は前述の数字――たとえば、一〇〇マルクごとに一日当り約一ペニヒ――になるだろう。

その際に、次のことに注意しなければならない。

貨幣形態の財宝を林檎の木の下に埋めた者は、歳月を経ても無傷でその財宝を再び手にできる。それと同じように、**貨幣所有者が貨幣を溜め込んでも、彼はいかなる物理的損失も被らず、ただ逃した利潤［貨幣利子］を悔やむだけである**。従って、われわれがここで、事業家の資金をも含むすべての貨幣が通例銀行や貯蓄銀行によって提供されたものと仮定するならば、**現在流通している貨幣は例外なく一〇〇マルクごとに一日一ペニヒの圧力のもとにあると言い換えることができるだろう**。

今われわれは、貨幣を分数の分母である商品供給と比較するために、まず商品を考察することにしよう。従ってわれわれは、市場、店舗、デパート、港の広場、鉄道倉庫、貨物列車などの中を覗いてみよう。そこにあるすべての商品は、特定の所有者たちによって所有され、――商品が盗まれないか、雨が降らないか、寒くならないか、太陽が商品を焦がさないかといったことに注意が払われつつ――、管理されている。だが、衣魚が商品を駄目にすることもあれば、火災にもあうこともあるだろう。また霰が窓ガラスを割り、絹布に雨がかかることもあれば、埃のために多くの商品が損害を受けることもあるだろう。流行の変化が商品に損害を与えることもあれば、家畜が疫病にかかることもあるだろう。そして鼠を追う猫が磁器を破損することもあるだろう。だが、**貨幣**の場合、金庫に保管すれば、歳月が過ぎようともまったくそのままの状態にある。貨幣所有者は、一〇〇マルクごとに一日一ペニヒの利潤損失を被ると計算したならば、銀行家が自分の銀行を閉鎖しても、彼が被る利潤損失は一〇〇マルクごとに一日一ペニヒという計算になるだろう。

それに対し、この銀行家と同じように、従業員のストライキを口実に一年間自分のデパートを閉鎖しようとする破天荒な企みを持つようなデパート所有者がいたならば、彼の損害はどれほどになるのだろうか。彼は、盗人、錆、衣魚、腐敗、破損、流行の変化などの損害によって自分の資本を減価させるばかりでなしに、店舗の家賃や火災保険そして鉄道駅での保管料なども支払わねばならない。また新聞やジャガ芋などの商品が放置されたままならば、それらはどうなるだろうか。

（今や次の戦争への備えとして金を買い溜めている人々がいる。だが、今日、このような目的で卵、バター、靴そして野菜などを買い溜める人々が、いったいどれほどいるのだろうか。）従って、デパート所有者が自分のデパートを一年間閉鎖した場合には、彼は自分の資本をどれほど減価させることになるのだろうか。資本の減価率は、たとえば五〇％では多すぎるように思われるし、また二〇％では確実に少なすぎるように思われる。だが、ここではあえてその減価率を一五％ないし一〇％と少なく見積もった上で、貨幣貯蓄家と商品貯蓄家という二人の人間の状態を比較してみることにしよう。前者は五％の利潤損失を被るのに対して、後者は同じ比率の利潤損失を被るばかりでなしに、物理的損失をも被る。貨幣所有者の利潤損失を、われわれは一〇〇マルクごとに一日一ペニヒの圧力と見積もった。それに対し、商品所有者の物理的損失を、われわれは一〇〇マルクごとに一日三ペニヒの圧力と見積もる必要がある。以上のことから、次のように言うことができるだろう。需要は一ペニヒの圧力から逃れるには、市場で商品と交換されねばならない。また供給も、需要の三倍の強さの圧力から逃れるには、市場で貨幣と交換されねばならない。だが、取引が成立しない場合、商品所有者は、貨幣所有者が被る損失の三倍の損失を覚悟しなければならない。このような事態になった場合、より従順になるのはどちらであるのか、つまり、自らの要求の引下げにもっとも応じやすいのはどちらであるのかということは自ずと明らかである、と。

従って、このような事態になった場合、貨幣と商品の完全な等価ということは問題にならない。むしろ貨幣所有者は、――取引の遅延などによって商品所有者に直接的な物理的損害を与えないことの代償としての――特別な報酬を商品所有者にいかなる場合でも要求できるということが、ただちに明らかになるだろう。

この報酬が個々の場合どの程度になるのかということについては、もちろん確定的なことを言うことはできない。この報酬は、暗黙のうちに価格に付加される。だが、経験が示すのは、商人はいかなる場合にも事業へ投下した貨幣から年間五%の利子を得ることができるということである。この五%は、商人が商品購入の際に自分の保有する貨幣の優越性に基づいて一年間に控除される貨幣額［貨幣利子］である。いずれにしても、貨幣それ自体が資本でなかったならば、商人は、このような投下資本の利子を得ることが不可能であっただろう。

しかるに、商人はこうした利子をだれから徴収するのか。（物々交換の場合、利子は存在しない。なぜなら、交換の際に両者が利子を見込んでも、こうした利子の見込みは相互に相殺されてしまうからである。）

マルクスは、交換についての彼の定式G―W―G'に孕まれている謎をついに解決することができなかった。従って彼は、G'を市場から遠く離れた生産過程の中に求めるという絶望的な試みを行うことを余儀なくされたのであった。かくして、この謎は解決されなかった。だが、今や明らかなのは、貨幣それ自体が資本であるということ、――つま

り、貨幣は商品の完全な等価物ではなく、それ以上の存在であるということ——そしてこの貨幣の資本としての存在こそが剰余価値を作り出すということ、こうしたことなのである。

こうした謎の解決とともに、資本主義経済のあらゆる現象がきわめて簡単かつ説得的なやり方で解読できるようになってくるのである。従って、われわれは、今や、このような現象を解読するのに分厚い『資本論』全三巻をもはや必要としていないのである。

今や、貨幣の資本としての性格の発見とともに、全般的な主客転倒が生じる。商業資本の利子は、もはや生産資本の利子［利潤］に基づいて決定されるのではなく、その逆になる。つまり、あらゆる資本の利子が貨幣資本の利子に基づいて決定されることになる。こうなった場合、もはや暴力は必要とはならない。なぜなら、貨幣の優越性が固定的なものになるとともに、このような優越性がもたらす収益もまた固定的なものになるからである。こうしてこれまでだれも説明できなかった重大な現象が、すなわち利子は数千年来絶えず同じ水準にとどまり続けてきたという重大な現象が、説明可能になるのである。

貨幣それ自体が資本である場合、**家屋や工場設備への貨幣投資が商業において獲得できる貨幣利子と同一の利子を期待できないならば**、家屋や工場設備などに貨幣投資を行う者がいなくなるということは自ずと理解されるだろう。かくして、貨幣利子は太古からまったくの謎であり続けた**収益性限界**——この**収益性限界**は、貨幣経済が誕生して以来、事業家によって一度たりとも破られたことがなかった——を作り出すのである。従って、**貨幣利子をもたらさないものは、生まれることがないのである。**たとえば、建設業者が自分の計画した賃貸住宅が五％の利子を生むことを抵当銀行に証明できないならば、銀行家は彼の前で金庫の扉をバタンと閉めるだろう。「利子なしには、貨幣なし」が、この場合の原則となる。住宅建設が活発化したために、家屋の家賃が「通常の利子」以下に、つまり五％以下に下落するならば、建設業者は銀行家に次のように言われてしまうだろう。「住宅建設を中止せよ。われわれは住宅を建設し過ぎた。従って、われわれは、家屋の利子が再び『通常の』水準に回復するまで、住宅建設を待たなければならない。このようにして、家屋の利子が『**通常の**』水準に回復したならば、再び家屋の建設が可能になるだろう」、と。すべての資本投下物、すなわち船舶、鉄道、土地改良、庭園設備、劇場についても同様である。**貨幣は、五%の利子を認めようとしないすべての労働者を労働から締め出し、ストライキをする。**実際、われわれの伝統的貨幣が導入されて以来、貨幣は絶えずそのようなストライキを行ってきた。**自分の貨幣を資本主義的事業に投資する者には、貨幣が振り出すいわゆる利子保証書、すなわち五%以下の利子にならないという保証書が与えられる。六千年来、そうであった。**その結果、五%の貨幣利子は自明のものとみなされ、どうしてそうなるのかについてはこれまでだれも問うことがなかったのである。

＊　＊　＊

貨幣の、資本としての性格の発見とその理解にともない、搾取との闘争を遂行しようとする社会主義者にとって次のような**問題**が浮上する。すなわちその問題とは、**商品に対して優越的な地位を占めることもなければ、商品に資本として対峙することもないような貨幣を作ることが可能なのか**どうかという問題である。

このような問題の浮上とともに、われわれはフランスの社会主義者P・J・プルードン P. J. Proudon の研究領域に立ち入ることになる。

プルードンは、貨幣の、資本としての性格に気付いた最初の人であるけれども、彼もまたこの資本の性格を十分に検討しなかった。プルードンがこうした事態に陥ったのは、貨幣資本と闘争するための彼の提案――商品を貨幣の地位に引き上げようとする彼の提案――にその原因がある。

彼が貨幣の優越性の根拠を［十分］検討していたならば、彼はそのような提案を掲げることができなかっただろう。それにもかかわらず、彼の言説は、彼が貨幣は資本であることに気付いていたという事実を明確に示すものである。

それだからこそ、彼はマルクスの商品交換の一般的定式（貨幣―商品―剰余貨幣）を説明するための鍵を商品と貨幣との交換の中に求めるとともに、それ以外のところでその謎を解く鍵を発見してはならないと考えたのであった。かくして、彼はマルクス資本理論を議論に値しないものとみなし、断固として拒否したばかりでなしに、彼自身の考えにもとづいて実物資本 Realkapital、従って工場、生産手段、賃貸住宅などの性質を考察し、**資本主義の根源は貨幣に隠されている**という確信を抱くにいたったのである。この点で、彼は事態の本質を明確に見抜いていたと言ってよいだろう。

もし貨幣による妨害がなかったならば、生産手段の蓄積は資本市場での需給の均衡にいたるまで、従って資本利子の完全な抑制にいたるまで進捗したにちがいないと、彼は確信した。それゆえ、彼にとって資本主義は伝統的な貨幣制度の副次的現象にすぎなかった。事実、事物と人間の本性、技術そして経済秩序の本質は、資本主義に直接に対立するものだった。これらが十分な影響力を発揮できなかったとすれば、その原因は、われわれが**よく吟味もしないで**ローマ人、ギリシア人そしてハムラビ人からそのまま受け継いだ当の貨幣の機能的欠陥にある、こう彼は考えたのであった。［だが、彼自身も伝統的な貨幣をよく吟味しなかったのである。］

プルードンが資本の手掛かりをつかんでから、すでに七、八十年が経過している。

プルードンは、太古以来の問題の完全な解決への第一歩を踏み出したにすぎなかった。彼は、**なにゆえ**貨幣は商品に優越するのかという問題の前に立つ必要があった。もし彼がその問題の前に立っていたならば、彼は、貨幣からいかにその毒牙を抜き取ることができるのかというさらなる社会主義的問題にも同じく解答を与えていたことであるだろう。そしてその解答も、そのような問題に絶えず解決を見出していくというたんなる技術的レヴェルの問題になっただろう。だが、プルードンは、こうした問題の提起者はもとより、自分と同じレヴェルの協力者を発見できなかったために、結局自分だけを頼りとせざるを得なかった。他方、マルクスは資本についての自分の定式に有頂天となり、このプルードンの思考過程をついに理解しないままであった。そのため、彼はプルードンと闘う羽目に陥ってしまったのである。

　その後、プルードンは日常政策に時間をとられたために、前段で見たような彼の認識を科学的に完成させることができなかった。そればかりか、彼はこの認識を墓場の中にまで持ち込んでしまった。そして彼の遺著は、資本家のもとで禁書になるとともに、社会主義者のもとでもマルクスによってその信用を奪われてしまったのである。こうした状況の中で、アナーキストだけが彼を忘れなかった。だが、アナーキストたちが関心を払ったのは、プルードンの他の思考過程だった。そのため、プルードンの資本理論はグスタフ・ランダウアー Gustav Landauer の努力にもかかわらず、顧みられることがなかったと言ってよい。その結果、この理論領域を、マルクスが支配するにいたったのである。

＊　＊　＊

　プルードンが未解決のまま残した問題に**解答を与えたのが、自由貨幣理論**である。この自由貨幣理論は次のように主張する。

「貨幣が資本であるのは、貨幣の供給が商品の供給と同一の圧力を被らないからである。価格形成の際に、貨幣所有者はこのような事情を利用して、交換の一般的定式たる貨幣―商品―剰余貨幣を実現するのである。

　それゆえに、われわれが商品供給に加えられている圧力を貨幣供給にも及ぼすように貨幣を改造するならば、貨幣の優越的権力が奪われ、マルクスが自らの研究の際にすでに所与の前提としていた［商品と貨幣の等価という］事態が存在することになるだろう。貨幣が商人、銀行家、貯蓄家、投機家に所有される場合でも商品のように急速に腐朽していくならば、また貨幣を所有しても商品を所有する場合と同じ出費を必要とするならば、つまり所有時間に比例して貨幣の物理的損失も大きくなっていくならば、貨幣と商品は等価になり、貨幣所有者は――交換の延期という行為を放棄することの代償としての――特別な報酬を商品所有者から徴収できなくなるだろう。なぜなら、こうした場合には、商品所有者とほぼ同一の損害を貨幣所有者もまた被ることになるからである」、と。

自由貨幣はこのような思想を実践したものである。もしプルードンが生きていたならば、彼はきっと次のように言ったことだろう。

「諸君は、私の思想を逆転させた。**私は、商品を現金と同じ地位に引き上げようとした**。つまり、私は、金の持つあらゆる良き特性を商品に与えることによって、商品と貨幣を完全な等価物にしようと考えたのであった。だが、そのことに私は成功しなかった。その理由は、貯蓄家が『私は、金を所有しようともぼろ服、石油、牛皮、ジャガ芋などを所有しようともどちらでもよい』と言えるような事態を作り出すことのできる特性を麦藁、ぼろ服、石油などに与えることができなかったからである。しかるに、すべての貨幣は貯蓄家の手を通過していく。従って、その国のすべての貨幣を利子――私はこの利子を廃絶したいと考えているのであるが――によっておびき寄せ、再び流通に引き戻すことができないならば、こうした貨幣は一年の間に貯蓄家の金庫の中へと消え去ってしまうであろう。**つまり、私は、現金を貯蓄手段として使用するということを想定していなかったのである**。それゆえに、私が自分の思想を実行しようとするならば、**貯蓄手段**としても貨幣を商品と同等の地位に立たせなければならなかったのである。換言すれば、私は、貨幣から貯蓄手段としての機能を物理的に切り離す必要があったのである(4)。

今や私の失敗は、諸君の自由貨幣によって克服されている。諸君は、商品を貨幣と同等の地位に引き上げるのではなく、**逆に貨幣を商品と同等の地位に引き下げたのである**。それは素晴らしい思想というほかはない。この思想は、実践的にも実行可能なものであるばかりか、貨幣をわれわれの望み通りのものに変えることのできるものでもある。従って、私が実現に努めた目標は今や達成されている。なぜなら、自由貨幣は商品と同じように劣化するために、今や初めて、貨幣は実際に商品と等価になっているからである」、と。

プルードンはきっとこのような感想を述べたことであるだろう。**自由貨幣の導入とともに貨幣のあらゆる特権、す**

なわち商品に対する貨幣の優越性もまた廃絶されることになる。それとともに、このような優越性と結び付いたあらゆるものももちろんなくなるにちがいない。従って、資本主義が土地の私的所有と結び付かないかぎり、［自由貨幣が作り出す経済秩序］は資本主義とは多少とも違ったものとなるだろう。

自由貨幣の導入とともに**貨幣**所有者は、もはや商品から利子を奪うことができなくなる。なぜなら、等価物同士が相互に交換される場合、だれも利子を支払う必要がないからである。その場合、商品が貨幣に利子を課すといった事態すら予想できるだろう。従って、自由貨幣は［伝統的な貨幣とは異なり、］もはやそれ自体資本たり得ないのである。

かくして、資本蓄積を行う際の収益性限界などといったものはもはや存在することがない。［以前の場合、］この収益性限界は、貨幣が交換手段として機能する中で生み出すところの、年々の収益によって設定されていたが、こうした収益性限界は六千年来存在し続け、一度も破られたことがなかったのである。だが、今や自由貨幣によってこうした収益性限界はハムラビ人以来初めて破られてしまうこととなったのである。

自由貨幣はもはやいかなる下方の収益性限界も持たない。なぜなら、自由貨幣はもはやそれ自体資本ではないからである。資本投資の収益性が、たとえばとくに活発な投資活動のために下落しても、貨幣はもはや次のように言うことができない。「諸君たち事業家と労働者は、諸君たちの自由な労働によって実物資本、つまり生産手段や住居その他を増加したために、諸君らの利子収益は収益性限界という『通常の』収益性限界以下に下落している。従って、私はストライキをする。そしてこの建設熱を止めよ」、と。否、自由貨幣は絶対にこのようなことを言うことができない。なぜなら、**自由貨幣はストライキをすることができないからである。**つまり、自由貨幣は圧力をうけ、それ自身のうちにストライキ破りという要因を宿しているからである。このように貨幣のストライキを不可能とする圧力こそが、まさに自由貨幣の目的を実現する役割を果たすことになるのである。

自由貨幣は、貨幣が**交換手段**として生れたことを絶えずその所有者に教える。つまり、自由貨幣の所有者は絶えず、僅かな利子で我慢するのか、それとも貨幣の物理的減価損失を甘受するのかという二者択一の前に立たされる。従って、たとえば事業家が抵当銀行家のところに出向いて、「われわれは近年あまりにも多くの建物を建築し過ぎた。そのために家賃は下落し、住居は今や五％の利子ではなく、四％の利子しかもたらさない。それでも、私は賃貸アパートの新たな建築計画を持っているので、すでに述べた家賃の下落を考慮していただき、この家賃の下落に対応した抵当利子の引下げを行っていただきたい」と述べたとしても、自由貨幣制度のもとでの銀行家は、今日のように事業家の目の前で金庫の扉をバタンと閉めることもしないだろうし、また次のようにも言わないだろう。「私は、住居の利子が再び通常の水準に戻るまで、すなわち以前の収益性限界以上に上昇するまで、私の貨幣を保持し続けるつもりである」、と。否、彼はそのように発言することを極力避けるだろう。そして彼がさほど無愛想でないならば、彼は、たとえば次のような返答を行なうだろう。「親愛なる貴君、われわれが不動の収益性限界を問題にできた時代はすでに過去のものとなっています。貴君がこの貨幣を引き受けてくれないならば、私はこの貨幣で何をしたらよいのでしょうか。私は今や圧力を受けています。私は、いかなる状況でも、またいかなる利子率でも貨幣を貸し出さなければなりません。あまりにも多くの賃貸アパートを建築したために、貴君がこの賃貸アパートから五％の利子を引き出すことができないのであるならば、私は神に誓い貴君に四％の利子で貨幣を提供しましょう。だが、私は、貴君がいずれ次のように言う時期が到来するだろうと確信しています。『私は四％の利子を支払うことができない。なぜなら、われわれは今や、絶え間なく労働し、家賃が絶え間なく下落しているからです。従って、あなたの貨幣を三％の利子で私に提供していただきたい』、と。その時私は、貴君に次のように答えるでしょう。『私は、貴君がこれまで以上の額の貨幣を借りていただけるならば、二・五％の利子でも貴君に貨幣を提供しましょう。なぜなら、貴君たちが観察しているように、貴君たちのたゆみない活動の結果として家賃が下落するのに反比例して、人々は今やより多くの貨幣を貯蓄できるようになり、この貨幣を私の銀行に持ってくるからです。かくして私の金庫の中の貨幣は、利子や家賃の下落に反比例して増加しているのです。私は自由貨幣と金庫にある貨幣の増加圧力とを受けて、その貸出先を探さなければなりません。それゆえ、私は二・五％の利子での（ないし二％、一％、〇％での）貨幣供給を繰り返すことになるのです』、と」。

ここで家屋資本について述べたことは、当然のことながら、あらゆる資本対象物、従って資本主義にも全面的に妥当するものである。土地と地下資源を唯一の例外とすれば、労働者の生活と労働に必要な一切のものは、自由貨幣の利子下落傾向の影響を受けることになるだろう。このような影響を逃れられるものは何もない。いかなる権力、いかなる資本家も、今や解放された自由な労働の結果から自分の身を守ることができない。また自由な労働は絶えず資本家の新たな競争相手を作り出す。こうして資本の大海が生れ、それは古い収益性限界からあふれ出て、**利子を水死させるものとなるだろう。**

以前には、資本の収益性要求は五％と言われていた。だが、資本の収益性がこの五％を下回るや、**恐慌の規模はもとより、失業者――労働意志を持ちながら飢えている何百万人もの人々――の荒廃も広がった。**しかもその荒廃は、飢えた者に山、海、川などの地平に映しだされる蜃気楼の如く見えるような通常の荒廃ではなく、飢えた大衆の側近くに美味しく調理された生活手段が調っているようなタルタル人の荒廃、つまり、**過剰生産**にもかかわらず、何百万人もの人々が飢えている、そのような荒廃にほかならない。従って、**このようなタルタル人の荒廃は革命的精神を復讐の精神に、すなわち搾取者と非搾取者をともに奈落に引きずり込むような精神に変質させずにはおかないものなのである。**

＊　＊　＊

剰余価値という形態の搾取を廃絶することは、社会主義に固有な目標である。われわれがこの目標に到達するのは、当然のことながら、われわれが資本主義というその**原因**を除去した場合だけである。

ここでわれわれが理解したのは、次の二点である。第一に、伝統的な貨幣はそれ自体資本であるために、この伝統的貨幣が資本の生産と蓄積に限界――収益性限界――を設けるという点に、われわれは資本主義の原因を求めなければならないということ、また第二に、自由貨幣はそれ自体資本でないために、この収益性限界を［簡単に］突破し、そしてこれを廃棄するということ、この二点である。

けれども、社会主義者の望みは、搾取を廃絶することにとどまらない。社会主義者は、人類が恐慌とそれに随伴する失業といった災いから解放されることをも望む。なぜなら、労働者にとって失業は、資本による搾取よりもなおいっそう悪い事態だからである。従って、多くの労働者は、否、すべての労働者は、資本家が収益性限界を越えた剰余価値を要求した場合でも、その要求を認めるならば失業を免れることができる場合には、この剰余価値を例外なく支払う覚悟を持つものである。

経済恐慌は、いずれも貨幣に関連した二つの原因によるものである。第一の原因は物価の下落であり、第二の原因は資本収益の収益性限界以下への下落である。

今や物価下落と恐慌の関連をなお認識できないでいる人々も、商品価格の下落がどのようにして恐慌をつくりだすのかということをきわめて大規模なかたちで観察することができる。というのも、今日物価の下落を志向しているすべての国々、とりわけイギリスやアメリカでは、なお実感できるほどの強さにはいたっていないけれども、恐慌が支配的となっているからである。（この論文は一九二一年に書かれたものである。）

それに対し、経済が戦争のために他のどこよりも大きな打撃を受けたがゆえに、恐慌状態についての多くの説明が存在しているだろうドイツでは失業者は、今日よりも少なかった。だが、一九二〇年には、人々が物価下落と物価の引下げを「期待」したために、まもなくここでも深刻な停滞が数ヶ月という短期間到来したのだった。だが、失業扶助が紙幣印刷の増刷を誘引したために、ドイツでは物価引下げという期待はユートピア的思想であることがすべての商人に明らかとなるや、こうした期待も同じように消滅したのであった。

このような経験がドイツ国民に商品価格の下落と恐慌の関連についての認識をもたらした。従って、今日のドイツでは、失業や恐慌を論拠にして発券銀行の操作や金本位制度の制限を求めても、それを嘲笑する者はもはや存在しないのである。

戦争前には、そのような状態にはなかった。たとえば、自由貨幣理論の主唱者が次のように主張した時、彼らはマルクス主義者によってどれほどしばしば嘲笑されただろうか。「諸君が今や好景気の成果を享受し、失業者の大群が消滅しているのも、アフリカの金発見が物価を騰貴させたからである。」あるいは「諸君が労働を得られないのは、物価が下落しているからである。諸君は、プロレタリアの生活境遇の改善が諸君の労働組合政策によるものであるのに対し、その劣悪化は生産手段の私的所有の必然的結果であると主張する。諸君のように金（あるいは金と兌換できる紙幣）を、労働力をも含む商品の単なる等価物と見なす者は、通貨制度や商品価格指数の発展がそのような結果をもたらしたということをけっして認めることはないだろう。また諸君のように、マルクスとともに『ところで、金や銀がその本性上貨幣なのではなく、貨幣がその本性上金や銀なのであるということは、その自然的属性と交換手段としての機能との一致を示しているのである[5]』と主張する者も、恐慌と貨幣を関連づけることができないだろう。それに対し、こうしたマルクスの命題に異議を唱える者は、同じくマルクス資本理論が全面的に間違っていることをも認めなければならない。なぜなら、金本位制度崇拝というこの命題は、マルクス資本理論の根本的前提と完全に一致しているからである」、と。

貨幣市場での近年の出来事に、多くの社会主義者はただ呆然自失となっている。社会主義文献における通貨問題の完全な無視は、重大な欠陥であるということ、そしてこうした欠陥が、全世界が通貨制度、ヴァルタ為替相場［国際通貨制度］についてある程度理解できるようになっている現在、厳しい復讐をもたらすものになるだろうということ、これらのことを今や人々は洞察し始めている。しかるに、ブリュッセルやジェノバで開催された会議ではもとより、通貨問題がもっとも重要な問題になっている国々でも、**社会主義的傾向は、通貨問題についての自分たちの代表を持**

たないままなのである。実際、何百万人もの党員を擁する大政党の内部に通貨問題に詳しいひとりの人間もいなかっ

たのである。（この論説は一九二二年に書かれた。）こうした事態は、社会主義者が政府のもっとも重要な、実際に決

定権を持つポストを他の諸政党に譲ることを余儀なくされたばかりでなしに、最優先されるべき経済問題にきわめて

間接的な影響力しか及ぼすことができないポストに甘んじることをも余儀なくされる状態に社会主義者を導いたのであった。

今や、こうした点はおそらく改善されていることだろう。だが、このような領域での社会主義者の知識は、すべてマルクス資本理論に蝕まれているということを忘却すべきではない。だが、それ以上に忘却すべきでないのは、このマルクス理論の完全な破産が見込まれているという事態である。そのことが意味するのは、社会主義の行動政策のまったく新たな方向づけが必要になっているということなのである。たとえばもし社会民主党党大会において「貨幣それ自体は資本ではない」というマルクスの仮定が正しいのかそれとも誤っているのかという問題が提起され、この誤まりが認められたならば、社会民主党は左折して自由経済運動へと方向転換するのか、それともばらばらに解体され、デマゴーグという狼の餌食になるのかという二者択一の前に立たされることになるだろう。なぜなら、その時には社会民主党は、搾取を廃絶するには私的所有を廃絶すべきであるという要求をもはや科学的に基礎づけることはできないからである。

最近の経験は、社会主義文献の中でこれまで一度も触れられたことのない事実を多くの社会主義者に対して明らかにした。その結果、彼らは貨幣の中に想像以上に強力な力、すなわち災禍や幸運を次々に作り出すことのできる強力な力を発見したのである。まず彼らは、紙幣印刷によるインフレーション政策が、ストライキその他の方法によって獲得したあらゆる賃金改善を繰り返し事後的に無効にできるという事実を認識したばかりでなしに、紙幣印刷が労働組合の監督のもとにないかぎり、どのような賃金政策も役立たないという事実をも認識したのであった。だが、同時に彼らは、同じ紙幣印刷の力を利用することによって、貯蓄銀行に持ち込まれたプロレタリアートの預金（それは、

戦争前には約一八〇億金マルクだった）が暴力の使用なしにほぼ全額収奪されることをも見たのであった。さらに彼らは、こうした紙幣印刷の力を利用することによってドイツの債権者――抵当証券、国債証書、公債証書などの所有者――の一五〇〇億金マルク以上の財産が収奪されることをも見たのであった。**このような貨幣や紙幣印刷の収奪力を、いかなるマルクス主義者も予期できなかったのである。**もし予期できていたならば、彼らは紙幣印刷の力を借りて、収奪者の収奪を促進するという提案をきっと提起していたことであるだろう。

それればかりか、多くの社会主義者は、紙幣印刷の力を利用するならば、いつでもすべての産業予備軍を解消できるということ、また――たとえば五〇〇万人の人間が恒常的な失業状態にある今日のアメリカにおけるように――賃金の引下げという目的のために紙幣焼却炉を利用するならば、事業家は大きな憎しみを受けることなく、ロックアウトを自動的に引き起こすことができるということ、こうした事実をも認識したのである。（アメリカでは、労働者が事業家の利害に立脚した行動をとるという嘲笑すべき事態――労働者が、自分たちの賃金の引下げ、とりわけ今日アメリカ、イギリス、スイス、日本などの多くの国々のマルクス主義的傾向の諸政党の綱領に掲げられている物価切下政策の支持に導かざるをえないような嘲笑すべき事態――をつくりだすために、社会主義者の無知が意図的に利用されたのであった。）

前述の諸現象の中で示された貨幣の力は、マルクスの貨幣理論とはもとより、マルクスの賃金理論、資本理論、恐慌理論、一般的に言えばマルクスの分配理論とも矛盾するものである。なぜなら、われわれが見てきたように、これらのマルクス諸理論はすべて「貨幣は商品の完全な等価物である」という命題とともに誕生し、そして崩壊するものだからである。

今やようやくにしてこの貨幣の力を知覚するにいたった人々は、この力を社会政策的目標の実現に役立てたいと思っている。事実、今日すでに個々の資本家集団は、この貨幣の力が発揮する制御しがたいほどの激烈な影響を受けながら、自らの利害のために、つまり、取引所投機の大成功を得るために、この力を大規模に利用しつつある。そのような観点に立てば、アメリカの取引所貴族の莫大な資産は、すべてこの貨幣の力をうまく利用することで形成されたものとさえ言えることになるだろう。

［遺憾ながら、］この貨幣の力は今日、濁流のように破壊に向かっている。だが、それは破壊と同時に、建設をも可能にする。この貨幣の力を人類に役立たせるには、なによりもまずこの力を認識することが必要になる。けれども、マルクス理論は、われわれがこの貨幣の力に依拠しながらいかに貨幣権力と闘うことができるのかについての拠り所をまったく与えることがない。なぜなら、マルクスは自らの理論の中で貨幣を絞殺し、その遺体理論［社会主義社会での貨幣の死滅理論］を作ったからである。この遺体理論は人類の利益に役立たないばかりでなしに、国家にも役立たず、その上――マルクス主義者がその理論から無条件に演繹しなければならないような――取引所投機の目的にも役立たないのである。マルクスによれば、金はその本性上貨幣なのである。従って、たとえば、貨幣をたんに名目的支払手段としてだけ認識するにすぎないリーフマン Liefmann 教授、貨幣を携帯品預かり証に類似するものと見なすベンディクセン Bendixen、あるいは自分に供与されたものの代価として貨幣を譲渡するゾイメスのインド人などの場合と同様に、マルクスの場合も、この生命のない物質を商品の完全な等価物として譲渡する以外に何ができるというのだろうか。つまり取引所操作による貨幣流通の妨害やその流通速度の加速化、これらすべてのことは、マルクスによれば、貨幣に影響を与えることはないというのである。

これまで公的通貨行政を遂行する場合、一般に理論的知識は問題にされなかった。けれども、唯一の例外をなした理論は、マルクスの遺体理論とならんで言及されながらも、理論的にはなお未発展な状態にある貨幣数量説であった。この貨幣数量説は、多数の矛盾に目をつぶった場合にだけ事実に一致する可能性を持つものであり、いわゆる「有効な」貨幣数量説と言われるものも、このような矛盾を棚上げにした上でのものだった。つまり、貨幣数量説はカオス理論であったと言ってよいだろう。

このようなカオスは、自由貨幣とともにひとつのコスモスに転化する。なぜなら、圧力を受け続ける自由貨幣は、貨幣数量説のあらゆる問題点を解消するからである。従って、世界中のあらゆる言語で争われ、多くの通貨問題を未解決なまま放置することの主要な原因となってきた貨幣数量説は、今や自由貨幣によってあらゆる矛盾から解放され、文字通りの絶対的真理になる。それに対し、これまで貨幣数量説が機能不全に陥ったのは、その前提条件が欠如していたからであった。だが、［今や］自由貨幣によって、［初めて］貨幣数量説が有効に機能するためのこうした前提条件が創出される。たとえば、貨幣の**流通速度**は、今日にいたるまで価格形成の際の主要な要因ではあっても、［予知不能な］まったくの非合理的な概念であった。そのために、この貨幣の流通速度という要因は、価格形成についての科学的説明へのあらゆる努力を台無しにしてしまったが、［今や］自由貨幣とともにこの貨幣の流通速度という要因は定数に転化する。それゆえに、［自由貨幣制度のもとでは］それについての推量計算をもはや一般に行う必要がなくなるのである。「有効な貨幣数量説」とよばれる貨幣数量説は、価格形成を次のように数式化した。

$$\frac{\text{通貨量} \times \text{流通速度}}{\text{商品生産} - \text{信用}} = \text{価格}$$

だが、この数式では、実際上多くの場合うまくいかなかった。なぜなら、第一に、流通速度と信用は制御できない恣意的な大きさだったからであり、第二に、通貨量が**偶然**によってしか調達されないひとつの財、すなわち**金**の準備規定による拘束を受けていたからであった。

自由貨幣とともに価格形成における数式は、本来の貨幣数量説、すなわちいわゆる「粗野ないし素朴な貨幣数量説」が（間違って）基礎としていた数式、すなわち通貨量÷商品生産＝価格という数式に戻るのである。「単純さこそ真理のメルクマールである」という格言が妥当するならば、このような価格形成における数式の単純化は、その正しさを示す新たな証拠となる。価格形成における数式は、これ以上単純に表明することができない。通貨量÷商品生産という前述の数式は、**金属貨幣**［伝統的貨幣］の場合には、市場のあらゆる現象と矛盾した。だが、**自由貨幣**の場合、前述の数式は市場のあらゆる現象と完全に一致する。それは、以下の通りである。

金属貨幣の場合、この方程式に持ち込まれる数字――通貨量や商品量――が価格形成にどの程度の作用を及ぼすのかということが絶えず問題にされたばかりでなしに、通貨量と商品量も永遠に一致しない可能性があった。少なくとも貨幣に関しては、市場へのいかなる推進力も持たなかった。そのために、当の数式によって価格を動態的に把握することができなかったのである。

他方、商品は、人々が知っているように自ら市場に突進した。なぜなら、商品は圧力を受け続けているために、市場への自然的な推進力を持っていたからである。それに対し、貨幣はそのような自然的な推進力を持っていなかった。それでは、金を市場に誘引したものとは何なのか。

商品は、一度として貯蓄家のもとにとどまり続けたことがなかった。このように商品を拒否する同じ貯蓄家も、貨幣には魅了された。そして彼は、身代金が支払われるまで貨幣を保持し続けたのである。（貨幣は商品よりもより良い存在だったからである。）彼が貨幣を保持し続けた理由は、利子と複利であった。このように商品の推進力が商品それ自体の中にあったのに対し、貨幣の推進力は貨幣それ自体の中にはなく、外部から持ち込まれたものだった。

その結果、価格は人間の心理に依存するものとなり、貨幣数量説が正しい理論となるのに必要な主要なメルクマール――あらゆる出来事との完全な一致の提供――もまた、奪われてしまったのである。かくして、貨幣数量説は個々の現象にのみ妥当するにすぎない理論になってしまったのである。

自由貨幣の導入とともに、貨幣数量説における比較すべき二つの要因――商品と貨幣――の推進力の強さに関する批判的問題は、その意義を完全に失ってしまう。今や商品と貨幣は、両者の内部に価格形成に向かう推進力を持ち、それを外部から持ち込むことを必要としない。また貨幣所有者の心理も価格形成に影響力を持つことがない。なぜなら、商品と貨幣はともに圧力を受けているからであり、しかもその圧力が同等だからである。かくして価格は、今や完全に商品と貨幣に特有な二つの力の作用として動態的に把握することができるようになるのである。

今や、商品と貨幣は同等の力で相互に吸引し合っている。それに対し、これまでの場合相互に反発し合っていたこの両者が合一できたのは——この両者に影響力を発揮できる——外部の力を利用した場合だけだった。この場合の外部の力とは、利子のことである。だが、この外部の力が機能しなかった場合、交換が行われることはなかった。たとえば、利子が禁止された場合、貨幣流通は麻痺した。また利子率が下落した場合にも、同様のことが生じた。こうした場合、貨幣数量説は機能せず、新たな数式を作り出す必要があった。実際、こうした場合が無数に生じたのである。かくして、自由貨幣とともに価格形成を理論的に把握できる可能性はもとより、価格形成に目的意識的に介入できる可能性もまたわれわれに開かれることになった。その結果、この可能性を利用して何を始めるべきかという問題が、今やわれわれに提出されているのである。

このような問題とともに、われわれは、新しい領域、すなわち社会主義文献にとっての暗黒大陸と見なされている通貨問題という広大な領域——これまで完全に無視されてきた領域——に立ち入ることとなる。

自由貨幣理論は、価格形成への目的意識的な介入の可能性を利用して何を行うのかという問題に解答を与えるものである。その際、自由貨幣理論は次のように主張する。「貨幣は交換手段である。貨幣は、直接的な物々交換の孕む困難性を除去すると同時に、交換を確実かつ低廉にすべきものである。このような交換の確実性と低廉性が保証されるのは、商品価格の変動が可能なかぎり阻止される場合だけである。だが、貨幣はすべての商品の交換手段である。それと同時に、個々の商品価格はそれに特有な法則、すなわちしばしば同じ時期に一方の商品が価格騰貴するのに対して、他方の商品が特別な事情によって価格下落するのを条件づけるような特有の法則に従う。それゆえ、ここで考慮されるのは、個々の商品価格に対してではないということである。つまり自由貨幣とともにわれわれが価格形成に及ぼすことのできる影響力は、商品価格全体の平均に対してだけであるということなのである。その際、こうした全商品価格の平均は、今日しばしば取り上げられる物価指数によって示される。従って、この物価指数を固定的に堅持することが、ここでは必要になる」、と。

前述の説明にしたがえば、物価指数の固定化を達成するための方法を理解することは、それほど困難ではない。なぜなら、今や通貨量を商品生産で割れば、疑問の余地なく価格、従って物価指数が与えられるからである。こうしてわれわれは、自国の発券銀行がこの物価指数を発券政策のコンパスにしながら貨幣数量説に厳格に依拠すべきであるという義務を与えた上で、次のような指示を発券銀行に出す。「物価指数が全般的な物価騰貴傾向を示すや否や、発券銀行は紙幣を回収し、逆に物価指数が全般的な物価下落を示すや否や、紙幣を増発すべきである」、と。その際、物価指数は、数学的厳密さの意味において絶対的に固定される必要はないが、日常的感覚の意味において絶対的に固定される必要がある。その意味するところのものは、航海士によって絶えず直線をたどるように針路の訂正が行われつつ航海していく船舶の如くということにほかならない。

発券銀行は、このような政策を遂行できるのだろうか。また発券銀行はそうするための手段を持っているのだろうか。反対に、発券銀行が自らの任務を遂行するのに必要な大量の貨幣発行を妨害するものが存在しているのだろうか。発券銀行に必要なのは、ただ紙だけである。金本位制度の場合、——金貨の流通速度を思いのままにすることが不可能であるということを度外視しても——このような積極的通貨政策を遂行するには、それ以前に金が発見されている必要があった。こうした理由から、金本位制度の場合このような積極的通貨政策を遂行することが絶対に不可能なことだった。

紙幣の場合、日常的流通の必要性に貨幣流通を適応させるためのすべての前提条件が無条件に与えられている。従って、われわれが発券銀行に物価指数の固定化に必要な貨幣量の印刷と流通とを命令するならば、発券銀行はこの任務を遂行せざるを得ない。なぜなら、発券銀行はそうするための手段を手にしているからである。なにゆえわれわれは発券銀行にそのような任務を与えてはならないと言うのだろうか。またなにゆえ発券銀行はそのような任務を遂行できないと言うのだろうか。こうしたことを説明できる明快な論拠は存在していないのである。

以上のようなわれわれの提案に対してあらゆる方面から異論が出された。だが、すべての異論は、自由貨幣とともに貨幣数量説が無条件に妥当するという事実のために不首尾に終わっている。前述した積極的通貨政策の遂行可能性に疑問を抱く者は、まず最初に自由貨幣制度のもとでも貨幣数量説、本来の貨幣数量説である「粗野ないし素朴な貨幣数量説」が妥当しえないということの立証を提出しなければならないからである。

前述の積極的通貨政策に対し、「物価は紙幣発行に即座に反応しない」という異論が起こった。この異論は、「物価は約三か月後に初めて紙幣の数量に対応した水準に転移する。従って、物価バチルスはいわば三か月の潜伏期間を必要とする」というニコルソン Nicholson の統計学的著作に依拠するものだった。その他の点では条件付きの有効性だけしか持たないにしても、たとえば現在のドイツで体験しているような全般的物価騰貴の時期には、おそらくその逆に——紙幣増発にもとづく新たな物価騰貴への恐れが流通速度を強めるがゆえに、物価騰貴が紙幣増発に先行するといったように——理解できるような異論。こうした異論は、自由貨幣の場合まったく問題にならないのである。その理由の概略は以下の通りである。

自由貨幣が求められるのは、商品を直接購入する場合だけである。それゆえに、発券銀行が発行した自由貨幣を受けとる人々は、当然のことながら、商品への直接的な必要を持つ人々、つまり自らが獲得した貨幣を直接に市場に提供する人々である。かくして、発券銀行が今朝物価を騰貴させるという目的で自由貨幣を発行するならば、確実にその影響は夕方に感じられるものとなるだろう。従って、この新しい貨幣は——発券機関が干渉しない場合には——これまで存在しなかった追加的需要をただちに創出するものとなる。つまり、自由貨幣は、実際に体化された需要とよぶことができるのである。以上のことからわれわれは次のように結論づけることができる。商品供給のあらゆる変動によって引き起こされる物価変動は、発券銀行の対応策によって即座に中和させることができるのである、と。

前述の積極的通貨政策に反対する第二の異論は、物価指数は必要な速度では伝えられないという見解に基礎をおくものである。たとえば少数の人々は、物価指数が伝えられるには数週間ないし数か月間が必要であり、その間に発券銀行はどのような態度を取ったらよいのかわからなくなってしまうと主張する。このような異論は、通例金本位制度の擁護者によって、とりわけ一般には紙幣発行の際に商品価格へのいかなる配慮も行わないばかりか、そうした配慮をも不必要と考える人々によって主張されている。だが、こうした異論もまったく根拠のないものである。というのも、統計がなにゆえ機能しないのかについての論拠がきわめて薄弱だからである。すでに今日、商業新聞は全世界の取引所の電信情報を伝えている。だが、物価指数に必要なのは、国内市場価格だけである。この国内市場価格の計算は、資料さえ手に入れば、計算機で計算すれば数分もかからない仕事である。従って、物価指数を毎日何度か伝えることが必要であるにしても、そのことを行うのはそれほど困難な仕事とはならないのである。ましてや、発券機関にとっては、物価指数が毎週一度示されれば、それでまったく十分なのである。

従って、物価指数をいつでも自由に伝えることが技術的に可能ならば、また同様に通貨量とその必要な速度とによって物価指数の運動を阻止することが技術的に可能ならば、いかなる状況であっても――たとえ戦争中であっても――積極的通貨政策によって物価指数を一点に固定化させることが可能になる。

マルクス主義的傾向の社会主義者は、われわれの経済秩序のあらゆる災禍はもとより――あらゆる公的通貨制度の欠陥をも含む――われわれの通貨制度の欠陥によるあらゆる災禍の原因を、資本主義によるもの、従って生産手段の私的所有によるものと常に考える。こうしたマルクス主義的傾向の社会主義者もまた、われわれのように行動しなければならない。だが、マルクスは彼らにむかって次のように述べている。「貨幣は商品の完全な等価物である。従って、貨幣の側からは交換過程のいかなる攪乱も生じることがない」、と。そのために、マルクス主義者は多数の取引所投機の成功の原因を貨幣以外のところに求めなければならない。つまり、時には数十年の長きにわたって商品価格が下落することの原因、そしてこうした商品価格の下落が債務を負った事業家――とりわけ農民や家屋所有者――から抵当利子を返済する可能性を奪い、**所有者の収奪**とラティフンディウムの創出へと導くことの原因を、マルクス主義者はまたもや貨幣制度の外部に求め続けなければならないことになる。手短に言えば、恐慌、失業、過剰生産、好景気、物価下落、取引所投機、億万長者の巨万の富の形成、アメリカの財閥形成、極端に高い全般的な商業利潤率、こうしたわれわれの経済秩序のあらゆる欠陥は、マルクス主義者によって生産手段の私的所有によるものと見なされているのである。（かくして人民大衆はこの経済秩序を攻撃することになる。）そしてわれわれがいたる所で観察できる社会のあらゆる欠陥も、生産手段の私的所有という特性によるものと特徴づけられるのである。それゆえに、彼らは、こうした欠陥を一掃するには、生産手段の私的所有を根本的に廃絶することが［絶対的］条件になると主張する。こうして彼らは共産主義者となる。

だが、われわれをあらゆる価格変動全般から解放してくれる前述の積極的通貨政策が実施されるならば、すでに指摘したようなわれわれの経済秩序のすべての欠陥もまた、消滅することになるだろう。

恐慌は今日、物価が下落する場合に勃発する。前述の積極的通貨政策が実施されるや、物価が下落する事態はもはや存在しなくなるだろう。従って、このような理由からも、前述の積極的通貨政策が実施されるや、全般的恐慌が勃発することもなければ、いかなる失業も形成されることがないだろう。以前の場合、資本利子が収益性限界を下回る場合には、恐慌が勃発した。だが、自由貨幣の導入とともに資本蓄積一般にとっての限界、すなわち収益性限界はもはや存在しなくなる。その結果、このような理由からもはやいかなる恐慌も勃発することはない。それゆえ、絶えず労働組合の賃金政策の大きな障害となっていた産業予備軍もまた消滅することになる。以前には、景気変動とよばれるものを作り出す全般的規模の価格変動は、多くの商人が躓き、転倒する原因になった。景気変動を正しく予測した商人だけがしばしば勝者になり、そして莫大な儲けを得た。だが、このような事態の予測に失敗した商人たちは、損害を被ることとなったのである。

そうしたことの結果は、支払停止、破産、強制販売であり、多数の小さな独立的自営業者が生産手段を奪われ、プロレタリアートに転落することだった。その時、マルクス主義者は次のように述べたのである。「生産手段の私的所有の制度がこうした作用を及ぼしているのだ。だから、この制度をなくさなければならない」、と。

今日の経済では、特別な才能を必要とする職業には高い報酬が与えられる。商業は、今日このような職業のひとつである。従って、今日、商業利潤が国民の労働生産物の約四〇％を占めているとすれば、その理由は、このような職業のもとでの競争が相対的に少ないことによるものでしかない。われわれが積極的通貨政策によって景気変動から商業を守るならば、つまり物価指数を固定化するならば、商業には多数の競争相手が参入し、商人の報酬は競争の一般法則に対応して大衆の報酬にまで下落するだろう。その時、商業利潤はもはや四〇％という驚くべき高さではなく、おそらく二〇％ないし一〇％にまで下落することだろう。そしてそれに反比例するかたちで、すべての国民の余剰所得も二〇％ないし三〇％増加することとなるだろう。

戦争前のドイツでは、約四〇〇億金マルクの総所得が賃金、土地地代そして利子に分配されたけれども、商業利潤は総所得の四〇％、すなわち一六〇億金マルクを占めていた。従って、通貨制度を安定させることで商業利潤の節約が果たされるならば、その八年間分の節約で一三二〇億金マルクの戦争賠償金全額を支払うことができるだろう。つまり、商業利潤の節約は、発明によって全ドイツ国民の生産力が三〇％増大した場合とまったく同じ効果をもたらすのである。

今日の経済秩序への社会主義者の批判の中できわめて大きな役割を演じているのは、商業利潤、商人の人数過多、豪華な店舗設備、セールスマンの人数過多、広告、事業不振、しばしば起こる支払停止、多すぎる銀行経営の数とその大規模化などである。だから、彼らは次のように主張する。「社会主義的経営様式の導入とともに、生産手段の私的所有が国民経済に強いているこうしたあらゆる無駄な出費は、完全に一掃されるだろう。全商業は、簡単な配給切符によって、すなわちパン配給切符や砂糖配給切符などによって摩擦もなしに、しかもほとんど費用もなしに処理されるだろう」、と。消費協同組合の代表者もまた、自らの運動についてこれとほぼ同様の意見を吐露しているのである。

自由経済の擁護者は、このような社会主義者の批判に対し分の悪い立場にあった。なぜなら、四〇％もの商業利潤は、自由経済の利点を相殺しても余りあるものだったからである。多くの場合、自由経済の擁護者が次のように主張するだけでは、このような社会主義者の批判への十分な反論とはならなかった。「貨幣経済の場合、商品の品質についての不可避的なあらゆる苦情は、直接関係者間で、従って購買者と販売者の間で解決され処理される。こうした問題は裁判では解決でき得ない。なぜなら、こうした問題は純粋の私的問題だからである。従って、貨幣経済は、裁判と人民の間に緩衝装置を設置する。それに対し、生産物の社会主義的分配の場合、このような緩衝装置が欠如している。不満を持つ者、たとえば腐ったバター、冷たくなったパン、腐った卵をもらった市民は、国家に苦情を持ち込み、国営倉庫で必要な財を受け取ると同時に苦情処理簿に記入する。このように毎日何百万回も繰り返される苦情を処理するには、巨大な組織機構を必要とするだろう。その結果、このような機構を維持するために、またもや労働生産物の大きな部分が無駄に出費されてしまうことになる」、と。

こうした自由経済擁護派の反論を理解したのは、少数の人々だけだった。なにしろ四〇％という途方もないほど高い商業利潤率が存在しているのであるから。

しかるに自由貨幣とそれによって可能となる固定通貨制度とともに、商業利潤率は社会主義的分配論の楽観論者すらも著しく低いと認めるようなひとつの水準に下落する。（この場合でも、自由経済は競争を堅持する。）その結果、商業上の出費を節約するために生産手段の私的所有の廃絶という要求を掲げることは不必要となる。そればかりではない。技術におけるのと同様に、商業においても人間一般に期待できる最高の業績を達成するのは、私経済、自己責任、人間のエゴイズム、個人の行動意欲などである。**かくしてこれらのことに依拠する自由経済は、すべての人々に高い労働収益をもたらすものとなる。**

しばしば私経済は、**計画性**という点では言葉の誤った意味で**アナーキー**であると非難される。そのように非難する人々の場合、統計によって完璧に遂行される計画経済というものが理想として想定されているのである。だが、こうした彼らの考えは、素朴すぎる考えである。忘れてはならないことは、主要な消費財の生産、つまり農業生産の場合、事前に決められるのはきわめて概算的な数量でしかないということである。なぜなら、農業生産の場合、きわめて入念な統計に基づく最良の計画も、遅霜によって全滅してしまうこともあるからである。たとえば、ドイツのジャガ芋収穫高は、しばしば二、〇〇〇万トンと五、〇〇〇万トンの間を変動している。だが、一、〇〇〇万トンのジャガ芋の過剰ないし不足が生じたならば、全般的計画生産を無効とするのに十分である。ジャガ芋の過剰が意味するのは、その他のあらゆる生活手段の過少消費である。その時、消費を生産の水準に適応させるには、計画経済は農業から労働者を撤収し、彼らを工業に投入することになるだろう。つまり計画経済も、自由経済と同じことを行うのである。

　また計画経済は、市場の状況や経験を基準に決定する。それに対し、自由経済はこのような経験を価格運動に委ね、消費や生産についてのいかなる統計も待つ必要がない。**工場主や農民にとって価格は、同時に生産指数や需要指数でもある。**従って、彼らは価格を基準にして決定する。商品が不足する場合、価格は騰貴する。そしてこの価格騰貴は、生産増加への刺激を与え、生産プレミアのような直接的作用を及ぼす。戦争前の一〇年間に私経済が世界市場に財を供給し続けたために、商品の不足ではなく、その過剰が生まれるにいたった。**この過剰は、貨幣不足による販売の停滞から生まれたものだった。**私は、計画論者がこうした事態を改善できるなどとは考えてもいない。むしろ私経済が自由貨幣と固定通貨制度によって景気変動から解放されるならば、自由経済に不可欠となるこの計画生産の大規模な簡素化が初めて達成されることになるだろう。

　今日の経済を特徴づけるのは、その性質上国家によって遂行されねばならない一部門、すなわち貨幣部門だけが、無計画だったことである。この貨幣部門ではアナーキーが支配していた。今や国家は貨幣制度を管理する場合にも、私経済を基礎づけているのと同じ原理に基づいて、つまり価格に基づいて遂行するならば、われわれの経済秩序の非難されるべきこうした欠陥もまたすべて一掃されることとなるだろう。

　ここで議論されている二つの経済制度の実現に関して、**政治的観点**からの展望について一言触れておく必要があるだろう。なぜなら、今日この二つの制度の擁護者たちは、**自らの制度を実現するための権力問題**をめぐって論争しているからである。そればかりでなしに、搾取を今日なお甘受せざるをえない人々にとっては、目標にいたる道がどれほどの長さであるのか、つまりその目標の実現にはどのくらいの期間が見込まれるのか、また目標は一般に近い将来確実に達成できるのかといった問題は、大きな意義を持っているからでもある。

まずここで論評している二つの経済秩序の中の第一のものである共産主義的社会主義、つまり生産手段の全般的国有化はいかに達成されるのだろうか。この目標は暴力の方法によっては達成することができない。そのことは、ロシアその他の経験が示している。それればかりか、利他主義的精神を基礎にしようとする経済秩序は、その実現のために暴力を利用することはできない。なぜなら、暴力は、利他主義的精神を育成しないからである。従って、収奪者の暴力的収奪の前に、「われわれは社会主義のためになお成熟していない」ならば、暴力の使用後に、われわれが社会主義のために初めて成熟するといったことなども絶対にありえないだろう。

ちなみに、共産主義者の中にもあらゆる暴力の使用を拒絶する人々――彼らは良き心情を持っているが、それだからといって、彼らの全存在が美化されるものではない――がいる。けれども、彼らは、経済的に何も達成できないだろう。

しかるに、共産主義的社会主義は合法的方法によって、すなわち投票用紙の方法によって――立法機関の決議によって――達成できるのだろうか。私は、ドイツには投票用紙に希望を託している社会主義者がいるなどとは考えてもいない。そのような合法的方法によって共産主義者が帝国議会の多数派になることは、おそらく奇跡でも起こらないかぎりあり得ないにちがいない。なぜなら、生産手段の私的所有の廃絶を支持するのは、つねに貧しき人々中のとくに極貧者だけであり、農民、商人、手工業者、自由な職業の人々、つまり国民経済機構の中枢を占める人々は、ほとんど例外なしに一致して共産主義に反対投票するだろうからである。(この著書は一九二二年に書かれた。)

以上のように、暴力の方法によっても、また合法的方法によっても、マルクス主義の目標に到達することができない。なぜなら、人間の本性は、このような目標に対立し、そして抵抗するからである。その際、共産主義に好意的なのは、貧しい者たちだけである。それに対し、一度生活における富裕を享受した者にとって、共産主義は堪え難いものになる。なぜなら、富裕な人間は自由 Befreiung を望むのであって、新しい拘束を望むことがないからである。

従って、共産主義がすべての人々の富裕を目標としているならば、**共産主義は自分自身に反対するようになるだろう。つまり、共産主義の目標がその手段を否定するのである。**

ここで論評した二つの経済秩序の中の第二のものである自由経済は、その実現の可能性に関してははるかに期待のできるものである。なぜなら、**自由経済は、生産過程に関係するすべての人々の統一戦線を可能にする**からである。まず自由経済は、いかなる点でも**農民**の独立性を侵害しない。むしろ自由経済は、無制限といえるほどの自由な土地利用を農民に保証するとともに、土地を譲渡不可能な共有財と宣言することによって、抵当債務から農民を守るものとなる。つまり、自由経済のもとでの全ドイツ帝国の土地は、自由地として全国民の世襲財産になる。また**商人**の独立性も農民と同じように侵害されず、むしろいっそう高まることになる。なぜなら、国家がいかなる場合でも商人の問題に介入しないため、彼らは自分の自由裁量によって経営できるからである。**事業家**の場合にも同様である。事業家は、景気変動の攪乱からはもとより、彼が必要とした資本の利子からも解放される。そして自由経済の最大の受益者になると予想されるのは、**工業労働者**である。なぜなら、自由経済のもとでは、物価が騰貴しないばかりか、**賃金が二倍ないし三倍になるだろう**からである。従って、彼らは次第に富裕になり、彼ら自身の企業の株式を保有できるようになるだろう。もちろん、彼らは、このような株式から通常の減価償却費以上のものを期待してはならないのであるが。

自由経済は、われわれすべてが中央当局によって指導され、この中央当局によって設計された計画に従って、無関心かつ無感動にそして無力に労働するプロレタリアになることを要求しない。否反対に、自由経済は、プロレタリアという資本主義のこの惨めな創造物をこの地上から再び全面的に一掃し、全プロレタリアを自由で、独立的な、自己責任を持つ人間に、すなわち完全な市民に再生させるものとなるだろう。

従って、私は、われわれドイツ国民に次のように言わなければならない時期に来ているものと信ずる。すなわち、「マルクス主義的社会主義を実現する場合には、われわれはプロレタリア化の過程をあらゆる手段を用いて完遂させなければならないだろう。つまり、その実現のためには、われわれは大多数の国民を貧困に突き落とさなければならないということである。飢餓、失業、自殺、結核こそ、マルクス主義が国民を共産主義的パラダイスに導くための道を特徴づけるものなのである。そうなった場合、ほとんどの人々はそのような運動の遂行に疑問を持つことになるだろう。たとえば結核は、人類の発展を妨害する要素であって、新しい目標にいたる道ではないからである。かくして、**全般的プロレタリア化の方法によっては何も達成することができないのである。**従って、ここでマルクス主義的社会主義が基礎づけようとしている期待は無益なものであるということである。選挙用紙によって実行しようとする政治、そしてその担い手が投票箱への道程で結核に倒れてしまうような政治、このような政治は自ら死滅してしまうとともに、それ自身のうちに矛盾を孕んだ政治にほかならない」、と。

われわれは、共産主義からの解放の上に誕生した。従って、共産主義にいたる道は反動への道である。つまり、共産主義という目標は、最後の反動的な歩みにほかならない。

われわれは、共産主義から解放される過程で、腐敗した土地所有権とならんで伝統的貨幣とによって資本主義へと突き進んだのである。そして今やわれわれは、左に貨幣制度そして右に土地所有権があるために袋小路に入り込んでいる。だが、たとえわれわれが共産主義への回帰を望もうとも、われわれはもはやそこへ引き返すことができない。それでは、こうした事態の中で、われわれは何をなすべきなのか。

われわれは自由、すなわちわれわれの目前に見える自由という地平を望んでいる。飢餓のために自分たちを殺戮し合うようになる前に、われわれは自由になりたいと考えている。だが、われわれが自由となるにはどうしたらよいのだろうか。そうなるためには、われわれはその障害物を破壊することである。つまり、われわれがわれわれの先祖からよく吟味もせずに受け継いでしまったがらくたを廃棄し、われわれの貨幣制度や土地所有権に含まれているところの、われわれを窒息死させる恐れのある戦車［資本主義］を破壊することなのである。

さあ、この仕事に着手し、爆破物への導火線に火をつけよう。そしてわれわれは、今やこの戦車［資本主義］を破壊しよう。

原注

（1）「等価物が交換されるならば、剰余価値は生まれない。また非等価物が交換されても、剰余価値は生まれない。流通または商品交換は、なんらの価値を生まないのである。」（マルクス『資本論』第一巻、向坂逸郎訳（岩波書店、一九六七年）二一二頁。以下、この向坂訳の訳と頁に従う。）

「資本に転化すべき貨幣の価値変化は、この貨幣自身について起こりうるものではない。なぜかというに、購買手段として、また支払手段としては、貨幣は、ただ買ったり支払ったりする商品の価格を、実現するにすぎない。他方において貨幣は、それ自身の形態に固執しながら、同一なる価値量の化石に凝結する。」（マルクス『資本論』第一巻、二一六頁）

「本来の商業資本においては、G―W―G′なる形態、より高く売るために買うということが、もっとも純粋に現われる。他方において、その全運動は、流通部面の内部で行われる。しかし、流通そのものから、貨幣の資本への転化、剰余価値の形成を説明することは、不可能なのであるから、商業資本は、等価物が交換されるや否や、不可能になるように思われる。ただ買う商品生産者と、売るそれとのあいだに、寄生的に割りこむ商人によって、これら商品生産者の双方が詐取されるということからのみ、商業資本は導き出されるのである。この意味でフランクリンはこう言っている。『戦争は略奪であり、商業は詐取である』、と。」（マルクス『資本論』第一巻、二二二―三頁）

（2）「資本としての貨幣の流通は自己目的である。」（マルクス『資本論』第一巻、一九七頁）

「貨幣は、すべての価値増殖過程の出発点をなし、その終局点をなしている。価値は一〇〇ポンド・スターリングであった。今やそれは一一〇ポンド・スターリングである。」（マルクス『資本論』第一巻、二〇〇頁）

「商品流通における貨幣は、資本の最初の現象形態である。歴史的には資本は、土地所有に、いたるところでまず第一に貨幣の形態で相対する。……けれども、貨幣を資本の最初の現象形態として認識するためには、資本の成立史を顧みる必要はない。同じ歴史が、毎日われわれの眼の前で行われている。すべての新資本が、最初に舞台を、すなわち、市場を、商品市場、労働市場または貨幣市場を、踏むのは、なおいつでも貨幣としてである。この貨幣が、一定の過程を

通じて資本に転化されることになるのである。」（マルクス『資本論』第一巻、一八九頁）
「商業資本の価値増殖が、商品生産者を単に詐取にかけるということから説明し得られるべきでないとすれば、このためには永い系列の中間項が必要である。」（マルクス『資本論』第一巻、二一三頁）

（3）「労働力の価値は、すべての他の商品の価値に等しく、この特殊なる商品の生産、従ってまた再生産に必要な労働時間によって規定される。それが価値であるかぎり、労働力自身は、ただその中に対象化された社会的かつ平均的労働の一定量を代表するにすぎない。……労働力の価値は、その所有者の維持のために必要な生活手段の価値である。」（マルクス『資本論』第一巻、二二一頁）（この見事な命題を作ったのは、マルクス自身ではなかった。彼は、Th.ホッブスの著作から次のような引用を行っている。「ひとりの男の価値は、他の一切のもののそれと同じように、彼の価格に等しい。ということは、彼の力の消費にたいして支払われるだけの量ということである。」（マルクス『資本論』第一巻、二二一頁））
「貨幣の所有者と労働力の所有者（従って、労働者）とは、市場で出会い、お互いに対等な商品所有者としての関係に入る。……両者は法律上平等な個人である。」（マルクス『資本論』第一巻、二一七頁）

（4）「デューリング氏が金属貨幣を維持しようとするならば、彼は、ある人々がささやかな貨幣の貯えを残す一方で、他の人々は支払いを受けた賃金ではやってゆけない、というような事態が起こるのを、防ぐことができない。……一方では貨幣蓄蔵を行うための、他方では負債を背負い込むための……一切の条件がそなわったことになる。……世界中のあらゆる法律と行政規則もこれに対して無力なことは、それらが九九の表や水の化学的組成に対して無力であるのと同じである。**また、貨幣蓄蔵者は、困窮者から利子をもぎとることのできる立場にあるから、貨幣として機能する金属貨幣と一緒に、高利貸付けもまた復活したことになる。**……高利貸は、流通手段をもった商人に、銀行家に、流通手段と世界貨幣との支配者に変わり、従って**生産の支配者に、従ってまた生産手段**——たとえそれが、その後も長年のあいだ、名目上は経済コミューンや商業コミューンの財産の姿をとるにしても——**の支配者に変わる。**」（フリードリッヒ・エンゲルス『反デューリング論』、一八七八年）

（5）マルクス『資本論』第一巻、一一七頁。

Ⅲ　ゲゼルの国家の漸進的解体論

人民支配が導入された後の国家の漸進的解体
――ヴァイマール国民議会への請願書（1919年）

序文

「自然的なものには、全世界さえも不充分であるが、人為的なものには閉じられた空間が必要となる。」
（ゲーテ著『ファウスト』より）

諸民族が自決権に基づいて、国家組織への統合を果たすや否や、その国家の魅力が減退していくところでは、またその国家の魅力が隣国の魅力によって奪われていくところでは、当然のことながら、すぐに自らの国境線を厳格に引くことが必要になる。それに対し、自らの国家的魅力を増大させている国家、たとえば友愛、思いやり、公正さ、啓蒙、自由などをあらゆる方面で発揮している国家、こうした国家はいかなる行動を起こさずとも、すでにその存在だけで自らの国境線を拡張していくことになる。従って、長大な国境線を擁するような大国への道を望む者は、とりわけ、国家は一般に自らの国家的魅力を高めることができるのか、またわれわれの眼には国家的魅力の高まりとして見えるような事態であっても、それはたんに国家への反発力の不足によるものでしかないのか、といった根本的な問題に関心を抱くことになるだろう。さらに［具体的に］、人々は次のように問うこともできるだろう。エルザスはフランスに引きつけられたのか、それともエルザスはただドイツの国家形態から排除されただけなのか、と。この問いに答えることは、とりわけ重要である。なぜなら、その答えそのものが、われわれの国境線の拡張に必要となる国家的魅力を育成するのは、国家の強化によってなのか、それとも国家の漸進的解体によってなのかという問題への答えをわれわれに示すものになるからである。［結論的に言えば、］国家が必要悪でしかないならば、つまり国家が絶えず［国家への］反発力だけを引き起こすにすぎないならば、われわれがドイツ帝国という国家を強化すればするほど、このドイツ帝国の国家的魅力がそれだけいっそう減退していくとともに、その国境線もそれだけいっそう狭隘なものになっていくことになるだろう。かくして、ドイツの世界精神を満足させるような国境線をわれわれに与えてくれるものは、国家の漸進的解体の場合だけであるということもまた、その時に明らかとなるだろう。

ここで示そうとするひとつの例は、［今や］何が問題なのかを明確にすると同時に、国家は実際には必要悪として存在し、また必要悪としてしか存在することができないという見解に証明を与えようとするものである。

その際にわれわれが確認しておかなければならないのは、われわれの現在の「敵」はもとより、だれしもがドイツ帝国という国家を模範的な国家と見なしているということである。だが、この国家はあらゆる領域で強化されたわけでもなかった。またこの国家は、あらゆる領域において市民生活にそれほど深く関与したわけでもなかった。そしてこの国家の官吏たちがすべて清廉潔白であったわけでもなかったし、彼らのすべてが鉄道旅行者の肉体的必要や国家市民の魂の救済に深い理解を持っていたわけでもなかった。

むしろ、こうしたことは、模範的国家と言われているドイツ帝国の国家的魅力がいかに小さいものでしかなかったのかを示すものである。実際のところ、エルザス人をフランスに引きよせたのは、安価なワインだけだったのだろうか。あるいはむしろ、彼らがフランスへの編入を望んだのは、ドイツ帝国が模範的国家として運営されていたために、つまりドイツ帝国が強力な国家であったために、彼らがそれへの反発心を引き起こした結果ではないだろうか。［いずれにしても、]このようにエルザスが同種族のドイツ帝国から離反したという事実は、われわれを驚かすのに十分な事実である。だが、このようなドイツ帝国からの離反という教訓は［ひとりエルザスだけではなく］、ポーランド人の［最近の］態度からも新たに確証されるところのものでもある。

たとえば、ポーランド人がまさしくこの「秩序の帝国」からポーランド経済の中に素早く逃亡したという事実、この事実は、国家思想というものがいかに展望のないものなのかということを示す決定的証拠になるだろう。人間は、なによりもまず自由や自立を希求すると同時に、自らの自由と自立を守ろうとするものである。こうした自由や自立に比べれば、強力な国家がわれわれに与えてくれるどのような利点も前者の価値を［はるかに］下回るものでしかない。従って、たとえば国家がなんらかの善き行為を行うために個人的自由の制限を強要する場合には、そのような国家に人々は反抗することになる。［この点を明確に示すために、］われわれはここでドイツ人国家に対するエルザス人やポーランド人の態度をイギリス人に対するボーア人の態度と比較してみよう。イギリス人は、国家に対してまったく無頓着である。そうした事情のために、この二つの「敵対者」［イギリス人とボーア人］は迅速に和解することが可能になったのである。

この事実から、われわれは次のような教訓を引き出すことができるだろう。つまり、ドイツで育成されているような国家思想は病的な思想であるということ、従って、**国家の漸進的解体**だけがドイツを大国に導くための土台を与えることができるということ、こうした教訓にほかならない。

I　現代国家を強化に導く誘因

国家というものは、いついかなる場合にも支配階級の必要に応じたものになる。国家の支配権が特権的な少数派に握られており、しかもその上このような支配権が常に反抗的な態度を示す多数派の攻撃に晒されている場合には、中央集権的な国家的権力手段（君主制、専制政治、独裁制など）を自らの支配権の維持のために利用しようとする思想ならびに国家機構の強化によって自らの影響力や自らの権力を強大にしようとする思想などが、ただちに登場してくることになる。そうなった場合、国家は、本来ならば民間の市民的活動に任した方がはるかに有益となるような多種多様な事業活動を背負い込むことになる。その際、弱者は自らが依存できる強者を求める。（原注：この点についてはクロポトキン **Kropotkin** 著『相互扶助論』を参照されたい。）それに対し、強者は自分だけが最強の人間であると感じている。こうして弱者は中央集権主義を志向し、強者は地方分権主義を志向することになる。つまり、弱者は求心的に行動し、強者は遠心的に行動する。それゆえ、国家が力を作り出すことができるとすれば、その力はそれを作り出している国家に向けられるものとなるだろう。

それだからこそ、「われわれはいかにしたら国家を強化できるのか、またわれわれに服従する官吏の人数やわれわれに奉仕する精神的エリートの人民大衆への影響力をいかにしたら増強できるのか」が、［特権階級にとって］問題となってきたし、現在なお問題となっているのである。——それこそが、何千年にもわたって特権階級の唯一の昔からの心配事であった。——支配階級がこの問題に対する答えとして見いだしたものは、［現行の］革命が継承したような形態の国家である。だが、それとは反対に、権力が大衆に移行し、この権力が——大衆のおかげで——自らを確実な存在と感じ、もはやいかなる権力の強化をも必要としなくなるならば、もちろん国家強化への利害もまた麻痺し、消滅することになるだろう。その場合、国家を支配する人民大衆は、ただ慣性の法則に従いながら、国家をきわめて簡素な形態に引き戻し、中央集権的に管理する必要のないあらゆる機構とともに、つねに新たな改革を絶えず行っていく必要のないあらゆる機構、すなわち新たな選択、新たな法律や新たな決定を行う必要のないあらゆる機構、こうした機構の撤廃を志向するようになるだろう。その際、民主主義が新鮮な魅力を失い、老若男女の選挙民が選挙関係者の動員によって投票箱に誘導されるようになるならば、この市民的義務という厄介な負担から人々はいかにして解放され得るのかという問題もまた浮上することになるだろう。私は、今のところこの問題への唯一可能な答えとなりうるものは、「独裁制への回帰か、それとも国家の漸進的解体か、すなわち支配という目的のために国家が背負わされたあらゆる負担からの解放か」であると考えているのである。

ところで、国家の漸進的解体という要求は、［ドイツ］革命の時代につねに掲げられたわけではなかった。この点を理解するには、今や支配権力を掌握するに至っている政党が、これまでの国家機構の中に自らの志向する全般的国営化の前段階だけを見ようとする、その本質上共産主義的な政党だったということが、考慮されねばならないだろう。たとえばエーベルト Ebert は、ホーエンツォルレルン王朝が自らの玉座の擁護に必要と見なしたのと同一の統治機構によって自らを防衛しなければならないと考えたのであった。そのことは、単に隔世遺伝にすぎなかったのかもしれない。だが、それとともに革命に付随する当然の諸権利もまた放棄されてしまうこととなったのである。

それに対し、このような国家の漸進的解体のための前提条件となるのは、いつの場合でも、権力が人民の圧倒的多数派の掌中にあるところでだけ当然のように生まれてくる絶対的な安全感情である。支配層が自らの権力に不安を抱いているために、権力の強化を計ろうとするかぎり、従って、支配層が不安そうに日常生活を送っているかぎり、彼らは、当然のことながら、中央集権的な国家権力手段を持たずには済ますことができないだろうし、また国家の漸進的解体という主張にも耳を貸すこともないだろう。

かくして国家の漸進的解体は、階級国家の漸進的解体、つまり権力が人民大衆に移行することをその前提条件とするものである。**しかるに、階級というものは、利子とレントとから構成される不労所得の所産にほかならない。**それゆえに、国家の漸進的解体を要求する者は、不労所得が廃絶されることをも立証しなければならない。だが、私はこのような立証をここで行う必要がないと考えている。なぜなら、「自由地‐自由貨幣同盟」が主張している資本利子理論や地代理論は、自由地と自由貨幣という手段を導入するならば、労働者の勤勉な労働が一〇年以内ないし二〇年以内にこの不労所得を完全に廃棄できるということを、疑問の余地なく立証しているからである。従って、ここでは不労所得の廃絶論に関しては触れずに、この「同盟」の文献への参照を指摘するにとどめたい。

ここで私が言いたいことは、次のことである。すなわち戦争はまったく予期しない方法で「自由地―自由貨幣同盟」の運動に道を切り開いてくれたということであり、また少なくともドイツでは資本の抵抗が打破されてしまい、目下のところもはやいかなる資本も存在していない状態にあるということ、これである。

この重要な論点についてまず最初に私なりの説明を行った上で、私は本来のテーマに戻るつもりである。

パリ講和会議で啄まれるドイツの国民的資産

ドイツ帝国の資産、その婉曲な表現としてのドイツの国民的資産は、戦争前には三、五〇〇億マルク、四、〇〇〇億マルクないし四、五〇〇億マルクなどと評価されていた。このような評価額は、その当時の商品価格に基づくものであった。従って、今日の商品価格で評価するならば、その評価額は優に一兆マルクを越していることだろう。今日の商品価格が今後とも今日の水準以下に下落してしまうことなど絶対にあり得ないがゆえに、われわれは、この一兆マルクをドイツの国民的資産の基本的評価額とすることにしよう。今や、われわれはこの一兆マルクから次のような種類の債務を控除しなければならない。

(1) 債務：まず最初の債務は、協商国の賠償要求である。それは今のところなお未決定なままであるけれども、戦争前のマルクで算定すれば、約五〇〇億マルク、すなわち今日の商品価格――たとえば、痩せたガチョウに一〇〇マルク、また痩せた雌牛に二、〇〇〇マルクの価格がつく――で算定すれば二、〇〇〇億マルクを下回ることがない。またそれは利子の支払いだけでも優に一〇〇億マルクにもなるだろう。

(2) 債務：戦災未亡人や戦災孤児、傷痍軍人、戦死者、戦傷者や就業不能者などへの給付金。その合計額は、相当な額と見込まれる。たとえば、この給付金の受給資格者が八〇〇万人で、一人当たり一、〇〇〇マルクを支払うならば、年度合計額は八〇億マルクにも達するだろう。このような出費にどれほどの資本が必要となるかについては、受給資格者の毎年の死亡率が分かれば、保険の専門家ならば即座に算出することができるだろう。われわれは、ここでその資本化率として毎年の出費の一〇倍、従って、(2)の債務に八〇〇億マルクを支出するものと仮定しよう。だが、それは、一人当たりの受給額としてみれば、きわめて僅かな額でしかないのであるが。

他方、このような僅かな給付金では生活できないために、毎年の死亡者の人数が予想以上に大きくなるとともに、また給付金の受給資格を持つ孤児も年々成長し、毎年孤児の一四分の一(七%)が就業可能な年齢になるだろう。

(3)債務:戦時公債、都市債、国債、貸付金庫債、帝国銀行券などの債務は、合計約一、五〇〇億マルクになる。このように私的に所有されている戦時公債が、少なくともその他のあらゆる資産と同じような保護を受ける権利を持つことについてはまったく疑問の余地がない。なぜなら、多数の人々がこのような戦時公債に応募したのは、そのことが祖国ならびに同胞の所有[の防衛]に役立つと彼らが信じたからであった。その際、「戦時公債に応募せよ」というアピールに応じるために、自らの資産の一部、たとえば土地所有、株式、家屋などを売却した人々もいたことだろう。それゆえに、この(3)の債務への支払いは、ドイツの「国民的」資産からの債務支払い中の優先的要求として取り扱わなければならない。要するに、戦時公債以外のその他の資産が認められるかぎり、この(3)の債務も認められなければないということなのである。

(4)債務:破壊された船舶の所有者への補償、ロシア軍の侵攻や砲撃などのために破壊された家屋の所有者への補償、ドイツの植民地で自らの所有を失ったドイツ人への補償、戦争のために何らかの形態で所有の損失を被った商人や経営者への補償。それらすべての合計額は、五〇〇億マルクに達するだろう。

(5)債務:不採算であるという理由ないし損失を生んでいるという理由のどちらかの理由から、失業者になった人々や、せいぜいその日暮らしの仕事にしかありつけない戦争難民や経済的弱者になっている何百万人もの失業者への手当。われわれがこの手当の総額を五〇〇億マルクと想定しても、その額はそれほど過大に見積った額とは言えないだろう。

以上、合計額五、〇〇〇億マルクにのぼるこの五つの債務は、今日のドイツ資産への大きな負担になっている。しかも、産業の操業停止がなされ、あらゆる通商関係が中断され、植民地が奪われ、帝国が全体として縮小されているばかりか、農地が耕作されないままに放置され、商船隊が沈没させられているか奪われている時期に、また四年間も略奪耕作が行われ、家畜数が半減し、その重量も三分の二に減少している時期に、そして四年間も公益事業がなされず、家屋の修繕も、道路の整備もなされず、われわれの産業的設備の五〇％が使いものにならなくなっている時期に、である。このような資産の中でなお残るのは、何か。いわゆる国民的資産とは、実際には賃金への（1）の債務以外のなにものでもないということ、そして上述の五つの債務――それらには経常の国家支出と共同体支出が当てられる――のためにこの（1）の債務が六桁になっているということ、こうしたことが忘れられてはならないのである。

国民的資産とは、四％で資本化されたレント以外のなにものでもない。従って、それは、労働者の賃金から控除されたものである。もし賃金が労働収益に応じて増大したならば、もはやいかなる国民的資産も存在しなくなってしまうだろう。

今や、この五つの債務の利子を労働賃金に肩代わりさせることはできない――なぜなら、肩代わりさせた場合には労働者は移民となってしまうからである――がゆえに、その資金は国民的資産から徴収される以外にはない。そのため、国民的資産は、一〇〇％ないしそれ以上の比率のものを長い年月にわたり外国の、それも特権的な債権者に抵当として渡されることになるだろう。かくしてもはやわれわれ「自由地―自由貨幣同盟」を邪魔する者はいなくなる。それゆえに、資本家の側からはもはやいかなる抵抗も生じないだろう。われわれは、以前に領主だった多数の人々を持ったように以前に資本家だった多数の人々を持つにすぎなくなる。われわれは、今や理解力の不足という敵以外のいかなる敵も持っていないのである。それゆえ、まもなく作動するであろう租税圧力のためにわれわれの資本家が自らの財政状態を意識するようになるや否や、われわれは、実際のところ友愛の精神に溢れたひとつの国民になる——つまりすべての国民がひとしく貧しくなる——とともに、諸国民の中で強力な存在になるのにもはや国家の権力手段を必要とすることのない政府の基礎も創出されるだろう。その時、われわれは国家の漸進的解体ということを積極的に主張することができるのである。

II　国家の漸進的解体の範囲

国家は、しばしば必要悪と見なされてきた。今や、われわれも国家をさしあたりそのような存在として取り扱い、その上で、その悪の中で実際に必要とされるものだけを保持することにしよう。つまり、われわれは二つの悪のうち、すなわち強化された国家と漸進的に解体された国家という二つの悪のうち、より小さな悪と見なされる方を選択し、その国家から、必ずしも集権的に管理される必要のない、つまり全国民を包括する観点から管理される必要のないあらゆるものを撤去しよう。つまりわれわれは、国家なしでやっていけるところではどこでも国家を漸進的に解体しよう。その場合、このような漸進的解体の対象となるのが交通制度——貨幣、郵便、鉄道、電信、海運——を除いた今日の全国家的機構であるということは言うまでもないだろう。従って、われわれは交通制度以外のその他のすべての制度——国防省、通産省、文部省、司法省など——を国家から取り上げて、それらの制度を民間や地方公共団体に任すことにしよう。その方がそれらの事業にとってはるかに有益なものとなるだろう。

〈学　校〉

学校を国家の事業から切り離した方が有益であるということを、教育関係者、あるいは教師を天職とみなしている人々そして両親などは異口同音に認める。実際両親だけが子供を本当に理解できるし、子供の個性に合った教育をすることができる。もちろん、両親による子供の教育がなされるためには、今日とは違った経済的諸関係が前提とされなければならない。たとえば今日の女工は、もちろん、子供を教育する時間もなければ、そのための全般的知識も持っていない。従って、プロレタリアートにとっての学校は、国立学校と公立学校しかない。だが、すべての労働者に労働全収益権が保証され、プロレタリアートが廃絶されるや、すべての母親は、再び彼女たちの母親としての義務の中でもっとも崇高な義務に献身することが可能になるだろう。その時には、学校制度といったものの必要性は無くなってしまう。だが、子供への教育能力を持っていないと感じている母親たちは、相互に協力し合って自らの学校を設立できるという自由を持つようになるだろう。その際、国家がもはや学校予算に回すための税金——通例は間接税によって徴収されているが——を徴収しなくなれば、母親たちは、自分たちの学校のための資金を——今や彼女たちが学校税の負担を軽減されている場合には、——新たな負担なしに容易に調達できるようになるだろう。

かくして「自由地 - 自由貨幣同盟」が提案しているような、土地地代を母親手当として母親に与えるようになるならば、国家の漸進的解体を学校制度には適用してはならないとするその財政的根拠もまた失われることになるのである。

〈教　会〉

国家の漸進的解体、少なくとも学校制度に関する国家の漸進的解体を嫌う教師の場合、意識的であれ無意識的であれ、また誤った評価に基づくものであれ正しい評価に基づくものであれ、彼らのそうした価値判断の中心にあるのは、彼らの個人的利害であるといってよいだろう。その点では、教会の場合も同様である。財政的問題を抜きにして考えるならば、教会を全般的な国家制度とするのを支持する者など、もはやいない。——私がここで想起するのは、いかなる人為的支持をも必要としない自由国家、すなわち健全な無階級国家が存在している場合である。——暴力国家の支援という国教会や国立学校などの目的は、ここでは消滅する。そして「せんだんは双葉より芳し」という命題も、自由国家では全般に問題となることがないのである。

他方、教会の財政的問題も、前述の学校の場合とまったく同様に教会が国家機構から排除されるや、解決される。以前の場合、国家は、市民から巻き上げた額以上の貨幣を持たなかった。そしてその額の一部は、税の徴収費として失われた。従って、国家は、自らが徴収した金額よりも少ない金額しか教会に渡すことができなかったのである。それに対し、教会が国家から切り離された場合、市民は、国家が教会に対して給付する金額よりもより多くの金額の貨幣をポケットの中に持つことになるだろう。その時、教会に帰依している市民が真の信仰心を持っているならば、彼らは、国家がこれまで教会の代理人として徴収していた彼らの貨幣や財産を聖職者に直接寄進するようになるだろう。そしてこのような教会税という国家的強制が廃絶された場合、国家というこの怪物の腕から教会が解放されるとともに、市民の中に純粋な宗教感情が覚醒し、教会は今まで教会への支払いに躊躇していた租税支払人の呪いからも解放されることになるだろう。

おそらく「貧者の灯」たるこの献金は、多くの教会にとって不十分な額にしかならないかもしれない。その場合には、聖職者に対しても賃金共産主義が、つまり——すでに共産主義的労働者が、財の共産主義的分配の準備段階として提案しているような——すべての献金の合算とすべての聖職者へのその平等な分配が、推奨されねばならない。というのも、労働者がキリスト教的愛から遂行していることを、聖職者も行えないはずがないからである。その他の点では、聖職者も教師の場合と同様に副収入に頼ることができる。その際、聖職者が「自分のパンを自ら額に汗して稼ぐ」という自らの言葉の意味を実践的に、かつ個人的に体験することは、実際宗教にとって「きわめて」有意義なものとなるだろう。

〈大　学〉

大学の場合にも、国家の負担は軽減されるべきである。また政治的思惑に左右されるような省庁、とりわけ学校、礼拝、国民教育、科学などを司る省庁は、例外なく漸次解体されるべきである。そして市民、両親、地方公共団体が一致協力しながら、大学の維持費を負担してもよいだろう。かくして国家が学校制度から撤退するや、今日多くの両親が自分の子供の嫁入りに際しての持参金や自分の息子の軍役期間中の援助金などを獲得するために一定の金融取引を行っているように、両親は自分の子供の教育費や大学進学費用などを同様な方法で稼ごうとするだろう。この場合でも、国家の漸進的解体とともにいわゆる「大学資格制度」が廃止され、国家公務員職に就くためだけの研究も行われなくなるという点を付言しておきたい。そうなった場合、もはや「就職前の青年といった今日のような」「大学生」は存在しなくなるだろう。反対に、あらゆる人間が自分に特別の才能があると思う専攻分野を選択し、研究するようになるだろう。だが、だれも卒業を急がない。なぜなら、「体系的な教養」の獲得という目標は、人生の終焉までに達成されればよいからである。つまり、生涯研究ということである。

自由国家では人々は労働と研究を交互に行うようになる。そして労働が寄生層の搾取から解放されるとともに、きわめて大きな収益をもたらすことになるから、労働者である学生は、賢者や教師の控え目な生活要求に応じることも容易にできるようになるだろう。かくして真の科学は、その本質上国家を必要としない。学生が六時間の労働によって自分と自分の教師の生活費を稼ぐところでは、大学は工場（紡績工場、紡織工場、箒工場）と最良に結合するだろう。だが、その際、いかなる人間も、大学教育のような緊張度のきわめて高い精神的訓練を間断なく受け続けることは大変なことである。それでも学生が毎日六時間を生活費を稼ぐための労働に捧げるという事態は、疑いもなく、今日の学生がビール酒場で同じ時間を過ごす事態よりも精神的にはるかに害の少ないものとなるだろう。かくして彼らはたとえば一〇年間では成し遂げられない研究を、一一年間、一五年間あるいは五〇年間かけて成就することになる。つまり、国家が漸進的に解体されるならば、学生たちは皆自分の流儀で研究するようになるということなのである。だから、国立大学など無い方がいいに決まっているのである。

〈通産省〉

通産省という役所は、全国民を絞殺するために作り出された異常な制度である。通産大臣の控え室に出入りしていた商業界、工業界そして農業界の人々は、何を求めたのか。あー、そこで相談されたすべての案件は、きわめて単純なことであった。「高率関税のための談合機構」（帝国議会では通産省はかつてそのように呼ばれていた）、それが通産省の本質であった。従って、「通産省の漸進的解体を断固として推し進めよ」、これだけが、この通産省についてのわれわれの言いうる唯一のことである。

国家は、あらゆる組織体と同じようにそれ自身に特有な発展を遂げる。そして国家は、絶えず自らを必要不可欠な存在にしようとする。従って、いかなる官僚といえども、彼ら自身から国家の漸進的解体を提案することはないだろう。反対に、彼が野心的な官僚ならば、当然のことながら、彼は自分たちの小さな管轄範囲の内部で自分の職権の影響力が及ばないところに自らの影響力を拡大しようと努めるだろう。もちろん、そうした事態は通産大臣の場合にも妥当する。たとえば、彼はあらゆる通商問題を複雑かつ解決不能であるかのようにした上で、自らが作り出したこの難題を一気に解決することによって、いかに自分が必要不可欠な存在であるかのように誇示しようとするのである。だから、いかなる通産大臣も自由貿易などにはまったく関心を示さない。否、いかなる通産大臣も、自らが依拠する支柱を切り倒そうなどとは考えることもないのである。通産大臣が選好する通商政策は、いつも保護関税政策である。だが、この政策は、わが国民を衰退させ、傷付けるばかりか、全世界を敵に回し、全世界との戦争をわれわれにもたらす政策なのである。それゆえに、われわれは、このような省庁を漸進的に、そして跡形もなく解体することを望むとともに、国家機構をあらゆる私的利害から鋭く切り離すことをも望むのである。そうなっても、事業主たちは自らの利害を主張する術を心得ているから、国家なしでも問題はない。たとえばわれわれが商業と産業の世界から国家を完全に排除したならば、事業主たちは個々人では不可能な案件を遂行するために、相互に提携し商業会議所などを作って対処するだろう。また通産省や農務省などの省庁が存在しなくなれば、「特権を付与してきた機関が存在しなくなるのであるから」もはやいかなる特権も存在しなくなるだろう。そしてこれまで絶えず高率関税を要求してきた主農派の強欲さも、もはやその存在根拠を失うことになるだろう。以前には通産大臣は略奪者や強盗たちに囲まれていたために、一度たりとも公益の発展を目指す真の経済政策を遂行できなかった。その際、もし彼がそのような真の経済政策を遂行しようとしたならば、彼は、交易は自由に任さなければならないということをただちに悟ったことであるだろう。だが、実際には彼はいつも諸党派の玩具の役割に甘んじたのであった。

それゆえ、われわれは通産省や農務省を漸進的に解体・破棄しなければならない。そしてわれわれは、事業主たちの共通の利害を実現するための自由な組織を作らなければならないというのが、ここでの結論になる。

〈社会事業省〉

神は自らを助ける者を助けるというのが、［人間社会を貫く］原理である。従って、われわれは、すべての者に、否子供たちに言いたい。自らを助けようとしない者を、だれも助けてはくれない。否、社会事業大臣すらも助けてはくれない、と。彼はその他のあらゆる大臣と同様にこのような原理に立脚している。とはいえ、彼もまた、自分の仕事の範囲が拡大することを喜ぶ。とくに彼の稼ぎ時となるのは、労働者が何千人も首を切られるような恐慌時である。その場合でも、彼にとってこの社会的圧力の原因を探求することなどは、問題とはならない。なぜなら、社会事業大臣は利子問題、賃金問題、貨幣問題、土地地代問題、恐慌問題などに関心を持っていないからである。従って、社会事業大臣は原因とは闘わず、結果とだけ闘うにすぎない。もし社会事業大臣が原因を調査し、それと闘うことになったならば、彼はきっと絶望の果てに自殺してしまうだろう。

社会事業大臣という存在は、国民の中に次のような信仰を、すなわちこの省は大衆の貧困と闘い、利子問題に対しても真剣に取り組む一方で、他方ではこの省の官僚たちが恐慌や失業の原因についての討議を朝から夜遅くまで絶えず行っているという信仰を、作り出していると言ってよい。なんという善良な国民であることよ。真実を知るがいい。

社会事業省で官僚たちがこれらの問題に真剣に取り組んでいるというのが本当であるならば、社会事業省は貧困問題の解決に責任を持ち、――いつかそのような研究は余計な研究と見なされるにせよ――寄生層の研究を全力で、しかも善き意志を持って遂行しただろう。

ちなみに、われわれが考えるような自由国家では、つまり自由地―自由貨幣体制のもとで必然的に発展してくるような自由国家では、労働全収益権の実現とともに社会問題は解決される。――そのような解決は社会事業大臣の存在とは関係なしに行われる。――従って、社会事業省の場合にも、われわれはその漸進的解体を望むのである。

〈外務省〉

戦争中多くの誠実なドイツ人は、「外務省ほど酷い役所はない」、「対外問題は公的問題であるから、そのように取り扱え」と繰り返し叫んだ。だが、対外問題をそのように取り扱った場合、新聞や世論が外務省に取って代わることになるだろう。なぜなら、ある国民が他国民に言わなければならないすべての事柄は、新聞の論説、郵便葉書、電報などによって伝えることができるからである。かくして秘密外交、つまりデマゴギー外交がひとたび消滅するや、公使、領事、大使などは、いついかなる場合にも余計な存在になってしまうだろう。

いずれにしても、自由地や自由貿易が宣言されるや、あらゆる紛争の火種は諸国民の交通から原理上除去されるだろう。第一に、不可欠な人権として認められるようになった自由地の権利が不可侵の権利であり続けるかぎり、「外交的突発事件」が起こる可能性は絶無となるにちがいないだろうからである。第二に、自由地の中で統合された国際連合がそのような事態を発生させないように尽力するにちがいないだろうからである。そして第三に、自由地原理を侵害する国民や国家は、全世界を敵に回し、酷い目に合うにちがいないだろうからである。このことを、われわれドイツ人は今日遺憾ながら、いささか遅く体験しているのである。

〈厚生省〉

この事業の場合にも――その他のあらゆる事業の場合と同様に――、国家が益よりもはるかに多くの害を与えていることには疑問の余地がない。厚生省という存在は、国民の健康に関するあらゆる事業を行うのは国家であり、国民自身は今や二‐三年ごとに選挙投票を行う以外何もしなくてもいいと国民を信じ込ませる存在である。だが、厚生省は実際には何も行わない。事実、厚生省当局には絶えず要求通りの信用が認可され、また要求通りの全権が与えられてきたにもかかわらず、彼らは、恐るべき疫病、いわゆるアルコール依存症、工場内の婦人労働、愛なき結婚、ニコチン中毒などとの闘いを一歩も進めることができなかったのである。つまり彼らは、このような害毒の諸結果を扱うことで満足し、その真の原因――利子――を探求し、この利子に奉仕する国家下僕を切除するという試みを行わなかったのである。かくて彼らは、利子を守るために、換言すれば、彼らの雇主の利害を擁護するために、毎年三〇万人の犠牲者をだす乳児虐殺に対しても何もしないで傍観しているばかりか、国民の肉体の恐るべき酷使――その結果がクリニック、病院、隔離病棟、サナトリウム、精神病院そして刑務所なのである――をも黙って傍観しているだけなのである。

人間が神の摂理への信仰を捨てさるや、人間は自分の運命を自分の手に取り戻す。そしてわれわれが国家の摂理への信仰を捨てさるや、これまで国家によって奇形化されてきた人類の育成という事業を再び本来の上昇軌道に引き上げるために、われわれ個々人は何をなすべきかということを、われわれは想起するようになるだろう。その時には、アルコール依存症、結核、梅毒などは、今や覚醒された個々人の責任感情によって再び克服され、この地上に存在しなくなるだろう。[ここでわれわれは言いたい。]われわれが国家と呼ぶ怪物へのわれわれの信仰がなかったならば、けっして今日のような人間の退化は生じなかったであろう、と。

ここでの結論もまた、厚生省の漸進的解体である。このような漸進的解体の結果が、コレラ、ペスト、畜産の疫病などを含むあらゆる疫病の克服にまで至るのかについては、おそらく多くの者が疑問を持っているだろう。また

（一九一四年七月三一日のように）急速な決定を下すことのできる中央権力は、疫病の克服のために良い仕事を遂行できるのかもしれない。けれども、その場合でも、個々の地方公共団体や医療機関が国家の代役を十分に果たすことができるだろう。なぜなら、これらの機関は、きわめて多くの場合遠く離れた中央権力当局よりもより迅速に必要な手段を取ることができるからである。

それゆえに、われわれは、この場合にもあらゆる医療機関から国家を取り除けという立場に立ち続けるのである。

〈国防省〉

われわれは、ポーランド人、ロートリンゲン人、デンマーク人、ケルト人、ゲルマン人、ユダヤ人、プロテスタント教徒、カトリック教徒とばかりでなしに、コミタージ、ブルガリア人、ジプシー、ハンガリー人、トルコ人と一緒に、世界のその他の国々と闘った。この事実がわれわれに示すのは、今次の世界戦争において問題となったのは民族間の戦争、すなわち人種や文化の相違をめぐる戦争ではなく、**国家間の戦争**であったということである。事実、諸国家が強化されればされるほど、また諸国家間の強化の相違が大きくなればなるほど、それだけいっそう多くの軋轢を諸国家は生むようになる。それに対し、諸国家の漸進的解体とともに、軋轢――とりわけ通商問題に関する軋轢――は、減少する。なぜなら、関税国境によって分断されていない二つの国の間では、深刻な摩擦が生じる機会など存在することがないだろうからである。むしろそのような二つの国は、多少とも相互に融合し合っていくことになる。従って、われわれが国家を漸進的に解体していけばいくほど、それだけいっそうそのような事態が促進されることになる。たとえば、風が二つの氷の固まりを相互に激しく接触させるならば、この二つの氷の固まりは衝突し、相互に傷つけ合うだろう。それに対し、この同じ風が二つの露を接触させるならば、この二つの露は相互に融合し合っていくだろう。――それは愛の如く相互に融合し合っていくのである。――国家というものは、氷の固まりのように固く、無機質で、硬直的な魂なき存在――それは、近隣に対しては武装しながら語り合う存在でしかない――である。従って、国家が強化されればされるほど、それだけいっそう国家の武装が強力なものとなり、それだけいっそう国家間の分断が敵対的なものにならざるを得ないのである。

そのことに加え、国家が階級国家——つまり国民の注意を内部の敵に向かわせないために、外部の「敵」を必要とするような有害きわまりない階級国家——であるならば、戦争はほとんど不可避的に起こらざるを得ないのである。

たとえば、中世にはいかなる国家も存在しなかった。それゆえに、中世にはいかなる国家間の戦争も存在しなかった。また人民は、領主地、伯爵領、騎士領、司教領、修道院領、帝国都市などに分断されていたけれども、だれ一人として、自分たち人民をなんらかの方法によって近隣や世界から分断させようとするような思想を持ってはいなかった。従って、今日の意味におけるような国境は存在しなかったのである。それゆえに、領土をめぐるいかなる軋轢も、またいかなる戦争も存在しなかったのである。（略奪渇望を満足させるような争いは私闘として個人としての敵に向けられたものであった。）

かくしてわれわれが今日の時代の近代国家を漸進的に解体していくならば、それに応じて領土をめぐる軋轢や争いが消滅し、またそれに応じてわれわれの重武装もまた不必要なものとなっていくだろう。

私がここで示したのは、国内平和の実現、すなわち有害な階級国家の破壊は国家を漸進的に解体するための前提条件であるということである。つまり、健全な秩序、すなわちいかなる特権も存在していない秩序は、いかなる敵も、いかなる外部の敵も持たないということである。階級国家の漸進的解体とともに生まれる公正さという暖かい陽射しは、国民間の憎悪という氷の鎧を溶かすものになる。そうなるにちがいないし、またそうすることができると信じていなければ、私は生きてはいられない。公正さは、国民や人間を分断し敵対させるあらゆるものを溶かすものとなるにちがいない。従って、われわれは、内部の敵を倒すというその前提条件を作り出した後に、われわれの国家を漸進的に解体するのである。つまりわれわれは、後顧の憂いなく国家の武器独占という軍事制度を廃絶するのである。しかもわれわれは、公正さが勝利することへの絶対的信頼に基づいてそれらの廃絶を行うのである。だが、われわれは、他の人々がそれらの廃絶に着手するまで、待つことができない。われわれはその先陣を切って進むことを後悔しない。なぜなら、平和の精神は世界を制覇しなければならないからである。もしそのことが可能でないならば、人類に救いはないだろう。馬鹿者や臆病者だけが人類を信じることができず、人類の生命を平気で浪費することができるのである。かくしてここでのわれわれの結論は、「武器を捨てよ。国防省を漸進的に解体せよ。国防省などいらない」ということになる。

われわれは、これまで軍人精神や軍国主義に信頼を寄せ、それらをわれわれの権力基盤にしてきた。そしてわれわれは、世界中で最良の、もっとも勇敢なそして最大規模の軍隊を作り上げてきた。だが、この最良の、最大のそしてもっとも勇敢な軍隊はわれわれの期待を裏切り、われわれを不幸に陥れてしまった。しからば、最良の大軍隊がわれわれに何の利益ももたらさず、ただ損害だけを与えたがゆえに、われわれは、その代わりに小さな軍隊――すなわち戦争になったならば、その最良の勇者がすぐに壊滅してしまうような規模の軍隊――を持つべきなのだろうか。そんな試みが愚かであることは決まっている。従って、われわれは、その問いに否と答えたい。またわれわれは、そんな試みをしない。われわれは、ここでも全力で取り組みたい。つまりこうである。すべての軍隊がわれわれに何の利益も与えないならば、その半分の軍隊になっても、それは前者以上にわれわれに何の利益も与えることがないだろう、と。かくしてわれわれは、断固たる決意をもって非暴力の講和というウィルソン Wilson の思想に立脚するものである。従って、「武器よさらば」がわれわれの立場でなければならない。つまり、今後はすべての人間への愛と公正さがわれわれの武器となり、われわれドイツ人の堅固な城塞になるのである。「自らの敵を追い払うには、ただ太陽が輝けばよい」とヘッベル Hebel は言った。従って、われわれは太陽のごとく行動しよう。われわれがドイツ帝国を愛と公正さの光で照らすならば、われわれは、われわれのすべての敵を軍隊なしに、たとえばUボートやツェッペリン飛行船なしに、国民間の憎悪を煽り立てることなしに、そしてわれわれの敵を打倒するための助けを神に祈ることなしに、追い払うことができるようになるだろう。

〈司法と裁判所〉

司法と裁判所の国家独占化と官僚制化、すなわち刑罰を科すとともにその刑罰を恣意的に決定できる権力ほど、国家――支配階級の松葉杖の役割を果たす国家――の権威を高めるものはない。他方、今や長い年月にわたって国家の下僕になるための職業的な訓練に多大な金銭を費やしてきたすべての人々もまた、このような司法の国家独占化を要求する。だが、私はここで、こうした人々が依拠している司法の国家独占化を彼ら自ら否定することの必要性を彼らに納得させようとすることを断念せざるを得ない。

国家は規則に基づいてだけ活動できるにすぎない。国家はそれ自体機械であり、機械的な活動しか果たすことができない。だが、司法と裁判所は機械などに任すことのできないものである。それゆえに、この場合にも漸進的解体が必要になるのである。なにゆえわれわれは、神と神のもとでの公正さへの道を、絶えず国家とそのいかがわしい副次的な利害とに無縁であるところにだけ見いだすのであろうか。国家の下僕もおそらく公正さを眩しそうに眺めるだろうけれども、彼らは異なった主人に仕えているために、その輝きに目を閉じてしまうにちがいない。反対に、われわれは神を正視したいし、公正さに従って法を改造したり悪人を罰したいから、公正さとは何かを知りたいのである。

では、公正さとはいったい何か。それは、あらゆる特権が否定された状態以外のなにものでもない。社会の中に各自の職を割り当てられたすべての人間が完全に平等な競争を行うことのできる外的な機構の存在、それが自然的淘汰の観点から望まれる公正さ、すなわち人類の品種改良という神への道に通じる公正さなのである。

その際に、このように人間が完全に公正に扱われるのに必要な外的装置は、自由地である。つまり自由地は、公正さの内容であり、その表明でもある。だが、国家とその司法は、自由地とは反対な状態、すなわち土地略奪を擁護するために生まれたものであった。かくしてわれわれの法の基礎になりえたのは、略奪と不正義だけだった。

ちなみに、こうした司法の脱国家化というわれわれの主張に対しては、司法は統一的な観点から運営されるべきであって、個々の地方公共団体の恣意に委ねられてはならないという反論が提出されている。私は、そのような反論を持ち出すことがよくわからない。われわれは、司法の考察に際しては単なるひとつの観点の代わりに、――その基本線が全人民の視線から生まれるような――ひとつの大きな原理的観点を作ることを望むものである。つまり、すべての地方公共団体は、自分たちが考えたそれぞれまったく独自の、独立的な刑法を持つべきであり、そしてその刑法を拡充していくべきであるというのが、それである。こうしてわれわれは、進歩に必要な比較点を作り出すことになる。一定の犯罪がどのような刑罰を受けるのか予め統一されていなくても、たとえばベルリンでは強盗に対して彼の年金による弁償という刑罰が与えられるのに対し、ハンブルクでは同じ犯罪に笞刑が与えられても、実際だれも損害を被ることがないのである。

われわれがここで主張する司法と裁判所制度の脱国家化とは、概略次のような内容として考えることができるだろう。すなわち、すべての地方公共団体がそれぞれ自分自身の民法、刑法そして商法を持っているという事態である、と。その際、独自の立法機関の設立費用を調達できない地方公共団体は、あらゆる司法問題や裁判所問題ではその他の地方公共団体の法律を手本にする。従って、この場合、この地方公共団体が独自に選択した法令に基づいて、司法問題や裁判所問題が処理されることになる。そして地方公共団体が持つ強制手段が、この法律を効力のあるものにするだろう。またこれらの地方公共団体の法典と並び、――市民が地方公共団体裁判所への訴えを回避したい場合には――市民が［気軽に］相談できる民間の平和裁判所や民間の仲裁裁判所が存在することになるだろう。また特別な法律的才能を有する智者は、民間人同士の契約の際に契約者を拘束するような独自の法典や裁判法典をも編纂することになるだろう。たとえば商人のレターヘッドや価格一覧表に、この法典が電話番号のように掲載される。それに対し、予め何も取り決められていない場合には、訴訟は地方公共団体の司法機関に持ち込まれることになるだろう。ところで、上述したような民間の法律機関や司法機関は、医者や弁護士と同様顧客に完全に依存している。従って、多くの顧客を引きつけることが、彼らの利益になる。その際、彼らがより多くの顧客を獲得できるのは、彼らが公平に法律問題を処理する場合だけである。かくして競争を通じて、マイスターの歌手やマイスターの外科医などと並んで、ユダヤ人のラビのようにまったく独自に自由な裁定を下すマイスター裁判員もまた生まれることになるだろう。こうした個々の裁判員の評判は、われわれの外科医の評判と同様に世間に知れ渡ることになるだろう。そして――アジア人、リビア人、エジプト人のように――裁判員がかつて彼らの面倒な法律問題の解決の必要に迫られて遠くの智者のところに急いで向かったように、彼らはわれわれの新しい智者のところにやってくることになるだろう。いずれにしても、そのような民間の司法機関の判決を無視した者は、酷い目に合うことになる。

（地域裁判としての）刑事裁判は、被告に悪感情を抱いた市民層によって主導されるものとなるだろう。その場合でも、「指示規則」なしに、また先例に従うことなしに、自由に判決が下される。また裁判の正当性を保証するために、いかなる場合でも、訴訟は完全に独立した二つないし三つの裁判所の審議と判決を経た上で、受刑者がこれらの判決の中からそのひとつの刑罰を選択できるものとならなければならない。だが、そこには職業的な訓練を受けた冷酷な特別の死刑執行人などは存在しない。判事が同時に死刑執行人になる。かくして死刑という刑罰は最終的に廃止されることとなるだろう。

それればかりか、あらゆる精神的規律の中でもっとも高度なものである法と公正さが、全般的思想活動の不動の基礎になっていくとともに、市民もこのような高度な、最高の任務に携わることを通じて高度な精神的規律を持った人間になっていくだろう。つまり、市民も、真剣な研究を行うことによってだけ準備できるような任務に携わることになる。こうして「より高い目標に向かう人間は、それに応じて成長していく」ことになる。

かくして正義感がまたもや活性化するようになるだろう。つまり、われわれは、公正さという垂直線からのあらゆる乖離を知覚できるわれわれの器官をまたもや持つことになる。そしてこの器官はますます発展し、さらにより鋭敏なものになるとともに、社会生活という大洋を航海するためのコンパスにもなるだろう。従って、この器官は、隔世遺伝や偏見などの暗闇の中でわれわれに進む道を示し、われわれの進歩のための広い道を切り開くものになるのである。

われわれは、学校、宗教、医療制度、軍事制度、商業、芸術そして科学などを育成するのは、国家であると見なし、国家に信頼を寄せてきた。だが、実際には国家は、それらすべての制度を支配階級の犯罪的な私的利害に従属させ、それらすべての制度を歪曲してきたのであった。つまり、国家は人類のもっとも崇高な任務――正義と不正義とを判断する任務――を横領してきたのである。かくして人類は、このような訓練不足のために公正さと善悪を見抜く器官を失ってしまったのであった。つまり、国家というこの無粋な機構のために、われわれは人間の中にある神性、すなわち公正さへの永遠の希求――パラダイスへの希求――を犠牲にしてきたのであった。つまり、国家という怪物はこの希求を跡形もなくむさぼり食ってしまったのである。

固有な国家原理に従っていたわれわれの国家は、平和時の真っ直中で、われわれと平和的にかつ友好的に暮らしていたベルギー人の土地に進攻し、すべての平和的国民の土地［や家屋］を炎上させ、荒廃させてきた。そしてわれわれドイツ国民は、この怪物のやることを承認したのであった。その場合、公正さについてのわれわれの感覚は、どこに残っていたと言えるのだろうか。この怪物がわれわれの名前で、そしてわれわれの責任で恐ろしい犯罪を行ったことを、だれひとり見なかったとでも言うのだろうか。否、われわれは皆沈黙してしまったのである。その際に、われわれは国家とは何かということを考えるべきだった。たとえば、われわれは、――母親が工場で働かなければならないという理由から――毎年三〇万人の乳児というか細き存在――従って、われわれの助けを必要とする存在――が長期間衰弱死しているという事態を見てきたのである。だが、その事態を改善するためにだれが活動したと言うのだろうか。公正さについてのわれわれの感覚はいったいどこにいってしまったのだろうか。国家がこの感覚をわれわれから奪ってしまったのである。実際には、われわれは、尊大な態度で贅沢三昧に暮らす人々の維持費用を生み出すためにだけ、われわれ国民の大多数が悲惨な状況のもとで死ぬまでずっと労働しなければならないという事態を見てきたのであった。だが、だれもこの事態に憤激もしないまま、沈黙してしまったのである。というのも、われわれは国家にわれわれの魂、公正さを知覚する器官、そしてわれわれの良心を譲り渡してしまったからである。つまりこの魂なき機構がわれわれから魂を奪ったのである。「国家よ、汝は怪物であり、大なる売春婦、領土略奪そして私的土地所有の嫡子にほかならない。それゆえ、われわれは汝を踏みつぶしたい」、と。従って、ここでも「司法省を漸進的に解体せよ」が、われわれの結論ということになる。

〈戸 籍〉

国家は、人間の愛情生活をも独占的に管理してきた。たとえば、国家機構は、愛の生活に介入し、――家畜飼育局が家畜登録簿に記載されていない家畜を無効とみなすように――戸籍簿に登録されていない結婚をすべて無効とみなす。また国家機構は離婚を認めず、強権によって不運な結婚生活の継続を強いる。かくして国家は、愛によって結ばれる結婚以外には正常かつ幸福な、調和のとれた人間が生まれることはないというあらゆる人間が持っている固い信念に違反することになる。そしてそのような結果生まれるのは、猥雑な行為やソドムである。それらは、嫌悪感を催す以外の何ものでもない。そればかりでなしに、そのような強制状態からは、人間の戯画化という事態が生まれる。こうした事態が必然的に生まれてくるということは、精神病棟や刑務所、人間の品位を劣悪化させる秩序、しばしば指摘される人口過多などからも証明されることだろう。

結婚生活への国家の介入は、愛の生活に対する人間の責任感情を摩滅させるという必然的な結果をもたらしてきた。もっとも神聖で、もっとも重要な本能、つまり、われわれを誕生させるとともに、動物状態からわれわれを飛躍させる力、それは国家の介入のために著しく衰弱化する。かくして人は次のように呟くだろう。厚生省を擁する国家、すなわちあらゆるものの画一性を尊重する国家が、言語道断な政略結婚などを含むあらゆる結婚を法律的に認める場合には、愛の生活に導いてくれる自然的本能は、子孫の代にはほとんど消滅することになってしまうだろう、と。アルコール依存症の場合にもそうであるように、国家の権威といったものは、あらゆる人間的行為の中でもっとも重要な感情である自己責任の感情を圧殺するものでしかない。つまり、国家への信仰は、われわれを罪深い人間にするということである。それに対し、国立学校で教育された人間は、国家が認めるものはなんでも許されるし、またこの許されたものだけを育成しなければならないと考えるのである。

以上のような愛の生活は、男女の間のまったくの個人的事柄にすぎない。従って、国家を漸進的に解体したいというわれわれの立場から要求しなければならないのは、戸籍簿の廃止ということである。このような戸籍簿の存在が有意義になるとすれば、それは金持ちの叔母さんを持っている場合だけでしかない。だが、いずれにしても今や国家が単独相続人を指名する制度のもとでは、このような戸籍簿はこうした縁戚感情すら奪うことになるだろう。他方、戸籍簿を系図の「維持の」ために保持したいと思う者は、自分のためにそのような系図としての戸籍簿を作成してもかまわない。だが、それは、まったくの個人的事柄である。たとえばシュルツェ Schulze がクラウゼ家の出身かミュラー家の出身かどうかは、私にはどちらでもよいことである。戸籍簿に対するわれわれの立場は、「国家よ、なくなれ」なのである。

ちなみに、今や国家は自らを強化するために婦人たちにも選挙権を与えている。だが、それはどのような選択権なのか。婦人にとって一番大事な選択とは、どのような選択なのだろうか。たとえば多くの婦人たちは、「選挙において」エーベルトを選択した。彼女たちは皆、本当にエーベルトだけを選択しようとしたのだろうか。女性は、男性、すなわち彼女たちの子供の父親を自由に選択できなければならない。国家に関係することなしに、経済的配慮によることなしに、猥雑な行為によることなしに、人間の品種改良に導く偉大かつ高貴な自然的淘汰権、これこそが婦人の真の選択権なのである。それに対し、国家ならびに国家の保護のもとにある経済状態は、このような権利の行使を妨害する。従って、ここでも「国家よ去れ」である。

神は人類の目的であり、目標でもある。（原注：この点については、フェルスホーヘン Vershofen 著『救済者』オイゲン・デートリヒ出版社を参照されたい。）

「それは、愚か者の頭脳の中に生れた無内容で空しい幻想ではない。

それは心の中で激しく告げている。

われわれはより良い存在として生まれてこなければならない、と。」

救済者、すなわち神になる人間は、なお婦人の胎内のなかに眠っている。そして婦人の胎内からやってくるこの救済者は、われわれのためにパラダイスの扉を開くだろう。だが、こうした救済者は自由の中で生まれなければならない。それゆえ、ここでもわれわれの立場は、「国家よ、なくなれ」である。なぜなら、国家は、われわれがパラダイスに進むための扉を閉める門番でしかないからである。

こうして、国家、すなわちその土台である交通制度――貨幣、鉄道、運河、電信、航路、航空――を除いたすべての［国家］制度が漸進的に解体されるだろう。他方、交通制度の持つ生存本能は、あらゆる境界線のような障害物に敵対し、自らのアンテナを全世界に張り巡らすようになるだろう。実際、交通制度はいかなる人種、宗教、歴史、言語、国家指導者の私的利害とも無関係である。またそれは、絶えず自らの交通網を全世界の交通網に結び付けようとする。かくして交通制度の発展とともに、帝国主義思想という真の本能、すなわち唯一の崇高な政治思想もまた浮上することになる。

交通にとってあらゆる境界線は絶えず一時的性格のものでしかない。なぜなら、交通は絶えず境界線を突破することを志向するからである。従って、真の偉大な救済者である帝国主義は、絶えず交通から生まれてくることになる。それゆえに、結局は世界に及ぶひとつの国家、すなわちそれ自体いかなる国境も持たない汎帝国しか存在しえないのである。つまり、この地球には二つの国家が存在するような余地はないのである。「私かお前か」でしかない。このように、国家によって区分された交通の境界線が完全に倒壊するに至るまで、諸国家は絶えず衝突するだろうし、また衝突するにちがいない。その際、こうした衝突は、強大な国家の場合、とりわけたとえばドイツ帝国のように模範的に運営されている国家の場合、そして自足的な経済領域の形成を［国家］目標としている国家の場合、必然的に戦争、国民間の殺戮、同胞虐殺に導くだろう。それに対し、交通制度以外には国家の管轄領域が何もないような漸進的に解体されつつある国家間では、こうした衝突は容易に統合という関係に、すなわち合体を志向する愛する男女の結婚のごとき関係に転化するようになるだろう。

それだからこそ、われわれは国家を漸進的に解体したいのである。国家の全面的廃絶、それこそが国際連盟の真の目標でなければならないのである。

人々はこれまで国家の目的とは何かということを研究してきたが、そのような研究は、無益であった。なぜなら、国家の目的についてのこれまでの規定の多くは、皆国家の本質と一致しなかったからである。とりわけ国民主義の思想から出発した場合には、それらはみな解決不能な矛盾に陥ってしまった。最良の場合でも、結局のところそれらは、ムディーク Mudik の「不労所得の強制的没収のための機構」という無味乾燥な定義に落ち着くことになった。だが、このような特徴づけは、政治状況に応じて、稀にだけ全面的に承認されたにすぎなかったのである。

今や、われわれは国家の目的を知っている。副次的目的に奉仕するにすぎないあらゆる覆いを剥いだ後に国家に残るのは、交通を促進する組織だけであるというのが、われわれの理解なのである。

結　語

ある一定額の負担を担う人々の人数が多くなるのに従って、それだけいっそう各人が担う負担は小さなものになるだろう。しかるに戦争はドイツ国民にとりわけ厳しい負担を背負わせると同時に、この担い手の人数と力とを著しく減退させることとなった。従って、ドイツの再建が可能になるとすれば、それは、この負担を担う大集団の創出に成功した場合であるだろう。だが、そのことは暴力によっては達成できない。この点は、言うまでもないことである。おそらくそのことは、暴力以外の方法によって達成されるだろう。

たとえば、われわれが自らの新生自由国家の内的諸関係を改革するならば、そこから新たな強力な求心力が必然的に登場するだろう。そしてその求心力のもとに他の国々がわれわれと合体し、われわれが担う重い負担を肩代わりするという方法は、いかがなものであるだろうか。

この問題提起は、目下のところ多くの人々には多少とも非現実的なもののように思われるだろう。きっと彼らは、町の美化によって有力な租税支払者になる外国のレントナーの移住を誘致しようとした地方公共団体の政策を思い出しながら、次のように問うだろう。「ベルギーに侵攻して、全世界の非難を浴び、借金を重ねているドイツ国民に合体してもよいと思うような国民などいったいどこにいるのだろうか」、と。けれども、われわれがそのことに正しく着手する術を心得ているならば、またわれわれが自国の内部に模範的な社会状態、すなわち生命と財産を保証し、自由と独立を守り、それらを強固にすることのできる社会状態を創出し、共産主義、ボリシェビィズム、社会主義、官僚主義を克服するとともに、資本主義がわれわれを陥らせた袋小路から脱出して、個人的自由とその発展の軌道に立ち帰る道を構築できるならば、この方法は実現可能なものになるだろう。手短に言えば、われわれが外国への経済財の暴力的輸出に代わりうるものを創出するならば、またわれわれが外国のレントナーにローストビーフとワーグナー祝典とを提供することの代わりに地上のすべての国民に魅力的な制度を提供できるならば、われわれは、すべての人間に対して公正であるような国、すなわち人民国家に近付くことが可能になるということなのである。

どんな物事も二面ある。敗北もまたそうである。たとえば、ドイツ国民は今や敗北を蒙ったために、勝者の場合よりも市民にとって過酷ではあっても、必要な犠牲を要求できるがゆえに、精神的にも経済的にも内的勝利へのより良い準備を行っていると言ってもよいだろう。それはこうである。敗者は未来を見る。また敗者は正義と不正義に対する研ぎ澄まされた感情を持つ。敗者の中では、公正さという明るい光が敗北という陰鬱な雲の中でひときわ目立つものになる。それゆえに、敗者は勝者よりも内的勝利、すなわち自分自身の勝利ならびにあらゆる特権に対する勝利にはるかに近付いた存在になっているのである。こうした諸点は、われわれの敗北の良い側面、すなわち将来性のある側面である。昔からの社会問題の解決、資本主義の克服、階級国家の廃絶などへの展望を持っている国民がいるとすれば、それは今や敗者となったドイツ国民である。われわれは多大な犠牲を支払ったけれども、この千載一遇の機会を利用して、キリストが抱いた夢、モーゼが抱いた夢、あらゆる理想主義者やユートピア主義者が抱いた夢を実現させなければならない。そして私は言いたい。ドイツの資本がパリの死体解体所に送られ、このドイツ資本がドイツの中にもはや存在していないがゆえに、われわれの社会的発展がだれにも邪魔されることのない今こそ、その実現の時なのである、と。

今や私がここで述べたことは実行に移されるのだ。そうなった場合、勝者ではあっても、今日なお資本主義の厳しい束縛からはもとより、社会的混乱からも自分たちを解放できないでいる他国民、すなわちベルギー人、オランダ人、フランス人、イタリア人、ロシア人、イギリス人、デンマーク人たちも、ドイツの平和的中央権力に加わることになるだろう。

このような展望に夢想的要素はまったくない。「［ドイツの］軍国主義に抗して」というスローガンは、われわれを世界中の国民の敵にした。今や「城内平和と国際平和の支持そして社会的公正さの支持」というスローガンは、世界中の国民をわれわれの仲間にする。

そうなった場合、われわれは国際連盟への加入を頼みにする必要がなくなるだろう。そして敗者となったわれわれドイツ国民が、国家が漸進的に解体されたところの、この新しい社会という彗星の中核になるだろう。それとともに、国際連盟は社会的平和の単なる副次的現象にすぎなくなるだろうし、またわれわれも来るべきパリ講和の改定を要求する必要もなくなるだろう。なぜなら、世界中のすべての国民は、この社会的平和から生まれる公正さという大きな波の中でこのような改革を率先して行ってくれるだろうからである。かくして彼らは、われわれがパリ講和で受けた不当な扱い——もちろん、われわれはそのような扱いを受けるのは当然であったし、またそのような扱いを受けるのに相応しい存在でしかなかったが——への謝罪をきっとわれわれにすることだろう。

漸進的に解体された国家
法律や因習に囚われることのない、大望を持った文化国民の生命と行動（１９２７年）

勝利への展望をまったく持たない闘争に身を捧げ、支配のない人間社会を切り開くための快活なパイオニアとしてたゆみない努力を惜しまなかったパウル・クレム Paul Klemm とイルゼ・クレム Ilse Klemm、私は、彼らの家族の中で過ごした素晴らしい夏の日々を思い出しながら、その日々の合間になされた彼らとの討論——その討論は私に貴重な示唆を与えたのであるが——の続きとして本書を彼らに献呈するものである。

序　文

自治主義の思想 der akratische Gedanke は、多くの人々を魅了し続けてきたにもかかわらず、それはずっと以前から、理論上でも、またプロパガンダ上でも前進を遂げることができなかったといってよい。だが、人間が努力するならば、そのような停止の状態など起こるはずがないのであるが。それにもかかわらず、前方への道が塞がれてしまうならば、ただちに退却が、しかも出発点に至るまでの退却が始まってしまうのである。その点で、**アナルコ－コミュニスト**のグループを自治主義の前衛と見なしているアナーキストたちは、すでにこのような出発点に立ち戻っているかのように見えてしまうのである。なぜなら、共産主義は人間社会の出発点であり、その原始的形態にほかならないからである。資本主義が自治主義者の前進を阻むといった困難さのために、自治主義者はその前進に際して強力な圧力を受けることになり、直線的な道から外れてしまったのであった。それればかりか、自治主義の前衛と称する者たちはその後衛と融合したために、最終的にこうした後衛の尻に噛み付くような閉鎖的集団にもなってしまったのである。そうした自治主義の前衛と称する閉鎖的集団こそが、アナルコ・コミュニズムなのである。自治主義への道は、自明のごとく、資本主義の屍を越えて行くものである。なぜなら、資本主義は搾取を意味しているからである。そしてこの［資本主義という］搾取機構は、自らを保護するための中央集権的権力を必要とする。この権力こそが国家と呼ばれるものなのである。ところで、アナーキストたちは、共産主義者たちが辿ってきた資本主義の克服方法以外のいかなる方法も知らなかったために、共産主義に辿り着くことになってしまったのであった。このようにアナーキストたちが共産主義に辿り着いた道は、アナーキストたちにとってはほとんど不可避的な発展経路であったと言えるだろう。

この小冊子の中で自治主義社会についての論述を行なう場合、至る所で次のような事態が前提とされている。そのような自治主義社会の中で資本主義が、——**自由地・自由貨幣・自由貿易**という名称のもとで多くの人々によって周知のことになっている——真の自治主義的改革という道の途上においてすでに克服されているという事態が、それである。（識者は、資本主義がローカルには克服できないということを知っている。私の論述ではこのような困難をあえて無視せざるをえなかった。）

私は、本小冊子のような包括的な論述が不可能である著書では、自治主義の思想を細部にわたって詳細に描くことは不可能であるということを十分に心得ているつもりである。それでも、他方では、私がそうした私の目標を直線的かつ徹底的に追求する場合、その追求を困難にする状況はどこにも存在していないのである。こうした状況は、自治主義の思想を最後まで考え抜く場合、国家の全面的な漸進的解体への克服しがたい困難さといったものがもはや登場することがないということの証拠を提供してくれているのである。かくして、――それ自体自治主義と矛盾するものとはならない改革過程――こうした改革過程での資本主義の克服にともなって、少なくとも理論的には自治主義への道が切り開かれることとなるのである。

私の最初の試論（『人民支配が導入された後の国家の漸進的解体――ヴァイマール国民議会への請願書――』、ベルリン、一九一九年）では、私はなお国家の残滓ないしそのシルエットとでもいうべき部分を保持させなければならないとしたのであった。なぜなら、私は、通貨問題の自治主義的解決のための十分納得のいく形態を発見できなかったからである。従って、私は通貨制度を通貨局に委ねるほかはなかった。その結果、アナーキストたちのサークルから多くの非難が私に浴びせられることになり、私の詳論の宣伝力も損なわれてしまったのである。だが今や、このような欠点（それは、本来きわめて些細な欠点にすぎないのであるが）を、あらゆる自治主義者を満足させるにちがいないような方法で取り除くことができたと、私は信ずるものである。

国家の漸進的解体の困難さは、人々がよく考えるように、軍事、国立学校、国営機関（たとえば、鉄道、郵便など）、関税経済体制などの場合のように、国家が前面に現れてくる領域にはまったくもって存在していない。というのも、このような国家領域の完全な漸進的解体は、経験上つねに大した混乱を引き起こすこともなした、着手することができるからである。たとえば、国有鉄道を持たない国家（フランス、アメリカ合衆国、イギリス、アルゼンチンなど）はつねに存在しているし、軍事力を持たない国家、海軍や植民地を持たない国家も存在している。国家の漸進的解体の困難さは、警察、婚姻、公衆衛生などのような、あまり人目につかない国家領域の中においてこそはるかに先鋭に現れてくるのである。これらの領域では偏見によって偏った結論を出さないように努めても、時には一定の頑迷な見方が残ってしまうのである。そのために、私が真剣に官僚制的司法制度を**自衛権**に置換させることを提案するならば、青年時代から故郷愛を国家の漸進的解体の思想とみなすことに馴染んでこなかった多くの人々が茫然自失の状態に陥ってしまうだろうことをも、私は分かっている。もし私がそうした提案をするならば、彼らは私をただちにユートピア主義者と命名することだろう。そして私が彼らに、彼ら自身が自分の家族の中で弱者や最弱者に対して自衛権を行使していること、その人が自分の父親、教師、青年時代の仲間から自衛権を教育されていること、そして国家が下級将校、警察、死刑執行人を通じて最終的に自衛権を行使していること、こうしたことを示しても、彼らは私に対するそのような彼らの評価を変えることはないだろう。「**権利**」の背後にいかなる自衛も見ることができないならば、まったく実体のないものが問題になってしまうのである。しかるに自衛は、考えられうるあらゆる状況のもとでの最後の決着手段である。ではなぜ物事が正しい名称で呼ばれると、人々は驚くのだろうか。自衛権という代わりに、私は**自然権**、自己保存、自己防衛という言葉を用いることもできただろう。それらは、まさに同じ事柄の別称でしかない。彼らはその別称の場合にはそれほど驚くことはないのである。だが、彼らがそれほど驚かないという事態が、すでにこの別称がその実際の内容と不完全にしか一致していないということを示しているのである。それだからこそ、私は、何の弁解も行わずに、「**自衛権**」という用語をそのまま［黙って］用いることにしたのである。

ちなみに言えば、**漸進的解体** Abbau という言葉の中には、思慮深い計画的経過という思想が孕まれている。従って、漸進的解体という場合、建設なしの**破壊**は問題にならないのである。それゆえに、国民心理が漸進的解体に何の反対も示さない領域もあるだろう。かくして、［最初は］そのような領域でこの漸進的解体に着手するということが賢明である。事実、戦争の終結以来、ドイツでは――もちろん、再び他の場所に新しいものを建設するためにではあるが――多くの分野での漸進的解体が行われた。もし社会民主党員が存在しなかったならば、われわれはすでに、多くの人々を感激させたであろう本格的な漸進的解体――今日では人々はそれを揺さぶろうとさえしないのだが――について語ることができたであろう。それでも、君主制は漸進的に解体された。そのことは、紛れもない事実である。そのことに人々は、天が崩れ落ちたと感じているだろうか。教会も同様に漸進的に解体されている。それはどこから壊れたのか。軍隊はぼろぼろになった残り滓だけが残っているにすぎない。ドイツでは、だれが自分は不確実だと感じているのか。植民地は割譲された。ドイツは原料に不足しているのか。しかるに、関税国境を破壊するために、至る所で強力な意志力が作用している。ブリアント Briand すらも、自分は古い人間として偉大な日を体験することを期待していると述べている。そして世界の至る所で、すくなくとも経済領域においては国家の干渉は混乱を招くだけであるから、それを決然と拒否すべきであるという認識も現れ出ているのである。だが、経済は、厳密にいえば、全社会生活を包含するものである。

もちろん、私はここで同じく次のように告白したい。「上述したような国家領域の漸進的解体は、自治主義という基本思想とはほとんど無関係である」、と。けれども、そのような漸進的解体もわれわれの道を歩むことになるだろう。そしてその意義を、教育上の観点からけっして過小評価すべきものではない。多くの者が言うように、人々は国家に背負わせたものを国家から再び引き離すことができるにしても、彼らは必要以上に多くのものを引き離してしまうかもしれない、と。このような観点からではあっても、その目は自ずと全体に向けられることになり、「はたして全体としての国家は実際に必要なものであるのだろうか」という批判的問いが因習的な思考群の中から立ち現れてくることになるのである。

自治主義者の理想は、天空高くにある。人間の誇りをもって、堂々と振る舞うことに慣れていない者も、偏見という雲の背後に隠れているこの立派な像の輪郭が人間を輝かせるならば、しっかりと上を向いて、その目を研ぎ澄ませるにちがいないだろう。

オラニエンブルク—エデン　一九二七年一〇月　　S・G

いかにしてそのような事態が生まれたのか
――ひとつの裂け目が諸政党の基礎を貫いている――

これまでに起こったあらゆる革命の失敗を考察するまでもなく、革命的闘争や大衆蜂起といった方法によっては、現存するものを単に破壊する以上のことを達成できるなどとは考えることができない。実際、街頭闘争やバリケード戦においてその勇猛果敢さによって大衆の信頼を獲得し、そして指導的権力を奪い取った男たち（女たち）は、通例、建設的活動を行ったことがないばかりか、抜本的な改革についての研究も行ったことがない。彼らは、暴力によって［革命権力の］首座に就いたがゆえに、彼らがその首座にとどまり続けたいと思うならば、彼らは今後とも暴力を手放すことができないのである。かくして彼らは、暴力的支配とともに、意図せざる結果として、破壊された旧秩序再生のための心理的前提条件を作り出すことになってしまうのである。そうした事態が到来した時、人は狼狽しながら次のように自問する。

「では、われわれの有する暴力がわれわれの目標の実現を阻害しているならば、どのような方法でわれわれは根本から崩れてしまったわれわれの社会生活の抜本的改革を行なうことができるのだろうか。またそのような改革は、たとえば議会主義の方法によって、つまり諸政党間の話し合いによって実行できるのだろうか。しかるにこのような議会主義的闘争は、いったいどのような点でバリケード戦と根本的に違うのだろうか。街頭闘争は、戦争とまったく同様に『異なった方法による政治の継続』ではないのか。議会における演説は、パリス Paris とアキレス Achill の死闘に駆り立てたような罵り合いとまったく同じ目的と同じ作用を持つものである。あるいは議会の演説者は、自らの政党に敵対する者たちの支持をいずれは取り付けることができるのだろうか。むしろ重大な事案が問題になっている場合、党派的演説は、殴り合いや街頭闘争を引き起こすものとなるにちがいないのではないか」、と。

今や、こうした袋小路からの出口を作り出すために、ここで描かれているような議会審議の中に第三の可能性、すなわち**議会主義的党派闘争による議会主義の破壊**可能性を探ることにしよう。その際に、すべての人間に多少とも強力に根付いているような**種保存本能**（これは、自己保存本能の変種とみなされるべきだが）――この種保存本能は、同類の行動や理想主義的運動の中に表明されるのだが――が、われわれの腐敗した世界を抜本的に変革しようとする改革運動の支柱になる。しかるに、この種保存本能がとくに強力に、しかも同時に詩的美しさでもって表明されているのは、キリスト教の中においてであるだろう。それゆえに、ここではキリスト教が党派政治に対する破壊槌として選択されることとなった。今や、キリスト教徒に算入されている者は、彼がカトリック教徒、ユダヤ教徒、プロテスタント教徒あるいは共産主義者であろうとも、またここで描かれているような議会主義的・政治的発展をたとえユートピアや熱狂的所産と特徴づける者であろうとも、自分たちがまったく不明晰な頭脳をもった人間であることを等しく認めなければならないだろう。なぜなら、全能の愛を、すなわちすべての人間への限りない愛を信じる人間だけが、キリスト教徒と自称できるからである。しかしながら、人々がキリスト教をプロパガンダし、その後この自らが蒔いたものを大量に収穫する段になって［その変わり様に］驚愕し、キリスト教をユートピアや熱狂的所産にすぎないと特徴づけることも許されないのである。キリスト教を本当に信じている者は、いかなる時代にもキリスト教の地上での実現を無条件に可能とみなし、その支持への準備をする。そのことができない、またそのことを信じようとすらしない「キリスト者」は、実際にはなんらキリスト教徒ではないのである。彼は、ただ洗礼を受けた俗物にすぎず、独裁者の通告だけを社会秩序の基礎としか見なさない者なのである。

帝国議会の母親年金成立事情

——1931年2月31日の帝国議会での討議——

議長　これより議会を開催いたします。議事日程としては、アンドレアス・ミュラー Andreas Müller 議員によって提出された次のような法案があります。

「⑴［われわれは］国内のすべての土地地代を収納するとともに、いかなる例外もなしに国内に居住するすべての母親に子供の人数に応じた年金を継続的に支払う土地地代金庫を設置する。その際に、この年金額は、その金庫に収納される土地地代額に依存するものであるが、もとよりそれは上述の目的以外に使用されてはならないものである。

⑵この土地地代の［財政］構造は、次のように理解すべきである。まずすべての土地（農地、草地、森林、建設用地、鉱山、水力、港湾、狩猟地、漁場など）は帝国によって購入されるが、その購入に際しては国債での支払いがなされる。そしてこのために発行された国債は、上述の国債所有者もまた支払うことになる**全般的財産税**によって返済される。このような方法でなされるかぎり、その償還過程は、一九四〇年までに終わるはずである。そうなった場合、これ以降土地地代は、すべて⑴の母親年金に全面的に使用することができるようになるだろう。

⑶⑵で言及した財産税は、財産額に応じた等級が付けられる。

⑷婚姻に関する［これまでの］法律は、母親年金が定期的に支払われ始めた時から、失効する。そして国家が家族の生活や愛の生活に干渉することが禁じられる。また戸籍簿も廃止されて、博物館に引き渡されることになる。」

私は、この法案の主旨説明をするためのアンドレアス・ミュラー議員の発言を許可します。だが、私は同時に次のことをも、すなわち、この法案の革命的意義というものを考慮するならば、この法案をめぐって激しい衝突の発生が予想されますので、私は発言の自由を守るために強力な警察力を招聘したということ、また私の権利と義務を遂行するためにこの警察力を徹底的に利用するつもりであるということをも、同時に述べておきたいと思います。それ以外にも、最近の議場騒乱以来、多数の国会議員が国会審議に際してピストルを携帯して臨んでいるという話しが私の耳にも聞こえてまいりますので、今や私は徹底的な所持品検査がなされるべきだと考えます。以上のような今や必要とされる措置に対して、諸君が反対せずに、全面的に受諾してくれんことをお願いするものであります。［私の思うところ］、議会主義は、今日、試練に晒されています。これが最後の議会、すなわちドイツの議会政治の終焉になってしまうのか否かは、ひとえに諸君にかかっているのです。すでにしばしば、議会制度は原理的問題を解決する能力を持たなくなっていると主張されてきました。しかるにこうした主張は、――党派間討議を通して示されるような――法案の支持者とその反対者の人数が拮抗している場合にあっても、議会的形態の討議が継続されているならば、あらゆる時代、あらゆる国家と国民にとって誤りであるということが分かるでしょう。さらには、国民がわれわれの裁決の結果に従順かつ無言で従う場合には、いっそうそのことが明確に分かるでしょう。今や懸念と期待とが、国民の中に著しく広がり、しかもデマゴギーのような誇張された比率で広がっているのです。従いまして、われわれの討議がそのような国民的精神状態を促進させないということこそが、議会政治の利害になるのです。私は、議員諸君に、演説を行う際にそれらすべてのことをとくと考えていただくことをお願いするものです。今日、もし議会政治が機能不全の状態に陥るならば、われわれは「独裁か国家の漸進的解体（アナーキー）か」という二者択一の前に立たされることになるのです。ではミュラー議員、どうぞ。

ミュラー議員が演壇に登るや、彼はあらゆる政党から罵りと歓迎との叫び声をもって迎えられた。それとともに議会傍聴席から議場へ、花束そして粉末や悪臭を放つものが入っている箱などが投げつけられたのである。そして議会傍聴席では激しい殴り合いが即座に始まった。警察は［次々に］逮捕し、議会傍聴席を無人の状態にした。公衆は、議会傍聴席を退去する際に、ドイツの歌やインターナショナルの歌とともに、不思議なことに子守歌――それは、母親年金の思想から着想を得た一人の議会傍聴者が即興で作曲したものであったが――をも歌ったのである。

ドイツの議会制度の事情を知らない者にこの事態を知ってもらうためには、次のことが所見されなければならないだろう。この事態は、最近の帝国議会選挙――この選挙は、「財産の没収か母親年金か」というスローガンのもとで行われた選挙であった――で新しく選出された帝国議会での最初の審議であるということである。この帝国議会選挙では、無数の選挙集会や扇動的演説を通じて繰り返し煽り立てられた熱狂が全国を席巻した。とりわけ婦人のもとでは期待が大きかった。かくしてこの選挙投票率はほぼ一〇〇％に近かった。だが、それとともに殴り合いや殺し合いも日常茶飯事になったのである。婦人たちの圧倒的多数は、今や当然のことながら、母親年金を支持したがゆえに、少なくとも母親年金の支持を約束した候補者はすべて当選することになった。従って、今やあらゆる政党の中に、たとえばドイツ国民党、中央党、社会民主党の中に新しい分子、すなわちそれらの政党に所属しながら、母親年金法案を支持することを公的に義務づけられている分子が参入したのである。その結果、これらの政党の結束力は失われてしまい、今や**この裂け目が全党派闘争の土台を貫通することになった**のである。かくして従来の党指導者たちは、指導力と権威とを失ってしまったのに対し、〔逆に〕個々の議員は、初めて自らを自立した、自己責任を持った存在と感じることになったのである。そのことは、とりわけ帝国議会選挙で選出された婦人議員の大多数の場合には、妥当した。またこの裂け目は、〔史上〕初めて、綱領の経済的内容によって結集した分子を、自らの経済的本質を覆い隠すために絶えず使われてきた理想主義のマントをかぶった分子から厳格にかつ明確に分離させるものにもなった。もちろん、綱領の経済的内容の違いが依然として諸政党を分離させていたのだが、そのことが理想主義的目標の背後で明確なものになればなるほど、それだけいっそう鋭く諸政党を分離させたのである。それに対し、逆に――根本的には、あらゆる人間のもとで同一の内容の運動になる――純粋な理想主義的運動は、キリスト教徒、自由思想家、ユダヤ人、トルコ人、共産主義者などに磁石の持つ吸引力のような影響を及ぼしたのであった。その結果、一方では小さいグループはますます小さくなり、他方では、大きなグループはますます不統一な大衆になった。また資本家的諸政党の著名な党員たちは、土地地代の受取人の利害と利子の受取人の利害の不一致から相互に激しい小競り合いを行ったばかりでなしに、こうした小競り合いの中で相互に個人的な侮辱をしたために、その他の点では共通している利害を守ろうとするための提携を行うことができなくなってしまった。このような［ドイツに］特有な政治的情勢を、今や母親年金というイデーの支持者がその攻撃に際して利用することになったのである。

アンドレアス・ミュラー議員　諸君、わが国民は数世代にわたって劣化しております。われわれが、今日のわれわれの婦人たちを古代ギリシアの女性像と比較するならば、われわれは遺憾ながら次のことを告白しないわけにはいきません。「当時の力、美、精神などといった基本的なもののほとんどは残っていない」、と。もっと事態が進めば、われわれの青年たちが無益にもそのような健康と美の生きたモデルを探し求めながらも、［存在しないことのために］絶望して自らの父親たちを呪い、その墓を冒涜するような時が、まもなく到来することになるでしょう。なぜなら、その現象の説明として、彼らは彼らの父親たちが猥雑な行為を行ったという説明以外の説明を認めないだろうからです。たとえば、多くの誠実な市民は、われわれやわれわれの先祖たちによって作られた婚姻法は、猥雑な行為を予防するもの、とりわけ種の保護と種の改良の促進に奉仕するものと思い込んでいます。そのことは、とんでもない間違いなのです。むしろ国家は、愛の生活や家族生活に介入することを通して、その反対のことを促進しているのです。国家は、婚候補者の身体的資質には一般に何の条件も付けません。そのことは、それ自体誤りとは言えないのですが、むしろ国家は、まさに愛の事柄についてはすべての者が、それぞれの流儀に従ってそれぞれ幸福になれるように配慮すべきなのです。ですが、国家が全般的に婚姻に干渉し、あらゆる婚姻、つまり不適切な婚姻や猥雑な婚姻をも認可する結果、些細なことが国民の中で問題となり、品種改良が最良の秩序になるという信仰が市民権を持つことになってしまうのです。以前の国民が不適切かつ猥雑な婚姻を阻止しようと試みた方法は、今や［国民にとって］まったく無関心なものになり下がっています。国家、すなわち制度化された栄光の国家が、その問題の主導権を握りました。かくして「国家が許容するものは、倫理的なものでもあるにちがいない」、このように国民は考えているのです。しかも、われわれはきわめて多くの場合、国家によって認可された婚姻を猥雑な婚姻、すなわち良いことを何も生むことのできない婚姻と感じているのですが、国家はそれに対して何の異論も差し挟まないために、われわれのそうした感覚は錯覚として扱われてしまうのです。偏狭な臣下根性を持っているわれわれ市民は、そのことをまったく理解しません。従いまして、そのような感覚の中に表明される責任感情は、国家の介入によって失われてしまうのです。それは、後見人を付けられたすべての人間が責任感情を萎縮させてしまうのとちょうど同じ事態なのです。従いまして、今や国家という後見人がいなかったならば、病棟と刑務所とを満員にしてしまうような多数の誤った婚姻が生れることはなかったでしょう。われわれがさらに人種の衰退原因を探求するならば、われわれはまもなくアルコール依存症やニコチン依存症あるいはその他の悪習――それらは疑問の余地なく途方もなく大きな不幸をもたらしますが――に直面することになります。それゆえ、多くの人々は、ここにその主要な原因があると信じているのです。しかし、彼らは誤っています。というのも、アルコール依存症は、婚姻、すなわち愛の問題や家族の問題への国家の干渉の副次的現象にすぎないからです。婚姻という鎖につながれた女性は、悪習に対する生来の嫌悪感を示すことができません。(たとえば、妊婦がビールや煙草の煙などの蔓延するところにいるのはよくないことです。従いまして、彼女たちはその場所をすぐに立ち去らなければなりません。)つまり、彼女たちは、酒や煙草のにおいをぷんぷんさせている男たちと絶交することができないのです。それに対し、もし女性が自由であるならば、すなわち女性が国家から自由であるばかりでなしに、経済的にも自由であるならば、彼女たちは、そのような嫌な男たちと一緒にいることに一瞬も我慢することがないでしょう。その場合には、酒飲みの男たちは、この不快な社会を我慢しようとする女性たちをもはや見出だすことができなくなってしまいます。その結果、彼らは通例いかなる子孫も残すことがないでしょう。種族は第七世代になって初めて自らの父祖の罪のために滅ぶのではありません。このような個体は、すでに悪徳の最初の段階で死の海に沈んでいくのです。従いまして、逆に次のように言うことができると思います。男性が自由かつ経済的に独立した女性と出会った場合、彼らは、女性の好意を失う恐れから、悪徳を行うことを思いとどまることになるでしょう、と。今日施行されている婚姻法と経済的従属とのために、女性は男性のいいなりになっていますがゆえに、また国家と警察が夫の側に立っていますがゆえに（現在もなお夫は、家から逃亡した夫人を連れ戻すことを警察に要求できるのです）、かくして男性はこうした面において安心できますがゆえに、彼らは、不快きわまる悪徳の虜となるのにいかなる恥じらいも抱かないのです。また彼らは、恋人を作るのに何の努力もいらないばかりか、結婚相手を確保するのに前者以上に努力がいらないのです。つまり、恋人への配慮といったものは、もはや彼らが悪徳への道に入り込んでしまう歯止めとはならないのです。彼らは、貧困にかこつけて女性を再び彼らのところに追いやろうとするポンビキもどきの国家をあてにしているのです。そのことから、われわれは次のような論理的結論を演繹します。実際アルコール依存症は第一次的現象ではなく、その原因が消滅すれば、自ずと消滅してしまう第二次的現象にすぎない、と。従いまして、われわれは、アルコール依存症と闘うために、すなわちあらゆる悪徳を廃絶させるために、国家のお出ましを願う必要はないのです。たとえば、アメリカの禁酒法は悪徳を増加させました。そうなったのは当然のことであります。なぜなら、禁酒法は悪徳の根源に手を付けるものではなかったからです。それに対して、アメリカ人は、われわれが今や提出している法律案の中で志向しているような女性の解放を実現したのであったならば、実際嘲笑すべきわずかな作用しかもたなかった禁酒法など不必要になっていたことでしょう。つまりその時には、アメリカ人は、退廃現象の究極的原因がどこに合流するのかを認識したことでしょう。人々は、何百年、何千年にわたって、以前から徳を説かれ、悪徳をタブー視してきました。ですが諸君、それはいったい何の役に立ったというのでしょうか。男性は暴力にのみ屈伏します。従いまして、こうした暴力を行使していいのは、女性、すなわち自由な女性だけなのです。つまり、女性が経済的に自由になるならば、婚姻が彼女たちに強制的に付け加えたところの、束縛の鎖が断ち切られるばかりでなしに、愛の生活を管理するようなあらゆる法律も廃棄されるのです。そして女性たちは、品種改良にとってもっとも重要な条件である完全な自由意志と選択権、すなわち偉大かつ自由な淘汰権を再び持つことになるのです。他方、悪徳を克服するその他のもの、たとえばすべての説教などは、その瞬間からいらなくなります。かくして退廃の原因は除去され、人類の新しい飛躍への道が再び自由になるのです。女性が男性にどれほど品種改良的な影響を与えられうるのかということは、われわれの詩人がわれわれに示しているところです。従いまして、女性の従属といった事態が絶えずそのような飛躍を妨げなかったならば、人類は、もうだいぶ前から今日の水準をはるかに越えた飛躍をしていたことでしょう。そのことは自明かつ十分な根拠のある仮定のように私には思われるのです。

諸君、われわれは、男性の自由が男性の調和ある発展にとっての前提条件であるということをただちに認めるものです。またわれわれは、同じく、ひとつの国民の政治的独立がその文化の揺籠であるということをも認めるものです。どうして女性の場合にも、同一の原因が同一の結果を引き起こさないといったことがありましょうか。われわれ個々人の市民的自由を守るために、われわれは絶えずあらゆる犠牲を払う覚悟を持ってまいりました。そうだからこそ、われわれは国家歳入の三分の二を占めるほどの膨大な軍事費にも文句を言わずに耐えたのでした。われわれは、今やきわめて大きな目標、すなわちわが国民の品種改良ということが問題になっているのに、お金を出し惜しむといったことがありましょうか。淘汰の自由は、あらゆる自由の中での至高の自由なのです。それなしには、われわれの人間形成のために必要なその他のあらゆる自由も存在しないのです。従いまして、この至高の自由はけっして萎縮してはならないばかりか、経費の負担に怖じ気づいて旗をまいて逃げてもいけないのです。淘汰や選別を通してアメーバは、両生類に、また四つ足獣に、そして人間へと進化してきたのです。従いまして、人間は淘汰を通して、その制御法則に従いながらさらなる進化を遂げるべきなのです。そのような進化がわれわれの社会的制度によって妨害されることがないならば、人間は神にも進化することになるでしょう。ここで私は次のことを告白します。「この法案は、国会議員とその犠牲的精神の観点からも必要である」、と。だが、諸君、諸君は、この法案が母親のために果たすすべての事柄が、今や家父によって果たされる必要のないものになってしまうということをよくよく考えていただきたい。われわれは、土地地代の流れを、今日熱病しか生んでいない泥沼から逸らしつつ、その自然の流れに引き戻し、この泥沼という涙の谷をパラダイスに変えるのです。もし土地が平等に男性たちに分配されるならば、すべての男性は、土地地代の没収によって失ったかのように見えたものを、彼の夫人の年金というかたちで獲得することになるでしょう。それゆえ、男性たちは、この法案にさほどの注意を払うことがないでしょう。けれども、女性たちにとっては、自分たちが年金を自分たちの世襲財産から獲得するのか、それとも自分たちの年金を意のままにできる男性たちから獲得するのかということは、無関心たり得ないことです。もっとも、すべての男性にとっても、この法案が採択された場合には十分な金銭的利益が得られることになるでしょう。私は、淫らな行為が引き起こす費用の統計的調査を行いました。それは、おそろしいほど膨大な数字です。諸君、われわれが毎年救貧制度、看護、盲人施設、精神病院、刑務所、孤児院などのためにどれほどの金額を支出しているのか、知的障害の子供の半数ないしはその全員を一時的に教育するのに、われわれはどれほど多くの教師を必要とし、使用しているのかを、ご存じでしょうか。また医師への謝礼、薬剤師への支払い、民間施設での看護にどれほど多くの資本が使われているのかを、ご存じでしょうか。さらにサナトリウム、湯治場、歯医者でどれほど多くの貨幣が支出されているのかを、ご存じでしょうか。このように、われわれの労働生産物の三〇％は、淫らな行為の所産への費用になっているのです。しかし、それは、淫らな行為の金融的表現にすぎません。心的な表明はなおいっそう悪いものです。通例、貨幣の支出はなんらかの楽しみと結び付いています。ですが、ここでの貨幣支出の場合には、われわれは歯を抜かれ、腹を裂かれてしまうのです。またここでは、夥しい数の包帯用ガーゼ、包帯、包帯用脱脂綿が病院の中で使用されます。その際、これらの素材はすすり泣きと呻き声の中で使用され、全国民のあふれんばかりの同情の涙を染みこませたものになります。われわれは、数世紀以来行ってきた猥褻な行為の結果、女性の奴隷化の結果、自由な品種改良が廃絶された結果、そして国家の干渉によってひどく猥雑な行為になってしまった婚姻の結果、このような身の毛のよだつ結末にいたっているのです。完全な自由の中で行われず、自然的本能が指導的役割を演じていないような生殖は、自然に反した生殖、猥雑な行為、ソドムなのです。女性の道徳や道徳一般を評価する際にはひとつの基準しか存在しません。それは、子供です。その他のすべてのものは、重要ではありません。そのような生殖の結果に向き合って諸君はその事実を認めるべきなのです。つまり、こうした生殖の結果を測定した上で、われわれは、われわれとわれわれの父や祖父が猥雑な行為をしてきたことを、ここでどれほどどぎまぎしようとも、告白しなければならないのです。つまり、そのような生殖の結果として、刑務所、病院、精神病院、断頭台などがあります。またそのような生殖の結果として、貧者や救貧者を保護するための予算があります。これらは、われわれの恥辱のシンボルなのです。諸君、われわれはここで全力をもって変化を作り出さねばなりません。しかも急ぐ必要があります。急速に進行する肺結核の速度は、あらゆる退廃現象に転移してしまいました。ですが、われわれは没落したくないですし、われわれは病気仲間と看護婦からなる唯一の国民にもなりたくありません。われわれは、医者、薬剤師そしてインチキ医者に取り囲まれたくもありません。われわれは、われわれの周囲に無気力な青年や貧血性の少女を目にしたくもありません。われわれは、精神、健康、美、力そして生きる喜び――それは、上述したような品種改良から生まれてくるとともに、われわれの存在に理性的かつ至上の目的を与えるものになります――などを望みます。だが、われわれは、スパルタ風の手段で介入しないことをも勧めます。そしてわれわれは、諸君にことを行う時間があることをも望みます。千年にわたる誤った生殖が駄目にしたものを、次の千年が再びうまくやってくれるのかもしれません。つまり、あらゆる自然法則の持つ厳格さこそが、その目的の実現に必要な時間を与えるという寛大さをもたらすことになるのです。従いまして、われわれもまたこのような寛大さが「十分に」作用することを願うものです。われわれにとって未来永劫ということを実際には問題にする必要がないので、退廃の原因が除去され、われわれが再び上昇軌道にのっていけるということをわれわれが知っていれば、十分なのです。われわれは、愛する神が天からこの美しい地上に向けて、「なんたる呻き声、なんたる嘆きの声が、わが高みにまで聞こえることか。本来は喜びの谷であるところを、これらの人間たちは、涙の谷に変えてしまったのだ」と言わねばならないような事態を望みません。否、われわれは、再び慎み深く、生きる喜びを持った国民になりたいのです。それゆえに、私は、そうなるための手段を諸君に提示したのです。われわれは、自由に生き、自由の中に生まれたいと望むだけではなしに、すでに自由の中に、つまり、愛の中に生まれたいとも望むのです。われわれの母親の自由と自立性、彼女たちの本能の確実な教導によって――だが、それは法則や計算問題によってではなく――われわれが存在できるようになることを望みます。家畜小屋での淘汰は元の動物からモンスターを作り出しましたが、われわれはそれを称賛します。ですが、同じ家畜小屋の淘汰が、われわれの人類の祖先から、われわれみんなが鏡の中にまごうことなき悲哀と絶望とを認めざるをえないような人間を作り出してしまったことも、事実なのです。

ところで、この法律が実施された場合、莫大な経費がかかります。この莫大な経費を賄うためには、絶えず強力に湧出し続けてくれるような新たな財源が開発されなければなりません。従いまして、そのような要求を充足させることのできる唯一の財源となりうるのは、土地地代なのです。われわれは、子供一人当たりに毎月四〇ライヒスマルクを支払う母親年金のために、毎年五〇億ライヒスマルクを必要としています。この五〇億ライヒスマルクを毎年提供してくれるのは、土地地代だけです。ですが、われわれは、別の理由からも土地地代を財源にすることを考えたのです。周知のように、土地地代は、人口密度の直接的所産でもあります。しかるに、このような人口密度が母親たちによって生み出されたものである以上、**土地地代は母親たちの直接的所産といってもいいのです。**たとえば母親たちの短期間の出産ストライキによってだけでも、都市や農村の土地地代はゼロにまで低落するだけでなく、外見的には堅固に見えていた土地所有も空洞化され、担保証券や抵当権は紙屑同然になってしまうでしょう。実際、多数の女性がすでに出産ストライキを大規模に行っているフランスでも、土地地代、すなわち愛国者に特有な聖域は多年にわたって絶え間なく低落しているのです。「各人はその働きに応じて与えよ」という命題に従えば、いずれにしても母親たちに土地地代を与えなければならないのです。われわれがもし母親たちに土地地代を与えなければ、われわれは自らのモットーと矛盾してしまう結果、全世界にわれわれのもっとも重要なスローガンがいかに空虚でインチキなものであったのか、また現にそうであるのかということを示すことになってしまうでしょう。従いまして、諸君、もし母親たちに土地地代を与えないで、母親手当を支給することは、一か八かの勝負をする人々だけを駆り立てることができるにすぎない危険な政治なのです。それだからこそ、われわれは、土地地代を徹頭徹尾母親たちの世襲財産として扱わなければならないのです。しかるに、婚姻（結婚）は、母親たちから世襲財産（世襲地）を奪いました。かくして母親たちは、レンズマメ料理（夫）によってしか償われることはありませんでした。

しかしながら、われわれは、何世紀にもわたって地代がその自然的用益権者から取り上げられたまま、譲渡されずに、法律上その他のあらゆる資産対象と同等に扱われ、そしてその土台の上に複雑な財政構造が構築されたこと——たとえばどんな男も、しっかりとした眼をもって見たならば、このような貨幣誕生の痕跡を知覚できたにもかかわらず、地代から生まれた貨幣をポケットに入れることをけっして不名誉なこととは見なすことがなかった——に我慢し続けてきた今日、われわれが母親年金のために一方的に土地所有者の資産だけを犠牲にする場合には、そのことは正しいことではないということを認めるものです。われわれは、土地所有を没収するけれども、土地所有者に損害を与えません。つまり土地所有を動産に転換し［土地所有を有償で没収し］、この動産に全国民のその他のあらゆる資産を加えた上で、法案の（3）で指摘された財産税を課すことによって、このような事態を正すことになるのです。かくして、この法律の施行のための費用は、所有［形態］の相違によって区別されることなしに、すべての資産所有者に割り当てられるものになります。このことは、国民のあらゆる階層がこの法律から利益を引き出すことになるのですから、必要なことと思われるのです。もし地代にだけ課税するならば、農民が支出した母親年金を家屋や株式の所有者である豊かな女性が受け取るといった事態もきわめて多く生じることになってしまうでしょう。

われわれは、地代の没収という少しばかり前代未聞のことを要求しているということ、つまり、この議会の多くの構成員の眼には聖なるものと見なされている対象に干渉しているということを重々承知しております。また人々が、われわれを土地の略奪者と非難していることをも重々承知しております。昔から議会は土地所有者に対して慈悲深い取り扱いをしてきた結果、地代取得者は自らを特別に重要な人物であると信じるにいたっています。ですが、不朽の生存権は歴史的権利よりも高い権利であり、あらゆる権利は絶えずこの不朽の生存権に従属すべきなのです。生存という要求と比較すれば、文書で確認されるような権利は、紙屑以外の何ものでもありません。従いまして、ここ議会でのわれわれの課題は、まさしく憲法から絶え間なく紙屑を作り出すこと、つまり憲法を絶えず日常的要求のレヴェルに維持していく点にあるのです。所有は生活に奉仕すべきなのです。所有は奉仕者であって、主人であってはならないのです。ちなみに、私は、われわれの改革のための資金を調達できるその他のいかなる財源も知りません。その他のあらゆる増税手段は、その負担能力の限界にすでに達しているのです。そうなると、もはや税収は増加せず、減少することになります。たとえば、われわれが、交通切符税を引き上げたとしましょう。交通は衰退します。そうなると、われわれは、税で徴収した部分をその経営の欠損部分に注入します。たとえば、われわれはビール、火酒、煙草の税金を引き上げたとしましょう。消費の減少が増税額を相殺してしまいます。フォーク、皿、部屋そして鍋などへの増税の場合にも、同様です。すべての税金にはその収益性の限界があるのです、従いまして、われわれは、われわれのあらゆる課税対象の持つ限界に直面することになるのです。

諸君、ここでは議会が取り組むべきもっとも重要な問題、すなわち人間の問題が対象となります。本当のところ、われわれは、この法案の採択がわれわれ自治主義者に委ねられていることに驚いています。右翼の諸君、諸君の演説は、「わが民族」のいわゆる安全、名誉、独立を気遣うといったきわめて大袈裟な愛国心に溢れたものですが、諸君がその立場に立つかぎり、国民の力の強化によるわれわれの防衛力の強化を志向するためにも、自発的に母親年金を要求するということを諸君に期待できるでしょう。議会の中央党の諸君、諸君もまたわれわれの要求を諸君の党綱領の第一項に掲げることが相応しいでしょう。なぜなら、諸君は諸君の日常政策をキリスト教に従って行うことを主張しているからです。けれども、われわれは彼らに多くを期待しません。というのも、われわれは、所有者階級が自らのお金から切り離されることがどんなに辛いことになるのか、その上、(彼らが理解していないような)愛国心と

（私が理解しているような）キリスト教とがその放棄を要求する場合には、どれほど辛いことになるのかということを知っているからです。従いまして、われわれが今日諸君に要求されている英雄的行為へのきっかけは、明らかに常に他者から与えられねばなりません。われわれは、今やここに、このようなきっかけを与えてくれるわれわれの動議をあらゆる政党が受け入れてくれることを期待します。もし人種、国民、人類、人間の、そして正しく理解するならば、私自身の救済に奉仕する改革にこうした諸政党が無視し続けるような態度を取るならば、人々から責任を問われる恐れが生じ、そうした恐れから一方の政党はその動議に文句をいい、他方の政党はその動議に友好的になることでしょう。

ペディグリー伯爵 Graf von Pedigree（ドイツ国家人民党）　ここに参集されておられるすべての議員は静謐さを順守しております。そしてその上でわれわれはここでアンドレアスに発言を許しました。こうしたことは、ドイツ文化が高水準にあることを示すものであります。もしドイツ以外の世界のあらゆる議会でならば、ミュラー氏は演壇から引き吊り下ろされ、精神病院送りにされたことでありましょう。私もまたこのような措置を取るべきであったと考えるものです。

ところで、私もわが国民の肉体的かつ精神的発展に不安があるということを率直に認めるものです。従いまして、われわれも、この面での変化を全力で作り出さなければなりません。けれども、諸君、たとえばわれわれが賃金を引き上げることで、再び教会を人々で満たすことができるのでしょうか。それはナンセンスです。またそのように賃金を引き上げたならば、映画館、閲覧室、公民館、体育館を満員にできるのでしょうか。たとえば、八時間労働日制度の導入によって都会のプロレタリアートが居酒屋でくつろいで火酒を飲むためのより多くの時間を見出だせるということが、そしてその結果として窮境にあるわれわれの農業が助けられるということなどが、期待されました。それは、美しい夢でしたが、単なる夢でしかありませんでした。教会と居酒屋は閑散とし、火酒醸造業者は倒産しました。わが国民の根源的基礎は、農村に求められるべきです。都会の工業的住民は、三世代で衰退してしまいます。われわれがきわめて費用のかかる措置によって、工業的住民がより良い衛生条件のもとで彼らの自堕落な生活をこれからも送れるようにしたとしても、それはいったい何の役に立つというのでしょうか。その場合、彼らは三世代といわず、すでに二世代で衰退してしまうことになるでしょう。こうした都会の人口不足は、農村の過剰住民によって絶えずリクルートされることになります。従いまして、都市住民の相次ぐ死去によって農村住民の過剰が絶えず処理されるということは、ほとんど神の摂理の現れと見なされているのです。それゆえに、都会の第三世代のこうした死滅をわれわれが心配する必要はないのです。それは善行なのです。もっとも重要なのは、国民の根幹をなす農村住民なのです。つまり、この根幹が私の心配事となるのです。この点にこそ、われわれは介入しなければなりません。だが、それは、ここでミュラー氏がわれわれに推奨したのとはまったく異なった手段によってなのです。移住の自由の結果、以前にはグーツヘル［領主］によって管理されてきた農村での淘汰は、まったく間違ったものになっています。というのも、農村が生み出す最良の人間は、今や都会に吸引されているからです。従って、農村に残るのは、身体障害者、間抜けな者、虚弱者だけです。彼らが次の世代の父親になるのです。以前は違っていました。当時は、若人たちは堅神礼の後に坊主や教師たちによってグーツヘルに引き渡され、そして厳しい検査がなされました。坊主は、精神的に特異な才能を持つ者、すなわち教会、独身、死海などのために詩作し、音楽を奏でる者を要求しました。教師は、農業労働に適さない分子を都会に追放することに尽力しました。そして都会では、彼らは工業労働者、国家官吏、商人として宿舎ならびに第三世代の没落証明書とを受け取ったのです。だが、淘汰［権］を保持していたグーツヘルは、逞しく骨太の、神経の図太い、幾分鈍長ではあるが、労働能力のある者を残すことができました。ビスマルクが当時正当なる誇りをもって「対外政策のあらゆる諸結果なぞは、私にとって一人のポンメルンの国土防衛隊員の骨格以下のものでしかない」と言うことができたのも、このようにしてなされた淘汰のお陰なのです。骨格が重要なのです。従いまして、知識が骨格を犠牲にして発展するものであるかぎり、われわれは淘汰にさいして知識を手放さなければなりません。何のためにそれほど多くの知識がいると言うのでしょうか。知識はわれわれにとって危険なものになりうるものです。少数の頭脳と多数の働き手。農場所有者が知識を持っていれば充分なのです。われわれが考え、他の人々がその考えを実行する手となるのです。これぞ分業です。何世紀にもわたって実行され、維持されてきたこうした制度を、われわれは再び導入しなければならないのです。賤民は、常に自由を乱用しかねません。賤民は、支配層の手によってしっかりと掴まえられていなければなりません。アメリカの奴隷がその主人によって餌を与えられ、衣服を与えられていたかぎり、彼らは繁栄を享受しました。その主人は、自己の利害からとはいえ、奴隷にきわめて質の良い餌を与えたのでした。奴隷はアルコールを知りませんでした。奴隷はアルコールをもらいませんでしたし、アルコールを買うための貨幣も持っていませんでした。彼らは飲酒なしの状態を強制されたので、絶えず素面の状態にありました。奴隷の価格は、黒人の境遇の改善の進展に応じて絶えず騰貴することになりました。そのことは、グーツヘルの養育策が良いものだった証拠です。それゆえに、彼らは、退化に向かうことはありませんでした。スイスではどのようなものだったかを見てみましょう。スイスでは、国民は五〇〇年以上にわたって自己決定権のもとで生きてきました。その結果はどうでしょう。スイス人は、ヨーロッパのすべての国民に先駆けて退化しています。国民の五〇%が兵役に耐えられない人々なのです。そこでは母親たちは、品評会用のミルクの節約のために乳児に火酒を飲ませているのです。ポンメルンやルイジアナではグーツヘルはそのような母親たちをむち打ち刑にすえます。スイスでは白痴化した国民が自らの没落の過程を無理解かつ無関心に傍観しているのです。それだからこそ、国民の五〇%もの人々が兵役に耐えられないのです。スイスに自決権、共和国、移住の自由、つまりいわゆる自由がもたらしたものは、こうした事態なのです。われわれは、スイス人を格好の例として取り上げることにしましょう。われわれを破滅に駆り立てる自由はナンセンスなものです。こうしたスイス国民が世界に示してるのは、その国民が五〇〇年を経ても自己決定権に至ることができないということなのです。従いまして、五〇〇年経っても成熟しないものは、一、〇〇〇年経てば腐ってしまうでしょう。ですから、いわゆる自由などとは絶交すべきなのです。ドイツ国民は、戦争中にロシアの農民を知る機会を持ちました。そのとき、われわれはこの連中の美しく、力強い体格に驚きました。それは、われわれと同じ身分のロシアの仲間たちの養育の所産でした。体制の良質性を示すための証拠として人間の性質以上により良いものはないのではないでしょうか。諸君は、その成果をもとにして何が良くて何が悪いのかを認識すべきなのです。従いまして、スイスにおける自由の成果とロシアにおける圧制の成果とを比較した場合、われわれは、自由は賤民にとって毒であると言わざるを得ないのです。スイス国民は、ゲルマン民族の中の最強の民族から派生したものです。彼らは素晴らしい土地に暮らしています。彼らが素晴らしい発展を遂げるためのあらゆる前提条件が充足していました。ですが、自由はそれらを駄目にしてしまったのです。それに対し、ポンメルンのユンカーの養育と圧制のもとにあったアレマン人から何が生じたのでしょうか。こうしたことを考慮して、私はかく思うのです。「移住の自由を捨てろ。農奴制、圧制、養育を行え」、と。そのことが、われわれの提案する内容なのです。（右翼は活発な同意を与えたが、議会全体には嘲笑と口笛がこだました。）

大学教授シュミット博士 Prof. Dr. Schmidt（ドイツ農業者同盟）　私は、ペディグリー伯爵閣下の卓越した詳論に同意します。ですが、彼は、なにほどかきわめて簡略に論じすぎたきらいがあると思います。われわれは、ミュラーの背後に少数ではありますが、きわめて活動的なグループの人々、すなわちこの提案を積極的に支持するグループの人々がいることを十分に考えなければなりません。従いまして、われわれは、こうした人々が要求している改革の有害性を科学的に立証する義務を持っています。私もまた、わが人種が衰退しているという現象を否定できないものと考えています。ですが、私は、このような衰退は、神の恩寵のためにミュラー議員が描いたほど悪くなっているとは思いません。このような衰退は、われわれが今大慌てでドラスティックで空想的な措置、いずれにしても思慮に欠けている措置に手をのばさなければならないほどのものではありません。たとえ婚姻が、悪徳や犯罪を犯す人間の増殖を防ぐための十分な保証を与えていないにせよ、われわれは、角をためて牛を殺すが如き行為をしてはいけないのです。婚姻は太古からの制度、［もっと言えば］われわれの国教会によって聖礼典にまで高められた制度です。この制度が個別的場合に悪用されるならば、それを悪用した罪人は刑罰に、たとえば鞭打ち刑に処せられます。それで十分でしょう。婚姻という経済制度の中に女性と子供への国家年金を導入することは、確実に悪徳的な行為を助長するものとなるでしょう。「結納する前に判断せよ」、そう今日の女性は言われています。「お前は結婚する前に、その男を観察しなさい」、と。「その男が貧しい奴、文無し、詩人、役者、芸術家なら、お前はその結婚を長い人生をかけて償わねばならないのです。お前の子供は物乞いをし、お前自身も窮乏と欠乏とのために早々と墓場に埋葬されてしまいます」、と。従いまして、経済活動が上手く、しかも勤勉であったがゆえに、富裕になった男性だけが婚姻を通じて繁殖を行うことができることになります。それに対し、それ以外の残りの者たち、たとえば芸術家、詩人、いわゆる知識人は大抵妻帯しないままにとどまり、その役立ない家系はいかなる子孫も残さないことになります。財産、土地所有、貨幣は、選ばれし家系の内的有能さの外的しるしなのです。従いまして、われわれの婚姻法は、男性のこうした特性をその他のあらゆる特性よりも優先させるように女性に強いるものであります。だが、そのことは、権利、法律そして土地所有への感覚が国民の中に深く根付くために、文無しや共産主義者の渇望や妬みから所有を防衛することが問題となっているところでは、他に類を見ないほどの勇気や勇敢さが示されるといった自然的結果を再びもたらすことになるのです。われわれが、ここで提案されている国家年金を女性に与えることによって自分の子供へのパンの心配を取り去るならば、ここで言及されている男性のもっとも重要な特性は、女性が行う淘汰の際には不利に陥ってしまうでしょう。なぜなら、女性たちは生来華美なものを好む傾向があるので、自分や自分の子供を窮乏からもっともよく守れる者たちを優先的に選択せずに、むしろ館をきわめて美しく飾る者、たとえば芸術家の支持者、女の尻を追い回す者、そして優男などを優先するからなのです。諸君、ここで提案されている改革は、人間集団を根本的に改造し、経済的不具者、すなわち今後いかなる場合にもまず最初に生活力があるという証拠を必ず提出しなければならないような人間集団を生み出すことになるでしょう。詩、油絵、音楽では、国民を扶養することができません。われわれの国家は、勤勉に働く者の代わりに怠け者の住む国になり、絶えず一回の凶作によって衰退してしまうという危険性を持った国になってしまうでしょう。自然が厳しければ、人間も、従って人間の教育や法律も厳しくならざるを得ないのです。女性は、男性の選択に際して愛の声を完全に押さえる必要はありません。ですが、農村の住民やわれわれの世界ではそうであるように、経済的配慮がその決定的要因になるべきなのです。そうなった場合にだけ、われわれは、経済的有能さが人間の特性の遺伝に際して不利にならないという保証を得ることになります。それゆえ、女性は男性への経済的依存状態にあり続けねばなりません。そして彼女たちの夫の芸術的放浪生活のために貧困に晒される多くの女性の運命がどれほど悲惨になろうとも、そのような彼女たちの運命は、警告すべき例としてきわめて有益かつ不可欠なものとなるのです。従いまして、私は次の点に特別な注意を払いたいのです。つまり、われわれの婚姻法のために、女性が選択に際して経済的契機に重点をおくように強いられていると同時に、国家の補助金なしに自分の家族を扶養しなければならない男性には、なによりもまず彼の財産を増やす女性、理解力のある経済的女性が求められているのです。かくしてそのような累積化によって経済的契機が純粋培養されるのです。こうした両親から生まれた子供たちは、その両親の財産を相続するばかりでなしに、それよりもはるかに重要なこと、すなわち自らの財産を守り、増加させる能力をも相続するのです。そのような内部婚姻を通じて、われわれの家系が多くの誠実で、経済力のある市民、言葉の最善の意味での俗人をこの世に生み出すに至ったのです。少数の芸術家、詩人、音楽家は、そこかしこで今後も生まれますが、それは同時にわれわれの反面教師になるのです。

真にわが種族を堕落させたもの、それは婚姻ではなく、都会の工業とその活動です。都会の華美が農村から若い人々を流出させるのです。前に演説された方が言及されたように、遺憾ながらも、もっとも有能な者たちが離村し、移住します。このような［人口の］排水が長く続けば、結局のところどんな国民も耐えることができないでしょう。しかるに、このような現象の原因を、われわれはどこに求めればいいのでしょうか。前に演説された方は、移住の自由をその主要な原因と見なしました。この移住の自由の罪がいかに大きなものであったとしても、これだけが罪を背負っているのではありません。穀物をおそろしく安い価格で世界市場に販売することをわれわれ農家に強いているのは、自由貿易なのです。われわれ農家は［自由貿易に対して］無防備なのです、否まったくの無防備なのです。なぜなら、笑うべきほど低い穀物関税、すなわちカプリヴィ Caprivi 時代から続いているトン当たり五〇マルクの穀物関税のために、わが国の農民は、略奪耕作を行っている外国のならず者との競争に晒されているからです。父親から相続した自らの農場を略奪耕作によって永遠に駄目にしたくないならば、いったいいかにしたら抵当利子という過重な負担を背負ったドイツ農民が、土地を徹底的に疲弊させる人間たち――彼らは自由な土地所有者としていかなる抵当利子も支払わず、土地を無償で、ないしほとんど無償で手に入れたために自らの全資本を機械に投資することができるのですが、それに対しドイツ農民は自らの相続したものの大部分を土地に投資しなければなりません――と競争できるというのでしょうか。このような状況の下にある農民たちは、［農業］労働者が工業に流出するのを防ぐための［農業］労働者の賃金の引上げを行なうことができません。そして今や、酷いことに女性、当然ながら都会の女性労働者にも、彼女たちのすべての子供への毎月の年金がわれわれに要求されているばかりでなしに、算出された費用の大部分を「農業」、すなわちほとんど圧殺されかけている農業にも負担させることが要求されているのです。その結果はどうなるのでしょうか。農村からの逃走は、次第に規模を拡大していくでしょうし、われわれの農地は荒れ果ててしまうでしょう。そして全国民が飢えてしまうことになります。従いまして、ここで問題になっているのは、とんでもなく馬鹿げた要求なのです。つまりこの要求の背後には前代未聞の厚かましい略奪欲求が隠されているのです。ですから、私は、すべてを徴発して、グーツヘルを殺害したボリシェビィキ派の人々の方を気に入っています。ゆっくりと飢えるよりも、殺害された方がまだましだからです。人種を改良するための地代が農民から奪われてしまうならば、いったい農民は何によって暮らしていくべきなのでしょうか。人種を改良するために、われわれはその核である農民を飢えさせることを望んでいるとは。それが首尾一貫した思想であると称しているのです。人種を改良するためには、われわれは逆に、つまり、ここで提案されている土地地代を没収することの代わりに新たな関税、すなわち保護関税と呼ぶに相応しい関税の導入によって農業生産物の価格を今日の水準以上に引き上げ、農業が工業の賃金と競争できる状態にしなければならないのです。そうなれば、われわれは、労働者を再び都会から農村に引き戻すことができるようになるでしょう。そして大衆の貧困は消滅し、農業は再び繁栄することになります。そして土地の豊かな収益は、すべての者に役立つものになります。それとともに、工業製品が安価になるようなすべてのことがなされなければなりません。そうなれば、農民は工業製品を購入できるようになり、彼の経営も科学的水準の高さに維持される結果、農村での生活は快適なものに改善できるようになるでしょう。われわれが穀物関税を引き上げるならば、農民は高い賃金を支払うことができるようになるばかりか、工業製品を購入できるようにもなるのです。こうしてわれわれは、絶えず販売することを求め続けている工業に支払能力のある顧客を提供することにもなるのです。農民が貨幣を持つということは、全世界が貨幣を持つということなのです。従いまして、一石二鳥どころか、一石四鳥にもなります。つまり、われわれは国庫を関税収入で満たすことになります。またわれわれは、高い穀物価格によって農業を発展させることになります。かくして発展した農業は工業に支払能力のある顧客を提供することになります。そしてわれわれの耕地への再入植という方法によってわれわれ全員がきわめて熱望しているところの、人種の若返り、すなわち人種の再生がなされることになります。従いまして、もし国家が寡婦と孤児に月々の年金を支払うのに、穀物関税収入を利用するならば、私は、どのような国家扶助にも原則的に反対する者でありますけれども、その導入に一切の反対をしません。この場合、私は、科学者として、すなわちドイツの大学人としては否認するものを、キリスト教の愛から是認することになるでしょう。その費用の財源に都市の地代が組み入れられるかぎり、私は農村のすべての母親と正嫡の子供のための月々の年金を支持するところまで、ミュラー氏の提案に同意する覚悟を持っています。もっといえば、都市民に再び田園生活の恩恵を授けたいという願いだけが、私をこのような譲歩に導くのです。都市の地代を財源として分配されるそのような母親年金は、とりわけ子供を授かった家族に役立つものになるでしょう。そしてわれわれは、われわれの人種の純血性を危険に晒すとともに、われわれが観察するような人種の衰退にかなりの責任を有している外国人を農作業に組み入れるために毎年何百万マルクを支出する必要性からも、まもなく免れるようになるでしょう。

われわれは、あらゆる手段を用いて農業を発展させるとともに、国民を郷土に結び付けなければなりません。なぜなら、農村に人々が住むということが、人種を再生することを意味しているからです。われわれの耕地への再入植を行うためには、自由貿易を除去して、関税率の引上げによって穀物価格を引き上げる手段以外には存在していないのです。われわれは、寡婦と孤児に穀物関税から年金を支払いましょう。私の立場からしても、われわれは、農村の女性と子供にも都市の地代を財源とした年金を支払ってもいいと考えています。だが、そのためには、なによりもまず穀物関税を真の保護関税にすることが肝要なのです。

移住の自由の導入が論じられていた当時、われわれ保守派は、多々警告してきました。工場制度がわれわれの人種にもたらす危険性を、われわれは十分明確に述べてきました。ですが、人々はわれわれの発言を馬耳東風に聞き流してしまい、今やわれわれは困難な事態に陥っています。未熟な若者は、われわれの農園の安全確実な庇護を離れ、都会の喧騒の中に身を任しています。そしてそこで、彼らは、いとも簡単に、利潤を求める企業家や放縦な欲望を持った者の略奪対象になってしまうのです。従いまして、われわれはこのような移住の自由を廃棄しなければなりません。あるいは少なくとも、彼らが肉体的に健康であるかぎり、十分な土地所有を持たないすべての個人の場合には、移住の自由を廃棄しなければなりません。身障者、病人、憔悴した老いた労働者、こうした人々は今後も都会に流出してもかまいません。かくしてわれわれは、少なくとも農村住民の健全な部分を確保し、農村の女性に健康的で能力のある旦那を確保するのです。そうなれば、都市住民が、今日の工業に付きものの毒によって衰退したとしても、種の保存にとって十分な配慮がなされることになります。自由貿易が衰退を随伴するならば、保護関税は再び飛躍を導くでしょう。保護関税障壁が高ければ高いほど、飛躍もまた急速なものになるのです。

諸君、私もまた、私の前に演説された方の次の言葉で私の演説を締めくくりたいと思います。「かく私は思う。移住の自由は廃絶されなければならない。従って、われわれは、その上で、大都市を滅ぼすことではなく、大都市を再び健全な規模に戻すことを志向しなければなりません。そしてそのための手段は、穀物関税と農奴制の再導入なのです」、と。（あらゆる党から、同意、嘲笑そして野次が起こった。）

ゴルトベルガー Goldberger（民主党員）　私は次のことを告白しなければなりません。私は、アンドレアス・ミュラー氏によって基礎づけられた法案と多くの点で、しかもきわめて多くの主要な点で一致しております。ミュラー氏が紡ぐ言葉は、寛大な精神、まさしく**モーゼのごとき**精神を放っています。従いまして、私は、われわれがミュラー氏の演説をすべての公的学校や教会に流布するとともに、この法律草案を吟味し、その結果を至急報告するための一〇人の代議士からなる委員会に委ねるという動議を提案いたします。私は、ここで私が敬愛する党の同志たちだけにも問うてみたいのです。諸君は、自らの本音をわれわれにはからずも覗かせてしまったお二人のような人間たちとの連立を、今後も継続させることができるのでしょうか、と。われわれ民主党員は、連立［政権］活動の中で、このような連立相手のあらゆる期待に対して責任を持つことができるのでしょうか。ペディグリー伯爵の場合には、まだ理解できます。彼は、依然、太古からの家族的伝統を志向しています。というのも、彼はこの家族的伝統から自由になれないでいるからなのです。彼は、ドイツ国民があたかもなお農奴の国民――それは、何百年にもわたって恥辱と不名誉以外の何ものでもなかったのですが――であるかのように考察し、取り扱っています。ですが、伯爵どの、その時代は［すでに］過去のものになっているのです。そのお陰で、私は、反論を予想する必要もなく、公然と次のように言うことができるのです。「偉大な人類の解放者モーゼ Mose が、聖書によって奴隷化されていたドイツ国民の中に自由と反逆の精神を覚醒させ、かき立ててくれたことに感謝します」、と。農民戦争やフランス革命の中のすべての偉大な反逆者は、モーゼと聖書とからインスピレーションを受け取りました。従いまして、私は、伯爵どの、あなたに次のように忠告したい。「あなたにとって自分の頭［信念］が家族の伝統よりも重要であるならば、またあなたがあなたのロシアの同じ身分の人々が被った運命から逃れたいならば、あなたもモーゼからインスピレーションを受け取ることです」、と。あなたは誠実ですから、あなたは戦争中同種族の人民、従って同じ血統の人民であると語っていた人民に対して今も公然と好意を寄せています。ひょっとしたら、あなたはこれまで教え込まれてきた身分的偏見から自由になり、モーゼが行ったように全面的に人民に与することに成功するのかもしれません。しかし、諸君、大学教授シュミット博士の詳論に対しては何と言ったらよいのでしょうか。この人は、ここで、われわれの新聞においてすでに以前から長いこといかさまとして化けの皮を剥がされ、永久に片付けられてきたと考えられていたような詭弁的、デマゴギー的学説をわれわれに全面的に並べ立てているのです。教授どのがアカデミー会員として、従って、文化人として、自らの詳論の誤った結論を自ら見抜いておらず、それがきわめて不快な種類のペテンやデマゴーグ的策略であると認識していないなどといったことは、考えられません。私にはそうとしか理解できないのです。つまり、教授どのは不誠実な企図からアカデミックな肩書きを利害政治に利用していると正面きって言わざるをえないのです。ですが、われわれは、ペテン師とはもとより、最良の場合でもアカデミー会員仲間に蔓延している下僕根性に罹患した人間とは議会でこれ以上同席できません。わが議長どのは、審議の冒頭に彼の自由になる警察力に注意を喚起しました。よろしい。私は、ここで、教授どのが明らかにいかさまの発言を行ったかどで、警察によってこの議場から放逐されることを求める正式の動議を提出いたします。その結果、われわれは、国民の間で権力を笠に着る者 Schwätzer という悪い評判がたってしまうかもしれません。そうなったとしても、私は、少なくとも私がここにいるかぎり、どのように発言してもすぐにいかさま師であることがばれてしまうような男たちをわれわれの［連立］仲間にしていると世間で陰口を言われたくはないのです。「大学教授シュミット博士、議場から出ていきなさい。私はもう一度言います。大学教授シュミット博士、議場から出ていきなさい」、と。

議場全体が騒然とする。このように議場が騒然としたために、この動議についての採決は不可能となった。そのために、ゴルトベルガーは、男・女を問わずすべての政党の［多数の］代議士の支持のもとに大学教授シュミットに飛び掛かり、それ以外の人々は、攻撃された者［シュミット教授］を助けるために駆け寄った。［相互の］激しい殴り合いの中で、シュミットとゴルトベルガーは、引っ掻き合い、噛み付き合った。そして両者は血だらけになり、議場から運び出されたのである。かくして警察が再び議場に導入され、秩序が取り戻されたのであった。

議長　今やこうした事態のことを、世界は連立のための活動だと言うのです。だが、ここでわれわれが見るのは、またもや、**軍縮**という言葉の中にどれ程大きな不合理が隠されているのかということなのです。シュミットは鼻を齧られ、ゴルトベルガーは目をやられました。こうした事態は、私自身がすでに示した軍縮、すなわち装填された一三五丁のピストルと一二〇本の短刀を押収した軍縮の結果なのです。しかるに、どのような国際的軍縮もこのような結果になるでしょう。ですが、われわれは、人間が自然的な武装によって登場してくるということ、またそのような自然的武装は実際人為的武装よりもはるかに残虐なものにならざるを得ないということ、こうしたことをなお洞察できないでいます。従いまして、私は、議員の諸君に武器を再び手渡し、議員の諸君が今後絶えず若干の装着済みのピストルを自らの引き出しの中に入れておくことを勧めたいと思います。これらのピストルがあることで、われわれはピストルがない場合よりもお互いをもっと尊重するようになるでしょうから。そうすれば、きっと事態はもっとうまく行くことになるでしょう。

カプラン・ガステン司祭が発言する。

カプラン・ガステン Kaplan Gasten（中央党）　人々は、ここを家畜市場とでも思っているのでしょう。ですから、人種改良、人間の品種改良が、粗野であけすけに語られています。しかしながら、諸君、人間は絶えず神の生き写しになるということ、たとえ家畜の品種改良が可能であっても、人間の場合には永遠に失敗に終わるにちがいないということ、こうしたことを忘れないようにしましょう。飼育者ではなく、神が人間を思い通りに作るのです。われわれが神を変えることができないように、われわれは、品種改良の方法によってその神の似姿を変えることはできないのです。多くの人々がわが国民を気に入らないとしても、われわれはここでは絶えず外的人間しか見ていないということを忘れてはならないのです。右翼の諸君、あなた方は、骨太で、きわめて健康な人間が消滅しつつあることを嘆き悲しんでいるように思われますが、この骨太で、きわめて健康な人間とはいったい何を成し遂げるというのでしょうか。それは、通例パレードを行う人々の見栄えをよくすることにあるのではないでしょうか。それに対して、われわれのもっとも偉大な思想家たち、われわれのもっとも偉大な同胞たちのことを見てみましょう。彼らは、特別な身体的強さに頼らずとも、傑出しています。その上、彼らの多くは病人、虚弱者、身障者でした。諸君、このような問題は、愛する神にだけ任せることにいたしましょう。病気が何の役に立つのかということは、神のみぞ知るです。病人たちはベッドに縛り付けられ、非常に多くのいわゆる生活の楽しみといったものを放棄しなければなりません。そうした病人たちは、自らの思想を事物の表面にとどまらず、内面的世界にいたるまで考察します。ですから、健康ではあっても未熟である若者には永遠に認識できないような多くのことが、彼らによって開示されるのです。その時、こうした人々の頭の中に新しい世界、すなわちパレードだけを好む人々がわれわれの芸術的活動や科学的活動に接した時に、この世ならぬ新しい作品としてまじまじと見つめてしまうような新しい形態が生まれるのです。われわれが、このいわゆる人種純化の改革を、諸君が望んだような作用を数十年だけでも及ぼすことが許されるならば、つまり、われわれが、われわれの国民が、――ペディグリー伯爵がわれわれに具体的に説明してくれたような――典型的な骨太人間からだけ構成されるようになるまで待つならば、われわれは、まもなくどの道を通っても袋小路に陥ってしまうことになるでしょう。たとえば、われわれは、まもなく、困難な状況の中でその助言によってわれわれを助けてくれるような、そうした精神的指導者に欠如することになってしまいます。ペディグリー伯爵は、このような精神的指導者について軽蔑をこめて語りました。そこで、私は彼に尋ねてみたいと思います。「今やドイツの耕地をより少ない労力で三倍の収穫を供給するほどに豊穣にさせたのは、ビスマルクが重視する骨太のポンメルンの国土防衛隊員やグーツヘルの品種改良であったのか」、と。否、小柄で不具であるけれども、たったひとりの精神的な人間の方が、パレードを行う一〇万人、否一〇〇万人の骨太人間よりもより多くの食料をわれわれに調達してくれるでしょう。つまり、われわれがドイツ国民大衆に食料を供給できるのかどうかは、骨格ではなく、精神に依存しているのです。私の前の演説者は、スイス国民を自己決定や共和制に対する反面教師の例として引き合いに出すことが適切であると見なしました。要するに、彼は、軍事的適性に従って全国民を評価するというのです。ペディグリー伯爵、私はあなたに勧告したい。「われわれは隣人の邪魔をしないで、むしろ自分の家の戸口に戻るべきである」、と。そこには、われわれの箒で捌けるのに十分なゴミが集められています。従いまして、「軍事的適性はまだ曲芸師や巨人のような退廃的現象ではない」と、だれがわれわれに言えるでしょうか。軍事的適性はわれわれにとっていったい何の役に立つというのでしょうか。ポンメルンの国土防衛隊員のこのような軍事的適性がなくても、われわれの隣人はわれわれの平穏を最終的に邪魔することはなかったでしょう。というよりむしろ、われわれがわれわれの隣人の平穏を邪魔しなかったならば、われわれがこうした大変な恥辱や罪を犯すこともなかったでしょう。われわれの対外政策においてあと僅かな知力があったならば、何百万人もの骨太の兵士よりも確実にわれわれの役に立ったのではないでしょうか。私にとっては、軍事的成功を収めるのには兵士の適性よりも指導者の適性の方がより重要なことのように思われます。ましてや、われわれがポンメルンの国土防衛隊員の指導者をスイスから抽出しなければならない時が来ていないのか、それともすでに来ているのか、こうしたことをだれが分かるというのでしょうか。私の信ずるところによれば、われわれが人間を指導者としての特性や自己決定の能力によって評価する場合、スイスにおける場合のような五〇%ではなく、ドイツ人の九九%が軍事的不適性であると言えるのではないでしょうか。

私の前の演説者が、ここでポンメルンのグーツヘルの身体検査に合格できないすべての市民をわれわれの中心部から遠ざけ、孤島に集めるという提案をしたとしても、それは、彼らの思想からすれば当然の帰結であると言えるでしょう。諸君、私は諸君に忠告したい。「諸君はそのような思想を放棄すべきである」、と。なぜなら、そのような思想は病的な思想だからです。たとえば、人種問題は私的問題であって、国家的問題ではありません。人種問題が国家的問題として扱われると、ユダヤ人問題、ポーランド人問題、ジプシー問題、ザクセン人問題、バイエルン人問題、プロイセン人問題、そして最終的には血統の相違の問題になるのです。それに対し、私的問題は、われわれが議会で取り組む必要のない問題です。そのような問題を政治として取り扱う場合、そうした政治は、救いがたいほどのきわめて馬鹿げた大失敗に導くことになります。われわれは、すでにわれわれの大都市を一種の集中収容所と見なすことができますが、諸君がそのような集中収容所を作ったとしましょう。そうすると、諸君は、結核に罹った画家の絵、ユダヤ人の血が混った役者の芝居、小人の叙情詩を法外な価格を支払って享受するために、あるいはそれと同じ金額を支払ってせむしの外科医に折れた足を直してもらうために、農村から多くの人々が大都市に吸引されるといった事態、また死ぬほど退屈なポンメルン人が大挙してこの集中収容所に詣でることになるといった事態、こうした事態を体験することになるでしょう。そして多くのポンメルン人が、集中収容所の中の病人、身障者、ムラートの下できわめて快適であったので、彼らはポンメルンに帰った後に一般にもはやきわめて元気な、軍事的適性をもった典型的人間に戻るようなことはないでしょう。かくして、われわれの全精神生活はこうした身障者によって支配されることになります。そしてこうした身障者がその卓越した技術の助けを借りながらわれわれを軍事的に従属させるようになるまでに、それほど長い時間はかからないことでしょう。

諸君、人為的介入ということは、「品種改良」の過程でその都度改良程度を確認できるような羊の群れの場合には相応しいのかもしれません。だが、人間の場合には神が差配します。つまり、父なる神という冷厳な存在が差配するのです。われわれは、毎日心臓麻痺を起こした者が倒れて亡くなったとか、ろうあ者がトラムに轢かれたとか、病人が千の風にのって彼岸に連れて行かれたとかといったふうの新聞記事を読みます。健康的でないすべての人々はわれわれの世界からはやばやと引き離されるように、その人数が蔓延し激増しないように、そして人間への誤った人為的介入が不必要となるように、配慮されているのです。

以上が、私の前に演説された二人の方の、事実に即していないばかりか、非常に粗野でもある批判に対する私の反論の内容です。さて今度は、ミュラー議員の動議に対する私の率直な意見を述べてみたいと思います。

諸君、私は次のことを確信しています。「われわれは社会問題の領域で新たな方向を定めるべき時が来ている」、と。なぜなら、社会問題は今日までこの議会で取り扱われてきたほど簡単にはいかなくなっているからです。われわれがこの社会問題の科学的取り扱いにこれ以上抵抗するならば、われわれは、われわれ自身と議会制度を全世界の物笑いの種にしてしまうことになります。なぜなら、社会問題の党派的取り扱いは、単にカオスに導くだけでしかないからです。そのことをわれわれは毎日見ているのです。しかるに科学だけがわれわれを救うことができるにすぎません。ですが、私は、この議会で何らかの法案が科学的に支持されたり批判されたりしたといった記憶がありません。それゆえに、われわれがわずかでも前進できなかったことに、驚く必要はないのです。他方、あらゆる領域で技術と科学は進歩を遂げてきました。ですが、われわれは社会問題では山を前にした牛のように立ち尽くしています。従って、私は次のように確信するものです。「われわれがこの議会で科学的作業方法を身に付けないならば、われわれは、きわめて近い将来に再びビスマルクの方法、すなわち社会主義者鎮圧法、文化闘争、国外追放、手短に言えば、ビスマルク的残忍さに辿り着くことになってしまうでしょう」、と。

諸君、この議会で論じられているすべての法案の九九％は、直接に賃金、土地地代、資本利子に関係するものです。私は、今やこの議会に結集されたドイツ国民の代表者たちに問いたい。「国民経済のこの三つの主要要因の本質について確固たる説明を与えられる、こう自信をもって言える人が一人でもいるでしょうか」、と。私は、この私の問いに自ら「だれもいない」と答えようと思います。諸君、われわれ全員は、われわれが引き受けてきた任務にまったく不十分な準備しかしてこなかったことを率直に告白します。そして私は、私個人についてもここで正直に告白します。「私は、土地地代、賃金、資本利子のいかなる理論にも通暁していなかった。それゆえに、私がここで行う論証は冴えず、私の人格に相応しくないものになってしまっている」、と。従いまして、私はここで皆に代わり、赤面しながら、率直に申し上げます。「**われわれ全員は、この議会で人のいいドイツ国民から時間と手当てとを盗んでいるのである**」、と。われわれが行っていることは、どんな人でもできることです。私はまた、この私の主張を決定的な証拠によって裏付けたいと思います。ヴァイマール国民議会——そこでは、われわれの憲法が作成されたのですが——では、国民経済の基本的学説をなにほどか理解している代表者は、現在のところ、ただの一人もいません。というのも、ヴァイマールでは国民経済の中枢、国家の基礎である通貨制度を憲法の中に組み入れることを忘れていたと聞いて、彼らは驚いているくらいですから。そして、通貨問題に関する覚書（『帝国通貨局』、A．ブルマイスター出版社、ベルリン——フリーデナウ）を含んだきわめて詳細な請願書が「自由地—自由貨幣同盟」によって提出され、全議員に配付されたにもかかわらず、それは忘れられたまま放置されたのです。大きな商業民族と工業民族が無知の人々によって代表されている、このことが意味するものをわれわれはまもなく体験したのです。紙幣経済、それは寡婦や孤児から盗み、有産者の利益のために小さき人々の貯蓄預金や非常用貯金を略奪し、私のものとあなたのものとを相互に入れ替え、詐欺師を大富豪に変え、実直な商人と手工業者を乞食に変えるものでした。こうした紙幣経済は、この議会においてそれを是認した議員の中で一人でもその意味するところを知っていたならば、生まれることがなかったでしょう。従いまして、この問題でのわれわれの恥ずべき行いが、「主よ、彼らを許したまえ。なぜなら、彼らは自らの為すところを知らなかっただけでしかありません」という言葉で弁護される場合、私は許しがたく感じるのです。というのも、われわれは、われわれの為すことを知らなければなりませんし、それを知らない者は、この議会に何も求めてはならないからです。

諸君、われわれが紙幣経済を容認するという個人的に犯した犯罪、それはこれまで犯してきた中でもっとも重大な犯罪であり、その償いを必要とするものです。私は、議会ではいつもの政治的無駄話をやめて、あらゆる問題を真剣に、つまり科学的に取り扱うことほどそれに相応しい償いはないと考えております。そうした活動を行う場合、われわれの党指導者たち、われわれのもっとも偉大と思われている演説家たち、つまりお喋り屋たちが参加できずに、むしろその協議中に眠り込んでしまっても、われわれは、このような大物たちをいささかたりとも配慮する必要がないのです。［むしろ］彼ら大物たち、つまり紙幣経済の導入に主要な責任を負っている者たちを、われわれは棍棒によってこの議場から追い払わなければなりません。（議長の鳴らす鐘）諸君、このような激烈な発言をしたことを、できればお許しいただきたい。しかしながら、極悪非道な犯罪は、それ相応の呪いを呼び起こすものです。それを、もう一度言います。「私は諸君を呪う。諸君とともにルンペン、犯罪者、人殺し、悪党を縛り首にしろ。いかさま紙幣の責任は諸君にある」、と。（至る所からの大きな罵声、あらゆる諸政党の下で起こった同意と笑い。）

けれども、諸君、すべてを理解することは、すべてを許すことを意味します。諸君はルンペンになり果てています。なぜなら、諸君は無知の人、愚か者、詐欺師、手短に言えば政党政治家だからです。国民は諸君に、家事一切を一人で行う女中のように、すべての領域に精通することを要求するのです。ですが、諸君は、事物を絶えずきわめて低次の観点、つまり党の現実的利害の観点から考察することしかできないお粗末な政治屋にすぎません。従いまして、われわれが党派的演説を止め、問題を原理的に取り扱うことが、われわれの償いになるのです。かくして、その端緒としてここで、私は、動議の提出者と原則的な方法で論争しようと思います。議場の多くのメンバーが不快になって、ホールから去っても、それはそれぞれの自由です。私は、ここでは私の権利を行使し、長い演説をするつもりです。従いまして、理論、科学そして原理についてなにも知りたくないと思う方は、どうぞ出口はそこです。諸君の手当はどのみち保証されているのですから。

議長　ここに、全議会への名誉棄損のかどで［カプランの］発言の取り消しを求める動議が提出されています。この動議に賛成の方はどうぞ挙手してください。賛成の方はだれもいませんので、私は、カプラン・ガステン氏に演説を続けるように要請いたします。もちろん、それは、彼がここでルンペン、人殺し、犯罪者の一味――彼がそう呼んでいるのですが――の前で演説する時間を惜しくないと思う場合だけのことですが。

カプラン・ガステン　諸君全員には、ここで私に演説させる理由があります。というのも、われわれは困難な状況の中でなんの解決策も見出だせないという事情に立ち至っているからです。たとえば、社会民主党員は［困難な状況の解決に］失敗しました。ロシアの共産主義者も［同様に］失敗しました。資本家たちも、国民大衆のための食料を確保できないでいます。今やすでに何か月も続いている危機のために、すなわち何十万人もの労働者を路頭に迷わせ、そして帝国財政においてもはや新税による以外には埋め合わすことのできないほどの何十億マルクもの赤字を予想させるような危機のために、われわれは新しい道を進むことを余儀なくされています。従いまして、この新しい道は、今日の移民の流入が、――われわれの国を完全に滅ぼしてしまうような――移民洪水の状態に転化するものであってはならないという前提のもとに、労働収益に手を付けることなく、力強く湧き出てくる新たな租税源泉を発見すると同時に、労働者の中に新しい希望を覚醒させるものでもなければなりません。社会民主党員はもはや彼岸の楽園を信じておりませんので、われわれは、こうした至福をもたらし、山をも動かす信仰を、もはや古い手段では再び彼らに与えることができません。従いまして、われわれは、社会民主党員に次のことを示さなければなりません。「われわれのもとにあるキリスト教は、聖書の中にあるだけではなしに、われわれの心の奥底にもあるものである。またキリスト教はささやかな祈りばかりではなく、力強い行動をも呼び起こすことのできるものでもある」、と。われわれは、労働者の楽園という何らかの形態の未来国家をこの地上に実現しなければなりません。この世の楽園は、永遠の楽園への信仰のための土台を作ります。この世のあらゆる必要が充足した時に、枯れ葉の下にあるスミレの花のように初めて、春、無限なもの、美しいもの、偉大なものなどへの信仰、つまり神への信仰が芽生えることになります。労働者が貧困の中で暮らし、彼らの全存在と全願望が生活の基本的必要を充足させることにだけ向けられているかぎり、彼らは、キリスト教のように、多くの要求（私はそう言いたいのですが）、すなわち厳粛かつ重厚な学説を必要としながらも、それに相応しい方法で受容することができないのです。彼らの心は信仰に開くことの代わりに、閉ざしてしまいます。しかるに、信仰なしには、われわれの陰鬱な日常生活をのりきらせてくれる希望は存在しません。また愛なしには、すなわち無限の愛なしには、われわれは、救いもなしに、暴力という軍国主義の残忍さに陥ってしまうことでしょう。国家の基礎は、神への信仰から芽生えた愛、すなわち人類、あらゆる言語を話す人間、あらゆる国家の人間、あらゆる肌色の人間、あらゆる地域の人間への無限の愛、あらゆる党派的立場には不可解な存在となる偉大な愛、そして権力、軍隊、暴力、関税、独占、君主制そして党派的立場などにとっては無意味となる偉大な愛、こうした愛なのです。神への信仰から生まれた偉大な愛だけが、時代の大問題を解決するための障害物を取り除くことができるのです。キリスト教の世界においてすらまだしばしばユートピアと説明されている世界平和、自由貿易、陰鬱な、切迫した大きな社会問題など、それらすべてはその解決策を発見しなければならない問題なのです。事実、われわれは、キリスト教の原理においてではないにしても、そのような解決策を見出だすことを期待できるところにいるのです。キリストの前では、われわれは、黒人も、黄色人も、白人も、皆人間なのです。（あらゆる政党から大きな賛同と「そうだ」という叫び。）もちろん、そうですとも。皆、愛すべき価値のある人間、つまり神の子なのですから。（爆笑）ローマ［教会］は、いかなる国境、いかなる人種、いかなる民族も認めません。（反対と同意。）これらの言葉がその個別的存在を分断するものを意味しているかぎり、そうなのです。あらゆる個別的存在の中で、われわれは人類を形成します。人種的メルクマールは、気候によって条件づけられた外面的なものであり、それが生まれる時と同様に急速に消え去ってしまうものでもあります。ですから、私は、次のことを、すなわち、今日バッタを食べている貧相なホッテントット人をその経済的諸関係の改造によって三世代のうちに、われわれの伯爵にまったくひけをとることのないような高度に洗練された紳士に「飼育する」ことを申し出てもいいとすら思っています。だが、政治、関税、文学はこうした外面性から、至る所で荒れ狂っている戦争が証明しているような本質的なものをまさに形成してきました。従いまして、キリスト教の教義を無条件に認めることによってしか、われわれは新しいカタストロフィーから身を守ることができないのです。（至る所から「その通り」という叫び声。）それゆえに、キリスト教に克服できない困難があるとすれば、それは、ジュネーブやハーグにおいても克服できないものであるということ、そのことは、私には異論の余地のない真理であるように思われます。（その通り、その通り。）あらゆるものがキリスト教精神の深みから引き出されなければなりません。しかるに諸君、再び率直に言うならば、ミュラーは彼の法案への推進力を永遠の愛という源から引き出したように私には思われるのです。従いまして、その法案にただちに、しかも確信をもって賛成することが、私には重要なことなのです。（中央党から「ブラボー」や「貴方は党の綱領を裏切っている」という声）ああ、わが愛する党の同志たち、この声が私にとってどれほど名誉なことであるのかということを諸君が知ってくれたならばいいのですが。（あらゆる政党から「前代未聞だ」という叫び。）私は、党に所属して以来、党の綱領、ならびにわれわれの議会のあらゆる党綱領を、雄鳥が朝の祈りを私に告げる前に、毎日三回唱えます。それでも、私は、党綱領が真のキリスト教精神を示していないようなあらゆる項目では、私が誓ってきた綱領を裏切る決意です。従いまして、私の愛する党の友人たちもそうしてほしいと、私は思っています。（あらゆる党から「非常にいい」「彼は頭がおかしくなっている」という声。）確かに、党の基準で測れば、私はどうやら「頭がおかしくなっている」と思われるでしょう。ですが、私の知っている基準は、キリスト教の教理だけです。そもそも、国民のキリスト教的代表者は、一般に党綱領をなお必要とするのでしょうか。（中央党から「皇帝のものは皇帝に、神のものは神に返せ」という叫び声。）また党という概念は、まったくの異教徒的概念ではないでしょうか。キリスト教政党、それは形容矛盾です。キリスト教は、個々の人間にとっても、全国民にとっても信頼のおける導きの糸です。われわれキリスト教徒は、次のようなことをサンチョ・パンサ Sancho Panza がした以上に正しく言うことはできないのです。「党綱領はキリスト教の基礎の上に立つのか――それは無駄な試みです――、それとも他の基盤に立つのか――それは有害です――」、と。キリスト教を適用したものとは明確に特徴づけられない党のあらゆる目標は、キリスト教を裏切っているのです。それゆえに、われわれにとって党綱領は、自明のものか異教徒への譲歩かのどちらかなのです。しかるに、ミュラーの法案には、われわれがキリスト教に固有なものと特徴づけることのできないものは一切ありません。(「その通り」、「否」、「そうだ」、「否」、「そうだ」、「裏切り者め」、「彼は頭がおかしい」といった声が中央党からあがる。)［たとえば］ミュラーは、土地をすべての人間に委ねる術を心得ています。そしてわれわれの聖書の中には、「天は主のものであり、地は人への賜物である」とあります。(あらゆる政党から「その通り」の声。)ミュラーは、われわれの中にいかなる不和の種をも作りたくないので、地味や経済的状態がそれぞれまったく違っている個々の土地片を関係者自身による公的借地オークションの中で評価させたいと言っています。われわれは、日々「われらを試みに引き給わざれ、われらを悪より救い給え」と祈ることによって、そのようなシステムへのキリスト教的基礎づけを与えているのです。(あらゆる党から「これはいい、もっと続けろ」という叫び。)ミュラーは、そのような借地契約から入ってくる土地地代をすべての母親に、すなわちあらゆる人種の母親に与えようとしているのです。他方、われわれはわれわれの日々の祈りのなかで、絶えず真っ先にすべての困窮している者、つまり、寡婦と孤児のことを思います。(あらゆる陣営から「だが、われわれはそのことを真剣に主張したことはなかった」という叫び。)ミュラーは、彼の提案の中で正嫡児と私生児とをまったく平等に扱っています。従いまして、彼は、われわれの市民法に従えば完全に私生児の母親と見なされるわれわれの愛する母親マリアにもそのような母親年金を与えることになります。(中央党の中でクリスマス・ソングが歌われ始めた。)それゆえ、ミュラーは、処女マリア、否すべての私生児の母親を人間制度の残忍さから保護することになります。彼は、今日排斥されている彼女たちに人間社会の完全な市民としての資格を与えるのです。その提案は、なんと素晴らしいキリスト教的思想にもとづくものでしょうか。たとえミュラーの法案には異教徒的見解があったとしても、これだけで十分埋め合わすことのできるものです。従いまして、私は次のことを告白しなければなりません。「この法案や類似の法案がすでに長いことわれわれ中央党の人々によって要求されていなかったという事実は、私を混乱させ、私をびっくりさせるばかりでなしに、党の政策に対して私に不信を抱かせるものになっているのです」、と。（中央党のボスが議場から去る。）兄弟ミュラー、異端者にして無神論者、こっちに来なさい。私はお前を抱擁しよう。お前がわれわれのところに来るか、われわれがお前のところに行こう。（中央党の中から「そうだ」、「そうだ」、「だめだ」、「だめだ」、「裏切り者め」の声。）今だかつて議会においてミュラーほど正しくキリストを解釈した者はおりません。ミュラー、お前はお前自身の行動によって自らを洗礼したのです。（中央党の中に「それは正しい」、「恥知らずめ」、「やつをつまみ出せ」、「やつの頭にインク壺を投げつけろ」という声。）あらゆる不公正なことが不公正な土地分配から始まるものである以上、このミュラーの法案によってこの世の公正さに客観的基礎が与えられるのです。（あらゆる陣営から「その通り」という叫び。）その時、われわれは毎日「皇帝のものは皇帝に、神のものは神に返せ」と言います。ですが、皇帝は国家の長を意味するものとして、公正な状態を作ることに尽力しなければなりません。つまり、「正義は統治の基礎である」、そのことを行うのが、皇帝なのです。従いまして、皇帝がそれを行う場合にだけ、彼は皇帝なのです。もちろん上述の定理において大事なのは、「皇帝」という名前や称号ではなく、その内容なのです。この世の公正さを保護するもの、それが皇帝と理解されるものなのです。従いまして、諸君が玉座につける男に、厳正な公正さを行使できる手段を与えてください。その手段こそ、ミュラー法によって達成されるからです。その法が達成された場合、少数の者が広大な土地を所有し、その他の人々が十分な土地を所有できず、そして大多数の人々がまったく土地を所有できないといった事態は、もはや生まれることがないでしょう。（あらゆる陣営から「その通り」、「ボリシェビキ主義者」、「ラバショル」、「破壊主義者」、「彼は聖書の意味を歪曲している」といった声。）

ペディグリー伯爵　議院規則に従い、私は、宗教やわれわれの聖なる感情によってここでの政治が行われていることに抗議しなければなりません。（あらゆるところから「その通り」と「反対」の叫び。）キリスト教は、われわれの理想を示しますが、しかしながら、われわれはここでは厳しい現実に関係しなければならないのです。（「その通り」

の声で議場全体が騒然となる。）われわれは、ここではまさしくキリスト教的世界観の高みに立っています。（至る所から笑い声が生まれる。）ですが、国民、つまり賤民は、なおそこまでには至っていません。つまり、われわれはなおキリスト教的立法を行えるほど成熟していないのです。（「ブラヴォー」の声ならびに騒音と全般的反対の声。）司祭ガステンは、ミュラーの動議によって呼び覚まされたものを事実にもとづいて科学的に論及することをわれわれに約束してくれました。（至る所から、「彼はそれを行ったんだ」という声）だが、そうすることの代わりに、彼はここでわれわれにデマゴギー的説教を行っているのです。従いまして、この点に関して、私は発言の取り消しという動議を提出するものです。（議場全体が騒然とする。至る所で代議士グループが戦闘態勢に入る。）

議長　採決の結果は、賛成二〇〇票対反対二〇五票です。発言取り消しの動議は、かくして否決されました。ガステン司祭は、発言を続けて下さい。

カプラン・ガステン　「［ドイツ］国民は、キリスト教の受容になお成熟していない」と、ペディグリー伯爵は言います。ほぼ二、〇〇〇年にわたってキリスト教の教えが説かれてきましたが、それでもなお国民は成熟していないと言うのです。私は、事態はそれとは反対であると考えます。国民は成熟しています。国民は、最初からずっと神の教えを受容できるほど成熟しているのです。というのも、われわれは神にその起源を有しているからなのです。例外があるとすれば、それはここにいるわれわれだけです。諸君、われわれ、すなわち党綱領だけを神聖なものと思っている政党奴隷のわれわれ、こうしたわれわれが、キリスト教的政治の受容に成熟していないのです。というよりもむしろ、われわれがキリスト教徒としてふるまうことを許さない客観的な事態が、われわれの前に立ちはだかっているからなのです。異教徒的制度が、それです。この異教徒的制度は、その根源もろとも私的土地所有に帰着するものです。われわれが撒くキリスト教という種子は、私的土地所有から芽生えた利害のために不妊になっている土地にもきわめて規則的に沈殿していきます。ですから、ああ、二つの魂が土地所有者の胸の中に生きることになります。つまり、それは、豊かな青年に関する聖書の寓話の中で美しくも、感動的に描かれているような葛藤のことです。ペディグリー伯爵は、キリスト教をひとつの理想と名付けています。そうではありません。伯爵、キリスト教はひとつの現実なのです。キリスト教は、たとえひとつの社会秩序がどれほど強くもなく生命力を持っていなかろうとも、この社会秩序のための精神的基礎を提供するものなのです。われわれは、皇帝のものを皇帝にだけ与えましょう。われわれは皇帝に、今やキリスト教社会の実質的基礎を作り出すような力をも与えましょう。そうなった場合、その理想は今日なお実現の困難な理想であり続けるにしても、われわれ全員が、あなたも、伯爵どのもまた、あらゆる生活の場でキリスト教的に振る舞うことができるでしょう。さもなければ、われわれは皆この議会において、われわれがこれまでしてきたように、さらに偽り、ごまかし続けることになるのです。(「ブラヴォー」、「ブラヴォー」、議場全体が騒然となる。)諸君、私は諸君に私の主張の証拠を与える必要はないと考えます。(中央党から「証拠を出せ」という叫びがあがる。)諸君は証拠を望みますか。よろしい、ではそうしましょう。「自分の蝿だけを追え」という原則に従って、私は、自分の党の政策の中にその証拠を求めましょう。そして他の諸政党の領域で同じような批判を行うことは、他の諸政党の代表者に任すことにしましょう。自分の党については、材料に事欠きません。では、私の愛する同時代人や党の同志たちそしてキリスト教徒の兄弟たち、諸君は一九一四年八月にどのような態度を取ったのでしょうか。諸君が戦時公債を承認したこと、諸君が武器に祝福を与えたこと、私が無限のキリスト教の愛の教えを説いてきた若者たちを、諸君が今や突然近隣の他国民にけしかけ、彼らを神の名のもとに突撃に駆り立て、そして、ランスの大聖堂を爆撃させたこと、こうしたことは、偽善的行為ではなかったでしょうか。そのことがペテンや偽善でないならば、私はもはや白と黒を区別する術がありません。(中央党から「ろくでもない平和主義者」の声。全体からは「その通り、もっと続けろ」の声。)私の愛する党の同志たち、二者択一です。つまり、われわれは、われわれの言葉に従って行動するのか、われわれはそれに対して異議を唱えるのかの二者択一です。ですが、私は後者を、根本的な点でキリスト教への背信、この世での最悪の背信と呼びます。開戦の際のキリスト者の態度ほどキリスト者をより明確に特徴づけるものはないでしょう。ここで、われわれは、キリスト教国民であることを全世界に対して証明できたのでしょうか。否、われわれは、キリスト教がわれわれの態度にわずかな影響力すらも与えなかったという証拠を持つことになったのです。それにもかかわらず、われわれは高慢にもキリスト教国民と自称したのでした。従いまして、われわれ、そうわれわれ、つまり私とそこにいる議会の中央党の全員は、一人残らずそのように偽証したのです。（至る所から「その通り、罪を告白せよ」、「彼は狂ってしまっている」、「奴をつまみ出せ」という声。）確かに、われわれは弱体でした。けれども、このような告白は何にもなりません。われわれは、「二度と戦争はしないのだ」と誓わなければなりません。キリストは、われわれがいかに敵を屈伏させるべきかについての処方箋をわれわれに与えてくれました。「あなた方を迫害するものに善行を行いなさい」、と。彼らすべてを屈伏させるためには、すなわち完全武装した人間を屈伏させるためには、それ以上のことをする必要がありません。（中央党からは「なんという間違いか」、至る所から「否」、「その通り」という声。）それが誤りであるならば、キリスト教も誤りです。従いまして、われわれはできるだけ早くそれを捨てることが善行になるでしょう。そしてこの教義がもし誤りであるならば、キリスト教には無内容な言葉以外何も残らないでしょう。ですが、この教義は正しいのです。それは、何千回も真実であることを実証してきました。（至る所から「その通り、もっと続けろ」という声。）「汝の隣人を汝自身のごとく愛せよ。」この教義はけっして戒律ではありません。なぜなら、愛することは命令できないからです。この教義は自省への助言であり、その要求なのです。このような教義に従って隣人を私の愛すべき価値のある存在と表象した場合であっても、多くの場合なおキリスト教徒と自称しているところの、この愛すべき価値のある人間たちが、今やどうして武器によって私を威嚇するような事態が起こっているのかということを、私は熟考するものです。その結果、自省の過程が始まります。われわれが平和を維持していないことが人間社会における誤りになるとすれば、いったい何が平和を維持できないようにしているのかという問題が生じます。ですが、ランスの大聖堂を砲撃したいという闘争心から、また戦争がもたらす不自由、苦悩、更そして病気などを味わいたいという気持ちから、わが国の男たちが戦争に誘引されたということは、絶対にないのです。そうでないということは、われわれのもとではもとより、他の国民のもとでも同じなのです。とすれば、何が諸国民を戦争に駆り立てるのでしょうか。人間社会においてわれわれを悪につき動かし、あらゆるキリスト教の説教よりも強力になるものとは何でしょうか。われわれキリスト教の代表者が戦時公債を承認することでキリストを否認するようにつき動かしたものとは、いったい何でしょうか。私は、この問題に立ち返りたいのです。さしあたり私は、最初に私の約束を果たしましょう。つまり私は、われわれがここでは実際に無知な者、偽善者、ならず者の集団でしかないということの証拠を提出いたしましょう。（すべての党から「その通り」、「もっと続けろ」、「前代未聞だ」、「馬鹿者をつまみ出せ」という叫びがあがる。）われわれが無知な者であるということは、私がインフレーションに言及した際にすでに諸君に示しました。そう、そう、ため息をつくなら、今のうちです。ともあれ、このことは明白です。われわれが偽善者であるということも、戦時公債の承認という愚行に言及した際に、諸君にすでに示しました。さらに私は諸君に、われわれがならず者であるということを示したいのです。（あらゆる党から「その通り」の叫び。）自己認識は、改善への最初の歩みです。私の愛する党の同志たち、穀物関税の承認の際にはどうでしたか。そのとき、われわれは、われわれが新しい負担を負わせることになった大衆に対して誠実に向き合いましたか。当時われわれは、われわれをそういう措置につき動かした真の原因を吐露しましたか。むしろわれわれは、この真の理由を隠して、まったく通常の詐欺師が常に行うような名目上の理由を使用しませんでしたか。（あらゆるところから「この男は偽りのない真実を語っている」、「否、否、彼はデマゴーグだ」、「彼をつまみ出せ」という叫びがあがる。）われわれは、国民をまったく欺かなかったとでも言うのでしょうか。『農業』には関税が必要である」、このようにわれわれは言いました。その時、お人好しの国民は、農業のことを国民の生活手段の生産と理解しました。しかし、実際には土地地代、すなわち土地所有者の不労所得だけが問題となったにすぎませんでした。働く国民の犠牲の上に、土地所有者の不労所得、すなわち土地地代を引き上げるべきである、と。「農業の保護」ということで国民に理解させせようとしたのはそのこと以外にはありませんでしたし、わが国民のキリスト教的代表者によってもそのように理解されたのでした。（あらゆるところから「そう、その通り」、「われわれは詐欺を行った」、「それはならず者の所行以外のなにものでもない」という叫び。あらゆる党のボスたちが議場を去る。）おー、臆病者たちよ。ここで男らしく認めて悔い改める代わりに、彼らは、無知な若者のようにこの戦場を立ち去るのです。そう、すでにあらゆるものを所有していた土地所有者は、厳しい労働によって稼いだ無産国民のわずかな賃金をも羨み、なおいっそう豊かになろうとして、労働婦人の財布に手を伸ばしたのでした。それは、寡婦のたった一匹の羊を差し押さえた裕福な羊の群れの所有者の比喩話を想起しないでしょうか。（原注：一九二七年五月二一日のドレスデンでの帝国土地同盟の代表者集会においてヘップ Hepp 議長は、まったく恥知らずにも次のように述べました。「この集会のメイン・テーマとしての収益性をめぐる粘り強い闘いが、協議を通じて行われました。決定的なのは、収益性の奪還なのです。」このような農政の現実の推進力が土地所有者であることが彼ら自身によってわずかな時間の中で表明された後に同一の報告書の中の、一〇行もたたないところに次のように言われているのです。「帝国土地同盟は、個々の職業身分（地代収得者という職業身分の名称は適切な名称である。）に有利となる一面的政策を志向せず、ただ祖国への奉仕だけを求める」、と。（『帝国土地同盟』第二一号、一九二七年））

では、われわれキリスト教政党の代表者は、国民にとって厳しい負担をもたらすものをいかにして国民の口に合うものにしたのでしょうか。私は、われわれの党、すなわちキリスト教政党によって関税収入——ここで正しく理解してほしいのですが、それは、関税収入だけであって、プロレタリアートの犠牲の上に関税によって引き上げられた土地地代、つまり関税の何倍もの額に達する土地地代ではないのです——を老齢保険金庫に提供すべしとする提案がなされたことを想起すべきでしょう。おー、このいかさまよ。国民の同意をだまし取るために、両者の関連を理解していない国民に略奪物の一部を施し物として与えると約束したのでした。（「なんたる恥知らず、なんたる罪深きことよ。」すべての党の多くの議員が議場を立ち去った。廊下からは騒々しいわめき声、それに拳銃の銃声も聞こえる。）

ガステンは演説を続ける

ガステン　議場の外の人々のために救急車を用意した方がよいでしょう。この集団を支配している暴力の精神が、今や彼ら自身に向けられております。われわれは、この自己破壊を防止することはできないでしょう。われわれは今やバラバラの存在になっていると、私は考えます。[それに対し] あらゆる党派、宗派、宗教の構成員からなる無党派大衆は、公正さの精神によって合一しています。ですから、われわれも団結しましょう。われわれは、党派的精神や党派的規約を捨て去りましょう。そしてわれわれは、自己責任に基づいて行動し、各人が自分自身にだけ忠実に行動することにしましょう。われわれは、私が今しがた確認したように、まだ十分議決できる人数を有しています。われわれは、この機会を利用するのです。公正さの精神に導かれるとともに、全人類、全国民への愛、つまり実際のキリスト教精神を担っている者は、確実に、ミュラーの動議についてこれ以上の討議を続けることを要求しませんし、またこの動議から現出してくるもの、それは善きことだけであることをも知っています。そうした者たちは、わざわざこの動議を吟味したりすることもなく、目を閉じてこの動議に「賛成、アーメン」と言ってくれるでしょう。

議長　議事日程に関する次のような動議が提出されています。「ミュラー法に関する討議を終了し、この法案の採決にただちに入るべし」という動議です。この動議に賛成する方は、高く挙手してください。採決の結果、議事日程に関するこの動議は、満場一致で採択されました。

それでは、われわれは今や議事日程に掲載されている母親年金法案の採決に入りたいと思います。この法案に賛成する方は、高く挙手してください。これまた満場一致で採択されました。

議場からは「ドイッチュランド、ドイッチュランド」という国歌が歌われ、全員が、つまり共産主義者もアナーキストもそれに唱和した。

議長　ドイツの全政党の議員たちによってドイツの国歌が歌われたのは、初めてのことです。すべての政党の議員たちがひとつの法案を全員一致で賛成したのも、初めてのことです。しかるに、それはどんな法案なのでしょうか。われわれが採択した法案の大きな意義を完全に見通すことのできる者など、ここにはいないでしょう。これは、いかなる場合でもこれまで議会に提出された中で、もっとも重大な結果をもたらす法案なのです。願わくば、この法案がわが国民を祝福しますように。さらにそれにとどまらず、脅威的で災いにみちた社会問題の闇の中で世界のすべての国民に一筋の光明となりますように。そうなれば、いつかわれわれではなく、地球の諸国民がわれわれの先駆的仕事を銘記しながらドイツの国歌を歌う時が来るのかもしれません。

議事日程はこれをもって終了しました。だれか発言したい人はいますか。ハーニッシュ Herr Hanisch 氏が個人的所見を述べたいとのことです。では、どうぞ。

ハーニッシュ（アナーキスト連合）　アナーキストである私が、ここでのドイツ国歌の合唱に加わることができたことを説明したい。私は、後で人に「お前は雰囲気に飲み込まれてしまった」と言われたくないからです。われわれの議長がまさしく自らの願望として表明されたこと、すなわち他の諸国民もここで提案された法案を承認するや、ドイツ国歌を歌いだすというこうした事態はすでに始まっているのです。私は、アナーキストとして自らを世界人と感じています。ドイツ人としてではなく、そのような世界人として、今日の成功を喜ぶために、これまで口ずさむことのなかったドイツ国歌を唱和したのです。しかるに、これが最後の機会にならないことを望みたいものです。われわれの議長どのが、そして議会のだれもが、今採択された法案の全体的意義を認識していないと述べられましたが、その通りかもしれません。ですが、私は、次のことに、すなわち、アナーキストはすでに、私的所有の倒壊とともに社会状態の基礎が、われわれアナーキストが志向してきたのときわめて近い方向に自動的に発展するにちがいないと多少とも明確に、いつも述べてきたことに言及したいと思います。またわれわれアナーキストは、絶えず次のように主張してきました。「国家は資本家の防波堤であって、国民の安寧や社会の必要物として構築されたものではない。かくして私的土地所有の廃絶とともに、このような防波堤に利害を有していた勢力も自ずと消滅していく」、と。「さらに私的［土地所有］利害が後退するところではどこでも、国家の自律的な後退が生じる」、と。それゆえ、このことこそ、私のアナーキズム的心情を高鳴らせるものなのです。国家という思想は、地球、すなわち人類の相続財産を粉々にし、すべての国民に地球全体の代わりにその一片の土地しか与えません。その結果、国家という思想は至る所で最初に好戦的な雰囲気を作り出します。というのも、いかなる国民も、その一片の土地では満足しないし、満足できないからです。このような国家は、われわれが今まさに通過させた法案とともに、完全な解体を迎え、より素晴らしい組織と交替することになるでしょう。なによりもまず最初に問題になるのは、確実にわれわれの国です。ですが、諸君は、今や、その法律がわれわれのもとで影響力を発揮し始めるのを待っています。政治闘争、戦争、ストライキ、犯罪などの形態で多くの騒動を引き起こし、多くの費用を生んでいる内的摩擦は消滅します。従いまして、われわれがここで節約できるだろう経済的力は膨大なものになります。その時それは、生活の喜びに、すなわちわが国を訪れるすべての者の注目を浴びるにちがいないような文化財に姿を変えます。その時、そのような発展の原因が探求されます。そしてわれわれの今日の法律が次のような原理に従って、すなわち「善はそれ自身の開拓者になる」という原理に従って世界法になるであろうことには、疑問の余地がありません。その時には、同一の経済的状況は、至る所で同一の平和的雰囲気をも作り出します。その時には、われわれが何事かをなす必要もなく、至る所で権力思想が死滅し、ジュネーヴなしにも、つまり国際連盟なしにも、条約なしにも、全般的軍縮が起こるでしょう。われわれがわれわれの法律によって準備する城内平和は、その時には、自ずと国際平和のためのあらゆる前提条件を作り出します。しかるに、このことがひとたび保証され、このことがあらゆる人間にとって自明のことのように思われるや、国家の漸進的解体が広範囲にわたって生じることになります。もはやだれも関税に利害を持たなくなるのですから、関税障壁は倒壊します。工業住民は、国境閉鎖によって食料を騰貴させることにいかなる利害も持っていません。それに対して、農村住民は、土地地代が関税によって騰貴させられる場合、借地料もそれに応じて騰貴することを知っています。従いまして、われわれの法律の実施とともに、自由貿易、すなわち世界自由貿易の基礎も与えられることになるでしょう。われわれは、もはや汎ヨーロッパやそれらと類似した控え目な要求のために闘う必要がありません。地球は、われわれすべての人間のものになります。われわれの法律は、全般的移住の自由のための前提条件を作り出します。今や、すべての人は、彼の性向、健康への配慮、年齢に応じて、またワイン、女性、歌の好みに応じて、自由にどこにでも好きな所へ移住することができるのです。そこには、肉体的条件だけが存在し、いかなる政治的条件も存在しないのです。今や、すべての人は平等に扱われるがゆえに、つまり、もはやプロレタリアートは存在しないがゆえに、だれも公益のために自分が犠牲になっているという感情を抱くことがありません。今や、すべての人は、自己責任という感情だけを持っています。そしてもはやだれひとり、国立学校や就学強制によって子供の教育責任を両親から奪うことなどを考えもしません。そしてもはやだれ一人、他人の子供を国立学校で忠実な役畜にするような教育にも利害も持ちません。いかなる国立学校も、いかなる国教会も、いかなる軍隊も、いかなる海軍も、いかなる官吏も、いかなる制服も、いかなる司令官も、いかなる議会も、存在しません。すべての理想を求める運動にとって太陽は、これからは、東洋というバルコニーから光り輝くような栄光につつまれて上がってきます。われわれのすべての政党は、自らの本当の目的を美しい理想というマントで隠してきました。従いまして、われわれ選挙民は、この理想なるものに唾を吐いてきました。諸君、諸君も唾を吐いています。今や、この隠された目的は、存在意義を失っているのです。従いまして、まだ理想主義的マントだけが残っています。このマントは、諸君、今日から夢想の王国から現世の喜びにみちた生命へと蘇るのです。今後はもはやカトリック教徒とその司祭そして共産主義者は、彼らの精神的影響力が十分であるかぎり、キリスト教と共産主義の実現を妨げられることはないでしょう。これまで少数派であったために無力であった平和主義者や平和の使徒は、彼らの平和主義的願いが実現されるのを見ることでしょう。民主主義者は、今や追放されている支配層が明日官僚支配、教皇支配、金融支配、貴族支配、ヒエラルキー支配などの衣装を纏って再生されることをもはや恐れる必要がありません。なぜなら、われわれの今日の法律は、このような支配が成長してくる基礎を根本的に破壊してしまうからです。実践は、コブデン主義者やマンチェスター主義者の人々に、彼らも権利を持っているという証拠を与えるでしょう。また「国民経済学」の博士や大学教授は、資本家の側近として語る権利を奪われ、今後は本当のことを語る権利だけしか許されないようになるでしょう。つまり、詐欺と偽善の時代は終わったのです。言葉の伝統的な意味での政治は一掃されるばかりか、われわれもまたこのような政治に何も求めないし、何の関係も持たないのです。（万歳、ブラボー。）嫌悪すべき階級国家――われわれは、今日ミュラー法によってその培養土を除去したのですが――をいかにしばしば私は、ダイナマイトで爆破しようと夢想したことでしょうか。そしていかにしばしば私は、そのような手段によってはなにものをも変えることができないということに気付き、絶望的気持ちに陥ったことでしょうか。ダイナマイトは、階級国家の根幹をびくともさせないのです。従いまして、希望もなしに私は、私の友人たちとともにわれわれの理想を墓に埋めておかねばなりませんでした。そして今日、カトリックの小さな坊主が登場し、彼はキリスト教の立場から古い問題の解決に着手しました。彼は、この古い教えの本質を断固として前面に押し出し、――文化的発展の相違を無視して――隣人への愛、すべての人間への愛、例外のないすべての人間、すべての国民、すべての人種への愛を自らの武器に変え、良き意志を持つすべての者の統一戦線の創出という不可能なことを可能にしたのでした。それに対し、私は、暴力やダイナマイトによって政治的綱領という鉄の鎧を破壊しようとしたのでした。カプラン・ガステンは、愛や公正さという太陽によってその鉄の鎧を溶かしました。キリスト教は、ここでは優れた技術であることが証明されました。カプラン・ガステン、小さな坊主、あなたの勝利です。そのことを、私があなたに言うのは、あなたが勝利に至り、敵の敗北があなたを喜ばしていると私が仮定しているからではありません。私が今日あなたの偉大な魂を深く覗き見ることができたからでした。われわれは、全人類という存在を絶えず考え、すべての人間をいかなる状況でも愛によって、つまり無限の愛によって包み込むこと、このことによってだけ、われわれは今日の勝利を永久に守るための基礎を与えることができるのです。

諸君、遅くなったので、私は帰宅し、今日の勝利を祝うことにしましょう。

フィジオクラート派の住む土地への研究旅行

本書のタイトルに選ばれた「漸進的に解体された国家」という用語は、ただちに自治主義 Akratie ないしアナーキーという用語と同義のものとすることはできない。というのも、その用語には、「自治主義」という用語と同様にひとつの［事態の］否定だけが意味されているにすぎないにもかかわらず、その用語にはそれ以上のことが隠されているからである。たとえば、支配が廃絶された場合、そのような廃絶は、自治主義者自身が表明している綱領の実現を意味するが、さらに何がなされるべきかについては、多数の異なった見解が併存しているし、また併存する可能性をもった問題になるからである。たとえば、国家とアナーキーは、国家が多数派の政党や階級の手中に握られており、彼らが少数派を従属させようとする場合に初めて対立するものとなる。従って、こうした対立は、国家がもはやいかなる政党にも奉仕しなくなった場合には、消滅してしまうものでしかない。ちなみに、そのような支配のない国家というものは［現実には］けっして存在しないだろうが、もしそのような国家が存在することになるならば、自治主義者といえどもそうした国家を原則的に承認することになるだろう。

それに対し、漸進的に解体された国家の場合、支配者の廃絶は目的ではなく、手段である。というのも、［このような漸進的に解体された国家では、］支配者が廃絶された後に、初めてその本来の課題に着手することができるからである。そうした本来の課題とは、国家の漸進的な解体後、いかなる点でも、すなわち質的にもまた量的にも今日の人間たちと変わることのない人間たち（つまり、彼らは、共産主義、キリスト教、ユートピアンが必要としているような「理想化された人間たち」ではない）の社会が、法律や行政権力などを通じて次のような機構――、今日と同様人々が分業の枠組みの中で経済活動を行うような機構、つまり人々が労働生産物の販売に依存しながら全世界との通商関係を保持しながら、世界市場に競争力を持って登場し、しかも大洋を［自由に］航行できるような機構、また人々が、農民の耕作地の中を通る道路や橋そして鉄道などを権力を利用することなしに建設できるような機構、そしてすべての者が自らの利益を追求できるような機構、さらに移入民が移出民よりはるかに多くなるような機構、最後にそのような国民の内部では、国家に組織され統治されている国々よりもはるかに内部摩擦が少なく、費用もはるかに少なくてすむということの証明が与えられるような機構――に介入しなくても生活できるばかりか、しかも繁栄できる基盤を作り出すという点にもあると言ってよいだろう。

たとえば、人々がドイツの明るいブナの森に入る時のように、あるいはジークフリート Siegfried が太陽に向かって呑気に歌ったり、口笛を吹いたりしながら歩む時のように、いかなる場合であっても国境監視人の所在を確かめたり、旅券警察のことを考えたりすることもなく、上述の［フィジオクラート派の］人々が住む土地を訪れるならば、訪問者たちは、各人がそれぞれ直接自分のことにだけ向き合っている人間たちに囲まれているのを見るだろう。そこでは、だれも公益のことを毎日八時間の間まったく考えない。（そしてだれもが毎日八時間を自分の給料のために捧げている。）事実、そこではだれも公益などを気に掛けることはない。その地の人々は、今やこうした大衆の活発な自己活動に身を投じなければならない。だが、彼らは、各人本来の仕事を遂行するということが、自らが大衆にとって有益な存在になるということを良く心得ている。そのことは、次のような方法によって、すなわち、とくに効率的になっていると考えられる社会では、人々が商品や労働給付の価格を検証した上で、職業選択をするという方法によって、もっとも簡単になされるだろう。かくしてカルーソ Caruso よりも上手く歌える者は歌い、サンタ・クララ Santa Clara よりも上手く説教できる者は説教し、リップス・トゥリアン Lips Tulian よりも上手く盗める者は盗めばよいのである。（彼が盗賊という危険な職業領域で下手くそであれば、如何ともしがたいことになる。）今や、このような人間集団の中で特別なことが生じても、だれもけっして次のようには叫ばないだろう。「国家はどこにいるのか。国家はここで介入すべきである」、と。ここでは、人々が国家を求める声を上げたとしても、国家的なものをまったく見ることはできない。従って、すべての者は自らの本能的行為に完全に頼らざるをえないのである。もっといえば、日常生活のあらゆる問題に対して例外なく自己の本能的行為に頼らざるをえないのである。たとえば、エルツ山地で谷川が増水し人を押し流した場合でも、ハルツで鉄道列車がダムから脱線した場合でも、ハンブルクでコレラが発生し、ブレスラウで天然痘が発生した場合でも、ポーランド人、フランス人、ムッソリーニなどがベルリンのわれわれに援助の手をさしのべた場合でも、失業者が市庁舎の外壁の前でデモをした場合でも、いかなる国家官吏も見ることがないのである。それにもかかわらず、万事が上手くいくのである。さらに言えば、たとえば貯蓄銀行のお金、すなわち老人や労働不能者たちのなけなしのお金を横領したばかりでなしに、あらゆる近隣国と敵対関係に陥った国家、しかもこの国家の「救済」のために二〇〇万人の青年の生命と四〇〇万人の負傷者の健康を犠牲にしながら、一、三二〇億マルクの賠償金を工面しなければならない国家、そうした国家においてよりもこの地ではるかに上手くいっているのである。つまり、**漸進的に解体された国家**では、例外なしに民間のイニシアチブが国家に取って代わるのである。その上、各人にとっての「法的関係」を、各人がそれぞれ自ら作り出さなければならないのである。［それはこうである。］各人はまず民間法典に基づいて契約を締結する。その際の執行権となるのは、各人の拳や各人のピストルである。あるいは損害をもっと少ないものにするためには、契約違反を公的信用や名声などの失墜によって償わせるといった方法が取られることもあるだろう。泥棒や姦通者も、［国家と関係するのではなく］、民間人とだけ関係しなければならない。たとえば、悪党が縛り首になったならば、彼の友人は、その死体を少なくとも国家の死刑執行人から受け取るのではなく、民間人の死刑執行人から受け取ることになる。手短に言えば、**漸進的に解体された国家**では、法務大臣なしに、文化大臣なしに、食料調達大臣なしに、インフレーション対策大臣や社会福祉対策大臣そしてデフレーション対策大臣なしに、戦争担当大臣なしに、さらに講和担当大臣なしに、上手くやるのである。どんな通商大臣も、安価な食料と高い関税額をいかに調和させるのかといったことを毎日八時間も頭を悩ます必要はないのである。そしてだれかが借款を与える場合、驚いたことに、それはヘルフェリッヒ Helferich の通貨ではなく、[国家]保証のない民間の紙幣で行われるのである。

「万事が国家の漸進的解体に帰着する」、と。こうした叙述に驚く者も、われわれが今日営んでいる市民的生活では、——**漸進的に解体された国家**では生産と交換、すなわち人間が絶えず自らの主要な力を注ぐ[経済]活動が国家の干渉から自由に営まれているのとまったく同様に——きわめて広範囲に国家の干渉から自由に営まれているということ、こうした事態を指摘すれば、この叙述を静かに受け入れてくれることだろう。つまり、われわれが今日営んでいる市民的生活では、農民、手工業者、事業家、芸術家、商人そして大多数の労働者は、自由な職業選択のもとで、彼らが取れる手段の限界内で活動しているのである。しかるにこの点で、だれも国家の指示を受けることはない。たとえば、商人は、いかなる場合にももはや自らの望む商品のために、入手可能な価格以上の高い価格を支払うことがない。「かくして、こうした事態に満足できない者は、他の土地に移住することができる」と、われわれは言いたい。

このようにわれわれは、**国家の漸進的解体**とともに志向すべき秩序への萌芽を十分に見出しているのであるから、次の問いに[ただちに]答えることができるだろう。その問いとは、社会生活の中のきわめて広範囲にわたるきわめて困難な領域、すなわち商品生産、多種多様なサービス給付の交換そして価格形成などの領域が、国家の干渉なしに上手くいっているならば、なにゆえわれわれは国家とその残滓を[われわれの社会生活の]局外に置いておくことができないのだろうかという問いのことである。従って、この問いに対し、われわれは、今や**国家の漸進的解体**という用語を聞いて驚愕してしまうすべての者のために[空想的な旅行記という具体的なたとえ話で]答えることにしよう。

＊　＊　＊

〈A〉私たちはわが国を後にしました。今から私たちは、［わが国の］市民でもなければ、臣民でもありません。［私たちは、フィジオクラート派が住む土地を旅する旅行者なのです。］ところで、ここに境界石がありますね。

〈B〉えっ、フィジオクラートたちはいかなる国家も持っていません。それゆえ彼らは、いかなる国境も持っていないはずです。従いまして、あなたがそこに見ている境界石は、一方的に置かれたもの、つまりわが国によって設置されたものです。ですから、それは、たとえば刑務所の壁のように一方的に設置された境界にすぎません。

〈A〉この境界石を見て私は驚きました。というのも、私たちの国家が境界石をここにとどめて、これ以上にフィジオクラート派の土地に移動させていないからです。

〈B〉フィジオクラート主義への伝染の恐れが、そのことを妨げているのでしょう。あなたは、私たちが私たちの国家への帰還に際して、私たちの国家にとって危険となるような文書の所持を厳重に検査されるのを目の当たりにすることになるでしょう。それでも、具合のよいことに、思想には関税がかけられません。

〈A〉フィジオクラート派の隣人たちが私たちの国家にとって危険な存在になりうるとすれば、それは、フィジオクラート派の隣人たちから生まれた魅力がわれわれの国民に及ぶ場合でしょうし、また、その訪問者が、フィジオクラート派の制度がわれわれの国の国家制度よりも人生の幸福をより多く保証するものになるという確信をもって帰国する場合でしょう。その魅力の程度というものは、［わが国民が］フィジオクラート派の土地にどの程度移住するのかによって示されることになります。しかし、そのような事態が展開したならば、私たちの国家は、フィジオクラート派の制度を自分たちの中に導入することによってしか闘えないことになってしまうでしょう。その関係は、ロシアの状況が至る所でその地への移民渇望を促進するものであるならば、ロシアのボリシェビィキは高額な費用のかかる対外宣伝をしなくてすむことと類似しております。

〈B〉それはともかく、道路に残された車の走行の跡を見てください。ほとんどすべての車の走行の跡は、フィジオクラート派の土地に向かうものであって、少数のものだけが帰還者の走行の跡でしかありません。ちなみに、［フィジオクラート派の住む土地では］きわめて強力な移入民の流れが支配的であると言われています。最初に来た移入民は、母親年金をあてにする、多数の子供を持ったジプシー女たちでした。だれも彼女たちの移入を防ぐことができませんでした。けれども、彼女たちは熊使いや鍋作りとなって、相互に激しい競争をしたので、彼女たちの多くは再びそこを立ち去りました。私たちが見た帰還者の足跡は裸足の人のそれでしたから、おそらくジプシーのものだったのでしょう。次に来たのは、警察や世論がいかがわしいと見なしているような人々や無道徳主義者の土地に救いを求めようとする人々でした。このような人々の多くも再びこの地を去りました。というのも、無道徳主義者は生命と財産の保護を――馬泥棒、狼藉者、手形偽造者などをきわめて手荒く扱う――リンチ裁判に委ねていたからです。ですが、私たちの国にあっては刑務所から別の刑務所へと渡り歩いていたような人々の多くも、フィジオクラート派の人々に加わると、労働を好むようになりました。というのも、彼らは、この地の人々全員が労働していること、またこの地では搾取が廃絶されているために、労働は押し込み強盗や盗みなどよりもはるかに稼ぎの良い仕事になっていること、こうしたことが分かったからでした。しかし、今やフィジオクラート派の土地に吸引される人々は、うしろ黒いならず者だけではありません。農民、手工業者、労働者、あらゆる種類の芸術家といった多数の人々がこの地への移住を望んでいます。その魅力となっているのは、大抵の場合高い労働収益や安定した経済的関係などですが、そればかりでなしに、多くの場合快適な社会状況もその理由のひとつとなっています。世界のもっとも有能な企業家——その頂点にフォードFordがおりますが——も、彼らの工業をフィジオクラート派の土地に移転させたいと真剣に考えるようになっております。なぜなら、この地ならば、彼らは国家によってまったく妨害されずに自らの［経営］意志を貫くことができるという理由、また搾取の完全な廃絶によって企業家の真の役割が労働者に明らかになるという理由、そしてわれわれのもとではきわめて重要なことと見なされ、われわれによって志向されてきたにもかかわらず、これまで残念ながら実現されてこなかったもの、つまり、労働者と企業家の間の連帯が実現できるという理由、こうした理由からなのです。他方、フィジオクラート派の土地に住む労働者は、彼らが自由に経営協議会、ストライキ、サボタージュそして公然たる誹謗中傷などによって企業家を苦しめるならば、企業家の中のもっとも有能で、もっとも良質な分子たちが撤退し、その分野を詐欺師、ペテン師、卑劣漢に明け渡すことになってしまう——そのことは、もちろん賃金の上昇ということにとって無関係たり得ないことなのですが——ということをも認識しているのです。たとえば、フォードは、労働組合のあらゆる介入を拒絶したからこそ、自分の産業を記録的高水準にまで発展させることができたのです。だが、もし労働者が労働組合の活動家や経営協議会委員を使ってフォードを追放し、フォードの地位に搾取者、高利貸し、悪漢として特徴づけられるような人々を就かせたならば、そのような人々が指導する経営は、記録的高賃金を財政的に可能にするような余剰を生むといったことは、絶対になかったでしょう。［こうしたことを可能にした］繊細な名誉感情は、結局のところ大経営を指導するひとりの人格の特性によるものでもあるのです。つまり、あらゆる重要な特性を累積させたものが、この名誉感情なのです。従いまして、賃金労働者のあらゆる利害は、企業家層を悪党や詐欺師の手中から国民の中のエリートの手中に移動させるという要求と一致しているのです。かくしてフィジオクラート派の土地では、企業家はいかなる種類の道徳上の、労働組合上の、法律上の足枷を持つことがないために、そうした移動が自動的に達成されることになるのです。つまり、自由の本性は、自由で気高い精神を自動的に高めるものとなります。従いまして、自由は下劣な心情と調和するものではありません。ですから、私は、たとえば、フォードが賄賂によって国家事業を行ったという噂を信じるつもりはありません。

〈A〉私は、［この地では］労働者が賃金制度、すなわち労働者が自らの文献のなかで激しく闘おうとしていた制度と折り合っているということをとても興味深い事柄と見なします。このような見解の変更は、いったいどうして生まれたのでしょうか。

〈B〉こうした事態は、――資本がもはや利子を生まなくなったために、資本が搾取を意味するものでなくなったがゆえに、――賃金労働者が［今や］企業家を搾取者とは見なさず、また見なすことができなくなったということから、概略うまく説明できると思います。生産物の販売から賃金やその他の経常支出を支払った後に企業家に残る残額は、彼の労働収益と見なされるべきものです。そしてそれは、その他のあらゆる労働収益と同様に競争法則に従うものでもあります。ここでは、借地入札における完全な自由競争によって決定される借地代を支払う者が、土地を自由に利用できます。そして貸付利子もゼロ前後でしか変動することがありません。そのために、意欲を持ち、能力があると信じている者たちが、そうした能力を持たないと感じている者たちを労働者として自らのもとに集め、他の企業家と競争を行うことができるのです。ですが、こうした競争を行うのに、全員がそうした能力を持つ必要はないのです。事実、大多数の人々は、単純な農民経営を一人で行う能力すらも持っていません。いわんや彼らは、産業、輸出業務、仕事場、床屋、薬局などの経営を行う能力も持っていません。「［経営にとって］重要となるのは、上位の指導者である。責任ある指導的地位の仕事を適切に果たしてくれる者を何千人もの応募者から見出だすということだけでもきわめて難しいことである。われわれの工場が六％ないし三％ないし〇％の配当金を生むかどうかは、その経営を指導する人間の質にだけ依存しているのである」、と。こう企業家は言います。それに対し、今や［われわれの国の］労働者はこのような事情を認識できないでいます。従いまして、労働者は皆口々に言います。「資本はわれわれをプロレタリアに零落させた。そうでないならば、なぜわれわれはこのように零落しているのか。われわれも、企業家、商人、薬剤師など何にでもなり得ただろう。われわれに欠けていたのは、学歴と資本だけである。残りのあらゆる人間的資質を、われわれはわれわれの母親から十分に相続しているのである」、と。それに対し、ここではだれもそのような釈明を行いません。この地ではすべての者は、自らの母親次第であるということ、また彼らは自らの選んだ職業に満足しなければならないということを十分に知っています。まさに運命と幸運次第です。「それに対し、われわれの国の労働者は次のように言うでしょう。」「母親が思い切って、土地所有者によって数世代にもわたって役畜として飼育されてきた俗物の代わりに、モンゴロイド、ユダヤ人、イタリア人を彼らの子供の父親に選び、彼らの子供たちの運命を改善したならば、おそらくわれわれは上位の命令できる地位に座れただろう」、と。他方、この地では、賃金労働者は正直な自己認識を告白することでしょう。（原注：ローザ・ルクセンブルク **Rosa Luxemburg** は、自らの著作の中でこのことに反論することもなく、次のようにカール・マルクス Karl Marx から引用している。「今日の世代は、モーゼが荒野の中を導いていったユダヤ人によく似ている。それは、新たな世界に堪えられる人間に場所を空けるために没落しなければならないのである。」（カール・マルクス『フランスにおける階級闘争』））それに、企業家や商人に特有な厄介事を背負い込むことは、万人の責務ではありません。ここでは、このような労働者の多くは独立自営になることができるでしょうが、そのことを望んでいません。彼らは、独立自営となることで経営の厄介事を背負いたくないからです。賃金労働者であれば、本来、快適な生活を送れます。彼らは、何の厄介事にも関係しないからです。企業家は絶えず［経営のことを］考え続けます。それに対し、賃金労働者は絶えず［経営のことを］考え続ける必要がありません。彼らは、自分の精神的力をより美しいものに捧げることができます。企業家が夜中も機械の故障、手形の不渡り、船舶の座礁などについて思案するのに対し、賃金労働者は結婚式で歌う歌を考えたりすることができます。賃金労働者は、自らの望むかぎりにおいて、また必要なかぎりにおいて、生産するにすぎません。その後彼らは家に帰り、一杯やった場合には、次の日の朝になって初めて考えます。その際、彼らは出来高賃金で生産します。従いまして、彼らは、自分の労働を自分で監督します。彼らは通例八時間労働を行い、残りの一六時間を自分のために使います。ですから、彼らは研究したり、遊んだり、子供と散歩したりすることもできますし、また長期休暇を取ることもできます。そのために、彼らは毎年ケヴェラー、ローマそしてエルサレムにも巡礼することもできるのです。賃金労働者が独立自営の農民、手工業者、商人そして薬剤師に対して持つこのような大きな利点のために、賃金労働者身分のほとんどの人々は精神的に豊かな人間になるのです。詩人、自然科学者、天文学者、化学者、すべての宗教の司祭、宗徒、役者など、こうした人々は、今日のわれわれの下では「神経症と不眠症」に苦しんでいますが、今や彼らは、自らの時間をベルトコンベアに従ってあくせくと働いた後に得られる自らの賃金に支えられて、どの方面にも遠慮せずに、はっきりと自分の考えを言う自由な人間になるのです。ベルトコンベアでの驚くほど単調な労働のもとで、「彼らは自分の思想を錬磨し」、先行の科学的論争の労苦から自らを回復させるのです。いかなる化学的睡眠薬といえども、ベルトコンベアでの賃金労働ほどの効果は実証されていません。こうした社会的混合のために、われわれの社会的観点のもとでは賃金労働者身分になおつきまとっていた劣等視がこうして取り去られることになりました。かくして無関心と賃金労働者という二つの概念を同等視することは、この地では完全になくなりました。そしてこれら二つの名称は別の内容のものになりました。従いまして、私がここに定住する場合には、私は賃金労働者になるでしょう。なぜなら、私はそこにより良い社会［生活］を見出だせそうだからです。

〈A〉残念ながら、私は今あなたが述べたことを聞いていませんでした。なぜなら、私はさっきからポケットの中にあるはずの私の証明書類一式（パスポート、警察発行の品行証明書、大学の卒業証明書、資格証明書等）を探していたからです。［探してもないということは、］だれかがそれらを盗んだからにちがいありません。

〈B〉あなたは、そんなことを心配しなくてもいいのです。ここではいかなる証明書類も、またそのような証明書を発行する戸籍局も、存在しないのですから。あなたを見た者であれば、だれもがあなたがかつて誕生したということを認めます。ですが、あなたの父親がだれであったのかは、書類でも確実なことは言えませんし、また「同様に」あなたの母親がだれであったかもそうです。こうしたことは、あなたか、さもなければあなたの娘婿に興味を起こさせるだけでしかありません。あなたのこれまでの長い人生において、警察以外に、あなたの証明書類やあなたの人間集団への帰属性についての証明書を求められたことがあったでしょうか。ありませんよね。人間間の交通が市民的世界で生じて以来、一度としてそのような証明書類を求められたことがありません。たとえば、フォードは一〇万人の人間を雇用していますが、彼は、だれ一人からもそのような証明書を求めたことがありません。あなたが何者であるかということは、人間社会の中では絶えずあなたの行為と言葉とによって示さなければなりません。「目で確かめてから、人を信じよ」、こう格言は言うのであって、「証明書類がお前を示す」とは言いません。人間に関してその決定的な証明書類となるのは、その人間の額と風貌なのです。たとえば、適齢期の女性は結婚相手に証明書類を求めますが、常に裏切られてしまいます。従いまして、ここフィジオクラート派の土地では個々人の印象が、あらゆる証明書、あらゆる学位、あらゆる資格証明書、あらゆる博士号の代替をするのです。

〈A〉私たちは、私たちの国が設定した境界石のところで、つまり、フィジオクラート派の土地の外周部分のところで哲学的に思索しているにすぎません。ですから、個人的体験とその印象を得るために、われわれはバスに乗ってフィジオクラート派が住む土地の中心部に入っていく必要があります。さあ、いきましょう。

〈B〉では、そうすることにいたしましょう。でも、バスが出発するまでまだ時間があります。この時間を使って、そこにある貼紙についての研究をしたいと思います。

〈A〉私たちは、国家が漸進的に解体された土地にいると考えましょう。そうすると、いったいだれがこの貼紙を張ることを依頼し、だれがその費用を支払うのでしょうか。そして自治主義的社会の背後にはどのような権力 Autorität が潜んでいるのでしょうか。

〈B〉おそらくこの貼紙が、それらについての情報をわれわれに与えてくれるでしょう。それを読み上げてください。

「汝がだれであろうとも、すべての移住者よ、泥棒を繰り返したためにリンチ裁判によってここで打ち殺されたヤーコブ・ヨーゼフ・ポイ Jakob Joseph Peu の魂のために『神が彼の魂を寛大にも受け入れてくれんことを』と祈っていただきたい。

移住者よ、汝は次の事に注意されたい。汝は汝の土地にいる。ここでは、だれも汝に対して特権を持つ者はいない。以前には所有権の侵犯を許し、そのことを正当化できた状況は、ここには存在していない。また国民の自助にとって有害な人間を擁護した裁判所も、ここには存在していない。ここでは、盗人は、直接その被害者と対峙する。その場合、被害者は、汝がこのヤーコブ・ヨーゼフ・ポイの運命から見て取ることができるように心理的要因から弱気になることはまったくない。汝がだれであろうとも、汝がその他のすべての人々とともに定期的な借地入札に参加し、他の人々よりも高い価格を付けることで汝に必要な土地を確保する権利を有している。この自由地を借地するためのカタログを、汝は母親同盟の書記局で手に入れることができるだろう。その際、汝が女性で、しかも母親であるならば、汝は母親年金の受給手続きをも行うべきであろう。この母親年金が土地の借地料収入から支出されているということ、従って、競争が借地料を騰貴させればさせるほど、母親年金もそれだけ多額になるということ、こうしたことを汝は知るに至るだろう。

汝が起業のための経営資金を持っていなくても、汝がいくらかでも他者からの信頼の念を引き起こすことができる場合には、汝はおそらくすぐに汝の借金の申し込みに応じてくれる人間を見出だすことになるだろう。貯蓄金庫の預金過多ということが、このような汝の借金の申し込みに際しても、汝が搾取されることがないという保証を与えるものになる。（原注：どこか他のところでなお利子が存在しているかぎり、どの地方においても利子が消滅することはないということ、そのことは、すでに別のところで言及した。読者には、明晰な叙述を行うという観点からこのようなあり得ない仮定に譲歩したことをお許しいただきたい。）もし信頼が得られないならば、汝に対して当初の間賃金労働によって一定の資金を手に入れることが勧められるだろう。そして、汝が汝の労働や汝のその他の行動によって、汝が信頼のおける人間であることを示したならば、汝はまもなくこの土地で信用を享受するのに必要な信頼を勝ち得ることになるだろう。だが、汝がアルコール依存症やその他の悪徳に犯された人間ならば、私は汝に次のことを、すなわち、汝は当初は独立せずに、下男として奉公することを、また汝が汝の悪徳の従者であり続けるかぎり、下男であり続けることを勧めるものである。ここには、このような人々を扱うことを心得ている農民が多少ともいる。汝はそのような人たちのところで安定した仕事を見つけることができるだろう。これをかぎりに、汝は次の事を銘記せよ。汝が苦境（不運は除く）に陥っているのは、常に汝自身の責任である、と。たとえば、汝は酔払って側溝に寝たまま、凍死し墓地に入るかもしれない。墓銘碑にはそのことが書かれるにすぎない。汝は汝の土地にいるのであるから、だれも汝に対してわずかな責任感情すらも感じない。すでにカイン Kain が立てた問題、すなわち『**私は私の兄弟の保護者になるべきなのか**』という問題には、ここでは全般的な否定をもって答えることになる。汝は次の事を銘記せよ。老齢期、病気、労働不能、不運な出来事などの事態に対処するための資金としては汝の労働収益で十分である、と。だが、乞食の場合、もらいが少ないので、ほとんどの場合そうした資金を手に入れることができない。他方、友人が苦境に陥っている時に、汝がこの友人を助けるならば、汝が苦境に陥っている時にこの友人が汝を助けるだろう。このような友情に基づいた保証こそ、多くの人々はもっとも確実な保証であるとみなすのである。

従って、もう一度言うが、われわれは、人々を犯罪に駆り立てる窮乏を是認しないということ、そして［汝が犯罪を犯して捕ったならば、〕その被害者が、近隣の人々によって汝に下された刑罰の執行人になるということである。そのことが何を意味しているのかを、汝は犯罪を犯す前にとくと考えるべきである。ここでは、墓地は汝の国の刑務所に相当する。墓石に刻まれた碑文を読んでみよ。読み終わったら汝は、次の事を銘記し、留意せよ。ここには、いかなる社会福祉も、いかなる失業扶助も、いかなる浮浪者施設も、いかなる保護検束もないということを、つまり、『神は、自ら助ける者を助ける』ということを。

私は、もっとも近くにいる隣人として、しばしば質問者によって私の仕事が妨げられるので、ここにこれを書き記したものである。　**コンラッド・シュミット Konrad Schmid**（道路工事親方）」

〈B〉このような〔貼紙中の〕道徳を、あなたはどう感じましたか。たしかに、これは少しばかり野卑な感じを与えます。しかしながら、自然界におけるのと同様に、それは結果次第で違ってくるのです。われわれは、自然界で演じられる存在をめぐる野蛮な闘争を嫌悪するのですが、**それでもその結果を賛美します**。と言いますのも、いわゆる慈善行為は、積極的なものであれ消極的なものであれ、等しく有害であることが分かっているからなのです。

〈A〉私の意見は、苦境の中の相互扶助は人間の中でのもっとも価値のある本能を覚醒させ、発展させるというものです。ですから、自助ということばかりを繰り返し強調することによって、相互扶助の本能を危険に晒したり、萎縮させたりしてはいけないのです。われわれは、ここで海難事故、劇場の火災、もっと大規模なものとしては新しい氷河時代や世界戦争の到来などの場合を考えてみて下さい。

〈B〉私は、あなたがこの貼紙の内容を少しばかり誤解しているのではないかと考えます。私が理解するかぎり、ここでは納税者が負担する画一的な官吏による公的福祉が存在しないことだけが言及されているにすぎません。そのことを別にすれば、ここでは貧しい人々を助けることが禁止されているのではありません。ひるがえって考えますれば、われわれのところではどうなっているのでしょうか。たとえば、乞食は警察によって禁止されていなかったでしょうか。それは、妬み深い当局の見解によれば、公的福祉が存在しているにもかかわらず、乞食はそれ以上の多くを得てしまうという理由によるものでした。従いまして、ごく自然的に行われる慈善行為が警察力によって人為的に阻止される必要があったのです。しかるに、われわれの国では多数の貧民が存在しているにもかかわらず、乞食が余りにも多くのものを取るという理由から、慈善行為が禁止されていることについてはもとより、少数の貧民しかいない当地でも、慈善行為がわれわれの人間的感情に相応しい程度を越えてなされてはならないとされていることについても、私は納得がいきません。それというのも、とりわけ公的福祉がないところでは社会的本能が強化されるにちがいないからです。それゆえに、私は、ここでこそ相互扶助ということがきわめて力強く現れてくるにちがいないと考えるのです。ちなみに、あらゆる国家的扶助がないために、人々が相互扶助に依存しているところでは、至る所でそのことが観察できます。つまり、クロポトキン Kropotkin が自然界における相互扶助について述べたことは、人間界にも妥当するということなのです。だが、そこには留意すべききわめて重要な事柄があります。その重要な事柄とは、この地では土地はすべての人間が平等な条件のもとで自由に利用できるために、窮乏との闘争がこれまで国家が遂行してきた闘争の何千倍以上もの強さで遂行されているということです。要するに、公的福祉は窮乏を存続させ、窮乏を除去しないのです。この地では、大衆の貧困はあってはならないものなのです。こうした大衆の貧困という光景、それは個々人を完全に無力な存在と感じさせるばかりか、われわれを鈍感にし、野卑な存在にさせるものでしかありませんでした。人間は、自分が阻止できないような窮乏を見た場合、その存在を否定するか、それとも目を閉じるか、または偉人に訴えるか、それともけっして助けてくれないだろう国家に訴えるかしかないのです。国家は全能であるという信仰がなかったならば、われわれはすでにずっと以前にこの地でなされているような根本的方法による貧民扶助を確固として決断していたでしょう。

〈A〉そうした根本的方法による貧民扶助は可能です。ところで、あなたは、この貼紙の中で言及されているリンチ裁判、すなわち人民裁判についてはどう考えますか。その際に、犯罪と刑罰が正しく釣り合うことの保証はどこにあるのでしょうか。われわれの国ではせいぜい懲役刑が科せられる程度の犯罪で、ここでは死刑判決が下されるという恐れがないのでしょうか。またここでは、素人裁判官の場合に予想される冤罪の恐れも多々出てくることでしょう。

〈B〉この貼紙のどこにも、刑罰については触れられていません。この刑罰という概念は、宗教的観念、とりわけキリスト教的観念から生まれたものです。人間は、――そう信じられているのですが――自らの意志に従って行動することもできますし、またそれを思い止どまることもできるのですから、そこに責任ということが生まれてきます。われわれは、われわれの司法制度を擁護するために、こうした犯罪の責任やその道徳的評価をどれほど乱用してきたことでしょうか。しかるに、この貼紙は、移住者に、打ち殺された犯罪者の魂のために祈ることを要請しています。その点で、この貼紙はキリスト教的道徳の基礎上に立脚するものです。しかし、この貼紙はリンチ裁判を否定してはいません。もし否定しているならば、この貼紙は、移住者に裁判員への「主の祈り」を行うことを要請しているはずだからです。けれども、**リンチ**裁判員は、自分の判決を社会の保全のためと述べて、刑罰や道徳的贖罪のためとは述べておりません。従いまして、彼の判決は自由な意志を前提するものであって、責任を前提とするものではないのです。**リンチ**は、通常の犯罪者と政治犯とを一切区別しません。両者はともに社会を危険なものにするという理由から、社会はこの両者を同等に扱うのです。このような訴訟手続で冤罪者が死刑にされたならば、**リンチ裁判**は間違った判決を下したとは言わずに、彼は不運であったと言います。犯罪者の精神状態と判決を下す裁判員の精神状態が同等のものにはなりえないように、判決と犯罪の間にも、けっして「正しい」関係は存在していないのです。ここでは「われわれはどうやって犯罪者の行為から身を守のか」という問題が設定されるだけなのです。つまり、ここでは、犯罪者を追放することができないのです。なぜなら、フィジオクラート派にはいかなる国境もないからです。また自由刑によっても犯罪者を無害な存在にすることができません。というのも、ここにはいかなる刑務所も存在していないからです。それでは、リンチ裁判は何をするものなのでしょうか。リンチ裁判は、可能なかぎり適切に犯罪者を無害な存在にするということにあります。事の性質上、手段を選択する余地はほとんどありません。その場合、すべての者が自分の生命と財産を、自分の自由になる手段を用いて有効に守ろうとするのは、自明のことです。最良の策は、伝染病の場合と同様に、その予防策を取ることです。事実、フィジオクラート派の人々は、こうした方策を模範的手段を用いながら行っています。われわれのところでは、窮乏は犯罪を引き起こしますが、その窮乏は、われわれの社会制度の所産なのです。しかるにリンチは、犯罪者を殺害するか、犯罪者を逃がすかのどちらかです。それに対し、われわれのところでは犯罪者をしばしば無期懲役囚として投獄します。それに対し、私にはリンチという方法の方が人間的であるように思われます。事実、死の床にある無期懲役囚にどちらがいいのかを問うならば、きっと彼らは全員犯罪を犯した時点でリンチにあっていた方がよかったと異口同音に答えることでしょう。

〈A〉私は、あなたの言っていることに納得がいきません。私たちは、犯罪者を虐待したり殺害したりすることなく、犯罪者を無害な存在にできるような方法を発見しなければなりません。

〈B〉ですが、私たちは犯罪者への対応策として裁判官、刑務所看守、死刑執行人などを任命することで、私たちが漸進的に解体した国家を再び設立するようなことがあってはならないのです。つまり、私たちが犯罪者への対応策を取ったために、国家が再建され、全国民が犯罪者にされては、意味がありません。おっと、向こうでバスが出発の警笛を鳴らしています。さあ、出発時間ですよ。

〈運転手〉お客さん、この地では乗客が何らかの事故に巻き込まれたとしても、だれも責任を取りません。この点にご留意ください。ですが、ここに掲示してある料金を徴収した後では、私は乗客を事故から守ることに努めます。とはいえ、道路は良好に維持されていますし、［実際］これまでのところ重大な事故はまったく起こってはいません。どうぞ、運転手の私を信頼される方は、［私のバスに］ご乗車ください。それに対し、私を信頼されない方は、私の競争相手となる別のバスに乗車していただいて結構です。

〈B〉［運転手さんに］質問があります。向こうの深い谷に架かっている橋の負荷能力を保証しているのは、だれなのですか。

〈運転手〉その情報については当地の母親同盟が発行したパンフレットが提供してくれます。さぁ、私はこれから出発しますよ。

〈A〉この運転手の運転はカミカゼ運転ですね。このような高速での通行を可能にする道路に私は脱帽したい気持ちです。実際、［バスは］振動することもなく、どんどん速度を上げています。

〈B〉［バスが振動しないために、母親同盟のパンフレットを］良く読むことができます。さぁ、ここであなたはこの母親同盟のパンフレットを読み上げてみてください。

〈Aは、「移住者促進という方法による土地地代引上げのための母親同盟のプロパガンダ文書」を読み上げる。〉

「この土地に来た新参者たちへ。汝らは、この土地で公的慈善家ないし福祉大臣の所産と見なされうるような数多くの制度に出会うことだろう。その時、慈善家からの贈与を受けたくないという繊細な感情を持った人間として汝らは、この制度の利用に躊躇するだろう。だが、汝らは躊躇することなしに、安心してこれらの制度を利用すればいいのである。これら上述の制度が生まれたのは、もっぱら母親同盟の商才によるものである。たとえば、そこに建設された橋は、三〇〇万マルクの費用がかかった。だが、この橋のおかげで汝らは、深い谷の上でも安心して進むことができるようになっている。この橋は、次のような母親同盟の目論見のもとに、すなわちこの橋を建設すれば、交通可能になる土地の借地料が騰貴し、この騰貴額によってこの橋の建設費用を短期間に償還できるだろうという母親同盟の目論見のもとに、土地地代からの資金提供によって建設されたものであった。事実、このような母親同盟の目論見が正しかったということは、この橋の完成を前にした現在、当該する土地の借地料が著しく騰貴しているという事態によっても示されていると言ってよいだろう。建設費が償還された以降の母親年金は、この橋の建設の結果、少なく見積もっても二〇％の増額を可能にしてくれるだろう。また南部の大沼地の干拓には一、〇〇〇万マルクの費用がかかったけれども、その費用はすでに五年間で全額償還された。その結果、今や毎年二五〇万マルクの母親年金の増額が可能になっているのである。汝らが走行している自動車道路も、同じく母親同盟によって計画・建設され、そして資金提供されたものである。新参者たちがすべてこの自動車道路を無料で利用した場合でも、この事業は、母親年金にとってとくに利益の多い事業になっていると言ってよい。同様のことは、山地の数多くの山小屋の建設、傾斜地での植林、大運河の建設、無数の土地改良、整地、岩盤の爆破、農道［の整備］などについても妥当する。荒れ地、沼地、不毛の土地などを、われわれは、無利子であり、しかも自由に使える貯蓄金庫の資金によって豊饒な土地に変えた上で、関係者に貸与するのである。それからまず最初にわれわれがするのは、その借地料によって貯蓄金庫にその資金提供額を償還することである。その償還後、われわれはこの借地料をすべて母親年金金庫に流入させることになる。それゆえに、よそ者たちよ、汝らは、ここでは慈善活動などは問題になっていないということが分かるだろう。

経験が示すように、土地地代は人口密度の増加とともに騰貴する。こうした事態は、より高い人口密度が工業と農業における合理的経営を可能にさせると同時に、労働生産物を何倍にも増加させるといったことに起因するものである。このような増加分は、騰貴した土地地代を支払うための資金を提供する。従って、われわれは、世界中のあらゆるところから人間を引き寄せることによって経営の合理化に必要な高い人口密度を生み出すことに努めるのであるが、それは、こうした方法によってより高い土地地代と母親年金の増額とを可能にするためなのである。今日ではなお夢想と思われているところの、土地地代と人口密度とを高めるための大規模な力強い計画、そうしたすべての計画は、われわれの母親年金を増額させようとする願いから生まれたものなのである。

従って、［上述の制度の］利用に躊躇することはない。汝らが直接支払ったかのようにすべての公的制度を利用してかまわないのである。」

〈B〉こうした当地［フィジオクラート派の土地］のオープンな態度は、われわれの国の偽善性と比べると、際立って気持ちの良いものに感じられます。そればかりでなしに、当地の女性たちは、真理を隠蔽することにもはやだれ一人利害を持っていないため、すばやく土地地代問題の核心を掴んでおります。それに対し、［わが国では］土地地代の本質を国民の目から覆い隠すために、「科学者」がどれほどいい加減な学説を提示してきたことでしょうか。そのような機会がある度にいつも私たちは騙されてきました。たとえば、あなたは、いわゆる保護関税をめぐる闘争を覚えていませんか。その際に、どれほど恥知らずないかさまが行われたことでしょうか。

〈A〉このビラは、私がわれわれの国家の政治闘争の本質を深く洞察するのを大いに助けてくれます。もちろん、ここでも政治闘争なしにはすまないだろうということも、私は分かっています。たとえば、当地では、主要な都市にイスラム教徒移民者たちを誘引するという目的のために、二〇〇万マルク強と見積もった建設費用で大きなモスクを建設するという計画が論議されております。この計画も、母親同盟から出たものです。たとえば、道路人足親方は、貼紙の中で「リンチ裁判によって」絞殺されたポイに祈ることを勧めていたということからも分かりますように、信仰心の篤いカトリック教徒であるために、宗教的理由からこの計画に反対の意志を表明すると同時に、彼の夫人がそのような彼の立場を支持するように説得するであろうことは、十分想像できることです。それでも、このような計画は、母親同盟における多数決を通じて実施されることになるでしょう。その場合でも、二〇〇万マルク強の建設費のかかるモスクから生じるであろう母親年金の増額という道については、ほとんどの女性にとってはなお曖昧なままであり続けるでしょう。

〈B〉こうした闘争は、自明のこととはいえ、当地でも不足しておりません。このように生命が永遠の闘争であり続ける場合、そのことは仕方のないことなのかもしれません。だが、私にとって格別嬉しいのは、当地では少なくともだれもそうした計画の金融上の諸結果を曖昧にさせることに利害を持っていないことです。なぜなら、すべての者は、例外なしに、母親年金の増額に、つまり、土地地代問題におけるその関連の明確化に利害を有しているからなのです。かくして当地の母親同盟の内部では、それについての科学的かつ客観的な論争が行われております。そのような論争こそが、政治的紛争から刺を抜くものになるのです。母親同盟のビラにおけるのと同じようなオープンで誠実な主張が昔からわれわれの国の至る所で語られていたならば、今日のわれわれがどうなっていたのかということを、あなたは考えたことがあるでしょうか。真理を曖昧にすることに経済的な利害を持った者たちは、戦争や伝染病がもたらす損害の何千倍もの損害を与えてきたのです。従いまして、ここにこそ、真の敵がいるのです。ところで、このモスク建設計画は、私の関心を呼び起こします。というのも、キリスト教徒が圧倒的多数を占めている土地の母親同盟が、事業上の観点からモスク建設計画を慎重に検討した上で、そうしたイデーにたどり着いたなどといった事態は、「わが国では」考えられないことだからです。この女性たちは、なんとも鷹揚な心をもって宗教的障害をいとも簡単に乗り越えたのでしょうか。サンチョ・パンサ Sancho Panza が次のように言うならば、彼がいかに正しかったかがまたもや分かります。「人間は、より高い配当を受け取れば、成長する。たとえそれが母親年金の形態をとった場合でも、そうである」、と。

〈A〉われわれは、すでに目的地に到着しています。［われわれのバスの走行は］時速二〇〇キロを超える速度でした。素晴らしいことです。というのも、そのことは、申し分のない立派な道路状態のもとでのみ可能となるにすぎないからなのです。従いまして、そのことは、自治主義の素晴らしい宣伝になります。ところで、運転手さん、われわれはどこでお金の両替をしたらいいのでしょうか。

〈運転手〉われわれのバスは、車庫に行く途中取引所に立ち寄ります。そこであなた方は、きわめて容易に貨幣の両替をすることができるでしょう。われわれの貨幣を発行し、管理しているのは、母親年金金庫です。この金庫は、あなた方が為替相場に従って貨幣を両替することのできる事業所をそこに設置しています。その支配人であるマッケンナ Mc Kenna は、母親年金通貨ムヴァの宣伝部長 Propaganda-Chef ですが、彼は、懇切丁寧にあらゆる情報をあなた方に提供してくれるでしょう。われわれが今や統一的貨幣制度、すなわち母親年金金庫貨幣を持ち、その他のあらゆる貨幣、とりわけ外国の貨幣を撃退しているのは、彼のおかげなのです。今や、［当地の］あらゆる価格はムヴァで算出され、あらゆる支払契約もムヴァで締結されています。なぜなら、世界中のあらゆる貨幣の中でムヴァが最良に管理されているということ、つまり最良に流通しているということが、経験的に示されているからです。あなた方は、われわれのムヴァがすでにアメリカやニュージーランドでも市民権を得ているということをすでにお聞き及びでしょう。たとえば、金本位制度の変動から生じる恐れのある損失から自らを守るために、アメリカの投資家は、ムヴァでの支払契約の決済を要求することが多くなっています。つまり、彼らは、すでにわれわれのムヴァをドルよりも確実な通貨と見なしているのです。というのも、ドルは理論的にも立法的にも基礎づけを持たず、可能なかぎり大きな為替差益を得ることに利害を持っている一味の人々によって管理されているからです。われわれのムヴァが今日他の通貨との競争に勝利しているということの成果の上に、マッケンナは、ここで獲得された理論的認識とすでになされた実践の経験とに基づいて世界通貨を創造するための**大陸間通貨会議**の招集を指示したのです。

〈A〉すごいことですね。ですが、私は、「このような発展をまったく理解できない」ということを告白しなければなりません。行政権もなければ、政府や権威も持たない、そして議会も持たない漸進的に解体された国家、そこでは**自衛権が再び導入される**とともに、女性たちが管理している私的貨幣が流通し、世界の信用を得ているというのです。ですが、その私的貨幣は、何の保証もありません。またその記載文は支払約束を含まず、ただ簡潔に一〇〇ムヴァと記されているだけです。それにもかかわらず、そのような私的貨幣が、つまり私的紙幣が、一五〇％の保証を与えられているドルとの自由競争の中でドルを打ち負かしているというのです。そのことを、私は簡単には理解できないでいます。このような不合理に出会うと、私の理論的な魂はずたずたに引き裂かれてしまうのです。

〈B〉私にも、なぜムヴァがドルとの競争に打ち勝つことができたのかが分かりません。それに対して、国家が貨幣制度にとってどのような意義を持っているのかということを、われわれの国や全ヨーロッパは十分に体験してきました。たとえば、通貨の管理は、国家の官僚——彼らは自らの職務の遂行とその時々の支配的見解への同調だけしか考えず、また数十年間の長期間にわたって引き受けてきた任務を何の心情も持たずに遂行しているばかりでなしに、自分たちがやってきたことについての科学的明晰さを獲得しようとする必要性をも感じることがなかったのです——、すなわち腐敗した無能の国家官僚の手に握られていたのでした。こうした腐敗した無能の国家官僚、彼らこそが国家だったのです。そして保証についてですが、われわれは、われわれの貨幣が規定通り保証されていたにもかかわらず、この保証が何の役にも立たなかったことをよく知っています。金地金の退蔵とそれに比例したかたちでの紙幣の焼却などによってわれわれの国から貨幣を完全になくしてしまうことができないとすれば、貨幣は作られねばなりません。ですが、その保証は与えられてはならなかったのです。というのも、保証された兌換紙幣ではなく、保証されない不換紙幣が、全戦争期間中貨幣流通を担ったからです。（原注：このような事態を理解するためには、次の事を知っていなければならない。発券銀行は、兌換のために提示されたあらゆる銀行券に対して三分の一の保証しか持たない制度のもとでは、信用制限によって同じ額の三枚の銀行券を回収しなければならないということなのである。）もしわれわれが銀行券の代わりに鋳貨、すなわち金貨だけを流通させていたならば、当時何が起こっていたでしょうか。貨幣流通が貨幣退蔵者のために完全に麻痺させられていたことでしょう。つまり、兌換保証は余計であるばかりか、有害ですらあるように思われます。兌換保証、貨幣の兌換保証、それは今や私にははっきりと分かります。それは、金以上のものでなければならない、と。貨幣は人間の作品です。かくして兌換保証は人間から生まれるものでなければなりません。この紙幣にあなたは中国人リー・シャン・フー Li Shang Hu の署名を見ますよね。この中国人は、その不動の忠誠心のゆえに、出納係として世界的に有名です。ムヴァの女性たちが自らの貨幣の管理を委託している人間を重視すればするほど、彼女たちは、金による死の保証をますます重視しなくなります。このリー・シャン・フーの丸い頭の中には、不忠や下劣な心情などはまったく存在する余地がありません。従いまして、私は、一五〇％の兌換保証のあるドルよりもこの男の飾らぬ風貌の方により大きな信頼を寄せるものです。貨幣は、人間の鏡像です。貨幣は人間の如きものです。出納係のリー・シャン・フーと指導的理論家のマッケンナ、その存在だけで私には十分なのです。従いまして、私は、われわれの旅費をムヴァに両替することにいささかの躊躇もしません。ちなみに、当地で実行されている指数本位制度はもとより、通貨もまた全人民の直接的管理下に置かれています。何らかの方法で通貨が偽造されるや、そのような偽造は即座に商品の価格に現れるにちがいないでしょう。従いまして、そのような偽造は、世間を大騒ぎさせるという直接的結果を招くことになります。つまり、価格が騰貴したならば、消費者が大騒ぎをし、また価格が下落したならば、生産者が大騒ぎをします。かくして指数は固定される以外には道がありません。そしてリー・シャン・フーとマッケンナの背後には、――インフレーションによって母親年金の原資になる借地料が騰貴することに対してはもとより、デフレーションによってその原資の借地料が下落することに対しても利害を持っていない――母親同盟が控えています。ここでは女性の全体的利害が、指数本位制度を守る防波堤の如きものとして存在するのです。従いまして、この利害が永遠に同じままであり続けるのですから、当地の通貨制度は永遠に固定したままなのです。ここではこうした永遠に続く人間の利害に比べれば、ドルの兌換保証に役立つ僅かな金など、些細なものとしか思われないでしょう。金、それは金の発見や科学的発見という偶然によって、いかなる場合にも商業上の価値下落を引き起こす可能性を持ったものでしかないのです。**通貨制度を保証するのは、人間であって、この人間が駄目になれば、いかなる素材的保証も役立たないのです。**

〈A〉だが、われわれは自衛権が支配する土地、すなわち漸進的に解体された国家にいることを、あなたは忘れないでください。ところで、マッケンナは、どのような権威を利用して大陸間通貨会議を招集できたのでしょうか。そのような民間人の招集に応じるのは、どのような国家なのでしょうか。たとえば、いったいだれが、ムヴァ紙幣を偽造から守るというのでしょうか。刑法や刑事裁判官の存在しない土地、刑務所や監獄のない土地、こうした土地は、世界中の貨幣偽造者をおびき寄せるにちがいありません。

〈運転手〉この最後の問題に関しましては、私はあなた方に情報を提供することができます。われわれは、確かに当初偽造通貨に大変苦しみました。とりわけ外国の金属鋳貨は、きわめてしばしば偽造されました。ここには、九〇〇／一、〇〇〇、五〇〇／一、〇〇〇、二五五／一、〇〇〇の純度の鋳貨が存在しましたが、結局のところ、それらが本物であってもまた偽物であっても、だれも金属貨幣を受け取らなくなるという結果になりました。流通は、偽造であれ本物であれ、ますます銀行が発行した紙幣（一覧払い手形）に集中するようになりました。そのために、純度の計量や吟味も、そして酸での確認も必要としませんでした。それにもかかわらず、偽造紙幣はなくなりませんでした。ですが、マッケンナがムヴァ金庫においてあらゆる偽造紙幣を本物の紙幣と無条件に交換することを保証するや否や、こうした保証を欠いた外国の紙幣はムヴァによって完全に駆逐されてしまいました。そしてマッケンナが、偽造紙幣の持参人にはプレミアを提供するという改革、たとえば新しい偽造通貨の最初のサンプルを持ってきた者には、その紙幣の額面の一〇倍の額が支払われるという改革が導入されるや否や、通貨偽造者は完全に消滅したのでした。

〈A〉私は、またもやそのような改革を理解できません。すべての偽造者が金庫において一〇倍もの金額の支払いを受け取り、しかもこの地には刑務所もないというのですから、むしろそのことは、通貨偽造者を招来させることとなったのにちがいありません。

〈B〉確かに、一見するとそう思われるのかもしれません。ですが、私は、偽造通貨を金庫に持参する者は、一定の情報、つまり、通貨偽造者が自ら偽造紙幣を金庫に持っていくのを躊躇させるような大事な情報をもたらすにちがいないと思っています。実際、偽造紙幣を持参する者がもたらす情報は、必ずといってよいほど偽造者の痕跡を追及するための手掛かりを与えるものとなります。というのも、最初の持参人だけしか一、〇〇〇%もの莫大なプレミアを受け取れないのですから、人々は、最初の持参人になるために偽造紙幣を金庫に持ってくることを急ぐからなのです。それに対し、われわれのところでは、偽造通貨を手にした人々は、損害を他人に押しつけようとしますので、この偽造通貨は、人から人へと次々に流通してしまいます。かくして偽造通貨は、どこかの公的金庫に納まる前に、しばしば数か月間も流通してしまうのです。そうなると、もちろんその出所を探りだすことは不可能になります。それに対し、当地ではその逆に、公衆の［私的］利害が通貨偽造者の発見を容易にしているのです。今や通貨偽造者は、自衛権、すなわち全人民の復讐、とりわけ通貨制度を自らの仕事と見なしている女性たちの復讐を考慮に入れなければなりませんので、彼らは物凄く恐ろしい気分になってしまうにちがいないと、私は考えます。では、現行犯逮捕された通貨偽造者は、［いったい］どうなるのでしょうか。

〈運転手〉その件についての情報をあなた方に与えるのは、ムヴァに記載されている文章です。私が読み上げましょう。「この土地の母親たちによって発行・管理されているこの貨幣は、公衆の保護に委ねられている。従って、貨幣偽造者はリンチ裁判を受ける可能性を考慮しておく必要がある。また貨幣偽造者は、ムヴァの事務局で一〇の言語の『貨幣偽造者』という用語の入れ墨を額と手とに入れられる。さらに、貨幣偽造者は、ここで偽造紙幣の持参者に支払われたプレミアをも含む全偽造紙幣を本物の紙幣で買い戻さなければならない」、と。あ、丁度、マッケンナ支配人 **Direktor** がやって来ました。私は、［ムヴァについての情報を与えるのに］彼が適任と考えます。

〈マッケンナ〉おはようございます。みなさん、私はもう長いことあなた方と通貨政策の問題について語り合いたいと望んでまいりました。私は、あなた方の著書『保証なき紙幣の問題』を通じてあなた方を存じあげています。あなた方は、保証なき世界通貨制度の創設に取り組むことを課題とした大陸間通貨会議とヴァルタ会議という私の計画を聞き及んでいらっしゃることと存じます。ですから、あなた方は、私がこのような通貨制度の広範囲にわたる作用について著名な専門家の方々と語り合いたいという欲求を抱いていることを、ご理解いただけますでしょうね。あなた方は、ミッドランド銀行がわれわれの**通貨ムヴァ**で担保証券を発行するという決定を行ったことを聞き及んでいるでしょう。そうなったのは、イギリスの公衆が、目下のところ、石炭ストライキや中国政策などとともに、資本家を非常に苦しめていると思われるイギリスの公的ポンド政策よりもはるかにわれわれの私的な通貨政策を信頼しているからなのです。また南アフリカ連邦も、最近、**ムヴァ借款**という思想を抱くようになっています。というのも、資本家は今や金に対して大きな不信を抱くようになっているからなのです。しかるにあなた方は、自動車の［発明］によって可能となったアジア、アフリカ、アラビア、オーストラリアそしてアメリカにおける荒野の迅速な開発が、新たな、かつ大量の金の発見に導くことになるということをご存じだと思います。というのも、荒野では鉱脈が植物の残骸に覆われていないからなのです。こうした開発という事実は、あらゆる政策やあらゆる偶然に依存する長期的な支払契約のための基礎を作り出すことへの差し迫った必要性を示すものなのです。だが、よりにもよって、漸進的に解体された国家の民間機関が発行しているわれわれの通貨が、このような任務の遂行という使命を授かったことを、私はとても興味深く感じております。

〈B〉おそらく、南アフリカ連邦やミッドランド銀行のこうした決定には、当地の勇敢で、進歩的な女性たちに対する共感もあるのでしょう。ですが、私は、こうした決定は、おそらく国家の漸進的解体の優位性を示すものでもあると思います。

〈マッケンナ〉おそらくその両方なのでしょう。ですが、それらのことに加えて真の通貨制度への必要性ということにもあるのです。私たちが当地で着手したこと、たとえば国家の漸進的解体ならびに母親年金、指数本位制度、自由貨幣の導入など、これらのことはすべて不可欠な要求であり、遅かれ早かれ全世界で実行に移されるものなのです。苦しいのはいつも最初の一歩です。ですが、私たちは、この最初の一歩を［すでに］踏み出したのです。今や私たちは、その責任感情に押し潰されそうになります。ですから、私は、他の人々と責任を分かち合いたいという欲求を持つのです。

〈B〉私は、［マッケンナさんの言いたいことが］よく分かります。今日、ミッドランド［銀行］や南アフリカ［連邦」が行っていること、それは明日にはアメリカ、オーストラリア、さらには全世界で流行する可能性を持ったものなのです。従いまして、あらゆる国の大蔵大臣が、最終的には、自らの予算案をムヴァ通貨で立案するようになるのかもしれません。もしそうなったならば、金融界はリー・シャン・フーの署名に全面的に依存することになるでしょう。

〈マッケンナ〉なんと、［金融界の命運が］リー・シャン・フーにかかっているとは。そのことは、勇者だけが絶えず最強であるということなのです。しかし、リー・シャン・フーは、われわれの事務局で実行している価格統計の諸結果に従って働いているにすぎません。たとえば、航海士の仕事はコンパスに依存しています。それと同様に、万事はこの統計の諸結果に依存しているのです。その意味でリー・シャン・フーは、他の人々からコンパスを提供された航海士にすぎません。かくして責任は分担されるため、彼の労働は当然のことながら、重くなることはありません。そしてムヴァが世界通貨になった場合、インフレーションやデフレーションなどに利害を持つ取引所の人々がわれわれの統計局を取り囲んで、その職員を買収しようとする事態を、私はありありと想像できます。ですが、私たちのモンゴロイドはけっして買収されずに、清廉潔白であり続けると、私は保証します。従いまして、私は、私たちが世界を対象とするわれわれの統計局が［公正にわれわれの通貨ムヴァを］管理できると思っています。そのために、大陸間会議とこの会議に提出された提案が奉仕すべきなのです。その際、私が提出した提案は、万国の管理下におかれた世界指数局、つまり通貨政策の均一的基礎を万国に提供する世界指数局の創設を目指すという内容のものです。

〈B〉私は、あなたの言っていることを正しく理解できません。あなたは、一方では現存するものの偉大さに打ち負かされて、責任を一人で引き受けたくないと述べていますがに、他方では再びこのような責任を国家政府が創出した機関——この機関が持つ通貨制度への影響力が経済をカタストロフィーから次のカタストロフィーへと導くのですが

――とともに分かち合いたいと述べています。そこに矛盾はないのでしょうか。［あなたがそのことをどう考えているのか、］教えてください。諸政府への新しいアピールは、通貨制度の孕む危険性を減じるものですか、それとも増大させるものですか。またあなたは、こうした危険性の増加からあなたの責任感情の沈静化を期待できるというのでしょうか。あなたは、他の人々と責任を分担したいと望んでいます。では、ここで言われているような責任の分担によって責任感情がいくぶんなりとも大きくかつ有効なものになるというのでしょうか。一人の人は二人の人や一〇〇人の人よりもはるかに大きな責任を背負い、何千人もの人々とは比較にならないほどの大きな責任を背負います。ここに「元老院議員の人々は善良ではあっても、悪い獣になる」という諺があります。またシラー Shiller も次のように述べています。

「すべての者は、あなたが見て取っているように、まずまず賢くもあり、理解力もあります。それらの人々が寄り集まると、一様に愚か者になります。あなた方は全体に敬意を払いますが、私は個々人にしか敬意を払いません。つまり、私は常に、個々人の中にだけ全体を見るのです。」

この点に関しましてあなたはこのシラーの見解に同意すると、私は信じるものです。「賢明さは、それに関係する人間の人数によって割らなければならない。それに反して、愚かさは、人間の人数を掛けなければならない。」このようにサンチョ・パンサは言っています。ハーヴェンシュタイン Havenstein が彼の取り巻きに囲まれていなかったならば、彼は狂気に抵抗できただろうと、私は考えます。そうであれば、あなたはどうして責任を分担したいと思うのでしょうか。たとえば、アトラスは、たった一人で物質界を担いませんでしたか。そうしたアトラスのように、なにゆえにあなたが金融界をあなたの双肩に担えないはずがありましょうか。あなたは、リー・シャン・フーのような非常に優れた人物の援助を受け取ることができるのに加え、僅かな乖離が生じてもすぐに全国民が知覚できる指数本位制度のような明確かつ一目瞭然とした事柄に関係するのですから。あなた方の通貨制度は［その正しさがすでに］立証済みのものです。事実、あなた方の通貨制度は、もうすでに相当な歳月にわたって存続しております。そしてそれは、広範な信頼を獲得し、世界中の支持を得る地点にまできているほどです。今後、ミッドランド［銀行］やニュージーランド［共和国］の例に他の国々も従うことでしょう。かくして、他の国々が従うのに応じて、あなた方の通貨制度はますます名声を獲得することになるでしょう。私が知っているかぎり、あなたは、素人の人々に感動を与える宣伝を通じてこの世界のもっとも著名な人々から構成される監督局を作り出しています。あなたがこうした監督局にローマ教皇、アインシュタイン教授 **Prof. Einstein**、コペルニクス **Copernikus**、ニュートン **Newton**、ジョルダージュ・ブルーノ **Giordano Bruno** らを獲得できるならば、あなたは、全世界の資本家が自らの金融業務を遂行するためにムヴァを選択使用するようになるだろうと予測することができるでしょう。実際、ムヴァが一度私的に導入されたならば、諸国の政府はまもなくその事実を追認し、ムヴァを自らの国の法定支払手段と宣言することになります。また国家官吏がそれに対する何らかの権威づけを引き出すことができるや否や、彼らもこれに参加することになります。ですが、彼らは責任を引き受けようとはしないでしょう。従いまして、あなたが、――国家の官吏が引き合いに出すことのできる――こうした権威を監督局の形態で作り出すならば、あなたは、責任を引き受けようとしない官吏のこうした態度も除去できることになるのです。それに対し、以前の官吏は、金本位制度理論に逃げ込むことによって保護されてきました。だが、このような金本位制度理論自体が無力になって以来、官吏は［自らにとっての］新しい権威、新しい守護神を求めるようになっています。ですから、状況はあなた方の事業にとってとりわけ有利になっているのです。［従いまして、次のように言えるかと思います。］

「躊躇するな、勇気をもって振る舞え。
多くの人々が躊躇し彷徨していても、
すばやく状況を把握する高貴な人々は、
すべてを成し遂げることができるのだ」、と。

私は、長いこと漸進的に解体された国家の通貨問題に取り組んできましたが、そこで分かったことは、国家の漸進的解体こそがまさに通貨を保証するための前提になるということでした。つまり、あなたが助けを求めようとしている国家政府のもとにではなく、ここ、すなわちあなたのもとでこそ永続的な通貨制度のための前提条件が存在しているということなのです。それゆえ、あなたは上述したゲーテ Goethe の粋な要求に従い、ぜひその通りにやってみてください。マッケンナ、ぜひあなたが世界通貨制度と世界通貨とを作り上げてください。あなたは、**国際ヴァルタ同盟**という提案を知っていますね。それは、これまで提案されてきたものの中でもっとも理性的なものです。従いまして、この提案を、**あなたの**事業の基礎として利用してください。あなたが監督局を組織した後に、諸国家に対して次のような提案、すなわち「管理費」という名目で毎年一%の利用料を徴収するのと引き換えに、そうした国々の国民通貨の二〇%に相当する世界通貨を無料で提供するという提案をしてください。この一%は、管理費――その中には鋳貨偽造に対する保証も含まれているのですが――の控除後、ヨーロッパだけでも毎年約一、五〇〇万ドルにものぼる額になるでしょう。この純益は、純粋の企業者利得と見なすことができます。これを全世界に適用すると、その額は**毎年七、〇〇〇万ドル**にものぼることになるでしょう。ですから、それは、結構大きな事業なのです。今や、多数の国々は通貨（金）の借款のために毎年五―一〇%の利子を支払っていますが、その数字にはなお達するものではありません。それでも、ここには「多くの人々が躊躇し彷徨していても、躊躇せずにためらうことのない人々」の手に入る、なお掘り出されていない膨大な財宝があるのです。ぜひやってみてください、マッケンナさん。それから、あなたは、**ひとりの人間**が大衆、国民、民族、人類といったものにとって何を意味しているのかということを「全」世界に対して見せてあげてください。あなたは、政治家の干渉につねに晒されてきた死の金属に代えて行為、すなわちひとりの人間を据えています。たとえば、ハーヴェンシュタインは、いつも彼の金塊とその兌換保証とに言及しました。従いまして、この幻影が金の保証を受けたインフレーションという厄介な領域に彼を連れ込むことになりました。ですが、彼は、**ルイ一四世 Louis XIV. が「朕は国家なり」**と言ったように、「通貨、ドイツの帝国通貨、**それが私なのです。**私はそこに立っています。私はこれ以外の何ものでもありません。指数は「市場がもはや一ペニヒの貨幣も受容できる余地がないということを示している」と言えたでしょう。そして彼が「紙幣印刷への道が私の死体の上を通るものである」と言ったならば、彼は全国民の支持を得ることになっていたでしょうし、また詐欺師も紙幣を通貨として流通させることに成功しなかったでしょう。そして後者の場合には、国民は発券銀行頭取と一緒になって、政府通貨の受取りを断固として拒否したでしょう。かくして国民は、インフレーションから身を守ることができたのではないでしょうか。それゆえ、私はこうした事態、つまり、貨幣のダイナミックな性格、そして貨幣を守る個人の性格への完全な依存関係などを国民に明らかにするために、あなたに「これは一〇〇ムヴァである」というムヴァの記載文に**「価値は、私ことリー・シャン・フー自身にある」**という一文を付け加えるよう助言したい思います。それは、商人が自らの手形の文言に常に見事な自己評価を加えることと同様のことなのです。あなたは、たとえばそのような記載文を次のようなイギリス銀行券の記載文と比較してみてください。**「一ポンドの通貨紙幣は、いついかなる時の支払いにとっても法律上一ポンドとして有効である。この通貨紙幣は、第四回、第五回の議会の決議、ジョージ五世 Geo.V.、チャールズ一四世 Ch. XIV. 閣下、陛下の財務官、議会そして議会の背後にいる選挙民と国民の権威に基づいて、大蔵大臣によって発行されたものである」**、と。かくして、ここに平民層に至るまでの責任の転嫁過程が、終了します。そしてその結果もそれに相応するものとなりました。世界帝国、膨大な量の金塊、アフリカの金鉱、最強の軍艦と商船、世界の富などが、国王、財務官、議会そして国民を保護するものになりました。**けれども、これらすべてのものは、「イギリス・ポンド」を保証することができませんでした。それらには、その責任をとる人間の署名が欠けていたからでした。**つまり、リー・シャン・フーのような人物の署名が欠けていたからでした。かくてイギリスの通貨制度は破局を迎えることになりました。というのも、国民、軍艦、世界帝国、一連の些細なものなどが一人の人間に代わって銀行券を保証していたためでした。すべての者が例外なく通貨制度問題への国家の介入に反対し、すべての者があなた方の通貨制度を支持しているのを、あなたは見ているでしょう。あなたがあなた方自身の事業に忠実であり続けるならば、世界もあなた方に忠実であり続けることでしょう。資本家たちは、逃亡可能な憩いの場所を求めています。あなたがそうした憩いの場所になりなさい。つまり、**ムヴァが世界通貨**になるということです。「こうわれわれは言いましょう。そのような観点を堅持する者こそが、世界を形成するのです」、と。

〈マッケンナ〉あなたのご意見は私にはとても嬉しいものです。というのも、あなたは、私が心中において密かに何千回も繰り返し自ら述べていたことを文字通り確証してくれているからです。国家の通貨制度は幽霊や妖怪のようなものでしたし、依然そうあり続けています。私は、そのことを深い確信に支えられて繰り返し述べてまいりました。そして私は、絶えず世界通貨は民間の貨幣かそれともユートピアであるかのどちらかであると自分に言い聞かせてきました。それでも結論を引き出す段になると、躊躇してしまったのです。そのことは、だれかがいつも私に次のようなブッシュ Busch の言葉、すなわち「自惚れた自分が現在の自分を測定するならば、現在の自分はなんと卑小な存在でしかないのだろうか」というブッシュの言葉を読み聞かせてもらっているようなものです。それとも、私が私の行動によって、**私だけが世界の中で金融界のアトラスになるのに必要な性格を持っている**という見解を覚醒させる時、そこにはいかなる自惚れも存在していないと［本当に］言えるのでしょうか。

〈B〉それゆえ、あなたを絶えず襲うこうした弱気の感情は、究極的には、あなたがこの問題を事業の問題というよりも個人的名誉の問題と見なしていることから生まれてくるにすぎません。従いまして、あなたはそうした観点を捨ててください。そしてここではもっぱら毎年七、〇〇〇万ドルの利潤を生む事業のことだけを見てください。その時には、その他のすべてのことも、自ずから明らかとなります。毎年七、〇〇〇万ドルがあなた方の机の上に積み上げられるならば、あなたは、あなた方の自信がいかに成長していくのかが、またあなたが着手したものがいかに卓越した才能の行為と見なされるようになるのかが、分かることになるでしょう。その時、あなたは、クリストフォルス **Christophorus** が幼子キリストをその双肩に担ったように、金融界をその双肩に担うことになるでしょう。従いまして、そうする以外にはないのであれば、あなたは、あなた方の前にある黄金の国を開発するための会社を設立することです。そしてあなたは、世界中の大銀行の頭取たちを訪ね、彼らに次のことを示しなさい。「その地では毎年七、〇〇〇万ドルの財宝を掘り出すことができるのですが、そのためにはこれらの頭取たちの名声以外の何ものをも必要としません。一ペニヒの資本もいりませんし、絶対に何のリスクもありません。私がこの事業に関心を持つようになったのは、主として自治主義の思想からでした」、と。私は、すでに**世界銀行家同盟**の設立趣意書の草案を起草し、ここに持っています。その主要な内容を読み上げてみましょう。

「下記の世界銀行家同盟の管理下にあり、国家の恣意から免れている世界通貨の創出、それは、すべての商取引や金融取引にとっての永続的で堅固な不動の基礎を作り出すと同時に、その結果として債権者と債務者を損害から守るものでもある。またそれは、指数本位制度の原理に従って管理されるけれども、もし国家権力が乱用しようとするや否や、自動的にその機能を拒否するものでもある。

世界銀行家同盟は、指数本位制度の原理に従って自らの国内通貨制度を管理し、世界通貨に法定支払手段の性格を与えている世界中のすべての国々に、この世界通貨を年一%の利用料と引き換えに提供するか、さもなければ一回にかぎり、一%の利用料と引き換えに国民通貨の保有量の二〇%相当の世界通貨を無料で提供する。すべての管理費、とりわけ偽造の防止費、銀行券の印刷費、その更新費、十分な数の通貨両替所の維持費などの費用を担うのは、世界銀行家同盟（W.B.A.）である。通貨両替所では世界通貨は、――国民通貨が名称上相互に分岐しているかぎり――（そのストックが充分であるならば）国内通貨用の銀行券（世界通貨）と不動のレートで交換される。（原注：かくして世界通貨は、イギリスではポンド、ドイツではマルク、フランスではフランという名称で呼称されるにしても、**その外見から**世界通貨と見分けられるだろう。通貨両替所ではこれらの様々な銀行券は、互いに無料で固定的為替相場に従って――以前のラテン通貨同盟の五フラン銀貨のように――両替されるだろう。）世界通貨は、その外見から国民通貨と即座に区別可能なものになるけれども、それは国民通貨とともにその額面価格で流通することになる。たとえば、外国に行って現金で支払いたいと思う者は、為替相場が額面価格以上に騰貴している場合や旅行中である場合には、現金化の素材を直接流通の中に見出だすことに困難を感じた者は、不完全な国民的通貨政策によって世界通貨がその限界以上流通させられているということの証拠を持つことになるだろう。その時国民通貨管理局は、世界通貨の利点を商業に保証するためには、何をなすべきかということを知るだろう。つまり、国民通貨管理局は紙幣印刷のデフレーション的操作によって外国に流出した世界通貨を再び呼び戻し、また逆の場合にはインフレーション政策によって世界通貨の過剰を処理することになる。

――そうする力を持っているかぎり――われわれの世界通貨の障害を取り除くことは、すべての者の直接的な利益になるだろう。世界銀行家同盟」

〈マッケンナ〉その提案は、確かにきわめて魅惑的な計画だと思います。私がそこで提供しようとしたのは、短期および長期の支払契約の基礎となるような世界通貨制度だけにすぎません。ですが、あなたはこの世界通貨制度に加えて通貨、すなわち世界通貨の提供をも望んでいらっしゃいます。事実、私の計画はなお概括的な形態で述べられているために、われわれが金本位制度の中にみるような自動性、つまり、金転送の可能性が提供してくれるような均衡への自動性が、抜け落ちていました。しかるに、為替相場は、金本位制度の国々では、――金本位制度が維持されているかぎり――金点の間を変動したにすぎません。金の輸出入、すなわち貨幣の輸出入は、金本位制度を採用していれば、自動的に均衡を作り出すことになりました。それに対し、金本位制度を採用していない場合には、均衡はあらゆる国々の一致した積極的通貨政策によってのみ達成できるにすぎませんでした。その場合には、世界のあらゆる支払契約にとってムヴァの為替相場が決定的なものになっていたことでしょう。そしてこうした為替相場を積極的通貨政策によって可能なかぎり安定化させるという任務は、個々の国家に任されたままだったでしょう。もちろん、為替相場変動の原因をどこに求めるのかということも、永遠の問題として残されたままだったでしょう。それに対し、われわれは、われわれの指数以外のものを対置できなかったと思います。確かに、通貨政策が至る所で指数本位制度の原理に従って実施される場合には、また至る所で同じ方法に従って指数の算出が行われる場合には、為替相場の変動はきわめて小さな範囲に収まったことでしょう。とりわけ、そのような通貨政策がわれわれのところと同様に至る所で自由貨幣制度の導入によって支えられている場合には、そうなったでしょう。だが、このようなきわめて小さな変動も、とりわけ世界貿易上の大きな取引の場合には莫大な額になります。たとえば、大きな取引の場合、一、〇〇〇マルクごとに計算されるがゆえに、一、〇〇〇分の一の為替相場の変動も、利潤を損失に変えてしまうことが多々あるのです。世界通貨制度とともに世界通貨が提案されるや、このような為替相場の最小限の変動すらも消え去ってしまうにちがいありません。従いまして、私は、あなたの提案を大歓迎するものです。もちろん、私は、[今] あなたの草稿のままこの提案を公表することはできません。というのも、あなたは、余りにも多くのことを周知の前提としているからなのです。従いまして、私があなたの提案をこのまま関係者に示しても、彼らの理解が得られないでしょう。たとえば、銀行家は、他の職業の人々よりもはるかに多く経験を重視します。というのも、通貨制度の領域では、昔から明晰な理論化がなされてこなかったために、このような人々の中では通貨政策問題は科学的に解決することができないと説明されてきたからです。私にその草稿をお渡しください。私がそれを銀行家たちにも理解しやすいものに変えてみましょう。それから私は、私の今後の行動についての情報をあなたにお伝えしたいと思います。今や、あなたがあなたの友人とともに取引所に行かれれば、あなたは大貿易という領域での自治主義の在り方を洞察することができるでしょう。そしてわれわれの取引所の技量を見れば、あなたはロンドンやニューヨークのその技量とほとんど大差がないことを認識するでしょう。ところで、取引所というものは、絶えず自治主義者の組織です。ですから、国家は、これまでここでと同様に取引所に介入することをまったく許されませんでした。その意味で、取引所は国家の中の国家になっているのです。従いまして、取引所は、それ独自の法律と執行権を持っています。取引所が、たとえ刑務所を持っていなくても、それが持つ強制手段は、国家に助けを求めることなしに、［取引所の］秩序を維持するのに十分なものです。たとえば、取引所からの除名は、仲介業者に打撃を与える最大の、そしてもっとも厳しい刑罰になります。ここではこのような世界のあらゆる取引所の特権となっている自治主義的な刑法と刑の執行に、今や、仲介業者が不正を行っていると取引所理事会が認めた場合に取られる自主的な自衛権が加わります。従いまして、この地のいたるところにおいて自衛権という拳が罪人にふり下ろされております。さあ、来て下さい。あなたが、取引所取引のような重要な領域で国家が完全に余計な存在になっていることを認識できるならば、そのことはあなたの自治主義的魂にとって快いものとなるでしょう。あの叫び声が聞こえるでしょうか。あれはライオンの檻から聞こえてくる咆哮のようなものです。きっと金本位制度がまたもやどこかで崩壊したというセンセーショナルな情報が届いたにちがいありません。もちろん、そこには徴収すべき、そして支払うべき差額などが発生します。どうか、聞いてください。私は、動物園の庭に行く時間がなくなりましたから、すぐ直接に取引所に行きます。今日はとくに声高の咆哮ですね。見てください。あそこに一人の仲介業者が放り出されています。彼はとても酷い目にあわされていますね。私は彼をよく知っています。彼は、アメリカの連邦準備制度理事会、すなわち全世界の金本位制度を統御している人々（統御された金本位制度）の秘密の代理人と見なされている人です。

〈B〉あの男性は大量の出血をしていますね。われわれは彼の傷口を止血するために、彼を薬局に運ばなければなりません。

〈マッケンナ〉このような悪党を助けることがあなたの趣味であるならば、私は喜んであなたに助力しましょう。ただし、われわれは彼から見えないように顔を隠さなければなりません。というのも、彼に知られたら、私は彼の生命を保証したくなくなってしまうからです。**連邦準備制度理事会**の最高管理者たちは、われわれのムヴァ通貨制度を困難な状態に陥らせるために、彼らのできることを何でもします。なぜなら、彼らはわれわれの事業の中に、自分たちより優れた危険な競争相手を見るからなのです。それはそうと、すでに救急車が到着しているので、われわれの援助は不要になりました。たとえ彼の生命が守られたとしても、彼はわれわれの取引所に二度と足を踏み入れることができないでしょう。彼は、ウォール街の管理者たちからリー・シャン・フー個人の信用はもとより、ムヴァの信用を落とすために雇用されたのです。そのため彼は、われわれのモンゴロイドが悪魔のような有害な人物であるという噂を広めました。こうした取引所の［悪辣な］策動に対しても、われわれはそれに反対する活動をします。ところで、われわれは、われわれの通貨政策を明晰な、だれにでも理解できるような科学的知識に依拠して行います。連邦準備制度理事会の中の金本位制度の最高管理者たちは、このような通貨政策を気に入りません。というのも、彼らは、差益、好景気、恐慌、つまりシーソーを欲するのであって、いかなる［安定的な］通貨制度も欲していないからです。［彼らにとって］価格と相場は絶えず変動すべきなのです。そうした変動の中でこそ、彼らは、海上のカモメが波立っている海面でこそ魚を取ることができるように、獲物を取ることができるのです。取引所の人間たちにとっては絶えず変動し続ける現実の通貨こそが、通常の状態なのです。これまで取引所の人間たちは、絶えず自らの策動を市民の目から隠すことができました。なぜなら、通貨制度の逸脱を確認できるような比較点が存在していなかったからなのです。しかし、ムヴァが始まって以来、そのような比較点が生まれたために、連邦準備制度理事会の最高管理者たちは、彼らの策動を見抜かれしてしまうことを恐れるようになっているのです。従いまして、彼らはわれわれを憎むようになっているのです。

〈B〉私は、あなたの議論の中にひとつの矛盾を見出します。あなたは、一方では取引所の人々は、全般的に、かつ当地でも差益を作り出すことに努めているということばかりでなしに、アメリカ金本位制度のゼネラル・マネージャーたちが、自らの通貨政策によってこのような差益を生み出すことに努めているということをも［正当なことと」認めています。しかし、他方で私は、当地で差益を生むための秘密のスパイが残酷な取り扱いを受け、取引所の階段から突き落とされているのを見る羽目に陥っています。

〈マッケンナ〉おー、そのような矛盾は容易に解決可能なものです。［秘密のスパイを行っている］こうした人間は、連邦準備制度理事会の最高管理者から絶えず連邦準備制度理事会の今後の管理［方針］についての情報を教えられているために、自分の取引をそうした情報にたやすく対応させることができたということ、こうした点をご理解ください。従いまして、彼の場合、どんなリスクもなかったのです。つまり、彼は、差益をまったく確実に、かつ規則的に手に入れることができたのでした。それとは対照的に、連邦準備制度理事会の［最高］管理者と提携していないその他の取引所投機家は、確実に、かつ規則的に損失を出すことになりました。このように長期にわたって騙され続けた後者の人々が［秘密のスパイを行っている］こうした人間を虐待するようになった原因は、妬み以外のなにものでもありませんでした。もちろん、投機家たちはわれわれの通貨政策に好意的ではありません。彼らは、本当ならばわれわれを放逐したいと思っています。ですが、彼らは、ムヴァという母親年金通貨制度がだれと関係しているのかということを、つまり、この国のあらゆる女性の直接的利害を基礎としているということを、知っております。またわれわれは、われわれの指数本位制度並びに自由貨幣によって数学的変数となっている貨幣の流通速度とによって、この通貨制度の絶対的主人になっております。従いまして、この通貨制度は、われわれが行う政策に稲妻の雷鳴のごとく反応するものとなっているのです。もし他の国々でも金本位制度が廃止されたならば、投機家たちが当地でなすべきことはまったくなくなってしまうことでしょう。つまり、あなた方がムヴァ貨幣を導入するとともに、投機は、――その導入が通貨制度の側から支援されているかぎり――完全に機能停止することになってしまうでしょう。その時には、生産不足や生産過剰などによって引き起こされる価格変動に基礎を持った投機だけが、可能となるにすぎないのです。

〈B〉工業生産の攪乱といったものは、もっぱら流通の規則性を保証しない通貨［の流通］によって引き起こされてきました。というのは、工業というものは、最大限可能になる生産と販路の規則性に依存しているからです。ですから、世界通貨制度が存在していれば、収益の結果しかその攪乱原因にはなりません。ですが、世界貿易が拡大していくならば、収益結果は経験に従えばますます均衡化していくものになります。かくして世界貿易と指数本位制度は投機の基礎を奪うことになるのです。そうなった時、公衆は投機のような不快な事態を見なくてもすむことになるでしょう。

〈A〉生産物取引所への私たちの訪問をキャンセルしたいと、私は考えております。しかし、私は、船荷取引所には［ぜひとも］訪問したいと思っております。というのも、私たちは、領事館や軍艦などによる保護や国民的船旗の必要性などといった思想によって成長してきたために、実際にはそれらなしではやっていけないのではないかという考えを捨てきることができないからです。たとえば、以前の時代のハンザ同盟の諸都市が、自分の都市以外のいかなる旗も掲げず、いかなる保護も受けていなかった事実を指摘しても、そのような私たちの考えを完全に払拭するのに十分なものとはなりません。なぜなら、ハンザ都市は、結局のところ、彼らに対立する諸勢力と比較すれば、小さいながらも、十分に強力な独立国家と見なされていたからでした。しかるに、われわれは、［貿易には］船主の旗だけで十分であるという証拠を手に入れたいと考えておりますので、船荷取引所にぜひとも訪問したいのです。

〈マッケンナ〉世界貿易の歴史は、明確に、海上貿易の国民化に反対する傾向を示しています。万事が、海上の脱国家化を支持しております。海上は広大であるため、実際に国民化できるものではありません。たとえば、今日の海上封鎖は、効果的でなくなってしまえば、ただちに国際法上許されないものとなります。この点で海上は、空気と似ています。いったい空気の封鎖などどうしたら効果的にできると言うのでしょうか。海上は、そこを泳ぐすべての者にとって非国民的なものです。海上貿易が直面する困難さといったものは、国旗によって初めて作り出されたものでしかないのです。その際に、問題とされるのは、海賊のことです。ですが、いかなる国も、いかなる国民も、海賊を保護しているという噂を立てられたくはありません。従いまして、諸国民は、海上貿易に有する利害から、自分たちの船によって入港した船員たちを絶えず直接保護し、祝福したのでした。それに対し、海賊たちは、絶えず自分たちの同胞から有害な存在と見なされてきたために、自分たちの国の中に入港可能な港を発見できませんでした。そのために、海賊たちとの関係を持った産業分野は正常な発展を遂げることができませんでした。もしそれが逆の結果になっていたのでしたら、いかなる国の海軍も海賊の海上支配にいかなる異議も唱えることができなかったでしょう。ですが、自らの交易を妨害された諸国民は自衛権を発動し、海賊たちと闘いました。そしてわれわれの海岸のどこかにこのような海賊たちの根城が生まれ、海上の安全が脅かされているということが一度認識されるや、海上保険会社はこのようなリスクに対して特別のプレミアを要求すると同時に、こうした特別のプレミア収益を素早く「毒をもって毒を制すること」に投入することができたでしょう。つまり、海賊は全世界交易を敵に回すことになったのです。それどころか、被害を被った者たちの自衛権が発動されるだけで、海上の安全は十分守られます。従いまして、実際に、われわれは海上略奪を予防することのために国家をわざわざ建設する必要はないのです。事実、われわれの船はあらゆる大洋を航行していますが、われわれの船は、だれをも恐れる必要がないばかりか、至る所で歓迎され、港湾当局や関税当局でさまざまな小さな優遇措置を受けています。一般的に言えば、人は恐怖心を引き起こすすべてのものを憎みます。従いまして、国旗の背後に実際の権力が隠されている場合には、国旗は外国で恐怖と憎しみの感情しか引き起こしません。また国旗の背後に無力が隠されている場合には、嘲笑の感情しか引き起こしません。われわれはいかなる領事館も持っていませんが、そのことでわれわれはいかなる不利益をも被ったことがないのです。つまり、われわれの船旗は、ハンザ時代のもので十分なのです。あなた方は、カナリア諸島の自由港であるラス・パルマの状況をご存じだと思います。そこでは、船はまったく自由に出入港できます。いかなる政治的、国家的警察もそのことを問題にしません。深夜の二時頃に船が入港し、荷の陸揚げと荷積みをしてから、夜明け前に再び出港します。船会社の代理店だけが、そのことを記録します。われわれの港でも全般的にそうしております。従いまして、商人は輸出入に関する統計をとることに何の利益も持ちません。この荷箱がどこから来て、どこに行くのかを、だれも問いません。というのも、商人が商品の輸入過多になったのか、それとも輸入過少になったのかということに気付くのは、統計数字によってではなく、価格の変動によってだからです。他の諸国民内の個々の地域間ないし個々の地方間の交易の場合とそれは同様です。つまり、あらゆる統計的作業は価格運動に集約されるということなのです。海上交通とともに浮上する衛生問題の責任に関しては、われわれは自衛権に委ねます。船主は、汚染された港から来た船を軽率に扱うとどうなるのかということを良く知っています。船を焼かれてしまうという恐れから、船長は自発的に船内で発生した疑わしき病例を届け出ます。もちろん、疫病は自衛権の行使だけでは防ぎきれません。予防策の方がはるかに良い政策であることが分かっています。従いまして、この土地の母親がまたもや地代と母親年金の利害から、この点で人間としてできるかぎりのことをしてくれると思います。われわれの港は、こうした利害政策の保護のもとに真の世界的貿易港へと発展しております。かくして世界のどこにも、われわれの貿易港ほど高い借地代が支払われているところはありません。貿易港において、他の場合にはいわゆる風紀警察に委ねられるだろう当の衛生上の利害を守るための試みが、百パーセント民間サイドによって遂行されているということも、きわめて興味深いことです。青年時代に船員がかかる疫病のために苦しんだがゆえに、船員たちを同じような不運から守るために自分の財産を提供しているひとりの年老いた商人がいます。彼は、港近くの広大な土地を遊歩庭園にし、そこに船員が徹底的な衛生検査を受けた後に、入場できるようにしました。だれも貨幣を所持してはならないばかりか、衣類も脱がなければなりません。彼らは入浴し、床屋で散髪をしてから、庭園に導かれます。そしてすべての者は、一週間にわたって無料で王様のような供応を受けます。その全額の費用を支払うのは、上述の商人です。絶えず［男性に］無視されていると感じているために、一度は船員の逞しい腕に抱かれてみたいと思っている女性たちにはこと欠きません。彼女たちははるか遠くからやって来て、自らの快楽を、憎しみや下心などに邪魔されずに、無邪気かつ気楽にむさぼることができるのです。

〈A〉このような商人の「無私」の行為は、当地では個性とエゴイズムの実現と呼ばれています。つまり、そのように理解されているのです。

〈B〉今や、こうした行為の中に、むしろ［常識とは］反対に正当かつ真のエゴイズムがあるように私には思われます。この商人は、明らかに、人間たちに幸福な時間をもたらし、彼自身が犠牲となった危険から他の人々を守ることを喜びとするような性質の人間なのです。しかるにそのような喜びを自らにもたらすことこそが、真のエゴイズムと言えるのではないでしょうか。というのも、エゴイストは絶えず自己の安楽、自己の喜びを求めるからです。そうした喜びが、この場合にはもとよりほとんどの場合にも、他の人々の人生の幸福を促進させることに結び付いているのです。しかし、そうした結び付きがあっても、そのことはこの商人の利己主義的本能に何の変更を加えるものとはならないのです。

〈A〉そうなのかもしれませんね。私は、どうやら、青年時代に身に付けたエゴイズムという概念を繰り返し狭義に解釈する立場の虜になっていたようです。ですが、私は当地で私にとって興味深いものを目にしました。私は、マッケンナ氏、あなたに問いたいのです。発明特許権が存在しない土地の場合、発明家［の利益］はいったいどのようにして守られるのでしょうか、と。今ここで私は「織物業での発明活動を促進するための織物産業同盟事務所の立場」を読んでいる最中です。

〈マッケンナ〉私は、この織物産業同盟の設立者のひとりであり、その法律顧問でもあります。ですから、私は、その基本的イデーが迅速に全世界を獲得できる状態を創出しなければならないのです。他方、特許権が存在していても、発明家の利益はほとんど守られないということを、われわれは知っています。ですが、産業は、発明活動の活発化に直接的な利害を持っています。そのため、私たちは次のような方法、すなわち、産業家が上述の事務所を通して発明家にその発明の意義に応じたプレミアを与えるという方法を取ります。こうしたプレミアを与えた後に、その発明は、この同盟のあらゆる構成員によって自由に使用できることになります。同様の事務所を設立した他産業に発明家たちを向かわせないようにするために、つまり、発明活動をできるだけ多く自らの産業領域に向かわせるようにするために、ある産業は他産業以上のプレミアを支払おうとするでしょう。かくして競争は、発明家ならびに産業家に等しく多くの利益をもたらすものとなります。従いまして、私たちは、いかなる特許局、いかなる弁理士、いかなる特許訴訟、自らの窮乏のために服毒自殺をはかるようないかなる発明家をも持つことがないのです。もちろん、個々の工場主が発明家の事務所費用を節減しようとする試みもなされたことがありました。そのために、事務所の非構成員であった発明家は、最新の発明に関する情報を受け取れないという不利な状況に陥ってしまいました。ですが、その後、彼らの作品は事務所の黒板に掲載されたばかりでなしに、発明家の利益を守るために公衆は事務所の検印のある商品だけしか購入しないように求められたのでした。こうして発明の活発化を妨害する難点は、完全に除去されたのです。

〈B〉［マッケンナさんのお話を聞いていると］「信念は山をも動かす」という諺の如くですね。従いまして、私はすでに見ているのですね。実際に人々が自治主義の可能性を信じているかぎり、そのあらゆる困難を克服するのに必要な力が成長してくるということを、です。そのことを、あなた、マッケンナ氏は今やわれわれに特許局の解体という ことから再び示してくれているのです。従いまして、私はこの場合にはもとより、あらゆる例外なしに、国家の漸進的解体のあらゆる困難さを解決できることを堅く確信できるのです。ところで、私たちは長いことあなたの活動の邪魔をしてしまいました。それにわれわれは、婚姻法の漸進的解体によって生まれた事態をも知りたいと思っています。人々は、われわれに週末コロニー・フラウエンベルクへの訪問を勧めてくれています。マッケンナさん、あなたはそれについてどのような意見でしょうか。

〈マッケンナ〉訪問したらいいじゃないですか。一時間のドライブでフラウエンベルクに着きます。そこであなた方が少しばかりの幸運に恵まれれば、あなた方はこのドライブを後悔することもなくなるでしょう。［そこに見るのは、］国家の締め付けが厳しかった領域での国家の漸進的解体ほど、多数の幸運な人々を作り出すものはないという事態であると思われます。事実、当地では国家による愛の生活の保護という状態に戻りたい女性は、もはや存在しておりません。そればかりか、あなた方は国家の漸進的解体が子供たちにいかなる影響を与えたのかということをフラウエンベルクの子供たちから即座に確認できるでしょう。この領域は国家の漸進的解体の中でもっとも激しい抵抗に直面するはずのものでしたが、実際にはこの部分は、それほど大きな困難をもたらしませんでした。そのために、女性たちは今なお、どうして彼女たちが長いこと国家の後見に無抵抗に耐えてきたのかということを理解できないでいるのです。女性たちは、「自由恋愛」とは異質なもの、すなわち自由恋愛に対立するものが立ちはだかっていたということを、今や不可解なことと見なしているように思われます。皆さん、皆さんが幸運に恵まれますようお祈りします。さあそれでは、お別れです。

＊　＊　＊

〈A〉バスの運転手さん、それではフラウエンベルクへ行ってください。

〈B〉あっ、そうでした。ところでフラウエンベルクというのは、よく話題にのぼる週末コロニーのひとつですね。そこでは、女性たちは子供たちと一緒に暮らし、男性たちは大抵の場合都会からこの週末コロニーにやって来ます。そこで私たちは、婚姻法、戸籍簿そしてその他の立派な制度の漸進的解体がいかになされているのかをきっと体験することになるでしょう。おや、あそこに、すでにわれわれを出迎えてくれている若い女性がいます。彼女は自由に振る舞う女性のような感じがしますね。

〈若い女性〉あなた方はここではよそ者ですが、よそ者のあなた方が何を望んでいられるのかはすぐ分かります。ですから、ついて来て下さい。私は、ちょうど私の女友だちを茶会に招待したところです。そこに来られたならば、あなた方は、あなた方が知りたいと望んでいることを、すべて知ることができるでしょう。

〈B〉ここにいる子供たちは、素敵な子供たちですね。この子供たちは、皆あなたのお子さんですか。

〈若い女性〉あいにく私は、子供を生んだことがありません。というのも、私は、まだ私の理想とするような男性に出会っていないからです。そうした男性に出会わないかぎり、私は［理想の男性を］捜し続けますし、また子供をもうけるということもありません。もちろん、私がそういう男性を見出したとしても、彼が私を受け入れてくれるのかどうかは、彼の返答いかんということになるのでしょうが。

〈B〉そうでしたか。ところで、あなたがこんな小さな谷に閉じこもるようにして住んでおられるかぎり、あなたは、こうした狭い選択範囲の中でしか、しかもきわめて高い要求を求め続けることにならないでしょうか。

〈若い女性〉私は、私のパートナーの選択範囲を拡大するために、少し前に最初の世界旅行を行いました。その旅行で、私は多くの男性の個人的特性に触れましたけれども、私は恋愛もせずに帰ってまいりました。また私がアジア、アフリカ、オーストラリアを見て回った時、不意に、私のパートナーの選択範囲はなんて狭いのかと思いましたし、今ではなんて広いのかと思っています。このように女性のパートナーの選択範囲は、地理的概念とは無関係なのですね。

〈A〉[残念ながら]私どもは、すでに結婚しております。

〈若い女性〉ここでは、だれも結婚しておりません。男性も女性もそうです。

〈A〉そのことは、まだ夫人を持っていない者たちにとってきわめて都合がいいのかもしれませんね。

〈若い女性〉ここでは、男性は夫人を持ちませんし、また女性は夫を持ちません。

〈A〉これからは、あなたのセンスに相応しい上品な言い方をしましょう。[そうした言い方に従えば]私は、私の求めていたものをすでに見つけております。ですから、私はこれ以上のものを求めません。

〈若い女性〉ここで、「求める」とは何を意味するのでしょうか。たとえば、今偶然あなた方が女性と出会い、彼女への洞察や彼女の存在によってあなた方が「求めているもの」を見出したと思ったならば、あなた方はどうするのでしょうか。その時、あなた方は目を伏せてしまうのですか。

〈B〉その時には、家族愛への配慮ということがおそらく決定的なものになるでしょう。私なら、悲劇を回避する態度を取ります。

〈若い女性〉その通りでしょう。あなた方は悲劇を回避することしかできません。なぜなら、あなた方は私の質問の真意を汲み取ろうとしていないからです。私が実際に私の「求めるもの」を見出したならば、私は、おそらくそれがどのような性質のものであっても、たとえ悲劇的性質のものであっても、いかなる配慮ものともせずに、その「求めるもの」に向かって猪突猛進することでしょう。生命とは、自然の法則にしたがえば、悲劇の連鎖以外の何ものでもありませんし、またそういう定めにもあるのです。確かに、この悲劇は、多くの人々の場合、喜劇的性質を帯びるものになってしまうのかもしれません。ですが、四大陸すべてに及ぶ私の実りのない「求め」にしてからが、すでに悲劇なのです。それはなんという悲劇と言ってよいでしょうか。私は、このような魂を震えさせるような失望をモロッコ、アビシニア、コンゴ、チベット、アラスカなどでも体験したのです。

〈B〉あなたの「求める人々」は、今度の戦争によって大量殺戮されてしまいました。そのことに、疑問の余地はありません。事実、私は三人の息子を戦争で失いました。そしてただ一人の息子が生き残りましたが、彼は失明して帰ってきたのです。ですから、あなたの「求める人々」がいなくなっている原因は戦争そのものなのです。

〈若い女性〉そうなのですよ。原因は戦争なのです。皆さん、私がここで私の女友だちと始めたお喋りにまき込んでしまい、本当にすみませんでした。ですが、心中に溢れてくるこの思いはつい口から溢れ出てしまうものなのです。女性の皆さん、このお二人の方をご紹介しましょう。このお二人の方は、私たちフィジオクラート派の世界を研究したいと思っていらっしゃる有名無名の旅行者の方です。こちらの女性たちは、ベルタ Berta さん、イダ Ida さん、ローザ Rosa さんです。私自身は、リーゼ Lise と申します。この紳士方には、今の私たちがお喋りをする場合の永遠不変のテーマをすでにお伝えしてあります。ですから、私は、そのテーマを哲学的に論じるよりももっと事実を知ることの方が、重要であると考えます。そうした次第ですから、お一人ずつ、自らの状況を語っていただけないでしょうか。

〈ベルタ〉私には、七人の異なった男性との愛から誕生した七人の子供がいます。こうした私の境遇からして、私がここにいる女性たちの中で最初に話す資格を持っていると考えます。私は、ラントマン Landmann 派に属する女性の一員です。このラントマン派の女性は、慣習化してしまった性交渉を拒否し、女性が男性の欲望の対象になることを認めません。なぜなら、彼女たちは、この性交渉にこそ人類が発展するための唯一の道を見出しているからなのです。私たちの目標は、力、健康、精神、美です。それ以外の、愛の喜びをも含むあらゆるものは、この目標に従属するものでしかありません。従いまして、私はひとりの男性を求めたら、私が妊娠するまではこの男性とともに生活し、愛し合うのです。そして私が妊娠しましたら、私は彼と別れ、彼との性交渉を完全に遮断します。ちなみに、ラントマンさんは、こうした私の感情に整合した態度のことを「純粋な母性」と呼んでいます。（原注：医学博士ラントマン『純粋な母性』第五版、ルードルシュタット（チューリンゲン）のグライフェン出版社、二七五頁、二・二五マルク）ですが、その際に――そう私は理解しているのですが――彼は「純粋」という表現を「汚された」ないし「汚されていない」受胎という意味においてではなく、ただ純粋な本性として、つまり人間の原始時代における出産の際の本来の生理的態度として理解しようとしています。私とは違った感じ方をする私の女友だち、そして私のようには自らの本能に従っていない私の女友だち、こうした私の女友だちと対比する観点から、私はそれを「フィジオクラート的母性」と呼びます。この表現の方が物事の本質をなにほどかより適切にとらえているばかりでなく、道徳的意味での誤解をそれほど簡単に受ける恐れもありません。私は、できるだけ五体満足な子孫を残したいと思い、その思いに従って私の子供たちの父親を選びました。そのために、私はすでに七人もの夫を持つ身になってしまいました。そのことはまた、私が、経験を積み重ねるごとに、男性の質への私の要求がだんだんと高まってきたからでもありました。こうした努力をする中で、私は、私のこれまでの夫たちにいつまでも束縛されたくないと思うようにもなりました。いずれにしましても、――私はそう信じていますし、また私の女友だちもあなた方に喜んでそのことへの疑問の余地のない立証を与えてくれるのでしょうが――私は、私の子供たちの父親への高い要求を持つことで、私の子孫を大きく発展させるという目標を達成したのです。もちろん、私の資力が、私の女友だちのリーゼが試みたような――リーゼの場合には、まったく成果がなかったのですが――世界旅行を許してくれたならば、そして私の男性の選択範囲を世界にまで広げられることができたならば、その結果はもっとより良いものとなっていたことでしょう。そうしたことができなかったために、私は狭い選択範囲の中で見つけることに甘んじなければなりませんでした。ところで、私は、リーゼよりもがさつな性格の人間です。しかし、私の子供たちを他人の子供たちと比較するならば、ラントマンさんがこのような「フィジオクラート的行為」の成果として予言したもののいくばくかが生まれているように私には思われるのです。というのも、私の七人の子供たちは別々の父親［との性交渉］から出生したにもかかわらず、皆同じく調和的性格を持っているからです。また彼らは、皆明るく、素直で、溌剌としています。そして勉学においても彼らは持続力と集中力を発揮してくれています。このように私の望んだことのすべてを子供たちは達成してくれているように母親の目には見えるのです。それればかりか、私の隣人たちも、こうした私の観察を積極的に確証してくれていますので、私は大変幸福な思いに浸っています。この点についての真理を語ってくれるのは、数世代にわたって収集された偉大な経験だけだろうと思います。

〈A〉私は、ラントマン氏の本を知りません。おそらく彼の論証は、動物の生態から引き出されたものなのでしょう。動物のもとに見られるような完全な調和としばしば戯画化されるまでに堕した人間の姿とは、正常な状態を示すものとはいえません。そんなことよりも、われわれはもっと積極的に経済的事柄について語りませんか。あなた方だって、経済が人間の生活にどれほど決定的な影響を与えるものなのかについては知っていますよね。われわれは、当地で支配的となっている経済制度から生まれた素晴らしい事態をすでにきわめて多く観察しております。しかし、ベルタさん、あなたが行っているような行為は、われわれの国では経済的理由から可能とはなりません。あなたは、七人の男性とその都度完全に縁を切ったと言いましたね。この七人の男性は、そのことに同意したのでしょうか。またこの七人の男性は子供の世話をまったくしていないのでしょうか。たとえ子供の世話をしていなくても、父親としての愛のようなものは絶対にあるでしょう。しかるに、あなたは母親年金で生計をやりくりしているのですか。それともそれに加えて別の収入源を持っているのですか。

〈ベルタ〉私は、以前の夫たちとの性的関係を止めただけです。私がカタストロフィーそして自殺や殺害などを回避しようとすれば、そうする以外にはありませんでした。私は、以前の夫全員に対して平等に拒絶的な態度を取らなければなりません。そうした態度を取る場合には、うまくいきます。彼らは、皆子供を愛していますし、その中の何人かは子供を熱愛してくれてさえいます。彼らは子供たちに贈り物、本、衣類を与えたり、また教師への支払いを行ってくれています。それを全員の子供に対して行う人もいれば、自分の子供だけに関心を払う人もいます。私は、私の収入を私の子供たちと一緒に経営している小さな産業から得ています。籠細工産業です。それから、私は当地に一エーカーの土地を持っていますが、その土地を、私の七人の子供の父親たち全員が、自らの仕事が終わった後に耕作してくれています。その際、その耕作は嫉妬心につき動かされているためか、驚くほどの業績を達成しています。ですから、私は、私の七人の子供たちと七人の夫たちとともに、毎年展示会に園芸作物を出品し、最高の価格を得ております。従いまして、私は経済的に困窮しておりません。こうした私の行為を、私はいかなる点からみても模範的であると常に誇りを持っているのです。

〈B〉あなたの行為は、いずれ人口統計学上の問題に関係してくることになるでしょう。というのも、すべての婦人が七人もの子供を生むならば、それは否応なく［過剰人口問題という］陰気な問題を引き起こすことになるだろうからです。そのような多産性という状況の下であれば、全土を人間で埋め尽くすには、それほど多くの世代を必要としないでしょうね。その上、母親同盟の宣伝用パンフレットでは、この土地への移入民のさらなる促進に努めていることが述べられていますよね。

〈イダ〉過剰人口問題は、私たちの仲間内ではいつも話題になっています。私たちが、労働の合理化から引き出すことのできる利益を無にしないような人口の増加を志向していることは、事実です。なぜなら、人口が増加すれば、土地地代とそれを原資とする母親年金が必然的に増加することになるからです。ですが、そのような発展は、いずれ限界に直面するということもまた、私たちにとっては自明なこととなっています。とはいえ、さしあたりそのような事態の到来は遥か先のことであるように思われます。従いまして、私たちは、全般的移住の自由を達成するために、この有利な状況を利用するのです。その際、私たちは次のような期待を抱いています。私たちのところで観察されるその良い作用の結果として、あらゆる諸国民が国境を取り払うように誘引されるばかりでなしに、私たちの要求が部分的ではあれ全地球で実行に移されることにもなるでしょう、と。過剰人口問題は、外国への移民によっても解決できないということを私たちも知っています。それというのも、過剰人口が世界的に全般的な現象になったならば、私たちはいったいどこに移民したらよいのだろうかという問題に直面するからです。それでも、この小さな世界にいる私たちは、ひとつの解決策、すなわち優生学的解決策を見出していると考えています。それに対して、避妊というマルサス主義的制度やそこから発展してきた一人っ子制度や二人っ子制度は、必然的に退化と衰退に導くものとなります。なぜなら、ここでは、種保存のもっとも重要な要因である淘汰が、淘汰対象数の不足のために排除されてしまうことになるからなのです。ここにいる私たちは、今や、女性たちが次のようになると信じています。女性たちは、今後ますます好みがうるさくなり、最初から最良の者に抱かれるようになり、最良の男性を全世界に求めるようになるとともに、この最良の男性を探すためにきわめて多くの時間を費やすことになるだろう、と。このように女性たちの要求が高くなればなるほど、彼女たちはますます多くの時間をそのことのために費やすことになるでしょう。こうした時間の損失はこの場合、出生数の制限を意味するものになります。そこにいるリーゼさんを見て下さい。彼女はまもなく三〇歳になりますが、依然として「求める者」を探し出していません。おそらく彼女は、幻影のごときものを追いかけているのでしょう。しかし、幻影では妊娠できません。ですが、彼女が幸運に出会い、彼女の高い欲求を満足させることができたならば、私たちは、彼女に特別な性質の子供たちを期待できるでしょう。それでも彼女は、ベルタさんほど多くの子供たちをもはや持つことができないでしょう。実際、私たちは、すでに次のことを観察できます。すなわちリーゼさんの行動が真似され、それが私たちフィジオクラート派の女性たちの社会的慣習になっているということ、またそのような問題に対する私たちの目が鋭くかつ広がっていくのに対応して私たちの子供の父親の身体的かつ精神的質への要求がますます高いものになっていくということ、こうしたことです。「子供の質が婦人のモラルの基準を規定する」という言い方が、すでに慣用句にさえなっています。このような態度が全般的な倫理になった場合、過剰人口という亡霊が私たちの夢を妨害できるとでもお考えでしょうか。私たちは、モロク、修道院、マルサス Malthus そして戦争といったものを優生学によって克服できるでしょう。それは、あなた方を驚かすような発展を意味することになります。私にはそのことがよく分かります。けれども、「母親年金は下等な子供の飼育を絶えず促進するものとなるだろう。つまり、多くの婦人たちは、他の婦人たちが養育年金を頼りにするのと同じようにこの母親年金を頼りにし、しかも低劣な動機で受け取るにちがいないので、結局彼女たちは男性のいうがままに妊娠させられ、劣等な子供を生むことになってしまうだろう」、と。こうした主張によって、母親年金を撲滅しようとする闘いがなされてきました。その主張は、まったく間違っています。というのも、母親年金はむしろ女性を困窮から守るのに十分なものだからです。けれども、それは、けっしてそれ以上のものではありません。この母親年金額は、女性が産業界で稼ぐ労賃には届きません。なぜなら、あなた方は、労働全収益が実現されている当地では賃金が高いことをよく知っておられるでしょう。このような労賃に依拠できるすべての女性たちは、積極的に新しく改善された避妊具を用意することでしょうし、また場合によっては堕胎を行うことにもなるでしょう。従いまして、こうした女性たちは、いよいよもって子供を生むことなく、優生学に身を任したままになります。ベルタは七人の子供を持ち、ローザは五人の子供を持ち、私は四人の子供を持っています。ですが、私たちはまだ生むことを止めようとは思っていません。そしてリーゼはこれから子供を生もうと思っています。われわれ四人の子供の人数は多いのですが、子供を生まない女性たちも二〇人以上います。従いまして、出生率の平均値は大幅に下落することになるでしょう。かくして過剰人口問題は解決され、私たちは絶えずモロクから救済されることになるのです。

〈B〉絶えず十分な人数の女性たちが優生学と人類の保全とに関心を持ち続けているという主張、こうした主張に、私が強い疑念を持つことがなかったならば、私はそのような解決策を熱烈に支持したことでしょう。でも、あなた方は当地のクラブの中にいるたった四人の女性にすぎません。実際、あなた方は、近所に不妊と堕胎を選ぶ二〇人の他の女性たちがいると語っています。しかるにそうした事態は、きわめて憂慮すべき事態だと思われます。むろん、このような女性たちが死滅するならば、次の世代は、強くて、生命［力］を肯定するような母親たちを出自とする人間たち、従って、そうした母親たちの特性を遺伝された人間たちだけから構成されることになるでしょう。ですが、もしリーゼさんが語ったような優生学的抑制というものが相殺的に作用しなければ、上述した四対二〇という比率はおそらく再び正反対の比率に変わってしまい、過剰人口問題が再発することになるでしょう。しかるに、さしあたりどのような結果になろうとも、このクラブが歩む道は、確実に前進します。というのも、選択飼育ならびに選択範囲の世界的拡大、それらは人間の品種改良に導くにちがいないからです。そうなった場合、そのような品種改良から生まれた人間たちは、自らが直面した問題に対して自らの本性に相応しい解決策を確実に与えるだろうし、またわれわれはそのことについてもはやいかなる心配をする必要もなくなるだろうと、私は考えます。それゆえに、私はリーゼさんが高い要求をいささかなりとも引き下げたりせずに、彼女が熱望したものを見出すまで求め続けることを推奨するものです。

〈A〉あれ、もうこんな遅い時間になっているのですね。われわれは、ホテルを探さなければなりません。

〈ローザ〉本当に、なぜそんなに遠くまで行く必要があるのですか。今夜は、ベルタさんの所に泊まってください。母親年金は、ベルタさんがお客さんを宿泊させることができないほど、僅かではありません。当地では、客間はどの家にもあります。従いまして、知人のいない人だけがホテルに宿泊するにすぎません。あなた方は、もう私たちの良き知人なのです。リーゼ、あなたはあなたの所に他の女性に愛されているようなお客を泊めたくないですか。

〈リーゼ〉本当に、なぜそんなに遠くまで行くのですか。［私の］佳き人がこんなに近くにいるのですから、あとは幸運を掴むだけです。

〈B〉あなたは、慎重に考えた上で結論を出しているのでしょうか。

〈リーゼ〉いつも「そこにある」ものは、幸運の対象とはなりませんでした。今日私は、一〇年来求め続けてきた幸運に出会ったのです。従いまして、今私は、しっかりとその幸運を掴もうと思っています。

〈イダ〉おやまあ、私たちのクラブは、次第に恋愛取り持ちクラブへと発展していますね。

〈ローザ〉鋭い洞察力と拡大された視野とをもって優生学を実行しようとしている女性たちにとって恋愛の取り持ちということほど結構なことがあるでしょうか。というのも、衛生学などは、恋愛の取り持ち、すなわちフィジオクラート派［の人々］の恋愛の取り持ち以外の何ものでもないからです。

〈イダ〉私は、この場合、恋愛の取り持ちへの助力はまったく必要ないことと考えます。というのは、リーゼは、彼に本気で惚れ込んでおり、彼も彼女に本気で惚れ込んでいるからです。彼女が世界旅行への旅立ちの際に「求めたもの」を、彼女はついに故郷で見出したのです。

＊　＊　＊

私は、これまで論及してきた問題にいささか長くとどまり続けたようである。だが、私は、社会秩序の存続にとってこのような問題はその他のあらゆる問題よりもはるかに重要な問題であると見なしている。それでも、私が今や国家の漸進的解体の純粋な技術的課題――この国家の漸進的解体の純粋な技術的課題とは、学校の漸進的解体、つまり国民学校や大学などの漸進的解体、国教会の漸進的解体、外務省、社会福祉省、経済産業省、司法省、文化省、植民地省、陸軍省や海軍省、厚生省などの省庁の漸進的解体などのことである――を明示しようとする場合、すべての者は、私が［国家の漸進的解体という］高次の台座から降りてしまったかのような感想を等しく持つことだろう。

しかるに、こうした国家業務のすべては、例外なく「権力国家」という概念と興亡をともにするものである。つまり、われわれの社会秩序は権力の上に築かれているがゆえに、また資本主義的秩序の保持は公的国家権力なしには考えられないがゆえに、国家はあらゆる領域にわたって権力の強化という任務を引き受けてきたのである。この命題を、われわれはしっかりと堅持しておこう。なぜなら、この命題だけが、国家の漸進的解体が実際上もユートピアではないというわれわれの信念を強固にするからである。つまり、こうしたわれわれの信念によって武装した場合にだけ、――新参者にとってはその出口がまったくないかのように見えるにしても――アリアドネの糸が必ずわれわれを国家という迷宮から脱出させるだろうという豪胆な気持ちをわれわれに持ち続けさせ、[国家という迷宮からの脱出という]任務の遂行を可能にさせるからである。

国立学校と国立大学。国家は、子供たちの魂をわがものにしようとするけれども、それは、絶対に教育上ならびに人道上の理由からではない。では、その場合国家とはだれのことなのか。(たとえば、今日国立学校の教師が十分な額の年金と引き換えに退職させられた場合、彼らのだれひとりとしてそのことに抗議する者はいないだろう。[というのも、彼らが官吏だからである。]) このように国家は、つねに官吏の形態においてだけわれわれに対峙してくるにすぎない。しかるにこうした官吏は、自らの個人的幸福や給与を追求する。それに対し、国家ならびにこの国家に利害を有する勢力は、もっぱら政治的目的だけを追求し、子供たちの幸福を望まない。むしろ国家は、子供たちを自らの目的に利用する。そのことを洞察できる能力を持った上に、なおかつ資力をも持っている者たちは、自分の子供を国家からできるだけ遠ざけようとする。『ドイツの私立教育制度の指導者』(ウルシュタイン出版社、ベルリン)には、二、〇〇〇を越える[こうした試みを行っている私立学校の]アドレスが掲載されている。この事実が伝えるのは、権力者たちが自分たちの子供、たとえば王子様を国立学校に入学させないという事実である。こうした事実からも、権力者たちが自らの作った制度をどのように考えているのか、またいかに心中で軽蔑しているのかが分かるだろう。それでも、権力者たちにとっては国立学校の方がはるかに都合がよいのである。たとえば、私立学校が国立学校との不当な競争に晒されなかったならば、私立学校の学校数がどれほど多くなっていただろうか。この二、〇〇〇もの私立学校の授業料を支払っている両親は、その上国立学校を維持するための税金をも支払わなければならないのである。つまり、国家は、私立学校に対して考えられるかぎりでの不当な競争を強いているといってよいだろう。かくして国立学校の漸進的解体とともに、すべての国民は、自分の子供を私立学校に通学させるための資金、とりわけ国家が国立学校の授業運営を行うためにすべての者から徴収していた資金を持つことになるだろう。従って、国立学校が漸進的に解体された場合、子供の両親にとって財政上の問題は存在しなくなる。せいぜいその問題は、子供のいない両親と子供を持っている両親の間で一定の調整を行うことでしかないだろう。この場合、国家は共産主義的処方箋をめざして活動するように努めるだろう。少なくとも教育費に関しては国家は平等主義的姿勢を取るように努めるだろう。けれども、このような平等主義的姿勢を取ることに対して、共産主義に全般的に反対する者たちは、皆反対の態度を取るだろう。なにゆえ平等主義的姿勢は教育費に限定されるのか。なにゆえ学校よりもはるかに重要な子供の生計費には平等主義的姿勢が適用されないのか。なにゆえ、二人の子供を扶養するのが精一杯と考えている人々に他人の子供の養育費まで負担させるのか、と。そうした状況にあるからこそ、女性が最愛の人に「いつか一〇〇マルク貯ったら、また子供を生みましょう」と言うようなことがしばしば起こるのである。だが、その望みはけっして達成されることがない。なぜなら、国家は、一〇〇マルクを学校運営という目的のために、つまり、他人の子供たちのために絶えず徴収するからである。だが、われわれが自分の子供たちの養育費を支払えない状態にあるかぎり、他人々の子供たちはわれわれを頼りとすることができないだろう。つまり、そうなった場合の結果は明らかである。かくして共産主義を拒否する者は、ここでも最初から共産主義的処方箋を拒否しなければならない。ちなみにいえば、子沢山は、火事の危険、霰、難破や事故の場合と同様に偶然的要素にすぎないのだから、各人は自らの子供たちの教育費のための保険をかけるようになるのかもしれない。そうした需要があるかぎり、その目的に応じた保険機構が設立されることとなるだろう。

以上が、国立学校の漸進的解体の財政的側面である。文化的観点においては国立学校はなおいっそう悪い存在である。たとえば、国家は、数十年来兵士の画一化を推進してきたけれども、その間に人間の骨格には差異があるということを発見した。（原注：官僚にとっては、それは実際に勲章に値するような発見であった。）こうした世界的発見は、次の数十年間にまたもや徴兵の際の兵士の画一化に導いた。なぜなら、こうした画一化はここでは制服の画一化を意味したからである。つまり、画一化された制服のために新兵は自ずから同じ大きさの、同じ体格に選別されねばならなくなったからである。けれども、そのようなやり方では十分な人数の新兵を補充できなくなった。そうなるや、天才的な人間が何十年来の研究方法にもとづいて、さまざまの大きさの規格化を作り出すという天才的イデー、すなわち新兵の個体性の差異に規格化を適用するという、これまでの画一化の方法とは異なった天才的イデーを案出したのであった。このような国家的発展過程［制服の規格化過程］は、二〇〇年の歳月を必要としたのである。こうして国営の既製服産業は、三種類の異なった大きさの制服を製造することで、今やその規格化と完全な折り合いをつけるにいたっているのである。

われわれは、このような例から、兵舎、制服、軍国主義、人間の肉体が問題になる場合には、いかに国家がすばやく活動するのかということを認識できるのである。だが、国家が人間や子供の精神と接触するところでは、どうなのか。ここでは、国家は全般的にいかなる個体性、いかなる差異性も認識しない。党派闘争という汚物をくぐり抜けてきた、精神なき、矮小な仕立て親方の如き人間が、ベルリンから一、〇〇〇万人の子供たちの精神的制服を提供することになる。その結果、一、〇〇〇万人の子供たちに対して唯一の学校綱領しかないという事態が生まれるのである。かくして、この一〇〇年来、子供たちは、この学校綱領という鋳型に無理矢理に嵌められてきたのである。それは、ある子供たちにとっては「襷に長し」という事態であり、また他の子供たちにとっては「帯に短かし」という事態なのである。そして今のところ、いかなる教育大臣も、兵士の肉体を画一化させることよりもその反対のやり方――その反対のやり方とは、一、〇〇〇万人の異なった子供たちにとってはひとつの学校綱領ではなく、同じく一、〇〇〇万もの異なった学校綱領を作るという方法のことである——をより良いとするウランゲル将軍 General Wrangel の思想にまで至っていないのである。

　このような子供たちの精神の画一化、そしてそれに必然的に伴う成人たちの精神の画一化が、［われわれを］どこに導くのかを、われわれは今日見ている。六、五〇〇万人の人間、個人、個体性の代わりに、帝国は——ひとつの砂粒が六、五〇〇万個の砂粒を代表するかのように、また一匹の羊が六、五〇〇万頭の羊を代表するかのように——たった一人の人間、つまり、画一化された人間によって代表されるのである。かくしてこの六、五〇〇万人は、もちろん、発生した万物をひとつの同じ観点から見ることになる。そしてそれがいかに見えようとも、その見解は、画一的な見解になる定めなのである。なぜなら、それが、精神的画一化の目的、すなわち国立学校の目的だからである。こうした六、五〇〇万人の画一化された国民、すなわち六、五〇〇万頭の羊の群れは、不幸、戦争、恥辱、罪、賠償があった場合、一〇万の異なった学校綱領を有する一〇万の私立学校で教育された個々人からなる国民よりもはるかに容易に統御されやすい存在になってしまうのである。それに対し、後者の人々は、一〇万もの異なった観点からあらゆる事件を考察し、相互に調整・補完し合う一〇万もの異なった観点を形成することになる。従って、話題は無限に広がり、一〇万もの異なった観点が扱う科学的問題も無限に広がる。そしてこのような考え方から期待される進歩も無限に広がっていくのである。それに対し、画一化された国民は、ひとつの立場ないしひとつの観点しか持ち得ない。その結果、あらゆる思想的解決の糸口を最終的に与える比較の可能性というものが欠如することになる。そのような画一化の制度が完全に実施され、外国によってもそのような画一化の制度が骨抜きにされることがないならば、また職人たちが放浪旅行をしなくなるならば、そのような国民は、エントロピー、全般的麻痺、自家中毒などに陥って衰退してしまうだろう。すべての事柄を同じ側面、同じ目で見るがゆえに、等しく会話は停滞し、話題も噂話、党派的スキャンダル、飲酒などに向かってしまうのである。つまり、**画一化はあらゆる進歩を絞殺してしまうということなのである。**

大学、いわゆる総合大学の場合、そのことは明らかである。大学に入学する学生は、すでに画一化された学生である。しかもその画一化は、三つの異なった大きさに分類されるような新兵の画一化ではなく、唯一の大きさ、唯一の数字への画一化なのである。従って、教師もまたこのような画一的な学生を「ひとりよがりな講義が許される」という原則に従いながら画一化してしまうのである。

こうした領域で国家が漸進的に解体されるや否や、私立学校への必要が同じく生まれることになる。そしてこのような必要とともに需要が生まれ、この需要とともに供給が生まれることになる。そのことは、当然のことながら、なによりもまず自らの職業を続行したいと思っている教師集団の漸進的解体につながるだろう。今や、個々の教師の場合には個々の教室が、また個々の教師集団の場合には校舎全体が、それぞれ都市から賃貸されることになるだろう。彼らと並んで、別の教師たちも、たとえばいかなる学校も卒業していないけれども、自らの構想と理念とをもって公衆を教育しようとする意欲を持っている教師たちも［教室の賃貸を］申し込むだろう。かくして自分がその科目にとくに適任であると考えているすべての者は、漸進的に解体された国立学校の教師たちとの競争を開始することになる。こうした競争圧力のもとで、進歩の精神がこれまで［精神の］独占によってあらゆる進歩を阻止されてきた学校のもとでも、すなわち国立学校の漸進的に解体された教師のもとでも、芽生えることになるだろう。あー、彼らが公的学校綱領という鎖から解放されて、一度自由を感じ取るようになったならば、また彼らが独自の着想に基づいて授業を行うようになったならば、そして教師にもすべての商人や手工業者と同様に「競争原理」が作用するようになったならば、教師諸氏はどれほど迅速に学び直すことになるのだろうか。

漸進的に解体された国家では、もはやいかなる官吏も必要としない。それゆえに、そこではあらゆる資格証明書が不必要になる。従って、だれもそのような紙切れのために才能を持たない子供たちを大学に入学させるようなこともなくなるだろう。そして大学で研究することの唯一の動機となるのは、内的知識欲ということになるだろう。かくして大学は、両親の虚栄心や財力によって入学した意欲を持たない輩から解放されることになる。そしてこうした大学進学が称号や学位によって公的かつ外的に表現されなくなってしまうならば、両親は子供を大学に進学させても、自らの虚栄心や苦労を満足させることができなくなってしまうだろう。そうなった場合、大学の研究職は自然が与える才能に任せられることになる。だが、そうなった場合でも、大学の研究職に使命感を持つ者は、今日よりもはるかに多くなるだろう。なぜなら、もはやだれも経済的理由から、知識欲の虜になることを妨害されないからである。それとともに大学の研究にとっての研究時間や研究領域には限界が存在しなくなる。実際「体系的な教養」を持った人間は、これから墓地に埋められていくような老人たちの中に見出だされるだろう。というのも、彼らにとっては全人生が「研究期間」になっているからである。それに対し、そのような研究を教師なしには行えない者だけが大学に行く。また老人になった時に、青年時代に失ったなにものかを取り戻したいと思う者は、その他の白髪の老人たちとともに──今日の公開講座のもとに見られるような──就学銀行に登録し、他人の講義が終了した後に、「自分の」専門領域の教師として登場することになるだろう。かくして学生と教師という概念は、最終的に知識欲というひとつの集合的概念になってしまうのである。そうなった場合、いかなる学位や称号も持たない若干の人間たちが小さな屋根裏部屋に控え目に、そして慎ましく座りながら、「外部から世界を理解しようとすることの代わりに、内部から世界を変革すること」を可能にさせるような認識を作り上げるための最終的素材を提供してくれることになる。

学校についての国家の漸進的解体が実際にいかなる困難ももたらさないということをわれわれに示してくれるのは、すでに言及した二、〇〇〇ものドイツの私立学校である。そして国家の高等教育機関が不必要であるということを示してくれるのは、アメリカで民間の資金で設立され、名声を得ている大学の存在である。またドイツで私立の工科学校に一〇、〇〇〇人もの学生が通学しているのに対し、どんなインチキもすぐに報いを受けることになるこの領域で国立学校には五、〇〇〇人の学生しか集まらなかったという事情も、そうである。たとえば、ミットヴァイダ工科学校は、一八六七年から私立学校として存続している。これこそ、事実にもとづく証拠である。つまり、国家は学校という領域では余計な存在であるにもかかわらず、国家が学校を横奪し続けようとするならば、それは文化や科学とは何の関係もない、隠された理由からなされているにすぎないのである。

教会の領域で新しい制度を創出する場合にも、国家の漸進的解体という事態が生じる。だが、人々はそうした国家の漸進的解体を嘲笑しないばかりか、拒絶もしないということ、こうしたことは明らかなことである。他方、教会の聖職者たちはこうした国家の漸進的解体に反対の闘争を行なうが、そのことは、教会が彼らにとっていかなる宗教的制度でもなく、今や彼らの権力を強化するための擦り切れた手段でしかないということを明確に示すものである。それゆえに、おそらくだれもが、教会すらも、教会に関係する国家の漸進的解体からなにがしかの損害を被るようなことはないと言うだろう。

司法制度の領域、とりわけ個人の安全が問題になるところでは、事態はそれほど明確なこととはならない。なぜなら、国家の漸進的解体は、ここでは自衛権を意味するからである。たとえば、弱者には、自衛権を恐れる理由がある。けれども、最強の者でもピストルの弾丸で射殺される今日、弱者とはいったいだれのことなのか。たとえば、鉄の鎧を纏った略奪騎士が自分の城塞に立て籠もることができた時代には、弱者とは鉄の鎧をまったく纏っていない人々、すなわち小農民たちであった。彼らは、自衛権を絶えず受動的にだけ行使しなければならなかったばかりか、それをも恐れなければならなかった。ところで、今日いったいだれが強者で、だれが弱者なのだろうか。［今日の］強者は国家と司法制度の中に略奪のための城塞を新たに構築している人々である。そして［今日の］弱者は以前の城塞の構築の際と同様に、この新たな城塞を構築するための石材を運ばなければならない人々である。だが、国家の漸進的解体とともにこの新たな城塞も瓦解し、すべての者は手にピストルを持って同等の武装をして対峙している。この場合、同等の武装は実際には武装解除を意味しているがゆえに、かくしてすべての者は同等の強さになる。なぜなら、自然が与える強さは、ピストルとピストルとが対峙する場合には、無力になってしまうからである。従って、個々人が不当な侵害から自分を守ることができるとすれば、それは、可能なかぎりの多くの誠実な友人たちに囲まれることによってなのである。友情、良き隣人、公的な人望、そして仇討ちや悪口すらも、市民を保護するための城塞になる。

そのような城塞を持った市民に危害を加えようとして近付く者は、スズメバチの巣を突っ突くが如き事態を引き起こしてしまうのである。他方、略奪者や犯罪者は友人を作ることができないため、孤立しているといってよい。そればかりでなしに、仲間からも絶えず裏切り者が出てくる。たとえば犯罪者の天国であるシカゴでは犯罪者のほとんどは、警察の弾丸によってではなく、他の犯罪者のナイフによって殺されている。つまり、彼らは、猛獣のように互いの殺し合いを行っているのである。［それは、ブエノスアイレスでも同様である。］ブエノスアイレスの路上では腹を切り裂かれた人間が時たま見られるが、それは大抵の場合、警察によって長いこと指名手配されていた犯罪者たちで、自らの「友人」と諍いを起こした犯罪者たちの死体なのである。

自衛権と仇討ちが実行されているところには、確かにいかなる犯罪者も存在しないばかりか、だれもが実際に「強者の犠牲者」になることを恐れる必要もない。犯罪者たちは、漸進的に解体された国家から、個人の生命とその所有の安全をはかるという口実のもとに国家［権力］を強化している国々の警察の保護を受けるために、きわめて素早く逃亡しようとするだろう。それゆえに、たとえばシカゴで警察官を帰宅させた上で、自衛権の行使を宣言するならば、民衆は即座にシカゴの犯罪者支配からの脱却が可能になるだろう。

漸進的に解体された国家で問題となるのは、犯罪者の責任の有無ではなく、危険な人間と無害な人間だけでしかない。従って、白痴の犯罪者は、あらゆる犯罪者の中でももっとも危険な犯罪者になる。こうした白痴の犯罪者からなによりもまず自分を守ることが優先されなければならない。漸進的に解体された国家では、刑罰も贖罪もなく、ただ**保護**があるにすぎないのである。その際、フィジオクラート派の社会をいかに守るのかについては、今日一般的には言うことができないのである。なぜなら、フィジオクラート派の民衆の間にはいかなる法令集も存在していないからである。従って、ある都市では白痴の犯罪者を絞首刑にしたり、また他の都市では彼らを保養センターに送り、そこでひどく甘やかしたりすることがあるだろう。つまり、その措置は各都市の流儀に従って行われるということなのである。白痴ではない犯罪者の場合、殴打されるならば、彼は、自分の罪状を白状するだろうし、また改心すれば、まもなく正道につくことをも納得するだろう。それゆえに、白痴の犯罪者のためにだけわれわれは、わざわざ国家を構築する必要など実際上ないのである。道徳、責任、自由な意志、贖罪、社会への侮辱、神聖な世界秩序への侮辱、改善などといった国家に関する見かけ上の慣用句のことをひとまず措いた上で、白痴の犯罪者の悪行からいかに社会を保護するのかについて語る場合、漸進的に解体された国家における刑法上の保護などといった「重大な問題」は、実際上大した問題ではなくなってしまうのである。

民法や商法にあっても、われわれはいかなる国家をも必要としないのである。何が公正で何が不公正なのかについては、二人の個人が相互に締結した契約の内容が語ってくれる。その内容が曖昧であるならば、どんな法典でもその内容を明確化することができない。このように明確化することができない場合には、仲裁裁判が必要になる。こうした仲裁裁判があれば、われわれは国家なしでも済ますことができるだろう。つまり、国家の機能が停止しても、すでに全般的に普及している慣習が市民権を得て、あらゆる契約においても仲裁人の役割を果たすことになるだろう。そしてこうした仲裁人が、自由な職業人としてその職務を専門的に遂行するようになるだろうことも、自明なことである。その際、男性の仲裁人や女性の仲裁人が存在するばかりでなしに、世界的名声を得ている私人はもとより、当然ながらユダヤ人や中国人の仲裁人も存在するだろう。従って、彼らのところに当事者たちは詣でるようになるだろう。その様子は、奇跡を行う聖者に金、香、没薬などを捧げるために詣でるかの如くである。そして今や、こうした仲裁人の名前が、あらゆる契約書の最初のパラグラフの冒頭に書き入れられることになる。他方、こうした仲裁裁判に従おうとしない者の場合には、――彼が自己防衛に走る契約相手に殴り殺されたり射殺されたりすることを恐れないならば、――自助の道を取る自由がある。だが、いかなる場合でも、今日多数の農民が「私は権利を持っているけれども、私は他人の権利によって殺されつつある」と言う場合ほど悪くはならないだろう。このような場合、貧しい農民にいったい何ができるというのだろうか。彼ができる唯一の理性的なことは、将来においても明確となる契約を締結し、交渉相手をあらかじめ吟味することである。そのことだけが詐欺師の悪行を止めさせるための最良の手段になる。

それでもこうした社会は、詐欺師のような人間を自動的に排除するばかりか、そのような人間の叫びに対しても冷淡である。つまり、分業に基づく社会ではすべての者は他人に依存しているがゆえに、彼らは自らの悪行のために没落していくことになる。この点にこそ、契約を中断させるための執行権があるのであって、それ以上のものを必要としないのである。

今日われわれは、毎月商業世界を何千となく揺さぶるような悲劇の過程、すなわち商人の事業破産を見ている。社会が国家の存在、行政権の存在、商事裁判所、処罰の威嚇からどのような利益を得ているのかをわれわれに示すのは、何らかの破産の経緯である。［破産した場合］商人が自らの債権者の利害から救出できたと信じた資産を、司法という破産管財がむさぼり食ってしまうのである。

漸進的に解体された国家では、事態はそれとは違ったように進む。つまり、漸進的に解体された国家では、両当事者にとってより良く事態が経過することになる。なによりもまず商人は自衛権を計算に入れるがゆえに、彼は、自衛権が行使される機会を用心深く探るだろう。また彼は、経験のある人間によく相談もするだろう。そうするのも、背後にピストルによる威嚇があるからにほかならない。

二回、三回と破産する商人がいる。私は、ここではたとえば今やパリの新聞が繰り返し報道している有名な詐欺師ラ・ロシェッテ La Rochette のことを考えている。彼は、最初の破産の際に銀行取引によって一〇、〇〇〇人もの債権者、すなわち庶民を騙したのであった。今や彼は、監獄から釈放されて、再び同じような詐欺を始め、同じような成功を引き起こしている。この場合でも、このような［通常では］信じられないほどの無条件の信頼の背後には、国家の行政権への信頼がある。しかるに、この場合でも、それは幻影でしかないことが分かっている。ここで指摘した事例というものは、例外ではなく、むしろ通例のものなのである。ちなみに、経験のある商人は、国家の行政権の介入を積極的に放棄し、債務者と債権者の私的あるいは集産的協定を行うことで自らの利益を確保しようとする。こうしたことも、国家の漸進的解体過程への重要な第一歩なのである。**結局のところ、国家の最終的手段でもあるピストル**

が直接的利害関係者たちの手に握られていることの方が、はるかに良いのである。というのも、もしピストルが民間人の手に握られているならば、皆しっかりと用心するようになるだろうからである。

ここでは商法について語ったのと同じことが、民法についても語ることができる。つまり、私的協定や私的仲裁裁判によって、個々人ならびにグループの間のあらゆる関係も処理できるということである。［唯一違うのは］、契約の中に仲裁裁判の判決を下す仲裁人の名前ならびに法律書の書名が予め記載されていることだけである。その際、ここで問題となる法律書は、きわめて名声のある、そしてきわめて経験に富んだ仲裁裁判人によって編纂される。そしてそれは、その仲裁裁判人の所有になる。契約においてそれを拘束力のあるものとして記載する者は、電話帳の場合のようにその所有者にいくばくかの金額を支払わなければならない。だが、このような法律書がその起草者の所得源泉になるや否や、至る所でそうした私的法律書が蔓延するだろうことを考慮すべきである。そうなった場合、あらゆる事態、あらゆる紛争の可能性がいかに明確に、いかに具体的に、いかに詳細に公衆に分かるようになることだろうか。つまり、初めて法律家（私的法律家）が難解な言葉ではなく、［公衆にも分かりやすい］ドイツ語で話すことになるのである。

本書の範囲と読者の貴重な時間とを考慮して、私は今や手短に総括しなければならないし、またそうすることができる。学校、教会、婚姻、司法の漸進的解体後、国家になお残されているものは、より低いレヴェルの制度であり、それらはわれわれが要約して扱うことのできる制度である。たとえば、戦前のドイツに駐屯していた八〇万人の軍隊は、今や一〇万人に縮小している。そのことをだれが痛手と感じるのだろうか。また今日帝国ではだれがそのことに不安に感じるのだろうか。四年の長きにわたってドイツ帝国に侵入しようとしていた「敵」は、［ドイツ帝国の］崩壊後その国境が非武装かつ無防備になったことを見ながらも、呪縛されたかのように国境に立ち尽くしていなかっただろうか。けれども、［第一次世界大戦前］当時軍事力を国境警備に限定するという軍事的思想がどれほど嘲笑の的とされたことであっただろうか。今やきわめて僅かな人数になっている帝国国防軍にいったい何ができるというのだろうか。巨大な軍隊がわれわれを保護できなかった以上、われわれに残されたこの小さな傭兵陸軍にそのことを期待することはできないのである。われわれフィジオクラート派の人民の中に起こるような、革命的暴動という「危険」を度外視するならば、われわれは武装した軍隊を駐屯させるべき理由を発見できないのである。海軍についてもそのことはまったく同様である。つまり、軍隊を必要とする理由は何もなく、ただ国家だけが、われわれがこれらの漸進的に解体させたいと思っている国家だけが、軍隊を必要としているのである。

植民地についてはどうだったのか、またどうなのか。一八八七年までわれわれは、いかなる植民地も持たずに、暮らしてきた。そして今やわれわれは、植民地を失っている状態にある。つまり、元の木阿弥に戻ったのである。またわれわれは、オーバー・シュレージェン、ヴェスト・プロイセン、ポーゼンなどのプロイセン領ポーランド人植民地域をも失っている。帝国ではだれがそんなことに注意を払うというのだろうか。ポーゼン産やヴェスト・プロイセン産の穀物に対して、われわれは以前には保護関税のためにきわめて高い価格を支払ってきたが、今やわれわれはそれらの穀物をその地域から世界市場価格で、つまり二ツェントナー当たり六マルクほど安価な価格で手に入れることができるのである。ドイツでそのことについて不平を言うのは、だれなのか。このような穀物産地域の「喪失」に、ドイツは防衛関税で応えたのであった。それでも、こうした割譲地域は、われわれにきわめて安価な穀物を供給したのであった。またポーランドがオーバー・シュレージェン産の石炭を帝国鉄道のためにあまりにも安価な価格で供給したために、その輸入禁止が布告されたのであった。そうした事実から植民地とは何だったのかがきわめてよく分かるのである。つまり、それは、帝国資金で保護され、促進された私的事業だったのである、と。

それら以外に国家に残されているものとは、何か。それは、外務省であり、国籍局である。あー、これまでわれわれの外交はどの程度の成功を収めてきたのだろうか。われわれは外務省によってどれほど豊かになったのだろうか。ドイツ人が外国で「われわれはプロイセン市民である」と叫んだならば、どれほどの資本を手に入れることができたのだろうか。それらは「夢うたかたの如し」であった。ところで、われわれの国に入国した者は、その時点からこの国の市民に属する。そしてこの国を去った者は、その時点から外国人に属する。［その場合］外国に行く者は、自分の責任でそれをする。他方で、われわれの国に入国する外国人は、自分の入国目的を知っていなければならない。そうすることで、外務省と国籍局の漸進的解体の問題は解決される。ひとつの国は、もっぱら貿易によって他国と関係を持つが、［以前の場合には］不動の関係を結ぶことが重要になった場合には、またもや国家の貿易への介入が必要になった。そして外務大臣は、その時に直接ないし間接に、常にまたもっぱら貿易省の同僚大臣が行ったことの後始末をするだけでよかった。この貿易大臣が胡椒の産地に送り込まれれば、他の大臣はもはや何もしなかった。しかるに貿易大臣が設置されたのは、貿易の障害を除去するためではなく、その障害を引き起こすためであった。（いわゆる保護関税）貿易が大臣によって管理されて以来、関税国境が生まれ、それが軋轢の火種となった。そしてこの火種は容易に火薬庫に点火するものとなっている。それに対し、漸進的に解体された国家には、国境がない。それゆえに、漸進的に解体された国家には、いかなる関税国境もなければ、いかなる通商条約も、またそれに必要な貿易大臣や外務大臣も存在しない。漸進的に解体された国家には、いかなる対外貿易も、いかなる輸出入も、またいかなる外交的問題も存在しないのである。そこでは世界貿易は自由貿易なのである。この自由貿易は、関税同盟内の邦国間の貿易と同様に、管理されることがない。あらゆる職業の中でもっとも自由な職業である商業においては国家はまったく不必要であるばかりか、きわめて有害な存在にすらなっている。［漸進的に解体された国家では］貿易はあらゆる国家的管理からも自由である。そうでなければ、そのことはペテンでしかない。というのも、貿易は、分業――現代の国民は空気と同様にこの分業に依存している――の前提条件だからである。

私は、ここで現実世界と密接に関連させながら漸進的に解体された国家をあらゆる側面から詳細に論じてきたが、それは到る所であらゆる批判にもビクともしなかった。つまり、ここでの論及は、どのような側面を見ても、漸進的に解体された国家がユートピアであるという印象を引き起こすことはなかったといってよい。［通例］物事のユートピア的側面が出現してくるとすれば、それは大抵現実世界と接点を持った場合なのである。

たとえば、国教会をもたない国（フランス、アメリカ合衆国）があるし、他の国（イギリス）には国立学校がない。また他の国（戦争前までのイギリス）には関税境界がない。数年前までのドイツには、福祉大臣や貿易大臣がいなかったし、その他の多くの国々でも、今日この点に関しては同様である。さらにベルリンでは長いこと民間郵便が活動していたが、それは、国営郵便との競争に敗退することがなかった。鉄道は主要な国々（イギリス、フランス、アメリカ合衆国）では、民間会社の所有である。また多くの国々、たとえばドイツは、植民地を所有していない。（腐敗した国家司法は、多くのところでリンチ裁判によって是正されなければならない。）あらゆる公的問題の中でもっとも重要な制度、すなわち貨幣制度は、今日までなおひとつの国家によってすらも完全には掌握されていない。（それは、もちろん紙幣制度改革を度外視した場合であるが。）

［以上のことを総合的に鑑みれば］**漸進的に解体された国家**は、今日すでに存在しているといってよいだろう。つまり、国家の漸進的解体は、多くの国々へと拡大しているということ、これが真実なのである。だが、人々は、国家によってここかしこで切断されたり、萎縮させられたり、除去されたりしたその構成部分を解剖学上の手術によって適切に繋ぎ合わすことができたならば、人々は現代文化国家に相応しい完全な内閣を持つことになるだろう、と言う。その時人々は、次のような質問をするだろう。「経験上、生命を危険に晒すことなしに、国家のすべての構成部分を個々ばらばらに切り離すことが可能であっても、なぜこのような白痴の頭を一刀両断に切り落とさないのか。とりわけこのような白痴の頭が近隣国との講和を妨害し、その防衛のために二〇〇万人の人間の生命を犠牲に晒し、一、三二〇億金マルクの賠償責任を押しつけているのだから」、と。

そんなことはユートピアである。ここにはユートピアが存在している。そうしたユートピアとは、**国家思想**、すなわちすでに寿命が尽きているにもかかわらず、世界の所有に導くとともに、ヴェルサイユ後のカタストロフィーに導くような**国家思想**のことである。

いかなる人為的支援も必要とせず、自分自身の足で完全に立つことができ、しかも内部の摩擦を引き起こすことなしに機能するとともに、いかなる近隣国とも衝突することのない、そうしたひとつの社会秩序を作り出すこと、それがフィジオクラート派の人々に課せられた崇高な任務なのである。それは、ゲーテが次のような言葉で彼の神に課したのと同様の任務である。

「ただ外部から登場し、指先で世界を回していく神とはいったい何だろう。神に相応しいのは、内部から世界を形成し、内部から均衡を保持していくことなのである。」

そのような理想的状態とその秩序とは、人間の**自己保存本能**――それは、多くの場合いわゆる**エゴイズム**と誹謗されているけれども、**分業**によってその効果が最大限発揮されるならば、最大の幸運をもたらすものになる――という本質的力によって漸進的に解体された国家の「内部から」作り出されるのである。だが、原初的な人間の群れから社会、すなわち秩序を必要とするような人間社会全般を作り出した**分業**は、だれもが社会（それは分業を可能にするとともに人間の群れを徐々に社会に転化させる）に対して分業による自らの利益の完全な対価を引き渡すことなしには、その利益を享受できないという奇妙な摂理とも呼ぶべき特有な性格を持っているのである。

従って、国家の漸進的解体のための基礎は、すでに人間の中に存在しているのであって、人間のあらゆる本能の中でもっとも強力なものの中に、および社会が可能にした分業の大きな利点の中に、しっかりと固定されているのである。

それゆえ、われわれは心配せずに、漸進的に［国家を］解体しよう。そしてわれわれが漸進的に解体するものの中で維持する価値を持つものに関しては、それを良いものに、より良いものにできるという確信をもった個人に任すことにしよう。

発行人の注釈

本書の本文中に述べられているように、国家の漸進的解体は、いかなる搾取もない社会秩序、つまり、いかなる不労所得も存在することのない社会秩序を前提とするものである。というのも、国家は、不労所得を守るという目的のためにだけこの不労所得の受益者によって建設されたものでしかないからである。搾取されているために、絶えず反乱を引き起こす傾向にある大衆に対する強固な城塞、それが国家であり、またそれ以外のなにものでもないと言えるだろう。

今や国家から解放されたいと思う者は、自分ばかりでなしに他人をもあらゆる搾取から解放することを志向しなければならない。そのことをいかに行うのかということを、シルビオ・ゲゼル Silvio Gesell は彼の主著『自然的経済秩序』の中で詳細に示すとともに、その理論的基礎づけをも与えているのである。この著書では、とりわけ次のことの立証が行われている。この著書の中でしばしば指摘されている「自由地－自由貨幣－自由貿易」という改革の助けを借りるならば、不労所得はあれやこれやの権力手段によって突如廃止されるのではなく、いかなる危機によってももはや攪乱されることのない世界経済の完全な稼働という方法によって、すなわち全人類の節約、勤勉そして労苦などの方法によって、着実にそして比較的急速にゼロにまで低下していく、と。

この著書『『自然的経済秩序』』は、すでに多数の版を重ねている。（安価な普及版である第六版は、完全な品切れ状態になっているといってよい。だが、先行の第五版は、五ライヒマルクの価格でこの著書の出版社ならびにこの著書の表紙に記載されている組織などによってなお販売されている。）ところで、この著書は、無駄な部分をまったく持っていない。この著書は、適切に選ばれた例の中に、そのまったく新しい教理の裏付けならびにその教理を迅速に理解するのに必要となる事実材料とを含むものになっている。それゆえに、読者に必要となるのは、論理的思考能力だけである。かくしてこの著書は、教養の程度がどうであれ、すべての人に理解されるものになっていると言ってよいだろう。従って、自らの論理的思考をまったく苦手としている人がいるとすれば、その人は、この神の贈り物を祝福されるべき人々への贈り物として使用する場合にだけ、この著書を購入すべきであるだろう。

この著書は、財の分配についての体系的な理論を含んでいる。従って、今や［その理論の実践の］時が到来している。いやむしろすでにその時は［以前から］存在し続けていたといってよい。つまり、国民経済学、社会学、歴史理論、貿易問題と取引所問題、通貨制度問題、対外政策と国内政策、城内平和問題と国際平和問題、関税問題と自由貿易問題（汎ヨーロッパ）などにおいて理性的発言をしたいと思う者、あるいは新聞、市議会、帝国議会、経済的かつ政治的組織、労働組合などで指導的役割を演じたいと思う者は、だれであっても『自然的経済秩序』の中に展開されている学説を引き合いにださなければならなくなっているのである。

ＮＷＯの中に展開されている学説の正しさと明確さとの証拠として、次のような事情が考慮される必要があるだろう。そのような事情とは、他のあらゆる経済学者、政治家、出版人たちは、戦争、革命、インフレーションなどを引き起こした事態から「学び直した」ために、自らの精神的資本の本質的部分を振り捨てねばならなかったのに対し、ゲゼルは、戦争のはるか以前の時期に出版した彼の労作を僅かなりとも付け加えたり振り捨てたりする必要がなかったという事情である。つまり、最近のあらゆる事件が示していることは、ゲゼルが全面的に正しかったということなのである。

あらゆる権威信仰と闘ってきたゲゼルは、政治や科学などの著名人たちがＮＷＯについて述べた多くの論評を宣伝に利用することを嫌がった。だが、今やアメリカで印刷された英語版の中では、ゲゼルはこの点に関して出版人の望みに従った。そのため英語版では、こうしたアメリカの著名人たちの論評を掲載するために多くの頁が使われることになったのである。

ＮＷＯにおいて論及されている個々の問題やテーマを公的論争のためにより良く普及させたいと思う者は、表紙の裏面の最後の頁に記載されている組織が発送する文献目録を見るならば、自らの必要とするすべての文献を見出すことができるだろう。

ここでは、とくに以下のような若干の著作に言及するにすぎない。

「アナーキスト、サンジカリスト、社会主義者のサークルならびに搾取され、抑圧されていると感じているすべての人々への講演のために」

ゲオルク・ブリューメンタール Georg Blumenthal「貨幣支配からの解放」
クリステン博士 Dr. Th. Christen「搾取なき自由経済」
オットー・ヴァイスレーダー Otto Weissleder「われわれの経済秩序の二つの根本的欠陥」
クリステン博士「自由地入門」、「自由貨幣入門」
シルビオ・ゲゼル「搾取、その原因とそれとの闘争」
ステルンベルク博士 Dr. Sternberg「なにゆえ自由経済に行くのか、またいかにして行くのか」

「通貨制度問題についての講演のために」

クリステン博士「通貨制度問題」、「貨幣の絶対通貨制度」、「貨幣数量説」その他多数。
パウル・ディール博士 Dr. Paul Diehl「息子に答えたアルゼンチン銀行頭取の手紙」
エルンスト・フランクフルト Ernst Frankfurth とシルビオ・ゲゼル「積極的通貨政策」
シルビオ・ゲゼル「帝国通貨局」、「アルゼンチン通貨制度」、「アルゼンチン通貨の問題」

「城内平和と国際平和についての講演のために」

ロルフ・エンゲルト Dr. Rolf Engert「平和と自由」
シルビオ・ゲゼル「金と平和?」
シルビオ・ゲゼル「自由地、平和の絶対的要求」

「自由貿易問題に関する講演のために」
シルビオ・ゲゼル「国際ヴァルタ連合」
シルビオ・ゲゼル「国際連盟の新たな創立へのドイツの提案」

「立法府のために」
アルブレヒト・フォン・ホフマン Albrecht von Hoffmann(上級行政評議委員)「通貨と経済」

「歴史研究者のために」
フリッツ・シュヴァルツ Fritz Schwarz「貨幣の祝福と呪い」

「労働組合員のために」
シルビオ・ゲゼル「ドイツ労働組合のための覚書」

「技術者のために」
帝国ドイツの技術者同盟の文書(ベルリン)「販路停滞と失業そしてその除去」

「エスペランチストのために」
パウロ・スタニジチュ博士 Dr. Paulo Stanisitsch「シルビオ・ゲゼルの貨幣改革」
パウロ・スタニジチュ博士「政治経済学」

これらすべての著作は、本のカバーに記載されている組織ならびにこの著書の出版社から購入することができる。

訳者あとがき

訳者は、一九九九年五月四日のＮＨＫ衛星放送の番組「エンデの遺言」がシルビオ・ゲゼルを「地域通貨」ないし貨幣改革論の思想的源流として紹介して以来、彼の思想と理論に深い関心を抱いてきた。それは、もちろんシルビオ・ゲゼルがケインズに先行した貨幣改革論の思想的源流に位置していることによるのでもあるが、それと同時にゲゼルがカール・ポランニーやノイラートなどとともに「個人の自由」や「個性」を最大限尊重する「社会主義」思想、すなわち「自由主義的社会主義」思想を構想し、この立場から「個人の自由」や「個性」に消極的であるマルクス派社会主義を原理的かつ徹底的に批判した人物だったからである。ゲゼルの「自由主義的社会主義」とは何か、これが訳者のゲゼル研究への主要な動機であった。だが、訳者がゲゼル研究を開始した当初―それは現在でもほとんど事情は変わっていないのであるが―、わが国ではゲゼル研究はほぼ皆無の状態であり、またゲゼルの著作の邦訳も同じく皆無の状態にあった。そこで、訳者はまずゲゼルの主著『自由地と自由貨幣による自然的経済秩序』（一九一六年）の邦訳とその研究に取り組むこととなった。そしてそのささやかな成果が、二〇〇七年五月発行のゲゼルの主著『自由地と自由貨幣による自然的経済秩序』第四版（一九二〇年）の拙訳書（ぱる出版）と二〇一四年三月発行の拙著『ゲゼル研究―シルビオ・ゲゼルと自然的経済秩序―』（ぱる出版）であった。

だが、ゲゼルの思想と理論にとって主著が中心をなすとはいえ、主著はその一部にすぎない。ゲゼルの思想と理論の全体像を示すのは、やはりゲゼル全集全一八巻にある。こうした立場にもとづいて、主著以外にゲゼルの思想と理論の全体像の把握にとってはもとより、ゲゼルの「自由主義的社会主義」の理解にとってもきわめて重要と思われる彼の七つの著作を選択し、そして邦訳したものが、本書である。

これら七つのゲゼルの著作の邦訳の初出は、以下の通りである。

（1）ゲゼル著「社会国家に架橋するものとしての貨幣改革（一八九一年）」（『自由経済研究』第三八号、二〇一三年八月）

（2）ゲゼル著「事態の本質—貨幣改革論の続編—（一八九一年）」（上）（『自由経済研究』第三九号、二〇一四年六月）、（下）（『自由経済研究』第40号、二〇一四年一一月）

（3）ゲゼル著「貨幣の国営化—貨幣改革のための続編第二部—（一八九二年）」（上）（『専修経済学論集』第一一六号、二〇一三年一一月）、（下）（『専修経済学論集』第一一八号、二〇一四年七月）

（4）ゲゼル著「アルゼンチンの通貨制度—その利点と改善点—（一八九三年）」（上）（『自由経済研究』第四一号、二〇一五年五月）、（下）（『自由経済研究』第四二号、二〇一五年一〇月）

（5）ゲゼル著「搾取とその原因、そしてそれとの闘争—私の資本理論とマルクスの資本理論の対決—（一九二二年）」（『自由経済研究』第二八号、二〇〇四年二月）

（6）ゲゼル著「人民支配導入後の国家の漸進的解体—ヴァイマール国民議会への請願書—（一九一九年）」（『自由経済研究』第三五号、二〇一〇年六月）

（7）ゲゼル著「国家の漸進的解体（一九二七年）」（上）（『自由経済研究』第四三号、二〇一六年五月）、（中）（『自由経済研究』第四四号、二〇一六年一一月）、（下）（『自由経済研究』第四五号、二〇一七年三月）

これらのゲゼルの著作の邦訳を本書に収録するに際して、多くの邦訳上の誤りを訂正し、訳文を改善した。とりわけ、第一部のゲゼルの著作「社会国家に架橋するものとしての貨幣改革」、「貨幣の国営化—貨幣改革のための続編第二部—」ならびに第三部のゲゼルの著作「人民支配導入後の国家の漸進的解体—ヴァイマール国民議会への請願書—」、「国家の漸進的解体」については、拙訳の公表後刊行された山田明紀訳『国家の解体』（『ゲゼル第一期第一〇巻、アルテ、二〇一三年八月）と山田明紀訳『ゲゼル・セレクション・貨幣制度改革』（アルテ、二〇一六年九月）を参照させていただいた。山田氏には記して感謝する次第である。

だが、そうした訂正や改善を行ったにもかかわらず、本書におけるゲゼルの著作の邦訳は、彼の主著の邦訳と比較すれば、なお不十分かつ不完全なものになっていると言わざるをえない。というもの、主著にはドイツ語版と英語版その他の言語版があり、主著のドイツ語原文の不明な箇所を英語版などへの参照によってある程度解読できたのに対し、本書掲載のゲゼルの著作にはドイツ語版以外の版がなく、ゲゼルの難解なドイツ語原文を解読できる適切なトゥールを持ちえなかったために、訳文として不十分かつ不完全な箇所が多々残ってしまったからである。そのような不十分かつ不完全な内容の邦訳書を出版することに大きなためらいがあったけれども、今日のわが国のドイツ語事情やゲゼル研究事情を考えれば、ゲゼル著作の完全無欠な邦訳書を出版することは無理であり、たとえ不十分かつ不完全な部分を含むにしても、ゲゼルの思想と理論、とりわけ彼の「自由主義的社会主義」思想に接近できるならば、それはそれなりの意義を持ち得るのではないかと考えて、ここに公表・出版することにしたのである。読者諸氏のご指摘を待ちたい。

なお本書の出版に際しては、いつもながらぱる出版の奥沢邦成氏のお世話になった。改めて感謝する次第である。

二〇一九年六月下旬　札幌厚別にて

相田　愼一

〔訳者〕**相田愼一**（あいだ・しんいち）
1946年　神奈川県生まれ。
1969年　早稲田大学第一政治経済学部経済学科卒業。
1978年　大阪市立大学大学院経済学研究科博士課程満期退学。
元専修大学経済学部教授　経済学博士（大阪市立大学）
主要著書　『カウツキー研究―民族と分権―』昭和堂1993年、『経済原論入門』ナカニシヤ出版1999年、『言語としての民族―カウツキーと民族問題―』御茶の水書房2002年、『経済学の射程―歴史的接近―』（共著）ミネルヴァ書房1993年、『ドイツ国民経済の史的研究―フリードリヒ・リストからマックス・ヴェーバーへ―』（共著）お茶の水書房1985年、『ポスト・マルクス研究―多様な対案の探究』（共著）ぱる出版2009年、『ゲゼル研究』ぱる出版2014年など。
訳　　書　シルビオ・ゲゼル『自由地と自由貨幣による自然的経済秩序』ぱる出版2007年。オットー・バウアー『民族問題と社会民主主義』（共訳）御茶の水書房2001年。

シルビオ・ゲゼル「初期貨幣改革／国家」論集

2019年9月2日　　初版発行

著　者　　シルビオ・ゲゼル
訳　者　　相　田　愼　一
発行者　　奥　沢　邦　成
発行所　　株式会社　ぱる出版

〒160-0003　東京都新宿区若葉1-9-16
電 話　03(3353)2835（代表）　振替　東京　00100-3-131586
FAX　03(3353)2826　　印刷・製本　中央精版印刷（株）

ISBN978-4-8272-1099-6 C3033